王俊义 著

俊义文存

上册

中国社会科学出版社

图书在版编目(CIP)数据

俊义文存：全2册／王俊义著．—北京：中国社会科学出版社，2016.5
ISBN 978-7-5161-7662-7

Ⅰ．①俊⋯ Ⅱ．①王⋯ Ⅲ．①中国历史－清代－文集
Ⅳ．①K249.07-53

中国版本图书馆 CIP 数据核字(2016)第 030921 号

出 版 人	赵剑英
责任编辑	郭沂纹　刘　芳
责任校对	李　莉
责任印制	李寡寡

出　　版	中国社会科学出版社
社　　址	北京鼓楼西大街甲 158 号
邮　　编	100720
网　　址	http://www.csspw.cn
发 行 部	010-84083685
门 市 部	010-84029450
经　　销	新华书店及其他书店
印刷装订	北京鲁汇荣彩印刷有限公司
版　　次	2016 年 5 月第 1 版
印　　次	2016 年 5 月第 1 次印刷
开　　本	710×1000　1/16
印　　张	77.5
字　　数	1368 千字
定　　价	398.00 元(上、下册)

凡购买中国社会科学出版社图书，如有质量问题请与本社营销中心联系调换
电话：010-84083683
版权所有　侵权必究

作者近照

与著名历史学家戴逸先生在一起

在戴逸先生九十华诞座谈会上合影（左为黄爱平教授，中为戴逸先生，右为作者）

与美国普林斯顿大学教授、著名汉学家艾尔曼先生在北京什刹海合影

2002年与中国人民大学清史研究所黄爱平教授在香港参加学术会议

1989年在美国加州大学洛杉矶校区讲学时与东亚研究中心研究生摄于校园

1998年在台湾暨南大学讲学时与历史学研究生摄于校园内

与中国社会科学出版社副总编辑郭沂纹编审合影

与中国社会科学出版社编辑刘芳合影

2006年与老伴刘文瑞和长女王虹参加小女王蕾香港中文大学商学院硕士研究生毕业典礼

2012年与老伴、女儿及外孙章熙临在柬埔寨吴歌石窟旅游时合影

目　录

上　册

学术追求、人文情怀与大家风范
　　——写在《俊义文存》结集出版之际 ………………… 黄爱平（1）
出版前言：我的学术生涯与清史情结 …………………………… 王俊义（1）

卷　一
清史研究与评论

郭影秋与清史研究和清史编纂 ………………………………………（3）
开拓清史研究领域　推动清史事业发展
　　——戴逸教授与清史研究 ………………………………………（17）
赫赫清史大家　巍然一代宗师
　　——王锺翰先生的学术成就与治史特色 ……………………（34）
服务清史编纂　抢救文化遗产　推动清史研究
　　——国家清史纂修工程出版成果评述 ………………………（48）
从"冲击—反应论"到"中国中心观"的历史转变
　　——《剑桥中国清代前中期史》述评 …………………………（67）
话说历史上的孝庄文皇后 …………………………………………（82）
清初"三大疑案"的由来与学术论争
　　——关于"太后下嫁""顺治出家""雍正继位"之谜 ………（88）

康熙何以称赞于成龙为"天下廉吏第一" …………………… (102)
康熙、乾隆南巡评议 ………………………………………… (107)
康熙和乾隆为何皆六下江南 ………………………………… (112)
康、乾南巡与"康乾盛世"
　　　——再论康、乾南巡 ………………………………… (119)
雍正对曾静、吕留良案的"出奇料理"与吕留良研究
　　　——文字狱对清代思想文化发展之影响 …………… (127)
关于历史上的刘墉 …………………………………………… (148)
推动清史研究　普及清史知识
　　　——《清史研究丛书》与《清史知识丛书》评介 …… (154)
突破薄弱环节　推动清史研究
　　　——关于乾嘉道时期的清史研究 …………………… (160)
鸦片战争时期的伟大民族英雄林则徐 ……………………… (163)
激励民族斗志　弘扬爱国传统
　　　——纪念鸦片战争150周年 …………………………… (167)
五易寒暑话状元
　　　——宋元强《清朝的状元》评介 ……………………… (171)
近代中国名家名著的精选与导读
　　　——关于《近代文史名著选译丛书》 ………………… (173)
填补近代史研究空白的开拓之作
　　　——评李文海等编《近代中国灾荒纪年》 …………… (175)
读《左宗棠评传》 ……………………………………………… (179)
新史料·新视角·新观点
　　　——读《晚清史探微》 ………………………………… (181)
翻检尘封档案　揭示历史真相
　　　——《罕为人知的中日结盟及其他》评介 …………… (183)
晚清历史的缩影与见证
　　　——《恽毓鼎澄斋日记》评介 ………………………… (187)
《清史书目》评说 ……………………………………………… (190)
退而未休　坚持清史研究与《清史》编纂 …………………… (197)

回顾既往　心系未来
　　——忆清史所建所初期的艰苦创业经历 …………………（203）

卷　二
清代学术思想研究与评论（上）

略论清代学术思想的发展与演变 ……………………………（219）
清代学术思想特色简论 ………………………………………（235）
从复兴到走向终结的清代经学 ………………………………（244）
二十世纪清代学术思想研究之回顾 …………………………（250）
钱谦益与明末清初学术演变 …………………………………（266）
顾炎武与清代考据学 …………………………………………（291）
读书·调查·创新
　　——顾炎武的治学方法 …………………………………（303）
略论黄宗羲晚年的著述生活 …………………………………（306）
从吕留良对朱学的阐发与传布看程朱理学在清代的发展与演变
　　——兼就"理学在明清之交终结"说质疑 ……………（314）
陈确的学术思想和学术风格 …………………………………（330）
阎若璩的考据方法与学术成就 ………………………………（343）
胡渭及其《易图明辨》 ………………………………………（369）
乾嘉学派与康乾盛世 …………………………………………（374）
论乾嘉学派的学术成就与历史局限 …………………………（382）
评价乾嘉学派应消除历史成见 ………………………………（393）
关于乾嘉学派的成因及派别划分之商榷 ……………………（402）
乾嘉汉学论纲 …………………………………………………（412）
关于扬州学派的几个问题 ……………………………………（430）
对新时期扬州学派研究的回顾与展望
　　——从个人参与研讨的视角谈起 ………………………（444）
钱大昕学术思想述略
　　——兼论对乾嘉学者之评价 ……………………………（456）

钱大昕寓义理于训诂的义理观 …………………………………… （474）
杭世骏及其《道古堂文集》 ……………………………………… （491）
全祖望《小山堂祁氏遗书记》有涉吕、黄关系史实辨正 ………… （499）
郭沫若对乾嘉考据学的批判继承 ………………………………… （512）

卷 三
清代学术思想研究与评论（下）

19 世纪前期学术思潮的变化 …………………………………… （543）
龚自珍与晚清思想解放 …………………………………………… （555）
晚清思想文化的启蒙者和先驱
　　——《龚定盦全集》与《古微堂诗文集》述评 ……………… （576）
龚自珍、魏源"参加宣南诗社"说辨正 ………………………… （589）
张际亮的诗文与爱国思想 ………………………………………… （596）
姚莹简论 …………………………………………………………… （610）
关于"宣南诗社"考辨 …………………………………………… （616）
谭嗣同的改革献身精神 …………………………………………… （638）
谭嗣同评传 ………………………………………………………… （653）
一部全面梳理总结清代理学的开创之作
　　——龚书铎主编《清代理学史》读后 ……………………… （665）
清初学术发展规律的有益探索
　　——评《清初学术思辨录》 …………………………………… （678）
《四库全书纂修研究》序 ………………………………………… （686）
《18 世纪的中国与世界·思想文化卷》一书读后 ……………… （689）
窥见清初经学堂奥的力作
　　——评《清初的群经辨伪学》 ………………………………… （700）
林庆彰及其中国经学史研究 ……………………………………… （711）
清代学术思想史研究的新创获
　　——《以礼代理》及其著者评介 ……………………………… （730）
《乾嘉考据学研究》序 …………………………………………… （739）

庄存与复兴今文经学起因于"与和珅对立"说辨析
　　——兼论对海外中国学研究成果的吸收与借鉴 ……………（743）
经学及晚清"经今、古文学分派说"之争议
　　——就有关问题向李学勤先生请教 ……………（759）
一部扎实厚重、突破创新的四库学前沿之作
　　——读《〈四库全书总目〉编纂考》有感 ……………（765）
《清代文献辨伪学研究》序 ……………（772）

学术追求、人文情怀与大家风范
——写在《俊义文存》结集出版之际

著名清史专家、中国人民大学清史研究所原所长、中国社会科学出版社原总编辑王俊义先生是我十分敬重的师长。这既缘于当年在我负笈清史研究所之时，先生就是我硕士和博士学习期间的导师，一直协助戴逸教授指导我的学业，指引我踏上学术研究之途；还由于先生多年来对我始终如一，提携帮助，关爱有加；更因为先生长期以来坚持不懈的学术追求、严谨踏实的治学态度和光明磊落的精神风范，无时无刻不在潜移默化地影响着我，激励我在学术道路上奋力前行。而今先生在耄耋之年，总结毕生研究成果，将其心血之作结集出版，嘱我作序。以门生晚辈浅薄之资，何敢序恩师之集，奈师命难违，辞不获允，只得勉力为之。

先生之集，凡分五卷，其中既有关于清史和清代学术思想的研究与评论，又有对传统文化和当代文化的探析，还有相关文史评说与人物纪念之文。全书收录文章100多篇，约130万字，堪称先生毕生研究成果的结晶，同时也是先生多年学术生涯的真实写照。

拜读先生文集，给人印象最深，又最能反映先生研究特色的，当属先生对清史和清代学术思想的研究与评论。他自1972年有机会调入清史研究小组，转到清史研究领域开始，在40多年的时间里，无论承担何种行政事务，抑或工作有何变动，甚至在退休之后，先生都一直认定清史研究是自己的终生事业，并为之孜孜矻矻，努力奋斗，矢志不渝。集中占据一半以上篇幅的有关清史和清代学术思想的论文，就是先生这一学术追求的心血结晶。特别是先生对清代学术思想的研究，勇于独立思考，敢于冲破禁区，其《乾嘉学派与康乾盛世》《关于乾嘉学派的成因及派别划分之商榷》《乾嘉汉学论纲》《论乾嘉学派的学术成就与历史局限》《评价乾嘉学派应消除历史成见》等系列论文，对占据清代学术主导地位并反映其学术思想主要特征的乾嘉考据学派，从其产生原因、派别划分、学术成就、历史局限，到其地位影响，以及如何评价等诸多问题，都进行了深入的探析，并针对学术界长期以来形成的某些偏颇之见，实事求是地提出了自己的看法。在中国内地改革开放初期学术研究刚刚起步，思想禁锢尚未完全消除的情势下，先生的研究，无疑令人耳目一新，起到了开风气之先的作用。不仅如此，先生对清代学术思想的研究，还长于理论把握，善于考证辨析。其中《略论清代学术思想的发展与演变》《清代学术思想特色简论》《二十世纪清代学术思想研究之回顾》等文，集中代表了先生对清代学术思想发展脉络及其基本特色，乃至学界整体研究面貌的宏观把握和理论思考。而对清代学术代表人物如黄宗羲、钱谦益、吕留良、阎若璩、钱大昕等人的个案研究，对清代学术史上重要事件如宣南诗社的考证和辨析，也都扎实有据，新见迭出，有力地推进了清代学术研究的开展。

在先生文集中，与其清史和清代学术思想方面的建树交相辉映的，是有关传统文化和当代文化的研究成果。先生秉持中国传统知识分子讲求经世济民的人文情怀，对文化传承和文化建设等关系中华民族传统和人类精神家园的重要问题，始终保持高度的关注，并利用一切可能利用的机会和时间，从事文化方面的研究和探讨。由于工作需要，先生自中国人民大学清史所所长任上调至中国社会科学出版社工作，先后任副总编辑、总编辑近10年，在中华炎黄文化研究会兼职从事学术组织工作更长达20余年。面对工作岗位的变化，先生努力探索学术研究与出版工作相结合的途径，在出版社广泛联系学者，精心策划选题，倾力打造国内外优秀人文社科著作品牌，诸如深受学术界关注和好评的《剑桥中国史》系列丛书、《学术随笔文丛》《口述自传丛书》等，都倾注了先生的大量心血，其集中《从"冲击—反映论"到"中国中心观"的历史转变——〈剑桥中国清代前中期史〉述评》《〈学术随笔文丛〉出版前言》《学术出版社要有学术大家支撑——追忆〈学术随笔文丛〉出版前后》《〈口述自传丛书〉出版前言》等文，就是先生将学术研究与出版工作有机结合的体现。而在中华炎黄文化研究会的学术兼职，则为先生在本职工作之余，提供了探寻中华文明起源、弘扬优秀传统文化的机缘和平台。先生一方面以高度的责任感，积极组织开展各项学术研讨和文化交流活动；一方面以极大的热忱，投入有关中华文明和传统文化的研究。无论是学术研讨，抑或实地考察，乃至海内外交流，先生都坚持撰写相关论文，记录心得体会，集中诸多有关炎黄二帝故里及其遗址的辨析和考察、中华文明起源及炎黄文化与地域文化的研究论文，都反映了先生对中华远古文明的热爱，对炎黄二帝遗址遗迹的关注，对文明起源和文化传承等重大问题的思考，堪称先生热心文化事业、致力学术研究的最好见证。

中国自古以来就有"文如其人"之说，读过先生之集，尤信此言不虚。先生性情宽厚，为人诚恳，正直坦荡，朴实无华，平日师友交往，无不以诚相待，倾力相助。体现在其集中，就是各篇记述当代学术大家生平经历、治学道路和学术成就的传记文章，以及为诸多中青年学者研究论著撰写的书评序跋。原中国人民大学校长、明清史专家郭影秋是先生读书治学，乃至从事清史研究的直接领导和引路人，对郭校长的教诲，先生始终铭记在心，念念不忘，在郭校长生前即于病榻旁与之合作口述自传，于其身后又不辞辛苦，整理成《往事漫忆》一书出版，还撰写《郭影秋与清史研究和清史编纂》《缅怀郭影秋校长对我的教诲和影响》等多篇文章，记述郭影秋对清史研究和清史编纂的贡献，缅怀郭校长的教诲和影响。中国人民大学清史研究所名誉所长、国家清史编纂委员会主任戴逸教授既是先生的业师，又是先生进入清史研究领域的推荐人和引领者，数十年来，先生一直感念其引导和教诲之恩，协助戴逸教授做了大量工作，从清史研究所的行政事务到社会团体的学术兼职，从早年研究生的培养指导到新世纪以来国家清史工程的开展，先生都全力投入，不计名利，不惜时间，无私奉献，无怨无悔。并专门撰写《开拓清史研究领域　推动清史事业发展》一文，高度评价戴逸教授的学术成就及其推动清史研究开展的功绩。其他如著名清史大家王锺翰、祁龙威，世纪学人费孝通，党史专家胡华等，先生也都有专文记述他们的生平经历及其学术成就和影响。而对诸多中青年学者，先生更是扶持提携，不遗余力。诸如漆永祥的《乾嘉考据学研究》、司马朝军的《四库全书总目编纂考》、佟大群的《清代文献辨伪学研究》等，都经由先生作序推荐，在学术界产生了较大影响。其他如杨东梁的《左宗棠评传》、孔祥吉的《晚清史探微》，以及台湾学者林庆彰的《清初的群经辨伪学》和《经学研究论著目录》、张寿安的《以礼代理——凌廷堪与清中叶儒学思想之转变》等，对这些清史和清代学术思想领域研究的新成果，先生也都给予了极大的关注，评述介绍，奖掖有加。至于笔者本人，不仅在硕士、博士学习期间多得先生指导，而且还先后有《四库全书纂修研究》《18世纪的中国与世界·思想文化卷》《清史书目》等著述幸获先生赐序或评介。

综观先生之集，所涉范围上自远古文明，下迄当代文化，远溯炎黄二帝，近及当今学人，其中可圈可点之处还有很多，诸如对清初三大疑案、康熙乾隆南巡等重要历史事件的梳理，对孝庄皇后、于成龙、刘墉、林则徐等清代历史上重要人物的介绍，对20世纪80年代"文化热"的思考，对清史研究所建所前后创业经历的回顾，对国家清史工程开展十年间出版成果的评述，对《中国近代思想家文库》等当今重大出版项目编纂缘起及其价值特色的揭示等，也都各具学术价值和现实意义。可以说，先生之集，内容丰富，先生之学，视野宽广。而贯穿于其中的，则是先生的治学特色与做人本色，这就是以清史研究为其终生事业的学术追求，自觉接续文化传承的人文情怀，诚恳宽厚、朴实坦荡的大家风范。

昔贤有言："师者，所以传道、授业、解惑也。"先生以其治学做人，完美地诠释了"师"之所以为"师"的真谛。有师如此，何其幸哉！是为序。

黄爱平

2015年7月于中国人民大学

出版前言：我的学术生涯与清史情结

我出生于1937年1月，蓦然回首，行将八旬。在不知不觉中就已走近耄耋之年，不禁令人萌生人生苦短之叹喟！这时我忽然想起台湾的学界朋友林庆彰先生，他在两年前就曾诚邀我写学术自传。此事起因于他在研究中国经学史与明清学术过程中，想搜集点内地同行的学术资料，但搜来查去却大都阙如。于是，顿即约请相关学者写自己的学术传记，并计划在他参与创办的《国文天地》上陆续刊登。这又使我感到庆彰先生不仅是研究中国经学史和明清学术思想的大家，也是一位有责任心、有担当力，且善于进行学术组织的可敬学者。进而，想到自己研究清代学术与中国历史文化已长达半个多世纪，本身也理应对自己的学术生涯做点小结。譬如这五十多年是怎么走过来的？写过些什么东西？价值如何？在治学过程中有什么经验教训与感受？都理应做点回顾和反思。有鉴于此，我便从清理自己写过的论著入手。我十多年前曾陆续出版过独撰或与友人合著的几本书，如《清代学术与文化》《龚自珍魏源诗文译注》《清代学术文化史论》《清代学术探研录》等。此外，还写有不少论文、短札、序跋与书评，分散发表在各种书籍报刊中，大多尚未结集出版，为保存和积累学术资料，遂对这些文稿进行了搜集，并从中选出一百多篇，进行分类整理，形成现将出版的《俊义文存》。

《俊义文存》依照收入文稿的内容和类别分成五卷，依次为：第一卷《清史研究与评论》，其中的文章主要是对清代的一些事件、历史人物与有关论著的分析与评论，也有对当代研究清史的一些著名学者生平经历、治学道路、学术成就和影响的评析，还有对国家清史编纂委员会成立十余年来已出版的大量珍贵历史文献的述评。第二卷和第三卷《清代学术思想研究与评论》，这两卷是我研究清代学术思想的主要成果，包括对清代学术思想若干问题的总论，以及对清代各个历史阶段的学术思潮、学术流派及其代表人物的学术思想与成就的研究；又有对一些研究清代学术思想的学者及其著作的评介，还有为一些中青年学者研究清代学术思想的论著写的书序与书评。其中有些文稿曾收录于我著的《清代学术探研录》中。但因为将要出版的《俊义文存》系个人学术成果的汇编，为反映自身学术研究的全貌，故酌情再予选入。第四卷《传统文化与当代文化研究》，主要收入了有关中华民族传统文化与当代文化研究的成果。论文涉及的时间跨度很长，内容涉及范围也比较广，上自五千多年前中华文明始祖炎、黄二帝及其时代的文化，下至对20世纪80年代兴起的"文化热"的评论与思考。第五卷《文史评说与人物纪念》，所收文稿多与历史文化相关，题材或大或小，篇幅或长或短，大都是或应约而写或有感而发。另外，还有些文章，是对和我交往密切，且已仙逝的一些师友的怀念。

读者从对《俊义文存》各卷的内容的概括介绍中，难免会感到书稿涉及的范围广泛，甚至有些驳杂和零乱。的确如此，我自身也有此感。但需要说明的是，这种状况的形成与我的求学经历、研究方向的确立、学术研究环境的变化密切相关。从一定角度上说，这些内容可谓是我半个世纪以来学术生涯的足迹印证，也是我几十年来始终不弃不离的清史情结的结晶。

回顾我的学术生涯，可谓酸甜苦辣备尝。我生在豫北偏僻农村的一个贫苦农民之家，且幼年丧父，在襁褓中就嗷嗷待哺，以后又连年衣食无济。缺乏先天的学术资源与优容读书学习的环境和条件，在极为艰难困苦的环境中，读过两年村中的私塾；又在颠沛流离中上过几年小学。直到新中国成立，在我伯父和早年参加工作的兄嫂支持下，才勉强地读完中学，至1956年考取中国人民大学历史系中国革命史专业（1958年后改名中共党史系党史专业）。实事求是地说，虽然我在青少年时代历经了艰难和困苦，但却磨炼了自己坚韧执着、自尊自强、求知进取和朴实正直、关心世事的人生态度和心性品格。

我觉得考取中国人民大学，实际上就迈入学术殿堂的门槛。特别是我入学的1956年，恰逢中共中央提出"百花齐放、百家争鸣"和"向科学进军"的方针与口号，整个学术思想界，一时间十分活跃。在我学习的中国古代史课堂上，就对中国古代社会的历史分期问题展开了热烈的讨论。当时郭沫若、范文澜、翦伯赞、尚钺等著名历史学家都各执一说，相互争鸣。那种浓郁的学术研讨氛围，对我这样的青年学子都有启蒙的作用和影响。尽管这种自由讨论的活跃气氛，很快被1957年开展的"反右斗争"所中断，但在人们的思想中却留下不可磨灭的印象。另外，大家知道人民大学是新中国成立后中央政府创办的一所新型的综合性人文社会科学大学，一向以重视马列主义理论而著称。我学习的又是中共党史专业，它虽然不像其他高校的历史系那样有着深厚的历史文化底蕴，但却十分重视革命理论学习，使得我在四年本科的学习生活中，读了不少马、恩、列、斯的经典原著和毛泽东著作，其中，虽不排除有些教条主义的消极影响，但毕竟初步懂得了一些马克思主义的基本理论，为日后走上学术研究之路奠定了一点理论基础。

1960年大学本科毕业后，我留校从事教学与研究，这可以说是我学术生涯的起点。但那时我被分配的具体工作单位并不是原来就读的党史系，而是哲学系中国哲学史教研室，因由是当时该教研室要编写《毛泽东哲学思想概论》，想从党史系选取一两名熟悉毛泽东著作的毕业生来参与此项工作，我有幸被选中。但为时不久，就碰上"三年困难时期"，上面又说编写《毛泽东哲学思想概论》的条件尚不成熟，此项任务被停止下来。于是，我又回到教研室参加中国哲学史的日常教学，投身中国哲学史的研究。一下子从党史专业转到中国古代哲学，应该说是我学术经历中一个不小的转折。而且，当时在毫无积累和准备的情况下，很快就被安排为哲学系高年级本科生辅导中国哲学史课。同时，还要为该班学生讲授"中国古典哲学原著选读"。具体做法是跟随主讲教师的中国哲学史课堂进度，相应讲解原著选读，譬如主讲教师讲了中国哲学史先秦时期的老子、孔子、孟子、庄子等章节，我就与之配合讲解这些哲学思想家的著作，如《道德经》《论语》《孟子》《庄子》等原著的选读。这样的安排，对于一个并未系统学习过中国哲学史课程，更不熟悉经典原著的人来说，简直是强人所难。但在那个年代，组织决定了的就得无条件服从。为此，我不得不配合主讲教师，一边与学生同时听课，一边对他们进行辅导，还要按时讲解古典哲学原著的选读。中国哲学史作为一门专业通史课程，当进行到如两汉、魏晋、隋唐等时，"中国古典哲学原著选读"的讲解课也大都相应跟进。这样紧迫、繁难、艰苦的教学任务，对我说来，面临的处境和困难可想而知。而且在哲学系本科辅导一年后，我还以同样的方式在中国哲学史研究生班辅导了两年。那时，我在困难面前，没有低头畏缩，硬是咬着牙支撑了下来。但付出的代价也可想象，可以说在那两三年时光中，我几乎是不分白天黑夜地工作，很少有假日休息，也没有什么娱乐活动，而是用全部的心思精力，备课于"中国古典哲学原著选读"。一本本、一篇篇地去读古典哲学原著，我还找来大量各种注疏训解这些原著的参考书读。通过这两三年的奋发努力，不仅读了许多中国哲学史各个时段的哲学原著，也粗略了解了中国古代哲学思想发展的脉络。始料未及的是这却为我日后研究清代学术思想和中国传统文化，从文化源头到思想发展脉络都奠定了基础。

然而，好景不长，在阶级斗争之弦越绷越紧的时代，很快爆发了疾风骤雨的"文化大革命"运动。在批判文化教育领域的"资产阶级黑线专政"和"读书无用""知识越多越反动"的"斗、批、改"中，包括像我这样新中国成立后在党的培养下成长的一代知识分子，都被贴上"资产阶级知识分子"的标签，被统统赶到"五七"干校，接受工人阶级和贫下中农的再教育，从事繁重的体力劳动，以此来改造思想。当时驻校的军宣队领导甚至在全校大会上高声宣告："你们这些人想在北京高楼大厦里悠闲读书的日子从此将一去不复返了！"可以想象，当时绝大多数的读书人，甭说搞什么学术研究，就是想读一点书都是奢望，而这却是我们这一代知识分子学术生涯中共同遭遇的曲折和磨难。

不过，历史的发展并不以人的意志为转移。随着林彪折戟沉沙事件的发生，整个中国的政治情势，逐渐向好的方面转化，对我们这些在干校劳动改造的"臭老九"，在管理上逐渐松动，能喘口气，读点书了。1972年的一天，同在干校劳动的著名历史学家也是我的老师戴逸先生突然向我传达了一个令人振奋的喜讯。他说：人民大学的常务副校长，又是明清史学家的郭影秋，早在1965年就在中宣部部长会议上，指定为计划成立的国家清史编纂委员会主任，要贯彻周恩来总理等中央领导的指示，将着手编纂大型清史。但随着"文化大革命"的爆发，此事却不了了之，现在他刚从"牛棚"中解放出来，即上书中央，建议恢复和成立清史研究机构。日前中央批准了这一建议，指示先成立一个清史研究小组，规模以四十人为宜，并指定他亲自兼任组长。为此，他希望戴逸能物色相关专业的人选到清史研究小组工作。因为戴先生知道我曾在哲学系教过中国哲学史，故询问我是否愿到清史组研究清代学术思想。这真是我梦寐以求的好事，当即欣然同意。遂经他的推荐和郭影秋校长等领导同意，我1973年年初从干校返京，就第一个兴奋地到清史研究小组报到。由于清史组处于初创阶段，人员尚不齐备，办公设施也不健全，图书资料奇缺，甚至连一部对外联系的电话都没有，可谓百废待兴。因此，领导上决定让我兼做办公室工作，希望我能一边着手各项建组的筹备，办理各种交涉事项；一边读清史资料与有关论著，参加戴逸先生领衔的《一六八九年的中俄尼布楚条约》的编写，和《简明清史》提纲的讨论。虽然当时尚处"文化大革命"后期，各种大批判仍接连不断，正常的学术研究仍受到严重干扰，但能做清史研究工作，开始走上学术研究之路，受到多年压抑的读书治学的愿望终于迎来转机，我内心的兴奋与喜悦是不言而喻的。当时我虽已人到中年，却仍充满青春的活力，不管是行政事务，或是研究工作，样样都不甘落后。常常是白天在办公室处理各种行政杂务，晚上点灯熬油读书写文章，经常是"三更灯火五更鸡"。且从此与清史研究结下不解之缘，清史成为我终生的研究方向。

1976年，"四人帮"垮台，随后邓小平同志复出工作。1978年，党的十一届三中全会召开，拨乱反正，中国进入改革开放的新时期，一度被撤销的中国人民大学也恢复重建。清史研究小组在原来的基础上，于1978年正式组建为清史研究所。建所伊始，作为人民大学主要领导的郭影秋，在关心指导清史研究所全面工作的同时，也很关心研究队伍的成长和发展。当时，他在医院病房中曾抱病召见我，并语重心长地说："从事清史研究意义重大，又大有用武之地，望你埋头苦干，下决心终生从事清史研究。"郭校长的谆谆教诲，激励和鞭策我全身心地投入了清史研究，并分工研究清代学术思想，承担这方面的专项任务，先后参加了戴逸先生主编的《简明清史》编写，撰写书中有关学术思想的章节；还参加《清代人物传稿》与《中国历史大辞典》等国家项目中与清代学术思想相关内容的写作。在完成这些工作过程中，我进一步明确了研究方向，对清代学术思想的研究也逐步深入。由于被称为乾嘉汉学的乾嘉考据学派，是反映清代学术思想主要特征的学术思潮和学术流派，自然是研究清代学术不能绕开的课题。因而，我一度用了较长的时间和精力研究乾嘉学派，撰写了多篇论文，就乾嘉学派的成因、派别划分、学术成就、历史局限、地位影响，以及应如何评价等问题进行分析和论述，且在"解放思想、实事求是"的正确思想指导下，冲破禁区提出了与传统说法不同的见解。即以乾嘉学派的成因而论，长期以来学术界一直不加分析地认为乃是清朝统治者推行文字狱进行思想禁锢的结果。我则提出这只是问题的一个方面，其形成的主要原因，则是康乾盛世时国家统一，经济发展，社会安定，加之统治者大力倡导儒家文化等各种因素导致的必然结果。另外，在对乾嘉学派的评价方面，以往学术界对之几乎全面否定，认为其烦琐饾饤，只有考据而没有思想。我则认为这是很不客观的说法，理应依据史实，对之进行客观公正的评价，进而提出要客观评价该学派必须清除各种成见："汉、宋学之争的门户之见"，"满、汉民族矛盾斗争中遗留的民族偏见"，以及"新中国成立后长期存在的极左政治倾向影响到学术研究中的极左成见"。这些论述和观点而今已是学界共识，但在当时却是发人之所未发，言人之所未言，在学术界曾长期沉寂的情况下，还颇为新鲜，自然给人以启迪和深思。与之同时，我对清代学术思想发展过程中的其他学术思潮，以及一些思想复杂、缺乏研究或者存在争议，甚或评价不够的人物如钱谦益、吕留良、阎若璩、钱大昕等，也都进行了更加深入的分析和研究，提出了有新意的见解，对有关问题的研究有所推进。这些论文在报刊上陆续发表后，或被转载，或被引用，甚至被评价为具有"引领风气"的作用和影响。我从1972年清史研究小组成立到1991年调至中国社会科学院，在中国人民大学清史研究所长达二十年，而且从建所初期最年轻的一个研究人员，成长为研究所的副所长、所长；业务职称也从一个讲师、副教授逐步晋升为教授。在清史学界特别是在清代学术思想史研究领域，成一家之言，有一席之地，[①] 且引起国内外学界的关注。1989年曾应美国洛杉矶加州大学黄宗智与艾尔曼教授邀请，为该校中国研究中心和东亚系的研究生讲授"清代学术思想与历史文献"课程。此间还曾应加州大学伯克利校区中国研究中心主任魏克曼教授之邀，到该校访问做专题讲演。而后，又曾先后到日本、菲律宾及我国台湾地区的台湾大学、中山大学、政治大学及澳门地区的澳门大学参加学术研讨，进行访问交流，使自己的

[①] 参见黄爱平《王俊义先生与清史研究》，《社会科学战线》2014年第5期。

学术视野更加宽广。

然而，正当我对清代学术的研究向纵深发展时，因工作需要于1991年被调到中国社会科学院所属的中国社会科学出版社工作，且先后担任副总编辑与总编辑之职。由于工作岗位和治学环境的变化，我的学术生涯又发生了新的转折。此时，出版社的行政职务与编辑业务，成了我的本职工作，理所当然要摆在第一位，而且工作任务也很繁重，这样就不可能有更多的时间和精力用于清史研究。但是，郭影秋校长希望我"下决心终生从事研究清史"的教诲，仍常在耳边萦绕，我决心在新的环境中仍不中断清史研究，尽可能利用一切可以利用的时间，及时了解清史研究的动态和信息，阅读新的清史研究成果和新的史料，在兼顾出版社编辑业务的情况下，仍争取出席海内外相关的清史学术研讨会，继续撰写清史方面的论著。好在我供职的中国社会科学出版社以出版高层次学术著作为特色，我又主管文、史、哲等编辑室，这和我的学术研究也有联系，加之出版社依靠中国社会科学院各个研究所，学者云集，名家辈出，因此我在组织选题与编辑书稿过程中，接触面更广，视野更开阔，能接触联系到院内外许多卓有成就的学者，正可利用自己的专业素养，组织一些好的书稿，策划一些好的选题，写一点相关图书的序跋与书评，使出版工作与学术研究结合起来，有互为补充、相得益彰之功效。我由此认为一个学术出版社的编辑应尽可能不脱离学术研究，这也是我国一些老的优秀出版社的优良传统。

在我的学术生涯中，还必须提到的是我还曾长期在中华炎黄文化研究会兼职，既做研究会的学术组织工作，也搞一点中华传统文化的研究。中华炎黄文化研究会是全国人大原常委会副委员长、史学界前辈周谷城先生与著名儒将萧克上将发起成立的一个全国性学术群众团体，其宗旨是弘扬中华优秀传统文化，振奋民族精神，团结海内外炎黄子孙，推进中华民族的伟大复兴。1991年，当研究会成立时，会里的领导就诚邀戴逸先生担任副会长并兼学术委员主任。那时，正逢我将要调离中国人民大学，但由于和戴先生多年的师生关系，他嘱托我说："因为你即将离开人大，我在人大清史所的工作当然不便再由你分担，但我在社会上的有些兼职，仍望你能继续帮忙，你可否担任中华炎黄文化研究会学术委员会的秘书长？"对此我当然义不容辞，因此在出版社工作的同时，我又在中华炎黄文化研究会兼职，而且长达二十多年，从学术委员会的秘书长，逐步被推举为学术委员会常务副主任、研究会常务副会长等。在此期间，我协助研究会领导围绕中华文化与中外文化交流的主题，组织开展了大量学术活动，主编了《炎黄文化研究》，还曾到炎黄二帝的遗迹、遗存所在地，进行考察，开展研究，写了一些研究文字与考察报告。在组织各项学术活动的同时，也相应写一些中华传统文化与当代文化的论文，并与同在研究会做兼职工作的张岂之、方克立、黄爱平等教授联袂主编了《炎黄文化与民族精神》《中华文化与二十一世纪》《经济全球化与中华文化走向》等十余部文化研究方面的学术论集。这些情况在《俊义文存》中也有反映。

1999年，我从中国社会科学出版社的工作岗位上退休，不久，即参加了由中央确定的大型学术工程——国家清史纂修工作。纂修《清史》意义重大，是党中央几代领导都曾倡导和强调的一件大事。幸喜在2002年底经中央正式审批，组成以戴逸教授为主任的编纂委员会。工程启动之初，应戴逸先生之约，从清史编纂的立项论证，到编委会的成立，以及下属机构的设立等工作我均参与了酝酿和讨论。待编纂工作正式开展后，由于我既研究清史，又搞过编辑出版，所以先是被安排到编委会下属的出版组工作，以组织联系清代历史文献资料与清史研究论著的出版。在出版组工作期间我与组里的同事密切合作，组织出版了《文献丛刊》《档案丛刊》《编译丛刊》与《研究丛刊》等各类图书，经过多年努力，至今已出版了十多亿字的珍贵清代历史文献资料和中外清史研究论著，既服务于清史编纂，推动了清史研究，也抢救了大批历史文化遗产。与之同时，我还负责图书出版的评论宣传，组织编委会内外的清史专家撰写清史编纂研究与已出图书的评介。这些成果陆续在《清史研究》《社会科学战线》《光明日报》等报刊上刊载，后来还汇编成《清史编纂研究与评论》一书，由上海古籍出版社出版。出版组的工作告一段落后，编委会又安排我到"通纪组"，协助戴先生审读通纪各卷书稿。对这项工作，我认真对待，丝毫不敢懈怠。作为编委会主任的戴逸先生，对我的一些审读报告曾有批示："读王俊义先生的意见，他对工作做得细微、认真、用力，非常好，对提高稿件质量很有帮助"，因"建议将王俊义先生的意见转发各组，供审改专家参阅"。这对我说来，既是鼓励和肯定，也是要求和鞭策，他激励我必须以高度认真负责的态度和精神，为提高清史纂修的质量而尽心尽力。

回顾我五十多年来的求学经历与学术生涯，可谓既有坎坷曲折，也有平坦大道；既有顺境中的欢乐，也有逆境中的困苦。虽然经验不多，教训不少，但却有些深切的感受和体会：首先，是一个学人在任何情况下，都始终要和国家的前途、民族的兴亡同呼吸共命运。事实证明，每当国家与民族处于危亡困难之际，学者也很难开展正常的学术研究，甚至备尝艰辛。远的且不论，近如十年"文化大革命"时期，当我们国家面临空前浩劫的灭顶之灾时，大多数知识分子和学人，都斯文扫地，甚至连起码的人格尊严也难保证，谈何学术研究。但当我们国家进入改革开放的新时期之后，经过拨乱反正，走上实事求是、解放思想的正确道路，学术文化逐步迎来繁荣昌盛的春天，学者个人也才有可能施展才学，脚踏实地地开展正常的学术研究。自古以来，我国的士人就有经邦济世的传统，今天的学人同样应有爱国经世情怀，要始终与国家的前途、民族的命运联系在一起。其次，我感到每个人的天资有限，在学术上能否有所成就，关键在于是否勤奋。记得一位学术大师说过："天下学问惟诚实而勤奋者得之，机巧人难矣！"我这个人天分不高，但自认为不是个懒人。我从参加工作走上求学之路，就一直有行政工作缠身，始终是双肩挑。但无论是行政工作多么繁忙，或者是工作岗位有什么变化，却始终不间断读书和写作，尤其与清史有浓厚的情结，所以始终对清史和清代学术思想的研究咬着不放。《俊义文存》中收录的文稿，和我主编的一系列图书，大都是在这样的境遇中产生的，也大都与清代学术有直接或间接的关系。我还尤其深切地感受到，从事学术研究工作，还必须有良师益友的引导、提携和朋友的帮助。我这几十年就十分幸运地得到不少领导、老师和朋友的教诲和支持，其中使我没齿难忘的一位是已故中国人民大学的郭影秋校长，一位是著名历史学家戴逸先生。郭校长既是具有高尚品德情操的老一辈共产党人，又是一个睿智博学的明清史专家。他既教我如何读书治学，又教我如何做人。在我刚踏上清史研究之路时，他就谆谆教诲我："要把清史研究作为自己终生的事业。"甚至在临终之时，还在病榻上以微弱的声音十分关切地询问我："你最近在研究什么清史课题？"其拳拳教诲之情，实沁人肺腑，催人泪下。他的言传身教，鞭策激励着我终生以清史研究为职志。戴逸先生从我在中国人民大学本科读书时，就是我的业师。以后的几十年来我们始终未间断联系。是他将我推荐到清史研究小组工作，引入清史研究之门。我在清史研究所工作期间，有缘与之朝夕相处。他对我更是耳提面命，不吝教诲，还给我搭建了一个个从事清史研究的平台，创造了开展清史研究的机缘和条件。我由衷感谢郭影秋校长与戴逸老师的教诲和引导。此外，在我从事学术研究的经历中，还曾得到其他一些师友的支持与帮助，其中既有我尊敬的长者，也有与我志同道合的中青年朋友。对他们我都十分感谢，这里不再一一道及。

在《俊义文存》出版之际，我既感到欣慰，也深感愧疚。欣慰的是在学术著作不易出版的情势下，我多年的心血结晶在中国社会科学出版社领导的大力支持下能予出版，敝帚自珍，自然颇感欣慰；愧疚的是在从事学术研究长达半个世纪的岁月里，我仅做出这些微不足道的研究成果，自然有愧疚和不安。我想国家清史编纂工作作为一定时期的特定任务，到一定时候当会结束，但清史研究的学术事业，则永无终结之日。有生之年，我将在清史情结的精神支撑下在这块园地里继续耕耘。

王俊义

2014 年 7 月

卷 一

清史研究与评论

郭影秋与清史研究和清史编纂

目前，备受海内外学界关注的国家重大项目——清史编纂工程，正在国家有关部门和编纂委员会的组织领导下，集全国清史学界之力（包括香港、澳门、台湾地区的学者），按照既定规划紧张而有序地进行着，人们热切期待着一部能反映当代中国学术水平的新编《清史》问世。与之同时，与清史编纂主体工程（新编《清史》）相配套的基础工程——《文献》《档案》《研究》《编译》《图录》等丛刊，及清史系列丛书，业已编辑出版了大量有珍贵史料价值的原始史料和多部高水平的国内外研究清史的论著，供清史编纂和清史研究利用与参考。当前的清史编纂工作和清史研究事业之所以呈现如此兴盛的局面，是几代清史研究工作者共同努力和追求的结果，尤其与许多前辈史家所作的开创性、奠基性贡献密不可分。他们或以自己深刻精湛的学术研究成果，创榛辟莽，前驱先路，为清史学科的发展奠定了基础；或以自己德高望重的声誉和影响，为推动清史编纂纳入国家计划而创建清史研究机构，组织培养研究队伍，奔走呼号，孜孜以求，脚踏实地地为将清史编纂提上日程而积累条件。这其中，中国人民大学已故名誉校长、著名的明清史学家郭影秋就是一位令人敬重的前辈。正如现任国家清史编纂委员会主任戴逸教授说："文化大革命"前夕，周总理又委托周扬同志召开中宣部长会议，部长会议决定设立清史编纂委员会，由七人组成，郭影秋是主任，当时他是中国人民大学副校长，也是明清史的专家；又说："郭影秋同志始终坚持搞清史，他对清史编纂功不可没。"[①]

[①] 戴逸：《在清史编纂体裁体例学术座谈会上的讲话》，载《清史编纂体裁体例讨论集》，中国人民大学出版社2004年版，第4页。

郭影秋的生平经历如何？为什么说他"对清史编纂功不可没"？他作为"始终支持搞清史的明清史专家"有哪些学术成就？作为曾委以"清史编纂委员会主任"的他，对推动清史编纂有什么贡献？我想，这些问题都是大家想了解的。但由于世事沧桑，如今年轻的朋友也许对上述问题若明若暗。笔者曾长期工作于中国人民大学（1991年调至中国社会科学院），作为郭校长的学生和下属，在他晚年还曾协助其整理过回忆录——《往事漫忆》（中国人民大学出版社1986年版，2010年再版增订本）。因对其一生有较多了解，现仅就他与清史研究和清史编纂方面的问题略作记述。

一　一位有浓厚书卷气的学者型领导

凡是经历过"文化大革命"的人，对郭影秋这个名字大概都耳熟能详。

因为1965年秋冬之际，时任中国人民大学党委书记、常务副校长的他，在姚文元的《评新编历史剧〈海瑞罢官〉》揭开"文化大革命"的序幕后，彭真领导的北京市委突然坍塌，随即组成李雪峰为书记的新北京市委，在这风雨如晦的多事之秋，突然被调任为新北京市委的文教书记，而处于风口浪尖上。"文化大革命"伊始，他每天都多次接到康生、陈伯达打来的电话，颐指气使地催促他向各个高校派工作组。然而，当毛泽东主席突然从南方回京后，问责派工作组的罪过时，康生却马上变脸，指示郭影秋在高层的会议上当面揭发刘少奇派工作组的过错，郭影秋据个人的判断识破了康生的伎俩，在那次高层会议上，以沉默不言的方式，抗拒了康生的指示。为此，康生恼羞成怒，为打击陷害郭影秋，几天后便在一个群众大会上诬蔑郭参与了"二月兵变"。郭影秋遂被造反派揪回人民大学接受批斗。不久，又在党中央召开的万人大会上，被加以"推行资产阶级反动路线"的罪名，撤销了其北京市委书记的职务，此后，他即被关押，完全失去人身自由。但由于此前，他曾在北京郊区领导农村的"四清运动"，其深入群众，与农民同甘共苦的高风亮节，深受当地群众爱戴。农民闻悉他被横加罪名遭受批斗而疑惑不解，有几百名农民自发进城到人民大学与造反派辩论。岂料，事与愿违，很快即有"最高指示"：郭影秋调动六百名农民进城，挑动群众斗群众。① 这样的莫须有之词，却使郭影秋雪上加霜，被涂抹成家喻户晓的"反面人物"。

殊不知，郭影秋（1909—1985）是一位"德才兼备""兼资文武""清正廉洁"的高层领导干部。他早在第二次国内革命战争时，就加入共产党，投身革命洪流，以中学教师身份为掩护，做过党的地下工作。抗日战争爆发后，又投笔从戎，在敌后开展游击战争，是湖西抗日革命根据地的创建人之一。解放战争时，他又作为军级领导，随刘、邓大军南下，屡建功勋。新中国成立后，他先后担任川南行署副主任和云南省委书记处书记、省长。1957年，又主动辞去云南省省长之职，转入高等教育部门，陆续担任南京大学党委书记兼校长，中国人民大学党委书记、副校长、名誉校长等职，为发展我国高等教育事业做出卓著贡献。周总理曾对云南籍辛亥革命老人李根源说："您们贵省省长郭影秋，不愿当省长，自告奋勇到大学去。"② 这诙谐的话语，反映了周总理对郭影秋辞去省长高位而主动到教育部门工作的赞许。

尤为难能可贵的是郭影秋作为一名高层领导干部，无论是在戎马倥偬的战争年代，或者是和平建设的岁月，在繁忙的党、政、军、文领导工作中，都始终不忘读书治学，既写诗填词，公开出版过《郭影秋诗选》，又创作剧本，早在1940年当抗日战争进入艰苦的相持阶段后，为鼓舞湖西根据地军民的斗志，他就创作了历史剧《陈胜吴广》《岳飞之死》及《黄天荡》，在根据地广为演出。他在南京大学和中国人民大学工作期间，身体力行，以渊博的学识，既为本科生讲课，又亲自带研究生，还以扎实的学术功底撰写了《李定国纪年》等明清史论著。1985年当其积劳成疾病逝时，胡乔木同志在唁电中称他为"马克思主义的教育家和历史学家"。时任教育部副部长的高沂同志称其为"我心目中的完人"。后任中国人民大学校长的袁宝华在悼诗中云："北地结长缨，戎马事南征。政绩著川滇，教泽被宁京。无缘桃李秀，有愧萤雪功。病

---

① 关于郭影秋"文化大革命"中的遭遇参见郭影秋口述、王俊义整理《在"文化大革命"中的经历和遭遇》，载《往事漫忆》，中国人民大学出版社2010年版。
② 王俊义：《郭影秋》，载《中共党史人物传》第48卷，陕西人民出版社1991年版，第267页。

榻肺腑语，初交亦动容"，深情赞扬了郭影秋在党、政、军、文等方面的功绩。曾经与郭影秋共过事的全国人大原常委会副委员长彭冲同志，在为《郭影秋纪念文集》写的序言中说：原来"只知道他是一位有丰富革命经历的同志"，"以为他只是一个党政领导干部"，"通过几年的接触交往，我发现他不仅有丰富的党政领导工作经验，而且是位有浓厚书卷气的学者型领导干部"。[①] 郭影秋的确是一位有浓厚书卷气的学者型高层领导干部。

郭影秋之所以成为一位有浓厚书卷气的学者型领导，当与他的人生经历和个人志趣密不可分。他幼年读过私塾，经常"三更灯火五更鸡"，他昼夜苦读《四书》《五经》，还练习写古体诗词，打下了坚实的文史功底。他还曾就读于江苏无锡国专，这是经学大师唐文治先生创办的专门培养国学人才的学校，郭影秋在这所学校学习过经学、经学史、理学、考据学、文字学、音韵学等课程，奠定了扎实的国学基础。另外，他还读过江苏教育学院，学习过教育学、教育史、心理等课程，奠定了他日后从事教育工作的根底。虽然，在革命战争年代，他因爱国热情和共产主义理想信念的驱动，投身革命战争，担负了日益繁重的党、政、军、文方面的领导工作，然而，从其个人志趣说，却一直钟情于学术，喜欢读书治学，热爱教育工作。他常常因为从事革命工作未能专心治学而遗憾，如其诗云："学剑不成书误了，脱胎未净神难肖。"据说，他在冀鲁豫边区工作时的老战友万里同志有次和他开玩笑说："影秋，我看你是当大领导的料，今后我在你手下工作。"郭影秋则笑笑说："我看你才是当大领导的料，我就是想当个教书匠，不信咱们走着瞧。"所以，郭影秋辞去云南省省长之职，主动去做大学校长并非偶然。

二 在明清史研究方面的学术成就

如前所述，郭影秋在青少年时代就刻苦攻读过《四书》《五经》。他尤其喜欢历史，在念私塾、读高小、读无锡国专和师范学院时，大量

[①] 以上引述对郭影秋的评价，参见《郭影秋纪念文集》各篇相关诗文，南京大学出版社2002年版。

阅读了各种史书，如《左传》《国语》《史记》《汉书》《资治通鉴》等，为日后深入研究历史奠定了坚实的基础。他在明清史领域有很深造诣，其代表著作是《李定国纪年》。说起来，他之所以研究明清史，并撰写了《李定国纪年》，则与他的工作经历有一定联系。

新中国成立之初，他在川南工作时，看到或听到不少有关张献忠和大西军的史料和史迹，感到封建史书对张献忠及其领导的大西军多有诬蔑不实之词，如称张献忠"生性嗜杀"，甚至说他在四川"杀男女六万万有奇"，这显系诬蔑之词。明末全国人口也远不足一亿，张献忠焉能在四川一省就屠杀六万万有奇？！影秋同志还看到当时颇为流行的一本小册子的后记中写道："吾川人何其不幸也，前有张献忠，后有张国焘，皆在吾川屠杀无辜。"他觉得，把不同时期不同性质的历史人物比附在一起，已属不伦不类；又不加分析地指责张献忠"乱杀无辜"，显然是受到封建正统史学影响。值得注意的是，这些言词还出自一位大史学家的手笔。这说明肃清封建史学影响，是史学界的重要任务。这时，他就萌生要编写大西军及其领导人物历史的念头。1952年，他调至云南工作。由于大西军后期的杰出将领李定国，最后曾在云南坚持联明抗清，因而当地保存有大批有关李定国的历史资料和遗迹。他都尽可能地查阅和考察。如他在考察了史载为李定国抗清驻兵的缅宁后，即写下缅怀李定国的诗句："疾风飘雨卷怒江，宁亡徼外耻言降。民族大节农民恨，一代英雄李晋王。"通过阅读有关史料，他认为李定国的一生，是与大西军休戚与共的一生。这位农民军领袖追随和领导大西军战斗了32年，转战秦、晋、豫、楚及川、黔、滇、粤等十五六省，取得辉煌战绩，直至兵败临死之前，还嘱咐其子与部属："宁死荒外，勿降也！"他考虑如能编写一部李定国的编年史，不仅可以表彰李定国的功绩，而且可以通过这位农民起义领袖艰苦奋斗的历史，反映大西军发生、发展及败灭的过程。从此，他便开始酝酿编写《李定国纪年》。

1957年他调到南京大学工作后，在担负党政领导工作的同时，更是身体力行，深入教学与研究第一线，一方面给本科生讲授《南明史》专题、带研究生指导论文；另一方面又进一步搜集有关大西军及李定国的材料，甚至利用节假日，或到北京开会的机会，跑南京图书馆、北京图书馆，借阅有关图书，与明清史方面的专家学者讨论研究。历时数年，终于在1959年写就、于1960年出版了《李定国纪年》。

《李定国纪年》凡20余万言，主要记述了李定国一生的光辉业绩。是书正文自"庚午（1630）明崇祯三年"（李定国10岁）起，至"壬寅（1662）清康熙元年"（李定国42岁）逝世止，按年月汇录了李定国一生的资料。同时，又简要地记述了明末清初全国政治、经济、军事、文化等方面的资料。对引用材料，一一注明出处，并对有些资料，加"案"提出自己的看法。此外，该书卷首刊有关于李定国事迹的地图、照片及文物拓片；书后又附录了李定国的多篇传记及论述李定国的资料十数则。该书虽名《李定国纪年》，其内容实际上则是大西军的战史编年，是国内外第一部全面、系统地记述关于大西军及其领袖人物的史料性专著，有很高学术价值。

《李定国纪年》问世以来，引起史学界广泛关注，纷纷评价"这是一本新型的历史上农民英雄的年谱""确是一本值得推荐的好书"等。直到前些年，还有评论指出："一部有价值的著作，贵在经得起时间的考验；虽历经世事沧桑，仍永葆其学术价值，郭影秋同志所著《李定国纪年》就是这样一部值得称道的史学专著。"此书因出版多年，早已售罄，应广大读者要求，国家清史编纂委员会将之列入清史《研究丛刊》，于2006年又予以校订重印。

《李定国纪年》显著特色是：

第一，坚持唯物史观评价历史人物。《李定国纪年》书前冠有作者的长篇序言，论述了他为什么要整理大西军和李定国的史料，怎样评价李定国这个人物，以及关于整理史料的一些意见。在论述这些问题时，作者运用了马克思主义历史唯物论的基本原理，阐述了评价历史人物的观点和方法。另外，作者还一再强调要从零散史料的表面现象中，透过现象，弄清历史事变内在的、本质的联系，揭示历史事变的规律。

第二，搜辑宏富，考订精审。此书广征博采，网罗博览的文献典籍多达一百余种，诸凡正史、野获、稗史、文集、笔记、语录、奏议、揭帖、方志、碑铭等，均一一涉猎。从中辑录出史料多至数千条。同时，又删繁就简，审慎取舍，对于许多众说歧异、错综复杂、以讹传讹，乃至封建统治阶级为诋毁农民起义而歪曲的史料，作者均进行了细致的考订，去伪存真，取其精华，弃其糟粕。

第三，史论结合，勇于创新。《李定国纪年》作为一部史料性的专著，并非仅仅停留在对史料进行客观的整理编排方面，而是较好地贯彻了史论结合的原则。作者认为，"要真正弄清一个历史上的问题，就不能不掌握比较可靠的资料，即所谓'第一手资料'。但是光靠所谓'第一手资料'，或'大量的史料'还不够，如果没有正确的历史唯物主义的观点，即使搜集到一些资料，也将为芜杂的材料所淹没，而不能用以说明历史事变与历史发展的真相"。另外，书中特别指出："近来有些人编写明清之际的历史，往往只提大顺军李自成的作用，不提大西军、张献忠的作用，即使提出来也是为了接受教训……那是不妥当的。"其实"明末农民军开始号称'十三家''二十四家''三十八家'，到后来却只有两大家，一家是李自成领导的大顺军，一家是张献忠领导的大西军"，两支大军相互支持和声援，"这一家的胜利，有时挽救了另一家的危机，另一家牵制明军的兵力多些，也恰恰支持了这一家的大发展。在相当长的时间内，张献忠一支是明军攻击的主要对象。明军最大的一次'剿局'……基本上是被以张献忠为首的农民起义军彻底粉碎的"，怎么能把一支"转战十六省、浴血奋战十七年（前后三十二年），一度达到百万农民参加的农民起义大军"一笔抹杀呢？这些看法，观点鲜明，分析得当，论证透彻，为日后多数明清史研究者接受和采纳。此外，对李定国死难和埋葬的地点，影秋同志也根据历史文献和历史遗迹的考察，在众说纷纭的情况下，提出自己独到的见解，并为史学界所赞同。①

继《李定国纪年》一书之后，他还撰写有《谈郑成功和李定国的关系》《论李定国坚持西南抗清斗争的历史作用》等论文，进一步阐述和发挥了《李定国纪年》一书中的思想观点。这些论文都曾引起史学界的高度重视，对明末清初史学的研究有重要影响。另外，他还为中国人民大学清史研究所编纂的多卷本《清史编年》写了《序言》。这篇《序言》高屋建瓴，言简意赅，既指出研究和编纂清史的重要意义与如何着手，也论述了编年体史书《清史编年》的历史价值与特点，今天

---

① 对《李定国纪年》的评价参见戴逸《李定国纪年·前言》，中国人民大学出版社2006年版，第4页。

读来仍给人以启迪。

郭影秋在学风上,严谨踏实,一丝不苟。他曾以诗句表达自己的治学准则:"出言轻易防空想,遇事艰难怕皱眉。"意即立言必须有据,力戒主观武断,遇到困难不能畏惧,应知难而进,勇于攀登。对自己的研究成果,他总是抱着谦虚的态度。曾虚怀若谷,向不少明清史专家请益问学。但又绝不见风转舵,随波逐流。十年动乱期间,《李定国纪年》也成了鼓吹"叛徒"的罪证。对此他说,"有人把李定国当作叛徒,我均一笑置之,原有认识,至死不悔"。表现了一个马克思主义史学家实事求是的学风和应有的史德。

郭影秋本来有扎实的文史功底,又有深厚的理论学养,博览群书,思想深邃,但他几十年如一日,主要精力都献身于革命和建设事业,而不能集心思精力于他热爱的学术事业。对此,他也曾在一些诗词中流露出惋惜和遗憾,除前引诗外,又云:"学书学剑两徒劳,语尚牙牙鬓已焦。"[①]当他转入高等教育部门工作后,特别是在中国人民大学后,本想用更多精力投入清史研究,不料"文化大革命"中又遭"四人帮"残酷迫害,晚年不得不久卧病床,难以从事正常工作与研究,这使他的才学与睿智未能充分施展与发挥。

三 推动和组织清史研究,为清史编纂创造条件

郭影秋对明清史的贡献,不仅表现在他个人在这一领域的学术成就方面。作为一个学者型的高层领导干部,一位深孚众望的大学校长,加之本身又是明清史专家,凭借这样的身份,他对明清史特别是对于清史的贡献,还突出表现在推动和组织清史研究,努力为编纂大型清史奠定基础和创造各种条件方面。

早在1957—1963年,他在主政南京大学期间,在个人致力于明清史研究,孜孜不倦地搜集资料,撰写专著的同时,还约请组织了一些著名的明清史专家,组成《晚明史籍丛书》编委会,亲自牵头,制定选题,编辑整理晚明史籍。此事虽由于各种原因而一度中断,前些年则又

[①] 《郭影秋诗选·病中答赠郭子化同志》,南京大学出版社2002年版,第473页。

恢复了这套丛书的编校工作，计划编校 70 余种，将陆续出版。此举必将推动晚明史研究的资料建设，他对此事则有首倡和草创之功。

1963 年，他调来中国人民大学工作后，由于该校在清史研究方面有较雄厚的基础，人才济济，有进一步开展清史研究的条件和潜力。加之，老一代中央领导人又重视清史，屡屡建议编纂清史。郭影秋也因势利导，以其所在的中国人民大学为基础，在推动和组织清史研究方面，为最终实现编纂清史，呕心沥血，做了大量有益的工作，主要表现在以下几个方面：

1. 贯彻中央要纂修清史的决定，积极组建清史研究机构

1965 年 10 月，中共中央宣传部遵照周恩来总理和董必武副主席要修清史的倡议，决定成立清史编纂委员会，并拟在中国人民大学建立清史研究所。当时议定的清史编纂委员会由 7 人组成，他们是郭影秋、关山复、尹达、刘大年、刘导生、佟冬、戴逸，并由郭影秋任编委会主任，这也反映了郭影秋的学术地位和威望。他积极贯彻中央这一决定，及时与学校党委研究部署，着手筹建清史研究所，曾考虑由戴逸主持领导清史研究所的研究工作，因此授意戴逸草拟成立清史研究所的规划。始料未及的是，不久即爆发了席卷全国的"文化大革命"。正在着手进行的清史编纂工作及成立清史研究所的规划，不仅化为泡影，反成为郭影秋抵制"文化大革命"的一大罪状。令人钦敬的是影秋同志虽横遭迫害，却矢志不移，不改初衷，坚持重修清史，对成立清史研究所的事也始终铭记在心。1972 年，在中国人民大学已被撤销，他个人也是刚刚解除"文化大革命"中被拘押审查的情况下，他又向北京市和中央有关部门报告，提出建立清史研究机构，着手编修清史的建议。所幸这一建议被领导部门采纳，批准成立清史研究小组，且由郭影秋亲自兼任研究组组长，直接领导该组制订研究规划，确定研究方向。由于当时中国人民大学已被撤销，清史研究小组挂靠在北京师范大学。虽然名为清史研究小组，却被批准可有 40 个人员的编制，是国内首家清史研究建置，也是此后中国人民大学清史研究所的前身。在"文化大革命"尚未结束时，清史研究小组经郭影秋建言得以建立，确实为编修清史集蓄了有生力量。清史研究小组的建立，足以反映了郭影秋的远见卓识。

1978 年，中国人民大学复办，在原来清史研究小组的基础上，正

式建立了清史研究所。时任学校主要领导的郭影秋曾架扶双拐到清史研究所，代表校党委宣布研究所的领导班子，勉励全所研究人员，为早日编出大型清史而努力奋斗！清史研究所的工作始终受到他的关怀和指导。他为扶植浇灌清史研究所倾注了大量心血。戴逸教授曾详细地记述了他对清史研究所工作上的关心和指导。戴先生说："影秋同志非常关心清史研究所的工作，人大复校，清史研究所成立，他抱病前来出席会议，勉励全所同志努力钻研。以后，我们的工作一直得到他的指导与关怀。只要他住在北京而病体又许可的话，他总是乐于听取我们的工作汇报，并就研究所的方针、方向和具体工作进行指示，为我们排除干扰，解决困难"，"他对我们的帮助具体、细微、切实。例如，我所的重点科研项目《清史编年》，就是在他的倡议、帮助下编写的，他为此书的编写体例和内容多次和我们谈话，并亲自写了《序言》。"①

从清史研究所产生、发展的历史，可清楚地看到，郭影秋可谓是清史研究所的实际创办人和奠基者。

2. 强调纂修清史的意义，指导和确立清史研究项目

郭影秋作为中央最早拟议中的清史编纂委员会主任，深知编纂清史的重大意义。他在各种场合都反复强调纂修清史的重要性，如他在《清史编年·序言》中所说，"近几年来，史学界注意了对清代历史的研究"，清史有关的各个方面"都取得了可喜的进展。这不仅因为编写一部内容完整充实，具有较高水平的《清史》，填补为前朝修史的空白，完成老一辈革命家的遗愿，是历史科学工作者义不容辞的光荣职责。更重要的是，大家对清史研究的重要意义，对清史研究与现实社会的关系，有了更深刻的认识。"②

作为一校之长、清史研究所的创建者和奠基人，郭影秋当然十分明白中央决定在中国人民大学设立清史研究所的目的，就是纂修大型清史。在建所之初，他在指导研究所确定建所方向、方针，以及研究项目、研究规划等问题的确立上，都有意识地与编纂清史联系起来。有关

---

① 戴逸：《悼念郭影秋同志》，《繁露集》，中国社会科学出版社1997年版，第238页。
② 郭影秋：《清史编年·序言》，《清史编年》第一卷，中国人民大学出版社1985年版，第5页。

这方面的具体内容，如前所述，戴逸同志在不少讲话与文章中均有提及。我个人在这方面也有直接了解。记得清史研究所成立不久，影秋同志曾在病房中，主动约见了我和王思治教授，就如何进行清史研究，做了长时间的谈话和指示。其谈话要点是：（1）清史研究意义重大，而前人的研究成果甚少，许多领域还是未开垦的处女地，而清史的研究资料又浩如烟海，需要有坐冷板凳的精神，广为搜集阅读。在清史领域进行研究耕耘，大有用武之地，要有志于把清史研究作为自己毕生的事业。（2）清史研究所刚刚成立，一定要埋头苦干，少说多做，要有决心在几年内出一批有分量的研究成果，切忌在尚无建树的情况下喋喋不休，以免让人引为笑柄。（3）研究工作应从基础入手，基础一定要深厚扎实。为此，可先编写《清史编年》，要在搜集丰富材料的基础上整理编纂，使其既是一部学术工具书，又是一部资料书。这是项基本建设，既编书，又练人。（4）清史研究所的长远目标是编纂大型清史，为了摸清楚有清一代268年的历史过程，可以先写一个简本，这个简本可以看作是大型清史的研究提纲。影秋同志包括这次关于清史研究的谈话和指示，可以说都是他经过深思熟虑后提出的，切中肯綮，抓住了深入开展清史研究的关键，实际上成为清史所日后开展研究工作所遵循的依据。此后戴逸教授主编的《简明清史》，以及集体编写的多卷本《清史编年》，就是按影秋同志的指示，经过深入研究后推出的研究成果。

3. 关心爱护清史研究工作者，为编纂清史组织队伍、积蓄力量

要编第一部以唯物史观为指导、体现时代精神、内容完整翔实并能反映当代中国学术水平的高质量的大型清史，任务是艰巨而繁重的。完成这一艰巨的光荣任务，必须有一支业务素质高、责任心强，能为清史事业而献身的编写队伍。对此，郭影秋同志也非常明白。他的工作作风平易近人，深入实际，密切联系群众。尊重和爱护知识分子，关心和培养青年知识分子的成长，更是他有口皆碑的美德。他这种工作作风和美德，也充分体现在他关心和爱护清史研究工作者方面。

郭影秋同志在关心和爱护清史研究工作者方面有许多动人的事迹，与他接触较多的戴逸老师有很多感受与体会。据戴老师回忆，早在1963年初夏郭影秋到中国人民大学工作不久，就曾听过郭校长对有关工作的汇报，给他留下的印象是："这位新校长既是久经锻炼、饱受风

霜的老革命，又带着浓重的书卷气；在他亲切、温文的言谈举止中透露出英毅果断之风。"又说，此后"同影秋同志见面的机会多了，他缠绵病床，不能行动，但精神很好，思路清晰，能大量读书，谈话内容大多是有关清史研究。影秋同志非常熟悉明末清初的历史，和我谈过李自成、张献忠、崇祯、史可法、郑成功、李定国、孙可望、多尔衮、洪承畴等人，他都有独到见解。他读的史料极为丰富，不少稀见的稿本、抄本，是我闻所未闻的。影秋同志的记忆力特别好，给我介绍书籍的作者、卷数、版本、收藏单位、内容梗概以及他的评论，娓娓而谈，如数家珍，使我深受教益。"至于他与戴老师谈清史研究所的方向、规划等就更多了，而且，"他非常尊重下级的意见，总是用商量的口吻和我们谈论工作，从来不用简单的命令"。正是通过这样的交谈，一方面指导了工作，使与之交谈的对象，于润物细无声中受到教益，另一方面，也使得郭影秋同志对与之谈话者有更多的了解。他果断选择戴逸主持清史研究所的工作，草拟清史研究所成立的规划，可谓知人善任。当1985年10月，郭影秋校长逝世时，戴逸曾沉痛地说："郭校长和我们永诀了。清史研究所永远失去了一位亲切可敬的导师，这是难以补偿的损失。"[1] 充分表达了清史界对郭校长的敬仰之情。

清史研究所另一位著名教授王思治也是与郭校长接触交往，受到其关心爱护的一位。王教授曾撰文回忆说，由于他写过几篇农民战争史的文章，1963年刚到人民大学工作不久的影秋同志，就要求有关教研室将王思治教授已发表的文章报送他，并要与之面谈。这些举止使思治同志深有感触，"一位上任伊始的校长，工作头绪纷繁，然而所关心的却是教学与学术，能抽时间深入了解一般教师的研究工作，这是我没有想到的，敬佩之情油然而生。"[2] 郭校长后来有病住院，思治同志也常去病房看他，留给他的印象是："病榻床头，一桌横陈，桌上所放的不是病房中常见的鲜花或食用物品，而是满桌盈尺的书籍和书写台灯，倘若只是病房这一隅，俨然像是书斋"，由于"影秋同志白天没有时间读

---

[1] 戴逸：《悼念郭影秋同志》，《繁露集》，中国社会科学出版社1997年版，第236—237页。
[2] 《难忘的教诲——怀念郭影秋同志》，《清史研究》1986年第1期。

书，因为探望的人很多。每当夜阑人静，一盏孤灯照亮床头，常常阅读到深夜"。"这对我来说，既感钦佩，也是无声的策励。"此外，郭校长还多次通过谈话、书信与思治同志研究切磋有关学术问题。当思治同志在参与撰写的《承德避暑山庄》一书编写提纲拟成后，首送请郭校长提意见。他认真阅读后，竟给思治同志写了一封长达4页的信，提出了许多十分中肯的意见。对此，思治同志感触良深地说："当有问题向影秋同志请教时，他又是何等认真对待，特别是这些信都是在病床上写于夜晚，其诲人不倦的拳拳之心，感人至深。"因此，思治同志曾满怀深情地说，"他（郭影秋）虽然不是我的业师，而我却是他的私淑弟子，是他的学生。"①

郭校长不仅与学有专长、有成就的教授、学者接触交往，与一般教师也保持联系，尤其关心爱护青年研究人员的进步与成长。1978年人民大学清史研究所宣布成立时，当时与会的所内30多位研究人员，他大都能叫上名字。正如戴逸同志所说："他认识所内许多研究人员和研究生，经常和他们谈话，关心他们的成长，指导他们前进。"如英年早逝、才思敏捷的吴廷嘉，还有对晚清史研究卓有成就的孔祥吉等，都与郭校长有密切的交往，受到过他的亲切关怀和指导。我个人也是受到郭校长关怀教诲较多的一个。我是1972年清史研究小组成立时，组内研究人员中最年轻的一个。郭校长对我政治上、业务上的关心和爱护，令我终生难忘。1976年，我实现了多年的追求加入党组织。他闻讯后，竟在医院的病床上亲笔写来贺信说："欣闻你光荣加入党组织，特致祝贺。入党只是继续革命的新起点，而不是革命的终结。望你继续努力，不断前进，做一个名副其实的好党员。"1978年，清史研究所成立不久，他又在医院小病房中，约见了我和王思治同志，鼓励我们"要有志于把清史研究作为自己毕生的事业"。1981年，我带领清史所1979级研究生到江浙一带实习考察，看望了当时正在上海治病的影秋同志，也请他能接见研究生给予教导和勉励。虽然他那时已久病在身，仍亲切会见了我们师生一行，并谆谆教导我们：一要有坚实的理论基础；二要有系统的专业知识；三要掌握语言工具，要学好外语和少数民族语言及汉

---

① 《难忘的教诲——怀念郭影秋同志》，《清史研究》1986年第1期。

语；四要勤写多练，提高写作能力。当时，参加会见的那些研究生如郭成康、房德邻等，现在都已是清史研究领域著名的教授了。他们在读研究生时受到郭校长那些有针对性的言传身教，对日后的成长与发展必有一定的影响。尤使我们永远难忘的是，1985年10月末，在影秋校长弥留之际，我赶往医院看望他时，他还十分吃力而关切地问我："你最近在研究什么清史课题？"其拳拳教诲之心，殷切期望之情，实沁人肺腑，催人泪下。

除中国人民大学的清史研究工作者外，郭校长与全国各地史学界的学者也有广泛联系。记得1975年秋，我陪同厦门大学的明清史大家傅衣凌先生去看望他时，两位老历史学家一见如故，相互就明清史问题倾心交谈，十分欢愉。事后，傅先生对我说："郭校长真是学识渊博，名不虚传，又是那样礼贤下士，虚怀若谷，令人钦敬。"

在上述零星片断记述中提及的，当年受到郭影秋同志关心爱护、扶植培育的众多中青年学者乃至莘莘学子，如今大都已是学术界特别是清史领域的柱石和中坚，正在国家清史编纂工程中发挥和贡献自己的聪明才智，并薪火相传，带动一批一批的新生力量。

郭影秋在世时为推动清史研究事业，呕心沥血筹建清史研究机构，关心和培养清史研究人员，为编纂清史积蓄力量，尽力创造各种条件，已得到应有的回报。2002年，以著名历史学家清史专家戴逸为代表的许多知名学者，一再呼吁并呈报中央领导建议将纂修清史列入国家规划，终于得到批准，再次成立国家清史编纂委员会，清史编纂工作作为新世纪的最大学术文化工程，已于2003年正式启动，郭影秋等前辈史学家为之追求的夙愿终于实现。戴逸先生所说："郭影秋同志坚持搞清史，他对清史编纂功不可没。"可谓饮水思源，不忘前贤之贡献。

（原载《社会科学战线》2009年第2期）

开拓清史研究领域　推动清史事业发展

——戴逸教授与清史研究

戴逸教授是我国当代在海内外有重要影响的著名历史学家，尤其是对于有清一代的历史，无论是在以其个人的研究成果开拓研究领域方面，还是以其声望与影响推动研究事业的发展而论，都建树丰硕，贡献卓著，实处于执牛耳的翘楚地位。

笔者从50年代中期起即为戴师之弟子，以后又承蒙其提携与厚爱，曾长期作为他的同事和助手，因不揣浅陋，草成此学术传略。

从江南少年俊彦到著名历史学教授

戴逸，原名戴秉衡，江苏省常熟市人，1926年9月10日生。现为中国人民大学教授、清史研究所名誉所长，兼任北京市文史研究馆馆长、北京市社会科学联合会副主席、中华炎黄文化研究会副会长等职。一个人从幼年起生活于什么样的环境，其在少年、青年时代走过了一段怎样的学习和生活道路，乃至于逐渐形成了什么样的性格、志趣、理想、爱好，对其日后人生道路的选择，有着重要影响。戴先生的故乡常熟，既是江南景色秀丽、物产丰腴的鱼米之乡，又是文化积累丰厚、人文荟萃之区。这里自古以来，便哺育了许多著名的政治家、文学家、诗人、画家和藏书家。如明清之际在桂林坚持抗清而壮烈殉国的名士瞿式耜、光绪皇帝之师翁同龢、小说《孽海花》的作者曾朴等，都是常熟人。清代江南有名的藏书家铁琴铜剑楼瞿氏就是戴家的近邻。而且，在他的老师和亲友中，既有清朝的举人、秀才，也有南社诗人。戴逸先生在如此浓郁的历史文化氛围中，耳濡目染，自幼就对祖国的历史文化产生了浓厚的兴趣。他刚迈入小学门槛，就迷恋于阅读以历史故事为内容的连环图画，如《东周列国志》《三国演义》《说唐》《西游记》《水浒传》等，他都看得津津有味，爱不释手。这些历史连环图画，描绘的历史知识虽不见得准确，却唤起了其对历史的特殊兴趣和爱好。

随着年龄增长，戴逸进入中学后，对历史的爱好与日俱增，语文和历史是他最爱好的课程，除学校教读的课本外，他还大量阅读课外文史读物。常熟市内的几家古籍书店，摆着各种线装书，也成了他经常光顾的地方。旧书店中没有座位，他就捧着书，站着阅读。什么《四书》《五经》《唐诗》《宋词》，他都贪婪地翻读。有时，他还把家中给的零用钱积攒起来，买些自己珍爱的廉价书。有次，买了部残缺的《昭明文选》，他如获至宝，便又设法借得完整的本子，于课余时间一字一句地抄写补齐。他一边抄写，一边装订，直至完整无缺。就这样，日积月累，到读高中时，他竟拥有了一个小小的藏书室。有了自己的书，他在阅读时，就用红蓝色笔，浓圈密点，甚至练习标点断句。如同他在一篇自述中所说："每当夜深人静，万籁俱寂，独坐小楼之上，青灯黄卷，咿唔讽诵，手握彤管，朱蓝粲然。"[①] 正由于他在十几岁时，就对历代文史名著，下了如此刻苦攻读的功夫，所以，几十年后，仍能对许多文史名篇佳作，抑扬顿挫地背诵如流。

中学时代的戴逸，在贪婪地阅读各种史籍诗文名篇的同时，也不断练笔习作，他15岁时，便开始在当地报刊上发表自己的散文——《春》。此后，一发而不可收，陆续在常熟、上海、天津、北京等地发表了散文、小说和短论，如《谈扇》《爱山篇》《送毕业同学序》《巫师娘》《高中国文课应该改革》等。他当时就已显露了才华，为师友称道为"少年才子"。今天看来，确不愧是江南少年俊彦。

自幼酷爱文史的戴逸，于1944年高中毕业后，理应到名牌文科大学深造。但在旧中国重理轻文，学文史没有出路。受社会和家庭影响，他迫于舆论压力，在同年违心考取了上海交通大学。但交大的课程设置，与其一向的志趣格格不入，他一心想念的仍是历史和文学，致使他深感彷徨与困惑。最终竟不顾家庭和亲友的劝阻，放弃了在交大已有两

---

① 戴逸：《我选择了历史专业》，《书林》1982年第5期。

年的学历，于1946年转入北京大学史学系。

戴逸进入北京大学这座洋溢着民主、自由的学术殿堂后，真是夙愿以偿，如鱼得水。当时的北大，名师云集，胡适、贺麟、郑天挺、邓广铭、杨人楩、沈从文等文史哲大师，都曾为他授课。图书馆中那浩瀚丰富的藏书，更令他如进宝山，目不暇接。他如饥似渴地读书，废寝忘食地学习，恨不得一口吞下全部知识，并立志献身于学术研究。然而，事与愿违，当时在国民党统治下，政治腐败，民不聊生，富有正义感的戴逸，对之深恶痛绝。此时解放战争的隆隆炮声，更把他从一心钻研学术的梦中惊醒。他虽然爱读书，但更爱祖国，关心国家、民族的前途和命运。因此，他不顾个人安危，奋身投入进步学生运动，并成为北大学生会的负责人之一，在白色恐怖中，同国民党反动派展开了英勇斗争。他的革命行动，很快被国民党反动派察觉，即将其列入黑名单，发出通缉令。因此，他不得不割弃心爱的学业，离开北大，通过封锁线，毅然奔向解放区，进入设在河北省正定县的华北大学一部学习，后留校在著名的中共党史专家胡华教授领导的中国革命史组工作。

1949年他又随华北大学进入解放后的北京，满怀喜悦之情迎来新中国的诞生。从1950年中国人民大学成立至今，他一直在该校从事教学与研究，曾先后在中国革命史教研室、中国历史教研室、党史系、历史系、清史研究所工作。在长达半个世纪之久的教学与研究生涯中，他辛勤耕耘，勤奋治学，著书立说，教书育人，淡泊名利，将全部心思精力倾注于历史学科的教学与研究。由于其教学和科研成绩突出，1955年尚未进入而立之年的他，即被评为副教授；1959年参加了全国群英会；1961年被评为全国文教战线先进工作者；同时，从1961年起，便担任中国人民大学历史系副主任兼中国历史教研室主任。"文化大革命"期间，他曾因莫须有的罪名横遭批判。1978年，在"文化大革命"中被解散的中国人民大学复校，并成立了清史研究所，他随即担任副所长、所长，1982年任国务院学科评议组成员，博士研究生导师，1986年被评为全国教育系统劳动模范，获"人民教师"光荣称号，1988年任第七届全国人民代表大会的代表，1992年任国务院古籍整理小组成员。

由于戴先生在历史学学科领域，成就昭著，贡献卓越，且道德风范也为人钦敬，故在史学界深孚众望。因此他曾历任北京市历史学会第四届、第五届会长，自1988年起，又任中国史学会第四、五届会长。他还曾先后到越南、日本、美国、德国、苏联、澳大利亚、加拿大及中国香港、中国台湾等国家和地区访问讲学。1995年、2000年他又两次率中国历史学家代表团出席国际历史科学大会，促进中外学术交流，推动中国历史学界进一步走向世界。

戴逸走上治史道路的半个多世纪以来，历尽甘苦，终于成为著述等身，桃李满天下，享有国际声望的历史学大家。从一个江南少年俊彦，到北大的进步学生，直至为著名历史学教授，就是他所经历的人生道路的轨迹。

循着"逆向回溯"的路径研治清史

戴逸作为一个历史学家特别是作为清史专家，他的学术生涯并非直接从研究清史开始，而是循着"逆向回溯"的路径步步推进，如同他在《我的学术生涯》一文中所述："但我的治学，沿着'逆向回溯'的路径进行，即由近而远，由今至古。最初我从事党史和革命史研究，稍后研究中国近代史，一步步往前推移回溯。"[①]

一个学者在选择自己的研究方向时，固然出发于自己的志趣和爱好；同时，又不得不根据工作的需要而服从组织的安排。戴逸的学术生涯是从1948年离开北京大学史学系开始的，当时，他割弃心爱的北大历史学专业，跑到解放区——河北正定华北大学。在华大这座革命的熔炉中经过一段时间的学习，在分配工作时，他填写的志愿是"历史研究"，尔后却被分配到该校一部政治研究室革命史组，在著名的党史专家胡华教授领导下工作。在此过程中，他学习到许多革命史知识，阅读了大量珍贵的中国共产党的历史文献，同时也协助胡华教授收集资料，进行党史、革命史有关问题的研究。直到1949年回到北京，在华北大学基础上成立了中国人民大学，他依然在胡华领导下，继续从事中国革

[①] 戴逸：《我的学术生涯》，《当代学者自选文库·戴逸卷》，安徽教育出版社1997年版，第1、6页。

命史的教学与研究。中国革命史是一门政治性、思想性、理论性很强的专业。根据教学和研究工作的需要,此间,他系统地、废寝忘食地攻读了大量马列主义经典著作,所用的时间几乎超过从事革命史专业的时间。由此他奠定了深厚的马列主义理论功底,并养成坚持阅读马列经典著作的习惯,从而树立了唯物史观。他坚信马克思主义是指导历史研究的科学理论,只有用这一科学理论来指导历史研究,才能透过历史的表面现象探索其深层本质、揭示历史发展的规律。自觉地运用马克思主义这把锐利的解剖刀去分析和研究历史,也是戴逸长期从事历史研究的突出特色。在认真学习阅读马克思主义理论的同时,戴逸还以旺盛的精力,着重于中国革命史的科学研究。当时,曾以王金穆的笔名于1951年撰写出版了《中国抗战史演义》一书,这是他的处女作,却一版再版,发行甚广。为了配合解放之初全国范围掀起的学党史、革命史的热潮,他还与彦奇一起协助胡华主编了《新民主主义革命史参考资料》,此书经胡乔木同志审定,由商务印书馆出版,竟畅销几十万册,所得稿酬极为丰厚。是时,正值抗美援朝之际,他与胡华、彦奇爱国热情高涨,三人联名以所得稿酬,与别人一起购买了一架飞机,捐献给前线的志愿军战士。[①] 戴逸等人的这一义举,使笔者想到优秀的历史学家,必然站在时代前列,有充沛的爱国主义激情,而戴逸在初入史学战线时,便努力使自己具备这样优秀的情操和品格。

  1952年,戴逸所在的中国人民大学革命史教研室一分为二,原来的历史组单独成了中国历史教研室,因缺少中国近代史的教师,戴逸又被调到该教研室承担中国近代史的教学工作。本来,中国近代史的教学任务由著名的老一辈历史学家尹达教授承担,但他这时却调离了中国人民大学,他的此项教学任务不得不落在年轻的戴逸肩上。从此,他先后担任几届研究生班的导师,主讲中国近代史。那时,中国近代史研究才刚刚起步,尚未有一本完整的马克思主义的近代史著作(只有范文澜同志的尚未写完的近代史),更没有一本适用的教材,浩如烟海的资料也还未及整理,一切都必须从头做起。为此,戴逸不得

---

  ① 戴逸:《与胡华同志相处的岁月》,《语冰集》,广西人民出版社1999年版,第215—216页。

不精心备课，常常是夜以继日，通宵达旦地忘我工作。皇天不负有心人，经过刻苦努力，戴逸的授课终以精辟的见解，严密的逻辑，生动的语言，丰富的史料，受到所有学生的欢迎。笔者于1956年进入人民大学历史系学习时，正好有幸听戴老师讲授中国近代史，他当年讲课时声情并茂的风采，至今仍嵌印在我的脑海深处。戴逸通过几年教学实践，对整个近代史的全过程了然于胸，形成了较系统的看法，且积累了一些新的观点，深感这一领域的研究亟待开辟，于是决定要写一部多卷本的中国近代史。因此从1956年起，经过两年时间的潜心研究和写作，其《中国近代史稿》第一卷由人民出版社于1958年出版。此书以其新颖的论点、严谨的结构、缜密的论证、丰富的史料以及清新的文采等独具的特色，在学术界形成一股热潮，引起强烈反响，受到史学界和读者的高度评价，作者也由此声誉鹊起，成为国内知名的青年历史学家，并奠定了他在史坛应有的地位。《中国近代史稿》第一卷完成后，他在担负繁重教学任务的同时，即又着手第二部的编著。不过，从1957年以后，频繁的政治运动接连不断，同时，他又先后担任大量行政领导工作，个人用于研究写作的时间日益减少，直到1964年才完成第二卷的写作，打出征求意见稿后，尚未及修订出版，便不得不下乡参加"四清"运动。不久，又爆发了史无前例的"文化大革命"。在祸国殃民的"文化大革命"中，他也因曾撰写过《论清官》及《〈海瑞罢官〉代表了一种什么社会思潮》，被诬陷为吴晗的同调，而遭无情打击，随之，又被下放五七干校劳动。这近十年的宝贵光阴，正值戴逸40多岁，乃精力充沛、思想成熟的黄金时代，本可更多地从事学术研究，却不得不与书本绝缘，中断了研究工作，实在是时代的厄运、历史的悲剧。戴逸所在的中国人民大学在"文化大革命"中也一度被迫停办，直到1978年在郭影秋校长等人的努力奔波下，才得以复校，并成立了清史研究所。他本人在回顾自己的治学道路时说："清史是我毕生研究的专业范围。我前半生研究中国近代史，属于晚清时期。后半生研究鸦片战争以前的清史，属于清前期和中期。"如前所述，戴逸在研究中国近代史之前，还曾研究过党史、中国革命史。也正是我们在前文所说的，他是循着"逆向回溯"的路径，即从研治党史、中国革命史、中国近代史的研究走向，最后落脚于研究清史的。

从表面上看，戴逸以研究清史作为自己毕生的专业研究范围，但是未能一开始就从直接研究清史入手，似乎是走了一大段迂回的路，似有些事倍功半。实则不然，事实上他沿着"逆向回溯"之路，经过对党史、革命史、近代史的研究，对最后转入对整个清史的研究却大有裨益。因为他通过党史、革命史的研究，曾系统而认真地攻读了马克思主义经典著作，既奠定了深厚的理论功底，又大大提高了理论思维能力，同时，对党的历史及其思想、路线、方针、政策，也有了深刻的认识和了解。正如戴逸自己所说："对现实知道更多，对历史会理解得更深。"[①] 至于他从事过的中国近代史——包括鸦片战争之后道光、咸丰、同治、光绪、宣统等朝的历史研究，亦即晚清史研究，正是清史的组成部分，只不过是一段时期内，史学界把中国近代史与鸦片战争之前清前期、清中期的历史有所割裂。事实上清代历史进入晚清之后，沦入半殖民地、半封建社会，越来越衰败和腐朽，并非偶然，许多问题都可以从清前期、清中期的历史中找到根源。晚清史正是清前期、清中期历史的延续和发展。戴逸通过对近代史亦即晚清史的教学与研究，恰恰得以更清楚地了解清代历史的来龙和去脉。他之所以能成为一代清史名家，对清史的研究博大精深，主要就在于能自觉地以唯物史观为指导，运用自如地做到史论结合，他的一系列清史论著常能独辟蹊径，发人之所未发，思人之所未思，正得力于他扎实的国学基础和深厚的理论功底，以及其对时代精神的把握，并体现在自己的研究之中，而这些却正和他"逆向回溯"的治史道路有关。

令人瞩目的学术成就与治学特点

戴逸从事历史研究特别是清史研究工作的半个多世纪以来，著述丰硕，据不完全统计，截至目前，已公开发表出版的研究成果达500多万言，其主编的各种图书更是以数千万言计。作为新中国有代表性的历史

[①] 戴逸：《我的学术生涯》，《当代学者自选文库·戴逸卷》，安徽教育出版社1997年版，第1、6页。

学家，其学术成就与研究成果，既反映了鲜明的时代特征，又有显著的个人特色，这里只着重介绍他在清史领域的成就。

谈到戴逸在清史领域取得的成就，有必要对其之前清史研究的历史状况稍作回顾。从1644年顺治朝建国到1912年宣统帝被辛亥革命推翻而逊位，这268年的历史构成清朝断代史。作为中国最后一个封建王朝的清代史，在中国历史上具有重要地位和影响，它承上启下，既是中国古代封建社会的集大成和终结时期，又是中国近代社会的开端。处于历史转折点上，和当代中国社会有密切联系。当代中国的政治、经济、文化、军事、外交、民族关系等方面的问题，大都是由清朝演化、延伸而来。要了解当代中国的国情，就离不开对清朝历史的深刻把握和科学分析。因而，研究清史有重要的历史意义和强烈的现实意义。然而，长时期以来对于清史的研究却十分薄弱。清朝灭亡之前，虽然也建有国史馆，并编纂了些《实录》《圣训》《方略》《会典》之类的文献。其中陈述了一些历史事件的过程，记录了各种典章制度的轮廓和细节，收集整理了不少政府档案，为后人研究清史提供了依据和史料。但是，在封建专制主义之下，对本朝的历史整理只能是歌功颂德，不可能进行客观的研究。清朝灭亡后，北洋政府又曾开设清史馆，编纂了536卷的《清史稿》，这可谓是一部较为详备的大型清史之作，它按照纪、传、表、志的史书体例记叙了清代的人物、史实、典章制度、艺文，也网罗了大量史料。但是，由清朝遗老领衔编纂的《清史稿》完全是站在清王朝的立场上，粉饰清朝的统治，充斥着歌功颂德的话语，对于资产阶级革命和农民起义都极尽诋毁诽谤之能事，思想观点极其陈腐。另外，在编纂方法、史料考订等方面也有不少错乱和讹误。因此，这虽是研究清史不可或缺的史籍，但绝非一部科学的清史著作。继《清史稿》之后，由于保存在清宫中的大量档案流传于社会，且被一些研究机构和有心的学者做了些初步的编辑整理，此时，有少数严肃的学者如孟森等，对清史又进行了开拓性的研究，留下了《明清史讲义》《明元清系通纪》等。这些著述对清前史和清史中的主要历史事件、人物、典制进行了深入的研究和考证，为清史研究做了许多奠基性的工作，反映了作者在其所处时代所能达到的高度。还有萧一山的《清代通史》，摆脱了封建时代纪、传、表、志的传统修史体例，以当代新式的通史体裁，对有清一代的历史进行了系统的研究和评述，对清史学科的建设起了推动作用，功不可没。在此前后，还有梁启超、钱穆先生，都撰写了《中国近三百年学术史》，集中而全面地论述了清代的学术思想，成为后人研究清代学术的圭臬之作。但这些学者及其著述，因受时代条件的限制和个人的局限，尚未能以唯物史观作指导，大量的宫中档案也未能充分利用，在研究范围方面也比较偏窄，或限在某一领域，与建立科学的清史体系尚相距甚远。

继而，又有郑天挺、傅依凌、王锺翰、杨向奎、商鸿逵诸先生，致力于清史、经济史、满族史或清代学术的研究，他们都是清史学界的前辈。同时，他们也都是处于新、旧时代转折过程中的学者，其学术活动，从新中国成立之前持续到新中国成立之后；其研究成果，既有扎实的传统史学功底，又不同程度接受和运用了唯物史观，在各自的研究领域都卓有成就和贡献。尤其是王锺翰先生直到目前仍老当益壮，在清史、满族史、民族史研究领域辛勤耕耘，论著丰厚，影响重大。这些清史界前辈的贡献和成就，都嘉惠后学，为今天的清史研究起着先驱的作用。但平心而论，上述诸前辈的学术成就也多反映在清史有关的某些领域如政治史、经济史、民族史、满族史、思想史等方面，或属某一专史，或属某些专题，以及一些重要人物、事件与典制方面。而且以个人之力，我们也不能苛求这些前辈构建成全面、系统完整的清史体系，更不可能完成以唯物史观为指导，能反映时代精神和风貌的大型清史。

戴逸与上述诸位清史学界前辈不同的是，他生也晚，所处时代不同，其正式走上治史道路时，既能充分吸收这些前辈的学术成果，又能沐浴时代精神，学习和掌握马列主义唯物史观。同时，还能利用大批经过整理出版的各种新的史料。这些得天独厚的主客观条件，使他的学术研究成果与学术成就，有可能在前人基础上大大向前推进，这也符合学术的发展规律。

戴逸的主要学术研究成果，除前述1958年出版的《中国近代史稿》第一卷外，在其转入清前期历史研究后，又一部力作则是《一六八九年的中俄尼布楚条约》，撰写这部著作时，适值中苏珍宝岛事件之后。当时，中苏两国正在举行边界谈判，有关方面希望历史学界能对边界问题进行研究，以供政府之间边界谈判时作为历史依据。戴逸以饱满的政治热情,接受了研究和撰写有关尼布楚条约的历史这一任务。这一课题显然有很强的政治性,但他在研究写作过程中,尽可能地以科学的态度,保持冷静客观的立场,力求从学术研究的角度弄清中俄东段边境的沿革,既利用了当时苏联方面公布的档案资料,包括俄方使臣戈洛文的日记;也利用了我国翻译的在中俄谈判中充当译员的外国传教士张诚、徐日昇的日记,又从故宫中查找到有关尼布楚谈判时的满文奏折。同时,还查阅了北京图书馆珍藏的有关善本书籍。终于以四年时间,真实而详细地论述了尼布楚条约签订的背景、谈判的情况、条约的文本和争议的问题等,写成《一六八九年的中俄尼布楚条约》(人民出版社1977年版)。书中以有说服力的论据,清楚考证了许多与边界有关的重大问题,披露了许多以往史书中从未记载的也鲜为人知的历史细节,澄清了中苏边界上一些有争议的问题,为我国外交部在中苏谈判与交涉方面提供了有力的历史依据。这无疑是清史研究中开拓研究领域,填补研究空白的重要著作。

1978年中国人民大学复校,清史研究所也正式成立,该研究所的重大任务和长远目标是编写大型清史。戴逸考虑到大型清史的编写有待各方面条件的准备和积累,鉴于当时社会上尚无一部系统、完整而篇幅适中的清史著作,因此,他建议先编写一部简明扼要的清史,以清理清代近三百年的发展线索,探讨其中的重要问题,一方面满足社会上学习与研究清史的需要,另一方面又能培养和组织清史研究队伍。因此由他领衔主编,并组织当时清史研究所的有生力量,着手《简明清史》的编写。在此过程中,他以七年的时间和精力,阅读了大量历史资料,冥思苦想,考虑和研究了清史涉及的很多问题,而后对参加编写人员提供的初稿,逐章、逐节、逐句、逐字进行了改定,甚或完全重新写作,而编著成《简明清史》第一册、第二册,于1980年、1984年先后由人民出版社出版。《简明清史》在前人研究的基础上,特别是吸收了20世纪70年代末80年代初的清史研究成果,以简洁明快的语言和丰富典型的史料,较为广阔的视野,构建了清史体系,成为国内第一部以马克思主义唯物史观为指导,比较系统、全面研究鸦片战争以前的清代历史专著。该书出版后,被国家教委指定为大学文科教材,还先后被评为国家教委的全国优秀教材,并荣获北京市第一届哲学社会科学优秀成果一等奖、吴玉章优秀教材奖，且多次重印，至今已累计印刷达八九万册，在国内外学界产生了广泛影响。《简明清史》作为戴逸研究清史的主要代表作之一，对于促进清史学科的建设和发展，对于推动和开拓清史的教学与研究起了很好的作用。

继《简明清史》之后，戴逸以饱满的精力，笔耕不辍，又先后组织主编了列入全国重点规划的清史项目，如国家"六五"规划项目《中国历史大辞典·清史卷》《中国大百科全书·历史卷》清史部分，以及《清代人物传稿》下编等大型史书。还精心组织策划了列入"七五"和"八五"规划项目的《清代中国边疆开发研究》《18世纪的中国与世界》。这些项目，都以新的视野，从历史与现实相结合的角度开拓了研究领域，体现了史学研究为社会主义现代化建设服务的方向。在研究这两大课题的过程中，他深深感到人物与时代有密切的联系，时代创造了人物，为人物提供了活动舞台，而杰出人物又以自己的思想和行为，反映了时代的特色，满足了时代的要求，完成了时代赋予的使命。由此，他又对参与、领导并塑造中国18世纪的乾隆皇帝产生了浓厚的兴趣，经过精心研究，从时代特点与个人思想、性格、作为相结合的角度，撰写出版了《乾隆帝及其时代》一书。这部著作有别于学术界已有的关于乾隆的传记类的图书，有自己独具的魅力和特色。

这里还有必要着重评述戴逸主编的《18世纪的中国与世界》研究丛书及其亲自撰写的其中的《导言卷》，该研究丛书共分9卷，计有《导言》《政治》《军事》《边疆民族》《经济》《农民》《社会》《思想与文化》《对外关系》等卷。戴先生曾在一篇论文中说，"为什么要研究18世纪的中国与世界"，这是因为"18世纪对中国和世界都是十分重要的时代，甚至可以说是人类历史的分水岭，人类社会从农业文明开始走向工业文明，从此世界发生了天翻地覆的变化，这时西欧和美国等都先后从农业社会向工业化跃进，开始了近代化进程"[①]，而当时的中国又如何呢？戴先生曾具体分析说：18世纪的中国正处在清朝的康乾盛世，社会安定，经济繁荣，文化昌盛，多民族国家的统一得到加强。但如与进入资本主义社会的西方世界做横向比较，却一个是资本主义的

[①] 戴逸：《18世纪的中国与世界》，《人民日报》1995年9月20日。

青春,一个是封建主义的迟暮。当时的康乾盛世,貌似太平和辉煌,实则却正在走向衰世的凄凉。近代中国落后于西方,实际上在 18 世纪已埋下祸根并露出征兆。有感于 18 世纪对中国与世界有如此重要的意义,如何从对 18 世纪的中国与世界进行对比研究中,深刻认识当时中国的国情,分析当时清朝统治者决策的得与失,从中总结历史经验与教训,当有重要的历史意义和现实意义。在此认识基础上,戴先生又提出:"研究 18 世纪的中国与世界,就是要把中国和世界连成一体,改变中国史和世界史分割和孤立的研究习惯,中国是世界的一部分,只有把中国放在世界坐标系中去考察,才能给中国正确定位,而世界又必须包括中国这样一个巨大的有机组成部分,如果离开中国,世界史不是完全真正的世界史。"[1] 而要将中国放在世界坐标系中去研究,就要对中国和世界各国特别是西方世界进行比较研究,既要看到"18 世纪中西方国家的共同性",又要找出"18 世纪中西方国家的差异"[2]。只有这样才能会通中西,科学地总结历史的经验与教训。根据上述立意和方法,为对 18 世纪的中国历史展开全景式的论述,并立足于中国,与世界其他国家在可比性方面进行比较。戴先生又为此一研究丛书设计了《导言卷》作为丛书的纲要,又按照政治、军事、边疆民族、经济、农民、社会、思想文化、对外关系等范畴,各自独立成卷,对 18 世纪的中国作出比较客观的、综合的历史分析。戴先生本人撰写的《导言卷》,以阐明 18 世纪是世界历史的分水岭为开篇,又从中西各国对比的角度,简明扼要地论述了近代化问题,如农业、手工业、市场、经济区域、阶级、城市、政治、军事、边疆、思想文化、科学技术、对外关系等各个方面的问题。该卷主旨鲜明,史论结合,既有丰富的典型史料,又有思想性和理论色彩,确然是大家手笔。应该说,戴先生主编的《18 世纪的中国与世界》及其亲自撰写的《导言卷》又是一部开拓清史研究领域的鸿篇巨制,迅速得到国内外学术界的高度评价。国际 18 世纪研究会主席、德国著名学者约翰·施洛巴赫,在为该书写的《序言》中指出,"这是一件有里程碑意义的事情","这部著作定将为这个时期的研究奠定基

---

[1] 戴逸:《18 世纪的中国与世界》,《人民日报》1995 年 9 月 20 日。
[2] 同上。

础，并开创对其特征的充分探讨"①。国内一些历史学家也纷纷肯定性地指出，该书"选择了18世纪的中国与世界作为研究对象，焦点定在18世纪的中国，但又不限于中国，而是把中国放在世界历史的背景下，与西方各国从各方面进行比较研究，这就不仅在史书的体例和研究方法上有所创新，更重要的是经过对18世纪的中国与世界各国的比较研究，破解了近代中国为什么落后于西方这一巨大的历史课题"，因而本书"有助于了解当代中国诸多现实问题的来龙去脉，加深对当代中国国情的认识和了解，并为探索中国走向现代化的道路提供坚实的历史理论依据"②。足见《18世纪的中国与世界》的学术价值和影响。

除上面介绍的戴逸的重要代表作之外，他已出版的著作还有《履霜集》《步入近代的历程》《繁露集》《语冰集》《当代学者自选文库·戴逸卷》等论文集、随笔集，其中包括了大量清史方面的专题论文，如《闭关政策的历史教训》《汉学探析》《清代的封建土地占有形式》《乾隆初政和"宽严相济"的统治方针》《乾隆朝北京的城市建设》《中国的〈四库全书〉和法国的〈百科全书〉》《中国民族边疆史研究》《乾隆金川战争中的天时、地势和人心》《乾嘉史学大师钱大昕》等。从戴逸的各种清史专著，再到其一系列各方面的清史论文，反映了戴逸对清代的政治、经济、军事、文化、边疆、民族、对外关系等各个领域，均有精湛研究，其对清史全面、系统的把握，确无人能望其项背。在戴逸的多本论集中，也有不少他对有关清史论著撰写的序跋与评介。此外，他还主编了不少有价值的大型史书和工具书，其中重要的有《二十六史大辞典》《中国近代史通鉴》《清通鉴》（与李文海共同主编）、彩图本《中国通史》（与龚书铎共同主编），后两种前不久还双双被评为中国图书界的最高奖项——中国国家图书奖。

戴逸治学的主要特点是：一贯坚持以马克思主义唯物史观为指导，思想敏锐，长于理论分析，且具有鲜明的时代感，重视史学研究的社会功能；体现了史与论相结合，宏观研究与微观分析相结合，他的著作既

---

① 约翰·施洛巴赫：《18世纪的中国与世界·序言》，上海人民出版社1999年版，第1—2页。

② 参见李文海、龚书铎、张岂之等《专家简评〈18世纪的中国与世界〉》，《清史研究》2000年第1期。

有丰富的史料,又有精辟的理论阐发,既有广阔的视野,又有微观的具体考证;富于文采,语言清新活泼,优美流畅,可读性强。我国古代史论家认为一个优秀的史家,应具备史学、史识、史才、史德等四长,戴逸则继承和发扬了我国古代的优良史学传统,说他是当代具备史学、史识、史才、史德四长的一位优秀历史学家,确非溢美之词。

推动清史研究事业,呼吁编写大型清史

戴逸对历史学特别是清史的贡献,一方面体现在以极大的学术勇气,开拓清史研究领域,接连不断地推出具有开拓创新的论著,并组织了一系列具有重大价值的研究课题,同时又主编了一些列入国家重点规划的清史项目。另一方面又反映在他为推动清史研究的发展做了大量有益的工作,为组织清史研究队伍,建立清史研究机构,培养提携清史研究的新生力量,以及一再呼吁编修大型清史等方面。

近30年来戴逸为推动清史研究事业,可谓殚精竭虑,不遗余力,由于他德高望重,曾连任过北京市历史学会、中国史学会会长等学术领导职务,经常出席国内外重要的学术会议,能在各种场合,利用各种机会,大讲清史研究的重要意义,清史的重要地位和影响,清史研究的现状和前景,清史研究的方法,以及如何搜集整理和使用清人文集、宫廷档案等。他也在清史有关的各种专题学术会上发表对清史上的历史人物、事件等问题上的看法和见解,大多能以渊博的学识、精辟的见解,给人以启迪,引起各方面对清史研究的关注,把清史的学术讨论不断引向深入。

为使清史研究有稳定的基地,有一支固定的研究队伍,在有关领导的支持下,中国人民大学建立了清史研究所,他积极参加筹建,并长期担任该所领导,至今仍任名誉所长,又始终是该所名副其实的学术带头人。他为全所确定研究方向,制订研究规划,确立研究项目,指导和培养青年教师和研究生。经过近30年的苦心经营,清史研究所已成为国内外有影响的,也是全国规模最大的清史研究基地,既出成果,又出人才。他在提携和培养清史研究新生力量方面也循循善诱,呕心沥血。早在20世纪50年代初,他就培养了不少中国近代史——晚清史的研究

生。进入改革开放的新时期之后，作为国务院学位委员会于1982年评定的首批博士研究生导师，已先后培养了来自国内外的40多位硕士、博士研究生。这些青年学子经过戴先生的培养大都已成为清史学界的新秀，有些人已晋升为教授和博士研究生导师，成为清史研究的骨干和中坚，使清史研究后继有人。

为推动清史研究，提携和鼓励后进，他还为不少中青年清史研究工作者出版的清史论著撰写序言，其中多收录在其几部论文集、随笔集中。令人钦敬的是这些序言并非应景式的夸赞溢美之词，而常常是结合该书的研究范围和内容，既评论该书的长短优缺，又阐发他个人对有关问题的见解，如其为孔祥吉的《康有为变法奏议研究》一书所写的《中国近代史研究如何深入》，为朱雍的《不愿打开的中国大门》一书所写的《失去的历史机遇》，为张玉兴编选的《清代东北流人诗选注》所写的《龙庭亦是豪游地·海月边霜未觉愁》，为柯愈春的《清集簿录》所写的《开启清代诗文集宝藏的钥匙》等序言，其本身就是与各书研究范围相关而阐发了深刻见解的论文。

戴逸对清史研究事业的推动，更突出的还表现在他多年来一再呼吁要重视和着手对大型清史的编纂，且已为此做了大量扎实的工作。早在清史研究所成立之初，他就呼吁《把大型清史的编写任务提到日程上来》。[①] 他当时还提出了编写大型清史的规划与设想，主张这部史书可以包括以下几部分：（1）清代通史；（2）清代人物传；（3）清史编年；（4）清代专史；（5）清史图表；（6）清史书目。另有两个附录：南明纪和太平天国纪。虽然由于各种原因，上述规划尚未能实现，但他领导下的中国人民大学清史研究所，则对规划中的某些部分做了不少工作，且已产生了一批可喜的研究成果，如十二卷本的《清史编年》、多卷本的《清代人物传稿》等。国内有关清史研究单位的一些学者，还编写出版了十卷本的《清史全史》。再者，全国各地的清史学者，还撰写出版了清史各领域的专史、专题论著、人物传记及各种文献、档案、资料汇编，都为大型清史编修积累了许多研究成果。最近，他又再一次呼吁"纂修《清史》此其时矣！"鉴于近年来清史学界的发展，他认为现在

[①] 见《清史研究通讯》1982年第1期。

修清史，跟二十年前、跟新中国成立初期情况大不一样，学术条件和经济条件都已逐步成熟了，国家强盛，盛世修典是我国历史上的传统，而修清史，就是一代盛典，对清朝近300年的历史进行总结，传之后世，应是我们这一代人的责任。而且，现在学术条件也比较成熟了，经过二三十年的积累已出了许多成果和史料，许多档案也进行了整理，特别是已出版了好几部清代通史方面的著作，涉及各方面的问题。因此，编修清史，已是时机适宜，不要错过。他还建议这项工作，必须有连续的工作班子，如成立清史馆，组成清史编委会，而且清史编委会最好由一位副总理来挂帅，有了强有力的领导，再有一定的编制、规划及运作经费，大型清史的编写就可提上日程，进入实际操作。

戴逸之所以再三呼吁编修大型清史，一方面是为了继承和发扬我国"易代修史"的传统，基于学术文化事业发展的需要，出于一个清史研究工作者的强烈事业心和责任感；另一方面也是为了早日实现我们党和国家老一辈领导都十分重视清史编纂的夙愿。新中国成立不久，董必武同志就曾向中央建议要修两本书，一本是修中共党史，一本是修清史。1959年周恩来总理曾找明史专家吴晗谈修清史的问题，并委托他考虑怎样纂修清史。为此，吴晗当时确也提出过编纂清史的设想，如建立常设机构，团聚和培养研究队伍，搜罗资料，整理和翻译满文档案与外文资料，甚至连史馆的建址、内部编制等，都提出过具体设想。吴晗还把这些设想与戴逸详细交谈过，一则征询意见；二则也希望他能担负起培养清史人才的工作。[①] 但由于很快面临三年困难时期，这些计划和设想不得不暂时搁置。三年困难过去不久，毛泽东主席一次与范文澜的谈话中曾说，他退二线后，管的事情少了，想多读一点清史的书。[②] 到了1965年10月，周总理又曾指示中宣部筹划清史的编纂工作。为此，中宣部于当年召开了部长会议，专门讨论了修清史的问题，会议决定成立编纂委员会。委员有七人：郭影秋、关山复、尹达、刘大年、佟冬、刘导生、戴逸。同时，又委托中国人民大学成立清史研究所。为贯彻这次

---

① 戴逸：《吴晗同志和我谈清史编纂》，《繁露集》，中国社会科学出版社1997年版，第242页。

② 据刘大年同志与戴逸谈话。

会议精神，中国人民大学的校领导很快向戴逸传达了会议决定，并责成他考虑和制订成立清史研究所及编纂清史的方案，① 可见，有关领导是想要戴逸实际上具体负责清史编纂的有关学术事宜。戴逸与上述清史编纂委员会中那些德高望重的领导及前辈史学家相比，他当时还没有进入不惑之年，是其中最年轻的一位，但已是中青年史学名家。这既反映了领导层对他的重视和寄予的厚望，也说明他确已具有学术上的实力。不过，好事多磨，中宣部有关编修清史的决定，很快便被此后不久爆发的"文化大革命"的狂风暴雨所淹没。后来，在中国人民大学老校长、明清史专家郭影秋的关注建议下，才于1972年、1978年又相继成立了清史研究小组、清史研究所，戴逸也才得以参与清史所的筹建，并全身心地投入清史研究工作。到70年代末，复出工作的邓小平同志，曾批复了一封建议国家修清史的人民来信，并转给中国社会科学院，当时任社会科学部领导的刘导生同志曾向戴逸传达了小平同志的批复，说明小平同志对编修清史也十分重视。

正由于党和国家老一辈领导人，都十分关注和重视清史的编纂，有关方面也曾对戴逸寄予厚望，加之，这与他本人的研究志趣又十分吻合，他十分热爱清史研究，以研究清史作为自己的终生职志，几十年如一日，脚踏实地、辛勤耕耘，终于成为新时期清史研究的杰出代表人物。而今，戴逸先生虽已满头银发，年过七旬有五，仍老当益壮，雄心不已，为清史事业而昼夜操劳。最近，他又承担了国家"九五"规划项目——"中国近代西部开发史"的课题研究。我们祝戴逸先生永葆学术青春，并为他一再呼吁的大型清史的编修作出更大贡献。

（原载《社会科学战线》2001年第3期）

---

① 戴逸：《悼念郭影秋同志》，《繁露集》，第237页。

赫赫清史大家　巍然一代宗师

——王锺翰先生的学术成就与治史特色

王锺翰（1913—2007），乃享誉海内外的著名历史学家，尤其在清史、满族史领域的成就和贡献昭卓，无愧是大师巨擘。为缅怀他的学术贡献和高尚人格，中央民族大学历史文化学院和有关方面，将举办"纪念王锺翰先生百年诞辰暨清史满族史国际学术研讨会"。我作为一个晚辈后学，在锺翰先生生前虽无缘列其门墙，但因忝清史行当有年，与之也时有过从，或在相关的学术研讨会上，目睹风采，聆听高论；或蒙其亲赐大著，拜读受益；间或也有书信往还，惠予教泽，因而至今先生那慈祥和蔼、幽默睿智的音容笑貌还常在脑际浮现。然而深感愧疚的是，自己学识浅薄，研究领域狭窄，除对清代学术文化有一知半解外，对清代的政治典章、社会经济、满族源流及民族宗教等方面，都少有涉猎，而王老恰在如许诸多领域建树卓越，致使自己对先生在学术上的贡献成就和影响，未能有足够的认识。由此，今天我们举办王先生百年诞辰的纪念活动，根本目的无疑在于学习和发扬他的学术成就、学术思想和治学方法，使其开创的学术事业代代传承，以推动清史、满族史的学科建设，振兴学术，繁荣文化。有鉴于此，在纪念王老百年诞辰之际，我怀着补课的心情，重读了《王锺翰学述》与《王锺翰清史论集》，并以读书笔记形式对其学术成就与治史特色谈点看法。

一　《王锺翰学述》与《王锺翰清史论集》

《王锺翰学述》（以下简称《学述》）与《王锺翰清史论集》（简称《论集》），是今人学习和研究锺翰先生的学术经历、学术成就、学术思想和治学特色的必读之书。

《学述》一书，是由王先生口述，并由得其真传的王门诸高足整理而成的一本学术传记性的图书，作为"当代人文社会科学名家学述"之一种，由浙江人民出版社于1999年出版。全书约18万言，除"叙言""附录"外，共分六章。前五章记述其在新中国成立前的求学、治学经历，依次是"少年时代""燕园问学""一代学风""沦陷时期""光复解放"；第六章是全书的重点所在，分别记述了其终生治学专攻的几个研究方向，以及其在这些领域的学术著作、学术观点，包括"关于清史研究""关于满族史研究""关于满族的社会经济形态""关于清代各民族与宗教政策""关于清代史籍的标点和校勘"。书后附有王先生的《著述目录》及对其进行研究评论的《研究评介资料》。

王先生在《学述》的"叙言"中谓："学述只是表述一个学人的家世、治学、求师、学术钻研、别辟蹊境、成一家言与师承渊源之全部记录。与自传有别，凡与学术无关之事，均不可入录。"唯其如此，该书内容紧紧围绕学术主题，重点突出，简明扼要。加之，王先生一向风趣幽默，书中内容虽主要是谈与学术相关之事，但读起来却妙趣横生，引人入胜，使人在亲切自然的阅读中潜移默化地受到启迪。

我们从《学述》前五章有关王老的家世、经历中得知，他出生在一个穷乡僻壤的普通农民之家，经济甚是困顿，少年时代靠邻里帮助，十岁时才入私塾，刻苦攻读了《四书》《五经》与古文诗词，奠定了扎实的国学根底，又是在乡贤的垂爱与周济下，才得以走出山村，到长沙市入读基督教会办的雅礼中学，学到新式教育下的各种基础知识。1934年他凭借个人的资质考入燕京大学，但上学经费无着，幸校方的奖学基金赞助与老师的支援，才凑集到入读燕京大学的路费、学费与生活费。这样一位家境贫寒、勤奋好学的青年，到了与清华、北大齐名的燕京大学，真乃如鱼得水。我们从《学述》的"燕园问学"与"一代学风"中，可以看到，他在燕大如何得到邓之诚、洪业、顾颉刚、张孟劬等一代国学大师的循循善诱，悉心调教，由此走上清史研究之路，还从孟森、萧一山等清史学前辈的讲演和著述中汲取营养，勇于超越。到了抗战时期，北平沦陷，邓之诚、洪业等师长因抗日爱国拒绝日寇威胁利诱而被捕入狱后，其家人生活无着，王先生又放弃在燕大的教职，到天津的一家公司任职，日夜奔走于京、津之间，以工资收入供养老师的家庭。这种尊师爱国的高尚情怀，实令人感动钦敬。在燕大南迁成都后，王先生又照料一代国学大师陈寅恪先生的起居而生活在大师左右，因而能随时接受其教诲，受其指导撰写论文。通过这些记述，我们不仅看到了王先生在艰难困苦的环境中如何勤奋好学，尊师重道；又可看到上述邓之诚、洪业、陈寅恪等各位大师传道、授业、解惑的学术风范，而源远流长的中国学术正是如此薪火相传，代代承续的。

《学述》的第六章，作为全书的重点，条理清晰地梳理了锺翰先生在学术研究中的几个专攻方向——"清史""满族史""民族史""史籍整理"等，具体扼要地叙述了其主要学术代表著作产生的过程、基本观点、治学方法、学术演变及其在学术发展中的作用和影响。我们从中可以看到王先生在半个多世纪的学术生涯中，如何将清史、满族史、民族史与清代史籍整理融会贯通，集于一身的治史的特点，这也是他在清史研究领域成为独树一帜、无可取代的大师地位的根本原因。

《王锺翰清史论集》分装为四大册，于2004年由中华书局出版。王先生在是书"叙言"中阐述自己学术路径的同时，也介绍了全书的基本情况，"将几十年来已发表的和未发表的长篇短什，将近二百篇，三百余万字，汇为一集，略加区分，列为五目：一为清前期；二为康乾时期；三为清晚期；四为其他；五为附录。五目中以康乾时期的论文为大宗；清前期次之，清晚期又次之，附录则略附自述之什而已。"从其自述中，可知《论集》除王先生统改的《满族简史》、主编的《中国民族史》外，其论述性的长短论文、自述文字，应该说基本上都收到了《论集》之中，大致上可以反映锺翰先生一生的学术成就、学术思想、学术特点及治学方法。这既是王先生留下的宝贵精神遗产，也是后人学习和研究其宝贵学术遗产的基本学术史料。

综上所述，可知《学述》与《论集》是打开王锺翰先生学术宝库的钥匙。将其执于手中，就可进入学习和研究先生学术之门，因而不可不读。

二 将清史与满族史、民族史研究及清代史籍整理融会贯通并集于一身

钟翰先生自1934年夏，考入北平燕京大学历史系本科，而后又攻读硕士研究生，受业于邓之诚、洪业诸位大师，并于1937年发表《纪晓岚手书简明目录》，及至1939年发表《清三通之研究》（后改名《清三通纂修考》），步入清史研究领域，直至2007年辞世，在长达六七十年的学术生涯中，孜孜不懈地从事清史研究，献身学术事业，取得辉煌成就，赫然成为清史大家。人们不禁要问，他是如何成为大家的，其主要成就与治学特点何在？我们在学习、研读了他的著作，再掩卷沉思，便可得出答案：他将清史与满族史、民族史研究及清代史籍的整理融会贯通并集于一身，从而取得卓越成就，成为不可取代的清史大家。

我们不妨就这几个方面，再扼要论列。

其一，在清史研究方面：继前述其在完成本科和硕士研究生等论文之后，于20世纪40年代末50年代初，他又相继发表了《清世宗夺嫡考实》与《胤祯西征纪实》。① 这两篇大作，向当时的清史大师孟森的《清世宗入承大统考实》发起挑战，提出截然不同的观点。论文以丰富翔实的史料和严谨缜密的考证及条理分明的表述，得出雍正之继位，确乃谋立篡位的结论，并认为康熙晚年属意继承其皇位的乃十四子胤祯。两篇论文问世，即受到学术界的高度肯定和赞扬，远在大洋彼岸的洪业先生曾欣喜致信称："读《清世宗夺嫡考实》为之拍案叫好"。学界名宿叶公绰先生也称："近王君锺翰所撰《清世宗夺嫡考实》，多所研寻，且博考群书……雍正夺位之迹无论如何不可掩盖。"这两篇论文，不仅将雍正继位问题的研究提升到新的水平，而且也奠定了正适风华正茂之年的锺翰先生在清史学界的地位。新中国成立后，王先生认真学习历史唯物主义，在原有扎实的实证方法的基础上，又陆续撰写了《满族努尔哈齐时代的社会经济形态》与《皇太极时代满族向封建制过渡》。② 这

---

① 此二文见《王锺翰清史论集》，中华书局2004年版，第1064—1133页。
② 同上书，第72—110、226—285页。

两篇鸿文,运用了大量中外历史文献,特别是《满文老档》,通过对满族的社会经济,生产力水平及阶级结构等方面的分析,阐明满族在努尔哈赤时代,进入辽沈地区后,已进入奴隶社会,到皇太极时期已向封建社会过渡。文章对满族社会性质及其发展演变进程的论述,无论是史料运用,还是理论分析,都大大推动了对清前期历史的研究。同时,也是锺翰先生在学术思想上从实证主义向历史唯物主义转变具有突破性的代表作,正如他自己所说:这些文章"受新时代之潜移默化,烦琐考据少了,理论性话语多了,应该说是我的一点进步"。① 1957年,先生将此前已刊和未刊的论文结集为《清史杂考》,由人民出版社出版。此书"打破了清史研究长期沉寂的状况,无疑代表了当时清史研究的最高水平"②。

然而,他对清史的研究,远未到此止步。进入改革开放的新时期以来,他对清史研究更加深入,又有不少新的进展和开拓。即以雍正继位问题的研究为例,他根据新发现的档案资料——《康熙遗诏》《抚远大将军王奏档》,又撰写了《清圣祖遗诏考辨》《胤禛与抚远大将军王奏档》③ 等文,进一步论证了其四十年前的观点,且有新的补充和发展,在学术界引起很大反响。当前清史学界在雍正继位问题上越来越多的学者接受了他的观点,说明他老而弥坚,在学术研究中仍不断创新。继1957年出版的《清史杂考》之后,直到2007年他辞世之前,又陆续出版了《清史新考》《清史续考》《清史余考》和《清史补考》。他的五部《清史考》论集,视野广阔,涵盖了清史、满族史的各个方面,为清史研究树立了一座巍峨的丰碑,标志了他在清史研究领域名副其实的大师地位。特别是他在清史、满族史诸多史实的考证方面取得了突出成就,实乃孟森之后一人。

其二,对满族史的研究:1952年,正当锺翰先生的清史研究势头旺盛之际,他却在全国高校院系调整过程中,被调入中央民族学院转入对满族史的研究。表面上看,他中断了自己刚刚崛起的清史研究,不免

---

① 王锺翰:《王锺翰学述》,浙江人民出版社1999年版,第1—2页。
② 李鸿彬:《文章成一家 桃李满天下——介绍我国著名清史与满学专家王锺翰先生》,载《庆祝王锺翰先生八十寿辰学术论文集》,辽宁大学出版社1993年版,第641页。
③ 此二文见《王锺翰清史论集》,第1169—1210页。

令人惋惜，其实则不然。作为断代史的清史与作为民族史分支的满族史虽然各有不同之处，实际上二者有着不可分割的联系，如能融会贯通，可有互为补充、相得益彰之成效。王先生逐渐领悟到，由于清朝是由满族建立的一个全国性政权，"对满族史的理解，应该是研究清史的基础和前提"。如果没有对满族的形成、发展及其独特的社会性质和文化的深入研究，"就难以把握清朝统治的特性，难以探究有清一代的政治、经济、社会生活的底蕴"①。然而，当其转入满族史研究时，学术界关于满族史的研究，除孟森先生的一些成果外，几乎是一片空白。面对这样的现实，他知难而进，系统地搜集资料，研究满族社会经济形态，相继写出前已提到的《满族在努尔哈齐时代的社会经济形态》《皇太极时代向封建制的过渡》。此后，他又参加了有关方面组织的对满族社会历史的调查及《满族简史》的编写，该书作为《中国少数民族简史丛书》之第一种，由中华书局于1979年出版。

围绕满族史研究，王先生还陆续撰写了《关于满族形成的几个问题》《满族先世的发祥地》《国语骑射与满族的发展》《内务府世家考》及《满族在中华文化发展过程中的贡献》等重要论文。对于满族的族源和发祥地问题、满族的形成问题、八旗内的民族关系、满族在清代的发展等问题，进行了深入的、开创性的探索和研究。

锺翰先生还牢记陈寅恪大师说过的，"至于清代史事，则满文名字之考证，殊与推求事实有关，治史者不得而不究"，又谨遵陈师在其赴美留学时的教导，"哈佛语言学不错，多学点语言，或许还有用处"，先后学过拉丁文、日文、德文以及满文、蒙古文。他在研究满族史过程中，利用自己的满文优势，通过对满文的诠释，解决了一些满族史和清史中的疑难问题。如其所写《释汗依阿玛》一文，"依据了大量国内外官私文书和档案资料，尤其主要满文史料和满族历史传统习俗，肯定了两个问题：一是多尔衮生前确被加封过皇父摄政王；二是孝庄皇太后确实下嫁过多尔衮"②。另如其所写的《释马法》一文，探讨了满语马法的译法，以及顺治是否称呼德国传教士汤若望为"爷爷"，即得出结

---

① 王锺翰：《王锺翰学述·关于满族史研究》，浙江人民出版社1999年版，第140页。
② 同上书，第164页。

论：顺治称汤若望为"马法",并非是人伦上的"爷爷""祖父"之意,而是年龄层次上的"老翁""长老"即口语中的"老爷子""老爷爷"之意。

由上可见,锺翰先生在满族史研究方面确有卓越贡献,正如有学者所评论的,他的研究"使满族史作为一门独立学科,似有开创之功"①。

其三,对中国民族史的研究:中华民族自古以来就是多民族所组成,各个民族之间彼此联系,互相交融,满族只是多民族大家庭中的一个成员,满族史也只是中华民族史的一个分支,因而对满族和满族史的研究不能孤立和故步自封。因此,锺翰先生在从事满族史研究的同时,也将研究视野扩展到对其他民族,如对清代蒙古、达斡尔、锡伯及西南民族问题的研究,并撰写了不少论著。其中《达呼尔人出于索伦部考》,以确凿的史实,论证了达斡尔人的直接来源是索伦部,纠正了国内外学界在达斡尔族族源问题上的各种错误认识。他撰写的《清初八旗蒙古考》,考证清代八旗内满洲八旗、蒙古八旗以及汉军八旗之间的相互关系,特别是八旗蒙古的建立和编制的研究,弥补了学术界此前对此未做过专门研究之不足。在蒙古史研究方面,他还撰有《蒙古世系谱作者及其他》《试论理藩院与蒙古》等,都推动了蒙古史有关问题的研究。他所撰写的《沈阳太平寺锡伯碑文浅释》,对沈阳太平寺旧址上发现的、用锡伯文撰写的一座锡伯家庙碑,将之与满语相对照,进行了诠释,依据碑文提供的史料,证明了锡伯族的发祥地及其内迁的过程,纠正了过往学者对锡伯人原居地的不确论说,弥补了史文之阙。此文不久被译成德文,又与意大利威尔斯大学一位满文讲座教授所撰《锡伯史稿》同编为《锡伯族史专号》,公开出版。② 他的《雍正西南改土归流始末》长文详细论述了雍正年间清政府在云南、贵州、广西三省的少数民族(包括苗、瑶、黎、侗等)地区推行改土归流的过程及评介,此文用丰富的史料,翔实论述了雍正推行改土归流政策的始末及其历史作用,深化了改土归流问题的研究,成为这方面的奠基之作。

---

① 朱诚如:《清史论集——庆祝王锺翰先生九十华诞·序言》,紫禁城出版社2003年版,第2页。
② 王锺翰:《王锺翰学述》,第206页。

锺翰先生在对清代满族史及其他少数民族问题研究的基础上，又于1992年撰写了《论清代民族宗教政策》[①]一文，在我国最高级别的人文社会科学刊物《中国社会科学》上刊出，此文在其对清朝某一地区或某一民族的政策分别具体论述的基础上，对整个清代的民族宗教政策进行了宏观的、概括性的论述。此后，该文又被译成英文，刊于英文版的《中国社会科学》，在国际上产生了重大影响。这篇宏文的发表，进一步证明以考史精详著称的锺翰先生不仅仅是长于实证，而且在理论性的阐发与综合的、宏观的论述方面，也多有建树，也说明其学术思想、学术观点在不断地发展与升华。

锺翰先生在中国民族史研究方面的贡献，还体现在其主编的《中国民族史》一书中。这部著作是基于各个少数民族大都编写有本民族的《简史》和简志，理应在此基础上，编写一部包括55个少数民族在内的，较为全面的、系统的、公正的民族史，由此组织了包括国家民委、中国社会科学院民族研究所、中央民族学院等单位多位专家在内的，并由锺翰先生任主编的编写组。编者追求的目标是，"把《中国民族史》写成一部以中国有史以来的以少数民族为主，联系华夏（汉）民族的产生、形成、发展的综合性历史，力求找出各个民族的盈虚消长和兴衰治乱的特点和规律，并加以总结和概括，把这种符合中国各民族历史本身的规律及体系贯穿于本书之中"。作为国家哲学社会科学"七五"规划的重点课题之一，经过编者数年努力，并由王先生最后统一定稿，该书于1994年由中国社会科学出版社出版。此书问世后，迅即获得学术界好评，被公认为是在目前已有的研究成果基础上，达到了一个新的水平，并先后获得第九届国家图书奖、北京市第四届哲学社会科学优秀著作一等奖，以及吴玉章奖和第六届文史社会科学优秀著作一等奖。[②]锺翰先生作为全书的主编，对该书的贡献当然功不可没。

学术研究事业是一件极其艰苦的创造性劳动，一个学者能在某一领域取得卓越成就很不容易，如能涉及诸多领域则难，而能在诸多领域都取得卓越成就更难。而锺翰先生不仅在清史领域，而且在满族史、民族

---

① 此文见《王锺翰清史论集》，第822—845页。
② 王锺翰：《王锺翰学述》，第226页。

史等诸多领域都做出了卓越的成就，更是难乎其难矣！

其四，对清代史籍的点校与整理：对清代史籍的标点校勘与整理，是王先生学术经历中的一个亮点，也是他研究与推动清史研究又一重大贡献。

众所周知，锺翰先生作为一个正直的知识分子，1957年在反右风暴中被错划成"右派"。从此之后，直到1978年，在长达二十多年的时光中，竟被剥夺了发表论著的权利。如同一颗耀眼的新星突然坠落，这对他本人乃至清史学界都是一个不小的遗憾和损失。然而，厄运的降临，并没有摧折他坚毅的学术志向，而是以迂回的方式转向对清代史籍的搜集与整理。1957年，他利用到沈阳进行少数民族问题历史调查之机，将《朝鲜李朝实录》通读了一遍，并从中辑录出20万字的《朝鲜李朝实录中的女真史料选集》，搜集的史料中不少是孟森、吴晗两位前辈所编著相关史书中未有的史料，研究明代女真史和清朝开国史可资参考。鉴于其学术资料价值，终于在1979年由辽宁大学历史系作为《清初史料丛刊》十四种之一，予以出版。此间，他还用罗马拼音述录了沈阳崇谟阁所藏《满文老档》，为编写《满族简史》搜集补充了大量史料。

锺翰先生对清代史籍整理更重要的贡献还在于参加点校《清史稿》和独立点校《清史列传》。其参加《清史稿》的点校，是基于毛主席和周总理曾先后指示中华书局要点校《二十四史》与《清史稿》。为此，他于1971年被借调到中华书局。起初共同参加《清史稿》点校工作的还有罗尔纲、刘大年、孙毓棠、启功等名家，他们相互分工，分别点校其中的《本纪》《志》《列传》。王先生则和刘大年、孙毓棠负责《列传》部分，然而不久，刘大年因参加郭沫若《中国史稿》近代史部分的编写，孙毓棠又被调到《志》部分，使得《列传》的点校工作人员，仅剩下王先生一人。其任务之艰巨、工作量之繁重，可想而知。对此，正如王先生所云："自己虽专攻清史，以前在哈佛也学过满文，但对清史中的人名、地名、官名还常常是云里雾里。"他还就此具体举例说："《清史稿·列传三一五·属国三·暹罗》，其中提到暹罗国王的名字为：暹罗国王臣森列伯腊照左右拍腊马呼陆坤司由提呀菩埃……"一个名字竟长达19字，这样的暹罗文汉字译音的含义为何，怎样标点，实在难乎其难。为解决这样的难题,他还专门跑到北大东语系请教,也未能得其解。而在点校工作中常常碰到的绊脚石、拦路虎还有很多,为解决这样的疑难不得不遍查文献典籍,到处咨询请教。如此,克服重重困难,至1975年点校工作终告完成,遂交印厂排印。这时,领导又要求一年内要将全书出齐。然而,曾先后参加点校工作的学者都已陆续回原单位,能看校样的只有王先生和书局的两位编辑。全书七八百万字,每天至少要看200来页,看了整整一年才完成。他曾自责地说:"《清史稿》问世后,被人揭露的错标失误虽不算太多,但为数也不少。其责任首先在我,因为最后看校样主要由我承担,可以说全书从第一页到最末一页,我都起码看过三四遍以上……总之,《清史稿》存在的错误,我应该负大部分责任。"[1]

我们从王先生的自责中,我仍可以了解到他在《清史稿》点校工作中的工作状况。当时的王先生已经年近七旬,担负如此繁重的工作,定然是疲惫不堪,心力交瘁,但他不但不夸自己的功劳和苦劳,反而强调的却是对书中存在的差错,自己要"负大部责任",这是何等的高风亮节。

1976年,《清史稿》的点校工作完成后,锺翰先生出于对清史的执着追求和责任心的驱使,又欣然接受了中华书局方面的要求,再接再厉,以一己之力,承担了对清朝的另一部多卷本大书《清史列传》的点校工作。他不得不又历经多个寒暑,每天风里来、雨里去,从自己所在的中关村住处,挤公交车往来于中华书局和第一历史档案馆,查核档案与各种清代传书文献,对全书收录的近3000篇传记,一一厘清了传稿来源,再标点和校勘文字,核查谬误,最后写了富有研究参考价值的《〈清史列传〉点校序言》冠于书前,还写了长达近10万字的"校勘记"附于卷末,至1987年这部400多万言的巨著由中华书局出版。我想,大凡是研究历史特别是研究清史的学者,没有不读《清史稿》与《清史列传》者。饮水思源,想到其点校者锺翰先生为此呕心沥血而作出的贡献,我们不得不肃然起敬。这项工作可谓嘉惠士林,功德无量。

以上从我对王锺翰先生学术研究领域所作成就的简要评介中,自然

---

[1] 王锺翰:《王锺翰学述》,第230页。

令人想到，在当今学术界，置身于清史、满族史、民族史研究及从事史籍整理的学者很多，各个领域中也不乏有突出成就者，但能将这几个领域融会贯通，集于一身，且都做出卓越成就者，则独有王锺翰先生，唯其如此，才奠定了其实至名归的赫赫清史大家、巍然一代宗师的崇高地位。

三　道德品节与立身行事皆堪为人师楷模

锺翰先生之所以受人敬仰，不仅仅是学识渊博，学术造诣精深，还在于他的道德品节与立身行事，都堪为人师楷模。其在这方面更是有许多动人的事迹，备受称赞。

首先，他作为一代学人，其学术研究总是与民族的命运、国家的前途紧密联系在一起。他之所以选择清史作为自己终生的研究志向，正是因为他胸怀经世传统和忧患意识。1934年当他考入燕京大学历史系时，正值1931年九一八事变之后，其业师邓之诚先生在讲授中国通史课时，以高昂的爱国经世情怀，大声疾呼："今后诚如救亡，莫如读史。诚如读史，莫如注重史实。"[①] 他的另一位老师洪业先生于1935年"一二·九"运动后的一天，端坐在课堂讲桌上，长时间一言不发，只是默默地拼命吸烟斗，突然挺身站起，拍着讲桌说："现在日本人侵略我们，国家已危在旦夕了，我们打不过人家，怎么办？有本领的，可以拿起枪杆子和日本人干……读书人也应有自己的本领，那就是我们要用笔杆子和日本人一争高下，日本人狂得很，他们说，世界汉学中心从来就不在中国，先是在英国，后来在法国，现在是在日本，他们说我们中国人没有能力，我们一定要争口气，把汉学中心抢回我们北京来。"[②] 二位老师的教诲，在他胸中点燃了学史是为了救亡爱国的烈火。特别是当他看到日本侵略者为了给其侵略寻找根据，建立满洲国，并妄图将之从中国分裂出去，而不惜代价地搜集史料，翻译满洲档案，下大力研究满族史，且自诩日本是汉学研究中心时，他就下决心要研究清史和满族史，一定

---

① 《王锺翰学述》，第22页。
② 同上书，第38—39页。

要把汉学中心抢回来。邓、洪二师在支持其这一志向的同时，还谆谆教导他："仅有决心是无济于事的，日本人搞学问确有一套，目前的研究水平，占有资料都比我们强，欲超过日本人，还不是一朝一夕之功，不能急于求成，还是先打好学问功底。"① 可见，他从一开始就把学术研究与民族的命运和国家的前途紧密联系在一起，以高尚的民族情操与强烈的爱国主义精神为动力。

也正是在远大的志向和强烈的民族精神支撑下，锺翰先生从走上清史研究之路起，就以甘坐冷板凳的坚强毅力，基于历史学学科的特点，为打好学问功底，勤奋踏实，孜孜不懈，认真读书，大量掌握基本史料。正如他在《自述》中所说：清史的最基本史料是《清实录》，这部卷帙浩瀚的史书，其线装本共1222册，他用了三年时间通读过一遍，乾隆之前的几朝《实录》都不止一次地反复阅读。它如《明实录》《李朝实录》也都通读过。至于清朝的各种官书、档案、谱牒、文集、方志等，几乎是手披目验，以竭泽而渔的精神，尽可能大量阅读。再加他精通各种语言，除汉语外，他还懂满语、蒙古语，且懂日语、英语、德语，因此能直接阅读满文老档等少数民族史料和各种外文资料，能用各种语言文字，互相印证，触类旁通。他不管研究什么问题，都从掌握第一手资料入手，决不空发议论，并将这样的学风贯彻终生。唯其如此，才使其论著，都以史料丰富，考证精详而著称。在当今学术界浮躁之风盛行的状况下，王先生这样的治学精神和优良学风，尤值得作为楷模而效法传承。

尊师、敬师是中华民族的传统美德，甚至将之列为人伦道德的标志，而王先生在尊师、敬师方面的优秀品德，在学术界更是传为美谈。他几十年如一日，每忆及其从私塾、小学、中学到大学时期的老师，都念念不忘地谢恩、感恩，而且将这种感谢的情怀，体现到自己的立身行事之中。如前已提到的抗日战争时期，日本侵略者在太平洋战争之后，将魔爪伸到燕京大学，为迫使燕大师生就范，曾逮捕洪业、邓之诚等著名教授，致使老师们的家庭生计陷入困顿。为了解决老师们的家庭困难，他竟然放弃了燕京大学的助教职务，而自愿到天津一家公司就职，

---

① 《王锺翰学述》，第73页。

将每月的工资收入除留下自己的生活费外，都拿出来供养邓之诚先生一家老小。他还想方设法解决其他老师家的困难。对此，锺翰先生曾自谓："一年半来未能好好读书了。刚刚起步的清史研究也无法继续进行，我内心不无遗憾，但想到这期间二位老师在危难之中，自己奔走经营，对老师虽无大助，也算尽了一点心力，于道德无愧，于人格无损，是可以引为自慰的。"抗日战争后期，他在迁至成都燕京大学时，由于国学大师陈寅恪先生眼睛失明，由他负责陈先生一家的生活起居，他也悉心照料。在张孟劬、邓之诚、洪业等先生谢世后，他一一为这些老师写传记，整理他们的书稿，为之出版文集，以传承先师的学术，并谨遵老师的遗嘱，办理各种事宜，如办理洪业先生的图书捐赠，在北大和民族大学设立洪先生的奖学金等。直至耄耋之年，每提及老师们对自己的教诲之恩时，仍总是老泪横流。2001年，王先生已年近九旬，当其应邀出国访问讲学途经美国时，还专程到洪业先生的墓前奠祭，仍以老迈之躯扑倒在地，行跪拜大礼。如此待师如父之深情，实催人泪下。

锺翰先生作为一名终身教授，几十年如一日为国家和民族培养的学生，可谓成千上万，桃李满天下自不待言。他对学生传道、授业、解惑，循循善诱，诲人不倦。对研究生的培养提携，尤其认真负责，在确定每位研究生的论文选题和研究方向时，都依据其自身的条件和优长而因材施教，如根据刘小萌和姚念慈的专长，分别确定他们的选题"满族部落与国家形态""八旗制政体"；定宜庄与赵令志本身是满族，给他们确定的选题分别为"八旗驻防""旗地研究"；扎力达布是蒙古族人，为之确定了"漠南蒙古"的选题，如此等等。而今，这些当年的研究生，已大都是清史研究各领域的名家，成为国之栋梁，在学术研究领域形成王门重镇。[①]

锺翰先生不仅在尊师爱生方面是楷模，他对清史领域的同行、朋友，不管长幼，都彬彬有礼，以诚相待，从不以大师自居和长者自尊。即以我自己为例，我较王先生年龄相差25岁，当然是他的后生晚辈，但每有交往，他都是以礼相待，丝毫没有架子。蒙其馈赠大著，落款都是"锺翰敬赠"，有时新春佳节，给其呈寄书信贺卡，他一定回赠。因

[①] 参见邱永君《见贤思齐应未迟》，《光明日报》2011年8月1日。

为我曾供职于中国社会科学出版社，其主编的《中国民族史》在该社出版，曾荣获国家图书奖、人文社会科学优秀著作奖和吴玉章奖等各种奖项，某次申报奖项时，还曾十分谦虚地写信嘱我写"推荐意见"。

先生虽然为学术界尊称为清史研究的权威和大师，他却坚辞不受，总是认真而谦逊地说："不是，不是，我就是一个明清历史的研究人员，算不上权威。"他不仅提携自己的学生和其他单位的青年研究工作者，为他们的著作撰写推荐意见和序言，甚至对于一些素不相识的清史爱好者来信求教与登门拜访，都热情接待，耐心回答问题，或回信寄送书籍资料，几乎是每求必应，每信必复，万一不及回应，就嘱其学生代为办理。

王先生终其一生，德高望重，名满天下，却始终没有改变其作为一个平民教授的书生本色。什么时候见到他，都是衣着朴素，粗衣布履，和蔼慈祥，笑容可掬，还经常不分老少，幽默诙谐地说点笑话，他这样一位大学者与一个北京普通百姓家的老头几乎没有两样。

由上可见，我们称赞王先生的道德品节与立身行事皆为人师楷模，绝非虚谀之词。

总之，在王锺翰先生诞辰百年之际，我们纪念这位赫赫清史大家，巍然一代宗师，重要的是学习和发扬光大他的学术成就、学术思想与高风亮节。

（原载《纪念王锺翰先生百年诞辰学术文集》，中央民族大学出版社2013年版）

服务清史编纂 抢救文化遗产 推动清史研究

——国家清史纂修工程出版成果评述

中华民族既有辉煌悠久的历史,又有易代修史的优良传统,一部部代代相传、彪炳史册的"二十四史"就是明证。同时,历朝历代的修史,既遵循一定的史观、叙例和方法,又都十分强调对史料的采集、整理和运用。清代著名史论家章学诚曾谓:"抑古今史书,岂有外于文书档案而为凿空之文者钦。"[1] 同样,当代著名历史学家、国家清史编纂委员会主任戴逸先生在编委会工作伊始就再三强调:"编史要务,首在采集史料,广搜确证,以为依据,必籍此史料,乃能窥历史陈迹,故史料为历史研究之基础,研究者必须积累大量史料勤于梳理,善于分析","进行科学之抽象,上升为理性之认识,才能洞察过去,认识历史规律,史料之于历史研究,犹如水之于鱼,空气之于鸟。水涸则鱼逝,气盈则鸟飞,历史科学之辉煌殿堂必须岿然于丰富、确凿、可靠之史料基础上,而不能构建于虚无缥缈之中"[2]。唯其如此,国家清史编委会在制订清史编纂工程的规划中,便将编辑出版国内外之清代有关的档案与文献资料,作为清史编纂的重要组成部分,并设立了有关的专业组与出版组,以及时出版各类图书。目前,我们从《国家清史编纂工程出版成果目录》中获悉:从2003年7月至2010年12月,国家清史编纂委员会

---

[1] 章学诚:《文史通义·外篇一·史学例议下》。
[2] 戴逸:《国家清史编纂委员会·〈档案丛刊〉、〈文献丛刊〉总序》,《涓水集》,北京出版社2009年版,第471—472页。

已出版了各类图书 130 余种 2000 多册，总字数达 10 亿字之上，且大多为首次公开出版之极珍贵的清史资料。这些图书的出版，迅即受到国内外学术界的广泛关注和高度肯定。不少学者希望作为国家重大项目的新编《清史》能成为"一部反映当代中国学术水平的清史巨著，使之成为经得起有历史检验的传世之作"①。将来编纂出的《清史》能否达到这样的高度，尚有待于其最终完成后，由学术界做客观、公正的科学鉴定。不过仅就编委会目前已出版的大量珍贵的历史文献资料而论，足已嘉惠学林，传之永远，有功当代，利在千秋。那么清史编纂工程究竟出版了哪些图书？为什么受到那么高的评价？其在服务清史编纂及推动清史研究方面究竟发挥了什么价值和作用？这就有必要对清史编纂工程的出版成果的有关情况及其价值略加述评。

一 根据清代史料涵盖的范围与特点编辑出版五种《丛刊》

有清一代近三百年的历史，既是中国古代社会的终结，又是中国近代社会的开端，处于社会转型时期，正如有的学者所说"前面是集大成，后面是大变局"。这样的社会历史属性，使之与此前中国历史上之其他朝代有明显区别，亦使清代史料涵盖的范围有突出特点：

其一，清代作为中国古代社会的终结，乃封建社会的集大成时期，中国古代的政治、经济、文化都发展到极致，因此其在各方面遗留下的档案与典籍都极为丰富和完备，而且由于其所处的历史时空距现代较近，多保存至今。

其二，清朝是以满族贵族为统治主体的一个朝代，也是中华民族多民族国家进一步统一巩固的历史时期，其在保持满族特性，开发边疆地区，以及各个民族作用的发挥方面都很突出。故在保存的历史文献资料方面，不仅有汉语的，也有大量满、蒙古、藏、回、维吾尔等各个民族语言的历史文献资料。

---

① 李岚清：《统一思想 团结协作 努力把清史编纂工作做好》，《光明日报》2003 年 3 月 13 日。

其三，从明清之际大量西方传教士来华，到鸦片战争后西方各国传教士、外交使节、商人、记者、旅行家等，纷纷来华甚至久驻，并各据自己的经历和见闻，写有大量与清史相关的报告、著述、书信、日记等资料，甚至形成宝贵的历史档案，至今流存于欧美各国。

其四，清朝作为社会转型期，其在保持传统社会的政治文化特征外，并逐步产生了近代社会的新的增长点，且在经济发展、思想文化、国际交往、科学技术与城乡建设等方面都有所反映。有不少近代社会的增长点，在旧与新、中与西的冲突交融中，产生了一批内容新颖、形式多样的文化典籍乃至实物史料。

其五，从世界史料角度看，自16世纪西方世界步入近代资本主义社会后，整个世界逐渐融为一体，各国之间的联系也更加紧密，中国自觉或不自觉地走进国际社会，世界也更加关注中国。1949年新中国成立特别是改革开放后的30多年来，西方各国的学者，超越传统汉学模式，以人文社会科学的新视角、新方法研究中国历史文化的人日益增多，清史几乎是国际中国学研究的热点，涌现了许多清史研究的论著，值得中国清史学界参考借鉴，也是清史史料采集的范围。

从对清代历史的社会属性及其史料范围的分析中，可以看到清史史料具有数量大、范围广、语种多、庋藏散，以及"新、旧、中、西"杂陈的特点。戴逸先生曾经说："清代之史料，具有自身之特点，可以概括为多、乱、散、新四字"①，是很有道理的。而今，我们既然是以国家名义编纂继"二十四史"之后的一部高标准、高质量的清史巨著，就不仅是要在思想理论上以唯物史观为指导，而且在史料的吸收运用方面，也必须有新的拓展与发掘，即使是难以"竭泽而渔"，也应最大限度地广搜博采。编委会正是基于这样的考虑，特成立了几个相关的专业组，并相应设立了"档案""文献""图录""研究""编译"等五种《丛刊》。由专业组和《丛刊》组成编委会，广泛联系国内外储藏有清代史料的档案馆、图书馆、博物馆，再组织约请各方面的专家整理、编辑、翻译成各类图书，而后由出版组纳入规划及时出版。

这里，不妨进一步将五种《丛刊》的设立及已出版的主要图书略予

---

① 戴逸：《涓水集》，第472页。

评介。

《档案丛刊》：清代档案是编纂和研究清史的最直接、最重要的第一手资料，新修《清史》能否超越前人，向前推进，关键就在于是否充分利用了档案资料，因此清史编委会成立了档案组并设立了《档案丛刊》。该丛刊针对清史编纂的需要，已编辑出版了《庚子事变清宫档案汇编》《清代中南海档案》《清代军机处电报档汇编》《清代军机处随手登记档总汇》《清嘉庆朝刑科题本社会史料辑刊》。又有存放于地方的档案《清代四川巴县衙门档案史料选编》《吉林省档案馆藏清代档案史料选编》。还将出版已立项的少数民族文字档案，如《西藏地方档案文献选编》《清代喀喇沁蒙古档案译文选编》等。这些档案大多为第一次公布的原始史料，具有珍贵的史料价值。

《文献丛刊》：有清一代的学术文化繁荣兴盛，学派林立，文人辈出，学者文人留下的著述汗牛充栋。仅《清史稿艺文志》《清史稿艺文志补编》及《清史稿艺文志拾遗》收入的清人著述就有 74951 种。[①] 然而这些著述此前大都未能整理出版，而这些著述中却包含极丰富的清史资料，是编纂和研究清史时不可或缺的。为弥补以往之不足，根据清史编纂的需要，该《丛刊》组织编辑了大量清人之全集、文集、笔记、日记和稀有的稿本、抄本。现已出版的如《李鸿章全集》《张之洞全集》《康有为全集》等。文集也已出版不少，如《翁同龢集》《黄遵宪集》，特别是《清代诗文集汇编》，其中收录作者 4000 余人，著述 7000余种，乃有史以来第一次对清代诗文集进行全面、系统的整理，并予分装 800 巨册出版。还有些清人日记，如《恽毓鼎澄斋日记》《越缦堂日记》《薛福成日记》等。同时还编辑出版了多种大型史料汇编，如《清代蒙藏回部典汇》（75 册）、《清代缙绅录集成》（95 册）、《清代道光至宣统间粮价表》（23 册）、《清代稿钞本》一辑、二辑、三辑等，每辑都是 50 册，等等。

《图录丛刊》：在中国传统史书中，叙事记人均以文字记载，而现今新编《清史》，鉴于清史与清代史料的特点，将图录作为体例创新之一，纳入编纂范畴，拟将留存于世的大量绘画、舆图、人物像、券证等

---

① 参见陈桦《文献整理与清史编纂》，《清史研究》2010 年第 1 期。

编入《清史》。为此，特设立图录组与《图录丛刊》。目前已出版的此类图书有：《帝国掠影：英国访华使团画笔下的清代中国》《券证遗珍：天津市档案馆藏清代商务文书图录》《满铁旧影：旅顺博物馆藏满铁老照片集》《耆献写真：苏州大学图书馆藏清代人物图像集》，还有北京大学图书馆藏的清代建筑图像及清代彩绘地图等。

《研究丛刊》：为了鼓励学术创新，开展学术研究中的百家争鸣，以期在清史编纂过程中，不断发现和提出新的研究课题，拓展和深化清史专题研究，设立了《研究丛刊》，以及时出版清史研究的最新成果。目前已经出版的有：龚书铎主编《清代理学史》（上、中、下三册）、来新夏《清人笔记随录》、郭松义、定宜庄《清代民间婚书研究》、杜家骥《八旗与清朝政治论稿》、刘小萌《清代北京旗人社会》、王开玺《清代外交礼仪的交涉与论争》，还有虞和平主编《张謇——中国早期现代化的前驱》、夏春涛《天国的陨落——太平天国宗教再研究》、喻春龙《清代辑佚研究》，以及台湾著名学者陈捷先《蒋良骐及其〈东华录〉再研究》、陈万鼐《〈清史稿·乐志〉研究》等二十余部。上述《研究丛刊》中，既有学养深厚的资深清史专家的扛鼎之作，也有学界新锐的成名论著，在清史各领域的专题研究中多有新的突破性创见。

新修《清史》必须有世界眼光，不仅要将清史置于世界历史范畴中予以分析、研究和评价，而且应放眼世界，博采、积累世界各国关于清代历史记载形成的档案文献，还应参考吸收其研究清史的有益成果。为此而设立编译组与《编译丛刊》。几年来已组织翻译这方面的资料与著述达四十余种。其中既有明清之际来华传教士有关早期汉学奠基之作，诸如李明《中国近事报道》、安文思《中国新史》；也有晚清时期长期在华工作的赫德《这些从秦国来：中国问题论集》，收入赫德在长期担任晚清中国海关总税务司所著有关"中外贸易""条约制度""中国内政改革"等方面的论文多篇。就赫德的身份地位而论，这些论文当有很高价值。与此书相类似的还有李提摩太的《亲历晚清四十五年——李提摩太在华回忆录》。该《丛刊》还翻译出版了当代西方各国许多清史名家的最新研究成果，如王业键《清代田赋刍论》、森田明《清代水利与区域社会》，以及尼古拉·阿多拉茨基《东正教在华两百年史》。这些国外学者的清史论著，大多是在国际清史学界颇有影响的名著，学术研究总要知己知彼，将这些著作翻译出版，对中国学者研究清史有重要参考价值。

除上述已出版的五种《丛刊》的各类图书外，为给清史工作者提供检索之便和及时了解国外研究清史的新信息、新动向，在已有出版成果中还编译出版有《1945—2005年台湾地区清史论著目录》《1971—2006年美国清史论著目录》，以及多本《清史译丛》。

国家清史编纂工程已经出版和将要出版的大量成果，无疑会有助于清史编纂工作，也必将推动国内外的清史研究，特别是那些卷帙浩繁的历史档案与历史文献必将流传久远。

二 为新修《清史》提供大量翔实、准确的史料，有裨于提高《清史》纂修质量

历史科学发展的客观进程表明，无论是浩大的修史工程，还是能传之后世的史学名著，都必须有充分的史料根据，都需要在史实上有新的发掘，否则很难有所突破和创新。一百多年前中国殷墟甲骨文的发掘，使殷商史建立在科学的基础上。北洋军阀时期纂修的《清史稿》，之所以被后人诟病，除立场观点乖谬偏颇外，未能充分利用清宫档案及中外清史资料也是重要原因。有鉴于此，国家清史编纂委员会设立了前述五种《丛刊》，以搜罗中外清史资料，使清史编纂建立在翔实、准确的史料基础上。几年来的工作实践证明，清史编纂工程的出版成果，在服务清史编纂方面的确发挥了应有的价值和作用。

编委会在五种《丛刊》设立后，曾明确要求参加修史的专家要尽可能阅读和利用这些资料。譬如，档案是纂修清史最直接最重要的依据，只有充分利用档案，才有可能在质量上有大的创新。因此，编委会要求参加撰修清史主体工程的各个项目，在按规定上交其史料长编中，使用的档案资料不得少于三分之一。无论是项目的撰写，或者是对已有成果的评估，编委会都对是否利用了档案资料有一定的要求。如传记组就要求"所有参加清史传记撰写的学界同仁，都要重视档案资料，并尽可能全面检索"，"要使用档案来建立人物事迹的基本框架"。典志组不仅要

求对有关志书的撰写一定要利用档案，甚至在评估项目成果时，若发现某些成果未利用关键性的档案则不予通过。由于有这些要求，已经公开出版的《档案丛刊》的纸质图书，都放置于编委会的图书资料室，修史专家可随时阅读。对有些已经立项、编好而尚未出版的档案，也尽可能在编委会设立的"中华文史网"上公布，以便专家及时查阅。通过有关调查访问显示，不少修史专家和海内外清史研究工作者的确大量阅读和利用了清代档案。

根据编委会档案组的调查和统计，清史编纂工作经过立项已编辑整理公布在"中华文史网"上的档案，利用的人数和利用的档案类别都在不断增加，"仅从 2008 年 1 月至 2009 年 5 月，清史纂修人员网上阅览档案图像的就达 211544 人次，平均每月 12000 多人次，目录阅览 90345 人次，平均每月 5314 人次；检索利用 36488 人次，平均每月 2146 人次"。目前清史主体工程开通网上使用档案项目的共 24 个，其中"《通纪》第一、第二、第三、第五、第七各卷；《传记》太宗朝、道光朝、咸丰朝、光宣朝及循吏孝义忠烈传、妇女传；《典志》职官志、地理志、城市志、邦交志上、华侨志、漕运盐法志钱法篇、财政金融志金融篇、朴学志、民族志满族篇、宗教志伊斯兰教篇、《史表》史事年表上、提督表、布政使表"等。[1]

纂修清史的专家们与清史研究工作者，通过对已经出版或经整理立项于网上公布档案的查阅和利用，为所编写的项目补充了大量新的史料，并勘正了已有史书的不少讹误。这在主体工程"典志""传记""史表"的一些项目中都有很多例证。如《灾赈志》是新修《清史·典志》之一，专家们在修编此志"史料长编"和撰写书稿时，就充分利用了在编委会立项的档案项目——《清代赈灾档案史料汇编》。在他们编写并向编委会提交的《清代赈灾资料长编》中，就有三分之二的内容来自此项档案。他们根据这项档案为该志的撰写奠定了基本的史事框架。据《灾赈志》项目主持人夏明方教授说："过去研究灾赈的主要资料来源多是有关《实录》、《文集》、《地方志》和《清代荒政书》等，但这些史书对灾赈的记载或失之过简，或有所遗漏，或过于零碎分散，

---

[1] 参见邹爱莲《目前清史工程中的档案利用》，《清史研究》2010 年第 1 期。

因难于搜检与集中,而现在编辑整理的《清代灾赈档案史料汇编》有关灾赈的史料却比较系统、完备、准确。这项档案对于编纂《清史·灾赈志》有重要作用。"夏明方教授还概括说明了这些档案的作用:"一是有助于更加全面地了解清代灾害及其社会影响的基本情况;二是有助于更深入地探讨清人官赈的基本情况;三是有助于更为系统地分析清代仓储的基本情况。"[1]

档案史料在勘正已有史书上的讹误也有重要作用,如史表组在核查项目时,发现已有史籍对川陕总督博霁死亡时间的记载为"康熙四十七年九月乙亥"。然而在有关档案中却明确记载,早在此年9月前的几个月,博霁的灵柩就已运至京城,因此据档案订正了对博霁死亡时间记载的讹误。档案史料对人物传记的撰写也帮助甚大。因清代朱批奏折中包含有大量的人物活动信息,内容真实又详细具体,目前在《清史·传记》中列选的人物多能在档案中找到资料。对此,编委会传记组组长潘振平先生曾具体列举了昭梿等清代人物,在《清史稿》《清史列传》及《清实录》中的有关记载,或语焉不详,或记载有误,却可根据档案予以补充和勘正。据此,他进一步说:"这批档案在传记撰写中发挥了特殊的重要作用。比如不少传文利用谢恩折、到任折等建立传主的履历框架,显然比依据实录旧传更为可靠。不少传文利用相关奏折与其他资料互证,记述传主的事迹言论更加准确、具体和丰满。"[2]

除《档案丛刊》和公布在中华文史网上的各类历史档案资料外,浩如烟海的清人著述也是清代历史文献的重要组成部分。在清史编纂工程的出版成果中,由文献组组织编辑的《文献丛刊》尤以成果多、数量大、价值高而突出。其出版成果总字数已达八亿字以上,其中大部分是清人著述,包括文集、笔记、日记、函札、奏疏等。由于这些著述的作者,大多是清廷的中枢权臣,或封疆大吏,或博学鸿儒,或文坛宗主,又大都是许多清朝政治历史的参与者、见证人,以其亲身经历、所见所闻,笔之于书,其内容涉及清代政治、军事、文化、教育、艺术、社会习俗等各个方面,都是纂修清史的第一手重要历史资料。这里仅以几部

---

[1] 参见邹爱莲《目前清史工程中的档案利用》,《清史研究》2010年第1期。
[2] 同上。

规模较大的全集——《康有为全集》《李鸿章全集》《张之洞全集》为例，说明其在清史纂修中之史料价值。

康有为乃晚清史上的一位伟大的改革家、思想家和学者，其作为近代中国向西方学习的代表人物及戊戌变法思潮的领袖，著述宏富，影响深远。但学术界、出版界过去对其著述的整理出版，或为单本专著，或为作品选本，如政论文选、诗文选、书信选等，而没有全面、系统、综合、完备的全集。复旦大学的姜义华、张荣华教授，应清史编委会之约请，积多年搜求而编成的《康有为全集》，将康有为一生的诗文著述、代表性的学术专著、书信、奏折、游记等编成近千万字全集，其中不少从国内外搜集的未刊稿，成为截至目前最为齐备的康有为著述全集。这对于全面研究康有为的思想及撰写新的康有为传乃至研究晚清政治变革、思潮发展、文化更新等，无疑都具有重要的学术资料价值。

李鸿章是晚清史上一位极重要的历史人物，其既担任过多省的巡抚总督，又是朝中办理洋务、处理外交关系的权臣，从他一生的经历可窥中国近代的发展历程，是研究晚清史不可绕开的人物。然而，过去对他著述的整理却极不完备，又有明显的缺陷。如吴汝纶编的《李文忠公全书》，对大量的李氏文献未予收录，而且对部分原稿有意改删，失其本真。而今由顾廷龙和戴逸先生主编的《李鸿章全集》，共39卷，约2800万字，较吴汝纶所编约600万字的《李文忠公全书》超出四倍多。全集将李氏著述分为奏议、电报、信函、诗文等四大类。其中囊括了中国第一历史档案馆、上海图书馆、复旦大学图书馆、中国社会科学院近代史研究所图书馆、安徽省图书馆等收藏单位的大量未刊稿，所收录未刊文稿资料约占全书三分之一，均为研究李鸿章的重要文献。从而使本书成为目前规模最大、内容最完备的《李鸿章全集》，是进一步全面、客观、公正地研究评价李鸿章的根本依据，也为纂修《清史·通纪》咸丰、同治、光绪各朝历史增添了弥足珍贵的史料。

张之洞亦是晚清重臣，他久历边疆与中枢，晚清许多重大史事他都参与其间，也是一位有重要影响的历史人物，由赵德馨教授主编之《张之洞全集》，是一部12卷、1200万字的鸿篇巨制。该书以北平文华斋1928年刊刻的《张文襄公全集》为底本，进行辑佚、考证、标点、校勘，共收录文献14453件，比原底本多7802件，较之前几年河北版的苑书义教授主编之《张之洞全集》也多出3473件，同样是研究张之洞及研究晚清史的重要史料。

除康有为、李鸿章、张之洞等人的《全集》外，《文献丛刊》已经出版或将要出版的清人著述还有恽毓鼎、陈宝箴、黄遵宪、薛福成、翁同龢、汪中、于成龙、祁寯藻、丁日昌、袁世凯等人的《全集》《文集》《藏札》等个人著述与档案，大都发掘了新的史料资源，为清史编纂和清史研究在开拓利用史料方面做出了贡献。

另外，《文献丛刊》出版的几部大型资料汇编，诸如《清代缙绅录集成》《清代道光至宣统间粮价表》《清代蒙藏回部典汇》，以及《中国荒政书集成》《辛亥革命史资料新编》等，都分别为研究清代人物、官制吏治、农业经济、赈灾救荒等专题研究提供了较为系统完整的资料，这些资料或为新的发现，或系统整理公开出版，都具有独特的价值和作用。特别是由章开沅教授等主编的《辛亥革命史资料新编》一书，乃是继20世纪50年代中国史学会所编《中国近代史资料丛刊·辛亥革命》卷之后，有关辛亥革命史史料的又一系统的资料新编，这部八卷本的新编进一步发掘搜集了国内外的有关资料，其中包括了国外的珍贵档案，如日本外务省档案、法国外交部、陆军部的档案以及英国外交部的档案，为更加深入、全面地研究辛亥革命史提供了大量新史料。今年又适值辛亥革命一百周年，我国内地与台湾地区、香港地区、澳门地区都将举行隆重的纪念会和学术研讨会，这部资料新编的出版就更加具有学术历史价值和现实意义。

至于《图录丛刊》的出版成果，对服务清史纂修的效能更是自不待言。由于新修《清史》中，设有《图录》卷，《图录丛刊》就是直接为《图录》卷服务的，已经或将要出版的《图录丛刊》的各种图书，都为《图录卷》积累了大量珍贵的图片资料，在编纂《图录》卷时，当可经过甄别整合，选择补充和录用。

《研究丛刊》在国家清史编纂工程中的出版成果中可谓独树一帜，其不同于主要编辑整理历史档案、历史文献与国外译著的其他几种《丛刊》，而是以组织审定出版新的清史研究成果为主。从目前已经出版的二十多种研究论著看，内容涉及清代政治、经济、学术思想、民族宗教、婚姻习俗、外交礼仪、人物研究等各个领域，大都是经过该《丛刊》编委会认真严格审定选择的力作，有很高的学术质量和研究水平。对有关选题的研究多具开拓创新、填补研究空白的学术价值，不仅为清史纂修积累了研究成果，也拓展和深化了清史研究领域，活跃了学术研究氛围，有助于清史研究的发展与繁荣。鉴于这些著作多是单本学术专著，便于阅读，读者特别是清史界同行，当能慧眼识珠，这里恕不一一评述。

《编译丛刊》遵循纂修清史要有世界眼光的指导原则，在编译工作中克服了专业翻译人员难求、与原作者联系不便、解决版权授予烦琐等困难，短短几年竟翻译出版了40多种世界各国有关清史的资料和研究论著，使得清史编纂工程得以放眼世界、博采众长，既拓展了史料搜集范围，吸收运用了国内某些短缺的史料，也能及时吸取国外有益的研究成果。这40多种图书，大都有很高的学术价值和史料价值，如法国耶稣会士李明撰写的《中国近事报道》，于1696年在巴黎出版后，四年间竟再版五次，还被译成英、意、德文出版。后来由于教廷的礼仪之争，此书成为禁书，被封尘近三个世纪，直到1990年才得以重新面世，译成中文在中国出版这还是第一次。该书作者以书信体裁，将自身在华经历写信通报给国内要人，而后汇编成书，这些书信以其在华多年的亲身经历，对康熙年间中华帝国的情况作了详细介绍，内容包括中国的民族、战争、宗教、语言、风俗、气候等各个方面，为欧洲人睁眼看世界提供了难得的第一手资料，开启了中西文化交流的大门，在欧洲思想界产生了深远的影响。尤为难能可贵的是书中对康熙时发生的乌兰布通之战的记述，还弥补纠正了中国史籍的遗漏与失实之处。乌兰布通之战是一次具有战略意义的重要战事，康熙十分重视，派了裕亲王福全（康熙之兄）为抚远大将军及恭亲王常宁（康熙之弟）率军出征，大臣索额图、明珠及国舅佟国纲等也随同参战。蒋良骐在《东华录》中记载有当时福全给康熙的奏折："未时交战至掌灯时，大败之，斩杀甚众。"此后的史书，包括现今学者的清史著作中关于乌兰布通之战的论述也多据《东华录》，认为清军取得大捷，甚至"大获全胜"。但是在《清圣祖（康熙）实录》中对这次战事却只字未提。戴逸先生最近在《〈清史·通纪〉撰写大纲（一、二、三卷）研讨会上的讲话》中提到乌兰布通之战时，曾说多年来他对有关史籍对此次战事的记述总是心存疑团。

他感到清军既然取得大捷，为什么福全带兵回京时，康熙却并不庆贺迎接，反谕令其驻兵朝阳门，不得入城，还革去福全的亲王、罚俸三年，从此不得带兵打仗，而且参与战事的索额图、明珠等都受到惩罚。他认为这些迹象表明，一些史籍的记载恐有失实，却一直未发现证据。然而，当他读到李明的《中国近事报道》时，却有豁然开朗之感，李明书中说到这次战事时说："皇帝派兄专征鞑靼（按：即准噶尔蒙古），鞑靼军瞄准战机，及时出击，以少胜多，打败了王者之师，官兵全面败北，溃不成军。福全回北京，康熙亲自审讯他战败之罪。福全向康熙自请死罪，康熙不客气地说，你要死就该死在战场上。"从李明的这些记述看，乌兰布通之战，清军原来是打了败仗，福全却谎报军情而讳败为胜。这才能合理解释福全回京后的一系列遭遇。戴逸先生据此分析《清圣祖实录》对此次战事只字未提，乃是雍正朝修康熙朝《实录》时，采取了讳败不言之笔。而蒋良骐在修《东华录》时，使用了福全给康熙的讳败为胜的奏折，将战争失败的真相掩盖。然而李明作为外国传教士，当时身在北京，了解到战事实情将之记入其书，他没有任何必要把所谓的"胜仗"硬说是败仗，他的说法应该可信。这一事例说明西方人的一些著作，反而能弥补和纠正中国史籍的疏漏与记载不实之处。

《编译丛刊》中一些关于晚清时期历史的译著，也同样有重要史料价值，如英国传教士李提摩太所著《亲历晚清四十五年——李提摩太在华回忆录》。此书作者可为晚清史上风云一时的人物，他从1870年来华，先后在山东、山西各地传教赈灾，后于1890年应李鸿章之聘任天津《时报》主笔，1891年又到上海，为广学会总干事，与晚清史上的李鸿章、张之洞、恭亲王奕䜣，以及康有为、梁启超、孙中山等重要人物都有交往，经历了甲午战争、戊戌变法、义和团运动等许多重大事件，并积极活动于上层人士之间，在台前幕后结交权贵，联络士绅，顾问洋务，调停外交，抨击革命。其一生经历几乎就是一部中国晚清史的缩影。将其以在华45年经历写成的《回忆录》与相关史料记载相对照，无疑可以从一个外国人的视角里发现不同的说法与记载，有参证互补之效用。

这里，还有必要提到《清史译丛》，考虑到国际学术文化交流日益频繁，我们编纂和研究清史，绝不能关起自己家门，自说自话，而应开门修史，搭建与国际学界对话交流的平台，及时了解、分析、借鉴国外清史研究的学术思潮、研究的前沿问题、热点问题及重要的学术研究成果和作者。为此，编译组还编辑了《清史译丛》，现已出版九辑（九册），每辑都设有"专题研究""论著"及"论点选题""名家访谈""理论争鸣""学术综述""新书评论"等栏目，这些内容对于清史编纂工作及国内专家学者了解国外清史研究的动向与趋势大有助益。

三 抢救历史遗产 开发文化资源 推动清史研究的长远进步和发展

从 1644 年顺治帝入关建立全国性的清朝政权起，历经顺、康、雍、乾、嘉、道、咸、同、光、宣各朝，至 1911 年辛亥革命爆发，封建帝制被推翻，直至 1912 年清帝退位止，这 268 年有清一代的历史，经历了兴、盛、衰、亡的全过程，已然烟消云散，成为过去，永远不再复返了。但是后人对清代近三百年历史的研究却永远不会结束。事实上，从清朝灭亡之日起，对清朝历史的研究就已经开始，今天纂修新的大型清史，不过是对过去一百多年清史研究的发展和总结。即使是这次的清史编纂工程圆满完成，势必开启清史研究的新阶段，清史研究将在新的起点上，继续向前推进。因而，在清史编纂过程中出版的各种《丛刊》，既要着眼当前，也要考虑未来，正如戴逸先生所说"吾侪于编史之始，即整理出版《文献丛刊》、《档案丛刊》，二者广收各种史料"，"一以供修撰《清史》之用，提高著作质量；二为抢救、保护、开发清代之文化资源，继承弘扬历史文化遗产"[①]。也就是说，国家清史编纂工程网罗搜集各种史料，编辑各种图书，不仅只是服务于清史编纂，还着意于抢救历史遗产，开发文化资源，避免许多稀见史料封尘和流失，以免造成不可挽回的损失。

正是基于上述长远的考虑，在清史编纂工程的出版工作中，遵循编委会的设想和计划，我们对保存在国内外尚未整理出版的清史资料，对一些学者多年编辑整理的富有价值的图书，由于种种原因而未能出版

---

① 戴逸：《涓水集》，第 472 页。

的，均采取积极措施，予以扶植，以便尽快问世；或通过各种途径，尽可能抢救和开发。针对不同情况，采取不同的做法，进行整理并尽可能出版，以达到抢救、开发之目的。

如前文提到的康有为、李鸿章、张之洞等人的《全集》，都是总量达千万或数千万字之上的鸿篇巨制，其学术史料价值不可估量，而且各书的主编和参加整理的成员，大都是硕学鸿儒、海内外知名的专家学者，他们以十年、数十年的心思精力，不为名、不为利，多方奔走，广为搜集考证，埋头苦干，以甘坐冷板凳的精神，来编辑整理这些图书资料，但由于整理工作繁难，出版经费量大，以至于或整理工作进展迟缓，长期难以杀青；或因出版经费拮据，久久不能出版，使这些图书不能问世，学术研究无法利用。譬如十二集的《康有为全集》，早在1982年即列入经国务院批准的《古籍整理出版规划（1982—1990）》近代人物文集之一种。上海古籍出版社于1987年、1990年、1992年陆续出版了第一、二、三集。此后整理者又先后编辑整理了后续各集，但原出版社却迟迟未能出版，为此，整理者又得到康有为之故乡广东某出版社的允诺出版，而将书稿转去，但因该出版社的人员变动，此书的出版又被搁浅。国家清史纂修工程启动后，编委会知悉上述情况后，将《康有为全集》视为对清史纂修具有重要学术价值的历史文献而列入文献整理项目和《文献丛刊》，并为整理者创造必要的条件，给予一定的项目整理经费，给出版社一定的出版补助，同时商得原出版社的同意，改由中国人民大学出版社出版。整理者对原出的前三集重新增订，对其后各集又进一步修改补充，终于在2007年将十二集同时出版。[1] 在该书出版座谈会上，不少与会专家学者都指出："《康有为全集》的出版是盼望已久的，因前一、二、三集虽已出版，一直等着后面的第四、第五……可惜没有了，很不方便。现在把目前能找到的康有为的著述力所能及的收在一起，终于出版了这部全集，实有便于读者，嘉惠学界。"[2] 由于此书的史料价值和整理质量都很高，还于2008年荣获中华优秀出版物奖。

---

[1] 姜义华、张荣华：《康有为全集·出版前言》，中国人民大学出版社2007年版，第4页。

[2] 《康有为全集出版座谈会专家发言》，《清史编纂通讯》2007年第14期。

像《康有为全集》这样的出版事例，还很多。

在清史编纂工程已出版或将要出版的图书中，有些确带有抢救历史遗产，开发文化资源的价值。如已出版的《清代道光至宣统间粮价表》，是清代道光至宣统间（1821—1911）的粮价抄档，囊括了清代21个行政省域内各府、州、县主要粮食的价格，是研究清代经济史极富学术研究价值和现实借鉴意义的珍贵史料，乃由中国经济史学者在20世纪30年代整理列表，珍藏于中国社会科学院经济所图书馆，除少数学者研究利用外，为多数人所不知，很难发挥更大的社会作用。这次国家清史工程启动后，作为清史文献整理项目，由经济史专家认真整理，对存疑之处依照中国第一历史档案馆所藏原始粮价单逐一计算核对，标出了原表中数千条错误，印装成煌煌23巨册的图书公开出版，极便于学者研究利用。此书出版后，也荣获第三届（2010）国家图书大奖——中华优秀出版物奖。这是国家对几代经济史学者和清史工程文献整理工作的肯定和鼓励。

再如《清代蒙藏回部典汇》，乃清末曾在清廷蒙藏院任职的吴燕绍（1868—1944）先生一生的心血结晶。他为了巩固民族团结，破灭帝国主义的分裂图谋，利用任职的条件，用了五十年的时间（1894—1944），从东华四录、圣训、起居注、上谕、奏章、军机密档等各类图书中，辑录了有关蒙古、西藏、回部（新疆）三个地区的各种资料而编纂成书。该《典汇》纪事起于明万历十一年（1583），迄清宣统三年（1911），以年、月编次，涉及政治、经济、地理、史事、军事、外交、风土、人情、宗教等各个方面，有极高的史料与文献价值。此书整理者十分珍爱自己这一心血结晶，然书未面世，便在抗日战争时抱恨而终。书稿由其哲嗣民族地理学家吴丰培保存，吴先生在多年的辗转流离困境中，什么东西都可以舍弃，唯抱着此稿不放，总期望有朝一日能出版问世。史学大师顾颉刚先生早年研究边疆地理，与吴家父子均有交往，深悉此稿的价值，他认为有清三百年的边疆大事就保存在这部书中。新中国成立以来，他多次建言呼吁将此书公开出版，却始终未能如愿。

直到此次清史编纂工程启动后，才将这一有极高价值的书稿列入文献整理项目，经吴丰培先生进一步加工整理，以影印形式，精装75册予以出版，终于实现了老一辈学人的夙愿。由于中国在清代得以进一步统一和巩固，清代在治理边疆民族方面有许多宝贵的经验，如"修其教不易其俗，齐其政而不易其宜"的"因俗而治"方针等。而该书则为研究民族、边疆以及清政府的政策策略提供了丰富的史料。可以想象如果此书稿仍一直保存在私人手中，年深日久，很难保证不会毁坏遗失，将之开发和出版，才能永留人间。

清史编纂工程中已经列项的存放于各地方的清代档案尤具抢救意义。如以四川省南充市档案馆藏南部县档案，上起顺治十三年（1657），下迄宣统三年（1911），时间跨度长达256年，几乎涵盖了有清一代的历史，是四川南部历任正堂履行职责、执法行政的官方文书，是清代国家基层政权组织——县衙门行政管理活动的翔实记录，也可以说是涉及清代政治、经济、军事、司法、宗教、文化、教育、外交等方面的重要史料，史料价值极高，有"地方文献宝库"之称，[①]且数量众多，内容丰富。1960年被发现时，其存放于地方公安局，有100多捆，约4000万卷，由于年深日久，加之保管不善，有些档案原本或已被虫蛀，或粘连、发霉。如不引起重视，加以整理，妥善保管，必将更加损坏，甚至成为废纸，虽然进入改革开放之后，清史研究日趋活跃，已引起当地重视，拟改善保管条件，予以陆续整理，然限于人力、物力和技术条件，仍有重重困难。直到清史工程启动，编委会档案组经过调查，将其列入档案整理项目，还派了专家对整理工作予以指导，才使其有可能逐步被科学地分类整理，并以数字化处理、待条件成熟予以出版，供清史研究利用。

总而言之，清史编纂工程出版成果的价值和作用，无论是从服务于当前的清史编纂，或者从抢救历史遗产，开发文化资源来说都是毋庸置疑的，特别是从清史学科的建设和发展而言，则更具有推动清史研究的不断进步和长远发展的价值和作用。因为从中国通史各个断代史研究的状况看，清史研究较之于其他断代史的研究还是一个相对薄弱和年轻的学科，学术界对清史的研究起步较晚，不像其他断代史的研究那样时间长、底子厚、成果多。辛亥革命前后，因推翻满族贵族封建帝制的革命

[①] 参见《南充市档案局（馆）档案项目调研报告》，《清史编纂通讯》2008年第11期。

需要，学界对清朝的历史批判的多、否定的多，以客观态度科学分析的少。新中国成立后，将整个清代历史划分为前后两截，鸦片战争前的清史是古代史的尾声，不管是讲历史课，或者是搞研究，到清朝就草草收兵。至于对鸦片战争后的晚清史则被称为近代史，教学和研究都是以反帝、反封建革命斗争为主线，而非全面、系统、细致地研究整个清代社会。直到改革开放后的三十多年，清史研究才有突飞猛进的发展。研究的人多了，研究成果也多了。加之，国家的经济发展，有了一定的财力基础，才能在今天以国家名义来纂修《清史》，这对清史学科的建设和发展无疑是有力的促进和推动。但大型《清史》的纂修绝非清史研究的终结，而是将清史研究推向新阶段的起点。即使是新修《清史》不负众望，成为"反映当代中国学术水平的巨著，经得起历史检验的传世之作"，也是我们所处时代的产物，是我们这个时代所能达到的高度。随着时代的发展，社会的进步，思想的演变、观念的更新，研究方法的转变，价值取向的变化，清史研究也必将不断进步和发展，甚至对同一材料，也会有不同的价值判断和价值取向。因而，如何借助几百年一遇的国家修史的大好机遇，在条件允许的范围内，多用些气力，多下点功夫，尽最大可能，最大限度地网罗清代历史文献，多出些有价值的图书资料，避免那些无价之宝在我们这一代或继续束之高阁，无法利用，或任其虫蛀风蚀，眼睁睁使之损坏流失，才能不负于今人，无愧于后人。我想这大概也是以戴逸先生为主任的国家清史编纂委员会设立"档案""文献"等五种《丛刊》编辑、翻译出版国内外清史图书资料的良苦用心。

"种瓜得瓜，种豆得豆"，正由于国家清史编纂工程出版的成果，在服务清史编纂、抢救历史遗产、开发文化资源、推动清史研究的长远发展和不断进步中发挥了应有的价值和作用，因此这些成果问世后，既受到国家有关领导、有关方面的鼓励和肯定，也获得海内外学界的赞扬和认同。2004年4月，史晓风先生整理之《恽毓鼎澄斋日记》由浙江古籍出版社出版后，曾送国务院温家宝总理审读，温总理不仅很快阅读，而且于同年6月1日即亲笔致信编者说："所赠《恽毓鼎澄斋日记》收到，大示亦读。这部史料的整理出版，反映出先生的勤奋、缜密、敬业之精神，也可以见到先生深厚的文学功底。我喜欢读古人日记，觉得日记的记载较为真实，读了既可以史为鉴，又可以他人之历练、操守、见识激励自己。"温总理如此亲切地肯定了整理者的治学精神，也高度评价了包括《恽毓鼎澄斋日记》等古人日记的价值，对清史编纂工程的文献整理工作也是莫大的激励。再如前文已经指出的《康有为全集》和《清代道光至宣统间粮价表》，作为清史编纂工程的文献整理项目，都先后荣获国家图书大奖——中华优秀出版物奖。这也是国家对辛勤整理这些著述的学者和清史文献组的肯定。更为可喜的是，由清史编纂工程《研究丛刊》组织编审、由广东教育出版社出版的《清代理学史》（上、中、下三册，龚书铎主编，史革新、李帆、张昭军著），最近还荣获第二届中国政府出版奖，这是国家设立的新闻出版行业的最高奖，而且这次评奖工作领导小组办公室负责人肯定此书是"继承优秀民族文化传统，反映了一个时期以来我国文化积累和文化建设方面的重要成果"①。

整个清史编纂工程的顺利开展以及大量清史图书资料的出版，在国际上也备受关注，引起强烈反响，如美国国会图书馆亚洲部中文组负责人居密女士（国民党元老居正先生之孙女），曾多次到国家清史编纂委员会访问，与清史编译组的专家交流座谈。由于她长期在美国国会图书馆工作，对国会图书馆所藏中文善本图书了如指掌，目前她正在主持一项将馆藏中文善本数字化的项目，此一项目的"汉语记忆"平台通过数字化加工，可将许多包括绘画等的稀见作品做成图文兼顾、声情并茂的三维展示平台。居密女士希望与国家清史编纂委员会合作，提供源流、版本最好，品质和价值最高的图画，在"汉语记忆"平台进行数字化加工，配合清史主体工程的各个类目。

国内许多著名历史学家、清史专家对清史编纂的出版成果也都给以肯定和鼓励，如北京大学王晓秋教授在《康有为全集》的出版座谈会上热情洋溢地说："《康有为全集》的出版是我们盼望已久的，是清史出版的一大盛事。"又说："该书的前三卷（20世纪）80年代就出来，研究戊戌变法史，第四卷是大家盼望的，可那一卷就是迟迟不出来，所以大家都在那里翘首等待，直到今天才看到《康有为全集》的全部，

---

① 见《光明日报》2011年3月18日。

所以，我们也要感谢清史工程和人大出版社所做的努力。"著名清史专家、南开大学历史系冯尔康教授，在看到清史编纂工程的出版成果后，也以自己的亲身感受说："以前查资料很困难，有许多资料都要去手抄，现在很多书都出了，可以说取得了很大的进步，这是以前想都不敢想的，编委会把资料送到我面前，为研究者提供了便利条件。"[1] 冯尔康教授的这番话也反映了清史研究工作者的共同心声。

(原载《清史研究》2011 年第 3 期)

---

[1] 见《清史编纂通讯》2010 年第 6 期。

从"冲击—反应论"到"中国中心观"的历史转变

——《剑桥中国清代前中期史》述评

《剑桥中国清代前中期史》作为《剑桥中国史》丛书之第9卷，其中译本经国家清史编纂委员会编译组组织翻译，近日即将问世。与之相衔接的该丛书之第10卷、第11卷——《剑桥中国晚清史》，早在1985年中国社会科学出版社就已有中译本，两种内容直接相关之书的出版，间隔达二三十年之久，而此间各方面的变化也可谓天壤之别。这一套丛书从其初创再到此卷的出版，本身也有很大的变化与扩展。为便于读者了解有关背景，似有必要从学术史角度对本卷的内容、作者及史观变化等方面的问题略作述评。由于《剑桥中国清代前中期史》（以下简称《清代前中期史》）只是《剑桥中国史》丛书中的一卷，如欲对此卷做恰如其分的评价，还须从整个《剑桥中国史》丛书谈起。

一 《剑桥中国史》编撰的缘起与变化扩展

费正清（1907—1991）与崔瑞德（1925—2005）作为丛书的总主编，他们认为"中国的文明比西方任何一个国家的文明更为广泛和复杂"，而且"中国的历史记载浩如烟海，既详尽又广泛"，但是"直到最近几十年（笔者按：指筹划编撰此书时），西方对中国的研究却极为薄弱"。有鉴于此，他们于1966年策划联袂主编此书，"目的就是为西方的历史读者提供一部有内容的基础性的中国史著作"①。当时也只计划"写一部6卷的著作",然而在着手编写《剑桥中国晚清史》(以下简称《晚清史》)时,"公认的研究成果大量涌现,新方法的应用和学术向新领域的扩大,已经进一步推动了中国史研究",使得这套丛书,不得不从原计划的6卷本,改成"计划为14卷"②。所以,自1978年《晚清史》原版出版后,又相继出版了其中的《隋唐史》《明代史》上卷、《秦汉史》《中华人民共和国史》上下卷、《中华民国史》上下卷、《辽西夏金元史》《明代史》下卷等。从现有出版情况看,最终还将超出14卷的规模,"事实上可能是18卷"③。

由于丛书的总主编费正清和崔瑞德具有很高的国际学术声誉,各分卷主编又都是各相关中国断代史的权威性学者,卷中各章节的撰稿者,也大都是在各自领域取得突出成就的专家。同时,丛书在编撰体例、史观运用、材料吸收、研究方法乃至语言表述等方面,都有与众不同的特色和风格。因而,各分卷陆续出版后,迅即在国际学术界引起强烈反响,被公认为是代表西方中国史研究新水平、新动向的学术著作,而且在"英语世界中,剑桥历史丛书自本世纪起已为多卷本的历史著作树立了样板"④。这就大大超出编写此书的初衷,使本书成为各国读者研究和了解中国史的重要参考书。

众所周知,中国社会科学出版社是隶属于中国社会科学院的一家学术出版社,自成立以来,就以出版国内外人文社会科学领域高层次的学术著作为特色。《剑桥中国史》丛书,既然是代表西方中国史研究水平和动向的、有价值有影响的学术著作,自然应纳入自己的出版范围,将其翻译引进,介绍给中国读者,以增进中外学术交流。因此于1985年在中国大陆翻译出版了《晚清史》,进而又从剑桥大学出版社手中取得了在中国大陆出版《剑桥中国史》中文简体字本的独家授权,又接连

---

① 费正清:《总编辑序》,载《剑桥中国晚清史》,中国社会科学出版社1985年版,第1—2页。
② 同上。
③ 费正清:《费正清自传》,黎鸣等译,天津人民出版社1993年版,第581页。
④ 费正清:《总编辑序》,载《剑桥中国晚清史》,中国社会科学出版社1985年版,第1—2页。

翻译出版了原版已刊行的各卷。由于英文版的出版不以中国各个朝代的时间先后为序，而是某卷先完成即先出某卷，中国社会科学出版社也就相应翻译出版各个卷次，按计划还将出版的一些卷，也将陆续翻译出版。目前，正当中国国内学术界编纂《清史》，掀起"清史热"的情势下，《清代前中期史》的出版，更将引起读者的普遍关注。

二 一幅纵横交错的立体式清史长卷

《清代前中期史》书写的时间范围是1644—1800年，起自顺治元年，迄于嘉庆五年，亦即乾隆去世后嘉庆独立亲政之年。

全书的内容结构，以《导论》为先驱，继之以10章篇幅，从纵横两个向度，对清代前中期史展开翔实论述，内中还插有15个表、12幅图，可谓眉目清晰，图文并茂。最后还附有计1000余种的《参考用书》，亦见参考图书之广泛。全卷字数约80万言，确是一部洋洋大观的清代前中期史。

就各章的具体内容而言，《导论》以《承旧开新》为题，画龙点睛地阐明了介于明代之后、晚清之前的清代前中期在中国历史上的地位与特色。《导论》后的第1—5章，从纵向角度，以各朝皇帝及其统治为中心，着重从政治史、军事史的角度，记述了各朝代的重大历史事件与社会发展动向，并对各位皇帝的历史功过作出评价。

其中第1章《1644年前的建国历程》，追溯了满族的历史渊源、女真各部的统一、清帝国的奠基者努尔哈赤与皇太极的历史功绩、八旗组织的创立及其与明朝在关外征战的历程。第2章至第5章，分别为《顺治朝》《康熙朝》《雍正朝》《乾隆朝》。前几章按照朝序，根据史实，依次记述了顺治帝继位后面临的内外挑战、对中原及长江下游的征服、多尔衮的执政擅权与党争、顺治的亲政与革新。进而论述康熙的登基、亲政，对清帝国疆域的统一及边疆的巩固，评价康熙"是中国历史上最伟大的帝王之一"，他与俄国的彼得大帝、法国的路易十四，都"标志着前工业社会里封建君主所能达到的极点"[①]。在相继的《雍正朝》中，

---

① 史景迁为本卷所写第3章《康熙朝》。

首先评述了雍正究竟是篡位者还是合法继承人，接着重点论述了雍正推行的财政改革、改土归流与开拓疆土，肯定雍正"为一个强大的、近代的政权在18世纪奠定了基础"，同时指出他"未能建立一些确保政治和经济不断加强的制度"，而是"仅仅依靠皇帝干预每个方面进行统治"①。在《乾隆朝》中，作者首先评述了乾隆在中国历史上的地位，认为"乾隆是中国历史上最强有力的君主"，同时"又是一个最有争议的人物"，他"集艺术家、诗人、焚书者、好战者、穷人的保护者"于一身。他既"打败了噶尔丹，最终结束了中亚游牧民族的分立状态，强有力地扩大了清帝国的版图"，但又刚愎自用，打了劳民伤财的"大小金川之役"和得不偿失的"远征越南缅甸之战"。他既编纂了保存浩瀚典籍的《四库全书》，又大力焚书，滥行文字狱。他在位期间发展农业、提高生产力，养活了全国3亿人口，使清朝的经济达到鼎盛，但又喜怒无常，挥霍浪费，导致晚年面临贫困和腐败之局面。面对这一系列矛盾，作者从心理学、政治学的角度，分析了乾隆的个性，指出他处处呈现出"个性与政治的悖论"②。将乾隆这个复杂的历史人物，分析描绘得入木三分。有论者评价，"对乾隆王朝的叙述，可能是详细叙述各王朝的五章中最好的一章"。

全书的后5章，则从横向以专题研究的方式，着重从民族史、文化史、社会史、经济史等各方面，对1800年之前清代前中期历史中的相关专题进行深入论述，既是对前5章的丰富和补充，又不相互重复，显示出编者在立章布局上的匠心。如第6章《清帝国的征服者精英》，论述了作为清帝国的精英阶层满族皇室宗亲、满蒙世袭封族、八旗统帅、汉军旗胄等，在清帝国形成、发展乃至衰落中的地位与作用。第7章《清代前中期士人的社会角色》，从教育史、科举文化史的角度，肯定了科举考试与科举制度在对儒家经典诠释，政治结构改变，促进社会稳定、学术思潮演变，推动私人学术团体和书院的建立与发展等方面的积极作用和影响，从而论证了士人扮演的社会角色。第8章《女性、家庭和社会性别关系》，从性别关系的历史叙述中，说明明清易代的客观环

---

① 曾小萍为本卷所写第4章《雍正朝》。
② 伍德赛德为本卷所写第5章《乾隆朝》。

境为妇女提供了活动舞台,指出清朝统治的历史特性在女性层面的体现,并描述了性别规范、家庭现象、物质文化、精神需求以及男性的社会流动对家庭结构的影响。第9章《社会稳定与变迁》,详细地论述了人口繁荣、等级分化、社会流动、民族、职业、宗族、城镇、慈善事业、宗教组织等社会生活的各个方面,论述了清前中期的社会稳定与变迁。第10章《经济发展:1644—1800》,对经济的各个领域、各个方面、各个环节进行了翔实的分析论证,认为这一时期,无论是市场经济、指令经济以及传统经济都有很大的发展,有很多新的经济增长点。

三 全书各章作者皆清史领域的一时之选

本卷秉承这套丛书创立以来的传统,各章作者均由对该专题有深入研究、卓有成就的专家撰稿,而后再由学术地位较高的学者领衔主编全书。从本卷的主编到各章作者的学术经历、学术成就看,确然如是。

本卷主编裴德生,乃哈佛大学博士,现为普林斯顿大学资深教授,专门研究明清时期的学术思想史,代表作有《方以智及其对思想转变的促进》《顾炎武的一生:1613~1682》等。在《剑桥中国明代史》下卷中撰写了《晚明思想中的儒学》一章。由于普林斯顿大学是《剑桥中国史》丛书的学术组织单位,该丛书总主编之一的崔瑞德和《明代史》卷的主编牟复礼等大师级学者,都在该校长期从事教学与研究,裴德生教授都曾与之合作,由裴教授担任此卷主编当然是最适合的人选。

本卷第1章的作者陆西华,现为夏威夷大学教授,她精通汉语、满语及日语、德语、法语、西班牙语,主要研究满族及其他中国少数民族史,其代表作有《满汉关系》《满族资料阅读指南》及《满人与满洲国建设》,其有关满族的研究成果为学界广泛引用。由于这一章内容涉及满族的起源与八旗制度等内容,她发挥自己的语言优势,运用了大量满文档案,被论者评价"她的这一章写得非常好,推动了整卷书的开始"。

第2章的作者邓尔麟现为麻省大学阿莫斯特分校教授,20世纪60年代曾留学台湾,研究清史与中国文化,有专著《嘉定义民:17世纪的儒生领袖与社会变迁》,熟知清初与顺治朝史事,故撰写《顺治朝》。

第 3 章《康熙朝》的作者史景迁为耶鲁大学资深教授,是与孔飞力、魏克曼齐名的美国研究中国近代史的"三驾马车",也是现任美国历史学会主席,其著述丰硕,与本章内容直接相关的就有《曹寅与康熙皇帝》《康熙皇帝自画像》等。由他来撰写《康熙朝》,当然是驾轻就熟。

第 4 章《雍正朝》的作者曾小萍,现为哥伦比亚大学教授,曾任该校东亚研究所主任及美国教育部东亚国家资料中心主任,主要研究清史,尤长于清代经济史、法律史。主要代表作为《州县官的银两——18 世纪中国的合理化财政改革》。孔飞力曾高度评价此书"是迄今为止在中国研究领域,建立在档案之上对于制度的最好研究"[①]。由她来撰写《雍正朝》,当然难能可贵。

第 5 章《乾隆朝》的作者伍德赛德,现为加拿大不列颠哥伦比亚大学教授。他曾长期任职于哈佛大学,史学大师费正清和史华慈曾赞赏他是研究中国史、越南史的出色学者。其研究领域宽广,曾与艾尔曼教授合编过《中华帝国晚期教育与社会——1600—1900》,还曾研究过现代越南史,撰有《越南与中国模式》。他在《乾隆朝》中对"乾隆的是非功过给予了令人信服的评价"。

第 6 章《清帝国的征服者精英》作者柯娇燕,现为达特茅茨学院教授,长期致力于满学及清史,其代表作《半透明的镜子:清帝国思想中的历史认同》,曾获美国亚洲研究会列文森奖,是研究清代满族的重要成果。她是能用满语研究清史的著名学者。因而本章直接用满文资料来分析论证。

第 7 章的作者艾尔曼,现为普林斯顿大学著名教授,是我国清史界比较熟知的学者,著述甚丰,其主要代表著作《经学、政治与宗族——中华帝国晚期常州今文学派研究》《从理学到考据学——晚期中华帝国的思想与社会变化问题》《中国近代科学的文化史》《艾尔曼自选集》等,均有中译本出版,并受到学术界高度评价,有广泛影响。

第 8 章的作者曼素恩,现为加州大学戴维斯分校教授,曾任美国亚

[①] 孔飞力的评价,参见曾小萍著、董建中译《州县官的银两——18 世纪中国的合理化财政改革》,中国人民大学出版社 2005 年版。

洲学会主席,致力于明清史、妇女史和社会性别史的研究,其主要代表作《缀珍录——18世纪及其前后的中国妇女》,被我国学术界评价为"近年来研究中国妇女与社会性别史的重要优秀著作"[①],亦曾获美国亚洲研究会列文森奖。由她撰写本卷《女性、家庭和社会性别关系》一章,无疑是最佳人选之一。

第9章的作者罗威廉,现为霍普金斯大学教授,曾任该校历史系主任,致力于清代社会史和城市史的研究,其代表作《汉口:一个中国城市的商业与社会(1796—1889)》,被美国学术界评价为"是对中国城市与资本主义萌芽研究的里程碑"[②],因而被评为1989—1990年度美国城市史学会最佳著作奖。不过作者提出的"市民社会""公共领域"等在清代社会发生的增长点也受到某些学者的质疑,他的这些观点在本章中都有反映,很可能会成为"热点"讨论问题。

本书第10章的作者是马若孟与王业健,这两位都是研究中国经济史的著名学者。马若孟是斯坦福大学胡佛研究所高级研究员、东亚图书馆馆长,主要著作有《中国经济与河北、山东的农业发展:1890—1949》,他还编辑了44卷本的《现代中国经济》。王业健早年在台湾大学毕业,留学美国,后居美长期从事中国经济史研究,主要著作有《中华帝国的田赋:1795—1911》《中国近代贸易与银行的演进》,曾被选为台湾"中央研究院"院士。正由于二位都曾长期研究清代经济史,才可能对清代前中期经济发展进程从各方面进行深入分析,并与同时代欧洲各国的经济进行对比研究,对一系列学术界有争论的问题,都能提出自己的见解。

从对本书各章作者的简要介绍中,显见这些学者多为美国当代清史研究各领域中的顶尖级学者,他们都在各自领域的研究中取得了突出成就,并为所在领域的学术领军人物。近几十年来,美国已成为当今西方世界中国史研究的主要基地,其研究力量与研究成果都远远走在西欧各国前面而独领风骚。虽然本卷作者多为美国学者,但仍可代表和反映西

---

① 定宜庄:《〈缀珍录——18世纪及其前后的中国妇女〉读后感》,《清史译丛》第5辑,中国人民大学出版社2006年版。
② 罗威廉:《汉口:一个中国城市的商业与社会(1796—1889)》,鲁西奇等译,中国人民大学出版社2005年版。

方国家清史研究的水平与动向。

此外与《剑桥中国晚清史》相比较,本卷的作者与主编在年龄结构上有很大变化。如果说《剑桥中国晚清史》的主编与作者费正清、弗莱彻、魏克曼、孔飞力等,是美国从事清史研究的第一代与第二代学者,那么,《剑桥中国清代前中期史》的主编和作者裴德生、史景迁、王业健等则可以说是第二代或介于二、三代之间的学者,而其他多数作者如陆西华、邓尔麟、曾小萍、伍德赛德、艾尔曼、曼素恩、罗威廉等则属第三代学者,其中柯娇燕已是第四代年轻学者了。他们多是 20 世纪 70 年代或 80 年代新崛起的一代。由于与第一代学者年龄上的差别,所处时代不同,受政治环境与学术思潮的影响不同,新一代学者接触到的学术资料、学术信息大有扩展,因而学术思想与学术观点也有所变化。新一代学者在对前辈学者的学术研究进行总结与反思的过程中,在研究模式、研究方法与研究的价值取向等方面都有所转变和更新。正如本卷第 7 章的作者艾尔曼教授所说:"费正清先生的《晚清史》和我们的态度不一样,甚至有冲突,因为时代不一样,他们的《剑桥晚清史》写在 20 世纪 70 年代,反映的是 50 年代、60 年代的研究。我们的《清代前中期史》写在 90 年代,反映的是 80 年代的研究","他们是前辈、是老师,我们很尊敬他们,但是后辈可以也可能超过他们。"[①] 承前启后,继往开来,长江后浪推前浪,正是学术研究前进的必然趋势和规律。

四 研究模式的转变与研究方法、研究内容的更新

如果将《剑桥中国清代前中期史》与《剑桥中国晚清史》加以比较对照,便会发现二者有很大区别,主要是研究模式上体现了从"冲击—反应论"到"中国中心观"的重大转变。

费正清作为美国现代中国学的奠基者,毕生致力于东亚特别是中国史研究,不仅学识渊博、著述宏富,而且在建立中国研究机构、开辟研

[①] 见艾尔曼于 2009 年 12 月 24 日在上海复旦大学举行的"美国中国史研究的新动向与新趋势"座谈会上的发言。

究项目、培养研究人才等方面，在组织推动美国乃至世界的中国学研究都有重大影响和积极贡献。他作为中国人民的老朋友曾多次到中国来，依据对中国社会的深入了解和切身观察，早在1943年他就认识到蒋介石领导的国民党政府已失去民心，而共产党领导的中国革命则方兴未艾，共产主义是不适于美国却适于中国，故建议美国政府改变扶蒋反共政策，与中国共产党进行联系。1949年新中国成立后，他又曾建议承认中国新政权。尽管费正清的这些建议乃从美国的根本利益出发，却比较客观和符合历史实际。然而美国政府不仅未采纳他的建议，反而在20世纪50年代兴起的麦卡锡反共运动中，将他和谢韦恩·戴维斯等诬陷为"共产党间谍""亲共分子"，要他们承担美国"失去中国大陆"的罪责。在此过程中，费正清义正词严，不改初衷，毅然坚持对中国问题的研究。[1] 但由于他的师承渊源，他"对中国历史和传统文化的理解常有严重的片面性"。基于他对中国传统文化的认识和理解，他认为以儒家为代表的中国文化是封闭的，与世隔绝的，致使中国社会早期处于停滞或循环往复的状态，只有靠西方冲击，才能打破固有的社会秩序而走向现代化道路。他进而认为19世纪以来，中国历史变化的根本内容和动力，就是西方对中国的冲击和中国对冲击的反应。他的这些思想集中反映在其与人合编的《中国对西方的反应》《中国对西方反应的研究指南》等书中。费正清的这些思想逐渐形成了其研究中国历史的模式和理论架构，即著名的"冲击—反应论"。与费正清同时代的列文森还提出了"传统—近代"模式，认为中国传统与西方的近代化是根本对立的，中国要从传统进入近代社会，就只有接受西方的文明改造。这两种模式虽有不同表述，但却异曲同工，互为补充，其虽然与鼓吹西方种族优越的老牌西方中心论者有所区别，但实质上是西方中心论的变种。费正清在学术研究中，与以阐释中国传统经典为主的老一代西方汉学家不同，其学术思想的一个突出特点就是强调经世致用，他认为"学者的责任不仅在于增加知识，而且在于教育公众，在于影响政策"，他强调研究应当具有实际的效用。[2] 由于费正清对中国历史的研究着重在中国近

---

[1] 费正清：《费正清自传》，黎鸣等译，天津人民出版社1993年版。
[2] 陶文钊编：《费正清集》，天津人民出版社1993年版，第405页。

现代史方面，而近现代史和现实社会以及政府的现实政策又有密切联系，费正清本人又强调经世治国，作为一名美国学者，自然要为美国的现实利益、现实政策服务，正如著名华裔美国学者余英时教授所言："他的史学思想是有意识地为美国政策服务的。"唯其如此，费正清的学术思想、学术观点长期在美国学术界居主流地位，成为美国官方史学的代表，甚至有"美国中国学教父之称"。尽管费正清在主编《剑桥中国史》时，形势已有新变化，《剑桥中国晚清史》的部分作者，如孔飞力在其撰写的章节中，就已冲破了"冲击—反应"模式，主张从中国社会内部寻找中国社会发展的动因。费正清本人的一些观点，也有改变，不过其改变也只是局部的，"通体而观，他的整体概念和结构并没有改动"①。而且"冲击—反应"模式，还深深影响着一代美国学者，《剑桥中国晚清史》其他章节的作者及全书的整体架构依然受"冲击—反应论"的束缚。

然而，历史的客观发展，并不以人们的主观意志为转移，当"冲击—反应"模式赫然如日中天时，一种新的史学思潮——"中国中心观"却悄然兴起，这既和美国国内的动荡局势有关，也受国际学术思潮的影响。20世纪六七十年代美国侵越战争失败，又有水门事件发生，使得学者们对美国引领世界的能力及西方价值观产生动摇。再者，亚非拉民族解放运动在20世纪六七十年代也风起云涌，世界殖民体系开始崩溃，非西方国家的历史备受关注，学术思想界无不在探索各个国家和民族独特的发展道路，反对"欧洲中心论"亦即"西方中心论"的国际学术思潮猛然兴起，英国著名史学家巴勒克拉夫在其《当代史学主要趋势》一书中就指出："摈弃种族优越论，反对欧洲中心论，是当代历史研究的主要趋势之一。"② 美国国内动荡局面与国际史学发展的趋势，都促使美国史学界思考，并开始探索史学研究中新的理论框架，逐渐认识到费正清的"冲击—反应"模式正是"西方中心论"的再版，它不能正确解释中国历史发展的内在动因。一些学者通过对中国社会史、经济

---

① 余英时：《费正清与中国》，载费正清《费正清自传》，黎鸣等译，天津人民出版社1993年版。

② 弗杰里·巴勒克拉夫：《当代史学主要趋势》，杨豫译，上海译文出版社1987年版，第148页。

史、政治史的研究，看到中国历史的长期发展过程中许多变化并非是受西方冲击后才产生的，诸如约翰·梅格尔主编的《中国宋代危机与繁荣》、魏斐德（即魏克曼）与罗林·格兰特合编的《中华帝国晚期的冲突与控制》、施坚雅主编的《中华帝国晚期的城市》以及史景迁与约翰·威尔斯合编的《从明到清》等论著，都以新的研究取向，以动态和变化的观点来分析中国历史发展的进程。中国历史并不是长期停滞往复循环的，从明到清的历史发展过程中，就不断有新的增长点。

即使是孔飞力这样的著名历史学家，也积极主张从中国内部去研究中国历史变迁的各种因素和发展动力，反对用"冲击—反应"模式来解释中国的历史，在他的著作中实际上已提出了"中国中心观"的基本主张和原则。①

1984年，卫斯理学院的柯文教授，总结了美国自20世纪70年代以来出现的批判"冲击—反应"模式的学术思想研究成果，出版了《在中国发现历史——中国中心观在美国的兴起》，明确提出了"中国中心观"的概念，系统阐述了其内涵和特征："（1）从中国而不是从西方着手研究中国历史，并尽量采取内部的（即中国的）而不是外部的（即西方的）准绳来决定中国哪些现象具有历史的重要性；（2）把中国按照横向分解区域、省、县与城市，以开展区域和地方史研究；（3）把中国社会再按纵向分成若干不同阶层，推动较下层社会历史（包括民间与非民间历史）的描写；（4）热情欢迎历史学以外诸学科（主要是社会科学，但也不限于此）中已形成的理论、方法与技巧，并力求把它们结合起来。"② 从柯文对"中国中心观"内涵、特征的阐释中可以看出，其所谓的"中国中心观，并不包含有世界要以中国为中心的意思，更不是要恢复古老的'中国中心主义'"③，而只是一种研究中国史的研究取向，也就是说在研究中国历史时，应把中国历史的中心放在中国，从各个方面研究中国历史发展的内在规律和动因。这种研究取向并不排斥西方冲击对中国的影响，只是反对将西方的冲击视作中国历史发展的根本

---

① 龚咏梅：《孔飞力中国学研究》，上海辞书出版社2008年版，第258页。
② 柯文：《在中国发现历史——中国中心观在美国的兴起》，林同奇译，中华书局1989年版，第165页。
③ 同上书，第174页。

的、主要的原因,进而曲解中国历史的发展道路。

尽管柯文本人也承认他提出的"中国中心观"并不完善,还没有形成逻辑严密的理论体系。但这部著作的问世,却石破天惊,在美国学术界掀起巨大波澜,成为美国中国史研究具有转变性的里程碑,它打破了"冲击—反应论"一统天下的局面,使美国的史学研究走向多元化的格局。虽然也有学者对"中国中心观"提出批评和质疑,但是柯文对自己的总体论证仍坚信不疑,他曾在这本著作的中文本《前言》中表示:"就原有的论证而言,我不会做很多改动,但如果要对该书的最后一章——《近年美国历史研究之趋势》有所补充时,我会提到本书出版以来的几本重要著作。"他所提到的几部重要著作是:曾小萍《州县官的银两——18世纪中国的合理化财政改革》、罗威廉《汉口:一个中国城市的商业与社会》、艾尔曼《从哲学到训诂学》(笔者按:即《从理学到考据学——晚期中华帝国的思想与社会变化问题》)、黄宗智《华北小农经济与社会变迁》。因为这几部著作,"都直接证实了19世纪西方全面入侵之前,或在此之外,中国所发生的具有重大意义的变化",而"支持了在自己著作中详细发挥的命题"①。值得注意的是,柯文列举的这几部书的作者曾小萍、罗威廉、艾尔曼等都是《剑桥中国清代前中期史》的作者。他们与本卷的其他几位作者,如史景迁、马若孟、王业健、柯娇燕、曼素恩等,也都是"中国中心观"的主张者或支持者。这说明"中国中心观"的研究取向,已成为20世纪八九十年代以来美国中国史研究的一种主要趋势和动向,而这种趋势和动向,也必然会融汇反映到本卷之中。从《剑桥中国晚清史》到《剑桥中国清代前中期史》正反映了美国的中国史研究,从"冲击—反应"模式到"中国中心观"研究取向的转变,正如加拿大哥伦比亚大学卜正民教授所评论的,"《剑桥中国晚清史》体现了费正清的学术秉性,对19世纪的理解更多地基于中国如何去应对西方,而不是基于中国内部的挑战",而"《剑桥中国清代前中期史》关切的是清朝统治下中国社会内部的历

---

① 柯文:《在中国发现历史——中国中心观在美国的兴起》,林同奇译,中华书局1989年版,第3—4页。

史"①。

由于时代发展和研究模式的转变，《剑桥中国清代前中期史》与《剑桥中国晚清史》在理论框架、学术观点、内容取舍上都有变化和不同。读者从前文对本卷10章内容和作者学术成就的介绍中可以体察，不需在此赘言。这里想要再说的是两书运用史料和吸收有关研究成果方面也有很大变化。当《剑桥中国晚清史》编写时，中国尚处于"文化大革命"及"文化大革命"刚刚结束之际。中国学术界包括历史学在内的研究，尚处于停顿与闭塞状态。包括美国学者在内的外国学者到中国大陆往来交流的也很少，尚不能直接查看有关的档案史料，能阅读到的中国学者的研究成果也不多，因而《剑桥中国晚清史》未能充分利用清宫档案和吸收中国内地学者的研究成果。然而当《剑桥中国清代前中期史》开始编写时，客观形势发生了很大变化，中国已进入改革开放的新时期，中国学者的学术环境已有很大改变，史学研究开始有了发展和繁荣。这一卷作者多为美国史学界研究清史的精英，可以说其中的多数人都曾到中国进行访问交流。他们已能自由查阅中国的历史档案，直接与中国大陆学者进行交流，阅读他们的著作，吸收他们的学术研究成果。诸如陆西华在《1644年前的建国历程》一章中，就吸收了李洵、薛虹主编的《清代全史》第1卷的有关成果。在史景迁撰写的《康熙朝》中，对康熙的总体评价则吸收了刘大年的见解，而且他在论及吴三桂和"三藩之乱"时，多次提到"更深入的研究见刘凤云的《清代三藩研究》"，这说明中国新一代清史学者的成果也受到了应有的重视。曾小萍所写的《雍正朝》则较多地吸收了冯尔康关于雍正的研究。伍德赛德的《乾隆朝》则吸收了戴逸对乾隆的研究。罗威廉在《社会稳定与变迁》中论及清朝的社会变化时，还特别引用了戴逸的论述，并评论："当今中国学术界的杰出学者注意到了这些变化的形态，探求这些现象如何才能与旧有的西方引进冲击说对应。中国史学会会长戴逸提出一些建设性的说法。"这些情况正是中美学者间开展学术交流、相互间增进了解的结果。

---

① 卜正民撰写的此书评载《国际历史评论》2004年第12期。

五　他山之石,可以攻玉

当1978年《剑桥中国史》丛书之第10、11卷《剑桥中国晚清史》上下卷出版时,费正清在《总编辑序》中写道"中国的历史属于全世界",因而西方历史学家有权利和必要编写中国史的著作。[①] 1991年费正清遽归道山之后,这套丛书的另一总主编崔瑞德于1996年在为《剑桥中国明代史》下卷写的《总编辑序》中又进一步说:"正如我们在20年前所说的那样,'中国的历史属于全世界',随着我们要生活在一个中国无疑将重新取得历史性重要地位的世界之中,这就更让人非信不可了。"他还特别指出:"过去不是一个国家或一种文化独有的,所有我们的历史都是人类过去经历的一部分。"[②] 这说明世界进入全球化、信息化的今天,随着中国国际地位的提高,世界更加需要了解中国和认识中国,也更加重视中国的历史。尽管崔瑞德先生也于2005年随费正清先生驾鹤西去,但由他们筹划确定的《剑桥中国史》则由他们的后继者继续编写出版。《清代前中期史》的编写和翻译出版就是明证。我们对费正清和崔瑞德二位史学前辈对传播中国历史所作出的努力和贡献深深表示敬意和怀念。由他们开创的《剑桥中国史》丛书,中国社会科学出版社也一定会继续翻译出版。

如果说中国的历史属于全世界,那么作为中国历史重要组成部分的清代史就更是属于全世界的。因为世界各国从分散发展到趋于一体,大抵从15、16世纪开始。而从1644年到1911年这一时期的清朝史,正是世界历史发展深刻变化的重要转折时期。中国也正是在此一时期与欧美各国有了更多的碰撞和交融。因此研究和编写清代历史,必须"具有世界眼光,要把清史放到世界历史的范畴中去分析、研究和评价,既要

[①] 费正清:《总编辑序》,载《剑桥中国晚清史》,中国社会科学出版社1985年版,第1—2页。

[②] 崔瑞德:《总编辑序》,载《剑桥中国明代史》下卷,中国社会科学出版社2006年版,第4页。

着眼中国历史的发展，又要联系世界历史的进程"[1]。当然，清史产生发展的土壤和根基在中国，清史文献资料大多积聚、储藏在中国，为中国学者研究清史提供了得天独厚的有利条件，清史研究的中心理应在中国，中国也应涌现具有世界水平的清史著作。而要做到这一点，就必须放眼世界，博采众长，克服夜郎自大的心态，应该重视、吸收和借鉴世界各国清史研究的成果，更多地开展国际间的学术交流，以取长补短，容纳百川。西方世界不仅在科学技术方面遥遥领先，在人文社会科学各领域也同样有一些优长。历史是一门科学，科学无国界，学术研究无禁区。尽管我们与西方的历史学家的文化背景不同，意识形态有别，价值观念不尽相同，观察历史的立场与视角也不尽一致，他们研究中国历史的著述，在观点、方法乃至资料的取舍和运用上，我们不见得都能认同，但却有值得借鉴之处。

（原载《社会科学战线》2010 年第 12 期）

---

[1] 李岚清：《统一思想　团结协作　努力把清史编纂工作做好》，《光明日报》2003 年 3 月 13 日。

话说历史上的孝庄文皇后

一 一位历经清初三朝的杰出女性

据有关史料记载，孝庄生于明万历四十一年二月（1613），卒于清康熙二十六年十二月（1687年1月），姓博尔济吉特氏，名布木布泰。她出生于蒙古科尔沁部，乃贝勒寨桑之女。其十三岁时，嫁于后金四大贝勒之一的皇太极为妻。崇德元年（1636）皇太极改号大清称帝，封其为永福宫庄妃。后人根据其死后谥号称之为孝庄。崇德三年，她生皇九子福临，而后福临嗣帝位，是为顺治，孝庄被尊为皇太后。再后，其孙玄烨又嗣帝位，是为康熙，又被尊为太皇太后。由于她是皇太极的妃子，而皇太极的谥号是太宗文皇帝，又因其儿子和孙子均是皇帝，所以史称"孝庄文皇后"，一般也称之为孝庄。

孝庄天生丽质，性坚毅，喜读书，聪明能干，多有谋略。皇太极执政时，她就是得力助手，"赞助内政，既越有年"，"佐太宗文皇帝肇造培基"，协助皇太极继承了努尔哈赤的事功，继续统一女真各部，连续对朝鲜及明朝用兵，稳固了皇太极的统治地位，为进入关内奠定了基础。崇德八年（1643）皇太极在未及确立继承人的情况下，因暴疾而逝。是时，孝庄方32岁，面对"诸王兄弟，相争为乱，窥伺神器"的复杂争斗局势，她从容不迫，施展谋略，争取各方支持，终于由其子福临继位。当福临入北京称顺治帝之后，她全力扶持其治国理政。顺治十八年（1661）顺治帝病逝，由玄烨继位，她又精心抚育培养玄烨，授以治国方略，指导处理各种政务，终使康熙成为中国历史上很有作为的一代君主。

至康熙二十六年九月，操劳一生的孝庄因病辞世，享年75岁。从清太宗皇太极时期,又经顺治一朝,再至康熙朝前期,这半个世纪的政治生活里,在整个清朝统治集团中,孝庄可谓是一个德高望重、一言九鼎的历史人物,她为清朝的建立与发展,倾注了大量心血,作出了重要贡献,不愧是一位历经清初三朝的杰出女性。

二 在险象丛生中扶助顺治继位并亲政

如前所述,当1643年皇太极暴卒而逝时,由于未及确立皇位继承人,在满族贵族诸王兄弟之间,引起激烈的争夺王位之争。那时,最有权势和实力的睿亲王多尔衮与肃亲王豪格都有夺取皇位的欲望,且旗鼓相当,相互不服,如不妥善解决,满族就有可能发生内讧与分裂。为此,孝庄在孝端皇后的支持下,利用多尔衮与豪格之间的权力之争,巧妙周旋,左右说服,使多尔衮与豪格势单力薄,难以服众,双方不得不达成妥协,提出由皇太极之九子、年方6岁的福临继位,并议定八旗军兵,由多尔衮与郑亲王济尔哈朗各掌其半,左右辅政,待福临年长后,立即归政。这一折中方案,既使福临继承了皇位,也避免了清政权因内争而导致分裂,对于入关前夜的清朝来说是至关重要的一着。

顺治元年五月(1644年6月),多尔衮率清军进占北京,同年9月孝庄陪同顺治进入北京,福临作为清朝的开国皇帝定都北京。然而,多尔衮由于战功卓著,权势越来越大,根本不把年幼的顺治放在眼里,明目张胆地独揽大权,结党营私,排斥异己,谋占皇位之心不死,时刻威胁着顺治的地位。为此,孝庄又施展谋略,对多尔衮软硬兼施,既笼络,又控制。一方面尽量让其致力于清朝的统一大业,服务于顺治帝的统治,连续封其为摄政王、皇叔父摄政王,直至皇父摄政王,使之位高权重,满足其欲望;另一方面又设法牵制其野心,利用各种力量不使其谋位之心得逞,直至顺治七年(1650),多尔衮病逝,顺治帝开始亲政。

顺治亲政时,也还是一个十三四岁的少年,孝庄既是母后,也是他强有力的保护者和导师,因而尽力辅政。为尽快扫清明残余势力及各种抗清力量,她百般笼络一批有实力的汉族上层势力,设法使已归顺清朝的孔有德、吴三桂、耿精忠等效忠清朝,为他们封王晋爵,还将平南王孔有德的女儿孔四贞,育之宫中,以郡主视之,招为义女,又把皇太的女儿和硕公主嫁给平西王吴三桂之子吴应熊，以联姻结亲手段，对之既拉拢，又控制。另外，由于清初的长期战乱，社会生产遭到严重破坏，大量灾民流离失所，社会极不安定。为此，孝庄在宫中一再提倡节俭，并多次将宫中节余银钱赈济灾民。这既有利于缓和社会矛盾，维护社会安定，也有利于稳固顺治的统治地位。清初的社会矛盾错综复杂，既有尖锐的满、汉民族间的矛盾，也有满族内部的权益均衡的冲突。在如此错综复杂、矛盾交织的形势下，清朝能较快地实现对全国的统治，原因固然是多方面的，但孝庄对顺治的辅佐则功不可没。

这里还需要说明的是，孝庄与顺治母子之间，也有一定的矛盾与隔阂。孝庄作为崛起于东北一隅的满族贵族女性，有较浓厚的满汉之别的民族观念，总希望能更多地维护满族的旧俗旧制。她利用满蒙联姻的传统，为顺治的后宫挑选了多名蒙古族的妃子，还将自己的侄女、侄孙女先后封为顺治的皇后。然而，顺治作为新一代满族贵族，则比较崇尚汉文化，又是一个富有感情的性情中人，他力求婚姻上的自主，不喜欢孝庄为她选定的后妃，却偏偏钟情于自己喜爱的董鄂氏。遗憾的是董鄂氏却年轻早逝，致使遭受感情沉重打击的顺治，心灰意冷，不理朝政，一心皈依佛门。这些都使孝庄极为失望和不悦。顺治十八年（1661），顺治在郁郁寡欢中，感染天花而病逝。孝庄在极度悲痛中，又把心思精力全部转移到新的皇位继承人玄烨身上。

三　精心培育和辅佐康熙继位治国

顺治去世之后，在孝庄的主持下，宣布先帝遗诏，由年仅八岁的玄烨继位，是为康熙皇帝。康熙丧父之哀刚刚过去，十岁时又失去了生身之母。孝庄本来就十分疼爱孙儿玄烨，眼看着爱孙先后失去父母，对之更加爱护关心，义无反顾地担当了对他的抚育培养之责。正如玄烨日后所回忆："朕自幼龄学步能言时，即奉圣祖母慈训，凡饮食、动履、言语，皆有矩度。虽平居独处，亦教以罔敢越轶，少不然即加督过，赖是以克有成。"[1] 可见，孝庄对玄烨的饮食起居，言行举止，都悉心照料，

---

[1] 康熙《清圣祖御制文二集》。

而且十分严格，完全按照帝王的标准训练这个爱孙。为使玄烨自幼就接受满族文化教育，她又指示自己依赖的侍女苏麻喇姑，既照料玄烨的生活，又教他说、写满文。同时又让其入书房，请名师讲读儒家的《四书》《五经》，且"必使字字成诵，从不敢自欺"，养成中国传统文化的深厚根基。在学习满汉文化的同时，孝庄还灌输"祖宗骑射开基，武备不可弛"的思想，让侍卫教练玄烨的骑射本领，如同读书写字一样，日有课程，终使玄烨弓马娴熟，箭不虚发，深深理解"念祖宗以来，以武功定暴乱，文德致太平，岂宜一日不事讲习"，而发奋学习文韬武略，为日后亲政治国奠定扎实的基础。

由于康熙年幼继位，因此由索尼、苏克萨哈、遏必隆、鳌拜四大臣辅政。孝庄也教导玄烨参加辅臣议政，学习执政经验，并经常向玄烨灌输"得众则得国"的治国思想，要求玄烨"宽裕慈仁，温良恭敬"，时刻谨慎，勤于朝政，以巩固其祖父和父亲留下的基业，逐渐使玄烨在政治上成熟起来。由于辅政四大臣中的鳌拜思想顽固守旧，且独断专横，擅自弄权，康熙显然不满，终于在康熙八年，智擒鳌拜，结束了辅政时期，由康熙正式亲政。

康熙亲政之后，有关军国大事，仍常常向孝庄请教商议，正像《清史稿·孝庄文皇后传》中所说："太后不预政，朝廷有黜陟，上多告而后行。"因此，孝庄在世时，康熙朝前期发生的许多重大事件，孝庄多参与谋划决策。如康熙十四年（1675），正当三藩作乱时，蒙古察哈尔部布尔尼乘机叛乱，严重威胁京师的安全，康熙十分忧虑。孝庄则适时向康熙推荐说"图海才能出众，盍任之"，康熙即诏图海"授以将印"，领兵前往，很快平定布尔尼叛乱，使局势转危为安。

康熙晚年曾深情回忆说："忆自弱龄，早失怙恃，趋承祖母膝下三十余年，鞠养教诲，以至有成。设无祖母太皇太后，臣断不能致有今日成立。"康熙对祖母也一往情深，他几乎每天上朝前，下朝后，都要到孝庄那里请示问安。当孝庄病重时，康熙精心侍奉，日夜不离。孝庄病逝后，康熙几乎痛不欲生。康熙之所以能成为一代有所为的封建君主，与孝庄的精心培育辅佐密不可分。

四 关于"太后下嫁"的历史疑案

在电视剧《孝庄秘史》及一些清代宫廷轶闻、野史演义、笔记小说中,都曾绘声绘色、十分具体地描述了有关太后下嫁于多尔衮的传说,而历史上是否确有其事呢?应该说这是一桩聚讼纷纭的历史疑案,至今在清史学界也仍然是肯定者有之,怀疑否定者亦有之。

太后下嫁之说,最早引起史家关注的是明遗民张煌言的十首《建夷宫词》,其中有一首说:"上寿觞为合卺尊,慈宁宫里烂盈门。春宫昨进新仪注,大礼恭逢太后婚。"张煌言此词写于顺治七年,以当时人记当时事,似有所据,何况多尔衮于顺治五年已称"皇父摄政王",慈宁宫又是孝庄皇太后的寝宫,词中说慈宁宫中张灯结彩,喜气盈盈地举行婚礼,显然是指孝庄太后下嫁多尔衮之事。主张太后下嫁说的还有其他一些论据:其一,多尔衮尊称为"皇父摄政王",当与太后下嫁有关;其二,据蒋良骐《东华录》记载,诏告多尔衮的罪状中,不仅有自称"皇父摄政王",还有"又亲到皇宫内院",似乃暗指多尔衮迫使太后与之为婚;其三,孝庄遗嘱康熙不要将其与皇太极合葬,是否因下嫁多尔衮而有难言之隐;其四,满族作为北方少数民族,素有兄终弟及、弟娶兄嫂之旧俗,即使有下嫁事,亦不违伦理道德。

但老一辈清史大家孟森先生早就撰有《太后下嫁考实》,针对太后下嫁说的各种根据,一一予以驳难。孟森认为张煌言是故明之臣,对清朝怀有敌意,所作诗句难免有诽谤之词;再者顺治称多尔衮为"皇父摄政王",寓有中国古代国君称老臣为"仲父""尚父"之意,不足为据,至于所谓到"皇宫内院",疑多尔衮另有乱宫之举,不见得专指孝庄太后;再者孝庄不愿与皇太极合葬,乃因昭陵已葬有孝端皇后,第二皇后不与夫君合葬,这在古代并不乏实例。

然而,孟森先生之说并未成为定论,胡适先生读过孟森的《太后下嫁考实》后,曾致书诘难,认为孟文"未能完成释皇父之称的理由","终嫌皇父之称似不能视为仲父、尚父一例"。此后,无论是1949年之前,或者是新中国成立后,仍不断有学者对"太后下嫁"之说,发表持肯定性的看法,不过却也没有摆出更确凿的实证。

鉴于上述情况，笔者认为"太后下嫁"之说，似仍可作为历史疑案存疑。但不管此说能否成立，都不影响孝庄文皇后作为一代杰出女性的历史地位。

（原载人民日报《人民论坛》2003年第5期）

清初"三大疑案"的由来与学术论争 *

——关于"太后下嫁""顺治出家""雍正继位"之谜

中国和日本是一衣带水的近邻，两国之间具有源远流长的文化交流史。这次能应东方文化交流协会的邀请到日本进行参观考察与学术交流，深感愉快和荣幸。我是学习研究清史的，邀请方的朋友，希望我能讲一个大家喜闻乐见的题目，恭敬不如从命，遂选择了这个题目。

在漫长的中国历史上，各朝各代都有不少演义传说与奇闻轶事，而关于清代宫廷中的传说故事尤多。除上面提到的"三大疑案"外，还有什么"四大奇案"等。不过有些事显然是后人有意的编造，荒诞离奇，根本经不起推敲。但我们要讲的"三大疑案"，却都不论是耶，非耶，都事出有因，有一定依据。所以，从清初直到现在，始终是众口异词，聚讼纷纭。特别是近年来在中国大陆推出的不少关于清代宫廷的影视剧，如《孝庄秘史》《康熙大帝》《雍正王朝》等，剧中对这几件事都有生动渲染，常有些观众和读者提出，历史上是否真有其事，事情的真相到底如何？作为清史研究工作者，也有责任和义务依据有关历史文献做必要的说明和澄清。

历史事件是由历史人物的活动构成的，我们就从这三大疑案的主要当事人讲起吧。

一　历史上的孝庄、顺治和雍正

孝庄、顺治与雍正是三大疑案中的主要当事人，他们不仅都实有其

---

* 此文原为作者在日本东京"东方文化节"会上的讲演稿。

人，而且都是清代历史上赫赫有名的人物。从他们一生的活动经历中，可以给我们提供一些分析问题的依据，故有必要对这三个人物作简要介绍。

（一）孝庄——一位经历清初三朝的杰出女性

孝庄，生于明万历四十一年（1613），卒于清康熙二十六年（1687），即"太后下嫁"中的太后。据史料记载，她是蒙古科尔沁人，博尔济特氏。后金天命十年（1625）嫁予努尔哈赤第八子皇太极。崇德元年（1636）皇太极称帝，封其为永宁宫庄妃。其子福临即帝位后，被尊为皇太后，其孙玄烨嗣帝位，又尊为太皇太后。因是皇太极之妃，而皇太极之谥号乃"文皇帝"，加之其子、孙又都是皇帝，故她便由妃称后，死谥"孝庄文皇后"。

孝庄，天生丽质，聪慧能干，且有谋略，其一生经历了清初三朝更迭。早在皇太极执政时，她就"赞助内政，越既有年"①。当皇太极病逝时，她方三十二岁，当时"诸王兄弟相争为乱，窥伺神器"②，其中最有力的争夺者为睿亲王多尔衮与肃亲王豪格。在斗争甚为激烈的情况下，经她与皇太极之孝端皇后的多方斡旋，才使多尔衮谋位之野心未能得逞，终由其子福临继位。此后，她又全力辅佐福临，由于多尔衮位高权重，谋位之心不死，时刻威胁着福临的地位。为此，她又对多尔衮施展谋略，软硬兼施，既笼络，又控制，从而挫败了多尔衮的野心，巩固了福临的帝位。顺治十八年（1661）顺治病终后，年方八岁的玄烨继位，是为康熙。孝庄又辅佐康熙，授以治国安邦方略，当时的许多重大决策都与她的筹谋擘画密不可分。正如康熙日后回忆说："忆自弱龄，早失怙恃，趋承祖母膝下三十余年，鞠养教诲，以致有成，设无祖母太皇太后，断不能有今日成立。"③康熙二十六年十二月（1688 年 1 月）孝庄病逝，享年七十五岁，其临死前对康熙说："太宗（皇太极）文皇帝梓宫，安奉已久，不可为我轻动。况我心恋汝皇父及汝，不忍远去，

---

① 《清圣祖实录》卷 132，第 8 页。
② 《清圣祖实录》卷 10，第 4 页。
③ 《清圣祖圣训》卷 1，《圣孝》。

务于孝陵近地择吉安厝,则我心无憾矣!"① 意即不必与其夫合葬。康熙遵旨将其灵柩暂置停于河北遵化清东陵。直到雍正时,才将其正式安葬于今遵化的东陵(称昭西陵)。

孝庄在其半个多世纪的政治生涯中,于清初的统治集团中,可谓是一个位高权重、一言九鼎的历史人物,其为清朝的建立与发展,倾注了大量心血,做出了重要贡献,不愧是一位经历清初三朝的杰出女性。

(二) 顺治——清朝君临全国的第一代皇帝

顺治,名爱新觉罗·福临,生于清崇德三年正月(1638年3月),卒于清顺治十八年正月(1661年2月),乃皇太极第九子,也是清朝入主中原、君临全国的第一代皇帝。

崇德八年(1643)皇太极突然病死,引发了一场激烈的皇位争夺之斗。经过相互斗争权衡,各方达成妥协后,才由年仅六岁的福临继位,并由他的两位叔父济尔哈朗与多尔衮辅政。1644年9月福临进入北京,改元顺治。然朝政仍由多尔衮把持。多尔衮居功自傲,独断专行,根本不把顺治放在眼里。顺治七年多尔衮病逝,翌年顺治帝亲政。不久,即以多尔衮擅权作威、谋逆篡位等罪名,将之削爵夺封。尔后,在其母孝庄太后的辅佐下,竭力摆脱满族权贵的干预,一度励精图治,重用汉官,整顿吏治,奖励垦荒,经略西南,攻占云贵,逐渐实行了对全国的统治。但顺治在个性方面,比较暴躁,感情脆弱,多愁善感,喜怒无常。他又笃于宗教信仰,最初信奉天主教,尊称德国传教士汤若望"玛法"(即"爷爷"之意),凡事必向之询问,敬重有加。从顺治十四年起,他又转而信奉佛教,先后将南北高僧玉林琇等召入宫中,论经说法。顺治十七年其宠妃董鄂氏病逝,使之感情遭受沉重打击,顿时万念俱灰,萌生厌世之念,并削发受戒,后经孝庄太后与玉林琇竭力劝阻,才又蓄发随俗。此后,顺治便一蹶不振,身体日加虚弱,终于染上天花。当自知死期已至时,顺治召亲信朝臣草拟遗诏,以罪己诏的形式,历数执政中的罪过,宣布由其八岁的儿子玄烨继位,并命索尼、苏克萨哈、遏必隆、鳌拜四人为辅政大臣。顺治于十八年正月初七日(1661

---

① 《清圣祖实录》卷132,第19页。

年2月5日）病逝，终年二十四岁。随后，遗体火化，骨灰葬于遵化清东陵，庙号世祖，谥章皇帝。

但也有传说，顺治并没有死，而是走出皇宫，云游至五台山，皈依了佛门。

（三）雍正——上承康熙下启乾隆的清代入关后的第三代君主

雍正名胤禛，乃康熙第四子，生于康熙十七年（1678），死于雍正十三年（1735），年号雍正。生母乌雅氏，生胤禛时尚是普通宫女，第二年被封为德嫔，康熙之第十四子亦为她所生。胤禛六岁即入南书房读书，学习勤奋，习满、汉语，对满、汉文化均有坚实基础。他于康熙三十七年被封为贝勒，康熙四十八年晋封为雍亲王，康熙六十一年继承皇位。当时他已经四十余岁，俨然是一位成熟的政治家。他继位之后，力图改变康熙晚年的弊端，厉行改革，清理财政，追缴亏空，惩治贪官，加强中央集权，设立军机处，并在西南少数民族地区推行改土归流，还平定了青海、西藏等地的一些叛乱等。他勤于政事，坚毅果断，严厉苛刻，工于心计，是有所作为的一代帝王，上承康熙，下启乾隆，形成了历史上的康乾盛世。不过，他在康熙晚年的储位争夺中，也深深卷入了斗争的旋涡，并在你死我活的残酷斗争中，最后取得皇位。特别是其执政后，残酷打击政敌，先后幽死皇八子允禩、皇九子允禟，又处死亲近死党年羹尧等，落得个生性暴戾、残酷苛毒的骂名，以致使人们对他皇位的合法性引起质疑，究竟是矫诏篡立，抑或是正常继位，几百年来一直争论不休。

二 对"三大疑案"的逐一辨析

在简要介绍了三个历史人物之后，我们再就"三大疑案"究竟是耶？非耶？透过学术界的争论，来逐一进行辨析。

（一）"太后下嫁"说的由来及其论争

所谓"太后下嫁"是指孝庄太后下嫁其小叔睿亲王多尔衮。此事在《清朝野史大观》《清史演义》及《清宫轶闻》中多有记载，且绘声绘色，十分逼真。这些文人骚客的描写，与信史相证，常破绽百出，但其虽不足为据，然而也并非全是空穴来风。关于此事最早引起史家关注的文字是明遗民张煌言的《建夷宫词》十首，其中一首说："上寿觞为合卺尊，慈宁宫里烂盈门。春宫昨进新仪注，大礼恭逢太后婚。"① 张煌言是明末清初人，此词写于顺治七年，以当时人写当时之事，似有所据。何况多尔衮恰于顺治五年已被称"皇父摄政王"，而慈宁宫又确是孝庄太后的寝宫。词中说的慈宁宫里张灯结彩，喜气盈盈地举行太后的婚礼，显然是指孝庄太后下嫁于多尔衮之事。据此，有些清史学者便认为"张煌言是清初人，与多尔衮同时，所说当有所本"，再结合其他材料，便断言"太后下嫁这件事是可以相信确有其事的"②。

主张确有"太后下嫁"之事的还有另外一些论据。其一，多尔衮被尊为"皇父摄政王"，此事不仅记载于《清实录》与蒋良骐的《东华录》中，也在许多档册、文告中有记录，甚至《朝鲜李朝实录》中亦有"皇父摄政王多尔衮"的字样。这些都间接透露出多尔衮已为"太上"与"太后"相对称，证明由"叔父"改称为"父"，显然与母后下嫁有关。其二，据蒋良骐《东华录》记载，关于诏告多尔衮的罪状中有"自称皇父摄政王"，"又亲到皇宫内院"，似暗指多尔衮迫使太后与之为婚一事。其三，孝庄病逝后，遗嘱康熙不要将其与皇太极合葬，是否因其有再嫁多尔衮的难言之隐？其四，满族作为北方的少数民族，素有兄终弟及、弟娶兄妇之旧俗，即使有下嫁事，亦不违伦理道德。何况，多尔衮曾于顺治七年逼死肃亲王豪格，之后又纳其福晋为妻，这也是明载于当时的谕旨和奏疏中的。豪格是多尔衮的亲侄，他可以纳侄媳为妻，又何不能妻以兄嫂呢？

但是，"太后下嫁"说却未能取得学术界的公认，清史大师孟森先生曾撰有《太后下嫁考实》一文，对有关"太后下嫁"说的依据，一一予以驳难。他认为张煌言是故明之臣，对清朝怀有敌意，所作诗词难免有诽谤之语，况且"诗之为物，尤可兴到挥洒，不负传言之责"；再

---

① 张煌言：《建夷宫词》，《张苍水集》第2辑，上海古籍出版社1955年版，第70页。
② 王锺翰：《"清宫四大奇事"是怎么回事》，《王锺翰清史论集》第2册，中华书局2004年版，第801—802页。

者，顺治称多尔衮为"皇父摄政王"，寓有古代国君称老臣为"仲父、尚父"之意，此亦不足以为"太后下嫁"之依据；至于所谓"到皇室内院"，不见得专指孝庄太后，疑多尔衮另有乱宫之举；此外，孝庄不愿与皇太极合葬，乃因昭陵已葬有皇太极之孝端皇后，第二皇后不与夫君合葬，这在古代都不乏实例。孟先生还认为既然"皇父摄政王"之称是公开事实，倘若有"太后下嫁"之事，却为何不见于清代宫书档案呢？与孟森先生的看法相同，著名清史学家郑天挺教授也曾撰《多尔衮称皇父之臆测》一文，文中说："多尔衮以亲王摄政称皇父……疑皇父之称与'叔父摄政王''叔王'均同为清初亲贵之爵秩，而非伦常之通称"，似与"太后下嫁"无关。总之，孟森等认为，不能只凭张煌言的诗，以孤证论定有"太后下嫁"一事，而其他证据多系推测。

然而，孟森、郑天挺的说法也未能成为定论，胡适先生在读过孟氏的《太后下嫁考实》后，遂致书诘难，指出孟文"未能完全解释皇父之称的理由"，"终嫌皇父之称似不能视为仲父、尚父一例"。此后，无论是1949年之前，还是1949年新中国成立之后，仍不断有人肯定"太后下嫁"之说，如已故清史专家商鸿逵教授就曾在《清孝庄文皇后小记》一文中说："即使有此事，也只能把它当作一种政治手段来看，值此明清争夺天下之际，能息止满洲内部的矛盾斗争"，将其视作"是一种借新的联姻来扩大自己势力的机会"①。也有的学者在原有论据之外，又补充了新的依据。他们根据四川师范学院图书馆收藏之《皇父摄政王起居注》书后原收藏者所写之跋语"清季，宣统改元，内阁库垣圮。时家君方任阁读，奉朝命捡库藏。既得顺治时太后下嫁皇父摄政王之诏，遂以闻于朝，迄今犹藏诸故宫博物院"，并据此认为"这可算是太后下嫁的有力证据"②。遗憾的是直到目前，并未发现和公布上述"跋语"中所说的"太后下嫁摄政王诏"。倘确有此诏书，则"太后下嫁"即成定论，否则仍是一桩未了之历史疑案。

---

① 商鸿逵：《明清史论著作合集》，北京大学出版社1999年版，第231—232页。
② 李鸿彬：《孝庄文皇后》，载《清代人物传稿》第1卷，中华书局1984年版，第78页。

(二)"顺治出家"事出有因,查无实据

关于"顺治出家"之说,作为清初一大历史疑案,自清初以来,就成为人们街谈巷议、耳熟能详的传说。此事最早见之于清初吴梅村的《清凉寺赞佛诗》。吴梅村的诗多记载清初史事,向有"诗史"之称。他写的有关此事的诗共四首,长达一百余句。一些文人学者在疏证诠释该诗时,认为诗句多迷离恍惚,诡谲多变,但却明显是影射"顺治出家"之事。如诗句中说:"王母携双成,缘盖云中来","可怜千里草,萎落无颜色"。句中的"千里草"为董;"双成"乃用《汉武帝内传》王母侍女董双成的故事,都是影射顺治之爱妃董鄂妃。另外诗中的"晚抱甘泉病,遽下轮台悔",是暗指顺治下罪己诏。另外诗中的"房星竟未动,天降白玉棺",是喻意顺治未死。还有诗中说的"戒言秣我马,遨游凌八极;八极何茫茫,日往清凉山",是指顺治逊位出宫,云游至五台山,在清凉寺出家为僧。吴诗之所以用影射手法,乃因吴梅村身历沧桑,恐为时忌,不得不将顺治出家事,用隐晦手法记入诗内。

继吴梅村《清凉寺赞佛诗》之后,在有关的清代稗史中,便将顺治出家一事演绎得既具体又神秘,如说顺治沉于佛法,视帝位如敝屣,没有终于帝位,而是在董鄂妃病逝后,弃政出宫,在五台山上之清凉寺皈依了佛门。一些野史中还说,日后康熙之所以多次陪孝庄太皇太后巡幸五台山,虔礼诸寺,其意在于拜谒顺治。甚至说光绪庚子年,两宫相狩,途经晋北,地方官员在接待中,临时从五台山借来御用器具,都宛如宫廷之物,实是顺治的遗物。

针对上述各种顺治出家的传说,孟森先生在其《清初三大疑案考实》之二《世祖出家事实考》中,以大量翔实的史实考证,顺治虽然皈佛,但其确死于天花,终于帝位,并未离宫出家。孟森所持的主要论据是王熙自撰的《年谱》。王熙是顺治时的礼部侍郎兼翰林院掌院学士,又是顺治的宠臣。顺治临终前的遗诏就是面谕他草拟的。他在《年谱》中,详细记载了顺治十八年正月初一至初八这几日顺治帝及其本人的言行举止,而这几日恰是顺治病死前的最后一周,如《年谱》云:"辛丑三十四岁,元旦因不行庆贺礼,黎明入内,恭请圣安,吾入养心殿,赐坐、赐茶而退。翌日,入内请安,晚始出。初三日,召入养心

殿，上坐御榻，圣躬少安，命至御榻前讲论移时。初六日，三鼓，奉诏入养心殿，谕朕患痘势将不起，尔可详听朕言，速撰诏书，即就榻前书写……遂勉强拭泪吞声，就御榻前书就诏书首段。随奏明恐过劳圣体，容臣奉过面谕，详细拟就进呈。遂出至乾清门下西围屏内撰拟。凡三次进览，三蒙钦定，日入时始完。至夜，圣驾宾天，血泣哀恸。初八日，又同内阁拟上章皇帝尊谥，又同内阁拟今上皇帝年号，又为辅政大臣撰誓文。"王熙作为顺治宠臣，且在顺治病死的前后一周内始终侍奉于左右，其《年谱》翔实逼真地记述了顺治由病危至死亡前后的活动，说明顺治是患痘病终于养心殿，并未有逊位出宫之事。这是令人信服的确证。且孟森并不以此孤证自足，他还举出当时在宫中担任词臣的张宸的《青琱集》为证。《青琱集》中记："辛丑正月，世祖章皇帝宾天，予守制禁中二十七日，先是初二日，上幸悯忠寺，观内珰吴良辅祝发。初四日，九卿大臣问安，始知上不豫。初五日，又问安，见宫殿各门所悬神对联尽出。一中贵问各大臣耳语，甚仓惶。初七日，释刑狱诸囚一空。传谕民间勿炒豆，毋燃灯，毋泼水，始知上疾为出痘"；接着张宸又记述了顺治的整个治丧过程。张宸与王熙一样，都是顺治病逝前后的亲身经历者、目睹人，都说顺治是死于天花，这些事实都确凿无疑地证明顺治并未离宫出走，皈入佛门。

既然顺治并未出家，那么，为什么又会有顺治出家不胫而走的传说呢？此则事出有因。正如史学大师陈垣先生所说："一般传说之顺治出家问题，如认其果有其事，固属不可，若谓其绝无根据，似亦不妥。故吾人可说：顺治实曾有意出家，只是出家未遂耳。"[①] 据有关佛教典籍如《憨璞语录》《续指月录》《玉林年谱》《北游录》等书记载，从顺治十四年起，顺治便与南北名僧木陈忞、玉林琇、憨璞聪、茆溪森等密切交往。顺治曾封玉林琇为"国师"，还请玉林琇为自己取法名"行痴"，号"痴道人"，且执弟子礼。他还请茆溪森为自己化度剃发。《续指月录》曰："玉林到京，闻森首座为上净发，即命众聚薪烧森。上

---

① 陈垣：《顺治皇帝出家》，《陈垣史学论著选》，上海人民出版社1981年版，第484页。

闻，遂许蓄发，乃止。"① 这些史实说明顺治原本已决心出家，经劝阻方罢。吴梅村的《清凉寺赞佛诗》与各种野史、演义关于顺治出家的传说，似都缘于顺治好佛的事实，尔后加以演绎附会而成。这已是目前清史界较为一致的看法。

（三）雍正究系"矫诏篡立"还是"合法继位"？仍需进一步研究考实

在清初三大历史疑案中，关于雍正继位问题最为复杂。他究竟是"矫诏篡立"，抑或是"合法继位"？从当时直到目前，一直是中外学术界感到困惑，经多方研究考证，仍未取得令人信服结论的棘手问题。

问题源始于康熙晚年的皇位传承。康熙虽然作为中国古代功昭千秋的封建帝王，但晚年在皇位传承问题上，却留下了惨痛的历史悲剧。他一生于文治武功外，后妃成群，儿女众多，共生有35个儿子和20个女儿，仅长大成人的儿子就有20个。为防止诸皇子觊觎皇位，相互争斗，早在康熙十四年（1675）便按照中国汉族帝室立嫡立长礼法，确立了孝诚皇后所生之子胤礽（排序为皇二子）为皇太子。胤礽自幼就聪明俊秀，勤奋好学，成年后，更是博览群书，能文能武，深得康熙宠爱。但因其长期不能继承皇位，逐渐形成了康熙的皇权与皇太子继位之间的矛盾与斗争。胤礽周围的亲信为追求个人的利禄名位，也趋奉门下，结党营私，密谋策划，妄图使康熙早些让位，以使皇太子继承大统。他们甚至扬言："古今天下，岂有四十年太子乎？"康熙觉察到问题的尖锐，又绝不让步，遂于康熙四十年愤然下诏将皇太子废除，谕中说："今观胤礽不法祖德，不遵朕训，惟肆恶虐众，暴戾淫乱……专擅威权，鸠聚党羽，窥伺朕躬起居动作"，甚至说"令朕未卜今日被鸩，明日遇害，昼夜戒慎不宁。似此之人，岂可付以祖宗宏业"②。皇太子被废后，诸皇子认为有机可乘，都跃跃欲试，争夺更加激烈，几致你死我活。为此，康熙又于四十八年，出人意料地将废太子复立。但太子迫不及待地

---

① 陈垣：《汤若望与木陈忞》，《陈垣集》，中国社会科学出版社2000年版，第266—268页。

② 《清圣祖实录》卷234，康熙四十七年九月。

欲抢班继位的习性并未改变，迫使康熙又于五十一年将皇太子再予废除。谕旨中说："胤礽狂疾未除，大失人心，祖宗宏业，断不可托付此人"，不仅将其废除，且令永被禁锢。但这一举措，不仅未能平息皇位之争，反使斗争更加白热化。诸如皇四子胤禛、皇八子胤禩、皇九子胤禟、皇十四子胤禵等，都是激烈争夺者。然而，在传位问题上弄得心力交瘁的康熙，直到去世前，在公开场合从未再议皇位传谁的问题。不料，康熙于六十一年十一月初，因"偶冒风寒"到病情恶化，于当年十一月十三日突然病逝。随后，即由胤禛（即雍正）的舅舅，时任步军统领、理藩院尚书的隆科多宣布了康熙的遗诏："皇四子胤禛人品贵重，深肖朕躬，必能克承大统，著继朕登基，即皇帝位。"

隆科多宣布的遗诏，使诸皇子大感突然，特别是胤禩、胤禟及出兵西北的胤禵，均认为康熙生前属意的是胤禵，而非胤禛。由隆科多宣布的遗诏，显经胤禛与隆科多篡改。雍正继位乃属矫诏篡立。不久，从宫廷到民间纷纷传出雍正是通过"谋父""逼母""屠兄""弑弟"等手段，才登上皇位的。而雍正及其亲信，却信誓旦旦，再三表示，遗诏确凿无疑。特别是雍正还通过《大义觉迷录》一书对加给他的罪名，逐条予以驳斥，并广布天下，致使宫廷内部的斗争，弄得全国上下家喻户晓。这愈发使雍正继位的合法性疑窦丛生，成为清史学界的热门话题。

清史学界关于雍正继位的看法，归纳起来，主要有两种观点：一为矫诏篡立；一为正常继位说。

最早主张矫诏篡立说的是孟森。他著有《清世宗入承大统考实》的长文，认为康熙帝生前心目中有意立皇十四子胤禵。康熙死后，由于胤禛与隆科多密谋，将遗诏篡改，雍正之即位，实乃篡夺，并认为康熙之死，很有可能是被毒死的。[①] 孟先生此文发表后，曾风靡一时，被视为权威之作。此后王锺翰先生又撰写了《清世宗夺嫡考实》，在孟文原有基本观点基础上，又对之进行补充和发展。王文史料翔实，论证严密，受到海内学界称赞，肯定该文使"雍正夺位之迹无论如何不可掩盖"[②]。

---

① 孟森：《清世宗入承大统考实》，《明清史论著集刊》，中华书局1959年版。
② 叶公绰：《遐庵谈艺录》，转引自《王锺翰学述》，浙江人民出版社1999年版，第95页。

近年来，王锺翰据中国第一历史档案馆发现的康熙《遗诏》满汉文原件，又撰有《清圣祖遗诏考辨》，指出所谓康熙《遗诏》，乃是康熙死后所为。此《遗诏》的发现，不仅不能证明雍正继位的合法性，反而进一步暴露雍正的矫诏篡立。继孟森、王锺翰之后，一些海内外清史学者，纷纷著书立说，如金承艺、许曾重、杨珍等，① 都进一步阐发了雍正篡立说的观点。他们的主要看法是康熙任命胤禵为西征抚远大将军，实是对他作为皇储的安排和锻炼；康熙之死并非自然为之，很可能是被毒死，应是隆科多或雍正毒害所致；皇位授受不明，将康熙遗诏改"十"为"于"之说并非不可能。另外，也有学者认为，康熙第二次废太子后，并未确定太子人选，皇三子、皇四子、皇十四子都有可能是他考虑的人选。皇四子之所以嗣位，是他与隆科多勾结，假造了皇四子继位的"遗诏"②。著名清史专家戴逸先生在其主编的《简明清史》第二册中，对于雍正的继位也指出："综观各种材料后，雍正的继承帝统存在着疑点和破绽，授受之际不清楚，辩解之间有矛盾"，"可能出于矫诏篡立"。最近，戴逸先生在《通记：贯穿清史的一条主线》的讲话中明确说："雍正上台，我们不管他是合法的还是非法的，对此学术界分歧很大，我认为他是非法的。"③

与矫诏篡立说针锋相对，也有不少学者认为雍正是合法继位，其中较有代表性的学者是冯尔康和杨启樵。冯尔康认为，康熙废太子后，欲在皇四子、皇十四子二人中选一人为皇储，最终则确立了皇四子胤禛。康熙虽然任命皇十四子为西征抚远大将军，表明了对他的重视，却不等于他就是皇太子，因为他当时的实爵还只是贝子，距皇太子之位甚远；也不能说任他为抚远大将军，就是有意要让他做皇储的安排，倘若如此，就会在他立有大功，树立了威信和地位后将他召回，但康熙直到病危时却仍不将其召回，表明康熙对胤禵仍无立储之意。另从康熙对皇四

---

① 金承艺：《从"胤禵"问题看清世宗夺位》，载台北"中央"研究院《近代史研究所集刊》第五期；许曾重《清世宗胤禛继承皇位问题新探》，《清史论丛》1992 年第四辑；杨珍《关于康熙朝储位之争及雍正继位的几个问题》，《清史论丛》1985 年第六辑。

② 参见陈生玺、杜家骥编《清史研究概说》，天津教育出版社 1991 年版，第 148—149 页。

③ 戴逸：《通记：贯穿清史的一条主线》，《清史编纂体裁体例讨论集》，中国人民大学出版社 2004 年版，第 67 页。

子的任用看，派他祭天，参与政事，处理皇室事务及平时对他较高的评价看，他在康熙的心目中比诸皇子都高。① 也有学者明确肯定，皇四子胤禛就是康熙意中的皇位继承人，而皇十四子则无这种可能，因为他与康熙深恶痛绝的皇八子胤禩关系密切，若传位于十四子，大权必然落皇八子之手。康熙命皇十四子西征，意在分割皇八子同伙，并使他们造成错觉，便于从容安排后事。② 还有学者明确认为，雍正并非篡权，从康熙对他的宠爱、信任、破格封赏及赐园等事实，说明他就是康熙生前选定的继位者。③ 冯尔康与杨启樵还就"篡立"说的其他论点进行了反驳。他们认为康熙身边警戒森严，害死他是不可能的。至于篡改遗诏，改"十"为"于"，从文书制度上分析是行不通的。关于雍正继位后治罪弟兄，处死年羹尧与隆科多，是为了稳固皇权，与继位问题并无直接关系。④

从以上对雍正继位问题学术界不同观点的评述看，两种对立的看法，各有所依据，各有其道理，但之所以长期相持不下，也反映出"根据都不够充分"⑤，还有必要继续发掘新的史料，进一步作深入的考证和探索。不过，历史上对统治地位的争夺，涉及宫闱隐秘，斧声烛影，千古难决，要得出一致的结论，也确非易事。还须说明的是，不管是持合法继位说者，还是持矫诏篡立说者，都并不抹杀雍正的历史地位和作用。

三　清朝宫廷"疑案""奇案"何其多

除上述"三大疑案"外，广泛流传于民间的还有"四大奇案"，乃指除"太后下嫁"与"顺治出家"外，还有所谓"雍正被刺"及"调包换子"。"雍正被刺"是说雍正皇帝未能善终，他是被明遗民吕留良的孙女——吕四娘用飞剑割下脑袋。因雍正七年，兴起过一场文字大

---

① 冯尔康：《康熙朝的储位之争和胤禛的胜利》，《故宫博物院院刊》1981年第3期。
② 史松：《康熙朝后位继承和雍正继位》，《清史研究》第四辑。
③ 阎学仁：《雍正并非篡权》，《河北大学学报》1983年第2期。
④ 杨启樵：《雍正帝及其密折制度研究》，广东人民出版社1983年版。
⑤ 戴逸主编：《简明清史》第2册，人民出版社1984年版，第72页。

狱，当时湖南儒士曾静派其学生张熙，到西安投书川陕总督岳钟琪，劝其谋反。后经审讯，查清曾静与张熙是受吕留良"华夷之辨"的思想影响。为此，雍正将已死去多年的吕留良剖棺戮尸，并广为株连。然而在此过程中，吕留良的孙女吕四娘有幸逃脱，后在深山学武，练得高超剑术，立志为祖父报仇，后潜入宫内，刺杀了雍正，然此事纯属传说，并无任何史料证实。另件奇案是说乾隆并非雍正所生，而是浙江海宁陈家之子。陈氏一家在清初都是高官厚禄，荣宠备至，且与皇室常有来往，恰巧雍亲王生了一女，陈家生一子，且所生时辰相同，雍亲王想要儿子，即命陈家抱子入宫，用自己的女儿调换了陈家的儿子。此子即日后的乾隆。陈氏回家后才发现送还的不是自己的男孩，而是一名女婴，却又不敢张扬，不得不隐秘其事。很多野史演义中，都将此事描绘得有声有色，其实这是不可能的。因为清代皇室生育子女必报宗人府，定制十分严格，何况紫禁城门禁森严，怎么能抱子随意出入呢？再者雍亲王当时仅三十余岁，不仅已有儿子，且年富力强，有生育能力，何必要采取调包手段，换人家之子呢？所谓"调包换子"之说，显系后人之编造。然而，类似的传说在野史、演义中还有不少。为什么有关清代宫廷的传说如此众多呢？我想其主要原因大概有如下几点：

其一，清朝乃由满族居统治地位，满族作为一个少数民族，有着与汉族不同的社会习俗，人们从有趣与好奇心理出发，根据某种习俗，编撰了各种引人入胜的传说。

其二，在明清易代之际及辛亥革命时期，一方面受"华夷之辨"观念支配，另一方面出于反满、排满斗争的需要，多有敌视与鄙弃满族的心理，再加上宣传的需要，编撰了各种丑化清廷和夸大其词的传说。今天，从统一多民族国家之间的团结友爱出发，对各种传说，应有科学分析。

其三，宫廷内部的政治权力之争异常尖锐与复杂，加之宫闱之内又十分神秘与森严，发生在宫廷内的各种事件，经过口耳相传，难免失实。

其四，清朝统治者或出于为尊者讳，或因政治风云变幻，常常篡改各种官书与档案，甚至将有关材料销毁，甚或伪造资料，使得许多事件真相被篡改，或被湮没，造成一些传说真假难辨，使一些传说得以流传。

鉴于以上原因,今人对于社会上流传的各种清代宫廷的传说,应明析有关史料的真伪,予以科学的辨别。

(原载《史苑》2005 年第 5 期)

康熙何以称赞于成龙为"天下廉吏第一"

近日电视荧屏上正在播放《一代廉吏于成龙》，该剧以凝重生动的画面再现了于成龙清正廉明的形象。有读者问：历史上是否真有于成龙其人？倘确有之，其生平事迹如何？康熙何以屡称其为"天下廉吏第一"？本文拟就这些问题，作简要介绍。

据有关史料记载，历史上不仅确有于成龙其人，而且，他在清代顺治、康熙时期，还是一个有"包（拯）孝肃、海（瑞）忠介"之称的著名清官。他生于明万历四十五年（1617），卒于清康熙二十三年（1684），乃山西永宁（今离石）人。明崇祯年间，他曾考取过副榜贡生，倡导经世之学。清取代明而起后，他于顺治十八年（1661），被提为广西罗城县知县，从此开始了其清正廉明的仕途生涯。此后，由于其政绩昭著，又屡被提升，曾先后出任四川合州知州，湖北武昌知府，福建按察使、布政使，及直隶巡抚，两江总督等职。1684年，他因积劳成疾病逝于两江总督任所。死后被谥"清端"，其著作有《于清端公政书》。康熙二十年，其任直隶巡抚时，康熙就曾称誉他是"清官第一"，其病逝不久，康熙于同年南巡时，又在"延访吏治，博采舆论"，对各级官吏进行稽核考察的过程中，再次称赞说："原任江南、江西总督于成龙，操守端严，始终如一"，其"居官清正，实为天下廉吏第一"。

康熙皇帝之所以屡称于成龙为"清官第一"，"天下廉吏第一"，确因于成龙终其一生在各地任职时，都能保持"志行修洁""固守清俭"的高风亮节。同时，他又能关心黎民百姓，"为政宽惠"，铁面无私，雷厉风行地"惩贪除霸"。他抱定"驱除贪吏，拯救生民为务"之志，秉公执法，清正廉洁，兴利除弊，政绩昭著。特别是在康熙初期，尚值战乱频仍，百废待举之际，尤须发展生产，与民休息，减轻百姓负担。

但在当时的官场中，虽也不乏于成龙这样的清官，但更多的却是贪赃枉法、贿赂公行、朋比为奸的贪官污吏。为使清朝的统治稳固，社会秩序安定，就必须清除各种腐败现象，倡导各级官吏为国为民，勇于任事，廉洁奉公。康熙之所以一再肯定于成龙是"清官第一""廉吏第一"，正是要树立一种正面形象，使百官效法。

一　痛恨馈请之风

由于当时的官场中，馈送、请托之风盛行，这是各级官吏之间狼狈为奸的一种手段，大小官员为求得庇护与升迁，便巧立名目，钻营馈送，每每借名冬夏时令，端阳中秋佳节，或是上司的寿诞婚丧，相互攀附馈送。且形成逐级上送之风，各州、县官馈送督抚提镇司道，而督抚提镇司道又送中央的部院大臣，上下之间辗转因袭，几成定例。一些督抚大臣竟明文规定，某州县属上等，某州县属中等、下等，依此派定数目，按数收受，而且馈礼额数甚巨。如康熙时的大学士徐乾学，因发放其门生李国良为江苏按察使，李为感谢"师恩提携"，竟一次馈银一万两，并另送"节礼四百两，生日礼一千两"。在这种风气之下，"大吏盘剥卑官，卑官虐害军民"。最后受害的仍是下层百姓。因而，当时就有人指出："今百姓大害，莫甚于贪官蠹吏。"

于成龙对于官吏之间结党馈送的陈规陋习，深恶痛绝，坚决反对，每到各地任所，均采取各种措施，明令禁止。康熙十九年，他由福建布政使升任直隶巡抚，到任即告诫各州县，勿在征收百姓钱粮时私加火耗，馈送上官。但大名知县，却不听劝诫，仍因循陋规，向他"呈送中秋节礼"。于成龙不仅严词拒收，而且为此特发了《严禁馈送檄》，通报了大名县知县的所作所为。同时，于成龙还以此为例，转申所属官吏，"嗣后，凡遇重阳、冬至、元宵等节，并过路送礼各衙门，概行禁止，如有私相馈献，查出并行题参，决不宽姑"。康熙二十年，于成龙又升任两江总督，仍一如既往地在调查研究的基础上，制定了《兴利除弊条约》，再次义正词严地斥责了馈送风，《条约》中说："本部院访得两江官员，自上而下无不递相馈送，视地方大小区别等差，盈千累百，目为旧规。"他还指出，在此种恶劣风气下，上司对所属官员，不论

"官评之贤否，吏治之勤拙"，但"凭馈送之多寡，决定升迁贬黜"。而馈送之钱财由何而来呢？于成龙一针见血地指出："此等馈送，不出于钱粮之加征火耗（按：指在正额之外，私加之征派），则出于词讼之贪取"，实际上完全是"以小民之膏血，供官之结纳"。有鉴于此，他严正宣布：自己一定"清介自持，誓不受属员一毫馈送"。

于成龙对自己发布的各种告谕檄文，都躬行实践，对于各种形式的馈送，一概严拒收受。顺治十八年，当他首任广西罗城知县时，由于罗城地处边陲、经济文化甚为落后，生活条件极其艰苦，他刚上任时，甚至"寄居关夫子庙，安床周仓背后"。后来，县衙也只设在"茅屋三间，四周皆无墙壁"的环境中。在如此艰难困苦的条件下，他自得其乐，不惧边荒，与当地群众共患难，勤于政事，注意恢复地方秩序，劝导百姓发展生产，"宽徭役、疏鹾引，建学宫、创设养济院"，逐渐使罗城地区，谷穗遍野，牛羊满山，经济复苏，使当地群众的生活日趋好转。同时，他也与当地群众建立了密切关系。当地百姓看到于成龙的生活仍然十分清苦，便向他馈赠些油盐柴米，而于成龙则笑谢曰："我一人在此，何须如许物，可持归，奉汝父母。"

二　清廉本色　政绩卓然

在物质生活困难的条件下，于成龙能做到刻苦自励，自奉甚俭；在物质生活优裕的环境中，他仍然能保持清廉的本色。康熙十八年，于成龙由武昌知府升任福建按察使，旋改任布政使，相继管理全省的司法、财政与民政，在某些人看来，这都是捞取钱财的肥缺。然而于成龙却依然一尘不染。他在藩司大堂上，张贴了对联："累万盈千，尽是朝廷正赋，倘有侵欺，谁替你披枷带索；一丝半粒，无非百姓脂膏，不加珍惜，怎晓得男盗女娼。"福建因地处沿海，自唐宋以来，便与国外通商贸易，于成龙所在的布政使衙门自然经常与外国使团、商船接触，而且每逢"外番贡船，或有所献"，于成龙照样"屏斥不受"。致使那些外国人都竖起大拇指对译使交口称赞说："天朝洪福，我济实未见有此清官也。"

馈送和请托是互相联系的，一些官员之所以钻营馈送，目的在于钻空子，拉关系，请托营私，升官发财，于成龙对此亦十分清醒。他对于来自各方的请托，都一概拒绝，"虽王公大人也不为少贬"。有时，其宾客故人来访，他都热情接待，但是"一语涉私"，他即"正色斥诸"。当时，有些州县乡绅，想托于成龙办事，但私函不便直达，便私自假借官封文书，贿通门衙，请为投递。于成龙一旦察觉后，便晓谕吏属："此后，凡有官封文书，只许封口投递，如有请托私事，可当即开封原书退回。"于成龙这些举措，真可谓铁面无私。

身为封疆大吏的于成龙，之所以能以身作则，严拒馈赠请托，做到廉洁清正，一则是由于他在生活上从不奢侈，一向"自奉简陋，日惟以粗粝疏食自给"。因此，江南人给他起了外号为"于青菜"，以示景仰。由于他恶衣疏食，从不改前操，他的仆从常为此发牢骚，于成龙却开导他们说："前在粤蜀，民物凋残，持廉甚易，今日正须试此。"也就是说，越是在优裕的物质环境中，越是要经得起考验。于成龙之所以能几十年如一日，较为自觉地坚持清正廉洁，还在于他看到清朝建国伊始，统一大业未定，后又发生三藩叛乱，加之连年水旱灾荒，国家正处于"民穷财尽之日"，因此，他认为"此时此刻，稍有良心，莫不推膺长叹，尤苦国赋难完，民力难支，又安忍心于正赋之外，敲鸠形鹄面之骨，吸卖儿鬻女之髓"。

正是由于于成龙多年如一日，严于律己，操守端严，关爱黎民，政绩斐然，因此受到上司和朝廷褒奖，特别是康熙皇帝一再称赞他为"清官第一"，"天下廉吏第一"。与之同时，他也因此赢得百姓的爱戴。早年，当他由广西罗城知县升任四川合州知州时，罗城县的百姓便"遮道呼号，公今去，我侪无天矣"，并"追送数百里，哭而还"。1684年，当其病逝于两江总督任所时，当时江宁（今南京）的"士民男女无少长，皆哭罢市"。甚至在其出殡的当天，出现了"江宁守及门下诸生合士民数万人，步行二十里外，伏地哭，江涛声殆不闻"的动人情景。这说明，任何时代，凡是对国家、对人民做出有益事业的人，国家和人民绝不会忘记他们。

古代史籍曾记："治乱安危之所寄，诚在于贪廉之人一用一舍之间。"当前，党和政府正在大力开展反腐倡廉，但腐败之风却屡禁不止。作为人民公仆的各级政府的领导干部，能否扪心自问，反躬自省，古人云:"以古为镜,可以知兴替","以人为镜,可以知得失",能否用于成龙这面镜子,照照自己,以明得失,这对于清除日益蔓延滋长的各种腐败现象,也许有所裨益。

(原载《领导科学》2001年8月)

康熙、乾隆南巡评议[*]

康熙与乾隆都是清代有作为的封建帝王，他们各以其文治武功，开创了史称的"康乾盛世"。但是他们个人的建树与作风又迥然有别。如康熙、乾隆的六次南巡，均被时人交口称赞为"巍巍盛典"。然而透过这些溢美之词，却可看到二者南巡的目的、作风以至产生的影响，都有很大不同。

一 康熙南巡——"为百姓阅视河道，咨访闾阎风俗"

康熙，是位雄才大略的创业之主，其继顺治即位后，面临着战乱未定，国困民穷的形势。他励精图治，不畏险阻，先着力于稳固统一，消灭抗清武装、平定三藩叛乱、统一台湾岛屿，后又整顿吏治，发展经济，维护北方疆域，并从康熙二十三年（1684）起至四十六年（1707）止，先后六次巡视江南，开清代皇帝南巡之盛举。

康熙南巡的目的，首先是治理黄河。自宋代以来，黄河下游河道从河南经江苏北部入海，在淮阴附近与淮河、运河汇合。明末清初，因战乱频仍，黄河多年失修，淤沙堵塞，常造成巨大灾害。自顺治至康熙初，大的决口即达八十余次，给江南一带人民的生产与生活造成极大灾难。康熙深知"黄、淮两河关系运道民生，最为紧要"，便把治河列为国家三大事之一，经常阅读"前代有关河务之书"，与大臣共筹治河之策。康熙二十三年第一次南巡，便亲临工地，视察河务，了解"河势之

---

[*] 本文乃与黄爱平教授合撰。

汹涌溃漫，堤岸之远近高下"①，命令河臣加固运河堤岸，以抗御黄河水流的冲击侵蚀。三十八年，康熙第三次南巡，又"亲乘小舟，不避水险，各处周览"②。通过实地调查，康熙提出"治河上策，惟以深浚河身为要"，并在疏通河身的同时，注意于两岸修筑堤坝，约束河水，使黄河顺流入海。经康熙多次实地指点策划，治河逐步收到成效，"黄水畅流入海，绝无倒灌清口之患"。此后，河道尽管时有溃决，但终康熙之世，水患基本上得到控制。

康熙南巡，还为了省察吏治，了解民情。江南素为物产丰盈之地，号称人文荟萃之邦，其民情的安沸，吏治的好坏，人心的向背，不仅直接影响到国家赋税的收入，也关系到整个政权的稳定。所以，康熙在南巡中，比较注意察访吏治，他曾说："臣下之贤否，朕处深宫，何由得知。缘朕不时巡行，凡经历之地，必咨询百姓，以是知之。"③康熙确实通过切实察访，决定官吏的升降任免，如著名河臣靳辅曾误被解职，康熙在南巡时听到"江南淮安诸地方，自民人船夫皆称誉前任河道总督靳辅，思念不忘"，又亲眼看到靳辅对于河务"实心任事，劳绩昭然"，所以排除某些朝臣的疑忌阻挠，决定恢复靳辅的官职。康熙在南巡中，还注意了解民情，经常"咨访民间情形"，为各地兴利除弊。如康熙第一次南巡时，看到高邮一带"庐舍田屋仍被水淹"，百姓皆"择高阜栖息"，心中极为忧虑，便"登岸巡行十余里，召耆老详问致灾之故"，筹商救灾之策，而后严令地方官吏"浚水通流，拯此一方民命"。

康熙南巡，躬行节俭，不讲排场。他每次南巡，都"简约仪卫，卤薄不设，扈从者仅三百余人"④，一路上"不设营幄，不御屋庐"，一切供顿，"皆令在京所司储偫"，不滥取于民间。康熙多次告诫臣下，他南巡是"为百姓阅视河道，咨访闾阎风俗"，"非为游观也"，因此严禁地方官吏布置供帐，科派扰民。二十八年康熙巡行至江宁，当地官吏"装饰舟船以待"，康熙不乘坐，不观看，而是严令"将造饰物料俱行拆毁，于应用处用之"，并传谕当地官吏引以为戒。四十

---

① 蒋良骐：《东华录·康熙朝》卷34。
② 同上书，卷107。
③ 同上书，卷66。
④ 同上书，卷43。

四年南巡时，正值康熙诞辰，苏州市民数万人进献食品，康熙坚辞不受，劝其携归。清人钱泳论及康熙的六次南巡时说："天恩温谕，莫可殚述，江南父老至今犹能言之。"① 曾长期在清廷供职的法国传教士白晋也评论说：康熙"力求节俭"，那种"亚洲君主们在所到之处，都喜欢炫耀自己的豪华和奢侈"的情形，"在康熙皇帝周围是根本看不到的"。诚然，史书记载的不无溢美之词，包括康熙在内的封建皇帝，在巡行之中，也不可能毫无科派扰民之处，但康熙能够这样做，实属可贵。

二 乾隆南巡——"眺览山川之佳秀，民物之丰美"

乾隆是在康熙与雍正奠定了坚实政治、物质基础之后登上皇位的，在清朝统治事业的史册上，曾留下他"十全武功"的记载。他雄心勃勃，亦有所作为，但他毕竟是一个处于鼎盛之局的君主，与艰难创业的康熙所处的历史环境很不相同。随着封建王朝的强盛，统治阶级奢侈靡费之风也急剧地发展，乾隆也是如此。他凭借先辈奠定的国威，好大喜功，常从形式上效法先圣先祖。他看到其祖父康熙六次南巡，"盛典昭垂，衢谣在耳"，也于乾隆十六年（1751）至乾隆四十九年（1784），亦前后六次到江南巡视。

乾隆与康熙南巡的"非为游观"不同，虽然他在南巡时，也注意到兴修水利，建筑海塘，颁布蠲免赋税、增广学额的谕旨，在一定程度上起到了维系人心、巩固统治的作用。但总的看来，乾隆的南巡在很大程度上，则是出于炫耀皇威、游山玩水之目的。乾隆素来长于玩乐，习于骄奢，他游山玩水成性，嗜园林有癖，又纵恣声色，铺张无度，晚年益甚。南巡之前，乾隆就说："江南名胜甲于天下"，正可借南巡"眺览山川之佳秀，民物之丰美"。每次南巡前一年就进行周密的准备，指定亲王一人任总理行营事务大臣，负责勘察路途，修桥铺路，葺治名胜，兴建行宫等事宜。南巡时，又兴师动众，前呼后拥，多达两千五百余人。陆路用马五六千匹，大车四百余辆，征调夫役不计其数。水路则用

---

① 钱泳：《履园丛话·旧闻》。

船一千多只，首尾相接，旌旗招展，声势显赫。南巡期间还先后兴建行宫三十余处，每处都"陈设古玩并应用什物器皿及花盆景致之类"，供停留憩息。由于乾隆讲究排场玩乐，地方官吏争相逢迎，唯恐落后，每到一地。"圣驾入境前一日"，地方官吏便专程出境迎接，并准备大量美物佳肴，"以便取用"。

虽然，乾隆每次南巡时，都照例申饬一番，要求地方官吏，"各敦本业，力屏浮华"，"时时思物力之维艰，事事惟奢靡之是戒"①。但这不过是沽名钓誉的官样文章而已。实际上，乾隆对地方官吏的逢迎献媚，不仅默许，甚至奖励。三十年，乾隆奉皇太后南巡，"地方大吏以慈驾临驻旃庐，究不若屋宇之安善"，纷纷葺治行宫，加以修饰。素以豪华著称的两淮盐商，每值乾隆南巡，都拿出巨额款项，供其挥霍铺张。乾隆不仅毫不推辞，还称赞他们"踊跃急公，捐输报效"，特意加恩赏赐，"各按其本身职衔加顶戴一级"，奢侈靡费之风一开，各地群起效尤，给社会风气造成极坏影响。

康熙南巡时，"每处所费不过一二万金"，而乾隆六次南巡，各项花费总数竟达白银二千万两，国库所蓄，几乎挥霍殆尽，使国家元气大伤。一些正直的封建官吏，曾向乾隆建言："皇上宜以节俭为要，勿兴土木之工，黩武之师，以持盈保泰。"② 更有些官吏直言不讳地奏谏，"上两次南巡，民间疾苦，怨声载道"，"巡幸所至，有司一意奉承，其流弊及于百姓"。但乾隆仍我行我素，独断专横、刚愎自用，根本不听进谏之言，甚至将建言的官吏任加惩处，以致进一步造成"民财日以竭，民风日以奢"，潜伏的社会危机很快全面暴露。直到乾隆临死前才意识到，"六次南巡，劳民伤财，作无益而害有益"，望后世之主，不要再像他那样南巡。

由上可见，康熙与乾隆虽然都是盛世之主，但各自的作为及其在历史上的作用和影响，却不尽相同。康熙兢兢业业，躬行节俭，励精图治，奠定了封建帝国安定、统一、强盛的基础，使清王朝由乱而治，由弱转强；乾隆继承乃祖乃父立下的业绩，中年以前，虽也有所作为，推

---

① 《南巡盛典》卷1。
② 《清史稿·梁诗正传》。

进了清王朝的统治事业,但他却好大喜功,纵恣玩乐,挥霍浪费,使清王朝从盛世的顶峰上跌落下来,由盛转衰,终至一蹶不振。乾隆临终时的自悔之言,对他个人来说,虽为时过晚,恶果已难以挽回,然对后人来说,却留下值得汲取的历史教训。

(原载《文汇报》1983 年 8 月 15 日)

康熙和乾隆为何皆六下江南[*]

康熙（玄烨）、乾隆（弘历）在位期间，都曾六下江南，即所谓南巡，可谓清代引人注目的历史事件。此事不仅于当时的官书文献、稗乘野史中多有记载；而且有关的遗闻逸事，至今仍在民间广为流传。表面看来，康、乾都是有作为的封建帝王，又都以巡视河工、咨访吏治民情为由，各自历经二三十年，前后六下江南，似无二致。其实，由于康、乾所处历史条件不同，面临的问题不同，各自的统治作风也迥然有别，因此他们南巡的目的、客观效果和影响，也很不一样。只有联系当时的历史状况，认真分析康、乾为何皆六下江南，才能对之作出较客观的历史评价。

一 康熙南巡确为治理黄河、考察民情吏治

康熙是位有雄才大略的创业之主，康熙元年（1662），他继顺治即位后，面临着战乱未定、国困民穷的形势。当时，南方有"三藩"割据，拥兵自重；西北有蒙古准噶尔部上层制造民族分裂；东南海上则有郑成功后代占据台湾；东北边境又有沙皇俄国不断觊觎侵扰。社会经济因多年战乱，也停滞萧条，亟待恢复发展，加之黄、淮诸河屡屡泛滥成灾，严重地影响了生产的恢复与发展。

面临如此百废待兴的局势，康熙励精图治，不畏险阻，他先着力于进行统一：消灭抗清武装、平定三藩叛乱、统一台湾岛屿、击败沙俄的侵略。与此同时，他整顿吏治，改革赋税，奖励垦荒，治理河患，采取

---
[*] 本文乃与黄爱平教授合写。

种种措施，发展社会生产。正是在这样的历史背景下，他从康熙二十三年（1684）起，继之于二十八年、三十八年、四十二年、四十六年，先后六次下江南，开清代皇帝南巡之盛举。

康熙南巡的主要目的，首先是治理黄河。自宋代以来，黄河下游河道从河南经江苏北部入海，在淮阴附近与淮河、运河相汇。明末清初，因战乱频仍，黄河多年失修，淤沙堵塞，常造成巨大水患。自顺治至康熙初年，黄河大的决口即达八十余次，给苏皖一带人民的生产与生活造成严重灾难，宿迁以东，"民田皆成巨浸"，山阳（今淮安县）、高邮、宝应、盐城、兴化、泰州、如皋等七州县则是一片汪洋。而且黄河决口，还危及淮河与号称"南北之咽喉，军民之命脉"①的运河。东南每年四百万石漕粮的北运，经常因河患而受阻。

康熙深知"黄、淮两河关系运道民生，最为紧要"。早在平定三藩之前，他就把治河列为国家三大事之一，经常阅读"前代有关河务之书"，"夙夜厪怀，未尝少释"②。二十三年，康熙第一次南巡时，便亲临工地，视察河务，了解"河势之汹涌溃漫，堤岸之远近高下"③，命令河臣加固运河堤岸，以抗御黄河水流的冲击和侵蚀。三十八年，康熙第三次南巡时，还"亲乘小舟，不避水险，各处周览"④，又登上堤岸，用水平仪亲自测量。通过这些实地考察，康熙了解到山阳、高邮等七州县被淹，是由于洪泽湖的水位低于黄河水位，"以致河水逆流入湖，湖水无从出"，造成水患。因而他提出"治河上策，惟以深浚河身为要"⑤，在疏通河身的同时，又指示在两岸修筑堤坝，约束河水，利用水流自身的力量，冲刷淤沙，使河水夹带泥沙顺流入海，经康熙多次实地指点谋划，治河逐步收到成效，"黄河畅流入海。绝无倒灌清口之患"。四十四年，康熙于第五次南巡时，叙述亲眼所见情形说："初次到江南时，船在黄河，两岸

---

① 魏象枢：《寒松堂集》卷3《治河系国家根本之图等事疏》。
② 蒋良骐：《东华录·康熙朝》卷72。
③ 同上书，卷34。
④ 同上书，卷107。
⑤ 同上书，卷63。

人烟树木，皆一一在望。康熙三十八年，则仅见河岸。四十二年，则河去岸甚低，是河身日刷深矣。"又说："下河两岸皆大熟，亦从前所未有也。"① 此后，河道尽管仍时有溃决，但终康熙之世，水患已经大大受到控制。

咨访吏治民情，团结笼络江南汉族士大夫，是康熙南巡的另一重要目的。江南素为物产丰盈之地，号称人文荟萃之邦，其民情之安沸、吏治之好坏、人心之向背，不仅直接影响到清朝赋税的收入，还关系到整个政权的稳定与否。特别是南明的几个小王朝，曾先后在江浙一带建立，江南地区的抗清斗争也最为激烈。顺治时期，处于推行武装统一的非常时期，对汉族士大夫的反抗，主要采取了高压政策，诸如有名的科场案、奏销案，其目的即在以高压手段打击反清意识。康熙执政后，鉴于形势变化，逐步改变了顺治时期的高压政策，每次南巡都谒孔庙、拜禹陵、祭明太祖陵，以迎合汉民族的心理。同时，为扩大江南汉族士大夫的入仕之途，他还广增学额，或亲自接见，以示恩宠。如第四次南巡时，他对大学者胡渭，又是赐扇，又是赐馔，并赏题"耆年笃学"的匾额。通过这些活动，康熙使汉族士大夫反抗情绪逐渐消除了，进而依附于清朝，扩大了清统治阶级的社会基础。

与此相联系，康熙南巡时，也注意考察吏治，他曾经说："臣下之贤否，朕处深宫，何由得知。缘朕不时巡行，凡经历之地，必咨询百姓，以是知之。"② 就巡行中实地考察到的情况，他决定官吏的升迁任免。如原任左都御史郭琇，其任吴江知县时，"居官甚善，百姓至今感颂"，康熙随授予湖广总督之职，令其"驰驿赴任"③。再如河臣靳辅，曾被误解职，康熙南巡时，亲见靳辅对河务"实心任事，劳绩昭然"，并听到"江南淮安诸地方，自民人船夫皆称誉前任河道总督靳辅，思念不忘"④，便毅然排除某些朝臣的阻挠，果断地恢复靳辅的官职。在整顿吏治的同时，康熙还重视了解民情，注意为各地兴利除弊。他第一次南巡时，看到高邮一带庐舍田屋仍被水淹，百姓皆"择高阜栖息"，心

---

① 蒋良骐：《东华录·康熙朝》卷75。
② 同上书，卷66。
③ 同上书，卷64。
④ 同上书，卷43。

中极为忧虑,当即"登岸巡行十余里,召耆老详问致灾之故",筹商救荒之策,而后令地方官吏"浚水通流,拯此一方民命"①,使百姓"欢悦,不胜鼓舞感激"。

康熙于南巡中,不仅孜孜矻矻,勤于治政,且"躬行节俭","不讲排场"。他每次南巡,都"简约仪卫,卤薄不设,扈从者仅三百余人",一路上,"不设营幄,不御屋庐",一切供应,"皆令在京所司储楩",不滥取之民间。他多次告诫臣下,南巡是"为百姓阅视河道,咨访闾阎风俗","非为游观也"②,因而严禁地方官吏布置供帐,科派扰民。

由于康熙"崇俭黜浮",官吏不敢铺张,对所到之处的百姓惊扰也比较小。如二十三年南巡至江苏时,"御舟已入邑境,县令犹坐堂决事"③。曾长期在清廷供职的法国传教士白晋也评论说:康熙"力求节俭",那种"亚洲的君主们在所到之处,都喜欢炫耀自己的豪华和奢侈"的情形,"在康熙皇帝周围是根本看不到的"④。诚然,这些记载,难免有溢美夸大之词,包括康熙在内的封建帝王,巡行中不可能毫不扰民,但康熙所做到的,已殊属难能可贵。

二 乾隆南巡的主要目的实为游山玩水

乾隆在清朝的统治史上,也是一个很有影响的封建皇帝。他登上皇位后,雄心勃勃,颇欲有所作为,也自有其功业。特别是在加强与巩固统一多民族国家的过程中,他继康熙、雍正之后,进一步平定了各边疆地区民族上层分子的分裂叛乱,有效地在西藏、青海、新疆等地设立行政管辖机构,进一步巩固和完成了多民族国家的统一。同时,在他统治前期,社会经济、文化也有进一步发展,因与康熙并峙,史称"康乾盛世"。

但乾隆毕竟是在康熙、雍正两朝奠定了坚实的政治,经济基础上登

---

① 蒋良骐:《东华录·康熙朝》卷34。
② 同上书,卷43。
③ 钱泳:《履园丛话·旧闻》。
④ [法]白晋:《康熙皇帝》,赵晨译,黑龙江人民出版社1981年版,第22页。

基的。清初经过顺、康、雍近百年的休养生息，出现了政治统一、经济繁荣、统治稳固的局面，历史环境已与康熙时期有很大不同。随着封建王朝的强盛，统治阶级的奢靡之风盛行，乾隆尤其如此。他凭借先辈提供的有利条件，好大喜功，常从形式上效法先祖。他看到其祖父康熙六下江南，"盛典昭垂，衢谣在耳"，因于乾隆十六年（1751）起，中经二十二年、二十七年、三十年、四十五年，至四十九年（1784），也前后六次到江南巡视。

对于南巡，乾隆自视颇高，自言"予临御五十年，凡举两大事，一曰西师，一曰南巡"①，并强调，"南巡之事，莫大于河工"，可见他在南巡中，也比较注意兴修水利，治理水患，特别是对于自康熙年间开始兴建的海塘工程，给予了较多的关注。他多次阅视，令地方大吏将柴塘改建为石塘，"为民间永远御灾捍患"②。

与之同时，乾隆还注意整顿吏治，如二十七年其巡行至山东时，见山东巡抚沈廷芳"精力衰颓，已有老病之态，询以地方政务，亦惟随人唯喏"③，随令其休致。此外，乾隆于南巡期间，又多次颁布蠲免赋税、赦免人犯、截漕平粜、增广学额等谕旨，这些都在一定程度上，起到了发展生产、维系人心、加强统治的作用。然而，综观乾隆六次南巡的积极效果，却并不显著。

作为封建帝国鼎盛时代的"太平之君"，乾隆长于安乐，习于骄奢，晚年益甚。他六次南巡，虽然也多少注意了兴修水利，察访吏治民情，但透过某些表面现象，可以看到，他南巡的主要目的，还是为了游山玩水，正如他自己所说："江南名胜甲天下"，正可借南巡之机，"眺览山川之佳秀，民物之丰美"④。因此，他与康熙南巡"非为游观"不同，每于南巡前一年，就进行周密准备，指定亲王一人任总理行营事务大臣，负责勘察路线，修桥铺路，葺治名胜，兴建行宫等事宜。南巡中，除皇太后、皇后、嫔妃外，另有扈从官兵，上至王公大臣，下至章京侍卫，多达两千五百余人，兴师动众，前呼后拥，浩浩荡荡。沿途还

---

① 《御制南巡记》。
② 《南巡盛典》卷54。
③ 《东华录·乾隆朝》卷55。
④ 《东华录·乾隆朝》卷30。

兴建行宫三十多处，每处都"陈设古玩并应用什物器皿及花盆景致之类"①，供停留歇息。因乾隆讲究排场玩乐，地方官吏自然争相逢迎，献媚争宠，唯恐或后。每到一地，"圣驾入境前一日"，地方官员便专程出境迎接，并准备大量美食佳肴，"以便取用"，甚至差遣猎户，捕捉麻雀、野兔等禽畜，以供乾隆随身所带鹰犬食用②。

尽管乾隆于每次巡行之前，都照例申饬一番，要求地方官吏，"各敦本业，力屏浮华"，"时时思物力之维艰，事事惟奢靡之是戒"③，但不过是沽名钓誉的官样文章。实际上，乾隆对地方官的逢迎，不仅默许，甚至奖励。如三十年，乾隆奉皇太后南巡，"地方大吏以慈驾临驻旃庐，究不若屋宇之安善"，纷纷葺建行宫，加以修饰。乾隆便以"成事不说"为由，不仅不予劝止，反从公项内拨出巨款，凡有行宫之处，各"赏银二万两充用"④。靡费之风一开，各地群起效尤，对社会风气造成极坏影响。

三 康、乾南巡不同的结果和影响

如上所述，康熙与乾隆南巡的历史环境不同、目的不一、作风迥异，从而导致的结果与影响，也大相径庭。

康熙作为创业之主，兢兢业业，利用南巡之机，安定社会秩序，扩大统治基础，发展封建经济文化，并能"躬行节俭"，南巡"每处所费不过一二万金"。清人论及康熙六次南巡的影响时说："天恩温谕，莫可殚述，江南父老至今犹能言之。"⑤ 其南巡对巩固和加强封建政权，进一步奠定清王朝安定、统一、强盛的基础，使之由乱而治，由弱转强，起有重要作用。

乾隆效法康熙南巡，但其主要目的却在于游山玩水，挥霍奢靡。据统计，六次南巡，各项花费总数达白银两千多万两，所带随从与地方官

---

① 《南巡事宜》。
② 同上。
③ 《南巡盛典》卷1。
④ 《东华录·乾隆朝》卷61。
⑤ 钱泳：《履园丛话·旧闻》。

吏还乘机向百姓敲诈勒索，极大地加重了群众负担，致使民间叫苦连天，怨情沸腾。当时，有些正直的官吏就进谏："上两次南巡，民间疾苦，怨声载道"，"巡幸所至，有司一意奉承，其流弊及于百姓"。然而，独断专行的乾隆，根本不听这些进谏之言，反而对进谏者厉声诘问："汝谓民间疾苦，试指何人疾苦？汝谓怨声载道，试指何人怨言？"[①] 依然我行我素，刚愎自用，导致"民财日以竭，民风日以奢"，使潜伏的社会危机，终于全面爆发，清王朝也很快从盛世的顶峰上跌落下来，从此一蹶不振。乾隆直到临死之前才意识到："六次南巡，劳民伤财，作无益害有益"，劝诫后世之主，再不要像他那样南巡了。[②] 然而，追悔之言，为时晚矣，其造成的恶果，已无法挽回。

（原载《文史知识》1985 年第 8 期）

[①] 转引自萧一山《清代通史》，第 2 册。
[②] 《清史稿·吴熊光传》。

康、乾南巡与"康乾盛世"

——再论康、乾南巡

在有清一代的历史事件中,康熙与乾隆的南巡,可谓引人注目的话题。此事不仅在当时的官书文献、稗乘野史中多有记载,而且有关的遗闻佚事,至今仍在民间广为流传,甚至成为戏剧题材,经久不衰。究应如何正确评价康乾南巡,其在清代历史上发生了什么作用和影响,无疑是清史学界责无旁贷应予回答的问题。

前几年我曾与黄爱平同志撰写了《康熙与乾隆南巡评议》[①],《康熙与乾隆为何皆六下江南》[②]。文中指出康熙与乾隆虽然都是清代有作为的封建帝王,各以其文治武功,开创和发展了史称的"康乾盛世"。但是,他们的个人建树、作风与影响又迥然有别。即以南巡而论,二者均以巡视河工、咨访吏治民情为由,历经二三十年,皆六下江南,且均被时人交口称赞为"巍巍盛典",二者的南巡似无二致。

其实,由于康熙和乾隆所处的历史条件不同,面临的问题不同,二人的统治作风也不同。因而,他们南巡的目的、作用和影响,也很不一样。有鉴于此,我们在文章中也明确指出:康熙南巡确为治理黄河、考察民情吏治,即所谓"为百姓阅视河道、咨访闾阎风俗";而乾隆的南巡则主要是游山玩水,也就是他自己所说的"江南名胜甲于天下",正可借南巡"眺览山川之佳秀,民物之丰美"。文章发表后,曾经有些师友或撰文,或面谈,认为我们对乾隆南巡的评价似否定过多。还有些报刊对乾隆南巡展开讨论,在此过程中,有的论者撰写了《乾隆六下江南

[①] 王俊义、黄爱平:《康熙与乾隆南巡评议》,《文汇报》1983年8月15日。
[②] 王俊义、黄爱平:《康熙与乾隆为何皆六下江南》,《文史知识》1985年第8期。

辨》，斩钉截铁地指出："说乾隆六下江南骄奢淫逸，寻花问柳，每次出巡动辄万银千金，挥霍无度。这些与史实符合吗？否！"；也有论者认为"乾隆南巡不宜一概否定"。当然也有论者认为"乾隆南巡实为大过"。这表明学术界对康熙南巡的评价似无疑义，但对乾隆南巡的评价，则存在较大分歧。

我认真拜读了上述有关文章，并与一些师友切磋讨论之后，深深感到对于康熙、乾隆南巡的评价，不能仅就表面的历史现象就事论事，倘若列举出乾隆南巡中做了某些好事，就为之辩解，否定其有"骄奢淫逸""挥霍无度"的一面，既缺乏说服力，也不能揭示历史事件的实质；反之，如只罗列乾隆南巡中"骄奢淫逸，挥霍无度"的史实，而不结合其所处时代历史的发展趋势，并分析乾隆对时代提出问题所持的态度，便简单地对乾隆南巡作出否定性的评价，也很难把问题的讨论引向深入。

如综合考察康熙、乾隆南巡的全部过程，以及其在当时和后世产生的作用和影响，便可看到康熙的南巡促进了康乾盛世的形成和发展；而乾隆的南巡，虽然也做了某些有益的事情，但就其主要方面看则是劳民伤财，成为康乾盛世由盛转衰的原因之一。联系到此次全国清史讨论会的主题——康乾盛世与康乾南巡，既然康乾南巡与康乾盛世的形成发展及由盛转衰有相互联系，就有必要把康乾南巡置于康乾盛世这个大的历史背景下进行考察，也许会将如何评价康乾南巡的讨论引向深入。

在清朝统治近三百年的历史发展过程中，出现了康乾盛世，这是史学界一致公认的。康乾盛世，历经康熙、雍正、乾隆三朝，但就盛世之为盛而论，并非囊括此三朝的起终。康熙初年，尚处于战乱未定、国困民穷的局势。南方有"三藩"割据，拥兵自重；西北有蒙古准噶尔部上层制造民族分裂，东南海上则有郑成功后代占据台湾；东北边境又有沙皇俄国不断觊觎侵扰，总之，政治上安定统一的局面，尚未形成。同时，当时的社会经济，也因多年战乱，呈现停滞萧条，亟待恢复的状态。因此，康熙初政的一二十年内，并未出现盛世的景象。但康熙不愧是杰出的封建帝王，他冲龄即位，很快便清除了专横复旧的鳌拜集团，恢复并发展了多尔衮、福临时期的政策，首先以极大的精力，进行统一，消灭抗清武装，平定三藩叛乱，统一台湾岛屿，击败沙俄侵略，又曾三次亲征噶尔丹。可以说，康熙二十年平定三藩之乱，二十二年统一台湾，结束了明清之际开始的中国社会各阶级以及满汉各族统治集团间争夺、角逐的局面，标志着清朝在中国的统治渐趋稳定，才为康乾盛世的出现奠定了基础，此时可谓康乾盛世的起点。

康熙在进行政治统一的同时，又励精图治，整顿吏治，改革赋税，奖励垦荒，治理河患，与民休息，采取种种措施，发展社会生产，使明末清初因战乱遭到破坏的社会经济，得到恢复和发展，为康乾盛世的形成奠定了社会物质基础，并为盛世的进一步发展开辟了道路。康熙实为康乾盛世的开创者和奠基人。但是，康熙晚年，由于皇位继承权的斗争愈演愈烈，最高统治集团内部出现不安定因素，加之康熙对官吏长期采取了宽松政策，至其晚年，吏治腐败也较为严重，这种情况如进一步发展，盛世的局面则难以巩固。

雍正继康熙之后即位，针对康熙晚年存在的问题，严刑峻法，整顿吏治，稳定政治局势，又采取一系列发展社会生产的措施，终于扭转了康熙晚年的不景气局面，使一度出现停滞状态的盛世再度走上发展之路。由此可见，雍正一朝，承上启下，是康乾盛世的中间环节与重要组成部分，雍正皇帝胤禛也不愧是一个有作为的封建君主。

乾隆是在康熙、雍正两朝奠定了坚实的政治、经济基础上登基的，不可否认，乾隆皇帝弘历，在清王朝乃至整个封建社会史上，也是个杰出的封建帝王。他登上皇位后，雄心勃勃，颇欲有所作为，也确实有巨大的功业，特别是在加强与巩固统一多民族国家的过程中，继康熙、雍正之后，进一步平定了各边疆地区民族上层分子的分裂叛乱，有效地在西藏、青海、新疆等地设立了行政管辖机构，进一步巩固和完成了多民族国家的统一。同时，在他统治期间，社会经济文化，也有进一步发展，使康乾盛世达到了鼎盛时期。但随着封建王朝的强盛，封建统治阶级的奢靡之风也急遽发展，乾隆皇帝本人更是如此。他作为鼎盛局面下的最高统治者，与艰难创业时期的君主所处的历史环境很不相同，就其本人的性格而言，他又刚愎自用，好大喜功，常从形式上效法先祖，致使社会矛盾逐渐加剧，社会贫富分化日益严重，终于在乾隆三十九年，在逼近畿辅之地的山东爆发了王伦领导的武装起义。从此之后，形形色色的起义斗争，此起彼伏，如苏四十三起义、田五起义、林爽文起义、苗民起义等。

这表明康乾盛世，从乾隆中叶后，逐渐转折，开始由盛转衰。正如清代杰出思想家龚自珍所指出的："承乾隆六十载太平之盛，人心惯于泰侈，风俗习于游荡，京师其尤甚者，自京师始，概乎四方，大抵富户变贫户，贫户变饿者，四民之首，奔走下贱，各省大局，岌岌乎皆不可以支日月，奚假问年岁？"① 康乾盛世的由盛转衰，是封建社会本身固有矛盾发展的必然结果，但也和当时统治者的政策与作风有直接关联。我们说乾隆南巡造成的消极影响，是康乾盛世由盛转衰的重要原因之一。

从康乾盛世的形成发展直至鼎盛，并由盛转衰这一大的历史背景出发，我们再来考察康乾南巡的具体情况，以及其作用和影响，便自然会得出较为符合历史实际的公允评价。

康熙的六次南巡，首次始于康熙二十三年（1684），末次止于康熙四十六年（1707）。其首次南巡，正是在平定三藩之乱、统一台湾之后，康熙曾经说："朕听政以来，以三藩及河务、漕运为三大事，夙夜廑念，曾书而悬之宫中柱上。"② 从实际情况看，康熙南巡的目的，首先是治理黄河。明末清初，因战乱频仍，黄河多年失修，淤沙堵塞，常造成巨大灾害，自顺治朝起至康熙朝初，大的决口即达80余次。康熙深知"黄、淮两河关系运道民生，最为紧要"，因而把治河列为国家三大事之一，并经常阅读"前代有关河务之书"，与大臣共筹治河之策。二十三年，他第一次南巡，便亲临治河工地，视察河务，了解"河势之汹涌溃漫，堤岸之远近高下"，命令河臣加固运河堤岸，以抗御黄河水流的冲击侵蚀。三十八年，康熙第三次南巡，又"亲乘小舟，不避水险，各处周览"。经过实地调查，提出治河上策，"惟以深浚河身为要"，并指出要在疏通河身的同时，注意于两岸修筑堤坝，约束河水，使黄河顺流入海。经康熙多次实地考察及指示，终使黄河的治理逐见成效，"黄水畅流入海，绝无倒灌清口之患"。此后，河道尽管时有溃决，但终康熙之世，水患基本上得到控制。这对于农业生产的恢复和发展，

---

① 《龚自珍全集》，上海人民出版社1975年版，第106页。
② 《清圣祖实录》卷154。

以及人民生活的安定，无疑大有裨益，显然也促进了盛世的形成。

咨访吏治民情，团结笼络江南汉族士大夫，是康熙南巡的另一重要目的。江南素为物产丰盈之地，号称人文荟萃之邦，其民情之安沸，吏治之好坏，人心之向背，不仅直接影响到清朝赋税的收入，更关系到统治政权的稳定与否。特别是南明的几个小王朝，曾先后在江浙一带建立，江南地区的抗清斗争也最为激烈。顺治时，对汉族士大夫的反抗，主要采取了高压政策。康熙鉴于形势的变化，改变了顺治时的高压政策，每次南巡都谒孔庙，拜禹陵，祭明太祖陵，以迎合汉民族的心理。同时，为扩大江南汉族士大夫的入仕之途，还广增学额，对江南有名的文人学士，甚至亲自接见，以示恩宠。通过这些活动，使汉族士大夫反抗意识逐渐消除，进而依附于清朝，以扩大清朝统治的社会基础。

在团结笼络汉族士大夫的同时，康熙在南巡时，也十分注意咨访吏治，考察民情。他曾说："臣下之贤否，朕处深宫，何由得知，缘朕不时巡行，凡经历之地，必咨询百姓，以是知之。"通过巡行中实地考察到的吏治情况，来决定官吏的升迁任免，这有利于吏治整顿和政治清明。康熙在南巡中，也十分重视了解民情，注意为各地兴利除弊，如其第一次南巡时，看到高邮一带庐舍田屋仍被水淹，百姓皆"择高阜牺息"，极为同情和忧虑，便"登岸巡行数十里，召耆老详问致灾之故"，筹商救荒之策，而后令地方官吏"浚水通流，拯此一方民命"，使"百姓欢悦，不胜鼓舞感激"[①]。康熙的这些举措，自然会赢得广大人民群众的拥护，心向朝廷，安居乐业。

尤其值得称道的是康熙作为一个封建帝王，在南巡时，能"躬行节俭"，"不讲排场"，他每次南巡，都"简约仪卫，卤簿不设，扈从者仅三百余人"，一路上，"不设营幄，不御屋庐"，一切供应，"皆令在京所司储偫"，不滥取之民间。他多次告诫臣工，南巡是"为百姓阅视河道，咨访闾阎风俗"，"非为游观也"[②]，因而严禁地方官吏布置供帐，科派扰民。由于康熙"崇俭黜浮"，官吏不敢铺张，对所到之处百姓的惊扰也就比较小。对此，长期在清廷供职的法国传教士白晋曾予评论

---

① 《东华录》康熙朝卷34。
② 《东华录》康熙朝卷43。

说:"(康熙)力求节俭",那种"亚洲君主们所到之处,都喜欢炫耀自己的豪华与奢侈"的情形,"在康熙皇帝周围是根本看不到的"[①]。

上述有关史料记载和评论,虽不无溢美之词,但毕竟反映了一些康熙南巡中的实际情况。正是由于康熙南巡中阅视河道,咨访吏治,考察民情,躬行节俭,因此使当时人感到"天恩温谕,莫可殚述,江南父老至今犹能言之"[②]。康熙作为一个创业之主,他在南巡中的实践活动,对社会历史的发展,无疑起着积极的促进作用。他的南巡,可以说是开创康乾盛世的具体历史实践。

乾隆是在康熙、雍正两朝奠定了坚实的政治、经济基础上登基的。经过顺、康、雍近百年的休养生息,清王朝已出现了政治统一、经济繁荣、统治稳固的局面,这种历史环境与康熙执政之初是很不同的。乾隆看到其祖父康熙六下江南,"盛典昭垂,衢谣在耳",也于乾隆十六年(1751)起,中经二十二年、二十七年、三十年、四十五年,直至四十九年(1784),前后六次南巡。乾隆本人对其南巡自视甚高,他说:"予临御五十年,凡举两大事,一曰西师,一曰南巡",并强调"南巡之事,莫大于河工",可见他在南巡中,也比较注意兴修水利,治理河患,特别是对浙江的海塘工程,给予了较多的关注,多次阅视,令地方大吏将柴塘改建为石塘,"为民间永远御灾捍患"[③]。同时,他南巡中也注意咨访吏治,咨访民情,曾多次蠲免赋税,赦免人犯,增广学额等。这些举措,当然也在一定程度上起到了发展生产、维系人心、加强统治的作用。这也正是学界某些论者为"乾隆六下江南辨"的依据。但是,一则乾隆的这些举措,常常只是巡行中的点缀,并非其主要精力所系;二则他所处的历史环境与康熙时期有很大变化,这些举措也并非是当时应着力解决的社会问题,因此乾隆南巡的积极效果,远非像康熙那样显著。

乾隆南巡的主要目的,与康熙的"非为游观"不同,的确是如他自己所说"江南名胜甲天下",欲借南巡之机,"眺览山川之佳秀,民物之

---

① [法]白晋:《康熙皇帝》,赵晨译,黑龙江人民出版社1981年版,第22页。
② 《履园丛话·旧闻》。
③ 《南巡盛典》卷50。

丰美"①。因此，他每于南巡前一年，就进行周密准备，特指定亲王一人任总理行营事务大臣，负责勘察路线，修桥铺路，葺治名胜，兴建行宫。南巡中，除皇太后、皇后、嫔妃外，另有扈从官兵，上至王公大臣，下至章京侍卫，多达两千五百人，兴师动众，前呼后拥，浩浩荡荡。行进中，陆路用马五六千匹，大车四百余辆，征调夫役不计其数。水路则用船一千多只，首尾衔接，旌旗招展，声势显赫。沿途还兴建行宫三十多处，每处都"陈设古玩并应用什物器皿及花盆景致之类"②。因乾隆讲究排场玩乐，地方官自然争相逢迎，唯恐落后，献媚争宠。每到一地，"圣驾入境前一日"，地方官便专程出境迎接，准备好大量美食佳肴，"以便取用"，甚至派遣猎户，捕捉麻雀、野兔等禽兽，以供乾隆随身所带鹰犬食用。③尽管乾隆帝每次巡行之前，都照例申饬一番，要求地方官吏，"务敦本业，力屏浮华"，"时时思物力之维艰，事事惟奢靡之是戒"④，但不过是沽名钓誉的官样文章。实际上乾隆对地方官的逢迎，不仅默许，甚至奖励。如三十年，乾隆奉皇太后第三次南巡，"地方大吏以慈驾临驻旃庐，究不若屋宇之安善"，纷纷葺建行宫，乾隆则以"成事不说"为由，不仅不加劝止，反从公项内拨出巨款，凡有行宫之处，各"赏银二万两充用"⑤。素以豪奢著称的两淮盐商，每在乾隆南巡时，都献纳巨款，供其挥霍，乾隆不仅不予推辞，还称赞他们"踊跃急公，捐输报效"，给予加恩赏赐，除赏加盐引外，再"各按其本身职衔加顶戴一级"⑥，靡费之风一开，各地群起效尤，对社会风气造成极坏影响。据统计，乾隆六次南巡，各项花费总数达两千多万两，至于所带随从与地方官吏乘机向百姓敲诈勒索，则难以计数。

乾隆六次南巡，极大地加重了群众负担，致使民间叫苦连天，怨情沸腾。为此，一些正直的官员曾进谏："上两次南巡，民间疾苦，怨声载道"，"巡幸所至，有司一意奉承，其流弊及于百姓"。然而，乾隆不

---

① 《东华录·乾隆朝》卷30。
② 《南巡事宜》。
③ 同上。
④ 《南巡盛典》卷1。
⑤ 《东华录·乾隆朝》卷61。
⑥ 《南巡盛典》卷68。

仅不采纳进谏之言，反而对之厉声诘问："汝言民间疾苦，试指何人疾苦，汝谓怨声截道，试指何人怨言？"① 甚而冠冕堂皇地说："朕清跸所经，观民问俗，关政治之大端，即动用数十万正帑亦何不可？"② 似乎其挥霍浪费尚有理有功，实在是蛮横和霸道。乾隆的刚愎自用，我行我素，加之其连年用兵，耗费巨资，终于导致民财日以竭，使潜伏的社会危机，终于全面爆发，清王朝也很快从盛世的顶峰上跌落下来，由治而乱，由盛而衰。对于南巡造成的恶果，乾隆晚年已有悔悟，他曾对一位大臣说："六次南巡，劳民伤财，作无益而害有益"，并劝诫后世之主，再不要像他那样南巡。③ 然而，追悔之言，却为时过晚，其造成的恶果，已无法挽回。

因此，我们说，乾隆的六次南巡，是导致康乾盛世由盛转衰的重要因素，决非过苛之词。也只有把康乾南巡和康乾盛世联系起来，才能更清楚地看到其历史作用和影响！

有的师友对乾隆南巡持较多肯定态度，他们指出，历史上的封建帝王，究竟是长期在宫廷内深居简出，养尊处优好呢，还是经常下去到各地游走，咨访吏治民情了解社会下情好呢？乾隆六次南巡，对社会情况有较多的了解，作为制定政策的依据，岂不比锁锢在深宫更好吗！问题在于他走出去的目的、作用和实际影响，而不能离开具体史实，抽象地谈论问题。康熙和乾隆都曾六次南巡，然而其目的、作用和影响却迥然有别，所以我们才根据不同的具体情况，给予不同的历史评价。

（原载《清史研究通讯》1989 年第 3 期）

---

① 转引自萧一山《清代通史》，第 2 册。
② 《清史稿·吴熊光传》。
③ 同上。

雍正对曾静、吕留良案的"出奇料理"与吕留良研究

——文字狱对清代思想文化发展之影响

中国的封建社会延续之漫长、封建专制制度发展之完备、封建主义思想影响之深远，在世界各国历史上都堪称为最。清朝是中国封建社会最后一个王朝，又是以少数民族——满族，君临天下，其封建专制主义之发展更达极致。以文字之缘故，罗织周纳，陷人以罪，以钳制思想，几乎是历朝历代封建帝王惯用的伎俩，而清朝由于存在"华夷之防"的敏感问题，在滥行文字狱方面，更是远迈前朝。发生在雍正六年，并延续到乾隆年间的曾静谋反案及由此引出的吕留良诗文案，由于雍正的"出奇料理"，更是一场典型的文字大狱，在这场冤狱中遭遇最惨的则莫过于吕留良。

吕留良本是清初著名的学者、理学家、思想家。在清代学术思想史上有重要的地位和影响，去世之前并未犯任何事。但因受曾静谋反案的牵连，于死后四十多年，却又被"剖棺戮尸"，其著作也屡遭禁毁。以致三百多年来，有关吕留良的研究成果甚少，人们对他的了解若明若暗，正如钱宾四先生所说"吕家既遭极祸，后世几目为匪人，毕生大节，鲜有识者"，这无疑是封建专制主义的文字狱造成的恶果。有鉴于此，本文拟在简述吕留良生平思想的基础上，着重论述雍正对曾静、吕留良案的"出奇料理"，以及其对吕留良研究乃至对清代思想文化发展的影响。这对总结历史经验、肃清封建主义文化专制的余毒，或有所裨益。

一　吕留良的生平思想及其地位和影响

吕留良（1629—1683）生于明崇祯二年，卒于清康熙二十二年，浙江崇德人，又名光轮，字用晦，号晚村，因拒清廷"山林隐逸"之荐，曾削发为僧，又名耐可，字不昧，号何求。他出生于明朝世代为官的书香门第，其祖父曾娶淮庄王郡主，官淮府仪宾。吕留良出生前父亲即已下世，自幼由三兄愿良抚养。愿良曾与浙中文士结澄社，且社中多是"重志节，能文章，好古负奇"之士，留良受这种以文会友的影响，少年时代就"能文章"，十三岁就和其侄宣忠与家乡名士孙爽结征书社，相互"论列古今"，怀有"以天下为己任"之志。当甲申年（1644）明清易代时，其一家人多投入抗清斗争。其三兄愿良随史可法镇守扬州。他与侄宣忠也"散万金之家以结客"，投笔从戎，组织义勇，抗击清军。曾有诗云："甲申以后山河尽，留得江南几句诗。"抗清斗争失败后，其侄宣忠以"号众为叛"的罪名被清廷处死，故国沦亡与自家的遭遇，使之有深厚的反清思想基础。

继其侄儿遇难之后，其三兄、四兄与好友孙爽又相继去世，使其精神遭受沉重打击，几乎落魄得不能自振。加之，此时又有仇家抓住其抗清的经历落井下石，为免遭陷害，他于顺治十年，曾应科试，考中秀才。而后，他对此次应试深有悔恨，认为是"自违心迹"，"落脚俗尘"。自顺治十二年，他又与好友陆文若一起评选时文。自明末以来，士大夫盛行结社，而"凡社必先选行文字"，当时的名士周锺、张溥、吴应箕、陈子龙等所组织的应社、复社、几社等，都无不以选文行天下，吕留良既与陆文若结社，自然也要评选时文。此举起初不过是按习俗而为之。后来，他又自觉以评选时文来传布程朱之学与民族思想，并一发而不可收，成为著名的时文选家。如何看待吕氏之评选时文，成为吕留良研究中的一个突出问题，贬之者，依此讥笑其"不过是帖括家或古文家，不见得有很精彩学问"[①]，褒之者则否定其是时文评选家，认

[①] 梁启超：《中国近三百年学术史》，复旦大学出版社 1985 年版，第 290 页。

为"吕留良并非时文评选家"①。其实,吕留良之为时文选家是客观事实,问题的关键在于如何看待他的时文评选,其从事时文评选的目的及其思想内容如何,在当时发生的作用影响怎样。

顺治十七年、十八年吕留良又先后结识了黄宗炎、黄宗羲兄弟等浙东名士,并很快成为知交。这些人都曾参加抗清斗争,明亡后又都不仕清廷,以明遗民自居,吕氏与他们为挚友,思想上自然会受影响。他于康熙四年在与黄宗羲的一首唱和诗中写道:"谁教失足下渔矶,心迹年年处处违,雅集图中衣帽改,党人碑里姓名非。醒便行吟埋亦可,无惭尺布裹头归。"此后,他愈加坚定了不与清廷合作的决心。康熙五年,他拒绝应试,被革去秀才。康熙十四年,清举博学鸿词,他被列名推荐,曾以死相拒。次年,清廷又举"山林隐逸",地方官又推荐其出仕,他索性剃发为僧,从此"屏绝礼数,病不见客"。这既反映了其被迫为僧的痛楚心情,也透露出其兀傲纵恣、誓不仕清的狂狷个性。

吕留良归隐山泉后,转而专心致力于研究和传播程朱之学,宣传民族思想,从事"治乱之源"的探讨。其生平思想也集中在这两个方面。

吕留良对程朱的思想学说,特别是朱熹的思想,可谓坚守笃信,终生身体力行。他曾说:"幼读《朱子集注》而笃信之,因朱子而信周程,因程朱而知信孔孟,故与友人言,必举朱子为断。"② 他认为"凡朱子之书,有大醇而无小疵,当笃信而死守,而不可妄置疑齿于其间"③。直到晚年,他还说:"某平生无他识,自初读书,即笃信朱子之说,至于今老而病,且将死矣,终不敢有毫发之疑,真所谓宾宾然守一先生之言也。"④

就当时学术界状况而言,由于明中叶以来王阳明之心学泛滥,朱学式微,因而尊朱必然辟王,吕留良也不例外,且在辟王方面比之同时代的学者更为尖锐和激烈。他认为王阳明等"皆朱子之罪人,孔子之贼也"⑤,因而"今日辟邪,当先正姚江之非"。他主张"凡天下辨理道,

---

① 陈祖武:《清初学术思辨录》,中国社会科学出版社1992年版,第134页。
② 吕留良:《答潘用徵书》,《吕晚村先生文集》卷1。
③ 吕留良:《与张考夫书》,《吕晚村先生文集》卷1。
④ 吕留良:《答吴晴岩书》,《吕晚村先生文集》卷1。
⑤ 吕留良:《复高汇旃书》,《吕晚村先生文集》卷1。

阐绝学，而有一不合朱子者，则不惜辞而辟之者，盖不独一王学也，王学其尤著者尔"①。他还再三申明，他之力辟王学并非出于门户之争，而是为了明辨是非，明道救世。他说："道之不明也，凡五百年矣，正、嘉以来，邪说横流，生心害政，至于陆沉，此生民祸乱之源，非仅争儒林之门户也。"② 在吕留良看来，王阳明正是邪说之源，他说："弟之痛阳明，正为其自以为良知已致，不复求义理之归。非其所当是，是非所当非，颠倒戾妄，悍然信心，自足陷人于禽兽非类，而不知其可悲，乃所谓不致知之害，而弟所欲痛哭流涕，为天下后世争之者也。"③

值得注意的是，吕留良并非像某些迂腐的道学夫子那样盲目地尊朱辟王，他是针对南宋以来一些学者不能领会朱学的真谛，特别是在明末清初的时代剧变之中，一些人不能坚定民族立场而投降仕清的行为。他曾指出："今日之所以无人，以士无志也，志之不立，则歧路多也。"为此，他特别强调在民族大义的根本点上，必须是非鲜明，站稳脚跟，他指出，"从来讲朱子者，徒以其名。而未得其真……紫阳之学，自吴（澄）、许（衡）以下，已失其传，不足为法"，"今之学者，似当以出处去就，辞受交接处，画定界限，扎定脚根，而后讲致知，讲主敬工夫，乃足破良知之黠术，穷陆王之狐禅。盖缘德佑以后，天地一变，亘古所未经，先儒不曾讲到此，时中之义，别须严办，方好下手入德耳"④。他强调，"德佑以后，天地一变，亘古所未经"，意在使人接受南宋恭帝（年号德佑）的历史教训，因恭帝于元兵抵临安时被掳北去，南宋灭亡。他这里显然是以南宋亡于元，暗示明之亡于清，警戒士人在形势剧变面前，只有坚持民族气节，才算学得朱学之真髓。正因为如此，吕留良之讲程朱之学，很少讲心性理气的抽象概念，而是反复强调做人的根本，要在"出处去就，辞受交接处"下功夫，立足现实，经世致用。所以，吕留良对朱学的阐发，虽然在学理上无重大突破，但他能紧密结合当时形势，有的放矢，自有其独特的贡献。他对程朱之学的贡献，还表现在他对程朱学说的传播方面。当时，他与另一著名理学家

---

① 吕留良：《复高汇旃书》，《吕晚村先生文集》卷1。
② 同上。
③ 吕留良：《与某书》，《吕晚村先生文集》卷2。
④ 吕留良：《与高汇旃书》，《吕晚村先生文集》卷1。

张履祥一起编刻程朱遗书，已刻的有《二程遗书》《朱子遗书》《朱子语类》等。仅其所刻《朱子遗书》初辑，就有《近思录》《延平答问》《杂学辨》《中庸辑略》《论孟或问》《伊洛渊源录》《谢上蔡语录》。许多人读程朱的著作，就是借助吕留良编刻的这些书籍，这在朱学一度式微的情况下，其传播朱学之功，实不可没。

吕留良思想的另一突出表现，则是宣传"华夷之防大于君臣之义"的民族思想。他不仅自己身体力行，坚守民族气节，誓不与清廷合作，而且在自己的诗文著作及时文评选中，大量阐发民族思想，并广为传播。由于时文是科举时代所有应举士子不可不读的，而要掌握好时文，则需要读范文，读评点之书。吕留良正是看到这一点，才不惜以大量时间和精力，特别是把明末抗清志士的作品选作时文加以评点，传播到各地士人之中，使其影响更为广泛。正如其子吕葆中为之所作的《行略》中所说："其议论无所发泄，以寄之于时文评语，大声疾呼，不顾世所忌讳，穷乡晚进有志之士，闻而起者甚众。"曾静、张熙之所以走上反清道路，就是深受吕留良的影响。

康熙二十二年，吕留良病逝。其一生著述甚丰，既有自己的著述，又有对他人的文章的评选评注。由于屡遭禁毁，有些著述已经散逸。目前留世的著述，主要有《吕晚村先生文集》《续集》《吕晚村先生诗集》《惭书》及《四书语录》《四书讲义》等。①

吕留良的思想与著述，在清初的学术思想界有重要地位和影响。其同时代的学者王宏撰曾把他对朱学的提倡，与顾炎武之于经学、毛奇龄之于音韵、梅文鼎之于历数、顾祖禹之于地理，相提并论，认为"近时崇正学，尊先儒，有功于世道人心者，吕晚村也"②。更有学者指出，"紫阳之学，六传以及方侯成，遭靖康之变，而其统遂绝，河汾崛起，曲高和寡，而陈公甫、王伯安遂鼓偏执之说以乱之，学士大夫从风而靡，虽胡振斋，罗整庵力加攻诋，义甚正而力或未之逮也。至吕晚村氏，始大声疾呼，以号于一世……率其同志，精思力究，南方风气，为

---

① 参见李裕民《吕留良遗书考》，《浙江学刊》1993年第4期。
② 王宏撰：《山志》二集卷5《著述》。

之一变"①，具体说明了吕氏尊朱辟王所起的扭转当时士风的作用。陆陇其是清初有名的理学家，而且是清代第一个从祀孔庙的理学名臣，他在回忆自己的治学道路时，曾满怀深情地说明吕留良对他的影响，他说："陇其不敏，四十以前，亦尝反复于程朱之书，粗知其梗概，继而综观诸家语录，糠秕杂陈，斌玦并列，反生淆惑。壬子（康熙十一年）、癸丑（康熙十二年），始遇先生，从容指示，我志始坚，不可复变。"② 稍后于吕留良的著名学者戴名世也曾评价说："吾读先生之书，而叹其维挽风气，力砥狂澜，其功不可没也。"他又说："二十年以来，家诵程朱之书，人知伪体之辨，实自吕氏倡之。"③ 这充分说明了吕留良在提倡朱学方面的先导作用。

由于雍正、乾隆滥行文字狱，吕留良的著作一再被禁毁，但其影响并未能消除。直到晚清辛亥革命时期，其思想与著述仍是反清革命志士的思想武器。章太炎在谈到其走上反清革命道路时就说，他在十几岁时读到《东华录》中记载有关吕留良的事迹，而勃发了反清之念。他在《革命军序》中又说，"自乾隆以后，尚有吕留良、曾静、齐周华等，振正义以震聋俗，自尔遂寂寞无所闻"，而且说，他之所以与蔡元培组织光复会，就是要"为浙父老雪耻"，"总之不离吕留良……之旧域也"，足见吕留良思想之影响。

总之，吕留良不愧是清初颇有重要影响的思想家。阎若璩甚至将其评为清初的"十二圣人之一"④。他当时在某些方面的作用和影响，并不亚于王夫之、顾炎武、黄宗羲、傅山、陈确等人。但其著作很少整理出版，研究成果也甚微，与其地位影响甚不相应，为什么会造成这种状况呢？对此，钱宾四先生曾予深刻指出，"及曾静狱出，晚村受极刑于身后，而吕氏之学，渐不为人称道，乃或以时文批尾讥之，则殊当辨者"⑤。

---

① 李文炤：《王元复传》，转引钱穆《跋车双亭刊吕子评语》。
② 陆陇其：《祭吕晚村先生文》，《三鱼堂文集》卷12。
③ 戴名世：《九科大题文序》，《戴名世集》卷4。
④ 阎若璩：《潜丘札记》卷5。
⑤ 钱穆：《跋车双亭刊吕子评语》，《中国学术思想史论丛》（八）。

二 雍正对曾静谋反罪与吕留良的
诗文案的"出奇料理"

吕留良之所以在死后四十余年,又"受极刑于身后"被"剖棺戮尸",以致"渐不为人称道",其源于曾静谋反案,及其后在雍正的"出奇料理"下,以吕留良为对象酿成的一桩震惊全国的文字大狱。

曾静谋反案,始于雍正六年(1728)九月,因曾静(化名夏靓)遣派其学生张熙(化名张倬)到西安,直接投书于川陕总督岳钟琪,策动其起兵反清。谋反的内容大致有四方面:其一,提出"华夷之分大于君臣之论",认为满族是夷人,乃野兽,不配统治全国,否定清朝统治的合理性;其二,具体列举了雍正帝胤禛犯有"谋父""逼母""弑兄""屠弟""贪财""好杀""酗酒""淫色""怀疑诛忠""好谀任佞"十大罪状,否认其称帝的合法性;其三,认为雍正称帝以来,天下寒暑易序,旱涝成灾,积尸遍野,民不聊生,老百姓已无法忍受,只要有人造反,定会一呼百应,一举推翻清朝的统治;其四,指出岳钟琪是南宋抗金名将岳飞之后裔,虽任川陕总督,但雍正对其多有猜疑,要利用"握重兵,据要地"之条件"乘时反叛,为宋明复仇"[①]。这显然是明目张胆地策动一位封疆大吏暴动反清的"大逆不道"之举,乃"十恶不赦"之大罪。

岳钟琪作为汉官出仕只有满缺才能担任的川陕总督,本来就多受猜忌,而如履薄冰,现在又有人上书挑拨其与朝廷的关系,直接策动其反清,弄不好就会有杀身之祸。因而他接到反书后,极为惶恐,迅即会同满族官员——陕西巡抚西琳及按察司硕色审讯张熙,追问其为何谋反,受何人指使,还有何同党,等等。但张熙拒不招供。心急如焚的岳钟琪,便对张熙严刑逼供,仍无一所获。为获实情,岳又改变策略,佯装要共同谋反,将张熙迎至密室,以礼优待,且垂泪满面,焚香盟誓,请张详陈其师的谋反方略,以共筹义举。缺乏政治斗争经验的张熙对岳钟琪的蒙骗信以为真,不仅"将其师姓名居地,并平素与伊师往来交好,

---

① 雍正上谕,《大义觉迷录》卷1。

诋讥天朝之人，各姓名居地一一吐出"，随后又说他与其师如何受吕留良著述之影响，还曾到浙江吕家访求遗书，并将其与吕留良之子及其学生交流的情况等也都和盘托出。

原来上谋反书的曾静是湖南郴州永兴县人，曾应科举考中过秀才，后屡试不第，以教书授徒糊口。由于家乡连年灾荒，甚为贫寒，因此，他对清朝的统治现状不满，萌生反清意识。他又曾在应试过程中，读过吕留良的《时文评选》，书中的"夷夏之防大于君臣之义"及"井田封建"等内容，使其反清思想进一步发展。他还曾派张熙到过吕留良的家乡，吕氏虽然早已去世，却受到其后人和学生的接待，还让张阅读了吕氏的遗著、《日记》等，其中吕氏的《钱墓松歌》《题如此江山图》等具有强烈反清思想的诗文，使曾静、张熙的反清思想愈益坚定。当时，他们又听到一些有关雍正矫诏篡位的传闻，还听说川陕总督岳钟琪是岳飞之后，已受到雍正的猜疑，正欲夺其兵权，如上书劝其反清，很可能成功。因此曾静便派张熙化名张倬，千里迢迢上书岳钟琪，劝其谋反。从事后审查的实际情形看，曾静等人的谋反并非经过周密策划，他们既无钱粮基地，又无兵员武装，且无同党联络与后援，只是凭借头脑中一些不成熟的反清思想，再根据一些道听途说，便贸然上书策动岳钟琪反清。这说明他们是十足的、愚不可及的书呆子，只能成事不足，败事有余。本来，对此二人的处理，依照常理，按《大清律》规定，以大逆谋反之罪，杀头了事。但对于有丰富斗争经验，且老谋深算，工于心计的雍正来说，却不会如此简单结案。

当岳钟琪接获张熙所投谋反书，尚未审得谋反实情，即给雍正上了第一道奏折，拟请将人犯押京审理时，雍正即予朱批："此事在卿利害攸关，朕量卿不得已而然，但料理急些了，当缓缓设法诱之，何必当日追问即加刑讯。"① 反映出雍正对如此要案，绝不急于求成，而是要稳扎稳打，一定要想方设法弄个水落石出，想放长线，钓大鱼。而当岳钟琪伪装谋反，使张熙吐出实情后，雍正竟欣喜若狂感动得痛哭流涕，迅即朱批表示，"览虚实不仅泪流满面"，并对岳钟琪深表嘉奖，"卿此忠诚之心，天祖自然鉴之，朕之喜悦之情，笔难宣谕"，且对岳表示，他

---

① 雍正《朱批谕旨·岳钟琪奏折》六年九月二十八日。

就此事给岳的谕旨，都是真心话，"少有心口相异处，天祖必殛之"①。为了自身统治利益，雍正以帝王之尊，竟对臣下发誓赌咒，目的不过是想笼络岳钟琪，使之进一步审问出更多的实情。他在岳钟琪审问张熙的过程中，一会儿指示"可从容暂缓，徐徐设法诱问"，一会儿又朱批"仍要设法好好地宽慰其心"。他还指示岳钟琪要进一步追查所供谣传的来源，"将伊从何处所闻，随便再与言之，看伊如何论议"。当其根据岳钟琪奏折提供的情况，下诏指示执政大臣通知浙江总督李卫查抄吕留良家，并拘拿其在浙同党时，具体指示"奸民口中供出吕留良等，可将岳钟琪奏折抄寄李卫，一一研究，并查其书籍，倘伙贼即获之后，再诘问党羽，其应行拘缉者即著李卫一面办理，一面奏闻"②。当刑部左侍郎杭奕录奉命到长沙审问曾静时，他又批示："一定要平心静气，穷究邪说所由来。"再当杭奕录要将曾静等解京听审时，他又批示，"一路要著实宽慰带来"③。这些批示已透露出雍正拟利用曾静作更大的文章。我们从雍正为此所发出的谕旨朱批中可清楚地看到，办理此案的每一个措施和步骤，都是在其亲自操纵指挥下进行的。他对办理此案，可谓殚精竭虑，煞费苦心。因为，在他看来，此案涉及的内容，关系到清朝的统治政权是否具有合理性，其继承帝位究竟是否合法，面对这样的根本问题，怎能掉以轻心。在办理此案过程中，他在给其宠臣浙江总督李卫的朱谕中曾表示，曾静加给他及清朝统治的罪名被揭示出来，是"天道昭彰，令自投首，静夜思之，翻足感庆，藉此表明天下后世，不使白璧污染，莫非上苍笃佑乎"④。这已表明，他决定要借曾静出的题目，论证其帝位及清朝统治的合理合法，以"不使白璧污染"。他在给另一宠臣河南总督田文镜的奏折上又批道："遇此种怪物，不得不有一番出奇料理，倾耳一听可也。"⑤ 这又说明雍正对此案已了然于胸，对处理此案已逐渐形成一整套特殊的方案，将一步步实施，即所谓"出奇料理"，并提请人们"倾耳一听"。此案从审问到处理的整个过程看，

---

① 《张倬投书岳钟琪案》，《文献丛编》第一辑。
② 雍正《上谕内阁》六年十月十日谕。
③ 雍正《朱批谕旨·杭奕录等奏折》七年正月二十一日。
④ 清世宗《朱谕》第9函。
⑤ 《内阁九卿等奏本上谕》，《大义觉迷录》卷3。

雍正的"出奇料理"主要表现在以下几个方面：

第一，不惜以帝王之尊，直接审问曾静，对曾静谋反书提出的指控逐条批驳，并使曾静"悔过自新"，最后又编撰了《大义觉迷录》一书，颁发全国，统一全国士民的思想。当此案有涉人犯全部解京后，雍正命刑部审理与吕留良有关者，他自己则亲自审问曾静。他根据曾静谋反书的内容分析，一个生活于穷乡僻壤，与外界接触不多的书生，怎能了解宫廷中所谓的"谋父""逼母"等内幕，又怎能有那么多反清的思想和言论。雍正认为其来源不外是"盖其分别华夷中外之见，则蔽锢陷溺于吕留良的不臣之说，而其谤及朕躬者，则阿其那（即皇八子允禩）、塞思黑（即皇九子允禟）、允䄉、允䄍之逆党奸徒，造作蜚语，布散传播，而伊信以为实之所致"①。清朝入主中原后，汉族士大夫始终以"华夷之别"为号召，反对清朝的统治。此外，康熙末年，在皇位继承问题上，雍正与诸皇子之间，一直存在着尖锐复杂的权力斗争。他取得皇位后，虽然对各政敌或杀、或囚、或流放，但并未使对方心服，对其仍有种种不利的舆论在朝野散布。雍正想通过对曾静的批驳，达到一箭双雕的目的：一则可借此进一步打击分化政敌，澄清他们所散布的对自己不利的舆论，使自己的统治地位更加巩固；二则又可借此批驳"夷夏之防大于君臣之义"，清除据此引起的反清思想，强化思想控制，在全国士庶黎民中确立清朝统治合理性的观念。因此，雍正在审问曾静时，对其各条指控，逐一批驳。如所谓"谋父""逼母""弑兄""屠弟"……十大罪，雍正则说：他对父"诚孝"、对母"备尽孝善"、对各位弟兄也以"手足之情"极尽"宽宥"和"仁爱"，他们或病故，或"遂伏冥诛"，都与他无关，并表明他既不酗酒，也不贪财，更不好色，他"清心寡欲"，"天下人不好色，未有如朕也"。至于说其"好杀"，更是无中生有，他说他"性本最善，不但不肯妄罚一人，即步履之间，草木蟋蟀亦不肯践踏伤损"，还说，自己从不"好谀任佞"，而是"以忠谠为生，以迎合为戒"②……通过逐条反驳，雍正把自己打扮成一个光明正大、心地荡然、忠孝仁爱、心慈手软、不近酒色、爱民如

---

① 雍正上谕，《大义觉迷录》卷1。
② 同上。

子的"圣君"。反之,他的那些政敌,则全然是一群生性暴戾、争权夺利、贪财好色、结党营私之徒,如同禽兽一般。总之,只有他雍正继位才合理合法。

对于吕留良宣传的"华夷之辨",雍正更是着力反驳。他认为:"自古中国一统之土,幅员不能广远,其中有不向化者,则斥之为夷狄。如三代以上有苗、荆楚、猃狁,即今湖南、湖北、山西各地,在今日而目为狄夷可乎?"① 意即所谓华夷有不同的时间和地域概念,是相对的、不断变化的。古代所谓的夷狄,今日则多已进入华夏,"何得尚有华夷中外之分论哉?"雍正还举例说,舜帝本来是东夷人,周文王本来是西夷人,但谁不承认他们是古代的圣君。而现今的清朝,"奉天承运,大一统太平盛世","为中外臣民之主,则所以蒙抚绥爱育者,何得以华夷而有更殊视?"② 理应像先师孔子所说的"故大德必受命",承认其统治的合理合法。雍正的这些看法,从中国自古以来就是统一的多民族国家而论,确有一定道理,不过,他在这里却用地域观念偷换了民族概念,以此掩盖了满族统治者对汉族和其他民族所进行的民族压迫。此外,雍正还对吕留良的诗文及《日记》中的各种反清思想和言论,一一予以反驳,而后痛骂吕留良是"凶顽悖恶,好乱乐祸",乃名教中之大罪魁,是"千古、万古之罪人",并说"此等险邪之人,胸怀思乱之心,妄冀侥幸于万一,曾未通观古今大势,凡首先倡乱之人,无不身膏釜钺,遗臭万年"③。这既为结案时对吕留良的处理定下了调子,也对像吕留良这样具有反清思想的人给予了严厉警告。

雍正在对曾静的审问中,对之软硬兼施,既威胁,又感化。曾静在雍正的淫威下,俯首帖耳,摇尾乞怜,一方面对雍正歌功颂德,极尽阿谀奉承之能事;一方面把自己骂成禽兽不如之人,痛自悔恨,说什么"我皇上御极以来,德盛民化,风清弊绝,民间无丝毫烦扰","圣德神功,上承列祖,尤无纤毫不惬于心",而自己作为"弥天重犯为谣言蛊惑,遂戴天不知天之高,履地不知地之厚",并自称"向为禽兽,今转

---

① 雍正上谕,《大义觉迷录》卷1。
② 同上。
③ 同上。

人胎"。他还在雍正的教化唆使下写了《归仁说》，其中肉麻地吹捧雍正至孝纯仁，康熙传位于他兼得传子、传贤之意，还说雍正朝乾夕惕，勤政爱民，并表示，"此身若在，愿现身说法，化导愚顽，倘不能生，则留此一篇，或传凶顽之徒，亦可消其悖逆之念"①。

而后，雍正又将自己就此案的有关谕旨及曾静的供词等编成《大义觉迷录》一书，并为此颁发谕旨，命将此书"通行颁布天下各府、州、县、远乡僻壤，俾读书士子及乡曲小民共知之，并令各贮一册于学宫之中，使将来后学新进之士，人人观览知悉"，而且还警告地方官员，"倘有未见此书，未闻朕旨者，经朕随时察出，定将该省学政及该县教官从重治罪"②。这也透露出雍正一定要使自己的思想强加于全国士民，甚至想延及后世。

第二，雍正之"出奇料理"又表现为违反清朝律法及常规，对当事现行政治谋反犯曾静、张熙无罪释放，并让其到各地现身说法，宣传雍正的德化及自己的归仁思想。曾静与张熙投书谋反，证据确凿，本人也供认不讳。按清朝律法，罪无可赦，理应处以极刑。就连曾静本人也深知自己必将速正典刑。因此，内阁九卿曾上奏雍正，"查律内谋反大逆，但其谋者，不分首从，皆凌迟处死；正犯之祖父、父、子、孙、兄弟，及伯叔父、兄弟之子，男十六岁以上皆斩；男十五岁以下，及正犯之母、女、妻、妾、姐妹、子之妻妾，给付功臣之家为奴……曾静应照此律，即凌迟处死"，而且应株连九族。同时"张熙与曾静共谋不轨，听从曾静指使，赴陕投送逆书，思欲构刑，亦应照共谋者凌迟处死律，即凌迟处死"③。但雍正却将大臣们的奏折予以驳回，而命令将曾静、张熙"特旨赦宥，无罪释放"。不仅自己不杀他们，"即朕之子孙将来亦不得以其诋毁朕躬而诛戮之"。对此，大臣们难以理解，并动员雍正最信赖的怡亲王允祥再上《诸王大臣等再疏请诛曾静题本》，雍正仍予驳回，且坚决表示，他对曾静的"无罪释放"是"再四详慎，所降谕旨，俱已明晰，请王大臣官员等不必再奏"。

---

① 曾静：《归仁说》，《大义觉迷录》卷4。
② 雍正上谕，《大义觉迷录》卷1。
③ 《内阁九卿等并请正法曾静奏本》，《大义觉迷录》卷3。

雍正曾解释，他之所以对曾静作宽大处理，主要是因为曾静师生并非元凶首恶，而是受人蒙蔽，再者，曾静又能诚心改过，理应施恩宽宥。同时，由于曾静、张熙投书，才使朝廷获知造反诽谤之人，并由此查出元凶，"俾造书造谤之奸人一一显露"，对此，曾静是有功的，"即此可以宽以诛矣"。为宽大处理曾静，雍正甚至为曾静辩护，说他"无造反之实事，亦无同谋之叛党"。他之所以宽大处理绝非要以此"博宽大之名而废法也"。这实在有些欲盖弥彰。

其实，雍正之不杀曾静的真正原因，不过是想利用他作悔过自新的典型，让其到各地现身说法，宣讲《大义觉迷录》的思想。此后，雍正曾命杭奕禄带领曾静到江南、浙江等地宣讲；又命尚书史贻直带张熙到陕西各地宣讲，还命湖南巡抚赏曾静白银一千两，作为安家之用，并让其到湖南观风整俗衙门听用。

第三，雍正之"出奇料理"的更突出表现，是由此导演出一桩震惊全国的文字狱，并强奸民意，将只是文字思想犯的吕留良"剖棺戮尸"，并广为株连。由于曾静、张熙在交代自己的谋反思想时，将其思想根源完全推到吕留良身上，说自己"中吕留良之毒深，所以，不察其非，而犯悖发论至此"。而且，岳钟琪在审问张熙后，早在雍正六年十一月初二其给雍正的奏折中就曾指出吕留良"罪大恶极，实神人所共愤，国法之所不容者也。虽吕留良久已故去，而其子孙尚存，保无踵继前恶，伏匿衍行，况据张熙供，吕留良著有《备忘录》藏匿在家"，因此建议雍正"遴委亲信，文武干员，密至吕留良家内，仔细搜查《备忘录》等书，并拘拿吕留良之子孙嫡属。讯有实据，上请天威，严戮尸之典，行灭族之诛"①，提醒雍正对吕留良要格外重视和严惩。雍正当即照岳钟琪的建议，命浙江总督李卫，查抄吕留良家，拘拿吕之同党。在雍正的密令下，凡与吕留良有关的人员，其已故和在世的子孙，其交往的师友、学生，以及编刻吕氏著作或购买吕氏之书者，均受到查抄和搜捕，一场声势浩大的文字狱一步步兴起。

在雍正看来，吕留良作为一世大儒，其影响远大于曾静，吕提出的"夷狄"说、"华夷辨"，尤关系到清朝统治的根基，只有对吕留

---

① 《岳钟琪于雍正六年十月初二日奏折》，《大义觉迷录》后附。

良大张挞伐，才能"维持世教，彰明国法"。所以雍正在审理曾静案的同时，就以更大的精力，思考如何"料理"吕留良思想及其影响。他为此发布了数道口诛笔伐吕留良的上谕，首先剥掉吕氏"明朝遗民"的头衔，认为"吕留良身为本朝诸生十余年之久，乃始幡然易虑，忽号为明之遗民，千古惊逆反复之人，有如是之怪诞无耻可嗤，可鄙者乎！"而后又指出吕留良"著邪书，立逆说，丧心病狂，肆无忌惮"，"其所著诗文及《日记》等类，皆世人耳目所未经，意想所未到者，朕翻阅之余，不胜惶骇。盖其悖逆狂噬之词，凡为臣子者所不忍寓之于目，不忍出之于口，不忍述之于纸笔者也"。雍正尤其批驳了吕留良反清思想的核心——"夷夏之防"。同时，还给吕留良横加了一些莫须有的罪名，诸如说其与叛臣吴三桂相互勾结，又说他在《日记》里中伤康熙，"敢于圣祖仁皇帝任意指斥，凭虚撰造，公然骂祖"① 等。

但，即以雍正所列举的吕留良的"罪行"，却多未超出文字思想范围。曾静之上书谋反，虽受吕之思想影响，但并未受其直接指使，本应由曾静自己负责，说不上是共谋。吕留良确有反清思想和言论，但其在入清之后，却无直接的反清活动。明末清初，具有类似吕留良这种思想，且至死不与清廷合作的明遗民大有人在，诸如顾炎武、傅山、王夫之、黄宗羲、李因笃等都是。但这些人在生前和死后，都并未受到惩处，清廷反对之优礼有加。就是吕留良生前也同样受人尊崇，甚至雍正的宠臣浙江总督李卫还曾亲送匾额至吕府，理学名臣陆陇其也在吕留良病逝后，亲写祭文，称颂其学术成就及对自己的教诲和影响。但在其死后多年，却因曾静谋反案的牵连，被雍正大张挞伐，受到文字狱的残酷陷害。这完全是清朝统治者出于政治需要，对之进行的无辜迫害。至雍正八年十二月，刑部衙门奏议对吕留良的惩处意见，向雍正奏称，"吕留良身列本朝，追思旧国，诋毁朝章，造作恶言，妄行记撰，猖狂悖乱，罪恶滔天，悖犯已极，允宜按律定罪，显加诛灭"，并主张"吕留良应戮尸枭示，财产入官"，"伊子吕葆中逆迹彰著，亦应戮尸枭示，吕毅中，应斩立决，伊子孙并兄弟伯

---

① 《岳钟琪于雍正六年十月初二日奏折》，《大义觉迷录》后附。

叔、兄弟之子及女、妻妾姊妹，子之妻妾，应行文督抚查明，按律完结"。这种"戮尸枭示"并株连九族的苛毒惩处，对于"思想犯"说来，实在过于严苛，但却正符合雍正之心意，他即予批示："朕思吕留良之罪，从前谕旨甚明，在天理国法万无可宽。"但却又想盗用民意，说什么"天下至广，读书人之多，或者千万人中，尚有其人谓吕留良之罪，不至于极典者。朕慎重刑罚，诛奸锄叛，心合于人心之大公"。因此，他又假惺惺地指示，"著将廷臣所议，行文直省学政，遍行询问各学生监等，应否照议，将吕留良、吕葆中应锉尸枭示，伊子吕毅中斩决"，"著秉公据实，作速取具该生监等结状具奏。其有独抒己见者，令自行具呈该学政，一并具奏，不可阻挠隐匿"①。这貌似民主，实际上又是玩弄阴谋，一则是对士人示威，二则是想发现其他异己分子。此指示下达后，确实有少数不怕死的读书人持反对意见，地方官员都不敢上报，或予杖毙，或永远拘禁。雍正却于十年十二月又下谕旨："今据各省学臣奏称，所属读书生监，各具结状，或谓吕留良父子之罪，罄竹难书，律已大逆不道，实为至当，并无一人有异问者，普天率土之公论如此，则国法岂容宽贷。吕留良、吕葆中俱著戮尸枭示，吕毅中著改斩立决，其孙辈俱应即正典刑，朕以人数众多，心有不忍，著从宽免死，发遣宁古塔与披甲人为奴。"② 真是既要行专制独裁、蓄意杀人之实，又要盗用秉公执法、尊重公论之名。不仅如此，与此案有关的吕留良的学生严鸿逵也被戮尸枭示，沈在宽被凌迟处死，他们的嫡属也照律株连治罪。其他如吕的私淑门人黄补庵，刊刻吕著的车鼎丰、车鼎贲，及与吕"往来契厚"或"刊藏禁书"的孙克用、周敬舆等，也或斩立决，或斩监候，妻妾子女也给功臣家为奴。另被牵连的人，更是不计其数，或被革生员，杖一百，流三千里；或被革教谕、举人、监生、生员，杖一百，徒三年……一场惩处残酷、株连众多的文字狱至此落下帷幕，实在令人触目惊心。

在吕留良的遗骨被从坟墓中挖出戮尸枭示之前，为清除吕留良著述的影响，雍正还命大学士朱轼等编撰了《驳吕留良〈四书讲义〉》，对

---

① 雍正上谕，《大义觉迷录》卷4。
② 《清实录·世宗朝》卷126。

吕氏的《四书讲义》逐条批驳，予以刊刻，颁布学宫，"俾远近寡识之士子，不至溺于邪说"①。

对于吕留良的诗文存留问题，当时臣工曾奏请禁毁，但雍正认为"毁之未必能尽，即毁之绝无遗留，天下后世更何所据以辨其道学之真伪乎"，因此，谕令"吕留良诗文书籍不必销毁"。但到乾隆朝修《四库全书》时，因清政府曾多次下令禁毁违碍书籍，四库馆臣遵旨拟定了《查办违碍书籍条规》，其中明确规定吕留良"狂悖已极"，其著作"应逐细查明，概行毁弃"，"其散见他部者断不容稍有存留"，因此"除其自著之书，具应销毁外，若各书内有载入其议论，选及其诗词者"，亦须"将书内所引各条，签明抽毁，于原板内铲除"②。这显然是与雍正滥行文字狱，对之定的罪名有关。从此之后，直到清朝被推翻以前，吕留良的著述便长期不得公开流传。

三　文字狱对吕留良研究及清代思想文化发展的影响

雍正针对吕留良的反清思想而制造的这场文字狱，对吕留良的研究乃至对清代思想文化的发展，都带来了难以估量的消极影响。首先，就其对吕留良思想研究造成的负面影响而论，至少有如下几点：

第一，使吕留良思想研究长期成为禁区。在封建社会中皇帝"口含天宪"，具有至高无上的权威，而清朝的两代皇帝——雍正、乾隆都直接处理了吕留良其人、其书。特别是雍正对吕更是恨之入骨，将吕钦定为"名教中之大罪魁"，施之以"剖棺戮尸"之酷刑，还将其"罪行"通过《大义觉迷录》，向全国公布，令家喻户晓，又命御用文人对其著作，进行逐条批判，形成全国共诛之、共讨之的局面。到乾隆时，又下令将吕留良的著作及散见于各书的有关文字，全部禁毁。如此一来，吕留良在雍乾以后的清代就成为不能研究的禁区。即使是提到吕留良也不能对其肯定，而只能否定。否则，便会遭杀身之祸。这是有事实为证

---

① 雍正《上谕内阁》，雍正九年十二月十六日。
② 参见安平秋《中国禁书大观》，上海文艺出版社1992年版。

的。如吕案发生时，福建有个叫诸葛际盛的士人，为逢迎趋势而上书声讨吕留良。此时，在湖北通山县做幕僚的浙江会稽人唐孙镐则对诸葛际盛这种阿谀奉承、落井下石的行径不满，"独抒己见"，写了一篇《讨诸葛际盛檄文》，指出：唐虞之世，君臣交赞，所以治化臻于极盛。而今也不然，皇上曰"可"，臣亦曰"可"；皇上曰"否"，臣亦曰"否"。并说，对于吕留良的处理也是这样，皇上刚下谕旨，中外臣工便都"恐于批鳞之咎，甘作违心之谈，此曰'锉骨'，彼曰'焚书'，此曰'焚书'，彼曰'灭族'，举朝同声附和，而宸衷益增其怒矣"①。这里，已敏锐指出封建专制下随声附和、众口一词的弊端，是很有思想的独到之见，但是，这样一个秉性耿介、颇有见地的士人，却因"独抒己见"而被湖北县台杖毙于狱中。又有浙江天台县文人齐周华，当雍正九年下谕，让士子生员对如何处理吕留良表示意见，他也写了一篇《独抒己见奏稿》，认为吕留良早已死，不应将其剖棺戮尸，也不应将其子孙充军流放，并认为吕留良的《四书讲义》"阐扬圣道，既精且详"，不应禁毁。但天台县教谕却不敢上达。他又直接跑到刑部投递，却被押回浙江监禁，最后在乾隆时被凌迟处死。② 这些血淋淋的事实，谁人还敢再"独抒己见"，去研究吕留良？直到清朝灭亡之前，吕留良研究一直是无人问津的禁区。

第二，由于吕留良的著作被禁毁，与之有关的著述也被改头换面，为研究吕留良带来资料缺乏的困难。如我们目前看到的清末刊印的《吕晚村文集》序中就说："先生文集极难得"，"求之书贾，竟得一部不载刊刻岁月"，"先生之书厄于天人者三百年矣！"说明吕的著作直到清末还只能在民间秘密流传。不仅吕本人的著述不能流传，就是与吕氏有关的文献资料也因文字狱的原因，或被抽掉，或被篡改。如吕留良的好友吴之振著有《黄叶村庄诗集》，集中原载有与吕氏唱和的诗。雍正朝文字狱后，这些唱和诗全被抽掉，就是一些平常的诗，遇有吕晚村的名字也改用空方框标之。张履祥也是与吕留良交往密切的人，在其著作《张杨园全集》中，凡是有吕氏父子名字处，也都改用墨版。另如陆陇其是

---

① 唐孙镐檄文见齐周华《名山藏副本》下卷。
② 《清代文字狱档案》二。

受吕留良思想影响最深的一个,他有多篇文字记述吕对他的影响,但今本《三鱼堂集》中,却见不到这些有关的文字。倘若仅是文字狱后,一些书籍的新版本抽掉了有关文字,还可设法寻找原本对勘。更有甚者,为避免祸害,竟篡改史实将有些载有与吕氏相关的内容任意妄改,吕留良曾与吴之振、吴自牧叔侄合作选编《宋诗钞》,吕不仅参加了编选,还为入选的一百多位宋代诗人写了小传。吴之振在该书初刻本的《序》中说:"余与东庄、自牧所选……"然而,文字狱后流传的该书《序言》却被改为"余与家弟自牧所选"。这似为后人为避文字之祸,又不明二吴之间的关系,将"东庄"两字改为"家弟",使本为叔侄关系的二吴,变成兄弟,弄出笑话。由于吕留良为《宋诗钞》选收诗人写的《小传》,尚保留在《吕晚村文集》之《续集》中,使我们确知后来的不实之改,否则历史真相岂不被篡改而湮没?这些,无疑都使研究吕留良遇到资料奇缺、真伪难辨的困难。

第三,由于研究吕留良难以见到原始著作和有关材料,在这种情况下,有些研究者所写的关于吕留良的成果,也就难以深入,甚至得出与实际情况不符的结论。如梁启超在《中国近三百年学术史》中说:吕留良"因身罹大祸,著作什九被烧毁,我们无从见其真相"。因而,梁本人对吕留良的评论用的就是含糊不定之词,说吕"象不过是帖括家或古文家,不见得有很精深学问"。从其所用的"象"和"不见得"这些闪烁之词,以及由此把吕留良简单地评为"帖括家","没有很精深的学问"的武断结论看,梁启超似乎根本就没有读过吕留良的著作。另如钱宾四先生还曾指出徐世昌在编《清儒学案》时,也是"撽述张杨园、陆稼书两家著述有关晚村生平数事,殆似乎未见到晚村集"[①]。要研究其人思想,却不读其人著作,当然不可能做出有价值的研究成果。

第四,由于深入研究吕留良的有关成果较少,致使有些对吕留良的不实之词得以流传,甚至歪曲了事情的真相。如吕留良与黄宗羲的关系问题,二人本来交往甚契,是要好的朋友,但后来却逐渐疏远,甚至反目成仇。黄宗羲在著作中曾"有意贬低吕氏,不呼其名而称之为书贾",并讥刺吕为"时文批尾家"。对此,钱先生曾指出黄宗羲未

[①] 钱穆:《吕晚村学术》,台北《故宫图书季刊》第3卷第3期。

脱党人习气、文人习气及讲学习气。而黄宗羲的子弟与学生站在黄的立场上,对吕氏也多有不实之词。如私淑黄宗羲的全祖望在《小山堂祁氏遗书记》中,在讲到黄宗羲与吕留良的关系时,就抬黄贬吕。"吾闻淡生堂书之初出也,其启争端多矣。初南雷黄公讲学于石门,其时用海父子俱北面执经,已而以三千金求购淡生堂书,交易既毕,用海之使者中途窃南雷所取卫湜《礼记集说》、王称《东都事略》去。南雷大怒,绝其通门之籍,用海亦遂反而操戈,而妄自托于建安之徒,力攻新建。"全祖望这里把黄吕交恶的原因,全然归结为二人合购祁氏淡生堂之书,吕留良私自窃取了黄宗羲选好的书,使得黄大怒。这完全是全祖望因袭黄宗羲的说法,黄在《天一阁藏书记》中也说:"丙午(康熙五年)余与书贾(按:指吕留良)入山,翻阅三昼夜,余载十捆而出……途中又为书贾窃去卫湜《礼记集说》及《东都事略》。"其实,对同一件事,当时吕留良在所作《送黄宗羲东归诗》中就委婉地说:"太冲每见人好书,辄割取其欲者弃其余。"而且,同时代的人,如吴灵光酉在其所编《陆稼书先生年谱》中也曾记载:"陈祖法言,黄黎洲居乡甚不满于众口,尝为晚村买旧书于绍兴,多以善本自与,品可知也。"而陆陇其在《三鱼堂日记》卷十中,也有类似记载。可见吕、黄因购书而产生矛盾,究竟谁是谁非,说法并不一致,全祖望何以据黄宗羲一家之言,将是非说得如此确凿呢?!

至于所谓吕留良曾向黄宗羲执弟子礼,黄为此事取消吕的学生资格,更是无中生有,吕黄向以朋友相待,吕也从未对黄称师。再者,吕留良之尊朱辟王是其一贯的思想,这是人所共知的事实,绝非是由于与黄宗羲的关系发生变化后,为与黄宗羲斗气,才转而尊朱辟王。全祖望的看法之所以如此不客观,一则因其私淑黄宗羲,难脱门户之见;再者,他这篇文字写在吕留良犯文字狱之后,也难免有因避文祸而有意贬吕之嫌。但全祖望这些说法却被后人引以为据,如邓之诚先生在其所编《清诗记事初编》中就说:"初留良从黄宗羲游,后乃差池,坚为友而非师"[①],此说显然本之于全祖望。

以上几点,足以说明文字狱对吕留良研究造成了多么严重的消极影

---

① 钱仲联:《〈清诗纪事〉明遗民卷》,第 828 页。

响。不仅如此,自康熙以来,雍正、乾隆两朝,文字狱愈演愈烈,也大大制约和影响了整个清代思想文化的发展。由于文字狱是以文字之故,陷人以罪,竟至杀身灭族,而拨弄笔杆,与文字打交道的,当然多是读书人。所以,文字狱所杀害的对象自然也大多都是读书人。残忍酷毒的文字狱,不能不使读书的士人望而生畏。龚自珍曾生动地描绘过"一人为刚,万夫为柔"的封建专制主义,如何"震荡摧锄天下之廉耻"。而为专制独裁服务的文字狱,恰恰摧毁了广大士人的"能忧心,能愤心,能思虑心,能作为心,能有廉耻心,而无渣滓心",士子们在文字狱的威胁下,终日如临深渊,如履薄冰,常常是"见猫以为虎,见鳝以为蛇"。"避席畏闻文字狱,著书都为稻粱谋。"这就是文字狱淫威之下士人心态的写照。他们读书撰文,不敢独立思考,不想触及现实。这自然会影响到学风,乾嘉时期,长于名物训诂的考据之学之所以获得长足发展,多数士人都将精力转致于经史考证,以至于使以音韵、训诂、版本、目录为主要研究对象的汉学"灿烂如日中天",出现"家家许、郑、人人贾、马"的盛况,原因固然是多方面的,但酷烈的文字狱迫使士人为自身安全计,不得不将精力消磨在与现实较远的故纸堆中,恐怕也是重要原因之一。

与学风相联系,文字狱也使得士风卑下,乾隆二十年曾发生过一起胡中藻《坚磨生诗钞》的文字狱大案。当时的协办大学士梁诗正,曾为此感叹说:"总之笔墨招非,人心难测,凡在仕途者遇有一切字迹必须时刻留心,免贻后患。"他自己就深恐文字惹祸,"我在内廷时惟与刘统勋二人从不以文字与人交往,即偶有无用稿纸亦必焚毁"。可见,他已被文字狱彻底吓怕了。这种心态使得多数士大夫都以明哲保身为要,正如道光时的三朝元老曹振镛谈自己的为官之道时所说:"无他,但多磕头少说话耳。"

在这样的学风、士风之下,社会还能有什么生气,焉能不败坏。以致到了鸦片战争前夕,整个中国社会呈现出"万马齐喑"的局面,统治腐朽,吏治败坏,经济衰退,民不聊生,内忧外患,纷至沓来,使中国一步步滑向半殖民地、半封建社会的深渊。

中国的封建专制主义思想根深蒂固,影响深远。当代中国,在十年浩劫的"文化大革命"时期,包括文字狱在内的许多封建专制主义的沉渣，不是又曾重新泛起吗?！历史与现实的沉痛教训，令人沉思。肃清封建专制主义的思想流毒，推进民主法制建设，仍然是一个值得深入研究的重大课题。

（原载台湾淡江大学《淡江史学》第 11 期，2000 年 6 月）

关于历史上的刘墉

随着电视连续剧《宰相刘罗锅》的播出，近日京城内外，街谈巷议，许多人的话题都是刘罗锅——刘墉。

作为文学艺术作品的电视剧，理应遵循艺术规律，运用艺术手段，进行艺术加工，允许虚构、夸张，甚至移花接木，而不拘泥于史实。正因为如此，片头上才醒目标明"民间故事"，"不是历史"。这就更加引起求知欲强烈的观众提出疑问：历史上有无刘墉其人？电视剧中的刘墉与历史上的刘墉有何不同？笔者作为一名清史研究工作者，不揣浅陋，拟简要谈谈历史上的刘墉。

一 仕宦之家 父子宰相

历史上确有刘墉其人。在清代史籍诸如《清史稿》《清史列传》《国朝先正事略》及当代人编写的《清代名人传略》中，都有刘墉的传记。一些清代的笔记丛刊中更有大量刘墉逸事的记载。从这些历史材料中可知，不仅刘墉本人是清代乾隆、嘉庆时期著名的官吏，而且其祖父、父亲、侄子等，也都曾是清代的官吏和重臣。

刘墉生于康熙五十九年（1720），卒于嘉庆九年（1805），字崇如，号穆庵，又号石庵，山东诸城人。其祖父刘棨（1656—1717），乃康熙二十四年进士，曾由知县累迁至四川按察使，颇有声望，是当时著名的廉吏之一。其父刘统勋（1700—1773），为雍正二年进士，于乾隆朝官内阁学士、陕甘总督，还先后任吏部、礼部、兵部尚书，直至东阁大学士，是深受乾隆皇帝信任的重臣，屡委军国重任，曾几次奉派审理官员的贪黩案件，都能秉公处理，所拟判决也多为皇帝所核准，甚至有几名满族显贵经他审理被定为死罪。他敢于上疏直言，年轻时曾疏奏弹首席大学士张廷玉及亲王讷亲，以刚正清廉著称。他逝世后，乾隆曾亲临其丧，见其家室甚为俭素，即为动容，痛感失去"股肱之臣"，并深情表示："如统勋乃不愧真宰相。"因此赠太傅，谥文正，祀贤良祠。[①]

刘墉本人，受家教影响，早登仕途，乾隆十六年中进士，先后授编修、侍讲，又历任安徽、江苏学政及太原、江宁知府等，再累迁户部、吏部侍郎，工部尚书，湖南巡抚，直隶总督，吏部尚书，内阁学士，并曾充任各种大型典籍的总纂、总裁官，提领文渊阁事。嘉庆时，授体仁阁大学士，加太子少保，于嘉庆九年以85岁高龄无疾而终，"是日犹开筵款客，至晚端坐而逝"，被赠太子太保，谥文清，与其父刘统勋在清代有"父子宰相"之美誉。[②]

刘墉的侄子刘镮之，也于乾隆四十四年中进士，累官至户部、吏部尚书，加太子少保，死后谥文恭，也算是重要朝臣。其侄孙刘喜海，曾官浙江布政使，又是清代著名的金石学家。

今存于北京国子监首都博物馆中的"清代进士题名碑"，其中刘家一门祖孙四代，刘棨、刘统勋、刘墉、刘镮之，皆列名于碑上。说其是书香门第，世代仕宦之家，确不虚传。

二　清廉持躬　名播海内

电视剧《宰相刘罗锅》为了将刘墉的形象塑造得完美，突出表现他的清正廉洁、罚恶惩贪、蔑视权贵，又聪明机智、诙谐幽默、不拘小节，既做官又不像官，还把清代许多廉吏的美德和一些文人名士的故事集中到了刘墉身上，这对于历史上的刘墉来说，当然是一种美化和拔高。譬如剧中描绘刘墉在编修《四库全书》时，戏称乾隆"老头子"的故事，本来是纪晓岚（纪昀）的趣闻。再如剧中描绘刘墉曾冒生命危险，犯颜直谏反对清廷滥行文字狱。其实，历史上的刘墉还是文字狱的推波助澜者，乾隆时期一桩有名的文字狱——徐述夔《一柱楼诗》

---

① 见《清史稿》卷302及《清代名人传略》卷中。
② 见《清史列传》卷26。

案，曾滥杀株连了许多无辜，而这桩大案，就是由于刘墉在任江苏学政时举劾而酿成的。这说明刘墉作为清朝要员，他并未摆脱封建社会中一般封建官僚的阶级属性和历史的局限。

不过，根据有关史实记载，就总体而言，刘墉仍不失为清代官场中的一位清官廉吏。与刘墉同时而稍晚的礼亲王昭梿，在其著名笔记丛刊《啸亭杂录》中曾记载刘墉，"颇以清介持躬，名播海内，妇人女子无不服其品谊，至以包孝肃（包拯）比之"。昭梿不仅与刘墉同时，而且互有接触，昭梿曾自述"余初登朝，犹及见其丰度"，因而昭梿的记述是可信的。这说明刘墉在世之时，就已是妇孺皆知"名播海内"的清官了。《宰相刘罗锅》还贯穿始终地描绘了与刘墉处于对立面的权奸宰相和珅。就历史史实而言，和珅比刘墉小整整三十岁，但他升迁极快，乾隆晚期，其二人确同时在朝居宰相之职。且和珅的声势更为显赫，也更为乾隆所宠信。目前，尚未发现有刘墉直接弹劾和珅的史料，但二者的立身行事截然相反，确形成有形无形的对立。如昭梿所述，"乾隆末，和相当权，最尚奢华。凡翰苑部曹名辈，无不美丽自喜，衣裾袍褶"，而刘墉却"敝衣恶服，徜徉班联中"，还安然自得地说："吾自视衣冠体貌，无一相宜者，乃能备位政府，不致陨越者何也？寄语郎署诸公亦可以醒豁矣"[①]。这表明刘墉有意识地以自己的身体力行，提醒同僚力戒奢靡浮华之风，与和珅形成了鲜明对照。另外，在《清史稿》《清史列传》中都记载了乾隆四十七年（1782）、御史钱沣曾弹劾山东巡抚国泰等人的贪污营私事件。乾隆遂命和珅、刘墉、钱沣等同赴山东查办此案。由于国泰是和珅的亲信死党，和珅在办案中总是暗地庇护国泰，竭力为之开脱罪责，而刘墉与钱沣则不畏和珅权势，秉公执法，尽力查明案情真相，终于据实将国泰等人绳之以法，予以处决，使和珅也有口难言。这实际上是公开与和珅对立，只是心照不宣。此外，刘墉在任湖南巡抚时，还曾参奏新化县令的不法之行，并在该地盘查仓库，勘修城垣，革除陋习，抚恤灾民，而颇有政声。这些也都是清官廉吏的作为，而与和珅一类的贪官黩吏明显不同。

要了解刘墉与和珅的对立及其意义，还应将之置于当时大的历史背

---

① 昭梿：《啸亭续录》卷2。

景下考察。刘墉历仕于乾隆一朝并延续到嘉庆初年。这时,正值清王朝由盛转衰之际,乾隆皇帝继康熙、雍正两朝之后,又将清朝的政治、经济、文化都推向了鼎盛阶段,不愧是封建社会中雄才大略的君主,而以其文治武功彪炳于史册。但作为封建帝王的乾隆,他自诩为"十全老人",又有好大喜功、淫逸放荡、挥霍奢靡的一面。他嗜山水成性,游园林成癖,或东巡、南游,或兴办各种寿典与庆典,动辄大讲排场,挥霍靡费大量国库积累,又于出游或兴办寿典之际,纵容各级官吏,巴结逢迎,敬献大量金银财宝与各种稀世珍品,一时间上行下效,从中央到地方,都贿赂公行,贪污成风,吏治大大败坏,社会矛盾日益尖锐,使清朝的统治也迅速从鼎盛转向衰败。和珅这个大奸大贪就是在这样的环境土壤中滋生的。和珅此人"面貌俊秀,性情温顺,举止从容,且口齿极其伶俐",又极善阿谀奉承之能事,他与乾隆有说不清的特殊关系,深得乾隆的恩宠,因此连连擢升,飞黄腾达,迅速居于"一人之下,万人之上"的权势顶峰。他又心怀鬼胎,凭借权势,欺下瞒上,结党营私,把持朝政,聚敛财钱,中饱私囊,以致成为中国历史上富可敌国的巨贪。处于此时的刘墉,又与和珅同时在朝,和珅的作为,他当然看在眼里、记在心上。加之,他阅历丰富,一门几代清官,又深悉官场弊端,也曾不断上奏指出吏治腐败之情况,还多次奉命查办各地贪污案件,个人的操守又较为清廉,正好与和珅形成一清一贪的不同典型。大大小小的"和珅们",给平民百姓造成的苦难可想而知。因而,苦难的百姓,憎恨和珅一类的贪官,渴望有包青天一类的清官再现。这种情况下,刘墉自然受到正直官吏、文人和广大百姓的喜爱,有关他的生平经历不仅载入正史,也更多地见于野史笔乘。许多有关刘墉的故事,如"乾隆考刘墉""刘墉斗和珅"等,长期传诵于民间茶楼酒肆,至今不衰。评书《刘公案》就是记述刘墉的民间文学,这正是百姓心里愿望的反映。

值得注意的是,有关刘墉的许多民间传说,虽有虚构的一面,也并非都是空穴来风。譬如民间昵称刘墉为"刘罗锅子",那么,他到底是不是腰弯背驼的罗锅呢?细心的读者从本文所引刘墉自述的"吾自视衣冠体貌,无一相宜者"来看,便会联想到,其体态显有异常,再联想有些记载说他"鸡胸、背微驼",似乎刘墉确有些驼背。因此,有些传说提到，他在考进士时，以其才学品德，考官原拟提名其为一甲状元。乾隆闻悉，要亲自面试，但一见其罗锅体态，便心生不悦之感，就想难为他一下而除名，因此命其以自身形象题诗一首。聪明的刘墉看出皇帝的心意，便随口机智吟出："背驼负乾坤，腹内满经伦；一眼辨忠奸，单腿跃龙门。丹心扶社稷，涂脑报皇恩。以貌取人者，岂是圣贤人。"这使得乾隆无言以对，不得不点其为二甲一名。

也有史料说刘墉"滑稽自容"，这正说明刘墉具有诙谐幽默的秉性。

上述所列有关史实，说明刘墉不愧是个名播海内的"清官"。《宰相刘罗锅》虽不是历史，但毕竟吸收了大量历史素材，也在一定程度上反映出历史上刘墉的某些真实的一面。

三　书法名家　墨宝犹存

刘墉不仅作为"清官"，以政声闻名于世，而且还是一个著名的书法家，并有诗文集留世。

他的书法，在清代曾备受推崇，与翁（方纲）、成（亲王）、铁（保）齐名，并列为乾隆时期四大书法家。其死后，有大量墨迹存留于世，其中一部分曾由其侄子刘镮之以《爱清堂石刻》之名刻印刊行。

最近，首都博物馆又将馆藏刘墉的多件留世墨宝展出，使人目睹之后，情不自禁地赞叹：刘墉确实是名不虚传的书法名家。如展品中有刘墉以行书书写的诗对"花木一庭得骨气，图书万卷惟直观"，便充分显示了刘墉深厚雄劲、气势磅礴的书法风貌。又如他用卷条形式以草书书写的苏轼的三首诗，更是风姿翩跹，潇洒自如，与苏轼大有灵犀神合之况，因此被近代著名书法家张伯英、张海若等视为"神品"。近代著名书法家、书论家包世臣也评价刘墉的书法为"妙品"。

刘墉除以书法著称外，又有《刘文清公遗集》十七卷，于道光六年刊刻行世。笔者粗略翻阅过此集，看到其中大量是与乾隆及一些达官显贵的"恭贺""恭和"之类的应酬之作，无太大社会意义。但也有些诗作，如《行路难》《读东坡和陶诗》《拟陶渊明径曲》等，也反映出作者感叹行事艰难，厌倦官场生涯，想过那种"采菊东篱下，悠然见南山"的田园生活的心境。还有些诗，如《田家留客》《田家行》等，则反映出作者对农家生活的了解、关注和同情,有一定的人民性。不过,总体说来,刘墉毕竟不是一个有卓越成就的学者和诗人,其诗文集中真正具有学术文化价值的诗文并不多见。或许有些有史料价值,那就另当别论了。

从对刘墉身世经历、品德操守及其书法专长的介绍中,读者当可大致了解历史上刘墉的基本风貌,限于作者水平及仓促命笔,有疏漏不妥之处,祈请方家和读者不吝赐教。

(原载《炎黄春秋》1996年第4期)

推动清史研究　普及清史知识

——《清史研究丛书》与《清史知识丛书》评介

为推动清史研究的深入开展和传播清史知识，中国人民大学清史研究所组织编写的《清史研究丛书》与《清史知识丛书》，由中国人民大学出版社出版。现将这两套丛书的编辑宗旨、组稿设想和出版计划向学术界的朋友们和广大读者做些介绍。

一　编辑宗旨

《清史研究丛书》与《清史知识丛书》，顾名思义，均以清代历史领域的问题和题材为研究写作范围，并各具不同特点，《研究丛书》乃研究性的学术专著，《知识丛书》则是普及性的读物。其宗旨或为了推动清史研究的深入，立意于提高；或为了普及清代历史知识，着眼于普及。二者相互联系，提高与普及相结合，雅俗共赏。

清史是十分辽阔的研究领域，它上起16世纪末满族的崛起，下至20世纪初辛亥革命推翻封建帝制。从清朝建国至灭亡，前后近三百年，时间跨度大，内容丰富，问题繁多，而且离今天的时间较近，与现实社会的关联十分密切。清朝近三百年的历史，在整个中国史上可谓是承前启后，继往开来的转折时期，研究清代历史有其重大的学术价值和现实意义。因此，清史研究成为近年来国内外史学界研究的热点。即以国内而论，清史研究机构相继设立，研究队伍日益扩大，著作和论文的数量、质量都有明显的增长和提高。多卷本的《清史》和《清代人物传稿》的编辑撰写已列入国家社会科学"六五"规划的重点。尽管如此，与其他断代史的研究状况相比较而言，由于清史研究起步较晚，研究基础仍相对薄弱，尚有许多空白、薄弱部分，需要填补和加强。再者，正由于清代离今天的时代较近，保存至今的历史资料也远比其他断代史的资料更为丰富，诸如档案、官书、文集、方志、野史、笔记、传记、谱牒、契据、报刊等，还有大量满、蒙、藏、维吾尔等少数民族的文字记载以及各种外文资料，多尚未开掘利用，爬梳整理。分析研究如此繁多而杂乱的历史资料，非短期即能奏效，仅以中国第一历史档案馆所存档案而言，就多达九百六十万件，而该馆出版的《清代档案史料丛编》，每年刊出的档案仅有五六百件，照此速度，如欲刊出全部清代馆藏档案，就需一万八千年之久。当然，今后整理出版档案的园地和手段，无疑会更加增多，出版印刷档案的速度，也会大大加快。但整理公布档案还只是提供史料。倘若做更高、更深层次的研究，就需要对有清一代的政治、经济、军事、民族、外交、思想、文化等方面，都能观其大局、提其纲领、揭其规律、总结出经验和教训，这就更非短期之功。

从清史的历史地位、研究的意义、资料的丰富、领域的广阔及现有研究状况等方面看，清史研究有待于深入和加强，需要历史学家特别是清史研究工作者，有组织、有计划地分工合作，锲而不舍，潜心钻研，把清史研究推向新的高度、新的水平。老一辈无产阶级革命家周恩来、董必武等，早在三十年前，就曾倡议组织力量，成立机构，继承我国历史上"易代修史"的传统，尽快编出以马克思主义、毛泽东思想为指导的大型《清史》。但是，根据学术研究的客观发展规律，一部大型综合史书的编写，总是要经历长期的研究积累，必须建立在有关的专史、专题研究的基础上。否则，匆忙编出的大部头的史书，势必因缺乏坚实基础而难以保证有很高的学术质量。正有鉴于此，清史研究所在与兄弟单位合作编写《清史》《清代人物传稿》的同时，又发起组织编写《清史研究丛书》与《清史知识丛书》。

如前所述，《清史研究丛书》将就清代政治、经济、军事、文化、民族、外交、思想等方面的课题，约请研究有素的专业史学工作者，撰写有较高质量的学术论著，有组织、有计划地陆续出版。若干年后，随着一批有影响的清史研究论著问世，在条件相对成熟的时机，在吸收国内外清史研究成果的基础上，再组织力量，分工合作，编写大部头的《清史》巨著。

《清史知识丛书》，其宗旨是普及清代历史知识。提高与普及总是相辅相成的。提高要建立在普及的基础上，而没有提高也很难做好普及。由于读者广泛，知识水准、文化素养不同层面的读者，必然有不同的阅读兴趣。目前史学著作的读者面越来越狭窄，大多仅限于专业史学工作者的范围，甚至专业史学工作者对自己研究领域之外的史学论著，也不屑问津，至于一般业余读者，对史学论著更是读之无味。不容讳言，这种状况的造成，与现有史学论著内容偏颇艰深、形式枯燥滞板有一定联系。对此，专业史学工作者应深自反思，如何使自己的专业研究走出书斋，赋有强烈的时代气息。如何使自己的研究成果，吸引更多的读者，发挥更大的社会效益。我们也看到，近年来文艺界以清朝历史为题材的小说、戏剧、电影、电视剧陆续出版和上演，吸引了众多的读者和观众，同时，这些清史题材的文艺作品，也给读者和观众留下许多历史方面的疑问，作为专业的清史研究工作者，责无旁贷地应给予解释和回答。为此，清史研究所在组织编写《清史研究丛书》的同时，又组织力量编写《清史知识丛书》。

《清史知识丛书》既不同于专门的史学论著，亦有别于文艺作品和历史演义，而是具有科学性、知识性、可读性的特色。在内容上要依据史实，不得随意杜撰，但在表述形式上又要求新鲜活泼，富有情趣，以期通过这套丛书，增进读者对清史的了解，提高文化素养，陶冶思想情操，使清史研究更好地为建设社会主义精神文明服务。

二　组稿设想

要实现这两套丛书的编辑宗旨，起到推动清史研究，普及清史知识的作用，关键是要有一个既有水平又认真负责的编委会，拟定选题，组稿审稿，保证丛书的质量。为此，这两套丛书都成立了编委会。

《清史研究丛书》由著名历史学家、中国历史学会会长、清史研究所名誉所长戴逸教授任主编。编委会成员也都是在清史各研究领域有较深造诣的专家，他们是马汝珩教授、王思治教授、王汝丰教授、王俊义副教授、李文海教授、匡继先编审、罗明教授、郑昌淦教授，并由陈桦讲师任编委会秘书，协助主编和编委会做好日常组织联络工作。编委会经过认真研究，确定了丛书的宗旨，制定了丛书的体例，已分工负责组稿、审稿。

《清史研究丛书》将贯彻百家争鸣、百花齐放的方针，吸收有关清代政治、经济、军事、文化、民族、外交等方面有深入研究、有独到见解的专门论著。对于老中青专家提供的稿件，均以学术质量为选择标准，既欢迎老专家支持赐稿，又寄厚望于中青年学者。对于不同学派、不同观点的论著，只要持之有故，言之成理，成一家之言，均一视同仁，尤希望有创新观点的书稿。对填补清史研究空白、加强清史研究薄弱环节的书稿，尤其欢迎。根据丛书的宗旨和体例，凡有关清史研究方面的资料汇编、论文汇集、工具书、译著等均不予收录。《丛书》以反映中国人民大学清史所、历史系及校内各单位教学研究人员的学术成果为基础，并向一切研究工作者提供发表成果的园地。

《清史研究丛书》已得到各方面的大力支持，目前已出版或发稿、或确定选题的稿件，有《清前期天地会研究》（秦宝琦）、《戊戌思潮纵横论》（吴廷嘉）、《明清农村商品经济》（郑昌淦）、《四库全书纂修研究》（黄爱平）、《清代八卦教》（马西沙）、《清代宗族与基层社会》（张研），以及《康熙大帝》上下卷（王思治、李鸿彬）、《乾隆研究》（戴逸）、《改革家康有为》（林克光）、《光绪传》（孔祥吉）、《末代皇后那拉氏》（王道成），还有《晚清灾荒丛谈》（李文海）、《晚清民众乡土意识》（程歗）、《晚清文化史》（房德邻）、《乾嘉学派与传统文化》（王俊义、黄爱平）、《清代边疆开发》（马汝珩）、《中央集权制与清代封建专制》（罗明等）、《清代官僚政治研究》（王思治等）。以上诸选题，最迟也将于1992年交稿，均已列入出版计划。

《清史知识丛书》由清史研究所所长罗明教授任主编，并由王俊义副教授、匡继先编审任副主编。编委会成员多是一些学有成就的中青年学者，他们是孔祥吉副教授、刘仰东编辑、张研讲师、黄爱平副教授、郭成康副教授。编委会就《丛书》的宗旨、特点、体例、选题、组稿等问题，做过多次认真研究。

《清史知识丛书》基于普及清代历史知识的宗旨，突出科学性、知识性、可读性兼备的特点。选题将就有清一代的重要人物、重大事件、典章制度、边疆民族、社会风俗、学术流派、书画名著、宫廷掌故等各个方面，一人一题，或一事一题，写出短小精练、新鲜活泼、富有情趣的小册子，使读者在业余时间，利用一两个晚上即可览读无遗。

《清史知识丛书》已确定了近五十个选题，目前有五六个选题已完稿付印，诸如《顺治帝与董鄂妃》（张晓虎）、《叛臣吴三桂》（刘凤云）、《清代四大活佛》（张羽新）、《乾隆下江南》（高翔）、《通玄教师汤若望》（达素宾、张晓虎）、《大清福建海军的覆灭》（杨东梁）。列入第一批选题的还有《清代社会习俗》（凌力）、《雍正继位之谜》（冯尔康）、《乾隆惩贪》（梁希哲）、《清代官场图记》（李乔）、《紫禁城里的西洋人》（张小青）、《清代科场趣闻》（郭成康）、《清初四大名妓》（石力）等。

三　出版计划

《清史研究丛书》与《清史知识丛书》的编辑宗旨与选题设想是否得当可行，最终将以出版的成果，接受专家和读者的检验。而当前学术著作特别是史学论著出版难是尽人皆知的。令人殊感欣喜的是这两套丛书都得到中国人民大学出版社的大力支持。他们为繁荣学术研究，促进清史研究事业的发展，以远见卓识的气魄，不惜经济上的严重亏损，接受并保证这两套丛书将有计划地持续出版。

中国人民大学出版社计划今后每年推出《清史研究丛书》二三种，出版《清史知识丛书》三五册，长期持续出版。丛书的装帧设计也十分考究和具有特色，这不能不说是清史学界的福音。

1988年已推出的《清史研究丛书》有《清前期天地会研究》《戊戌思潮纵横论》。1989年将陆续出版的有《四库全书纂修研究》《明清农村商品经济》《清代八卦教》《清代宗族与基层社会》。《清史知识丛书》也将于1989年出版《顺治帝与董鄂妃》等五六种。

从已出版和将出版的《清史研究丛书》与《清史知识丛书》的书稿看，大都具有较高的学术质量和鲜明的特色。如秦宝琦著《清前期天地会研究》，较为系统地论述了清前期天地会的历史，对于近百年来国内外学者对天地会起源、分支、流派等问题的研究成果也进行了分析、评论，并依据清代官书与档案史料，对天地会的源流性质等问题进行了新的探索，还叙述了天地会的阶级结构、组织发展、地区分布、政治思想、伦理道德及社会功能等方面的问题，反映出作者对此专题的研究有较深的功力。再如黄爱平的《四库全书纂修研究》，运用了大量丰富的史料，特别是未刊历史档案，将《四库全书》的编纂，置于清前期广阔的社会历史与学术思潮演变的背景下，对《四库全书》的编纂过程及其作用影响，进行了全面详尽的分析研究，对有关问题也作了深入的探讨，立论有据，分析中肯，求实求新，多有创见，是迄今为止海内外有关《四库全书》纂修方面最为全面、系统的一部力作。它如吴廷嘉的《戊戌思潮纵横论》、郑昌淦的《明清农村商品经济》、马西沙的《清代八卦教》，以及张研的《清代宗族及基层社会》等论著，也多是作者多年研究的结晶，在运用史料、研究方法、论证角度等方面，均有独到见解和特色。至于即将问世的《清史知识丛书》，如《顺治帝与董鄂妃》《清代四大活佛》《乾隆下江南》等，更是以富有情趣的内容和清新活泼的文风，有着与一般历史读物迥然有别的鲜明特色，必将在读者中引起反响。

戴逸教授在《清史研究丛书》的"序言"中说："我期待着，在若干年以后，这片园地将是姹紫嫣红、百花齐放，成为绚丽多彩的大花圃。"可以预期，待三五年后，两套丛书的一系列选题陆续完稿出版，将一部部的研究丛书与知识丛书摆置案头书架，当蔚为大观，这无疑会有助于清史研究的普及与提高。

（原载《古籍整理出版情况简报》1989年8月20日）

突破薄弱环节　推动清史研究

——关于乾嘉道时期的清史研究

即将在长春和吉林举行的"中国1990年清史国际学术讨论会",确定以乾、嘉、道时期的中国,作为会议讨论的中心议题。选择这一中心议题,足见会议筹备者对清史研究的历史与现状高瞻远瞩,运筹帷幄。届时,海内外的清史专家学者将济济一堂,通过对该时期内政外交、政治、经济、文化及重要人物的讨论和评价,突破清史研究的薄弱环节,有力地推动清史研究。

清代作为中国历史上最后的一个封建王朝,各方面都有显著的特色,内容丰富,研究领域广阔。加之,这段历史距我们今天较近,与现实息息相关,因而,研究清史有重要的学术价值与现实意义。唯其如此,近年来清史研究引起海内外更多学者的关注,清史研究机构相继成立,研究队伍日益壮大,研究成果突飞猛进。但相对于其他断代史而言,由于清史研究起步较晚,整个清史研究领域,研究的深度和广度,都有待开拓和加深。至今,还有一些薄弱的环节,亟须充实和加强研究。毋庸讳言,乾、嘉、道时期的中国社会,正可谓清史研究领域的薄弱部分。关于这种情况,著名清史专家王锺翰先生早在1983年就撰文指出:"讲、写清史的人一般总断限于一八四〇年鸦片战争以前的古代史范围之内,从明末万历年间满族的兴起讲或写到清中叶道光年间鸦片战争以前为止。不但把鸦片战争以后的道、咸、同、光诸朝近七十年的历史划入近代史范围之内可以不讲不写了,就是本来属于古代范围内的乾、嘉二朝近九十年的史实也很少提及,就是提及也语焉不详。"[①] 王

---

① 王锺翰:《清史研究的几个问题》,《清史研究通讯》1983年第1期。

先生的说法，确实反映了较长时期内清史教学与研究的实际状况。最近几年，清史研究虽有突飞猛进，研究面貌有所改观，但仍未能从根本上改变长期遗留的状况。笔者粗略检阅了近几年发表出版的清史论著，更多的研究成果仍集中在入关前后和顺、康、雍时期，即以研究人物的成果而论，诸如努尔哈赤、皇太极、多尔衮、顺治、康熙、雍正等，都已有大部头的传记论著问世，有的人物甚或不止一部。然而，像乾隆这样在位六十年，文治武功赫赫不可一世，功过是非亟待评论的重要人物，至今国内学术界不仅没有一本有分量的大传，甚至从宏观角度综论乾隆一生功过的重要论文亦不多见，仅有些就某一方面论述乾隆的文章。至于深入分析、研究嘉庆、道光时期清代历史的论著更是稀疏。乾、嘉、道时期的历史研究状况是清史研究领域的薄弱环节，我想这是广大清史研究工作者的共识。

乾、嘉、道三朝的历史，长达一百十五年，几乎占清朝统治时期的二分之一。更何况这一时期的历史地位、历史内容，又有其独特的重要性，很难想象，在对乾、嘉、道三朝这一百多年的历史，以及这一时期许多至关重要的关键问题，尚缺乏系统深入研究之前，便能编写出科学的、高质量的清代通史。戴逸教授曾谈及他主编《简明清史》时的感受说：编写《简明清史》之前，他曾集中了好几年的时间精力，大量阅读历史资料和有关研究成果，而后着手进行编写工作。但在编写过程中，对于入关前满族的兴起，以及顺、康、雍时期的清代社会，编者编写时尚脉络分明，线索清晰。但对于乾、嘉时期的历史，可供参考借鉴的研究成果甚少，此一时期的许多重大问题若明若暗。因此，编写《简明清史》时，编者对此时期的一些问题只能暂时语焉不详，甚或付之阙如。这也说明，对乾、嘉、道时期的研究，确实是将清史研究引向深入的关键，也是清史学科本身建设的需要。

前事不忘，后事之师。我们研究历史的根本目的，还在于把历史和理论及现状联系起来，寻找历史规律，总结历史的经验和教训，以指导现实的革命和建设。而乾、嘉、道这段历史时期，无论是世界还是中国都处于历史的转折时期。此时发生了许多历史事件，清朝政府面临许多重大问题，诸如经济发展与人口剧增，国家的统一与边疆民族，以及对外关系的处理等。清朝统治者对解决这些问题作出的决策，或正确，或失误，都关系到此后中国历史发展的进程，影响到中国在世界上的地位和处境，甚至其影响直至今天。即以乾隆时期清政府对西方世界采取的政策而论。18世纪的西方世界，正是资本主义飞速发展的时期，这时英国已完成了工业革命，法国发生了震惊世界的资产阶级革命，美国取得独立战争的胜利，继之也进行了工业革命。总之，西欧和北美一些主要资本主义国家的经济都以空前未有的速度在腾飞。同时，在思想文化领域，经过资产阶级启蒙运动，西方也出现了一批文化思想巨人，如亚当·斯密、孟德斯鸠、伏尔泰、卢梭、狄德罗、康德等。所有这些都为资本主义，发展开辟了道路。而当时的中国虽处于"康乾盛世"的顶峰，就中国封建社会而言，可谓达到极致，但如移到全世界的坐标系上，它却落后了一个时代。如果清朝统治者对世界的形势有清醒的认识和了解，以积极的态度和正确的决策，适应世界资本主义发展的形势，主动采取开放政策，扩大与世界其他国家在政治、经济上的交往，中国就能跟上世界发展的潮流，而不会使差距越来越大。遗憾的是，乾隆这位杰出的封建君主，虽然在发展和巩固民族国家统一等诸多方面，都有不可磨灭的历史功绩，但对世界形势的发展却孤陋寡闻，并鄙视西方先进的科学技术，盲目自大，一味以"天朝上国""物资丰盈"自居，没有必要与"外夷""互通有无"而自负，面对世界资本主义可能对中国发动的侵略，不是积极防御，而是采取了更加严厉的闭关锁国政策，哪怕是资本主义国家正常的政治交往和外贸要求也一律拒绝，甚至拒绝中国臣民与"外夷"接触。这种处理对外关系的指导思想，终于使中国与当时奔腾前进的世界历史潮流完全隔离。到了嘉庆、道光时期，面对资本主义的武装入侵，中国猝不及防，更加处于落后挨打的局面。落后难免挨打，挨打更加落后。这种沉痛的历史教训，难道不应从乾、嘉、道时期的历史研究中，找出有益的借鉴和得出正确的结论吗！如果深入研究乾、嘉、道时期的历史，可以总结的历史经验和教训，还有许多……

肯定乾、嘉、道时期的历史是清史研究的薄弱环节，清史学界将众志成城，通过这次学术会议集思广益的讨论，以及会后更加深入艰苦的研究，一定会把清史研究推向新的阶段，提高到新的水平。

（原载《吉林师院学报》1990年第2期）

鸦片战争时期的伟大民族英雄林则徐

林则徐（1785—1850），是中国近代史上最早抵抗外国侵略者的伟大民族英雄。1985年8月30日是他诞辰二百周年，福建、广东、北京等地，都举行了纪念会与学术讨论会，以缅怀他的光辉业绩，继承和发扬中华民族反抗外国侵略的爱国主义传统。

发生在1840年的鸦片战争是中国近代史的开端。从此，中国开始沦为半殖民地半封建社会，中华民族与外来侵略者的矛盾，成为社会的主要矛盾。林则徐在鸦片战争中，"置一身荣辱祸福，早不敢计。只求无伤国体，可做后来，微躯顶踵捐糜，亦所不惜"，以大无畏的献身精神，为维护国家独立、民族利益，同英国侵略者进行了坚决的斗争，揭开了近代中国人民反对帝国主义侵略的序幕。

早在鸦片战争之前，英国殖民主义者对中国的鸦片输入，已造成严重的社会危机与民族危机。禁烟与否，关系到中华民族的生死存亡。林则徐始终坚定地站在严禁派立场，并以其坚决禁烟的主张与实践，成为禁烟派的领袖人物。

林则徐奉命查办海口事件抵达广州后，在民族斗争的最前线，更加雷厉风行地实行禁烟，如迅即传讯十三行洋商，严令英国鸦片烟贩交出全部鸦片，严正宣告："若鸦片一日未绝，本大臣一日不回，誓与此事相始终。"阴险奸诈的英国商务监督抗拒抵赖，林则徐当即采取撤买办、圈商馆等严正措施，挫败了侵略者的阴险伎俩，收缴了英美烟商的鸦片230多万斤，置于虎门海滩，全部、彻底、干净地当众销毁。虎门销烟是中国人民第一次反对外国侵略者的伟大壮举，它向全世界宣告了中国人民纯洁的道德心灵和反抗侵略者的坚强意志。

1840年6月，英国不顾世界舆论，派遣了以懿律为总司令的侵华远征军，正式发动了侵华战争。林则徐严阵以待，英军侵略阴谋在广州不能得逞，便绕道浙江，攻下定海，进犯大沽，进逼清王朝銮辇脚下。一度静观待变的投降派，乘机蠢动，大肆造谣说："夷兵之来，事由禁烟而起。"动摇不定的道光，旋即改变了态度，对林则徐横加指责，"办理终无实济，转致别开事端，误国病民，莫此为甚"，以致最后将林则徐革职，遣戍伊犁，迫使林则徐这样坚定的民族英雄不得不离开抗英斗争的前线。然而，林则徐在备受打击，忧心如焚的情况下，仍处处以民族利益为重，关注着反侵略战争的事态发展。当其解职留住广州期间，他仍力劝广东巡抚怡良弹劾琦善擅自割让香港的罪行，终使琦善被锁拿进京查办。林则徐甚至其在遣戍途中，仍研究"恢复之策"，丧权辱国的南京和议传来，他痛心疾首，认为"殊不堪设想矣"！

一部中国近代史，贯穿着中国人民反帝、反封建斗争的爱国主义精神。林则徐则是高举反帝斗争旗帜的第一人，他当之无愧是中国近代最早抵抗外国侵略者的伟大民族英雄。

"每一个社会时代都需要自己的伟大人物，如果没有这样的人物，就要创造出这样的人物来。"① 林则徐正是在中国社会从封建社会转入半殖民地、半封建社会，在社会急剧变化、民族处于危亡时，历史所造就的伟大历史人物。鸦片战争前，他曾先后任浙江道员、东河河道总督、两淮盐政、江苏巡抚、两江总督、湖广总督等职，在封建官场中，亦可谓青云直上。但其所处的时代，却已是封建衰世，封建统治犹如将倾之大厦，摇摇欲坠，林则徐怀抱经世之志，从地主阶级改革派立场出发，希望挽救积贫积弱的社会，他锐意改革，兴利除弊，整顿吏治，改革盐政与漕运，救灾赈济，兴修水利，发展生产等。这些不触动封建制度基础的改革，势不能逆转封建社会的危机。因为此时封建生产关系已成为生产力发展的桎梏；加之欧美各主要资本主义国家，又频频叩敲中国"封建天朝"的大门，中华民族面临新的威胁，在原有社会危机的基础上，又增加了民族危机。在这种新的形势下，要挽救中国，就必须反对外国资本主义的侵略。林则徐的可贵之处，正是在于他没有停留在维护封建制度前提下的具体改革，而是从严禁鸦片入手，走上了抵制外

---

① 《马克思恩格斯选集》第 1 卷，人民出版社 1972 年版，第 450 页。

国侵略者的爱国主义道路。

林则徐之所以能成为抵抗外国侵略者的伟大民族英雄，又同他能睁开眼睛，悉心调查研究，了解世界各国情况，向西方学习，密不可分。建立在自然经济基础上的清代封建专制社会，长期推行闭关锁国政策。当世界历史发展的潮流汹涌澎湃，向前奋击，把中国这样的封建古国远远抛到后面时，清朝的封建统治者依然抱残守缺，夜郎自大，故步自封，自命为"天朝盛国"，与林则徐同时的多数封建官僚无不如此。但林则徐在严禁鸦片、反对侵略的斗争实践中，为了更有效地抵抗侵略，做到知己知彼，向自己提出了解西方、学习西方的任务。对此，外国人也有所觉察，他们感到中国官府"骄傲自大，轻视各种蛮夷，不加考究。唯林总督行事全与相反，署中养有善译之人，又指点洋商通事引水二三十位，四处探听，按日呈递"。为了了解资本主义国家的政治、经济、军事情况，林则徐到广东后，即广为搜集在广州和澳门由外国人出版的各种报纸书刊，招募多名熟悉外语、了解外情的译员，翻译西方书报，先后翻译了《澳门新闻纸》《广州周报》《东印度公司卡片》《华事夷言》等资料，为我国近代史上大规模翻译外国书刊之首创。为掌握先进科学技术，改进落后的武器装备，林则徐还组织译员翻译大炮瞄准法、制炮法、造船法等应用书籍资料。为增加国际法知识，他还请人帮助翻译了《各国律例》（即《万国公法》）。他坚持让英国侵略者交出打人凶手，提出"赴何国贸易，即照何国法度"，便是依据于从《各国律例》中学得的国际法知识。林则徐学习了解西方的活动，对后世影响最大的则是他为搜集了解世界各国历史地理状况而编译的《四洲志》。后来魏源编撰的《海国图志》，即是在《四洲志》的基础上扩充而成的。魏源在该书序言中说："《海国图志》六十卷，何所据？一据前两广总督林尚书所译西夷之《四洲志》……钩稽贯穿，创榛辟莽，前驱先路。"可见，林则徐对魏源等思想家的影响。

中国近代历史的进程表明，想要挽救中国的先进中国人，无不"向西方学习"，他们认为"要救国，只有维新，要维新，只有学外国"，因为"那时的外国只有西方资本主义国家是进步的"[1]。林则徐是我国

---

[1] 《毛泽东选集》第4卷，人民出版社1960年版，第1475页。

近代向西方学习的前驱先导。当然，林则徐向西方学习的思想还比较肤浅，还不像后来的思想家那样概括出了较深刻的思想理论观点，但毕竟表现了先进的中国人最早向西方学习的某些特点，反映了中国人向西方学习必然经过的最初阶段。

  我们纪念林则徐这位杰出的爱国者，伟大的民族英雄，对于振兴中华，加强爱国主义教育，建设社会主义精神文明，无疑有着重大的历史意义和现实意义。

（原载《学习与研究》1985 年第 5 期）

激励民族斗志　弘扬爱国传统

——纪念鸦片战争 150 周年

发生在 150 年前的鸦片战争，是中国历史发展进程中具有划时代性的重大事件。它是中国由封建社会沦为半殖民地半封建社会的转折点，也是近代中国人民反帝、反封建斗争的开端。正如毛泽东同志所指出的，"自从一八四〇年的鸦片战争以后，中国一步一步地变成了一个半殖民地半封建的社会"，但是"帝国主义和中国封建主义相结合，把中国变为半殖民地和殖民地的过程，也就是中国人民反抗帝国主义及其走狗的过程"。今天，在新的历史条件下，我们重温鸦片战争以来的百年历史，对于进一步认清帝国主义的侵略本质，激励民族斗志，弘扬爱国主义传统，无疑具有重要意义。

爆发于 1840 年的中英鸦片战争，绝非孤立偶然的事件，而是 15、16 世纪以来，西方殖民者为了征服全世界发动的一连串侵略战争的继续和发展。世界各国资本主义的发迹史表明，资本的积累是一部对内残酷剥削本国劳动人民，对外无情掠夺殖民地人民的罪恶史。当老牌英国殖民主义者在世界范围内大肆掠夺，继将印度吞并为其殖民地之后，随即把中国作为其主要侵略和掠夺的对象。他们以灭绝人性的鸦片贸易，作为打开中国大门的敲门砖。鸦片战争前输入中国的鸦片即达 417767 箱，从中国掠走的白银高达 3 亿—4 亿元。鸦片烟毒像瘟疫一样蔓延全国，对中国社会的经济、政治、人体健康、道德风尚，造成严重影响。面对现实，清政府不得不三令五申，禁止鸦片输入，并于 1838 年 12 月，任命林则徐赴广州查禁鸦片，一场轰轰烈烈的禁烟运动迅即掀起。

因为鸦片贸易掠获的巨额收入，是英国"财富取之不尽的矿藏"，所以禁烟使英国资产阶级侵华集团恼羞成怒。他们颠倒黑白，把中国的禁烟诬蔑成是对英国的"侵略行为",要求英政府发动侵华战争。1840年6月,英国侵略军侵入广东海面,封锁珠海口岸,挑起战祸,发动了第一次鸦片战争。马克思指出,"旨在维护鸦片贸易而发动和进行的对华战争,是一场极端不义的战争"。

在第一次鸦片战争中,虽有以林则徐为代表的抵抗派和广大人民群众坚持抵抗斗争,但终因清朝最高统治者的昏聩妥协,鸦片战争最终以中国失败而告终。清政府被迫于1842年8月29日签订了丧权辱国的《南京条约》,割让香港,赔款2100万元,开放广州、厦门、福州、宁波、上海等五口通商……此后外国资本主义势力以武力相威胁,对中国步步侵入,"租借"了中国大片领土;勒索了巨额赔款;取得了在中国驻军的权利和领事裁判权;控制了中国的通商口岸,以及中国的海关与对外贸易;垄断了中国的金融和财政;还扶植了他们在中国的代理人——官僚买办阶级,成为他们控制中国的支柱和工具……把一个独立的中国,一步步推入半殖民地、半封建社会的深渊。

当然,鸦片战争以来的历史,既是一部中国被侵略、被凌辱的国难史,同时也是一部中国人民反侵略、抗压迫的斗争史。在第一次鸦片战争期间,广州三元里周围的数万名群众,男女老幼,挥戈上阵,直打得侵略军"跪地求饶"。浙江宁波等地的人民在城池失陷后,仍采取游击战术,英勇机智地同敌人搏斗。再如镇江的清军士兵,抱着与城池共存亡的决心,"殊死奋战,直到最后一人"。当时恩格斯曾高度评价中国人民的英勇斗争精神,并从中"看到整个亚洲新纪元的曙光"。同时,在民族危亡的生死关头,清政府中的一些封疆大吏与提督、总兵,也身先士卒,投入到反侵略斗争的洪流中。诸如林则徐、邓廷桢、裕谦、关天培、姚莹、陈化成等。特别是林则徐,他作为抵抗派的代表,其在当时的思想和行动,已突破地主阶级的局限,成为中国近代史上第一个反殖民主义的爱国者和伟大的民族英雄。

鸦片战争是近代中国人民反帝、反封建斗争的开端,继此而后,又相继爆发了太平天国运动、中法战争、中日战争、戊戌维新运动、义和团运动、辛亥革命等,充分反映了中国人民不屈于帝国主义及其走狗的顽强的反抗精神。近一百多年来帝国主义对中国的疯狂侵略,并未把中国变成纯粹的殖民地,就在于中国人民对帝国主义的侵略不屈服,进行了顽强的抵抗，使得中华民族始终屹立于世界民族之林。因而，我们纪念鸦片战争，就应在新的历史条件下继承和发扬这种光荣的爱国主义传统。

在我国历史上，爱国主义从来就是动员和鼓舞人民团结奋斗的一面旗帜，是各族人民共同的精神支柱。在中华民族发展的各个历史阶段，各族人民和爱国人士，在民族遭受蹂躏，国家被人宰割之时，都能赴汤蹈火，表现出崇高的爱国情操和民族气节。我们应当理直气壮地用历史事实来教育我们的青年和人民，陶冶人们的思想情操，激励民族斗志，增强民族的自尊、自信、自强精神。一些坚持资产阶级自由化立场的人曾居心叵测地宣称，"我不赞成爱国主义的口号"，甚至厚颜无耻地说，"我无所谓爱国、叛国"，等等，他们在反对爱国主义的同时，又竭力鼓吹"全盘西化"，宣扬民族虚无主义。其恶果只能是瓦解民族斗志，涣散人民群众思想上的凝聚力。我们必须识破其阴谋，消除其影响。因此，李鹏总理在七届三次人大会议的政府工作报告中指出："要围绕纪念鸦片战争150周年，在学生中开展揭露帝国主义侵华罪行和中国人民反帝爱国斗争历史传统的教育。"我们要在全国，特别是要在学生中，广泛而持久地开展爱国主义教育。

要在新的历史条件下，继承和发扬爱国主义传统，开展爱国主义教育，必须坚持和明确爱国主义和社会主义的统一。因为爱国主义是一个历史范畴，它在历史发展的不同阶段、不同时期，具有不同的内容。如前所述，我国古代史上就曾涌现出许多杰出的爱国人物，如屈原、岳飞、文天祥等，他们是一定历史时期内中华民族内部不同割据政权的爱国人物，有一定的历史局限。及至以鸦片战争为开端的中国近代社会，由于面临外来帝国主义的侵略，爱国主义又具有了新的内容，即反对帝国主义侵略，拯救祖国和民族的危亡。这比之于古代史上的爱国主义，无疑升华到更高的层次。在中国共产党未成立之前的旧民主主义革命时期，无论是鸦片战争时期的封建士大夫林则徐，还是领导太平天国农民革命的洪秀全，以及发动资产阶级戊戌维新运动的康有为，乃至领导辛亥革命的伟大的资产阶级革命家孙中山，他们都是当时先进的中国人，都曾以其思想和行动，沉重打击了帝国主义和封建主义，推进了民主革命的进程。但是，他们都未能彻底完成近代中国反帝、反封建的基本任务。旧民主主义革命终结，得出了资本主义不能救中国的历史结论。五四运动之后，中国共产党成立，开始了新民主主义革命的历史阶段。在中国共产党领导下，中国人民将马克思主义的普遍真理与中国革命的实践相结合，才终于推翻了帝国主义、封建主义和官僚资本主义的反动统治，实现了一百多年来先进的中国人梦寐以求的夙愿，建立了社会主义的新中国。我们的国家和民族，从来没有像新中国成立之后这样独立自主，扬眉吐气，繁荣昌盛。新中国成立之后的爱国主义，无疑又升华到新的高度，具有了更崭新的内容。一部近现代的革命斗争史，得出了一条历史结论：只有社会主义才能救中国。因而，在今天，我们讲爱国，就是要爱共产党领导下的社会主义新中国。正如邓小平同志所指出的："有人说不爱社会主义不等于不爱国。难道祖国是抽象的吗？不爱共产党领导的社会主义新中国，爱什么呢？港澳、台湾、海外的爱国同胞，不能要求他们都拥护社会主义，但是至少不能反对社会主义的新中国，否则怎么叫爱祖国呢？至于对中华人民共和国领导下的每一个公民，每一个青年，我们的要求当然要更高一些。"因此，在今天，爱国主义与社会主义是统一的。

（原载《中国高等教育》1990年第7、8期合刊）

五易寒暑话状元

——宋元强《清朝的状元》评介

宋元强的《清朝的状元》(吉林文史出版社出版),是以新的视角对科举制度进行钻研和阐扬的新著。

研究和探讨清代科举制度,既可对科举制度的各个方面做概述性介绍,如商衍鎏先生的《清代科举制度述录》;也可对科举制涉及的有关问题做专题探讨,如王德昭教授的《清代科举制度研究》。而宋元强的《清朝的状元》对于科举制度的研究则另辟蹊径。他专将清朝的状元作为研究对象,就清朝状元的成才足迹及其社会作用,以史论结合的方式,进行了深入的探讨研究,从而对科举制度的评价提供了具体、丰富、生动的实证。

在科举考试中独占鳌头的状元,在金榜题名的同时,便"鱼跃龙门",一举成名;就是在时过境迁的今天,"状元"依然是才智超群人士的称号,人们无不对之有浓厚的兴趣。因而,以《清朝的状元》为题,本身就具新颖和引人入胜的特点。读者从论题本身,自然会引出一系列联想,诸如清代的科举取士举行过多少科,共录取状元多少名,首科与末科夺魁者是谁;这些状元从幼年攻读,直到金榜题名,经历了怎样的足迹和历程;是否只有家境优裕的富贵豪门子弟,才有可能攫取状元,还是包括草野贫寒的士庶子弟,都能通过公平竞争而一举夺魁;清朝录取的状元地域分布状况如何,为什么在114名状元中,江苏、浙江两省竟占60%以上;那些身价倍增的状元,究竟是些只会摇头晃脑吟哦八股时文、不谙世事民情的庸碌之辈,还是些满腹经纶、见识不凡、才华出众的佼佼者;在众多状元中夺魁时的平均年龄是多少岁,如以中状元作为成才的标志和智力发展的巅峰,那么智力发展的最佳年龄段何在；状元登进仕途后，在德行政事、学术著述，以及社会生活方面，有哪些实际表现和作用，社会上对状元流传些什么逸闻趣事；如此等等，都是读者饶有兴趣，并欲知究竟的问题。

令人欣喜的是，《清朝的状元》对上述诸多问题，均依据翔实的史料，列举大量史实，一一做出了既有见地而又有说服力的回答。作者在概述清代的学术、科举制度及政治、文化发展大势的前提下，对清朝的百余名状元逐一进行了考察，简明扼要地勾勒了他们的身世经历、地域分布、成才年龄及其政事、德行、学识、著述等方面的状况，又辑录了有关的逸闻趣事，并附有大量珍贵的文物照片。在分析有关问题时，还广泛汲取并运用了明清史、教育史、人才学、经济史、艺术史及自然与人文地理等学科的综合知识，对清朝状元多集中在江、浙两省的原因，对历史上人才成长、智力发展的年龄段等问题进行了科学的分析，提出了一系列精辟独到、耐人寻味的见解。在综合分析的基础上，用史实说明大多数通过严格考核与公平竞争获取殊荣的状元，在学识著述、德行政事及社会生活方面，都卓尔不凡，对社会的发展产生了积极作用和影响。进而，从更高的层次上，说明中国传统的儒家教育与科举取士制度，确有一些值得肯定的历史经验，如教育上强调"尊德性、道问学"，取士选官上坚持"公平竞争"，治国上确信"得士者昌"等。这些历史经验，迄今仍给人以启迪，可资借鉴。

宋元强之所以能写出这部较为成功的著作，亦绝非偶然，正如作者在《后记》中所说，早在20世纪60年代，当他在读教育史研究生时，他就已萌发要对中国传统教育遗产及历代考选制度进行钻研和阐扬的愿望，其后在长期从事历史学编辑工作的过程中，他坚持不懈地留心有关资料，积累想法，终于在前人研究的基础上，选择了《清朝的状元》这一研究课题，并历经数年的辛勤耕耘，凡五易寒暑，才使书稿付梓问世。由此可见，我们称道作者"五易寒暑酿佳著"，信非过誉。

（原载《光明日报》1993年11月19日）

近代中国名家名著的精选与导读

——关于《近代文史名著选译丛书》

最近，巴蜀书社继前些年出版《古代文史名著选译丛书》之后，又推出以戴逸教授主编的《近代文史名著选译丛书》（以下简称为《丛书》）。此书刚刚问世，即被舆论界赞誉为"爱国主义教育精品，百年近代史的缩影"。翻读之后，确感到《丛书》既精选汇集了中国近百年的文史名家名著，同时又有严肃认真的题解和译注，对广大文史爱好者具有导读作用。其鲜明特点是：

其一，内容丰富，题材多样。从鸦片战争至五四运动的中国近代史，可谓波澜壮阔，跌宕起伏，既坎坷崎岖，又光辉壮丽。这样的时代也造就了许多著名的政治家、思想家、文学家，他们根据亲身经历，将自己的所思、所见、所闻形诸笔端，撰写了大量诗文，抒发了时代的心声。其中，不乏脍炙人口的名篇佳作。《丛书》力求比较全面地展示这些优秀文化成果，从不同的视角选编了近代以来的诗文名著，分作39册出版，各个分册，或从著名人物入手，如龚自珍，魏源，康有为、梁启超、严复、孙中山、章太炎等人的诗文集；或以重大事件、专题为中心，如反映鸦片战争、太平天国，中法、中日战争的诗文，又如辛亥烈士、晚清词人、近代科学家的诗文；或以文章的体裁、流派、类别汇编成册，如笔记文、游记文、序跋文等，从而将近代各个历史时期、重大事件和各种体裁的著名诗文都予选编和收集，使《丛书》既展示了近百年的名篇佳作，也成为百年历史的缩影与写照。

其二，突出弘扬了爱国主义精神。由于帝国主义列强的侵略与压迫，中国近代史可谓多灾多难，屡屡割地赔款，丧权辱国，中华民族遭受瓜分豆剖的危机。然而不甘屈辱的中国人民起而抗争，投身战斗，探索救国救民的真理。并为之赴汤蹈火，前仆后继。许多仁人志士为了国家的独立、民族的振兴，献出自己的鲜血和生命，谱写了一曲曲英勇悲壮的爱国篇章。《丛书》虽然内容丰富，题材多样，但就其主要内容看，则突出弘扬了爱国主义这一时代的主旋律。书中大量诗文都形象生动地反映了作者的忧患意识、经世之志和爱国情怀。广大读者可以从这些激昂慷慨、铿锵有力的诗文中，体会到我们的先辈在民族危难之秋的理想和追求，从而陶冶自己的爱国主义理想和情操。

其三，译文和注解准确扼要。由于"五四"以前的诗文大多以古体文词写成，有些还相当古奥，运用典故又多，涉及了一些人物和事件，今天的青年读者不易读懂。《丛书》为帮助读者阅读和理解这些诗文，约请了三十多位对近代文史研究有素的专家学者参加编选工作。他们将收入各册的绝大多数诗文，都译成了白话，每卷之前，都还冠以分析性前言，并对每篇诗文加以题解。同时，对诗文中有些古奥生疏的词语、典故、人物、事件又予以简明扼要的注解。编写者大都以严肃认真的态度从事这一工作，几易其稿，反复审读，因而使译文和注解比较准确和扼要。这对初学者确有导读作用，文史研究者也可借鉴与参考。

当然，由于"丛书"的编选与译注，出于众人之手，阅读各个分册后，也使人感到质量参差不齐，校阅也有错漏之处。这些都需再版时予以提高和纠正。

（原载《文汇读书周报》）

填补近代史研究空白的开拓之作

——评李文海等编《近代中国灾荒纪年》

由李文海、林敦奎、周源、宫明编著的《近代中国灾荒纪年》,最近已由湖南教育出版社出版问世。阅读是书后,我欣喜地感到这是一部填补中国近代史研究空白的开拓之作。

《近代中国灾荒纪年》(以下简称《纪年》)全书七十万言,采用传统的编年体形式,对自鸦片战争至"五四"运动(1840—1919)这八十年间发生的水、旱、风、雹、火、蝗、震、疫等各种自然灾害,包括灾害发生的时间、地点、受灾范围和程度、灾区群众的生活状况,以及清政府的救灾措施及弊端,依据翔实典型的历史资料,分别省区,逐年排列,眉目清晰地予以综合系统的记述,使读者对这一特定历史阶段的灾情状况,通过此书可有总体的全面的了解。

马克思曾经指出:"现代历史著述方面的一切真正进步,都是当历史学家从政治形式的外表深入到社会生活的深处才取得的。"[①] 而《纪年》一书的编著者正是把自己的研究视野,从政治形式的外表扩大到社会生活的一个非常重要的方面——自然灾害的研究,取得的可喜成果。我国自古以来是以农立国的农业社会。自给自足的小农经济占主导地位,在长期的封建社会中,由于生产力水平低下,科学技术落后,加之人祸横虐,导致自然灾害频繁,真可谓"十年九荒"。而每一次大的灾害过后,又必然引起社会的急剧变化和激烈动荡。因此,自然灾害史的研究,是探索历代人民生活、政治变迁和社会发展极其重要的深层因素。不仅如此,即使是生产力与技术水平大大发展提高了的今天,自然

---

① 《马克思恩格斯全集》第12卷,第450页。

灾害仍严重威胁着中国和世界人民，为此，联合国通过决定，在1990年到2000年，开展"国际减灾十年"的活动。由于我国"是一个自然灾害频繁、灾害损失严重，而防灾意识又比较薄弱的大国"，所以，我国有关方面决定"应积极响应和参加这项活动"[①]。可见研究自然灾害史，对今天掌握自然灾害发生的规律，增强防灾意识，提高防灾对策研究，也有着重要的借鉴意义。但是在相当长的一段时期，历史学的研究领域却过于狭窄，许多应深入研究的领域都很薄弱，对自然灾害史的研究几乎是空白。至今，尚没有一部较为系统全面反映近代中国自然灾害情况的著述。李文海教授等正有鉴于此，从历史研究工作者的强烈事业心、责任心出发，毅然选择了"近代中国灾荒研究"的课题，历经数载坚持不懈，终于推出较为全面系统反映近代中国自然灾害情况的《纪年》一书，弥补了这方面研究的空白。所以，我们肯定其是填补中国近代史研究空白的开拓之作，显非过誉之词。

《纪年》作为一部编年体的资料性的专门史书，除具有上述明确的指导思想外，其最突出的特点是搜集和运用史料较为全面、丰富、准确、翔实。这是同类史书都不可比拟的。该书作者清醒地认为，他们从事的这项研究工作是基础性的工作，如不弄清自然灾害的具体情况，对灾荒问题的进一步研究就无从谈起。因而在编撰过程中，他们力求全面搜集各个地区、各种自然灾害的资料。过去有关方面曾编有《清代地震档案史料》《中国地震目录》，顾名思义其仅只限于地震灾害这一方面的资料。有关方面还编有《清代海河、滦河洪涝档案史料》《湖南自然灾害年表》等，也只是限于某一两条河流，或某一省区的自然灾害资料。而《纪年》则搜集了鸦片战争以来清代当时全国的二十三个省区，有关水、旱、风、雹、火、蝗、震、疫等各种自然灾害的历史资料。其包括范围之广，搜罗史料之全，都远远超过已有的同类史书。就搜集的历史文献资料而论，编者查阅了大量官方文书、文集、笔记、书信、日记、地方志、碑文以及报纸杂志，尤其是充分利用了清宫档案，摘录了《录副档》中历年各省督抚等官员就各地灾情向清政府的报告。这些直接记载和反映当时自然灾害的大量第一手资料，十分丰富和翔实。更值

---

① 见《人民日报》1988年2月13日。

得称道的是，编著者对搜集到的大量资料，并非简单的照抄照录，而是经过认真的爬梳整理，甄选考订。因为历史上遗留下来的各种文献资料由于各种原因所致，往往是真假掺杂，只有经过去伪存真的考订，才能成为可据的信史。如道光二十二年七月十七日（1842年8月22日）黄河于江苏桃源县北决口，致使苏北黄水漫溢，田禾庐舍被淹甚多。当时的官方文书与时人的日记、文集对此次水灾多有记载。但张喜的《抚夷日记》记载"决口三百余丈"，而曾国藩在其《家书》中却记载"决口一百九十余丈"。《纪年》的编者发现二者对"决口"程度的记载不同，又核查道光皇帝的上谕和其他有关资料，经过考订认为张喜之说"略有夸大"，曾国藩所说"与上谕所说相同。当较可信"。再如道光二十二年秋，江西部分州县田禾被淹，并有淹死人口、冲塌房屋等事。但对于此次灾情，江西巡抚吴文镕所上奏折，与道光皇帝就此次灾害的上谕，对受灾地区与灾害程度的记载却有很大不同。《纪年》在尚未查得其他有关旁证材料的情况下，将两说并存。采取阙闻存疑的严肃态度，表明"此等歧异待考"，而不轻率地作出结论，如此等等。对于搜集到的数百万字资料，大都经过条分缕析，甄选考订，而后编定《纪年》一书。编著者的这种踏实学风，使得全书的史料，不仅全面丰富，而且翔实准确，从而具有较高的史料价值和学术价值。

《纪年》作为具有史料长编性质的编年体史书，还有一个显著特点，不只是客观的笔录史料，而是寓论于史，常常在记述史实的过程中，夹叙夹议，以简洁明快的语言，揭示出问题的实质。如记述道光二十九年（1849）春夏浙江发生的水灾，"连雨四十余天，上下数百里外，江河湖港与田地连为一片，不少城镇陆地荡舟，房屋皆坍，饥民遍野，浮尸累累"。

在如此大灾之年，嗷嗷待哺的饥民，不得不开展"吃大户""借荒"斗争，"乡人结群毁富户门乞米"。清代统治者对饥民不仅不予赈济和同情，反而下令"有乘机抢劫者，格杀勿论"。有些史料还记载清政府将闹事的"首要"分子，"钉桩大堂下，缚跪烈日中，半日即毙，约重惩百十人"。《纪年》记述这些材料之后指出："这个材料不但反映了自然灾害带给贫苦群众的痛苦，而且还生动地记录了封建政权怎样残酷地戕害那些无法生活而不得不向'富户'强行'乞米'的饥民的情景"。再如咸丰元年八月（1851年9月）黄河于江苏丰县"北岸大决，淹没生民千万"。灾区黎民"穷无所归，人皆相食"。而清政府下拨的治河费，"岁费五六百万金，然实用之工程者，什不及一。余悉以供官吏之挥霍。河帅宴客，一席所需，恒毙三四驼，五十余豚，鹅掌猴脑无数。食一豆腐，亦需费数百金，他可知已。骄奢淫逸，一至于此，而于工程方略，无讲求之者，故河患时警"。针对上述情况，《纪年》指出："是年黄河决口，同历年'河患'一样，正是腐烂的封建政治的逻辑表现。"诸如此类画龙点睛性的议论，散见于《纪年》全书，无疑增加了该书的思想深度，并使读者获得有益的启示。

《纪年》作为一部具有开创性的筚路蓝缕之作，自然也还有需要充实完善之处。譬如全书对不同年代、不同地区灾害的记述详略不匀，对内地各省记载较详，对于边疆地区的灾情则较疏略，反映出编著者对边疆地域自然灾害的资料搜集似显欠缺。此外，该书虽然也利用了一定数量的地方志中的资料，但更偏重于利用档案和《清实录》，对地方志中有关材料的搜集发掘也不够充分。这些方面还有待修订时进一步完善和充实。至于对各种灾害发生的原因和规律的探讨，对于救灾措施得失成败的评价，以及自然灾害与社会政治之间的相互关系的研究，等等，也不是《纪年》这类偏重于资料搜集考订性的著作所能完全解决的。据悉，该书作者在目前已有成果的基础上，正着手撰写《中国近代灾荒史》，相信关于灾荒史的研究，一定会日臻完善和深入。

戴逸教授为《纪年》撰写的《序》中指出："翻阅此书，近代史上自然灾害和受灾地区的具体情况可以大致了然。我相信：中国近代史的同行们，各地正在编志修史的同志们，从事农业、水利、气象、地震、病虫害研究的专家们，以及致力于国土整治，防止环境污染，保护生态平衡的专家们，将此书置于案头，或则阅读，或则检索，都将从中获得有益的知识和信息。"这确是中肯之论。

（原载《清史研究通讯》1990年第4期）

读《左宗棠评传》

前不久，湖南人民出版社出版了杨东梁撰写的《左宗棠评传》一书。这是一部值得一读的专著。

坚持实事求是的原则，对左宗棠的一生作出较为客观、公正、全面的评价，是全书最显著的特点。左宗棠是晚清政府的封疆大吏，煊赫一时的要员。在错综复杂的中国近代史上，他曾残酷地镇压过太平天国、捻军及陕甘回民起义，又曾涉足洋务运动，还曾以"马革桐棺"的悲壮豪情全力投入收复新疆的正义斗争，甚至以垂暮之年驰骋于抗法斗争前线，为保卫国家和民族利益，义无反顾。但是，对于这样一个较为复杂而又有着重大影响的历史人物，在史学研究中却长期存在着片面化、简单化的倾向。早在辛亥革命时期，资产阶级革命派从反满斗争需要出发，把他与曾国藩、李鸿章同斥之为"汉奸"，甚至在一些刊物上登载过下半身为禽兽的曾、左、李的头像。20世纪三四十年代，日本帝国主义大举入侵，中国的民族危机空前严重，边疆问题引人关注，因为左宗棠曾收复新疆，这时则被捧为"民族之功臣"，抬到"贤相名将"的宝座。新中国成立后，史学界对历史人物的评价较为重视阶级分析方法，但这却存在机械论的弊端。左宗棠这样的镇压过农民起义的封建官僚，自然又与曾国藩、李鸿章一起被视作"刽子手"，对于他的历史功绩，鲜有学者进行实事求是的研究。直到粉碎"四人帮"后，实事求是的优良学风逐步得到恢复和发扬，左宗棠又被史学界作为热门课题来研究。学者们解放思想，打破禁区，许多与左宗棠相关联的问题都提了出来，并展开了热烈讨论。《左宗棠评传》正是在这样的研究气氛中撰写出版的。作者认真考察、总结了左宗棠研究的历史状况，吸收了新的研究成果，克服了以往研究中简单化、片面化的偏颇，将革命精神与科学的求实学风辩证地统一起来，寓革命性于科学性之中，对左宗棠这样封建统治阶级中的上层人物，进行了具体分析，评述了左宗棠与曾国藩的共同性与区别点，指出左宗棠在镇压农民起义、维护封建统治方面，与曾、李有共性，理应受到谴责和批判，但在办洋务方面则呈现出明显的区别。左宗棠办洋务的出发点，主要是为了"富国强兵"，学习西方先进技术以雪国耻；而曾和李在办洋务过程中，处处崇洋媚外，表现出一副奴颜媚骨。在对待外来侵略上，曾、李更是一贯屈膝投降，而左宗棠在鸦片战争、收复新疆、抗击法国入侵等重大历史事件中，都表现出强烈的爱国主义思想。他们在涉及国家、民族根本利益问题上的不同表现，"决定了他们在历史上的不同地位，左宗棠表现出的强烈爱国主义思想和他为中华民族建立的功绩，必须予以肯定"。这些对历史人物褒贬适宜、功过分明的评价，反映了作者坚持了实事求是的治史原则。

要实事求是地评价历史人物，除需要一定的理论素养外，更要掌握和占有大量材料。在这方面，《左宗棠评传》的作者也作出了十分可贵的努力。我们从本书论证问题引用的材料以及书后所附"参考书目"中，可以清楚地看到，著者在研究写作过程中，确实掌握和占有了与研究对象有关的大量材料。著者不仅详细搜集了各地收藏的左宗棠的文集、家书、信札、墨迹、遗折、未刊手稿等，而且还广泛浏览了左宗棠同时代的有关人物的文集、笔记和日记，同时还吸收、参考了国内（包括港、台）与国外（包括英、日、俄）各种有关研究成果，材料十分翔实和丰富。对于某些史实、史料，作者还进行了严肃的鉴别与考订。譬如一些史籍与论著，都提到左宗棠早年怀才不遇，曾上书天王洪秀全，投奔太平军。但经过作者的仔细考订，他指出"以上记载，不足为凭"。由于作者掌握了大量的史料，书中对一些问题的论述还使用图表加以形象说明，使得论证更具说服力。

当然，该书也有不足之处，如结构安排、某些史料的运用等。但总的看来，该书仍不失为一部实事求是地评价历史人物的专著。

（原载《人民日报》1986 年 7 月 17 日）

新史料·新视角·新观点

——读《晚清史探微》

孔祥吉著的《晚清史探微》一书，已由巴蜀书社出版。该书收录了作者的 20 余篇论文，内容涉及鸦片战争、中法战争、甲申易枢、甲午海战、戊戌维新、义和团运动等中国近代的重大历史事件。

该书的一大特色是发掘出大量新史料，特别是流散、保存在海外的有关晚清历史的珍贵史料。翁同龢的后裔于 1948 年携带至美国并长期珍藏的翁氏家藏档案就是其中之一。在这批家藏档案中，既有翁氏与清末众多要员的往来信札，特别是《朴园越议》又有《翁文恭公日记》原稿本，还有翁氏从政之余所写的《随手密记》等。翁同龢作为晚清史上"两朝帝师，十载枢臣"，其家藏档案的重要史料价值可想而知。在研究工作中，作者与保存这批珍贵史料的翁氏后裔有密切过往，得以在该书中充分运用这些史料。此外，作者在德国讲学时，曾查阅、影印了德国档案中有关义和团运动的史料，进而撰写了《德国档案中有关义和团运动的新鲜史料》一文，文中披露的史料补充了国内对义和团研究之不足。这些新的史料将有助于晚清史研究的深入。

依据新的史料，阐发新的观点，是该书的又一特色。作者根据新发现的、未刊的《罗丰禄信稿》，撰写了《甲午战争中北洋海军上层心态——营务处总办罗丰禄家书解读》一文，从社会心理学的角度探讨了清军在中日战争中失败的原因，直接而真实地透露了甲午战争期间北洋上层人物的心理状态，如慈禧是"主张和议甚坚"，李鸿章是"海上断不用兵"，罗丰禄更是"日盼和局之成"，以便"将与眷属散而复聚"。这些上层人物或为保存实力，或趋利避害，营谋私利，因而避战求和，妥协退让。北洋水师的上层人物在如此心态下投入甲午战争，清军焉能不一败涂地。再如，作者依据新发现的陈炽的《上清帝万言书》，而撰写的《晚清政治改革家的困境》一文，分析了陈炽在戊戌变法时较康有为更明确地提出设立议院的改革方案，以及如何处理君议与民权的关系，如何处理经济改革与政治体制改革的关系等方面的具体建议，进而说明《上清帝万言书》的意义。

这些论文，虽然多从考据和辨正史实出发，却有别于一般艰涩难读的考据性论著，文字表述如行云流水，清新活泼，引人入胜，这也是该书的一个特色。

（原载《人民日报》2002年1月12日）

翻检尘封档案　揭示历史真相

——《罕为人知的中日结盟及其他》评介

历史学研究像其他学科一样，要发展与前进，就必须不断创新。以研究晚清史著称，且善于发掘新史料，提出新见解、新观点而享誉海内外学界的孔祥吉教授，前不久又与日本学者村田雄二郎教授合作推出《罕为人知的中日结盟及其他——晚清中日关系史新探》一书，纳入国家清史编纂委员会组编的《研究丛刊》，由四川巴蜀书社出版问世。这是一部利用日本外交馆及日本防卫厅研究所收藏之大量机密档案，经过缜密爬梳考辨，结合中国有关史料而撰写的一部晚清史方面的新著，书中对晚清史上一些重要的历史事件和人物都提出了与此前不同的观点、见解，笔者读后有耳目一新之感，因而评介并推荐学术界同人一读。

由于此书作者之一的孔祥吉教授，早在 1988 年就利用中国第一历史档案馆的档案及故宫博物院图书馆的藏书，撰写出版了《康有为变法奏议研究》一书，对康有为在戊戌维新变法期间的奏议进行了深入考辨，对康有为的奏折改篡及戊戌维新的一系列问题，提出了新的观点，在海内外史学界引起强烈反响，从而推进了戊戌维新运动史的研究。此后他一发而不可收，又陆续撰写出版了多部晚清史的专著及一系列有分量的学术论文，大都受到史学界的关注与好评，不少国家和地区，诸如美国、法国、德国、日本与我国香港、台湾等地都先后请他访问、讲学。日本东京大学于 2003 年再次邀请他去讲学，还特在此期间在该校综合文化科地域文化研究专业班上举办了"晚清历史与档案研习班"。孔祥吉在研习班上除讲授中国历史课程外，还带领学员先后到日本外务省外交史料馆、防卫厅研究所图书馆、亚洲历史研究中心等处，一边讲解史料的发掘与利用，一边阅读史料，发掘史料，并依据新发掘的史料，对晚清史的诸多问题进行了深入研究和思考，而后再与合作者分工合作撰写成文。从本书形成的过程可知，此书可谓是其这次日本讲学及其在研习班上研究成果的结晶。大凡严肃的史学工作者都知道，历史学科的本质特点是依靠材料，从原始材料出发开展研究，而后得出结论，材料对于研究者说来，如同水对于鱼，空气对于鸟一样重要。只有对新材料进行发掘与利用，才能推进对有关问题的研究，取得突破性的新进展、新成果。从上述本书之产生过程看，其绝非无米之炊，或空洞说教，仅从概念、公式出发的著作，而是建立在有着扎实的史料基础上，再经去伪存真，精细考辨，深沉思考，重新审视晚清历史上的事件和人物的一部优秀史学论著，这也是笔者读后最突出的感受。

这部著作乃由十七篇专题论文所组成。而《罕为人知的中日结盟闹剧》则是书中重要的一篇，戊戌维新运动后，康有为与梁启超先后逃亡日本，以慈禧为首的顽固派为置康梁于死地，通过日本驻华公使，在两国上层沟通，互讲条件，由日本方将康梁或引渡回国，或利用暗杀手段在日本当地处死，日本如能办成此事，清朝政府将给日本许多实际利益，以相互结盟，为此，中日两方上层就结盟一事在双方中央上层极少数人之间进行暗箱操作。中方确实派出过知府衔道员刘学洵与员外郎庆宽以"考察商务"为名赴日，而日本方面也由天皇亲自出面接待了刘学洵与庆宽，密商结盟条件等，但因清朝联日杀死康、梁的阴谋未能得逞，中日结盟也成为人们的笑柄与闹剧而收场。这篇文章，洋洋洒洒，依据日本收藏的机密史料，详细论述了这场结盟闹剧的始末，使人们了解到这次罕为人知的中日结盟的全过程。书中的其他各篇，如《绪论：外务省档案与晚清史研究》，从宏观上论述了外务省档案与晚清史研究的重要密切关系，主要内容，如何阅读利用等，如同给人一把打开这一史料宝库的钥匙。其他分篇，如《首任驻日公使何如璋》《叹曾纪泽之死》《戊戌维新前后的张之洞、康、梁与日本》《翁同龢为什么被罢官——张荫桓与日本公使矢野密谈记录》《戊戌政变后梁任公之二三事——（梁启超年谱长编）戊戌己亥年补正》等文，也大都依据翔实罕见的史料，揭示出一些鲜为人知的历史真相。

昔人云，盖棺方能论定，然而由于封尘多年的档案数据被重新解读，却使一些原本盖棺论定的历史人物被掀去神秘的面纱，透露出其历史面目的另一面，使人们对之有了新的或者说是更全面的了解。如被清廷派往日本的首任公使何如璋，其在东京出使其间，曾力主收回琉球，并支持其下属黄遵宪筹拟朝鲜国策，支持朝鲜走向开放道路，使人们认为他是一位有守有为的中国驻日使节。可是人们万万没有料到，他卸任回国后，却被日本的情报人员收买，曾两次为日本提供他所知道的有关中法战争期间清廷上层的决策内幕。此事，在日本外交档案中留下确凿资料，甚至有何如璋诉说情报难得、报酬太少的资料。再如伍廷芳是辛亥革命后南京临时政府中的重要人物，一些学者常称颂他"正义凛然"。令人触目惊心的是，本书揭示他自甲午战争议和开始，曾接二连三地向日本驻京公使馆输送情报。这些收藏在日本外交馆的机密资料的被发现，就使人对这些历史人物有了更为全面的认识与了解。

除利用日本档案揭示的史料重新审视了一些历史人物外，本书还依据有关史料对晚清史上一些重大历史事件进行了新的评析，或将原来某些失实的看法予以纠正，或是在原有的看法外，提出一种新的看法。例如翁同龢在百日维新中被罢官一事，历来的说法是慈禧为了剪除光绪皇帝之党翼，而迫使光绪将其罢官赶走。本书则利用保存在日本外务省档案中之清廷变法期间的重要当事人——总理衙门大臣张荫桓，与当时日本驻华公使矢野的谈话记录，揭示出此一历史事件的另一种说法，即翁同龢乃由锐意变法革新的光绪帝所开缺。因为光绪随着变法革新的推进，对翁的愚昧守旧有所不满，翁又不能改变，才主动将其罢官。而且，慈禧在变法初起时，在未触动其根本利益的前提下，也并不反对光绪皇帝的变法新政。历史事件原本是错综复杂的，这些材料的揭示与作者据此得出的结论，不见得就是定论，也不一定能成为历史学界的共识，但却给人们分析此一历史事件以新的视野、新的看法，值得人们进一步思考和更深入研究。

本书还依据有关史料，提出对一些历史事件与历史人物应进行具体分析，应力戒某些公式化的空洞论述。如书中对戊戌变法前后张之洞与康有为、梁启超之间复杂关系的揭示，人们知道戊戌政变前张之洞与康、梁有一定联系，康、梁的某些主张与活动，也得到张之洞的一些支持。但张之洞在戊戌政变后曾竭力洗刷他与康、梁的联系，表示对康、梁及一些人的反对与仇视。当政变之后康、梁逃往日本，张之洞与慈禧守旧大臣虽然都对维新派敌视和仇恨，不过二者之间却仍有区别。张之洞只是建议日本将康、梁逐出其国境。慈禧则希望"不动声色，秘密诛杀，以除后患"。同时，张之洞还向日本外交官表示，百日维新时光绪皇帝所推行的新政，"都是一一向太后禀告请旨才颁布的"，只是由于守旧大臣的挑拨才使政变发生，"于是就变成了皇太后自己同意实施的事业，后被自己废止的丑剧"。张之洞的说法，当然与他本人主张洋务及其与慈禧之间的关系有关，却可使人们更全面了解这段历史的复杂多变和某些事件的具体情况。

此外，本书还有补充已经研究之不足的价值与特点。如丁文江等所著的《梁启超年谱长编》，是学术界公认的内容丰富、编排精当的著作。但因编写时条件限制，未能采用梁启超于政变后在日本东京的活动记录，故未能将梁氏被迫离开东京的前后因果写出，致使该书有些遗漏。本书则根据日本档案记载予以补充，使读者对梁启超在日本流亡时的处境有更加完整的认识。这在本书之《〈梁启超年谱长编〉戊戌己亥年补正》一文中有充分展示。

当然，笔者并无意要说作者利用的有关日本档案都可靠、确凿、无疑。对这些数据的使用理应用中国内地已有的数据，加以鉴别与考订。可贵的是本书作者对自己研究范围的有关问题的国内资料都十分熟悉，能结合使用熟知的国内资料数据对日本有关单位保存的资料数据加以鉴别，而后加以利用。不过，读者还可以进一步对书中引用的日本资料进行鉴别和研究。

（原载国家清史编纂委员会《中华文史网》2006年2月23日）

晚清历史的缩影与见证

——《恽毓鼎澄斋日记》评介

近读晚清名人恽毓鼎著、当代学者史晓风点校整理的《恽毓鼎澄斋日记》（以下简称《日记》），顿感这是一部有很高史料价值，且有可读性的珍贵历史文献，凡研治与爱好晚清史者均值得一读。

恽毓鼎（1863—1918），字澄斋，原籍江苏常州，光绪八年中举人，十五年进士，历任翰林院侍讲、侍读，起居注官及国史馆总纂、宪政研究所总办等职，乃光绪、宣统两朝皇帝之近臣。《日记》上起光绪八年其中举之后，下迄1917年其逝世前一年，原为未刊行之手稿，共36册，达百余万言，长期收藏于北京大学图书馆，现经史晓风先生点校整理，由国家清史编纂委员会列入《文献丛刊》，用简体字排印出版。笔者阅读是书后，体味其内容与价值，举其要者，有如下数端：

其一，内容丰富，真实可信。恽民长期侍奉光绪左右，随之参加各种活动，阅历丰富，深悉朝章典故与宫廷内幕；且其又长期担任史官，常在编纂史书过程中，联系时政，总结历朝治乱兴衰，有鉴于今。他又"一年三百六十日，无一日不读书"，涉猎广泛、视野开阔，既精于经史子集，又长于翰墨医道；以其特殊身份，还能接触达官显贵与文人学者；将其亲历、亲见、亲闻与切身感受，不加掩饰地记入《日记》，使人读来深感内容既丰富又真实。他曾自谓《日记》内容包含文献、时事、读书笔记、诗词评论、民俗风情及家庭琐事等，实际上是涉及晚清时期之政治、经济、文化、教育、民族、外交、水利、交通等各个方面，从一定角度上看，可谓是晚清历史的缩影与见证。

其二，透视了晚清许多重大历史事件与历史人物的真相与原貌。由于日记作者亲身经历了从戊戌变法到辛亥革命前后的一系列历史事件，接触了这些事件中的各类人物，《日记》主人又具有新政变法思想，常在《日记》中记述史实、直抒胸臆、抨击时政、臧否人物，能揭示出某些事件、人物的真相与原貌。如其对戊戌变法前后的记载，"闻北洋生变，颐和密谋朝局翻变在指颐间"，然则"德宗既无腹心之大臣，又乏效忠之武将，复生则志大才疏，暾首亦少年新进，虽以刘斐村年丈之持重，杨叔峤之绩学，亦依违其间，无所匡正，临时更懵然罔觉，漫无布置"，而"太后素性狠鸷，更事已久，宫中多其耳目，乃安居颐和，佯作不知"，"不旋踵而祸作，四卿相继就逮，骈首市曹"，"以区区数书生与之角，庸有幸乎？"①《日记》中对其他历史事件与人物评论的类似记载，不胜枚举，足见该书史料价值之珍贵。

其三，点校整理笃实严谨。《日记》的点校整理者史晓风先生，以年过七旬之高龄，于退休之后，以红烛精神，费十多年之心思精力，将原书中难以识读之草书，以及许多不易弄清的人名与史事，一一考核，精心点校，使难以卒读的原书，得以释然，实嘉惠于史林后学，其敬业精神与笃实的学风，也令人钦敬。难怪戴逸先生在是书序言中说："此书有很高的史料价值和可读性。这部《日记》的出版无疑将对中国近代史研究起到积极的推动作用。"诚确然之论。尤为可贵的是，整理者曾将此书寄呈时任国务院总理的温家宝同志。温总理阅读是书后，曾欣然复信称："晓风同志：所赠《恽毓鼎澄斋日记》收到，大示亦价读。这部史料的整理出版，反映出先生的勤奋、缜密、敬业之精神，也可见到先生深厚的文学功底。我喜欢读古人日记，觉得日记的记载较为真实，读了既可以史为鉴，又可以他人之历练、操守、见识激励自己。先生年事已高，还惦记着我，很让我感动。尚请保重身体。专此。敬颂大安　温家宝　二零零四年六月一日。"

这里之所以全文恭录了温家宝总理给整理者的复信，一则从中可

---

① 恽毓鼎：《恽毓鼎澄斋日证》，史晓风点校，第 1 册，浙江古籍出版社 2004 年版，第 189 页。

以看到温总理博览群书、礼贤下士、尊重知识、爱护学者的高风亮节，二则也可以看到他对清代古籍整理的重视，这对广大历史工作者，特别是清史研究者亦是莫大的鼓舞和激励。①

(原载《光明日报》2004年7月10日)

---

① 参见王俊义《服务清史编纂 抢救文化遗产 推动清史研究》，《清史研究》2011年第3期。

《清史书目》评说

由黄爱平教授主编,并有诸多学者包括部分研究生共同参与编纂的《清史书目(1911—2011)》,不久前已由中国人民大学出版社出版。笔者展读后,深感此书规模宏大,主旨明确,体例规范,著录齐备,具有很高的学术价值和实用价值,是清史研究工作者理应案头常备的工具书,也是近年来清史领域的一项不可多得的重要成果。此就《清史书目》(以下简称《书目》)编纂的主旨、特色、价值,略作评说。

一 《书目》编纂的主旨

一般而言,要编纂一部大型图书,其学术质量是否有保证,首先要看其是否有明确的编纂主旨,是否有相应的组织保证和充实的编纂实力。我们不妨以此为标准,对《书目》一书予以衡量。

从是书《前言》可知,此书之编纂缘起于2011年辛亥革命百年纪念之际。当时,中国人民大学清史研究所为推动清史研究向广度和深度进一步开展,认为有必要从学术史角度,梳理清史研究百年来的发展脉络,考察百年间清史研究取得的丰硕成果,分析各个时期清史研究发展演变的轨迹与特征,总结研究工作中的经验教训与利弊得失,进而展望今后清史研究的发展趋势与前进方向,应该说这是很有价值和颇有远见的考虑。由此出发,该所作为教育部人文社会科学重点研究基地,成立了由戴逸、李文海两位学界前辈、清史大家领衔主持的"百年清史研究学术史"课题,并申请重大项目且获准立项。《书目》的编纂正是作为此项课题的基础工作而启动的。在书前《凡例》中,编者开宗明义地指出:"本书收录自清朝灭亡迄今,即1911年至2011年百年间中国境内以汉文发表、出版的清史著述（含译著、论集、工具书等），整理影印的清代文献档案资料等。期冀全面展示学术界既有成果，为学者研究提供便利。"足见《书目》编纂的主旨、内容和目的都十分明确，立意甚好，起点很高。

当然，要实现上述主旨和立意，必须要有一个水平高、实力强的编纂队伍。中国人民大学清史研究所作为全国高校中最早成立的以研究所为建制的清史研究机构，经过建所几十年来的学术积累和人才培养，可谓兵强马壮，具有相当的编纂实力。《书目》主编黄爱平教授既是清代学术思想史专家，又是中国历史文献学学科专业的学术带头人，且有清史研究所为后盾，能组织动员一批青年教师和博士、硕士研究生参与《书目》的编纂。从《书目》扉页开列的名录可知，参与此项工作的人员达三四十人之多。而研究生参加《书目》编纂，还可作为教学实践，学以致用。这样既编书，又练人，应该说是很好的编纂经验。

在确立编纂主旨并组织学术团队的基础上，要实施编纂工作，还必须有切实可行的工作方法和操作程序。据了解，编纂组首先对已有清史著作成果进行摸底调查，并搜集各种相关书目资料，再根据清史研究发展的脉络和整体面貌，将百年清史历程划分为三个时段：即民国时期（1911—1949）、新中国成立初期（1950—1979）和改革开放时期（1980—2011），并将参与编纂工作的成员相应划分为三个组，以分工合作，分别承担不同时段的编纂任务。

《书目》在编纂过程中，广泛参考利用了《全国总书目》《全国新书目》《民国时期总书目》《新中国古籍整理图书总目录》《中国古籍总目》，以及《1945—2005年台湾地区清史论著目录》和《中山大学图书馆藏台湾、香港出版的中文图书目录》等书目文献资料，并借助现代化的科学技术手段，查阅利用各种网络及有关数据库资源，而后按规定的体例予以逐条著录。初稿合成后，又反复进行审核，删除重复，改正讹谬，增遗补缺，再分门别类，依时间先后顺序，排列成编。历经两年多时间，终于编成这部大型的书目著述。

二　《书目》编纂的特色

在我国修史、编书的悠久传统中，历代都不乏对书目类图书的编纂，但盈千累万的各种书目，是否有生命力，能否经久不衰传之千秋？那就要看其是否有自身的价值和特色。令人欣喜的是《清史书目》虽问世不久，就被学界认为是清史领域的一项新的重要成果而引起重视和关注，究其原因，就在于它确有自身独具的特色和很高的学术价值。

以笔者拙见，《书目》的独有特色，约略言之，有如下数端。

其一，规模宏大，时间跨度长，涵盖面广。

《书目》全书卷帙浩繁，著录各类书籍包括重印、再版在内达四万余条，近二百万字。如此宏大规模，实为近年来已出版同类书目所罕见。再者，其收录书籍的时间范围，上起1911年清朝灭亡，下迄2011年辛亥革命百年纪念，时间跨度长达百年。作为一部断代史清史的专门书目，该书基本囊括了百年间出版的各类清史研究著作与文献档案资料，堪称一部规模宏大，内容丰富，时间跨度长、涵盖范围广的大型工具书。

其二，体例规范，类目细致，编排合理，收录完备。

大凡书目性质的图书编纂，都要制定切实可行的体例与类目，以便有章可循，避免杂乱不一。正如我国古代著名目录学专家郑樵所说："类书（即类例）犹持军也，若有条理，虽多而治；若无条理，虽寡而纷。"像《书目》这样卷帙浩繁、规模宏大的目录著作，尤应具备规范的体例与合理的类目。

打开《书目》，开卷即可见全书的《凡例》，切实细致，有主有次，既揭示出全书的主旨与收录范围，又对书中涉及的许多问题有明确具体的规定。例如"本书目收录著述以有清一代（1644—1911）历史的研究为范围"，但考虑到历史发展有其连续性，又规定"其中有关涉明朝末年以及民国初年者，亦予收录"。再如，对收录的各类图书"均著录书名、责任者、出版者、出版时间"等项，鉴于一些有影响的重要典籍或名著，曾先后在不同时间由不同出版社出版或再版，为使读者了解该书不同版本的流传情况，又规定"同一书若出版者或出版时间不同，则分别予以著录"。诸如此类的各项规定，看似琐碎，实则有了这样的规定，才使得全书整齐划一，条理分明。

为使《书目》编排合理，眉目清晰，足以统括百年间出版的清史研究著作与文献档案资料，编者在类目的设置上也颇具匠心。首先从大的方面分为"上编"与"下编"，上编收录"研究著作"，下编著录"文献档案"。其下再根据书籍的内容与性质，分别设置大类、小类，乃至小目。如上编所收研究著作，即按内容分为：总论、政治、经济、军事、法律、社会、边疆民族、宗教结社、教育科举、思想文化、文学艺术、科学技术、文物考古、历史地理、中外关系、人物，凡十六大类。各大类之下，又进而划分小类，小类之下或再分出小目。以文学艺术类为例，其下即分为文学、艺术两个小类，小类之下又各分小目。如文学小类之下，便分为通论、作家作品、文学理论、小说、散文、诗词、语言文字及其他，共七个小目。正是因为全书设置了比较完善的由编而类而小类，再到小目的类目体系，从而使数万种书籍有条不紊的各归其类，各入其目，既系统全面地展示出百年清史研究的整体面貌，又方便了读者的查阅和利用。

其三，将研究著作与文献档案资料汇编于一书。

一般情况下，大多数书目著作或着眼于学术研究，只收录研究著述，或专注于古籍整理，只著录文献资料。然而，清史领域已有成果本身呈现的特点，则是不仅涌现出大量的研究著作，还有对有清一代存留至今的大量文献档案的整理与编纂。特别是清代档案，作为清史研究不可或缺的第一手资料，是否利用及此，往往成为衡量一部清史研究著作学术质量高低的重要标准。有鉴于此，《书目》编者毅然决定既收录研究著作，又著录文献档案资料，以期全面反映百年清史领域已有成果的完整面貌。而且，依据文献具体情形以及现代文献整理的内容、形式和特点，编者在采用中国传统的经、史、子、集四部分类法的基础上，斟酌划分小类，小类之下或再分小目。如"经部"大类之下，设综论综考、五经（附孝经）、四书、小学凡四小类，其中五经小类下分易、书、诗、礼、春秋三传、孝经六小目，四书小类下分论语、孟子两小目，小学类下则分文字、音韵、训诂、语法四小目。这样的类目设置，在尊重传统的同时，又有所变通和创新，但凡清代学者对中国传统儒家经学的训诂注疏著述，以及现当代学者对清人经学研究的整理成果，均囊括无遗。可以说，汇研究著作和文献档案于一编，尤为《书目》编纂的一大特色。

三 《书目》编纂的价值

从《书目》的编纂主旨及其特色，我们不难看到该书的学术价值。

其一，全面展示百年清史历程的整体面貌。清代在我国历史发展中具有重要地位和影响，而现代意义上的清史研究，从辛亥革命推翻清朝帝制后方为开始，迄今已走过百年历程。在此期间，清史研究自身也经历了发展演变的各个阶段。如辛亥革命前后，曾兴起一股"清史热"，其研究内容和立场观点大多从推翻帝制的政治需要出发，充斥着排满仇满的思想观点，把清朝的统治骂得狗血喷头，一团漆黑。而后北洋政府设馆纂修清史，由于参与编纂的人大多为清朝遗老，不免站在清室立场为清朝统治歌功颂德，因此编出的《清史稿》尽管有一定的学术资料价值。仍称不上是科学的清史之作。此后，涌现出孟森、萧一山等老一辈清史学家，他们或搜集整理大量史料进行实证性清史研究，或编撰全面系统、翔实厚重的一代通史，为清史学科的发展奠定了基础，其前驱先路之功实不可没，然而其时代的局限与烙印也十分明显。1949年新中国成立后，整个史学研究发生了巨大变化，清史研究也进入一个新阶段，逐步出现了以唯物史观为指导的清史论著，也整理出版了一些清史方面的文献和档案，但受机械唯物论与片面的阶级斗争观的影响，研究内容多偏重在政治史、经济史方面，对诸多领域的研究都付之阙如。直至1978年改革开放之后，学术界解放思想，实事求是，清史研究也迅速发展起来，研究力量日益壮大，研究成果逐渐丰硕，研究方法有所更新，国内外的学术交流也日益频繁。特别是新世纪以来国家清史编纂工程的启动，又将整个清史研究推向新的阶段，提高到新的水平。伴随清史编纂十多年来的进程，清史研究的论著更加丰富多彩，大量的清史文献档案（包括海外）资料得到整理出版，整个清史研究在深度和广度方面都突飞猛进，清史学界的面貌可谓日新月异。而在清史研究开展百年之际，《书目》将百年间学术界出版的研究著作与文献档案最大限度地著录于一书，既较为全面地展示了清史研究成果的整体面貌，也反映和折射出百年来清史研究发展演变的脉络及其得失。这无疑是对百年清史研究带有总结性的尝试，为今后进一步开展清史研究，奠定了坚实的资料基础。

其二，为读者提供治学津梁和读书门径。清代经史考据大师王鸣盛曾云："目录之学，学中第一要紧事，必从此问涂，方能得其门而入。"诚如其言，目录是从事学术研究的基础，清史学者在选择自己的研究课题时，有必要了解清史学界的研究状况，哪些方面的研究成果较多，哪些方面的研究相对薄弱，有哪些难点尚待突破，又有哪些空白尚未填补等，都需要通过《书目》这样的图书来了解有关情况。特别是对初学者而言，更有必要了解清史研究的历史和现状，需要读哪些书？今后的学习和研究应该向哪些方面开展和深入？这些问题，《书目》都可以提供参考。就此而言，研究者都应重视目录，将其作为治学第一要紧之事，研究过程中更要善于利用目录，以收事半功倍之效。常言道"工欲善其事，必先利其器"，而《书目》无疑是清史研究工作者必备的工具书。

四　不足与有待商榷之处

在肯定《书目》编纂的主旨、特色和价值时，也有必要指出其存在的不足之处和一些有待商榷的问题。

其一，有所遗漏。尽管《书目》的著录已比较齐备，却仍有遗漏。举要言之，如上编总论之中国通史类下，遗漏了范文澜、蔡美彪主编的《中国通史》系列中属于明清时期的第九册和第十册（人民出版社1994年版）；明清史一类则遗漏了孟森著《明清史论著集刊》上、下册（中华书局1959年版）和其《明清史论著集刊正续编》（河北教育出版社2000年版）。

其二，尚有讹误。《书目》对书名、责任者及出版社等义项的著录不免讹误，如责任者方面，第117页《从闭关到开放：晚清"洋务"热透视》一条，其中的作者"湖滨"应为"胡滨"。第251页《清代理学史》上、中、下三册（广东教育出版社2007年版），中册著录为

"张昭军",下册"李帆"。事实上应为中册"李帆",下册"张昭军"。

其三,重复著录。《书目》对书籍的著录还有前后重出的情形,如唐德刚著《晚清七十年》(一)、(二)、(三)、(四)、(五)凡5册,既见于《总论·晚清史》一类,又见于《政治·通论》一类;卞僧慧著《吕留良年谱长编》,既著录于上编《人物·单传》一类,又收录于下编《史部·传记》类。

与上述疏误类似之情况,《书目》尚有不少,不一一列举。实事求是地说,编纂一部工程如此浩大的工具书,且出自众人之手,存在一些疏误,势所难免。然而,作为一部研究清史常备的工具书,理应精益求精,反复核校,以最大限度减少差错,避免误导读者。

《书目》之所以出现上述讹误,原因当然是多方面的。在笔者看来,与该书在编纂体例上对于类目的设置过多、过细,似乎也有一定关系。以总论一类为例,其下设有15个小类,其中既有"清朝通史",又有"历朝"(包括入关前和顺、康、雍、乾、嘉、道、咸、同、光、宣各朝),还有"晚清史"。而史学界所说的"晚清史",一般即指"道、咸、同、光、宣"各朝。这样的设置,极易造成所收各书的在时限与内容范围上的重复。此外,人物类下分设"单传、合传、总传"各小类;论集小类之下,分设"一般论集、个人论集、会议论集"等小目,也不免失之过细。因此,如何使《书目》的编纂体例及类目的设置更加严谨和科学,还可再加斟酌与商榷。

(未刊稿)

退而未休
坚持清史研究与《清史》编纂

我原在中国社会科学出版社工作,并担任总编辑。1999年当到62周岁时,恰逢任届期满,因此被免去职务,办了退休。应该说这是我人生历程的一大转折。古人云,"人生七十古来稀",但现实社会中由于客观环境的改善,人们生活水平的提高,人的寿命也日愈延长,往往在退休后还能正常生活二三十年。如何使退休后这段漫长而宝贵的时光过得更有价值和意义,这就值得每一个人认真思考和实践。我从退休到现在已经14年了,这十几年过得如何,有什么价值和意义,用简单明确的语言回答,则是:始终退而未休,一直在坚持清史研究和由国家启动的《清史》编纂工作,且乐在其中,生活得十分充实、愉快而有意义。

当然,由于每个人的具体情况不同,退休后的生活方式、生活内容也自然会有所区别。我之所以在退休后仍然坚持清史研究和《清史》编纂,则与我个人的工作、生活经历有关。因为我来出版社之前,曾长期在中国人民大学从事清史的教学与研究,早在1972年成立清史研究小组时,我就投入了清史研究,并从建所时一名最年轻的研究人员,成长为讲师、副教授、教授,而且担任了研究室主任、副所长、所长,因而与清史研究,结下了不解之缘,对它有着深厚感情。1991年因工作需要,调来出版社工作,先后任副总编和总编,在做好日常编辑工作的同时,始终克服各种困难,利用假日和休息时间,坚持清史研究,不时参加海内外的学术活动,出国讲学,撰写清史论著,先后出版了《清代学术与文化》(1993年,辽宁教育出版社)、《龚自珍、魏源诗文译注》(1997年,巴蜀书社)、《清代学术文化史论》(1999年,台湾文津出版社)。这些著述虽然都是我在出版社工作期间出版的,但却是多年学术积累的结果，也并未影响我在出版社的日常工作。不过，一个人的工作时间是有限的，这方面投入的多，那方面投入的就会少，有时也难免会有矛盾，如何协调日常的编辑工作与个人的学术研究。常常令我很苦恼，甚至为不能全身心做好编辑工作而有负罪感。

退休之后，上述矛盾解决了，时间可以完全由自己支配和掌握，可以无拘无束地从事自己喜爱的清史研究了。所以不仅没有失落感，反而感到解脱了，轻松了。特别是当我想到中国人民大学的清史研究所刚成立时，当时的校长也是明清史学家的郭影秋同志曾语重心长地教诲我："要知道清史研究有特别重要的历史和现实意义，而且尚有许多未开垦的处女地，大有用武之地，应有志于把清史研究作为自己毕生的事业。"老校长的教诲言犹在耳，我也常常为未能很好地践履他的教诲而愧疚。而现在虽然退休了，身体还健康，头脑尚清楚，正可在有生之年，脚踏实地地做些清史研究，以不负老校长的殷切期望。这也可以说是我在退休后能坚持清史研究的精神支撑。正是在这样的精神动力下，退休后这十多年，每天都在读书、思考和写作，而且完全处于自觉和自愿，学术研究几乎成为我日常生活不可或缺的组成部分。

退休之后，我在清史研究方面首先做的一件事，就是整理自己已有的研究成果，从自己撰写的大量关于清代学术思想的论文中，精选出二三十篇，分作《总论篇》《清初篇》《乾嘉篇》《晚清篇》和《评论篇》，达43万余言，结集成《清代学术探研录》，纳入中国社会科学出版社的"社会科学文库"，于2002年出版。该书出版后颇有好评。戴逸先生在是书序言中肯定："是作者研治清代学术思想研究成果的结晶，研究的时间跨度很长，上自清初、中经乾嘉、下迄晚清，说明作者对于清代学术思想的研究实贯穿有清一代，内容丰富翔实，涵盖面广，既有宏观论述，又有微观阐发，是一部研究清代学术方面的力作。"[1] 著名清史专家孟昭信教授也撰写评论指出：本书"虽然是以系列论文的形式奉献给读者，实际上它已经形成清代学术思想史的基本框架、基本体系

---

[1] 戴逸：《序言》，载王俊义《清代学术探研录》，中国社会科学出版社2002年版，第1—4页。

和主要内容,是高水平、高质量的创新力作。"① 此书在出版后的十多年里,也经常为研究清代学术思想的论著所引用,并列为参考用书。这些情况说明,我的研究成果对清史研究尚有一定作用和影响。

退休后,我在清史研究方面付出更多时间和精力的则是参与了由党中央、国务院决策而启动的国家清史纂修工程。大家都知道,我们中华民族历史悠久,文化灿烂,且有易代修史的优良传统,一部辉煌浩瀚的二十四史就是明证。由于清朝在我国历史上具有重要的历史地位,它既是中国古代社会的终结,又是近代社会的开端,与当代社会的政治、经济、文化、军事、民族、外交都有密切关系,但是民国时期由北洋政府主持纂修的《清史稿》,依然是清朝遗老们站在清朝统治者立场上的歌功颂德之作,虽有一定的史料参考价值,却难以与二十四史相匹配。因此,党和国家老一代领导人毛泽东、周恩来、邓小平、董必武等都曾倡导要修一部新的《清史》。近年来,在各种条件都已具备的基础上,党中央领导人江泽民、胡锦涛、朱镕基、李岚清等都作出重要批示,决定以国家名义,成立国家清史编纂委员会,聘请著名历史学家、清史大家戴逸先生担任编委会主任,集全国清史研究力量,来编纂一部能反映当代中国学术水平的清史巨著。这项国家清史纂修工程于2002年正式启动,由于我长期从事清史研究,自工程启动之初,就以编委会特聘专家的身份参与了这项工作,至今十年有余。每周我都风雨无阻地按规定时间到清史编纂处办公地上班,从未间断。

国家清史编纂工程,根据其总体规划有主体工程——以综合创新体裁,由"通纪""典志""人物传""史表""图录"五部分组成,一部达三千余万字的《清史》巨著;另有为主体工程服务的基础工程和辅助工程,包括文献、档案、编译、出版、网络等各组。参加此工程之初,编委会主任戴逸先生在安排我的工作时说:"你既搞过清史,又做过出版,这两个方面你都熟悉,是否到出版组,帮助把把关?"因此,我参加编纂工程的头几年是遵照戴先生的安排,在编委会下设的出版组工作,主要是参与编辑出版国内外的清代史料,包括清代档案、官书、方志、文集、笔记、书信、未刊手稿等,为纂修新《清史》提供史料,

---

① 孟昭信:《研究清代学术思想的一部力作》,《史学集刊》2003年第2期。

以使清史编纂建立在扎实的史料基础上。出版组的全体专家，在各方面的支持下，十多年来出版的各类图书，已有十亿字之多，大都是首次整理发掘、刊印的珍贵史料。这些图书出版后在海内外学术界引起强烈反响，认为其既有助于清史编纂，也有利于今后长时期的清史研究，可谓是有益当代、功在千秋的宏伟工作。我个人对这些图书的出版，应该说也尽了微薄之力。同时，还曾撰写有《服务清史编纂抢救文化遗产推动清史研究》，[①] 对清史编纂工程的出版成果做了详细的评介。

此外，为了使这些出版成果更好地服务于海内外学术界，使更多的读者了解有关信息，充分利用这些图书资料，清史编委会强调要加强对这些图书的宣传评介，还成立了宣传评论组，并责成我具体负责。为此，我有计划地约请编委会内外的专家学者，对出版的成果进行推荐和评介，撰写文稿在各报刊上公开发表。我自己撰写的这类文章也有十多篇，如《晚清历史的见证和缩影——〈恽毓鼎澄斋日记〉评介》等。经过日积月累，公开发表的这方面的评介文章达一定数量后，我又将之汇编成《清史纂修研究与评论》，于2011年由上海古籍出版社出版，全书达40余万字，对宣传评介清史出版成果发挥了应有的作用和影响。

总之，对于清史纂修工程的出版工作，我的确花费了不少的时间和精力，取得了应有的成效。每看到已出版的价值珍贵的清史图书资料时，我自己也感到由衷的喜悦。

已故中国人民大学校长郭影秋是我国清史研究事业的开拓者，早在1965年中宣部部长会议决定编纂清史、成立清史编纂委员会时，他就被任命为编委会主任，且决定在人大建立清史研究所。此事虽因很快爆发的"文化大革命"而未果。但他却矢志不渝，1972年他刚被结束审查，就旧事重提，上书北京市和中央，建议成立清史研究机构，遂被批准，成立了清史研究小组，他亲自担任组长，而后又创建了清史研究所，应该说其对清史研究事业与清史编纂工作有不可磨灭的贡献。为此，中国人民大学与国家清史编纂委员会联合决定，在其诞辰一百周年之际召开纪念会，并出版几本有关的图书，其中就有其口述的《往事漫

[①] 王俊义：《服务清史编纂 抢救文化遗产 推动清史研究》，《清史研究》2011年第3期。

忆》。由于郭校长生前曾在两个月时间内,向我详细口述了其一生的革命与治学经历,因此,中国人民大学与清史编委会两个单位的领导共同委托我整理该书。我从 2009 年 3 月开始,夜以继日,加班加点,忘我工作。终于在 2009 年 9 月于郭校长百年诞辰纪念活动之前,由中国人民大学出版社正式出版了一本 30 多万字的郭影秋口述、王俊义整理的口述自传——《往事漫忆》。在时间极紧、劳动量很大的情况下,对当时我这个已年过七旬的人说来,劳累和疲惫是可想而知的,但想到这对清史事业是件极有意义的工作,我也就以苦为荣,以苦为乐,且备感欣慰。在此期间,我还撰写了《郭影秋与清史研究和清史编纂》[①],翔实记述了郭校长在明清史研究方面的学术成就及其在组织清史研究和推动清史编纂方面做出的积极贡献。

随着时间的推移,整个清史编纂工作,近两三年又进入一个新的阶段。由于其主体工程——"通纪""典志""人物传""史表""图录"等各个部类的稿件已基本完成,需要有关专家进行审改。而原来为主体工程服务的,包括出版、文献、档案等在内的各基础工程组则按计划陆续撤销。这时,我又从原来的"出版组"调到"通纪组",承担通读和审改《清史·通纪》各卷稿件的工作。通纪是整个《清史》的龙头和核心,也是全书的纲,在整个新编《清史》中占有极重要的地位,对其编纂质量的要求尤为严格,对稿件的审改,则是保证书稿质量的关键性环节。因此,编委会领导一再强调质量是清史的生命,对审改工作一定要严肃认真,不可有丝毫马虎。我既然参加了审改工作,就应对这项工作认真负责。近两年来,我已通读审改了多卷《清史·通纪》的书稿,对书稿的内容、观点、史料运用、结构体例、文字表述等,都提出认真详细的意见,甚至对某些卷的一些章节,按全书的统一要求,根据编委会主任的意见进行修改。尽管自己的水平有限,但我在工作态度上却甚为负责,因而所写的审改报告受到领导的好评与肯定,如编委会主任戴逸先生在审核了我对《清史·通纪》第二卷的"审读报告"后曾有批示:"读王俊义先生的意见,他对工作做得细微、认真、用力,非常好,对提高稿件质量有很大帮助。难能可贵的是:一、查找原始资

---

① 王俊义:《郭影秋与清史研究和清史编纂》,《社会科学战线》2009 年第 2 期。

料核对；二、深入追寻，打破砂锅璺到底。我们的一审、二审如果都能做到，则有望攀登高质量。所提意见大多应采纳，当然亦有少数可改可不改之处，甚至有不必采纳者，应分析对待。建议将王俊义先生的意见发各组，供审改专家参阅。"当我看到戴先生的批文时，很受感动，认为这既是对我的肯定和鼓励，也是一种要求与鞭策。他激励和鞭策我，一定要再接再厉，在今后持续进行的清史编纂工作中，以高度认真负责的态度和精神，为提高清史纂修的质量，力所能及地尽心尽力。《清史》编纂工程总有完成之日，但是清史研究却没有终结，而从事清史研究则是我终生为之奋斗的事业，只要一息尚存，就要坚持读清史著作，研究清史问题，以圆个人美好的清史之梦，以涓涓细流汇入实现中国梦，完成中华民族伟大复兴的江海洪流之中。

（原载《同心共筑中国梦》，中国社会科学出版社2013年版）

回顾既往　心系未来

——忆清史所建所初期的艰苦创业经历

伴随我国新时期改革开放辉煌的历史进程，中国人民大学清史研究所也迎来了建所三十年喜庆。中国人民大学是我的母校，我与清史所则有更深层的关系，如果从1972年成立清史研究小组，我即厕身其间算起，至1991年调离为止，我在这里整整工作生活了二十个年头，且是我人生岁月中最为宝贵的黄金年华。此间，在诸多领导、老师、前辈的培育提携下，我从一名年轻的研究人员，逐步成长为研究室副主任、主任、副所长，直至所长；在业务职称上也从一个助教，晋升为讲师、副教授、教授。足见，清史所既是我学习和研究清史的摇篮，也是我今生今世安身立命的根基之所系，正是这段经历奠定了我的业务和工作的基础。因此，我对清史所有着难以割舍的深厚感情，值此所庆之际，抚今追昔，实感慨良多。现任所长黄兴涛教授殷切嘱意能为所庆写点什么，这从各个角度说都义不容辞，谨结合自己在所里工作时的经历，就建所初期的艰苦创业作片断追忆。

一　清史所的前身及其创建者和奠基人郭影秋

历史总是前后相继相承的，既不能割断也不应忘记。回顾清史所产生、发展的历史，不能离开其前身——清史研究小组，更不能忘记她的创建人——人民大学的老校长、明清史学家郭影秋同志。郭校长不仅倡议成立了清史研究小组，而且积极贯彻执行了中央领导关于编纂《清史》、设立《清史》编纂委员会、成立清史研究所等项决定。从一定意义上说没有郭影秋就不可能顺利成立清史研究所，也不会有今天来之不易的《清史》纂修工程。唯其如此,现任国家《清史》编纂委员会主任戴逸教授曾多次满怀深情地说:"1965年秋,周总理委托中央领导同志(周扬)召开中宣部部长会议,决定成立七人编纂委员会。当时,中国人民大学常务副校长郭影秋同志担任主任,而且指定在人民大学成立一个清史研究所,这就是今天中国人民大学清史所由来。"[1]戴逸先生又说:"郭影秋同志始终坚持搞清史,他对清史编纂功不可没。"[2] 据我所知,当时中宣部决定设立的七人编纂委员会的具体成员是:郭影秋(主任)、关山复、尹达、刘大年、刘导生、佟冬、戴逸。同时,中央还决定在人民大学设立清史研究所,作为编纂清史的依托单位和专门学术机构。郭影秋于此次会议后,积极贯彻,身体力行,迅即与校党委研究部署,筹措建所事宜。始料未及的是,不久就爆发了空前绝后的"文化大革命",正着手筹措的上述事项,顷刻化作泡影。

难能可贵的是郭影秋校长,虽在"文化大革命"中横遭迫害,甚至被断腿截肢,他却身残志坚,对中央决定的纂修清史等事项始终铭记不忘。1972年在其刚结束审查不久,他就以高度的责任感、使命感,向北京市和中央有关部门上书,建议成立《清史》研究机构,着手《清史》纂修。令人欣喜的是,这一建议被领导部门接纳,并决定成立清史研究小组,由郭影秋兼任组长,暂定以四十人为规模的建置,并以人民大学中国历史教研室为基础,再从校内各相关系所抽调有关专业人员,我就是此时从哲学系调入研究组的。因为当时人民大学已被撤销,所以该组挂靠在北京师范大学。试想,郭校长在"文化大革命"尚未结束,"四人帮"仍当道横行时,就能不顾个人安危,为推动清史编纂而建议成立清史研究小组,这是何等的睿智卓识。也正是由于有了这样的前提,当1978年中国人民大学重新复校后,建所事宜水到渠成,校党委迅即决定,在清史研究小组基础上成立了清史研究所。

至今,我还清楚地记得,在1978年的建所会上,郭校长架扶着双拐,满面笑容地宣布了清史所的建立及所领导的组成:由年高德劭的罗

---

[1] 戴逸:《在国家清史编纂委员会第一次工作会议上的讲话》,《戴逸自选集》,中国人民大学出版社2007年版,第425页。

[2] 戴逸:《在清史编纂体裁体例学术座谈会上的讲话》,载《清史编纂体裁体例讨论集》(上),中国人民大学出版社2004年版,第40页。

鬈渔任所长，戴逸、袁定中任副所长。郭校长宣布所领导班子后，又勉励全所同志为早日编出大型清史而努力奋斗，他还亲切地点出大多数在场同志的名字，大家的兴奋和鼓舞自是不言而喻。此情此景，我想建所初期的许多老同志都记忆犹新。

清史所成立后，郭校长又为所的建设发展倾注了大量心血，就研究所的方针、方向和研究规划的制定，研究项目的确立，多次听取戴逸等所领导的汇报，并给予精心指导，并为之"排除干扰，解决困难"。[①] 对此，戴逸同志都有翔实的记述。这方面，我个人也有直接印证。记得，研究所成立不久，郭校长就在病房中主动约见过我和王思治同志，就如何进行清史研究做了长时间的谈话，这次谈话的要点是："（1）清史意义重大，而前人的研究成果甚少，许多领域还是未开垦的处女地，而清史的研究资料又浩如烟海，需要有坐冷板凳的精神，广为搜集阅读。在清史领域进行研究耕耘，大有用武之地，要有志于把清史研究作为自己毕生的事业；（2）清史研究所刚刚成立，一定要埋头苦干，少说多做，要有决心在几年内出一批有分量的成果，切忌在尚无建树的情况下喋喋不休，以免让人引为笑柄；（3）研究工作应从基础入手，基础一定深厚扎实。为此，可先编写《清史编年》，要在搜集丰富材料的基础上整理编纂，使其既是一部'学术'工具书，又是一部资料书。这是项基本建设，既编书，又练人；（4）清史所的长远目标是编纂大型清史，为了摸清楚有清一代268年的历史过程，可以先写一个简本，这个简本可以看作是大型清史的研究提纲。"[②]

影秋同志这次关于清史研究的谈话和指示，可以说是他经过深思熟虑而后发，切中肯綮，抓住了深入开展清史研究的关键，实际上成为清史所日后开展研究工作所遵循的依据。郭校长对王思治和我这样类似的谈话，所里的不少同志也都有同样的经历，他接触的面很广，既有资深教授，也有年轻教师，还有莘莘学子。如1981年，我带领本所1979届研究生到江南各地实习、考察时，看望了正在上海瑞金医院治病的校

---

① 戴逸：《悼念影秋同志》，《繁露集》，中国社会科学出版社1997年版，第238页。
② 王思治《难忘的教诲——悼念良师郭影秋同志》、王俊义《战士·学者·诗人——缅怀敬爱的影秋同志》均见《清史研究通讯》1986年第1期。

长，希望他能对研究生给予勉励，他虽重病在身，依然作了循循善诱的教诲，希望这些研究生："一要有坚实的理论基础；二要有系统的专业知识；三要掌握好语言工具，学好外语、少数民族语言和汉语；四要勤写多练，提高写作能力和研究水平。"直至1985年10月29日，郭校长在逝世前的弥留之际，他还以极其微弱的声音问我："你最近在研究什么清史课题？"这临终前的拳拳教诲，焉能不催人泪下。我想，郭校长不管是公务繁忙之际，还是疾病缠身之时，都不忘就清史研究苦口婆心地与研究所的师生交谈，绝不仅仅是出于兴趣和爱好，实际上是为了他终生坚持的清史事业而有意识地在组织和培育研究队伍，为编纂清史积蓄力量。

以上所忆从郭校长建议成立清史研究小组，到其宣布清史研究所建立及其后发展的历史，再从清史所研究方向、研究规划的制订、研究项目的确立，以及研究队伍的组织和培养等方面的大量事实可以看出，郭校长都倾注了的大量心思和精力，他无愧是清史研究小组和清史研究所的创办者与奠基人，他对清史研究与清史编纂作出的贡献，值得后人怀念而永远彪炳史册。

二　戴逸为创立和建设清史所做出的历史性贡献

回顾清史所创建和发展的历程时，我们自然会想到戴逸同志。

戴逸同志是我的老师，早在1956年我在人大历史系读书时，他就为我们讲授中国近代史，从此结下师生之谊。大概是1971年秋，我们同在江西余江"五七"干校，我就从他那儿闻悉要成立清史研究小组的信息，并经他推荐到了该组工作。从1972年的清史组到1978年又建立清史所以来，我便长时期在他的直接领导下工作和学习，也协助他做些具体事。正是在这样的长期相处中，一方面得到他的教诲和指导，他实际上是我迈入清史研究门槛的引路人；另一方面通过接触中的耳闻目睹，也使我对他视清史为生命，几十年如一日，孜孜不倦、持之以恒地研究清史、撰写论著、开拓清史研究领域、推动整个清史事业的发展，有了更多直接了解。历史和现实都可以印证，戴逸同志一直是清史所的掌门人，尤其是学术上的旗帜和代表。

如前所述，早在 1965 年 10 月，中宣部遵照周总理的批示决定要成立《清史》编纂委员会时，他就是七人编委之一，而当人民大学贯彻中央决定要成立清史研究所时，他又是拟定的所长，并责成他制订研究规划、筹措建所事宜。这件事，虽因迅猛而来的"文化大革命"而化为泡影，但他却由此暗自决心，终生坚持研究清史。

1972 年清史研究小组设立，因时在"文化大革命"之中，政治环境尚不乐观，但他不计得失，在郭影秋校长领导下，和研究组的其他领导一起制订研究规划，确定研究项目。与之同时，还接受了撰写中俄尼布楚条约的任务。这一课题虽然有很强的政治性，但他在研究中，却尽可能地以科学的态度、客观冷静的立场，利用大量中外史料，终以四年时间，写成《一六八九年的中俄尼布楚条约》，于 1977 年由人民出版社出版。此书以有说服力的论据，清楚考证了许多与边界有关的问题，披露了一些已往史书中从未记载，也鲜为人知的历史细节，澄清了中苏边境上一些有争议的问题，为我国外交部在当时的中苏谈判交涉方面提供了有力的历史依据，开拓了清史研究领域，这既是他继《中国近代史稿》后的又一部力作，也为清史研究小组争得光彩。

1978 年清史研究所成立，由年高德劭的罗髻渔同志任所长，他和袁定中同志任副所长。大家知道，罗老生于 1901 年，当时已趋八旬高龄，很难要求他做什么实际工作，袁定中同志主要负责党政工作，主持所里全面工作，特别是业务研究工作的重任自然需要戴逸同志承担。在所务工作繁忙的情况下，考虑到清史研究所的根本任务和长远目标是编纂大型清史，而大型清史的编写尚有待各方面条件的准备和积累，因此他建议，先编写一部简明扼要的清史，一方面满足社会上学习、研究的需要，另一方面又借此培养和组织清史研究队伍。这一建议得到郭校长和其他领导的赞同与支持，因此，清史所开始着手《简明清史》的编写。在此过程中，他以七年的时间和精力，阅读了大量史料，深入思考研究了清史涉及的很多问题。他在亲自承担繁难章节撰写的同时，又对参加编写人员提供的初稿，逐字、逐句、逐节、逐章进行了改定，有些章节完全重新写作，他曾深有感受的说：《简明清史》的编写，比自己撰写一部专著不知难多少倍。这绝非当前学术界某些挂名的空头主编可同日而语的。经过千辛万苦，《简明清史》第一册、第二册，终于在

1980年、1984年由人民出版社先后出版。这部由戴逸同志主编的《简明清史》,以简明的语言,丰富典型的史料,较为宽广的视野,成为我国第一部以唯物史观为指导,比较系统、全面研究鸦片战争以前的清代历史专著。该书出版后,被国家教委指定为文科教材,还先后被评为国家教委的优秀教科书,以及中国人民大学和北京市第一届哲学社会科学优秀成果一等奖和吴玉章优秀论著奖。继《简明清史》之后,他又以饱满的热情,笔耕不辍,先后组织主编了列入全国"六五""七五"重点规划的清史项目,诸如《中国历史大辞典·清史分册》《中国大百科全书·历史卷》清史部分,《清代人物传稿》下编、《清代中国边疆开发研究》《18世纪的中国与世界》等。这些项目的完成,都有力推动了清史研究事业,也提高了清史研究所的地位和影响,使之在国内外清史界站稳了脚跟。此外,戴逸同志还精心撰写了《乾隆帝及其时代》、《18世纪的中国与世界》导言卷等专著。他多年来撰写的论著,据截至2001年前的不完全统计已多达500万言,其主编的各种图书更是以数千万字计。[1] 这些著述的内容从纵的方面看,前清与晚清上下贯通;从横的方面看,涉及清代政治、经济、文化、军事、民族、外交等各个领域,构成了其完整的清史学术体系,既体现了时代性,也有自己的个性特色。

戴逸同志对清史所的贡献还突出反映在对人才的培养方面。一个研究单位要出研究成果就必须先出人才。他深知要完成日后进行的清史编纂任务,必须要以拥有大量研究人员的队伍为后盾。早在20世纪50年代,他就培养了不少中国近代史——晚清史的研究生,1978年清史所成立后,他即开始招收硕士研究生,作为国务院学位委员会于1982年评定的首批博士生导师,他又开始培养博士研究生。这些年来由他培养的国内外硕士、博士研究生,共50人左右,其中黄爱平同志就是他培养的新中国第一个历史学女博士。这些研究生经过戴老师的悉心培养指导,多数人已成为史学界的后起之秀,不少人已是知名教授、博士导师和各单位学术研究的带头人,可谓桃李不言,下自成蹊。

---

[1] 参见王俊义《开拓清史研究领域 推动清史事业发展——戴逸教授学术传略》,《社会科学战线》2001年第3期。

戴逸对清史研究所和整个清史事业的贡献，还突出表现在多年来，他一直呼吁大型清史的编纂。为实现这一目标，他有意识地做了大量扎实的工作。在清史所建立之初，他就撰文呼吁《把大型清史的编纂提到日程上来》，随后，又在成都和长沙召开的全国史学规划会上，提出了编纂清史的规划设想。他规划这部史书可以包括："①清代通史；②清代人物传；③清史编年；④清代专史；⑤清史图表；⑥清史书目。"以这样的规划，请主管领导部门接纳，付诸实施。虽由于改革开放之初，百废待兴，条件尚不具备等原因，上述设想，暂未能实现。但在他领导下的清史所仍对规划中的某些部分开始着手准备，如前述第一、二册《简明清史》的编写和十二卷《清史编年》、多卷本《清代人物传稿》等。行之多年后，全国清史研究也蓬勃发展，在各种条件逐渐具备时，他又接受《瞭望周刊》的访问，提出《纂修〈清史〉此其时矣》，继之，又联合学界知名学者，上书中央建议编纂大型清史，终于获得中央领导的赞同支持，组成了以他为主任的清史编纂委员会，将新修《清史》作为 21 世纪最大的学术文化工程，列入国家规划开始实施，这既实现了清史所建所的初衷，也体现了清史界几代学者的共同夙愿。此时他本人又以年近八旬之高龄，壮心不已的为编纂清史而呕心沥血、夜以继日地辛勤工作。这种为清史献身的精神实令人肃然起敬！

这篇感言性文字，无意全面阐述戴逸同志在清史方面的学术思想与学术成就，只是想通过一些具体事实说明他在创立和建设清史所中的地位、作用和影响，即此而论，他所作出的贡献也是历史性的、无可取代的。

我想，以清史研究小组的成立为起点，到清史研究所成立的最初十年，可视为清史所的创业阶段，在此期间担任过所里主要党政领导的同志，以及曾在这里工作的有深厚造诣的老专家和有志于清史研究的中青年学者，还有默默无闻长期工作在办公室的同志，都为清史所的建设和发展做出了应有的贡献。这里我还想特别提到罗明同志，他从 1972 年清史研究小组建立伊始就是重要成员之一，到 1978 年建所时他担任学术秘书，1980 年担任副所长，1986 年起又任所长，直到 1990 年因病退下所领导岗位。应该说从清史研究小组成立到清史所建所后的头十几年，他一直是戴逸同志在清史所的主要助手，在研究所的创业时期，从所里的学术建设，到行政管理，再到校内外和系所之间的联系沟通，他都顾全大局，任劳任怨，不求名利，不计代价，做了大量艰苦、细致、踏实而具有开创局面性的工作，对清史所的建设和发展做出了令人难忘的贡献，实功不可没。尽管他自己一向谦逊和低调，但这却是大家有目共睹的。

三 艰苦创业为研究所的进一步发展奠定了坚实基础

万事开头难，创业尤为不易。清史所建所之初也同样经历过艰难困苦的阶段。特别是在清史研究小组时期，适逢人大被解散，挂靠在北师大又人地生疏，虽有郭校长等为之"排除干扰，解决困难"，但所面临的客观环境仍然是举步维艰。当时办公条件十分简陋，仅在铁一号灰四楼家属宿舍区有几间办公室，又在灰一楼钟楼下有间图书资料室，竟连一部对外直通的电话都没有，根本无法对外联系，图书资料更为奇缺。本来中国历史教研室有十万册左右的图书，但在人大撤销过程中被统拨到首都图书馆，巧妇难为无米之炊，没有图书资料，几乎无法开展研究。另外，虽说有四十人的建置规模，但当时有人尚在江西干校未归，有人因人大撤销已分到外单位，所以，一时间人员也不齐备，但筹建工作又必须往前赶。因为，我作为一名研究人员又较早报到，当时的总支书记袁定中同志找我商量能否兼做办公室工作，这里要顺便说一下，袁定中同志在清史研究小组时期，实际上主持日常工作。我理解老袁的苦衷，从工作出发满口答应。此后，在几乎半年左右的时间里，我白天坐办公室，或为解决办公室设备奇缺问题，或为跑图书资料，整天在外面东奔西跑。好在那时年轻，精力旺盛，白天忙办公事务，晚上再在灯下读书写作。为了能争取早日有部对外联络的电话，我还不得不借用郭影秋组长的名义，强调其同市内各方面联系的重要性，又通过在市话局工作的熟人，以加急申请的方式，才安装了全所仅有的一部能对外联系的电话。为了争取可供经常阅读利用的图书资料，全组上下都思索着把已拨到首图的十万册图书再想方设法弄回来。为此我既找首图领导请他们支持谅解予以归还；又请北京市政府出面调解，还找原人大图书馆分配到首图工作的干部内部疏通；最后，经过市文教组和办公厅的领导亲自出面，几经斡旋协商，才把十万册图书中的绝大部分硬是又要了回来，这就为开展学术研究提供了极大方便。当时的图书资料建设也得到了校内外有关部门的支持。如原人大图书馆馆长于声同志介绍说，清华大学图书馆有两部《清实录》，作为工科大学的清华很少有人利用，长期躺在书库，当时任清华大学图书馆馆长的徐静贞同志听说人大成立了清史所，为使该书发挥作用，愿意长期借用。这可是天上掉下的馅饼，为此，我又曾多次跑清华大学图书馆，几经联络，在徐馆长的大力支持下，将一套《清实录》借回。后来，直到徐馆长退休，在办理移交手续时，才通知我们归还。我之所以罗唆絮叨地讲这些琐事，绝无意自我炫耀，而是想透过这些细琐事情说明，建所创业时的艰辛。

那时，不仅物质条件困难，政治环境也不利于读书治学。成立研究小组时，"文化大革命"还没有结束，以阶级斗争为纲的政治路线尚笼罩着学术界，"四人帮"为达到其政治目的，今天"批林批孔"，明天"评法批儒"，后天又"评水浒，批投降派"，朝令夕改，还常常以政治任务为由给各单位下派指令性任务，研究组不得不为应付这种差事而成立了"评论组"，写一些相关的文章，用以掩护已经开展的清史专业项目的正常进行。因为我原来在哲学系搞中国哲学史，评论组的事自然难以摆脱，为完成某些急迫的"政治"任务，我还常常不得不夜以继日地赶写那些毫无学术价值，有害无益的东西，这对自己对社会来说，都是对正常开展学术研究的损失和干扰。这种状况直到粉碎"四人帮"，恢复了实事求是、解放思想的思想路线后才有根本转变，物质条件也逐渐有所改善。

然而，难能可贵的是在清史研究小组和清史所初期工作的同志们，在艰难困苦的物质条件和不利于学术研究的环境中，仍能以顽强的毅力，孜孜不倦，埋头苦干地进行清史研究，且取得令人欣喜的成绩，对研究单位学术工作的各个方面都有扎实的推进，这突出表现在：

（1）按照制订的研究规划和确立的研究项目，有计划、有步骤地开展研究、编写著述、搜集整理原始的清代历史档案和文献资料。如戴逸同志主持撰著的《一六八九年的中俄尼布楚条约》，早在1977年就圆满完成。另外，戴逸同志主编（马汝珩、李华协助）的纲要性的清史著作《简明清史》，林铁钧、史松同志领衔主持的多卷本《清史编年》，也早在研究小组时就制定凡例、编写提纲，进行分工，着手编写，在研究所成立后，又被列入重点项目，陆续完成。与之同时，建所初期，又由戴逸和罗明主持了国家重大项目《中国历史大词典·清史》（上），及《中国大百科全书》（清史卷），还有王思治同志主编的多卷的《清代人物传稿》（上编），以及李文海同志主编的《清代人物传稿》（下编）的一些分卷，同时，他还和林敦奎等同志开辟了新的项目"中国近代灾荒研究"，撰写了《中国近代灾荒纪年》等论著。在开展这些项目的同时，从研究小组始，大家就十分重视清宫历史档案的发掘和历史文献资料的整理，一些同志在中国第一历史档案的支持下与之合作，搜集、编辑、整理出版了三卷本《清入关前资料选集》（李鸿彬、潘喆、孙方明——而今这几位同志都已逝去）、多卷本《清代农民战争史料》（张兴伯、张革非、刘美珍）、秦宝琦主持的多卷本《天地会》（档案资料选编）……为了搜集、编辑、整理这些珍贵的历史档案资料，一些同志几乎风雨无阻，整天跑档案馆，埋头苦干，持之以恒，既为清史所也为整个清史学界提供了原始研究资料，影响深远。

（2）为清史研究培养人才，招收硕士、博士研究生，使清史研究后继有人，也为编纂清史集蓄了力量。1978年在成立的当年，清史所就迅即招收了第一届（1978）硕士生，此后，1979届、1980届陆续不断。1982年，国家设立博士学位，戴逸同志和王思治同志作为国务院学位委员会最早批准的博士导师，率先在所里招收博士研究生。1979年李文海同志到所里工作，不久担任副所长并分管研究生工作，我在他的领导下，担任头两届研究生的班主任，文海同志严肃认真、雷厉风行的工作作风使我深受教益。由于我既做过研究生班主任，后来又在所里主管过研究生工作，自己也带研究生，因此对头几届研究生都比较熟悉，相互间亦师亦友，互相切磋，教学相长，共同提高，如吴廷嘉、孔祥吉、杨东梁、赵云田、张羽新、吴建雍、高王凌、方雄普、郭成康、房德邻、马西沙、华立、张研、黄爱平、陈桦、刘凤云、高翔、赵刚、周源、杨念群、何平、达素彬（德国）、照内由纪子（日本）……其中达素彬还是戴老师培养的第一个外籍中国清史的历史学女博士。这些研究生毕业后，或留校、留所从事清史的教学与研究，或分配至其他单位，或回自己的国家。无论在哪里，其中大多数人都已是学有成就的教授、博士生导师，又多是清代政治、经济、思想文化、边疆民族等各个领域的学术带头人，也是活跃在清史学界第一线的骨干学术研究力量。继头几届研究生之后，清史所又招收、培养了多届优秀的研究生，还设立了博士后流动站，由于我调离，具体情况就说不清了。不过，清史所为国家培养了大批清史研究人才，而今他们都已散布在国内各地及世界不少国家和地区，这也是清史所建所之初的突出成绩和贡献。

（3）开辟清史研究园地，编辑出版定期学术刊物——《清史研究通讯》《清史研究》，又组织编辑出版了《清史研究集》《清史研究丛书》和《清史知识丛书》。随着清史研究的深入开展，所内外的清史研究必然会不断推出新的研究成果——研究论文与研究专著，需要有发表、出版的园地和渠道，清史学界也需要互通信息，加强交流，因此在建所之初，清史所就与中国社会科学院历史所清史研究室合办过《清史研究通讯》，从1982年定期公开出版，至1986年又由清史所独立主办，继续出版，至1991年在《清史研究通讯》基础上，又改版扩编成《清史研究》，作为清史研究领域的核心学术刊物，刊发国内外高水平、有创新的学术论文和学术评价，在清史学界有很大影响，也在很大程度上推动了清史研究。李鸿彬同志长期担任《清史研究通讯》主编，郭成康同志长期担任《清史研究》主编，可谓贡献昭著。为了推动清史领域的专史、专题研究，清史所还与本校历史系联合组成编委会，以戴逸为编委会主任，组编了《清史研究丛书》，先后出版了数十种，其中戴逸著《乾隆帝及其时代》，黄爱平著《四库全书纂修研究》、秦宝琦著《清前期天地会研究》、马西沙著《清代八卦教》都是各自领域的名著。特别是黄爱平的成名作《四库全书纂修研究》不仅获得北京市、教育部、新闻出版署的奖项，还较早获得"霍英东研究基金奖"，受到学界高度肯定和赞扬。另外，为了普及清史知识，还由罗明主编了《清史知识丛书》，以喜闻乐见的选题和写作形式，对清代历史知识进行普及性宣传，也受到学界好评。应该说一个研究所能有如此多的学术研究期刊、研究丛书等是不多见的。

（4）加强学术沟通，开展与国内外学术界的合作与交流。学术界绝不能孤独与闭塞，特别是当今世界各国相互交流日益频繁的情况下，开展对外学术交流与合作,也是清史所建所之初就很重视的一个方面。清史研究所又是我国唯一以所为建置的清史研究单位,颇为国内外学界所注目。加之,多年来清史也一直是欧美和东亚各国较为热门的研究领域,这些国家的学者也有到所内学习和交流的需要,因而建所初期就有国外学子来所留学,甚至国外有些研究清史的著名学者亦来所进修访问。同时学术交流又是双向的,所内的学者或受有校际交流合作关系的国外学校邀请出国讲学、研究、访问,或公派、或个人申请出国留学,所里均采取开放、支持的态度,因而建所以来,所内有不少专家都曾去国外讲学、访问、或进修、留学。通过学术交流,增进互相了解,既使大家了解吸收了国外的最新研究成果和研究方法,开阔了视野,提高了水平,有了融入国际学术界的话语权;也使中国学术走向世界,向国外传播了清代历史和优秀的中国传统历史文化。就我在清史所工作时期的印象,在对外双向学术交流方面,无论在人数、次数,还是在层次、规格方面,清史所在全校都是较突出的单位,这也是清史所建所以来的一个传统特色。

上面只是列举其要者,不过也说明清史所初创时期所做的各项工作和取得的成绩,已形成了清史所的基本格局和体制,为研究所日后的建设和发展奠定了坚实的基础。

四　继往开来　任重道远

前事不忘,后事之师。回顾以往,绝非留恋过去,主要还是为了开辟更好的未来。孔夫子云:"吾十有五而致于学,三十而立,四十而不惑……"清史所走过建所初期艰苦创业的历史阶段,迎来了三十而立之年。从一个人来说,三十之年,已经逐渐成熟,是承前启后的一个重要年龄段;从一个单位来说,已有了三十年的历史,走过了创业时期,需要追求更高、更新的发展,也正是一个继往开来的关键时期。事实上清史所早已从建所初期的艰苦创业,进入了兴旺发展的新时期,在其迎来而立之年时,她已经成为清史学界有较强实力,有重大影响的一个重镇。她既拥有很高学术成就和崇高学术声望的老一代历史学家,还有一批学术功底深厚、有相当知名度的中年、壮年专家,更有一些具有学术发展潜力的青年学者。近年来，她取得的学术研究成果也更加丰硕，作为教育部人文社会科学的重点基地，担负的国家项目也更多，对外学术交流也更加频繁。特别是近几年，作为 21 世纪最大的文化学术工程纂修清史上马，清史所既是这一项目的主要申办单位，也是编修工程的重要承担者，不仅有戴逸同志担任编纂委员会主任，还有不少清史所的学者投入这一学术工程，或作为组织领导，或作为部门负责人，或承担一些项目，或作为在编纂处负有任务的特聘专家。应该说这既是很大的光荣，也是很重的压力，能否修出一部反映当代中国学术水平的高质量清史，对清史所来说关系十分重大。而要修出一部高质量的清史，既是几代清史工作者的夙愿，也是国家成立清史所的目的和追求的目标，现在正是养兵千日，用兵一时之际，因而清史所的全体同志都应为编纂一部高质量的清史，在戴逸同志和清史编纂委员会的统筹领导下，与全国清史学界精诚团结，为编出一部高质量、高水平，能传之千秋的新清史而努力奋斗。这就需要认真思考如何把清史所的日常教学研究工作和纂修清史结合起来，一致起来。应该说，清史纂修工程是清史学科发展的一个新阶段，通过清史纂修也必然将清史研究推向一个新的高度，它是清史学科和清史研究建设和发展进程中具有里程碑意义的标志，以研究清史和编纂清史为职志的清史所理应将近年来的日常工作和清史纂修结合起来，并通过纂修清史，从"而立"之年，走向"不惑"之年，再创清史所更大的辉煌，这也是清史界同人共同之所愿。

  新陈代谢是自然界和人类社会的共同规律，像我这样建所初期最年轻的一个，如今已是年过七旬的老者，而我的那些令人敬重的师辈们，当然年事更高。江山代有才人出，长江后浪推前浪，清史所的向前推进，以及整个清史事业在新世纪更加美好的未来，当瞩望于有才学、有志气，愿终生献身清史事业的一代代新人！要继往开来，实任重道远！

（原载中国人民大学清史研究所编《我与清史所——写在清史所成立三十周年之际》，中国人民大学出版社 2008 年版）

卷 二

清代学术思想研究与评论（上）

略论清代学术思想的发展与演变

中华民族历史悠久，且连绵不断。与悠久连绵的历史相伴随，又有光辉灿烂的学术思想，这就是人们常常津津乐道的"先秦子学、两汉经学、魏晋玄学、隋唐佛学、宋明理学、清代考据学"。如果以此表明此时与其他时期不同的学术思想特征亦未尝不可。但仔细想来，每个时期的学术思想都绚丽丰富和复杂多元，先秦、两汉、魏晋、隋唐与宋元明清时期，都绝非"子学""经学""玄学""佛学""理学""考据学"所能概括。事实上，除上面概括的那些学术思潮与学术流派外，各个历史时期也都还有异彩纷呈的其他学术思潮和流派。即以清代学术思想而论，若笼统地以"清代考证学"论之，那则未免有些以偏概全。然而，在相当长的一段时期内，学术界受"子学、经学、玄学、佛学、理学、考据学"这种划分法的影响，说起其清代的学术思想，似乎就只有"考据学"而没有其他，以致影响了对清代学术更加细致、更加深入的研究。近年来上述陈旧的观念虽已有所改变，随着对清代历史和对清代学术思想研究的不断深入，多姿多彩的清代学术思想风貌也日益呈现。但原有的陈旧观念及其影响，至今也还没有完全消除。有鉴于此，本文拟就清代学术思想的发展和演变，做些粗略论述，说明清代并非只有"考据学"，进而也想说明清代学术在中国学术思想发展史上的地位和影响，并从中获得一些有益的启示。

一 学术思想的发展与历史进程之间的辩证关系

恩格斯曾经指出："历史从哪里开始，思想进程也应从哪里开始，而思想进程的进一步发展不过是历史过程在抽象的理论上前后一贯的形式上的反映；这种反映是经过修正的，然而是按照现实的历史过程本身的规律修正的。"[1] 这一论述给予我们研究思想文化方法论上的重要启示，那就是研究思想文化，首先要把握思想文化的发展逻辑与历史进程之间的辩证关系，既不要把思想文化抽象成脱离历史客观环境的虚无缥缈的概念演绎，也不要只看到政治经济对思想文化的制约而忽视思想文化自身的内在逻辑。历史唯物论的基本原理还指出："社会存在决定人们的意识。"因为"一定的文化是一定的社会经济在观念形态上的反映"。同时，还必须看到属于意识形态范畴的学术思想又具有其相对的独立性和主观能动性，它又有可能反作用于社会存在。因为各个时期的思想文化，既受其所处时代社会政治和经济发展的制约与影响，而反映该历史时代的特点；同时，由于各时期的思想，无不具有"由它的先驱者传给它而它便由以出发的特定的思想资料作为前提"[2]。因此，研究每个时期的学术思想与文化，既应将其置于它由此产生的特定的历史环境之中，又要注意其本身发展的内在逻辑。只有这样才能把握各个时代包括学术在内的思想文化的特点及其发展演变规律。

据上所述，我们首先有必要对清代历史的发展各个阶段分期的情况予以勾勒。

清朝的历史起自1644年定都北京，至1911年辛亥革命推翻封建帝制。再根据社会性质的不同，史学界又把有清一代的历史划分为两大阶段：其中1644年清朝建立至1840年鸦片战争，中国社会基本上处于以农耕自然经济为主导的封建社会，尚处封闭和半封闭状态，总体上仍属于古代，史学界一般称之谓清代前中期的历史；从1840年鸦片战争到1911年辛亥革命推翻封建帝制之后，由于列强的侵略，中国沦为半殖民地、半封建社会，逐渐融入国际领域，从历史发展阶段上已迈入近代，史学界一般将其称为中国近代史，亦称晚清史。由于清前中期史，时间长，跨度大，在不同时期呈现不同的政治、经济特点，人们又将这一时期划分为三个阶段：

---

[1] 恩格斯：《卡尔·马克思政治经济学批判》，《马克思恩格斯选集》第2卷，人民出版社1972年版，第122页。

[2] 恩格斯：《致康·施米特》，《马克思恩格斯选集》第4卷，人民出版社1972年版，第485页。

第一段，从1644年（顺治元年）清朝入关至1683年（康熙二十二年）康熙统一台湾，这一阶段尚属"天崩地解"的明清之际。这时清朝统治在政治上是由战乱到统一，经济上从凋零衰败到逐渐复苏，思想文化上则呈现出空前的活跃景象；第二阶段，从1683年至1774年（乾隆三十九年），这是史称"康雍乾盛世"阶段，此一时期的清朝在政治上稳定统一，经济上发展繁荣，思想文化则处于汉学鼎盛时期；第三阶段，从1774年至1840年（道光二十年），这是清朝由盛转衰的历史时期，此时清朝在政治上日益腐败，阶级矛盾尖锐，加之西方资本主义向海外扩张，中国和外国侵略势力产生了矛盾，清朝统治开始进入内忧外患之中，在思想文化方面又开始发生新的转折。及至鸦片战争之后，由于社会性质变化，使自嘉、道以来在思想文化领域中汉学独尊的局面又有转折和变化，呈现复杂多变和多元性的特征。

以下将依据学术思想的发展与历史进程的关系，对有清一代学术思想的发展与演变的各个阶段予以论述。

二 明末清初学术思想的空前活跃与繁荣

以满族贵族为主体建立的清王朝，在北京建国后，在政治制度方面基本上是清承明制，在思想文化方面也进一步学习吸收以儒家为主体的汉文化，兼及佛、道和基督教文化。再加思想文化本身的延续和继承，清初的学术思想与明末学术思想又有直接关联，也和当时的西学东渐有关。

当17世纪中叶清朝建立时，无论是中国历史，还是世界历史都处于重要的历史转折时期。中国的明朝，从明神宗万历时，已入末世，至天启、崇祯两朝，更是江河日下，犹如溃烂的痈疽，封建专制统治已极端腐朽，几至坐以待毙，因此明末爆发了叱咤风云、席卷全国的农民大起义，直到摧毁明王朝的腐朽统治。与农民起义军以摧枯拉朽之势摧毁朱明王朝的同时，地处东北一隅的建州女真崛起，继女真内部统一后，又雄吞辽沈，频频叩关，直到以军事上压倒的优势，长驱直入北京，建立清王朝，实现了改朝换代的政治大变动。此时战乱频仍，各种政治军事力量相互较量，激烈角逐，你消我长，王朝更替，阶级矛盾和民族矛盾相互交织，整个社会处于"天崩地解"的大变化、大动荡时期。风云激荡的大变革时代，给思想家和学者提供了纵横驰骋施展才华的历史舞台，使得此时的思想文化也空前活跃。但当时中国社会经济中封建主义生产关系，仍占绝对统治地位，从明中叶以来在封建社会内部产生的资本主义萌芽，仍十分幼嫩，在明末清初的战乱中又受到摧残。因而，此时的思想文化虽然异常活跃，丰富多彩，已具有某些新的因素，但从总体上说仍然属于封建社会生产关系下思想机制的自我完善与调整。

在明清交替的中国历史大变革时期，就世界范围而言，以1640年英国资产阶级革命为标志，资本主义生产关系已在西欧各国先后冲决封建经济网罗，取得了胜利，揭开了世界近代历史的第一页，这无疑具有划时代的历史意义，虽然中国仍在封建主义生产关系的桎梏中蹒跚不前，但世界历史的近代化进程或多或少地对中国的历史发展给予冲击和影响。明末清初大批西欧耶稣会士来华，成为向中国输入西学的媒介，给中国带来了西方的自然科学知识——天文历法、数学和机械学等，耶稣会士带来的这些西方科学知识，虽说不上是当时先进的西方近代科学，但较之当时中国古老的科技知识却先进一筹，大大开阔了当时知识界的学术视野，明末和清初的许多著名学者，如焦竑、李贽、陈第、李光藻、徐光启、方以智、黄宗羲、刘献廷、王锡阐等，均受到一定影响。耶稣会士来华，促进了中西文化交流，给晚明和清代学术思想发展以重大影响。

明末清初的学术思想文化就是在上述社会历史政治背景下展开的。本来，随着明末深刻的社会危机及资本主义萌芽的出现，一些关心社会政治的士大夫与进步思想家，有见于王阳明心性良知之学的泛滥，学风日益空疏，封建礼教束缚个性发展，就逐步兴起了思想解放、抨击理学、倡导实学的思想潮流，或为市民阶层呐喊，或为挽救明王朝的统治。明末清初的思想界，目睹了明王朝被农民战争以"武器的批判"而摧毁，封建专制主义的权威逐渐威风扫地。思想家们痛定思痛，总结明亡的历史教训，便继承了明末以来兴起的实学思潮，进一步倡导学术经世，决心以"批判的武器"，抨击封建专制，批判空谈误国的理学，倡导民主启蒙思想。于是，在17世纪出现了波澜壮阔的具有求实批判精神的经世致用思潮，形成中国古代学术思想史上，继先秦"百家争鸣"，学派林立，人才辈出的盛况之后，又一次出现文化思想史上的高潮，涌现了一大批杰出的学者和思想家，犹如群星灿烂，其中最突出的代表人物是王夫之、顾炎武、黄宗羲、吕留良、傅山、陈确、方以智、朱之瑜、李颙、颜元、刘献廷、阎若璩等。他们思想敏锐，学识渊博，著述宏富，都在学术思想史上具有重要地位和影响。围绕这些杰出的代表和大师，又形成了各具特色的学术流派，诸如以黄宗羲为代表的浙东学派，以顾炎武为代表的浙西学派，以李颙为代表的关中学派，以颜元、李塨为代表的颜李学派，以刘献廷为代表的广阳学派，等等。这些学术思想大师和他们开创的学派，既具有明末清初经世思潮的共同趋向，也有各自独具的特色和成就。以黄宗羲为首的浙东学派，在政治学、历史学方面成就突出。其《明夷待访录》，抨击封建君主专制，倡导民主政治，高喊"为天下之大害者，君而已矣"，具有鲜明的民主思想色彩，实为千古绝唱；他编撰的《明儒学案》，是中国第一部系统的学术思想史，为研究明代学术思想提供了观点和资料上的借鉴。黄宗羲的后学万斯同、全祖望、章学诚、邵晋涵等，继承发扬了黄宗羲学术思想的风格和特点，使浙东学派，一脉相承，为推动清代史学研究做出巨大贡献。顾炎武及其开创的浙西学派，重视博征与实地考察，倡导考文知音，通经致用，为以后的乾嘉考据学奠定了方法基础，成为乾嘉学派的"不祧祖先"。王夫之具有强烈的民族意识，长期隐居深山，从事深邃的哲理思考，总结历史经验，虽然其著述在世时大部分未能刊行，但其博大精深的哲学体系，却成为我国古代朴素唯物主义的高峰和集大成者，对后世哲学思想的发展，有不可磨灭的贡献和影响。颜元及其开创的颜李学派，则更加重视践履务实，批判宋明理学的锋芒更为鲜明。吕留良、张履祥等倡导程朱理学，宣扬"严华夷之辨"的民族思想，对此后程朱理学在清代的发展，亦有重要影响。以这些杰出代表人物倡导形成的经世致用思潮，在各具特色的基础上，又有共同的思想趋向和特征，概括起来，主要有以下几点：（1）批判宋明理学的空疏，倡导学以经世；（2）具有强烈的民族意识，主张严"华夷之辨"；（3）抨击封建君主专制，倡导民主议政和地方自治；（4）反对土地兼并，倡导"工商皆本"，主张发展经济；（5）在学术风格和治学方法上，提倡通经读史，重视博求实证。这些共同的思想趋向和特征，正是明末清初时代精神的反映。但思想文化的发展有其继承性和延续性,在肯定当时的进步思想家具有反理学倾向的同时,又不可忽视其仍受理学不同流派的影响。黄宗羲与王阳明学派有密切联系,顾炎武、王夫之及吕留良则受程朱学派的影响较重。他们作为封建时代的士大夫,思想深处都还有浓厚的封建正统观念。

与经世致用的学术思潮相一致,清初的文学艺术——散文诗词和戏曲,也一反明中叶以来文坛上的形式主义和模拟复古倾向,形成创新的现实文艺理论和风格。顾炎武便有针对性地指出:"近代文章之病,全在摹仿,即使逼肖古人,已非极诣,况遗其神理而得其皮毛者乎!"[①]这时的诗词散文,大都反映了明清之际战乱的现实和民生疾苦。顾炎武的诗,被后世赞为"一代诗史,踵美少陵";黄宗羲的诗也能以"一人之性情",写"天下之治乱"。其他如吴嘉纪、屈大均、钱谦益、归庄、吴伟业、侯方域、陈维崧、魏禧等人的诗文,也大都是抒发兴亡感慨,揭露清初暴政,描述重大历史事件,反映民生疾苦,既具有积极的现实内容,又富于艺术感染力。在戏曲艺术方面,清初涌现出李玉和李渔,一个擅于传奇剧作,一个长于戏剧理论。李玉创作的大量传奇剧作,或写明清之际的离乱,隐含亡国之痛;或借历史题材的发挥,抒泄胸中积郁,大都具有充实的社会内容和鲜明的时代特征。以李玉为中心,在苏州还形成了昆曲创作群体,创作了大量优秀剧作,直接为以后洪昇创作的《长生殿》,孔尚任创作的《桃花扇》,开辟了先路。

我们仅从明末清初学术思想的空前活跃与繁荣的论述中,就可充分证明,清代的学术思想绝非是"考据学"可以一言以蔽之的。

三 康乾盛世时期考据学(亦称汉学)处于鼎盛时期,但在思想文化领域并非只有考据学而没有思想

在康熙相继平定三藩和收复台湾后,清政府在全国范围建立起稳固

[①] 顾炎武:《文人摹仿之病》,《日知录》卷19,《日知录集释》,岳麓书社1994年版,第685页。

的统一政权，便进一步采取了恢复发展生产的措施，并逐步调整了民族统治政策，奖励垦荒、兴修水利、蠲免赋税、赈荒济灾、解放奴婢、革除匠籍、改革赋役制度、盛世滋生人丁永不加赋、地丁合一，等等，使生产力在封建社会生产关系内部范围里得到一定程度的解放和发展，直至乾隆中叶，这九十多年时间内，出现了史称"康雍乾盛世"。此时，农业和手工业得到恢复和发展，资本主义萌芽比之前代有所增长，多民族国家获得进一步巩固和发展，社会殷富，人口增加，呈现了政治安定、经济繁荣、文化鼎盛的局面，成为清朝统治的黄金时代。

在政治稳定，经济繁荣的基础上，清政府在文化政策方面，一方面大力提倡封建文化，崇儒重道，稽古右文，开博学鸿儒科，网罗人才，编纂各种大型图书——《古今图书集成》《四库全书》等；另一方面又强化封建专制，加强思想控制，屡兴文字狱。伴随这样的政治经济形势，学术文化思潮也相应发生了变化。由于康熙大力表彰程朱理学，以程朱提倡的封建伦理纲常作为统治思想，这时首先出现了一批理学名臣，如熊赐履、李光地、张伯行等，他们宣扬程朱学说鼓吹的封建伦理道德，编纂理学著作。程朱理学作为中国封建社会后期的统治思想，其在维护清朝的政治统治，稳定社会秩序，凝聚和团结满族之外的其他民族，特别是推进汉族士大夫及广大汉民向清政权靠近等方面都发挥了重要作用。因而，当时的理学家如熊赐履、李光地、张伯行等都深受康熙帝信任，康熙甚至说："知朕者莫若光地。"当然，康熙对一些理学家的虚伪性也时有反感，将之称为"假道学"。

总体看来，康熙中期后，清朝的统治已经稳定，当时多数的文人学者在政治上也对清朝采取了臣服合作的态度，纷纷参加了科举考试，应征博学鸿儒科，参与各种大型图书的编修；加之清政府强化思想控制，大兴文字之狱，致使这时的学者吸收继承了明末清初学者们强调的通经服古，重视实证的治学方法，却过多地失去了其积极的经世致用的思想内容，日益走向由文字音韵入手研治经史的考据一途，逐步形成了乾嘉考据学派。这一学派，渊源于顾炎武奠定的基础，再由阎若璩、胡渭等开其先路，到乾隆中叶由惠栋公开打出汉学的旗帜，又由戴震集其大成，到乾嘉时代达到鼎盛阶段，呈现"家家许郑，人人贾马，东汉学烂然如日中天"的盛况。在乾嘉学派中，又先后形成以惠栋为首的吴派，和以戴震为首的皖派，以及以王念孙、焦循、阮元为代表的扬州学派。乾嘉考据学派，遵循"读九经，自考文始，考文自知音始"的方法，从识字、审音开始，发展了文字学、音韵学和训诂学以及校勘、辨伪、版本、目录等方面的知识和手段，形成了一整套精深严密、朴实无华的考据方法，取得了重大学术成就，在我国古代学术发展史上占有重要地位和影响。当时在考据学的各个领域都涌现出一大批著名的考据学大家，除惠栋、戴震、段玉裁、王念孙、王引之外，在经学方面还有江永、程瑶田、庄存与、孔广森、孙星衍，史学领域有考史大家钱大昕、王鸣盛、赵翼，在辨伪、辑佚方面有阎若璩、崔适、马国翰、严可均，版本目录学方面有黄虞稷、顾广圻……皆名震一时的考据学名家。当时考据学显赫灿烂如日中天，但是，大多数考据学家多长于研究具体微观的学问，他们考据得细微入深，而在宏观的思想理论方面，则缺乏建树。因而在考据学盛行的当时，思想领域有些沉寂，远没有明末清初时期活跃。不过此一时期在哲学思想领域却出现了戴震，在文学领域则出现了曹雪芹这样杰出的思想家、文学家，双星并峙，放射出灿烂的光芒。戴震既是考据学大师，又是古代唯物主义哲学家，他尖锐批判了理学家宣扬的"理在气先"唯心主义命题，深刻地解析了理欲关系，肯定了人欲存在的合理性，要求统治者"体民之情，遂民之欲"①，一针见血地揭露了"以理杀人"的反动实质，他指出，"尊者以理责卑，长者以理责幼，贵者以理责贱，虽失，谓之顺；卑者、幼者、贱者以理争之，虽得，谓之逆"，"上以理责其下，而在下之罪，人人不胜指数。人死于法犹有怜之者，死于理其谁怜之？"② 这些批判揭露是何等的尖锐和深刻，不仅仅是针对程朱理学，也是对现实统治的不满和抨击，是对严酷的社会现实的哲理反映，揭示了盛世掩盖下深刻的社会危机。与戴震同时而稍后的章学诚和汪中，也分别表现出不容于当世的革新和叛逆思想，以致被正统派称为"名教之罪人"③。以撰写不朽文学名著称于世的曹雪芹，几乎与戴震生卒同时，他曾经有过"锦衣纨绔""饫甘

---

① 《戴震集》，上海古籍出版社1980年版，第275页。
② 戴震：《理》，《孟子字义疏证》卷上。
③ 翁方纲：《书墨子》，《复初斋文集》卷15。

餍肥"的贵族生活经历，又遭家境急剧败落而穷愁困顿，以这种"半世亲睹亲闻"的生活阅历，和天才的文学创作才华，以贾宝玉、林黛玉的爱情悲剧为线索，通过对贾、史、王、薛四大封建家族的鼎盛与崩溃的描绘，展示出封建家族由盛而衰的历史画卷，昭示了整个封建社会必然崩溃的厄运。同时，通过一系列生动而形象的人物命运的描绘，揭露了封建礼教的残酷与虚伪。

生活于同一时代的戴震与曹雪芹，通过不同的表现形式，反映了实质相同的思想，深刻揭示了康乾盛世必然由盛转衰，也说明不管正统封建统治力量用何等专横残暴的思想控制手段摧残进步思想，而反专制、反压迫的思想，却必然要顽强地反映和表现，这也是思想文化发展的规律。因而即便是在考据学极为鼎盛的康乾时期，也并非只有考据而没有思想。

四 嘉、道以降乾嘉考据学由盛转衰，学术思潮又向经世致用转变

康雍乾盛世，延续了近一个世纪，至乾隆中叶清朝统治终于由盛转衰，1774年爆发在山东临清的王伦起义，是历史转变的契机。从此而后，北方的白莲教，南方的天地会等民间的秘密结社，以及边疆和边远地区少数民族的抗清斗争，风起云涌，此伏彼起，直至嘉庆元年（1796）爆发了波及鄂、川、甘、陕、豫五省的白莲教大起义。从此，清朝的统治一蹶不振。而与之同时，资本主义国家一日千里地向前发展，继英国资产阶级革命之后，又发生了法国大革命。这些飞速发展的资本主义国家，积极向海外进行殖民扩张，中国这一老大封建帝国，成为它们觊觎侵略的对象，至鸦片战争前，中国和外国侵略势力的矛盾也日益尖锐。清代社会至此既暴露出深刻的社会危机，也面临着严重的民族危机。社会政治形势的急剧变化，文化思想也随之发生了巨大转折。如果说在18世纪社会政治稳定，经济相对繁荣的形势下，优容治学，皓首穷经，整理典籍，编纂群书的乾嘉汉学尚可作为盛世的点缀和象征。但在社会危机爆发，民族危难到来的形势下，单纯从事训诂注疏，愈益脱离社会实际的考据学家们，则一筹莫展，提不出切实有效的社会

改革方案。在这种新的形势下，有些开明务实的封疆大吏，诸如陶澍、贺长龄、阮元、林则徐等，都提倡社会改革，主张经世务实，他们的幕僚中也有些有思想的饱学之士，诸如包世臣、魏源这样的学者和思想家，都协助他们就清朝社会弊端最深的漕运、盐政、河工等方面提出一系列改革主张，还编纂了《皇朝经世文编》等书，对当时兴起的经世思潮产生了重要作用和影响。伴随经世思想的发展，一些敏锐的学者日益感到长于文字、音韵、训诂的考据学有脱离实际，而对之抨击，如魏源就明确指出，"自乾隆中叶后，海内士大夫兴汉学"，只知"争治训诂音声，爪剖釽析"，"罔知朝章国故为何物"，也"罔知漕、盐河、兵得失安在，有奋志讲求，抱负宏远之人，反群笑为迂阔"。① 导致的恶果是"锢天下聪明智慧使尽出于无用之一途"。② 甚至著名的文字音韵学大师段玉裁晚年也追悔莫及地说："喜言训诂考核，寻其枝叶，略其本根，老大无成，追悔已晚国。"③ 这些抨击的声音说明，到了嘉、道之际，随着清王朝的衰败，乾嘉考据学也走向没落。此后，虽然还有些学者沿着乾嘉考据学的治学路径治学，且在学术上做出可观的成就，但作为一种学术思潮的乾嘉考据学却成为历史的陈迹。

在乾嘉汉学衰落之际，曾沉寂一时的宋学有所抬头，还掀起了汉、宋学之争，但无论是汉学，还是宋学，在清朝已到穷途末路的时刻，要提出挽救社会的思想对策，都无能为力。在这种形势下，擅于阐发微言大义和变革思想的今文经学派又乘势兴起。今文经学在清代复兴的创始者是庄存与（1719—1788），继庄存与之后，又有刘逢禄（1776—1829）和宋翔凤（1776—1860），他们生活的时代已经在鸦片战争前后，都已痛切感到当时的社会危机，试图从今文经学的微言大义中寻找解脱社会危机的方案。此后，龚自珍、魏源都曾向刘逢禄学习今文经学，尤其是龚自珍对刘逢禄十分推崇，曾经写诗说，"从君烧尽虫鱼学，甘做东京卖饼家"，表示他要抛弃被讥为虫鱼之学的训诂考据，而要追求被人奚落为卖饼家的今文经学。龚自珍和魏源都是清代今文经学的重

---

① 魏源：《明代食兵二政录叙》，《魏源集》（上册），中华书局1976年版，第163页。
② 同上。
③ 段玉裁：《朱子小学恭跋》，《经韵楼集》。

要代表，而且今文经学在他们手中，才鲜明地与抨击现实和变革图强直接联系起来，龚自珍大声疾呼："自古及今，法无不改，势无不积，事例无不变迁，风气无不移易。"① 他又说："一祖之法无不敝，千夫之议无不靡，与其赠来者以劲改革，孰若自改革。"② 继龚、魏之后，今文经学在晚清进一步兴起，戊戌维新改良思潮的领袖康有为更是将今文经学发挥到极致。

随着汉学考据的衰落和今文经学的兴起，学术思想界的风气发生了明显变化。知识界面对现实，不满于社会的黑暗，激烈抨击清朝的统治，如鸦片战争时期的爱国诗人张际亮就尖锐揭露官场的腐朽："贪以浚民之脂膏，酷以干天之愤怒，舞文弄法以欺朝廷之耳目，虽痛哭流涕言之，不能尽其情状。"③ 还有位愤世嫉俗的思想家沈垚揭露当时的京城风气："无一事不以利成者，亦无一人以真心相与者"，那些身居高位的大官僚一个个养尊处优，尸位素餐，他们"终日华轩快马，驰骋于康庄"，"公事则胥吏持稿，顾名画诺，私退则优伶横陈，笙歌鼎沸。其间有文雅者，亦不顾民生之艰难，惟有访碑评帖，考据琐屑而已。"④ 很多人还抨击科举制度说："士子以腐烂时文互相弋取科名以去，此人才所以日下也"，认为科举制度只能"驱天下尽纳利禄之途"，"举天下人才尽出于无用之途"。⑤

当时，先进的学者和思想家都希望冲破思想禁锢，面向现实，将精力转向研究实际问题，提倡经世致用，匡时救国，魏源代贺长龄编《皇朝经世文编》，可以说是学术界风气转变的标志。不少学者都以经世致用为己任，如姚莹"弱冠时即以经世自任"，主张"为学体用兼备，不为空谈"。汤鹏也"概然有肩荷一世之志"。总之，当时思想先进的士大夫"皆慷慨激厉，其志业才气，欲凌轹一时矣"⑥。

当时的学者、思想家在抨击清朝统治的腐朽，主张社会变革的过程

---

① 龚自珍：《上大学士书》，《龚自珍全集》，上海人民出版社1975年版，第319页。
② 龚自珍：《乙丙之际著议第七》，《龚自珍全集》，第6页。
③ 张际亮：《答黄树斋鸿胪书》，《张亨甫文集》卷3。
④ 沈垚：《简札摭存》，《落帆楼文集》卷9。
⑤ 陈寿祺：《科举论》，《左海文集》卷3。
⑥ 姚莹：《汤海秋传》，《东溟文后集》卷11。

中，都将研究的视野转向社会实际问题。如前所指出，他们在社会经济方面提出要发展生产，重视工商，特别是关系国计民生的漕运、盐政、治河等积弊较深的问题，包世臣提出："将漕粮由河运改为海运，以利国、利民、利官、利商。"[①] 在盐政方面，为改变清政府和大盐商相互勾结进行垄断经营，牟取暴利，危害人民生活，魏源等主张实行票盐制，允许私商领票，自由运销食盐，以减少官商中饱。除漕运、盐政外，知识界还对当时的许多政治和社会问题，诸如河工、水利、土地、农政、货币、人口等方面的问题提出改革措施。这种研究实际问题，提倡经世致用的学风，在一定程度上对社会发展及转变脱离实际的学术风气都有积极影响。

那时的思想家在关心国内社会经济方面问题的同时，紧密结合当时国内外的事态，较他们前辈的研究视野更加开阔，特别是在鸦片战争前后，他们开始搜集世界各国的材料，注意研究世界的情况。林则徐在两总督任上，着意搜集外国的书报，编译成《四洲志》，第一次系统地对世界各国的状况做了介绍。魏源又在此基础上编写成《海国图志》，还有徐继畬写成《瀛环志略》，这些都反映了爱国知识分子在外来侵略的刺激下，要求了解外国和抵抗侵略的思想。正像姚莹所说：以往中国知识界，对于"海外事势夷情，平日置之不讲，故一旦海舶猝来，惊若鬼神，畏如雷霆，夫是以愤败至此耳。"姚莹自己也自嘉庆年间，寻求异域之书，究其情事，目的是为了"正告天下，欲吾中国童叟，皆习见习闻，知彼虚实，然后徐筹制夷之策，是诚喋血饮恨而为此书，冀雪中国之耻，重边海之防，免胥沦于鬼域"。[②]

与研究世界各国情况相联系，为防范列强对边疆的侵略，当时的思想家也比较关注和研究边疆的历史、地理和现状。当时，研究西北地理、历史、几乎成为一时风气，如祁韵士的《藩部要略》、徐松的《西域水道记》《新疆事略》、张穆的《蒙古游牧记》、何秋涛的《朔方备乘》，以及姚莹的《康輶纪行》。

无论是对世界情况的介绍，还是对边疆历史地理的研究都反映了当

---

① 包世臣：《海运南漕议》，《安吴四种》卷1。
② 姚莹：《东溟文后集》卷8。

时中国知识界，开始从闭关锁国与皓首穷经的帷幕中走出来，在民族危机的时刻有所觉醒。

五　晚清道、咸、同、光等朝在社会转型中，学术思想又有新的转折，呈现出古、今、中、西之学互相冲突交融的新特色

依照清代历史的分期，从1840年鸦片战争至1911年辛亥革命推翻封建帝制是谓晚清。此间经历了道光（乃中期之后）、咸丰、同治、光绪等朝，此时的中国正由传统的以小农自然经济为主导的古代社会向着以工业经济为主导的近代社会转型，因而也称之谓中国近代史。这时的学术思想呈现出"古今中西"之争，亦即"旧学"与"新学"、"中学"与"西学"的相互冲突与交融，有着复杂性、多元化等社会转型时的特色。

学术思想的发展前后相承，鸦片战争后的学术思想界，延续嘉、道以降兴起的以林则徐、龚自珍、魏源为代表的经世思潮，结合战后的形势变化，又向纵深发展。他们在深刻揭露封建末世各种弊端的基础上，对社会经济、政治、文化、民族、国防边疆等各个方面都提出了变革的主张。在他们的影响下，再伴随西方列强的侵略，西方世界的思想文化也进一步输入。一些曾经到过西方的文人，或出使欧美的使节，也通过各种方式介绍西方的政治、经济状况，认识到中国社会远不如西方富强，应该仿效西方，从而兴起了早期改良思潮，如其代表人物有冯桂芬、薛福成、马建忠、王韬等。冯桂芬认为西方国家的"算学、重学、光学、化学、皆得格物致理，舆地书列百国山川厄塞，风土物产，多中人所不及"，[①] 因此应该"以中国之伦常名教为原本，辅以西方诸国富强之术"。也就是在不改变中国传统伦理纲常的前提下，学习西方的科学技术，以解决中国的落后问题。其后薛福成、马建忠、王韬、郑观应等，相应提出变法改良的思想和主张，在具体的改革范围方面又有推

[①] 冯桂芬：《校邠庐抗议·采西学议》。

进，已开始触及要效法西方的君主立宪制度。

在早期改良思想的影响推动下，再加上西方帝国主义的进一步侵略，第二次鸦片战争之后，内忧和外患日益加深，为了改变中国落后挨打的局面，又有曾国藩、左宗棠、李鸿章、张之洞等人兴起洋务运动。他们在不根本触动封建统治的前提下，兴办机械局、织造局、兵工厂，又办邮电、兴交通、设译局等一系列洋务运动，在学术思想上则提出"中学为体，西学为用"。应该说，洋务运动的思潮和实践，虽然在中日甲午海战中遭到惨败而破产，但其客观上毕竟使中国在现代化道路上向前跨进了一步。

经过中日甲午战争的惨败，中国割地赔款，丧权辱国，进一步沦为半殖民地社会，致使"四万万人齐下泪，天下何处是神州"一度轰轰烈烈的洋务运动和洋务思潮，也宣告失败。痛定思痛，又有康有为、梁启超等兴起戊戌维新运动，他们"公车上书"，多次向清光绪帝上书，提出变法举措，主张"兴民权""开议院"，实行"君主立宪"。在这场维新变法运动中还涌现出谭嗣同这样的激进思想家，他甚至大声疾呼："二千年来之政，秦政也，皆大盗也。二千年来之学，荀学也，皆乡愿也。惟大盗利用乡愿，惟乡愿工媚大盗"，直斥清朝统治者为"秽壤""蝅种""禽心"，还表示"志士仁人求为陈涉、杨玄感，以供圣人之驱除，死无憾焉"。康有为撰写了《孔子改制考》《新学伪经考》还有《大同书》，以今文经学为外衣，倡言改革变法，提倡废科举、办学堂、译西书、办报纸，以传播西方先进的思想。一时间，维新思想犹如狂飙和飓风，掀起了一场声势浩大的思想解放运动，在学术思想史上写下光辉灿烂的篇章。但由于这场维新变法运动，缺乏深厚的群众基础，又由于以慈禧为代表的封建顽固势力又十分强大，遭到顽固派残酷镇压，以戊戌六君子血溅刑场而告终。

戊戌政变后，孙中山经过长期酝酿，吸取了以前的历史经验和教训，在吸收中国优秀传统文化和学习西方资产阶级革命思想学说的基础上，掀起资产阶级革命思潮。通过制造舆论，成立政党，组织队伍，形成三民主义的思想学说，决心驱除鞑虏，恢复中华，走向武装革命道路。清廷迫于内外压力，实行了清末新政，准备实行君主立宪，但为时已晚，终于在1911年爆发的辛亥革命中倒台。辛亥革命后，袁世凯篡夺革命果实，妄图复辟帝制，然而历史不能倒退，在孙中山领导的二次革命中被赶下历史舞台。而且，此后的历史和思想又进一步向前发展，民主与科学的声浪一浪高一浪，很快迎来"五四"新文化运动与马克思主义在中国传播。

在长达半个多世纪的晚清历史中，救亡图存、争取民族独立、追求民富国强、实现中华民族的伟大复兴，成为时代的主旋律，也是各种思想学说共同思考和讨论的主题。而思想每前进一步，都会遇到顽固势力与保守思想的阻挠和抵制，其中贯穿着"古今中西"之争，也就是"旧学"与"新学"、"中学"与"西学"的矛盾和斗争。但各种思想复杂多变且呈多元趋势。但它们之间的对立斗争，并非绝对的，其中既有冲突也有交融，有排斥也有接纳。"新"与"旧"是相对的，"旧学"中有"新学"的因素，"新学"中有"旧学"的传承；"中学"亦有"西学"的吸收，"西学"中有"中学"的变通，各种思想在冲突交融中走向会通，而且就整个趋势看，学术思想伴随历史的前进和发展，也不断地在演变发展并与时俱进。

简 单 结 语

以上我们简略论述了学术思想在清代的发展与演变，应该说对有清一代各种思潮和学说的论列还很不完备，有些绚丽多彩的内容很可能未曾论及。但就已提到的思潮学说来看也是十分丰富的，仅用"清代考据学"，并不能概括清代学术思想的全貌，但受"清代考据学"这种概括的影响，很长时期以来研究清代学术，只偏重对考据学的研究，而对其他思想学说的研究则比较忽视，或者不够深入，尤其是对处于转型时期的晚清时期的研究更是缺乏，这是很不恰当的。从一定意义上说，今天我们仍处在从传统到现代的社会转型之中，只有深入研究晚清的思想，才能弄清中国传统学术是怎样向近代转型的，才能更好地解决传统社会是如何走向近代社会的问题，才能更好地解析传统与现代之间的传承与创新的关系。

清代学术思想发展演变的历程，可以雄辩地说明，包括清代在内的中国各朝代学者是有思想的，中华民族是有智慧的。但是，至今在一些西方学者编著的"世界近代思想史"的著述中，中国的思想却无一席之地。因此，我们只有全面、细致、深入地研究，才能消除清代只有考据而没有思想的偏见。

学术思想的研究贵在创新，一定要与时俱进。梁启超等研究清代学术思想史的前辈学者，以其卓越的智慧和渊博的学识，撰写了《清代学术概论》和《中国近三百年学术史》等著作，为清代学术思想史的研究开辟了先路，奠定了学科基础，直到今天还有惠于研究清代学术的我等后人。我们只有传承前辈学人的研究成果，才能继续前进。同时，学术研究也应随着时代的发展而发展，对前人的成果，既要吸收和继承，也应该有突破和超越，不断有新的发明和创造，只有这样，才能取得无愧于我们这个时代的成就与辉煌。

（原载《社会科学战线》2014年第5期）

清代学术思想特色简论[*]

在中国学术思想史绵延不断而又漫长的发展历程中，清代的学术思想可以说处于一个辉煌璀璨的重要时期。从明清之际实学思潮的兴起，耶稣会士东来传教，到王、黄、顾等诸多杰出思想家和学者的涌现，拉开了清代学术思想发展进程的序幕，其后的历史发展，可以称得上是波澜壮阔、绚烂多彩。由于社会的变化和学术思想自身的逻辑发展，占据思想界统治地位数百年之久的理学逐渐衰颓，实学思潮应运而生，并在明清之际的社会大变动中发展到高峰。一时间，经世致用成为学者的治学宗旨，崇实黜虚成为学者追求的目标。随着后来清政权的稳固和封建经济、政治的发展，统治者对思想领域的控制逐步加强，对学术思想活动的参与也大大增多，清代学术相应进入了一个对既往成果进行全面清理、总结的时代，以考据为特征的乾嘉汉学风靡一时，与此相关的文字、音韵、训诂、辑佚、目录、版本等各门学科也迅速发展并取得了可观的成就。嘉、道以后，社会历史又发生了新的转折，今文经学兴起，乾嘉汉学走向衰落。伴随着中国近代化的艰难历程，清代的学术思想进入了一个中西文化碰撞、交融的新的发展阶段。可见，从明清之际迄鸦片战争，这二百多年的学术思想，在整个中国学术思想史上具有重要地位。它既是传统思想文化的总结和集大成时期，又是传统的思想文化向近代思想文化的转折和启蒙时期。清代众多学者、思想家提出的问题及其思想走向，至今依然是摆在学术文化界面前的重要课题。深入地研究清代的学术思想，阐述清代学术的发展与演变，分析其有别于其他历史时期学术思想的特色，无疑是有历史和现实意义的。鉴于学术界对清代

---

[*] 本文乃与黄爱平教授合撰。

学术思想的历史地位和特点,存在着不同的评价和看法,因而,我们这里拟就清代学术思想的特点做一些简略论述。

清代的学术思想有什么特点,一些前哲与时贤,曾做过概略论述,梁启超将清代学术思想囊括无遗地称为考证学,并认为考证学派"发源于顺康之交,直至光宣,而流风余韵虽替未沫,直可谓与前清朝运相终始"①。在他看来,清代学术思想的最大特点是考证。王国维也曾对之概括说:"国初之学大,乾嘉之学精,而道咸以来之学新。"② 侯外庐则把鸦片战争之前的学术思想的主流统称为"早期启蒙思潮"。近年来,随着文化史研究的逐步深入,学者们对清代学术思想特点的论述,也更加具体和深入。如有的学者概括说:"第一,富有总结性;第二,中华民族大家庭的各个成员共同创造祖国的灿烂文明;第三,中西文化互相激荡;第四,封建统治者极力控制文化事业。"③ 又有的著作总论明清两朝的文化特点说:"第一,'程朱理学'和'陆王心学'相继占据文化宗主的地位;第二,早期启蒙思潮应运而起;第三,进入古典文化总结时期;第四,进入'西学东渐,中西文化交汇'的初级阶段。"④ 戴逸在《清代思潮》一文中也概括清代学术思潮的特点"是中国传统文化向近代文化转变的时期"⑤。如此等等。

上述种种对清代学术思想特点的概括,既有一致性,又有不同点,可谓仁者见仁、智者见智,都给人以启迪。不过,我们也觉得上述有些看法未免只从学术思想的表现形式看问题,如把清代学术思想的特点总体上概括为"考证学",便很难把握清代学术思想的本质特征;也有些论述未能突出清代学术思想独有的特点,譬如说"封建统治者极力控制文化事业"。其实,历史上任何一个时代的统治者,都何尝不是"极力控制文化事业"呢?这并非清代学术思想独具的特色。我们认为所谓特点,就是事物有别于其他事物的、自身独具的,能反映本质属性的特

---

① 梁启超:《清代学术概论》十九,《梁启超论清学史二种》,复旦大学出版社1985年版,第55页。
② 王国维:《沈乙庵先生七十寿序》,《观堂集林》卷23。
③ 南炳文:《清代文化》,天津古籍出版社1991年版,第3页。
④ 冯天瑜:《明清文化史散论》,华中工学院出版社1984年版,第21—32页。
⑤ 戴逸:《清代思潮》,《步入近代的历程》,辽宁大学出版社1992年版,第22页。

征。同时，要讨论清代学术思想的特点，首先应解决从何处入手的问题。按照历史唯物主义的观点，要研究清代学术思想的特点，不能脱离清代社会政治、经济的特点，也不能就思想论思想。因为，"一定的文化是一定社会的政治和经济在观念形态上的反映"。而且，"历史从哪里开始，思想进程也应从哪里开始，而思想进程的进一步发展不过是历史过程在抽象的形式上的反映；这种反映是经过修正的，然而是按照现实的历史过程本身的规律修正的。"这些论述，对我们研究学术思想都给予了方法论上的重要启示。既然要研究清代学术思想的特点，那么，首先就应把握清代社会政治经济的特点，而史学界多数学者公认的清代社会政治经济最主要的特点是：第一，清代是中国最后一个封建王朝，已是中国封建社会晚期，它既是中国古代封建社会的终结，又是中国近代社会的起点，处在中国历史的转折点上；第二，清朝的统治以满族贵族为主体，它既发扬了满族英勇骁健、锐意进取的民族风貌，又充分吸收了汉族文化，使统一的多民族国家在此时得到进一步发展和巩固，也使自明末以来腐朽的中国封建社会回光返照，在政治、经济等方面又有新发展，此时封建社会生产关系与自给自足的小农经济仍居主导的支配地位，但在社会经济中也存在一定的资本主义萌芽；第三，与清代建立的时间相同步，世界上的西欧各国已陆续由中世纪封建社会步入近代资本主义社会和对外进行殖民扩张时期，在这样的世界历史潮流下，清代封建统治者想要始终如一的闭关自守，以"天朝上国"自居已不可能，其在政治、经济、文化等各方面，必然要受到西方资本主义社会的冲击，不得不由古代封建社会向近代资本主义过渡和转变。这些都是清代社会历史不同于其他朝代的独有的特点。与清代这些社会历史特点相适应，并结合清代学术思想自身的发展和演变，我们认为，清代学术思想的主要特点是：

第一，早期启蒙思潮的兴起与发展。

前已述及，侯外庐先生早就提出了"早期启蒙思潮"，而且这也是侯氏整个中国思想史学说中的一个重要论断。这一观点，在1949年以后较长一段时间内，曾得到许多学者的赞同。但近年来也有些论者对这种说法提出质疑。他们认为包括17世纪的经世致用思潮"理论上没有摆脱儒家'修齐治平'的框架，它的理想社会仍是'三代之制'的模式，这只是封建制度在儒家思想中的理想化，而不是超越儒家的新的社会理想"。他们还认为清代学术思想的具体表现形式是"从'四书'回到'五经'或'十三经'，从性理之学回到训诂考据，从宋学回到汉学"，因而"不同意把这一思潮说成是中国启蒙文化"①。这种论点还得到一些学者的支持和补充。但我们对这种观点则表示异议。持上述观点的人也肯定中国封建社会内部自明代中叶出现有稀疏的资本主义萌芽，并肯定在当时的思想文化领域内也出现了反对封建礼教的活动，主张"人各有私"，提倡"个性解放"的市民意识。但他们却认为明清之际涌现的王夫之、黄宗羲、顾炎武等人的思想，是对明中叶以后产生的进步思潮的反动。我们认为这种说法未免过于武断和偏颇。事实上，王、黄、顾等进步思想家所提出的思想学说，乃是在明清之际的社会大变革中，通过对明朝灭亡的总结与反思提出的更为深刻的思想。他们进一步对封建专制主义的弊端进行激烈的抨击，倡导民主，反对专制。批判封建专制几乎成为当时的思想潮流，这在许多学者的著述中得到反映。诸如，他们对封建社会后期居统治地位的宋明理学，从哲学高度作出的总结和批判，使得理学一蹶不振，走向终结。在政治思想方面，黄宗羲淋漓尽致地揭露封建君主"荼毒天下之肝脑"，"敲剥天下之骨髓，离散天下之子女，以奉我一人之淫乐"，极为尖锐地指出"然则为天下之大害者，君而已矣！"② 唐甄更把帝王和盗贼并提，"自秦以来，凡为帝王者皆贼也"③。在社会经济方面，思想家们提出"均田说"和"工商皆本论"。与时代发展相联系，应该看到这些思想观点正是明中叶以来社会经济中出现的新的经济因素在思想领域中的反映。不能完全否认这些思想观点的"反封建性质"，仅将其视为"是中国古代儒学的一个构成部分"。尤其不能笼统地认为这些思想家和学者是对明中叶以来进步思想的反动和倒退。当然，就其思想表现形式说，的确仍是披着儒家经学的衣衫，他们的一些闪光的思想，往往是通过注疏经书的形式出现的，似乎是从"四书"回到"五经"或"十三经"。问题在于不能只看这种

---

① 包遵信：《十七世纪中国社会思潮》，《中国传统文化再估计》，上海人民出版社，第192—193页。

② 黄宗羲：《明夷待访录·原君》。

③ 唐甄：《潜书·室语》。

表现形式，而应看其思想内容。同时，也不能因为提出这些思想的学者有浓厚的封建正统思想，而且他们从总体上说仍然是传统的儒家，便据此认为他们的思想不具备新的进步性质。应该看到古代思想家的思想不可能纯而又纯，在他们的思想中新旧思想杂陈反而是正常的。既不能因为他们有传统的旧的思想和形式，便否认他们思想中的新的因素；也不能因为他们有新的思想，便否认他们旧思想的存在。对明清之际的思想家来说，特别要注意"判断历史的功绩，不是根据历史活动家没有提供现代所要求的东西，而是根据他们比他们的前辈提供了新的东西"。平心而论，明清之际的思想家们提出的一些思想和命题，与其以前的思想家相比，显然有新的色彩并达到新的高度。

再就清代学术思想的发展演变说，18世纪的学术思想的确发生了逆转，未能坚持和发展17世纪的进步的社会批判思潮，而出现了"汉学"的复兴，考据学在学术思想界占据了支配地位。但不能据此得出结论说，17世纪进步思潮本身就不具备启蒙性质。应该看到，18世纪出现的汉学复兴，既是清盛世的产物，又有着学术思想由理学（宋学）演变到考据学（汉学）的内在逻辑，同时也是清廷强化思想专制的结果。汉学的复兴，考据学的盛行，对思想的活跃与发展有消极的影响，但却不能不进行具体分析，简单地将罪责强加在17世纪进步思想家头上，并否认他们所具有的早期启蒙性质。而且，即使是18世纪在乾嘉考据学占据支配地位，思想领域相对比较沉寂的状况下，仍涌现出了戴震、曹雪芹这样的进步思想家、文学家。他们的著述和作品中的反理学思想及塑造的封建叛逆形象，仍然继承和发展了17世纪的早期启蒙思想成果。这也说明17世纪兴起的早期启蒙思潮在18世纪并未完全中断。甚至于直到近代资产阶级维新改良思潮和资产阶级革命运动兴起时，当时的思想家、革命家，依然把17世纪王、黄、顾等人的进步思想视为自己的思想先驱。梁启超曾肯定《明夷待访录》对他的启迪，认为"自己的政治运动，可以说是受这部书的影响最早而最深"[1]。谭嗣同也高度赞扬王夫之和黄宗羲；辛亥革命时期的宣传家们又一再赞扬王夫之的民族思想；章太炎从政治思想到学术思想，都深受顾炎武的影

---

[1] 梁启超：《梁启超论清学史二种》，复旦大学出版社1985年版，第146—147页。

响。如果说17世纪的进步思潮不具备早期启蒙性质，便不可能在资产阶级改良思潮和资产阶级革命思潮兴起时，发生那么巨大的作用和影响。

同时，也应注意到清代作为中国历史上最后一个封建王朝，又处在世界历史向近代资本主义迈进时期，资本主义取代封建主义是历史发展的必然趋势。中国的历史在由封建主义向资本主义转变的过程中，在学术思想方面也必然有所反映。17世纪兴起的早期启蒙思想，在18世纪并未完全中断，到了19世纪末20世纪初又得到进一步继承和发展，正是历史的转变在学术思想方面的反映。我们肯定清代是中国传统思想文化向近代思想文化的转变时期，而这种转变在学术思想领域的一个重要标志，则是早期启蒙思想的兴起和发展。

第二，对中国传统文化的总结和整理。

人类社会历史的发展虽然有迂回和曲折，但总的发展趋势是由低级到高级，由野蛮到文明。人类的认识和思想文化的发展与历史发展的趋势相一致，也是逐步由粗疏到缜密，经过不断地总结与反思得到发展和提高。清代作为中国历史上最后一个封建王朝，具备了中国封建社会发展最高、最完备的形态，封建的政治、经济和文化比之前代都有进一步发展，为总结和整理传统的封建文化提供了政治保证和物质基础。两千多年封建文化的积累，也为清代进行总结提供了可能。因此，总结和整理传统文化就成为清代学术思想的突出特点。

清代对传统思想文化的总结和整理表现在各个方面。如大型类书和丛书的编纂，其中康熙、雍正年间编纂的类书《古今图书集成》，共1万卷，分6编，32典，6109部，集中国古代经、史、子、集之大成；乾隆时期调动巨大的人力和物力编纂的丛书《四库全书》，收书3500多种，79000多卷，总量达9.9亿多字，分经、史、子、集四部，几乎囊括了中国历史上所有的文献典籍，成为"震古烁今"，迄今为止世界上数量最大的丛书，从而使中国历史上浩如烟海的典籍得以流传和保存，其历史功绩实不可没。清代对传统学术文化的总结和整理，还表现在对古籍的训诂、注疏和考订方面。清代的学术思想从明清之际起，就呈现出由宋返汉、通经服古的趋势，到了康乾盛世，考据学风达到鼎盛阶段。考据学派对中国历史上以儒家经典为核心的经、史、子、集等各类古籍，从文字、声韵、校勘入手，一一加以考订，将许多艰涩难解的古书，通过训诂注疏，达到通晓解读；又将一些章简错乱、讹误甚多的古书，通过校勘，进行纠错正舛；还使一些年久失传、真伪难辨的古籍，通过辑佚和辨伪，得以流传和辨明。正是通过清代学者对古代典籍所做的这些基础性整理，为后人的阅读和使用提供了方便，为研究中国古代的政治、经济和文化，积累了大量宝贵的资料，也为进一步总结和清理中国传统思想文化奠定了基础。

由于在康雍乾时期对中国古代的典籍大规模地进行训诂、注疏、校勘、辑佚、辨伪、考订，才在这些工作过程中，形成了以考证为特长的乾嘉考据学派，也使考据成为清代有别于其他朝代的学术思想的一大特色。但考据只是清代学术思想的特色之一，却不能仅以它来概括整个清代的学术思想。何况考据尚只是方法和形式，整理和总结反映中国传统思想文化的古代典籍则是内容和实质。所以，我们说对中国传统思想文化资料进行总结和整理，构成了清代学术思想的又一特色。

第三，中西思想文化进一步交融与冲突。

世界各民族、各国家的思想文化，都是在继承发扬本民族、本国家的传统文化，又吸收世界其他国家和民族的优秀文化的基础上，才得以丰富和发展的。单一的、自我繁殖的思想文化是没有生命力的。中华民族的文化之所以能成为世界上有影响的优秀文化，显示出源远流长，气势恢宏，博大精深，不断地发展和更新的特点，就在于她既能保持民族特色，又能容纳百川，不断地吸收外来思想文化。自古以来，中国文化就曾吸收了印度和东南亚各国的文化。儒、佛、道思想是中国传统思想文化的三大组成部分，而其中的佛教文化就是从印度传入的。从明末清初起，西欧各国陆续进入资本主义，并积极向海外进行殖民扩张，其触角也进一步伸展到中国，与之伴随而来的是，大批耶稣会传教士东来传教，带来了西方的科技文化，形成了中国历史上第二次中外文化交流的高潮。

利马窦等数百名西方传教士，从南到北，深入中国各地，从当时宫廷中的皇帝、王公和大臣，到一些思想家和学者，乃至社会各阶层，无不受有传教士带来的西方文化的影响。以传教士为媒介，当时的中国人了解到欧洲的数学、天文、历法、地理、水利、火炮、机械等科技文化知识，逐步树立了近代世界观念，不仅扩大了视野，而且也促进了思维方式的变化。同时，当时的中西文化交流，不仅仅是西学东渐，而且通过传教士的介绍和传播，中国的传统学术思想——儒家的"四书""五经"等典籍，以及文学艺术、中医、园林建筑，也大量传入西方，给西方文化以巨大影响，甚至于西方学者也承认"在十九世纪以前，中国对欧洲的影响，不仅胜过欧洲对中国的影响，而且比多年来人们一般想象要大得多"[1]。例如法国传教士马约瑟曾将元代剧作《赵氏孤儿》译成法文，传入法国。伟大的启蒙思想家伏尔泰看到译本后，便高度肯定说："《赵氏孤儿》是第一流的作品，其有助于了解中国人的心理，超过了所有过去以至于今后关于那个广大疆域的表述。"[2] 中西文化交流倘能照当时的势头继续发展，不仅能促进世界对中国的更多了解，也必将加快中国的近代化进程。但由于中西方文化之间既有互相交融的方面，又有彼此排斥和冲突的方面。特别是由于当时清朝封建统治者的愚昧和保守，至雍正年间，西方传教士陆续被逐出国门。乾隆皇帝虽是雄才大略的君主，然而其在对外关系方面，却推行了顽固保守的闭关政策，拒绝对外贸易和文化交流，遂将明清之际的中西文化交流中断了一百多年，致使中国封建社会直至鸦片战争前，一直在闭关锁国的愚昧状态下蹒跚不前。

不过，历史的客观进程，决定了中国古代封建社会必然要向资本主义社会转变。历史发展的趋势不以人们的意志为转移，中西文化交融的潮流，也势不可阻。1840年的鸦片战争，使中国由封建社会转入近代半殖民地、半封建社会，西方文化——社会科学与自然科学，也在船坚炮利和鸦片烟毒的伴随下，进一步输入中国。一些先进的逐步觉醒的封建士大夫、学者和思想家，为改变中国社会的落后面貌，探索救国救民的道路，开始了近百年来向西方学习的过程。从鸦片战争时期魏源提出"师夷长技以制夷"，到咸丰、同治年间洋务派提出"中学为体，西学为用"，再到戊戌维新时期资产阶级改良派翻译介绍西方资产阶级的社

---

[1] 米歇尔·德韦滋：《十八世纪中国文明对法国、英国和德国的影响》，《法国研究》1985年第2期。

[2] 同上。

会政治思想学说，揭开了近代思想文化领域内中学与西学、新学与旧学的矛盾和斗争，中西文化的交融与冲突始终没有间断。中西文化交融与冲突中涉及的主要问题，是对待西方思想文化与中国的传统文化抱什么态度的问题。就中国社会来说，所要解决的根本问题，则是传统文化与现代化问题。对中国传统文化采取盲目肯定或者是持民族虚无主义的态度是不可取的；对西方文化盲目排斥或采取"全盘西化"的态度，同样也是不可取的。中西文化的交融与冲突贯穿于有清一代。因此，我们说这也是清代学术思想的一大特色。

清代学术思想中提出和要解决的一些问题，直到今天还在继续，我们只有批判继承民族的优秀传统文化及吸收借鉴优秀的西方文化，才能更好地建设适合中国国情的现代新文化，而学习和研究清代学术思想，从中汲取和借鉴有益的历史经验教训正是我们的出发点。

（原载《中国社会科学院研究生院学报》1995年第2期）

从复兴到走向终结的清代经学

在两千多年的中国封建社会中，孔子及其创立的儒家学派，始终居于意识形态的主流地位，儒家思想及其载体——《诗》《书》《易》《礼》《乐》《春秋》等被称之"经"的典籍，也是中国传统文化的核心。经学历经两汉、魏晋、隋唐、宋明，发展至清代，成为十分活跃且最富有成就的一个阶段，并呈现出从复兴到终结的走向和特点。

清代著名学者章学诚曾提出"六经皆史"及"六经皆先王之政典也"[①]的论断，说明各个时期的经学，都与其所处时代的社会、政治、历史有密切联系。因而要研究清代经学，首先应把握清代历史的发展和特征。自1644年（顺治元年）至1911年（宣统三年）的清代史，按历史阶段，可分做前、中、晚三期。一般说前期指顺、康、雍三朝；中期包括乾、嘉及道光前二十年；晚期则指道光后期至宣统各朝。如以社会性质而论，清朝又可分为两大阶段，以1840年的鸦片战争为界，在此之前为清前期，乃古代封建社会；鸦片战争之后为后期，乃近代半殖民地、半封建社会。同时，清朝这近三百年的历史，又有着与其他朝代不同的历史特点，主要表现在：其一，清朝的统治以满族贵族为主体，满族作为一个少数民族，其前期的统治者大都励精图治、锐意进取，能充分吸收汉族的传统文化与治国经验，既使统一的多民族国家进一步发展和巩固，又使封建社会时期的政治、经济、文化有更高的发展，成为中国封建社会的总结和集大成时期；其二，它是中国封建社会最后一个王朝，处在社会历史的转折点上，既是古代社会的终结，又是近代社会的开端；其三，与清朝同时代的世界欧美各国都已先后进入资本主义及

---

① 章学诚：《易教上》，《文史通义》卷1。

对外殖民扩张时期，且用大炮和鸦片打开中国的大门，又同时输入了西方的思想文化，进而引起中国社会内部的政治、经济、文化都充满了"新"与"旧"、"中"与"西"的矛盾和斗争。这些历史状况和特点，必然影响制约学术思想的发展和演变。与之相适应，清代的经学，在前期、中期和晚期，也呈现出不同的特点。

清前期，适值"天崩地解"的明亡之后，一些关心国事的学者和思想家，如顾炎武、黄宗羲、王夫之等，在总结明亡的历史教训时，痛感自明中叶以来的王阳明心性之学泛滥，使"天下生员，不能通经知古今，不明六经之旨，不通当代之务"，经学日渐荒废，有鉴于此，顾炎武等人提倡"通经致用"，强调"明辨经学源流"。同时又提出"读九经自考文始，考文自知音始"①，而且认为"古之理学经学也，今之理学禅学也"②，反映了顾炎武反理学的思想倾向。黄宗羲也强调"要以六经为根底，问学者必先穷经，经术所以经世"。顾炎武等人这些崇实黜虚、强调读经的思想主张，无疑为经学在清代的复兴开了先路。继之，又有毛奇龄、阎若璩、胡渭等"接踵而起，考订校勘，愈推愈密"③。其中，阎若璩著《古文尚书疏证》，以确凿的证据，证明《古文尚书》之伪。胡渭著《易图明辨》，考订宋儒信服的"易图"乃五代时道士陈抟的伪造。这些著名的经学著作，既给宋学以打击，也推进了清代经学研究求真求实的考据学风。加之，清初的统治者，特别是康熙，又"稽古右文""崇儒重道"，"御纂""钦定"了各种儒家经典，广为刊布。上有所好，下必效之。康熙时的纳兰性德与徐乾学，还搜集了唐、宋、元、明以来的解经之书，校勘汇编成1781卷的《通志堂经解》，为研究经学提供了重要的资料。由于上下推动，这时还产生了许多重要的经学著作，如姚际恒的《九经通论》《古今伪书考》、朱彝尊的《经义考》等，一改元明以来的经学衰微之势，使经学呈现复兴的局面。皮锡瑞在其《经学历史》中，便将清代的经学概括为是经学史上的"经学复盛时代"。清初的经学思想与成就，确反映了经学在清代

---

① 顾炎武：《答李子德书》，《顾亭林诗文集》卷4。
② 顾炎武：《与施愚山书》，《顾亭林诗文集》卷3。
③ 皮锡瑞：《经学历史·经学复盛时代》，中华书局1963年版，第299页。

的复兴趋势。另外，清初的经学家虽有崇汉抑宋的倾向，但总的看来，当时尚属"汉学方萌芽，皆以宋学为根底，不分门户，各取所长，是为汉、宋兼采之学"①。这也是清前期经学研究的特点。

　　清代中期的经学较之前期有明显的发展和变化，此时在历经康熙、雍正两朝的励精图治、继往开来，出现了史称的"康乾盛世"，清朝的统治在政治上空前稳定、经济上有长足发展，并为文化的繁荣昌盛创造了条件。乾隆既重视武功，也强调文治，他下令在全国搜书、征书，编纂卷帙浩瀚的《四库全书》，在很大程度上推动了学术文化的发展。一时间，南北各地编书、校书、刻书蔚然成风，致使书院林立，学者辈出。加之当时的统治者加强了思想控制，屡兴文字狱，也迫使更多的学者埋头于对经书的训诂和注疏。学者们继承了清初顾炎武等人开创的强调读经、重视实证、由文字音韵以通经的治学方法，更加崇尚汉代的古文经学，因使"许、郑之学大明，治宋学者已尠。说经皆主实证，不空谈义理，是谓专门汉学"②，终于形成了乾嘉汉学（亦称乾嘉考据学或乾嘉学派）。乾嘉汉学以宗奉汉代古文经学为治学宗旨，在治学范围上以经学为核心，并旁及文字、音韵、训诂、校勘、辑佚、辨伪、史地、典制、天算等；在研究方法上，强调"无征不信"，且"不以孤证自足，必取之甚博"。由于治学特点的不同，乾嘉汉学内部又形成不同的学派，主要有以惠栋为代表的吴派和以戴震为代表的皖派，在吴、皖两派周围都有一大批学者，诸如江声、王鸣盛、钱大昕、凌廷堪、段玉裁、王念孙、王引之、焦循、阮元等，可谓群星灿烂、名家如林。这些人都是当时著名的经学家，大都有重要的经学著作传世。一时间出现了"家家许郑，人人贾马，东汉学烂然如日中天"的盛况。汉学盛行，宋学沉寂，是清中期经学的突出特点。

　　对我国两千多年的文献典籍进行大规模的总结整理，是乾嘉汉学的重大贡献和光辉成就。乾嘉学者对于儒家的重要典籍几乎都重新加以校勘和训释，并出现了一大批经学名著，诸如惠栋的《易学三书》，戴震的《孟子字义疏证》《考工记图注》《声韵考》，秦蕙田的《五礼通

---

① 皮锡瑞：《经学历史·经学复盛时代》，中华书局1963年版，第341页。
② 同上书，第341页。

考》，凌廷堪的《礼经释例》，孙诒让的《周礼正义》，刘宝楠的《论语正义》，邵晋涵的《尔雅正义》，以及段玉裁的《说文解字注》，王念孙的《广雅疏证》《读书杂志》，王引之的《经传释词》《经义述闻》等。

清中期经学的成就和特点还表现在对已往经学成果的总结方面，《四库全书》中收录的《经部》，阮元、王先谦先后编纂的《皇清经解》《续皇清经解》，以及江藩所著的《汉学师承记》、方东树著的《汉学商兑》，都是对清以前和清代当时经学研究成果及其得失的总结性之作。老一辈史学家范文澜曾指出："新汉学系经学从考据方面发展，古代制度文物，经考据学者的研究，艰深难解的古书，大体可以阅读。因此，新汉学系经学堆积起巨大的考古材料。把封建统治工具的经学，改变成科学的古代社会史、古代哲学史原料看，它自有很高的价值存在。"[①]

鸦片战争之后的清晚期经学，由于社会性质的变化，较之清前期和中期，又有很大的不同和特点。早自乾隆中后期始，清代社会就逐渐由盛转衰，至鸦片战争前夕已岌岌可危。鸦片战争的爆发与中国惨败，使清政府面临内忧外患，社会危机日深。社会历史发展又到了新的转折时期。这时，历史进程要求思想家们把视线从对古代典籍的训释中转移到现实斗争中来，并提出挽救社会危机的方案与对策。面对这种现实，长于对儒家经典爬梳考据的乾嘉汉学，则捉襟见肘，无能为力，遂逐渐走向衰落。时代呼唤新的学术思潮和学术流派出现。于是适应于为社会变革做论证的儒家今文经学便重新复兴。今文经学派形成于西汉，以董仲舒为鼻祖，因奉儒家的《公羊春秋》为重要经典，故又称"公羊学派"。该学派与侧重名物训诂的古文经学派不同，它侧重于探索经学的微言大义，每援经议政。由于东汉之后，古文经学盛行，使今文经学在较长一段时期内显得沉寂。今文经学在清代复兴的创始者是庄存与，而后又传承于刘逢禄、宋翔凤等。但把今文经学明显地与社会变革联系起来，则是生活在鸦片战争前后的龚自珍和魏源。龚、魏是社会历史转折时期涌现的杰出思想家、经学家，他们都曾向今文经学家刘逢禄问学，并以今文经学为武器，援引公羊学派的三世说，认为当时的清代社会已

[①] 范文澜：《中国经学史的演变》，《范文澜历史论文选集》，中国社会科学出版社1979年版，第299页。

经到了"衰世",必须变法更新。龚自珍以犀利的笔锋,对封建末世的专制、黑暗、腐败,进行了猛烈抨击,利用《易经》中"穷则变,变则通,通则久"的变革思想,倡导社会变革,提出"一祖之法无不弊,千夫之议无不靡,与其赠来者以劲改革,孰若自改革"[①]。与龚自珍齐名的魏源,也撰写了大量的今文经学著述,如《诗古微》《书古微》《董子春秋发微》,都反映了魏源借助今文经学进行变法革新的思想倾向。魏源因亲自参加了鸦片战争,目睹了西方的船坚炮利,在其编撰的《海国图志》内,还提出了"师夷长技以制夷"的思想,在中国近代思想史上第一个提出向西方学习的口号。此后的资产阶级改良派、洋务派,也都受龚、魏的思想影响。如冯桂芬提出"以中国伦常名教为原本,辅以诸国富强之术",以及张之洞等人提出的"中学为体,西学为用",都是想在保持中国封建制度及儒家纲常伦理的前提下,吸收西学的内容,进行社会改良。经学的形式也在不断变化。太平天国农民革命爆发后,经学中的汉学、宋学、经今古文学又逐步走向合流和兼采。戊戌维新运动期间,康有为等试图用儒家经学与西学相嫁接,披着今文经学的外衣,撰写《新学伪经考》与《孔子改制考》,否定古文经学,并把孔子打扮成改革的"圣人",大量宣传西方近代的政治思想。在戊戌变法中,还废除科举制,改革铨选制度。在教育改革方面,他们也倡议建立学堂取代书院,增加实学教育内容。辛亥革命前后,又有章太炎和刘师培等古文经学派,引西学而释故典。总之,在"中"与"西"及"新"与"旧"的斗争中,儒家经学不断受到冲击。孙中山领导的资产阶级辛亥革命,推翻了封建帝制,儒家经学在中国社会的主要地位也就丧失了。一些学者将此时的经学,形容为是"山穷水尽的经学"。不过,辛亥革命后,"尊孔读经"的声浪,还时有鼓噪。儒学犹如"百足之虫,死而不僵"。直到1919年五四新文化运动,提倡新文化,反对封建礼教,宣传民主与科学,批判尊孔读经,作为封建社会意识形态的经学,才最后终结。

儒家的经和经学,作为中国封建社会居主导地位的意识形态,虽然已经终结,但其作为历史上的思潮和学派,却保存了中华民族传统思想

---

① 龚自珍:《乙丙之际著议第七》,《龚自珍全集》,上海人民出版社1975年版,第6页。

文化中大量丰富宝贵的遗产，从研究传统思想文化的角度，对经学及中国经学史的研究，却不应终结。正如国学大师张岱年先生所说："经学在中国传统学术中有其重要地位，在以往的目录学中，经属于四部（经史子集）之首，五四新文化运动以来，经学受冷落，研究经学的著作较少，其实经学还是值得研究的。我们现在要弘扬中国文化的优秀传统，对于古代的经学内容应加以分析和研究"①。这里，张先生精辟地阐明了研究经学的价值和意义。同样，对于在中国经学史上占有重要地位和影响的清代经学也应进行认真的分析和研究。

（原载《文史知识》1999 年第 9 期）

---

① 张岱年：《专家推荐意见》，载陈克明《群经要义》卷首，东方出版社 1996 年版。

二十世纪清代学术思想研究之回顾

目前,正处于新旧世纪之交,为回顾过去,展望未来,以新的姿态迎接新世纪的到来,国内外学界都在对本领域20世纪的研究状况及其发展趋势进行总结和反思。基于个人的研究领域,这里拟就20世纪清代学术思想史的研究做简略回顾。

1644年至1911年的清代历史,既是中国古代社会的终结,又是中国近代社会的开端,与当代中国社会的联系乃至与国际社会的关系极为密切。因而,近年来清史研究愈益受到海内外研究中国政治历史的学者的重视,在中国各断代史分支的研究中较为活跃。清代学术思想史是整个清史的一个组成部分,其研究状况也与整个清史研究的状况大致一致。

清代学术思想史既可以说是对中国传统学术的总结时期,也是近代中西学术思想的冲突、交融和近代中国学术思想的起点,在中国学术文化史上占有重要地位。研究清代的学术思想,对于弘扬中国学术的优良传统,加强和建设有中国现代民族特色的新学术、新文化,无疑有重要意义。

一

欲回顾20世纪清代学术思想史的研究,首先应明确清代学术思想史研究的对象。据我个人理解,清代学术思想史主要是研究清代的学术思潮、学术流派,及其主要代表人物的学术思想、学术观点、学术成就,并总结清代学术思想发展演变的规律。

依据对清代学术思想史研究对象的界定,来衡量对清代学术思想史的研究，可以看到早在20世纪之前的清朝时期，就已有人着手研究清代的学术了，而20世纪的清代学术思想史研究，正是在清代当时学者的研究基础上出发和前进的。因而，在清理20世纪清代学术思想史的研究时，有必要对清代当时的研究做粗略的勾勒。

由于中国学术思想史源远流长，从春秋战国时期的"百家争鸣"起，对中国传统学术思想史的研究就连绵不断，各个历史时期的学术，均呈现了不同的特点，诸如先秦诸子学、两汉经学、魏晋玄学、隋唐佛学、宋明理学等。清代当时的学者，不仅整理研究其以前各历史时期的学术思想和著述，同时，也对当时的学术进行了研究和评述。这在当时学者间的往来书信及著作的"序""跋""传记"和一些系统的著述中均有反映。

明末清初，涌现了一大批杰出的思想家和学者，他们相互间多有联系和交往，互赠著作，互有评论。如顾炎武在给黄宗羲的信中说："大著《待访录》读之再三，于是知天下之未尝无人，百王之敝可以复起，而三代之盛可以徐还也。"又说，他自己有《日知录》一书，"窃自幸其中所论，同于先生者十之六七"[1]。这封信，不仅对黄宗羲的《明夷待访录》做了高度评价，同时也表明了他与黄宗羲思想的异同。这显然是对黄宗羲的著作进行了一番研究之后而得出的结论。再如黄宗羲为阎若璩的《古文尚书疏证》所作的《序》中说："淮海阎百诗寄《尚书古文疏证》，方成四卷，属余序之。余读之终卷。见其取材富，折衷当"，"中间辨析三代以上之时日、礼仪、地理、刑法、官制、名讳、祀事、句读、字义、因《尚书》以证他经史者，皆足以祛后儒之蔽，如此方可谓之穷经"[2]。黄宗羲对阎若璩《古文尚书疏证》的评价，几乎成为日后评论阎若璩此书的嚆矢，也奠定了阎若璩在清初经学史及考据学中的地位。类似顾炎武、黄宗羲这些论学的"书信"和"序""跋"等还大量散见于当时学者的著述之中，都应看作研究清代学术思想史的第一手宝贵的历史资料。

---

[1] 顾炎武：《与黄太冲书》，《顾亭林诗文集·佚文辑补》，中华书局1983年版，第238页。

[2] 黄宗羲：《古文尚书疏证序》，《黄梨洲文集·序类》，中华书局1959年版，第311页。

及至清中叶，随着清朝统治地位的巩固，政治稳定和经济发展，以及统治者大力提倡发展学术，颁布了一系列奖掖学术发展的政策，学术思想史的研究也更加蔚然成风。当时的学者全祖望长于明末清初史事，重视对文人、学者逸闻掌故的搜集整理，在其文集《鲒埼亭集》中，撰写了不少学者的墓志碑铭，诸如《梨洲先生神道碑文》《亭林先生神道表》《二曲先生窆石文》《桐城方公（苞）神道碑铭》，以及为清初大批学者，诸如傅山、何焯、姜宸英、沈彤、厉鹗、刘献廷、毛奇龄等人撰写的《墓志》《事略》《传记》等，其中不仅记述了这些学者的生平经历，而且还评述了他们的治学方法、学术著述、成就及师友交往。继全祖望之后，杭世骏、钱大昕、彭绍升、阮元等，也都分别在他们的文集《道古堂文集》《潜研堂文集》《二林居集》《研经室集》中，或多或少、或详或略地为明末清初及中期大批学者，如阎若璩、胡渭、王锡阐、梅文鼎等撰写了学术传记。由于撰写者本身都是著名学者，他们为前辈及同时代学者撰写的学术传记，不仅史实较为可信，评论也较为公允得当，当然应视为研究清代学术思想史的研究成果，也是尔后研究清代学术思想史有重要参考价值的宝贵资料。

乾隆中期，清朝的统治已达鼎盛阶段，学术文化也呈现出繁荣兴盛景象，学派林立，学者辈出，考据学盛行一时，清政府又投入大量人力、物力和财力，编纂了各种大规模的书籍，其中以《四库全书》为最。当时一大批学者，如纪昀、戴震、邵晋涵、周永年等都参与纂修全书。与此同时，还编写了《四库全书总目》，该书不仅按经、史、子、集分类收录了历史上留存的、包括清代在内的大量文献典籍、学术著述，而且还对收录图书按类撰写了小序及每本书的提要，《序》和《提要》既阐述了学术流变，又介绍了各书作者的生平、著述内容、版本流传及其在学术上的得失。这些文字既反映了编撰者的学术观点，也为后人研究清代学术思想留下有价值的思想资料。

至嘉庆、道光之际，清朝的统治逐渐由盛转衰，风靡一时的乾嘉考据学逐步走向衰落，今文经学再度兴起，汉学与宋学的门户之争再起。这时出现了对考据学或进行总结、或进行抨击的著作。较为有代表性的有江藩站在汉学家立场撰写的《汉学师承记》《宋学渊源记》。其中《汉学师承记》，为清代的汉学家顾炎武、黄宗羲、阎若璩、胡渭、惠栋、戴震、钱大昕、王鸣盛等一一立传，厘清了汉学的师承源流和各自的学术成就。与此同时，方东树则站在宋学立场上，撰写了《汉学商兑》，对汉学大张挞伐，甚至将其比喻为"鸩酒毒脯""洪水猛兽"，不过，确也道出了汉学"支离烦琐"的弊端。稍后，唐鉴也站在宋学立场编撰了《清学案小识》。这些著述虽有很深的门户之见，但毕竟是清代当时人关于清代学术思想较为系统的学术研究之作。除上述著述外，阮元编纂有《皇清经解》，王先谦又编纂了《续皇清经解》，汇集了清代的注经成果，为研究清代经学史、学术史提供了资料上的方便。

此外，进入中华民国之后，赵尔巽主持编纂了《清史稿》，其中的《艺文志》与《儒林传》《文苑传》，还有徐世昌主持的《清儒学案》，其内容都集中论述了清代的学术文化。由于编撰者都以清朝遗老自居，并坚持以清朝立场评论有关的历史人物和事件，上述著作虽有一定的学术资料价值，但观点甚为守旧，从其内容与实质看，更反映了清代当时人对清代学术思想研究的特点。

清代当时人关于清代学术思想的研究和整理，有重要的历史学术价值，反映了清代学术思想研究的一个历史阶段，提供和保存了一些有价值的研究资料和观点。但总起来看，这些著述大都是封建时代站在封建主义立场上的学者的著述，在政治立场与学术观点上，不可避免地具有时代的烙印与局限，间或观点守旧，间或有很深的门户之见，尚不能对清代的学术思潮、学术流派及一些重要的学者、思想家，做出全面、客观、公正的评价，更谈不上阐述总结清代学术思想发展演变的规律。总之，它们对清代学术思想史研究尚处于初级阶段，严格地说还谈不上是对清代学术思想史的科学研究。

二

迈入 20 世纪之后，世界与中国都发生了翻天覆地的巨变，包括清代学术思想史在内的整个社会科学研究也进入了一个崭新的阶段。

1911 年的辛亥革命推翻了清朝的封建统治，结束了两千多年的中国封建专制主义社会。辛亥革命前后一些资产阶级革命家、思想家对封建主义的政治、思想和文化进行了猛烈的抨击和扫荡，发起了资产阶级思想的启蒙和宣传。特别是1919年的"五四"新文化运动，提倡科学与民主，反对"尊孔读经"，对封建专制主义进行了更尖锐、更深刻的批判。这些思想在清代学术思想研究领域也有所反映。一些学者开始运用自晚清以来传入中国的西方资产阶级学说来研究清代学术思想，如梁启超、章太炎、胡适、钱穆等。他们都先后发表了一些专门研究清代学术思想的论著。胡适曾发表了《清代学者的治学方法》《戴东原的哲学》及有关颜李学派的论文，用实用主义哲学分析研究清代学术思想，比之于封建时代学者对清代学术思想的研究，大大前进了一步，甚至不可同日而语。特别是章太炎、梁启超、钱穆等对清代学术思想的研究更有划时代的贡献。

章太炎在青少年时代，就师从国学大师俞樾，在其"诂经精舍"中受过严格的汉学训练，对中国的传统学术思想有着深厚功底和精深造诣。而后投入资产阶级革命运动并留学日本，大量阅读、学习了西方的资产阶级哲学、社会学、政治学方面的著述，深受西方进化论和资产阶级社会学影响，且成为自身思想观点的理论基础，他以这些思想理论来分析研究清代学术思想史，大大超越了清代当时的学者。他对清代学术思想史的研究成果，主要反映在1900年出版并于1904年修订再版的《訄书》中。特别是修订后的《訄书》，曾在中国思想界、知识界引起极大震动。该书的《订孔》一文，在近代中国首次从正面批评和斥责了孔子与孔学，对孔子与孔学的独尊地位发动了凌厉的攻势。另外书中的《学变》《学蛊》《王学》《清儒》诸篇，也对汉、晋以来的中国思想学说变迁做了综合的考察。其中《清儒》则对清代二百多年的学术发展做了系统的清理和总结。文中对乾嘉汉学的派别划分和吴、皖两派的治学特点都做了精辟分析，尤其是对戴震的治学态度与治学方法给予了很高的评价；同时也指出了清朝统治者推行的文化专制主义——文字狱，对清代学术发展的消极影响，即所谓："多忌，故诗歌文史梏；愚民，故经世先王之志衰。家有智慧，大凑于说经，亦以纾死，而其术近工眇踔善矣！"① 文字言简意赅，其基本思想观点几乎成为此后研治清代学术思想史的圭臬，对

---

① 章太炎：《清儒》，《检论》卷4，《章太炎全集》。

20世纪清代学术思想史研究有重大影响。需要指出的是，章氏此书正式出版于辛亥革命前夕，反对封建专制与反满革命是当时资产阶级革命的锋芒所向，出于资产阶级革命宣传的需要，文中的某些观点，如关于文字狱对于清代学术思想发展的消极影响，未免估计过于严重，有些偏颇。

此一时期研治清代学术思想史的学者中成就更为突出、影响更大的当推梁启超。他几乎与章太炎撰写《訄书》的同时，也于1904年发表了自己研治清代学术思想的处女作——《近世之学术》。他在该文中概述了其对清代学术思想的一些基本观点，诸如清代学术的基本特征、清代学术史的基本分歧、清初的经世思潮、乾嘉学派及今文经学的评价、清代学术在中国学术史上的地位等。当然，梁氏对清代学术思想史最主要的代表作，还是1920年发表的《清代学术概论》及于1929年正式结集出版的《中国近三百年学术史》。在《清代学术概论》中，梁氏发展了其在《近世之学术》中提出的一些基本观点，进一步对清代学术史的分期，清代学术的基本特征，清代学术在中国学术史上的地位，清代各时期的主要学者、学术流派的学术思想与成就，均进行了阐述、归纳与概括。这本关于清代学术思想史纲领性的著作，奠定了至今研究清代学术思想的框架和基础。《中国近三百年学术史》则是梁启超晚年研治清代学术史的重要论著，比之《清代学术概论》更为缜密、成熟和丰富。全书既保持了作者对清代学术思想进行宏观研究的特色，同时又对专人、专题进行了具体的研究和论述，将宏观研究同局部的、微观的分析考察相结合，把清代学术思想史的研究引向深入。全书的主要内容可概括为三部分：一是清代学术变迁与政治的影响，深入分析了清代政治对清代学术思想发展演变的关系；二是论述清初经世思潮及主要学者的成就；三是综述清代学者整理旧学的成绩，就清代学者在经学、小学及音韵、校勘、辨伪、辑佚、史学、方志学、地理学及谱牒学、历算学、科学、乐曲学等方面做出的成绩，一一排比、归纳和概括，反映了作者搜讨之勤与功力之厚。

梁启超是清代学术思想的直接参与者，他既有中国传统学术的深厚造诣，又大量吸收了近代西方资产阶级的思想学说；既有博览群书的渊博学识与高屋建瓴的广阔视野，又有会通中西文化的观点和方法。以这样的学术造诣、思想见识、观点方法来研治清代学术思想，自然会使其著作有独到的特点和贡献，能取得远超前人的卓越成就。他对清代学术思想史的研究，无论是在开创性的宏观研究，还是对重要学者、学术流派的个案分析与评价，无论是其对清代学术思想发展规律的探索，还是对东西文化比较研究的尝试，乃至于在学术史编纂体例的创新等方面，都将这一领域的研究推向了新的阶段，做出了划时代的贡献，在整个20世纪都有重要影响。

但也必须指出，梁启超关于清代学术思想史的两部代表性著作，毕竟写于70年之前，以今天的视角衡量，自然还存在着很大的局限。如作者对于殖民主义、帝国主义入侵中国这一促使清代学术思想发展演变的重要的社会政治因素，几乎没有涉及；对于孙中山、章太炎的思想学说，因带有成见和偏见，也只是一笔带过；对于"五四"新文化运动推动中国思想学术界发生的变化也避而不谈；对于晚清人民群众的反抗运动仍诬称为"乱"和"匪"。这些都反映了作者的阶级偏见与学术成见。此外，由于作者聪慧异常、读书极多、记忆惊人，撰写论著，引用资料常不查原著，仅凭记忆写出，导致书中人名、字号、书名及引语常有错乱，使其著作在某些方面不够严谨和准确。

继梁启超之后，20世纪前半叶研究清代学术思想另一有重大成就的学者则是钱穆先生。其代表性著作是与梁启超所著同名的《中国近三百年学术史》。此书是钱先生于1931年秋季在北京大学讲授"中国近三百年学术史"课程的讲义，在此基础上修改整理成书，于1937年出版。作者在该书《自序》中说，"斯编初讲，正值'九·一八'事变骤起，五载以来，身处故都，不啻边塞，大难目击，别有会心"，还表明自己写作的目的是"将以明天人之际，通古今之变，求以合之当世，备一家之言"①。在这样的思想支配下，书中表彰民族气节，提倡经世致用，主张继承两宋"经世明道"的学术传统，反对"全盘西化"，鲜明地反映了作者维护民族传统、继承和发扬中国古代进步士大夫的爱国经世传统。该书在内容安排上，分章论述，以人为题，从明清之际的黄梨洲、王船山、顾亭林、颜习斋、李恕谷、阎潜邱、毛西河起；中经戴东

---

① 钱穆：《中国近三百年学术史·自序》（上册），台湾商务印书馆1983年版，第4页。

原、章实斋、焦理堂、阮芸台、凌次仲、龚定庵；直到晚清的曾涤生、陈兰甫、康长素。较之梁氏的同名著作，更为首尾一贯，详细完备，剪裁得当。书中引用的资料也更为丰富和翔实，常于叙述中发表议论，夹叙夹议，有些分析和见解也相当精辟、独到和严谨，且对于清代学术思想的总体评价与宏观论述，与梁著相较都显有不同特色。但该书在文字表达方面，由于引用材料较多，虽为学界看重，却不及梁著的文字流畅可读。因而，此书虽然晚出，则不及梁著在读者中的影响广泛。不过，由于钱氏于 20 世纪后半叶，仍以讲学与著述活跃在海内外学术舞台，其治学范围也更为广泛，对整个中国传统学术思想的研究，产生的作用和影响，时间之长，范围之广，并不亚于梁氏。

同样需要指出的是，钱穆先生的《中国近三百年学术史》在学术观点上竭力维护儒家道统，在政治立场上主要是维护其自身所代表的阶级的利益。反映到该书的具体内容方面，则是竭力维护宋学，表彰儒家道统，如说曾国藩为"晚清中兴元勋，然其为人推敬，则不尽于勋绩，而尤其在学业与文章"。同时，对于曾国藩围剿镇压太平天国革命的行动也不加掩饰地赞扬说："咸丰二年丁母忧归，遂起乡兵讨太平军，先后在军中十三年，卒平大难，称清代中兴首功焉。"这显然反映了作者的政治立场。

总起来看，章太炎、胡适、梁启超、钱穆等，他们在 20 世纪前半叶对于清代学术思想史的研究，无论是成就还是局限，虽带有时代和阶级的特征与烙印，但都是清代学术思想史研究的一个重要阶段。他们的研究成果，极大地推进了清代学术思想史的研究，我们应该将他们的研究和著述，置于一定的历史条件之下，作为特定历史时期的阶段性研究成果，予以批判继承，有分析地加以吸收和借鉴。

三

1949 年 10 月 1 日，中国的新政权诞生，随着社会制度的变革，学术研究在指导思想与研究方法上都发生了很大变化。马克思主义、毛泽东思想居指导思想地位，辩证唯物主义与历史唯物主义成为学术研究的根本观点和方法。这样的指导思想、观点和方法自然也反映到清代学术思想史研究之中。

马克思主义传入中国的时间虽早，但是运用马克思主义的基本立场、观点、方法来研治清代学术思想史，在新中国成立之前却并不多见。成系统的著述，似乎只有侯外庐的《中国近世启蒙思想史》，此书写于抗日战争时期，主要论述晚清时期康有为、谭嗣同、章太炎、王国维等人的思想学说。何干之也写有《中国近代启蒙思想史》。此外还有一些单篇的论文和小册子，如杜国庠的《论理学的终结——由明清之交黄顾王颜的哲学看到"理学"的终结》等，兹不一一列举。而普遍运用马克思主义唯物史观系统研究清代学术思想史，则是在新中国成立之后。这方面成就最突出的首推侯外庐与杨向奎先生。

侯外庐是研究中国思想史的大家。他早年翻译过《资本论》，有深厚的马克思主义理论功底，对中国思想史的研究又贯穿古今，他继主编多卷本《中国思想通史》之后，又于1955年改写并正式出版了《中国早期启蒙思想史》。这部著作以中国早期启蒙思潮为主线，论述了中国17世纪至19世纪40年代的启蒙思想及其主要代表人物。全书遵循唯物史观，把握时代特点，从社会经济与思想文化的关联入手，综论了17世纪、18世纪和19世纪前半叶的社会思潮，并具体论述了各时期的社会思潮中的启蒙思想家的学术思想、文化观点，对于王夫之、黄宗羲、顾炎武、朱之瑜、傅山、颜元、戴震、汪中、章学诚、焦循、阮元、龚自珍等人的思想学说，一一论述，实则是一部清前期的思想史。该书是新中国成立后第一部用唯物史观系统论述清前期思想文化的专著，影响甚大，奠定了1949年以来中国大陆研究清前期思想文化的框架与基础，其功不可没。不过，这部书确也存在如某些人所批评的带有一些机械唯物论的色彩。侯外庐作为一代思想史大家，在撰写《中国思想通史》《中国早期启蒙思想史》的过程中，还带动与培养了一批有成就的学生，如张岂之、李学勤、杨超、林英、黄宣民等，他们在当时和此后都成为活跃在中国思想史及中国历史等学术领域的专家，并形成了中国思想史研究中的"侯派"，对包括清代思想史在内的中国思想史的研究，起了有力的推动作用。

杨向奎先生治学范围广泛，他研究清代学术思想的代表作是《中国古代社会与古代思想研究》（下册），这部著作贯穿了"有哪样的社会经济就有哪样的思想意识","不能把有影响的学派和思想简单化"[①] 这一基本思想和方法,力求运用历史唯物主义的基本原理,从中国古代社会与古代思想的紧密结合入手,以中国古代社会为甲编,中国古代思想为乙编,从学术思想史的角度,分析论述了清代前期一些汉学家的反理学思潮及其学术成就,依次论述了顾炎武、惠栋、戴震、段玉裁、王念孙、王引之等清代学术大师的学术思想、学术成就、治学方法及其影响,堪称是地道的学术史之作。由于杨向奎先生具有早年参加"古史辨"的深厚考据学功底,又有精深的中国经学、史学造诣,同时又有很深的自然科学素养,因而,能得心应手地对上述清代汉学家在经学、小学、音韵、训诂乃至天文、历算方面的学术思想与学术成就,做出深入具体的专家之论。这是今天一般来说缺乏这方面训练的中青年学者难以企及的,而这却又是研究清代学术思想史不可回避的内容。因此,杨向奎先生的研究和著述,对于研究清代学术思想史的后学来说尤有助益。

这一时期对于清代学术思想史的研究,除侯外庐、杨向奎两大家之外,还有明清史学家谢国桢及历史文献学家张舜徽先生,也都有些相关著述,如谢国桢的《黄梨洲学谱》《顾亭林学记》《明末清初的学风》,张舜徽的《清代扬州学记》《清人文集别录》《清代笔记条辨》等。这些著述或者是对清代学者、学派的个案研究,或者是对有关文献资料的搜集、整理和介绍,无不为研治清代学术思想提供了观点上的借鉴与资料上的方便。

这一时期,在学术界对于清代的一些唯物主义思想史和有进步倾向的学者如王夫之、戴震、龚自珍、康有为、谭嗣同等,也都有较多研究,甚至专门召开学术研讨会,并发表和出版一些研究成果,但是很有分量的重头之作,却不多见。

此外,在一些《中国通史》《中国哲学史》《中国文学史》,以及有关音韵学、训诂学、版本学、目录学、校勘学、辨伪学、文献学等各类专史中,对于清代学术思想也都有些相关的概括性论述和介绍。这些分门别类的论述,多出自各部门、各学科专家的论述,对综合研究清代学

[①] 杨向奎:《自叙》,《中国古代社会与古代思想研究》(上册),上海人民出版社1964年版。

术思想也很有助益,不过,这些概述往往过于简略。

回顾从新中国成立到1978年中国共产党的十一届三中全会之前,这一段清代学术思想史的研究状况,不能不看到,在这一历史时期的较长一段时期内,学术研究受到接连不断的政治运动的影响,极左思潮不断升级,直至发展到"以阶级斗争为纲","无产阶级专政下继续革命"成为居支配地位的指导思想。在这样的政治环境中,历史研究过分偏重于政治史、经济史的研究。加之,又只强调意识形态受制于经济基础与社会存在,而忽视其相对独立性与反作用力,致使学术思想史、文化史的研究得不到应有的重视。同时,这段时期又过分强调"以论代史"。"以论代史",只重视理论的指导作用,学术研究中充斥着"放空炮"之作,而忽视对具体问题做微观的深入研究,更不重视对资料的搜集与整理。特别是在批判胡适的政治思想运动中,因批判胡适的实用主义哲学及其提出的"大胆假设、小心求证"的口号,不仅彻底否定胡适的学术成果,进而也把中国传统的考据学一概否定。在这样的风气下,对清代占支配地位的乾嘉考据学,也不加分析地全盘否定,斥责其从治学内容到治学方法,都是反动统治阶级的奴仆和工具,只看到其烦琐、脱离实际的一面,忽视其在中国学术思想史上的成就、地位和影响。这势必妨碍对清代学术思想史进行客观、科学的实事求是的分析研究,致使这一时期的清代学术思想史研究裹足不前,未能取得重大的突破性的进展。

四

1978年12月,召开了具有划时代意义的中国共产党的十一届三中全会,结束了发展至"文化大革命"时期达登峰造极的极左路线,进行了拨乱反正,推翻了"两个凡是",恢复了实事求是的思想路线。在学术研究领域也出现了前所未有的解放思想、破除迷信、百家争鸣、自由讨论的良好气氛,使得学术研究日益繁荣与活跃,在学术研究中原来人为设置的禁区,也一个个被打破。史学研究也冲破了只研究政治史、经济史的樊篱,研究范围大有开拓,文化史研究的热潮迭起,社会史的研究方兴未艾。特别是在弘扬民族优秀文化传统、重视国学的热潮中,对学术思想史的研究也重新起步。在这样的学术研究气氛中，对于清代学术思想史的研究也有进一步发展和提高。这突出表现在：

第一，随着对清代历史研究的重视和深入，清代学术思想史的研究也进一步推进。如本文开篇所说，由于清史与现实联系密切，近二十年来，海内外学界对清史的研究日益重视和关注。即以中国大陆而论，清史研究机构相继成立，在北京、天津、沈阳、长春、厦门等地，相继成立了专门研究清史的研究所、研究室。与之同时，专门研究清史的学术刊物和论丛，诸如《清史研究》《清史研究集》《清史论丛》等也相继创办，为发表清史研究成果开辟了园地。还有多种清史研究丛书也陆续出版。而且，国内、国际清史学术讨论会也接连不断地召开。专门的清史研究队伍也逐渐形成。一些有代表性的清代史、专史、人物传记不断推出，诸如《清史简编》（辽宁）、《简明清史》（戴逸主编）、《清史》（郑天挺主编）、《清代全史》（辽宁人民出版社）、《清代人物传稿》（中华书局、辽宁人民出版社）。此外，近年来还出版了大量清代政治史、经济史、社会史、民族史、对外关系史、学术思想史方面的专著。还有，作为全国哲学社会科学规划项目的《中国大百科全书》《中国历史大辞典》中，均设有《清史卷》，且都已经出版。这说明对有清一代的历史研究，几乎成为中国通史研究的热点，这必然推动清代学术思想史研究的深入发展。在上述有关清代通史性质的著作，以及一些《中国通史》（如范文澜、蔡美彪主编的十卷本《中国通史》）中，都有专篇、专章论述清代学术思想。在《中国大百科全书》《中国历史大辞典》的清史卷中，也列有众多条目，阐释清代学术思想。而且，这些篇、章、条目的撰稿人，多为研究清代学术思想史的名家与专家。在各种专门的清史研究刊物所发表的大量论文中，以及历次清史学术讨论会收集的论文中，有关清代学术思想史的论文，也占有相当的比重。所有这些清代学术思想的论著，都是清代学术思想史方面最新的研究成果，大致反映了清代学术思想研究的现状和水平，值得重视和研究。

第二，一些研究清代学术思想史方面的专著相继出版，反映了清代学术思想史研究日益深入。如杨向奎先生老当益壮，以耄耋之年，又编撰了多卷本的《清儒学案新编》，此书始于孙奇逢，终于康有为，分"清初、乾嘉、嘉道、晚清诸儒"，以人为经，编成八卷本的学案。每一学案既有案主的学术思想评传，又有其学术思想史料选辑。评传部分重在对案主学术思想观点、成就、影响的分析；学术思想史料选辑，旨在选录案主最主要、最基本的思想史料，"盖欲起学术思想史及学术思想史料的双重作用"①。从头两卷看，该书确实在一定程度上达到了编者的预期效果，为研究清代学术思想提供了观点上的借鉴与资料上的方便。此外，一些锐意进取、成果丰硕的中青年学者和学界的后起之秀，近年来也陆续推出了研究清代学术思想文化方面的专著，如冯天瑜的《明清文化史散论》、陈祖武的《清初学术思辨录》、南炳文和李小林的《清代文化》、王俊义和黄爱平的《清代学术与文化》、黄爱平的《四库全书纂修研究》、王茂等人的《清代哲学》等。这些著述问世以来，均不同程度地获得学术界的推重与好评。另外，对清代一些重要的学者和思想家的研究，也有不少专著和传记性的著作相继问世，其中突出的如沈嘉荣的《顾炎武论考》、姜义华的《章太炎思想研究》、马洪林的《康有为评传》、李喜所的《梁启超传》、陈金陵的《洪亮吉评传》。这些传记之作，在个案研究上，都有重要的深入和突破。有关清代学术思想方面的专著，还有许多，恕难一一列举。这些著作的出现，反映了清代学术思想史的研究正日益深入和提高，研究队伍也正在崛起。

第三，对于清代学术思想史中的一些重要人物和重大问题开展了热烈讨论，不同观点开展了争鸣。这些年来，对于清代学术思想史中的一些重要人物、重要学派、重要问题，都曾召开过国内或国际性的学术会议开展讨论，如对王船山、黄宗羲、傅山、戴震、王念孙、王引之等人物，以及浙东学派、扬州学派、乾嘉考据学派、明清之际的中西文化交流等问题，也都曾举办过专门的会议进行研讨。从报刊上与会议中所发表的大量论文看，研究的范围更加宽广，研究的数量和质量较之过去也都有发展和提高。同时，学术上的不同观点和见解，也开展了争鸣。如对于明清之际的进步学术思潮的评价与性质问题，它究竟是早期启蒙思潮，还是封建社会儒家内部的复归？关于明末清初来华耶稣会士的历史作用评价问题，究竟是早期殖民主义者进行文化侵略的先遣队，还是西学东渐、促进中西文化交流、推动中国传统学术文化发展和西传的使

---

① 杨向奎：《清儒学案新编·缘起》，齐鲁书社1985年版，第3页。

者？关于乾嘉学派的讨论，则集中在乾嘉学派的成因及内部之派别划分问题上，亦即乾嘉学派的产生究竟是清朝推行文化专制主义、大兴文字狱的结果；还是康乾盛世政治稳定、经济繁荣、学术兴盛的产物；或者是清初以来反理学思潮逐步发展、学术本身运动发展导致的必然结果；抑或是多元性的原因综合作用的结果？这一讨论打破了清廷推行文化专制主义导致乾嘉学派产生的定论。关于乾嘉学派派别之划分，究竟是分作吴派、皖派，还是另有扬州学派、钱大昕派；或者根本不存在吴派、皖派之分？如此等等。在热烈的讨论之中，不同意见之间均提出了一些突破性的见解。

值得注意的是，学术讨论也推进了海内外的学术交流。由于许多讨论会都是国际性或海峡两岸的，既有日本及欧美各国的学者参加，也有港、澳、台的学者与会。通过海内外学者之间的讨论与交流，也使中国内地研究清代学术思想史学者的研究视野更加开阔，研究方法有所更新，使清代学术思想史的研究逐渐从国内走向国际学术界。

第四，清代一些重要学者、思想家的文集、全集及有关的工具书相继出版，为研究清代学术思想史提供了资料上的方便。这些年来，许多清代学者的著述与文集，先后得以出版，甚至一些著述宏富、卷帙浩瀚的全集，如《黄宗羲全集》《王船山全集》《戴震全集》《曾国藩全集》等，也都集中了大量人力、物力和财力，予以整理出版。还有一些研究清代学术思想史的工具书、资料书，如《碑传全集》《清儒学案》《续修四库全书》《四库全书存目丛书》等，也都逐步编纂或整理出版。这无不为研究清代学思想提供了资料与工具上的方便，有利于清代学术思想史研究的深入和提高。

由上可见，自中国共产党的十一届三中全会以来，也即20世纪的后20年，由于实事求是的思想路线的恢复，以经济建设为中心的战略方针的确立，使得国内政治形势较为稳定，经济建设迅猛发展，对外开放与交流日益扩大，与之相伴随，一个思想文化建设的高潮也在逐步兴起，在这样的形势下，研究清代学术思想文化的良好势头，也已露出端倪，并为21世纪的清代学术思想的研究提高到新阶段、新水平奠定了良好的基础。

五

通过对20世纪清代学术思想史研究之回顾,再展望未来研究的发展趋势,可以得出什么样的历史启示呢?

第一,20世纪的中国是一个新旧交替的历史时期,也是一个大动荡、大变革、大发展的历史时期。在激烈的动荡、变革、发展过程中,结束了中国数千年的封建专制社会,迎来了资产阶级民主革命,以及社会主义新中国的成立。清代既是中国封建社会的终结,也是资产阶级民主革命的开端,作为清史组成部分的清代学术思想史既是中国古代学术思想的总结,也是中国近现代学术思想的开端,在中国学术思想史上具有重要地位和影响。在新旧学术思想交替演变的过程中,既涌现了继承和总结中国传统学术思想的学者,也产生了有深厚传统学术功底、又能吸收和接受西方资产阶级思想观点并将二者融合起来、把中国学术思想推向新阶段的学术大师。因此,认真研究清代学术思想,对于继承中国古代的优良学术传统,建立当代的新学术、新思想具有重要意义。但是,长时期以来清代学术思想的研究,却未受到应有的重视。近些年来,良好的研究势头虽正在兴起,但由于清代学术思想史与先秦、汉魏、隋唐、宋明各段学术思想史的研究相比,研究基础比较薄弱,学术界理应加强对这一薄弱环节的研究,使之逐渐有所突破。

第二,从1949年以来直到目前,清代学术思想史的研究,虽然取得不少的研究成果,但是却还没有出现划时代的著作,甚至没有出现能与梁启超、钱穆的《中国近三百年学术史》相匹敌的重头著作。至今尚无一部反映时代特点的全面、系统、高质量的《清代学术思想史》专著。侯外庐的《中国早期启蒙思想史》,虽然时间跨度相当,但其以启蒙思潮为主线,与启蒙思潮不直接相关的许多重要学派与学者却未涉及。杨向奎的《中国古代社会与古代思想研究》,也只论述了几位汉学大师。陈祖武的《清初学术思辨录》,顾名思义,其研究范围仅限于顺、康、雍时期的学术思想。王俊义、黄爱平的《清代学术与文化》,也只是对鸦片战争之前清代学术与文化专题性的研究结集。它们都还不是全面、系统的清代学术思想史。学术界特别是研究清代学术思想史的同人，应有压力感，需要奋起直追，埋头苦干，潜心钻研，争取早日写出一部与梁启超、钱穆的《中国近三百年学术史》相比美的《清代学术思想史》。

第三，研究清代学术思想史的专门队伍，既要有当代的新思想、新理论、新方法，又必须具有深厚的传统文化的根基及文字、音韵、训诂等汉学基本功的训练，还应有目录、版本、校勘、辑佚、辨伪等方面的知识，否则就很难对清代学术思想进行深入研究。当前，具有深厚传统国学功底的老一辈学者已相继谢世，到20世纪结束，人数将越来越少。而今研究清代学术思想史的中青年学者，在上述基本功底、基本训练方面，几乎无法与老一辈学者相比，他们的根底大都不深不厚。而且，即便就是根底不深的专门研究清代学术思想的学者也为数甚少。但是研究清代学术思想史，又必须有坐冷板凳的精神，短时期内很难奏效。为迎接21世纪的到来，要使包括清代学术思想史在内的中国学术思想史的研究有大的发展和突破，就必须有一支根底深厚的研究队伍。这一历史重任势必落在当今中青年学者肩上。何况，就当今世界文化发展趋势而言，以中国为代表的东方思想文化，越来越引起国际学术界的重视。因而，为建立有中国特色的当代新学术、新文化，并适应21世纪国际上学术研究的发展趋势，而今的中青年学者，应有志于中国学术特别是清代学术思想史的研究。学术文化部门的领导和学界领袖，为使清代学术思想史的研究后继有人，也应尽快采取措施，提倡和加强对中国传统学术思想的研究，下大力量培养国学研究人才。否则，清代学术思想史研究将会后继乏人。

（原载《中国社会科学院研究生院学报》1997年第3期）

钱谦益与明末清初学术演变

中国的传统学术，包括经学、史学、文学及古代称为心性义理之学的哲学，乃至学术风气和治学方法，发展到明末清初，伴随当时"天崩地解"的社会大变革，也明显地在发生着嬗递和演变，这已是学术界公认的事实。

明末清初的学术演变，并非个别、孤立、偶然的现象，而是当时整个社会和社会思潮变化在学术领域的反映。既然是一种社会思潮与学术思潮的变化，就必然是一场颇具规模的群体性活动，而不是个别人的兴之所至。但一种新的思潮的涌动，从萌芽兴起到蔚然成风，开始总有少数有识之士，首先发难和推动，再成波澜壮阔之势。而在明末清初的社会思潮与学术思潮的演变过程中，曾"主持坛坫五十年"，有"一代文宗"[①]之称的钱谦益，正是一个首开风气的人物。要研究明末清初的学术演变，绝不可忽略钱谦益的地位和影响。

但由于钱谦益个人的政治历史较复杂，即所谓有"阿附阉党""投降仕清"的恶名，其生前就曾毁誉并存，特别是在其死后一百余年乾隆帝曾屡下谕旨，非其人、禁其书，致使其长期被埋没和忽视，至今在有关的论著中对他的评价也欠公正。

值得欣喜的是日本著名汉学家吉川幸次郎先生，早在1965年就曾发表长文——《钱谦益与清朝的经学》，文中指出："钱谦益是明末清初17世纪前半叶中国文学或文明史的巨人，他不仅是文学家、批评家、

---

① 薛凤昌：《校印牧斋全集缘起》，载钱谦益《牧斋初学集》附录，上海古籍出版社1985年版，第2221页。

理论家，也是政坛巨子，但他却未能受到重视，研究论著很少。"① 该文也分析了钱谦益"被埋没"的原因。同时，还着重指出："研究钱谦益是很必要的，一在于其与清朝文学史的关系；一在于与清代考证学即经学的关系。"② 应该说吉川先生的看法是甚为客观公正的。无独有偶，中国的史学大师陈寅恪先生在其晚年，曾以渊博的学识撰写了鸿篇巨制《柳如是别传》③。正如有的学者所说："陈寅恪先生晚年以八十余万言的篇幅写柳如是，而钱正是柳的'半边天'，写柳乃在于写钱也。"④ 陈著在详细记述柳如是的身世交往、钱柳姻缘的同时，还以大量确凿的史料，论证了钱、柳的抗清复明活动。书中既赞誉柳如是是"女侠名姝"，也肯定钱谦益是"文宗国士"⑤。

正是在中、日两国两位学界前辈上述有关钱谦益论著的启示下，笔者不揣浅陋，拟就钱谦益与明末清初之学术演变，做些探讨，也兼就钱谦益这个复杂的历史人物究竟应如何评价，谈点浅见。

一 荣辱浮沉、复杂多变的政治人生

钱谦益（1582—1664）号牧斋，字受之，江南常熟（今江苏省常熟市）人。在中外历史上都有一些在特定的、复杂的历史环境中产生的复杂的历史人物，钱谦益即是其中之一，他的经历也可谓复杂。

钱谦益活动于明末清初的历史舞台上。其一生历经明万历、天启、崇祯及清顺治、康熙等两代五朝。这正是中国历史上急剧动荡、瞬息万变、错综复杂的历史时期。明末的统治集团已腐朽溃烂，皇帝沉湎酒色，不理朝政，宦官权奸弄权，党争激烈，民不聊生，农民起义此起彼伏，风起云涌。同时，崛起于东北一隅的满族，内部逐渐统一后，节节向关内进逼，直至取明而代之。实乃朝代鼎革、天翻地覆。清朝以满族

---

① 吉川幸次郎：《钱谦益与清朝经学》，载《京都大学文学部研究纪要》第9号（1965年）。

② 同上。

③ 陈寅恪：《柳如是别传》上、中、下三册，《陈寅恪文集之七》，上海古籍出版社1980年版。

④ 赵俪生：《顾亭林与钱牧斋》，载《学海暮骋》，新华出版社1992年版，第441页。

⑤ 陈寅恪：《柳如是别传》上册，《陈寅恪文集之七》，第3页。

为主体，立国之后，又推行野蛮的民族屠戮政策，致使当时不仅社会矛盾极为激化，且民族矛盾也异常尖锐。在如此动荡复杂的历史环境中，要沉着坚定，遇变不惊，恪守节义，殊属不易。

处于复杂历史环境中的钱谦益，出生于世代书香门第，自幼受家庭熏染，饱读诗书，其后又勤奋治学，以致学识渊博、满腹经纶，又富有文采，致有"一代文宗"之称。就其本色说，乃是一"读书种子"、文人学士；但就其另一面讲，他又颇热衷功名利禄，不甘寂寞，常"谈兵说剑"，厕身于党争、政争，且每每处于斗争漩涡的中心，直至跻身于达官权贵之列。看起来，他既是学者，又是大官，可谓一身二任焉。其实，就他个人的成败得失而论，其学术与政事并不平行。综观其一生的立身行事，可以说他在学术文化上成就昭著，乃至游刃有余，而在政事上，特别是面临复杂的事变，常常是摇摆怯懦，患得患失，缺乏应有的老辣、坚定与成熟，乃至迷失方向，导致他在政途上荣辱浮沉、复杂多变。对阉党，时而反对，旋又阿附；对清朝，时而慷慨激昂，筹划抵抗，时而又屈膝迎降，既降之，又悔恨，遂又密谋反清复明，最后落得个"贰臣"的骂名。可见，其在政治上不过是个低能的"弄潮儿"，称不上是"政坛巨子"，就此而论，吉川先生似乎高抬了他。

钱谦益虽然跻身达官权贵，但总的看来却名不副实。他在仕途上实际是得志时少，失意时多。他从万历三十八年（1610）中进士任翰林院编修时起，至顺治三年（1646）辞去清礼部侍郎时止，其官场生涯似乎长达三十余年。但此间或因党争被排挤丢官，或因政争失势被削籍归里，甚至因某种罪名，被逮而锒铛入狱，直接在官位上任职的时间，最长也不超过五年。不妨将其曲折的仕宦生涯，按序排列如下：

他于万历三十八年中进士任翰林院编修，次一年，即因丁父忧归里。照理应忧毕复职，但因此间东林党在与宦官集团的斗争中处于劣势，正做官的东林党人都纷纷被排挤落职，钱本人也因系东林党而受到冷落，久久未能回朝补官，竟在家闲置达十年之久。[①]

万历四十八年（1620），他终于被补原官。次一年，即天启元年（1621），被任命为浙江乡试正考官，但却被政敌陷害，落入人为制造

---

① 以下钱谦益生平经历排列，参见金鹤冲《钱牧斋先生年谱》。

的所谓因"钱千秋关节"形成的"浙围舞弊案"。后虽然查明受诬实情,仍被罚俸三月,此后仍常因此事授人以柄。他也为此怏怏不快,又告疾还乡。

天启四年,他再度奉诏入京,且升詹事府少詹事兼侍读学士,受命分纂《神宗实录》,这可谓如鱼得水,借机看到大量历史文献。孰料,次年,他又被阉党列名《东林党人同志录》《东林点将录》,且被指控为"东林党魁",遭到弹劾而被削籍归里。

崇祯元年(1628),阉党魏忠贤等伏诛,东林党人再度被起用,谦益也因此回朝,且升礼部侍郎。不久,明廷会推阁臣,他因深孚众望,跃跃欲试。岂知,礼部尚书温体仁与侍郎周延儒也极力觊觎相位,并四处活动,势在必得。为此,钱谦益指示自己的学生瞿式耜为之活动,直至将温、周挤出会推之外,此二人焉能示弱,联手上疏,攻击钱结党营私,把持会推,乃"盖世神奸"。致使崇祯帝诏令廷对,他抵不住温、周的联合进攻,直至被崇祯指责为:"关节有据,受贿是实,今又滥入枚卜之列,有党可知。"[①] 因此,被革职查问,回籍听勘。而其对手周延儒、温体仁不久则相继入阁。钱在这次争夺相位的斗争中又严重受挫。

钱谦益虽被革职回籍,温体仁等仍恐其东山再起,便唆使钱的同乡张汉儒对钱及其门生瞿式耜进行讦告。罗织罪名达56条之多,指控钱、瞿"侵国帑,谤朝廷,危社稷",乃"万恶元凶,贪秽兽官"[②]。崇祯览奏后,也认为钱、瞿"婪横事情,殊可诧恨"[③]。因此,于崇祯十年将在家乡"听勘"的钱谦益解京,下刑部狱,后经疏通,才被释回乡。

直至崇祯十七年(1644),在国势岌岌可危,朝不保夕的情况下,崇祯才想再度起用钱谦益,圣旨未达,明朝灭亡,钱氏再起之望,也化为泡影。

从以上钱谦益在明朝三十年的为官生涯可知,并无大可非议之处,且常受阉党迫害,屡屡受挫,也反映出他绝非政事斗争中的强手。另从

---

① 佚名:《阁讼纪略》,转引自《清代人物传稿·钱谦益》上编第6卷,中华书局1991年版,第213页。
② 《张汉儒疏稿》,《虞阳说苑》甲编第5册。
③ 同上。

崇祯十三年（1640），他因构建绛云楼，经费不足，不得不将心爱的宋刻《前后汉书》，以一千两白银卖给谢三宾，① 可知他并非"贪秽兽官"。否则，也不会因建藏书楼仅缺一千两银子而卖宝书。他曾在给其儿子孙爱的一首诗中说："仕宦三十年，但余书满床。尽可与汝读，俾汝无面墙。"② 这在一定程度也可说明钱谦益在仕宦生涯中仍未失掉书生本色。

甲申之变，明朝倾覆，顺治在北京登基，中国历史进入清朝时期。此时，明朝在江南的残余力量仍继续坚持抗清。马士英等拥戴福王在南京建立南明小朝廷。而在此之前，钱谦益则曾力图拥立潞王，他深恐为此获罪，遂见风转舵，大加颂扬马士英拥立福王之功，因被马士英援引入朝，补授礼部尚书，他还竭力推荐马的死党阉宦余孽阮大铖，并与马、阮打得火热，以保自己的权位。钱原是反阉党的"东林党魁"，此时却又攀附有权势的阮大铖，朝三暮四，遂有"阿附阉党"的骂名，实咎由自取。

弘光元年（1645）三月，钱谦益终于官至礼部尚书兼翰林院学士加太子太保，这是其一生荣宠之巅。不过好景极短，当年五月，清兵即陷南京，在严峻的历史关头，钱谦益本可以接受柳如是的劝告"取义全大节，以副盛名"③，他却畏死而变节迎降，从汉民族立场及为人道德而言，这确是他"大节有亏"之处。不久，随例北迁，到北京候用。顺治三年（1646）正月，被授礼部侍郎管秘书院事，充修《明史》副总裁。在当时降清的明臣中，钱谦益的资历、才华、声望都属首屈一指，他满希望在新朝跻身相位，而新主的授赐，却使之大失所望。因此，他于当年六月，即称病乞假回籍。从此，他结束了在明、清两代的从政生涯。

钱谦益降清时，已年过六旬，他一生四分之三的时间都在明朝度过。降清入朝，不过半年，封授即使他不满，清王朝的民族蹂躏政策及对降官的歧视，必进一步引起他内心的怨恨。可以想见，他当时似乎也

---

① 钱谦益：《书旧藏宋刻两汉书后》，《牧斋有学集》卷46。
② 钱谦益：《冬至日感述示孙爱》，《牧斋初学集》卷18，上海古籍出版社1985年版，第619页。
③ 李天根：《爝火录》卷10，浙江古籍出版社1986年版，第475页。

是"身在曹营心在汉"。身虽降清，心仍在故明。何况，清廷尚未统一全国，大江南北，抗清复明的烽火仍在燃烧。他辞官南归后，痛定思痛，以降清之悔恨，更加激发了复明的强烈愿望。从此，他一方面从事著述，仍奉南明为"正朔"，以故明为"本朝"，写诗抒发故国之思，撰文表彰抗清之士，并咒骂清朝为"奴""虏""酋""杂种"……另一方面又广泛联络抗清复明志士，图谋恢复故明王朝，这有大量史实为证，举其要者：

顺治三年冬，其好友黄毓祺在反清起事中，曾暗中联络钱谦益，让其资助，钱曾派柳如是"至海上犒师"[①]。事败后，钱谦益被牵连，下南京狱。

顺治六年，钱谦益曾致书桂林留守瞿式耜，以"楸枰三局"作比喻，痛陈天下形势，列举当务之急着、要着、全着，并报告江南清军将领动态及可能争取反正的部队。瞿式耜得书后，上奏桂王说：钱谦益"身在虏中，未尝须臾不念本朝，而规划形势，了如指掌，绰有成算"，"忠躯义感溢于楮墨之间"[②]。

顺治七年起，钱谦益曾不顾年迈体弱，多次冒险深入虎穴，亲赴金华策反总兵马进宝反清。

顺治九年，李定国克服桂林，承制以蜡丸书命钱谦益及前兵部主事严栻联络东南，于是，钱谦益便"日夜结党，运筹部勒"[③]。

顺治十一年，郑成功、张名振北伐，钱谦益与柳如是又积极响应"尽囊以资之"[④]。起事失败后，钱并未灰心，仍先后与反清复明志士魏耕、归庄、鹤足道人等秘密策划，以接应郑成功再度北伐，还在长江口白茅港卜筑红豆庄，作为隐居之所，以便与各地联络，刺探海上消息。[⑤]

顺治十七年，郑成功、张煌言率水陆大军再度北伐，连克数镇，钱谦益欣喜若狂，慨然赋诗作《金陵秋兴八首》等，歌颂抗清之师，直

---

① 祝云堂：《孤忠后录》。
② 瞿式耜：《瞿式耜集》卷1，《奏疏》，留守封事，《振中兴机会疏》引谦益原书，上海古籍出版社1981年版，第105—107页。
③ 顾苓：《东涧遗老钱公别传》，《塔影园集》卷1。
④ 钱谦益：《后秋兴之三》《后秋兴之四》，《投笔集》卷上。
⑤ 同上。

斥清廷"沟填羯肉那堪脔","杀尽羯奴才敛手"①。当这次北伐再度失败后,他才心灰意冷,痛感"败局真成万古悲","忍看末运三辰足,苦恨孤臣一死迟"②。

钱谦益从事的反清复明活动,还远不止上述诸端。但仅此也足以说明,他于降清后确又改变了立场,从一个降清的"臣仆"又转到"明遗民"立场,并一直从事抗清复明的秘密活动,这绝不仅仅是"欲借此以掩其失节之羞"③。

钱谦益的"阿附阉党"与"投降仕清",就个人的品节情操而言,确属"大节有亏"之污点,受到谴责和非议,确无可辩白。但远未达到"不足齿于人类"的地步,何况他降清不久,又真诚地投入反清复明的行列,已取得南明诸王及明遗民的谅解。一些坚持民族气节的著名文人学士,诸如瞿式耜、归庄、吕留良、黄宗羲等仍一如既往,对他十分尊敬,他在学界文坛的宗主地位,也未因此而动摇。当其八十华诞时,归庄仍送寿联云:"居东海之滨;如南山之寿。"④ 黄宗羲在钱逝世后所作的《八哀诗》中,仍将其引为"平生知己",且肯定其"四海宗盟五十年"⑤的学术地位。即使是像顾炎武至死不仕清廷,不愿列名于钱的"门生"的人,仍肯定其是"文章宗主"⑥。

但为什么后来钱谦益从人品到学问都一股脑儿被否定了呢?追根溯源,其始作俑者,乃清朝封建专制皇帝乾隆也!原来在钱谦益死后一百余年,乾隆发现钱谦益的著作中有大量违碍清朝统治的诗文,即恼羞成怒,暴跳如雷,对钱大张挞伐,屡颁谕旨,一次比一次严酷:

乾隆三十四年(1769)六月,谕曰:"钱谦益本一有才无行之人,在前明时身跻膴仕。及本朝定鼎之初,率先投顺,洊陟列卿,大节有亏,实不足齿于人类。朕从前序沈德潜所选《国朝诗别裁集》,曾明斥钱谦益等之非,黜其诗不录,实为千古纲常名教之大关。彼时未经见其

---

① 金鹤冲:《钱牧斋先生年谱》丙申·七十五岁条。
② 钱谦益:《金陵秋兴八首》,《投笔集》卷上。
③ 《贰臣传乙·钱谦益》,《清史列传》卷79,中华书局1987年版,第6557页。
④ 金鹤冲:《钱牧斋先生年谱》。
⑤ 黄宗羲:《八哀诗·钱宗伯牧斋》,《南雷诗历》卷2。
⑥ 傅山:《为李天生作十首》之八自注,《霜红龛集》,山西人民出版社,翻印丁宝金全本上册卷9,第236页。

全集，尚以为其诗自在，听之可也。今阅其所著《初学集》《有学集》，荒诞悖谬，其中诋谤本朝之处，不一而足。夫钱谦益果终为明朝守死不变，即以笔墨腾谤，尚在情理之中；而伊既为本朝臣仆，岂得复以从前狂吠之语，列入集中。其意不过欲借此以掩其失节之羞，尤为可鄙可耻！钱谦益业已身死骨朽，姑免追究。但此等书籍，悖理犯义，岂可听其留传，必当早为销毁。其令各督抚将《初学集》《有学集》于所属书肆及藏书之家，谕令缴出，至于村塾乡愚，僻处山陬荒谷，并广为晓谕，定限二年之内尽行缴出，无使稍有存留。钱谦益籍隶江南，其书版必当尚存，且别省有翻刻印售者，俱令将全版一并送京，勿令遗留片简。"①

乾隆三十五年，乾隆本人在查阅《初学集》后，又题诗曰："平生谈节义，两姓事君王。进退都无据，文章哪有光？"②

乾隆四十一年十二月，又下谕于《清史》内增设《贰臣传》，"谕及钱谦益反侧贪鄙，尤宜据事直书"③。乾隆四十三年二月，又下谕曰："钱谦益素行不端，及明祚既移，率先归命，乃敢于诗文阴行诋谤，是为进退无据，非复人类。若与洪承畴等同列《贰臣传》，不示差等，又何以昭彰瘅？钱谦益应列入乙编，俾斧钺凛然，合于《春秋》之义焉。"④

我们在行文中之所以不厌其烦地引述乾隆的一道道谕令，一则正是由于乾隆的这些谕令，将钱谦益打入最低谷，不仅彻底否定了其人品，也否定了他的学问"文章哪有光？"首开对钱评价中"以人废言"之先例。此后，不仅钱本人被钉在历史的耻辱柱上，其著作也被禁而长期不能流传，甚至和钱同时与之有交往的人，其著作中有钱氏一序，或者有酬和之诗文，"亦在禁毁之列"。由于这些事也属于钱谦益荣辱浮沉的范围，故录以存证；再则也可从中揭示钱谦益长期被否定、被埋没的历史真相，使世人明晓钱氏之所以得不到公正评价的由来，封建专制皇帝

---

① 均见《贰臣传乙·钱谦益》，《清史列传》卷79，中华书局1987年版，第6557—6558页。
② 同上。
③ 同上。
④ 同上。

之淫威，实在是"斧钺凛然"，酷烈至极！

综观钱谦益生前与死后荣辱浮沉、复杂多变、坷坎曲折的政治历程，大致可分为四个时期：第一时期，从其中进士为官起到明朝灭亡，此时的政治活动主要是参与东林党和复社，反对阉党，倡导经世，及作为史官，搜集、整理文献资料，编纂《实录》，应该说具有进步倾向，无可非议之处；第二时期，从其在南明福王政权中任职到投降仕清，虽为时短暂，但"阿附阉党""投降仕清"却是事实，其"大节有亏"已成定论，此时之为人，盖不足取；第三时期，从顺治三年六月辞去清廷官职到逝世为止，此时其在政治上主要是从事抗清复明活动。虽然此时清朝的统一已成必然之势，钱谦益想力挽明朝既倒之狂澜，已难济于事，但其为恢复故明的真诚努力，从道德品节上来说，似无可指责，只有站在清朝统治者立场来看，才被视为"大逆不道"；第四时期，从乾隆三十四年乾隆毁其人、禁其书起到清宣统二年（1910）邃汉斋再刻印其书止。此时，钱谦益虽死去一百余年，但乾隆又将其端出来示众，终成千古罪人，致使其被埋没一百余年，直到宣统二年，其著作才又重见天日。

从钱谦益生前与死后的遭遇看，他在政治上也并非一无可取，应就其在不同阶段的表现，进行具体分析，不能一概骂倒。同时，无论是古人或今人，都有个人的个性特点。钱谦益虽曾位列显宦，也从事过一些政治活动。但就其一生的主要活动及其对后世的影响看，他更主要的还是作为一位文人学者，他一生都不曾废读书治学，做官时也是如此。何况他做的又是文职"史官"，利用"史官"之便，掌握了宫中大量秘籍典册，为其撰史积累了大量第一手资料。他的《初学集》卷帙浩繁，内容丰富，其中绝大部分都是在明朝断断续续的为官生涯中写成的。其《开国功臣事略》《国初群雄事略》二书，就是在他为阉党排挤，被削籍回乡途中先后撰成的。甚至在他被迫害入狱时，在"殆非人居"的环境中，依然"朝吟夕讽，探赜洞微，孜孜不厌，一如平日"[①]。直到他年逾八旬，体弱多病时，仍笔耕不辍，常常是"寒灯午夜，鸡鸣月

[①] 程嘉燧：《牧斋先生初学集序》，载钱谦益《牧斋初学集》附录，上海古籍出版社1985年版，第2224—2225页。

落,揩摩老眼,钻穴贝叶。人世有八十老书生未了灯窗业债,如此矻矻不休者乎"①。钱谦益之为钱谦益,主要不在于其在政治上的得失成败,而主要在于其在学术文化上的成就和影响。我们在评价其一生的功过是非时,应透过其荣辱浮沉、曲折坎坷、复杂多变的政治人生,着重分析其在学术上的成就贡献及地位与影响。

二 对明末清初学术演变的推动和影响

就明末清初学术思想发展演变的大势而言,明中叶以后,曾占据思想界统治地位达数百年之久的理学,由王阳明的心学取代了僵化的程、朱理学。阳明心学在形成之初,具有缓和社会矛盾,松弛程、朱理学的禁锢,促进思想解放的积极作用。但发展到后来,日益走向空谈心性,脱离现实的死胡同中,甚至"恁是天崩地陷,他也不管,只管讲学快活过日"。这样的学说,在明末激烈的社会矛盾面前,显然无能为力。另由于包括王阳明心学在内的宋、明理学,在阐释儒家经典时,抛开了汉、唐训诂注疏的经学传统,而偏重于心性义理的阐发、走向六经注我的传统,遂使汉、唐以来的经学传统失去了原有的面目而走向衰落。鉴于这种状况,明末有些关心国事民瘼,以经邦济世为己任的士大夫,遂起而抨击空谈心性的王学,指责其为"虚学""俗学",倡导"通经服古""经世致用",主张由宋返汉,重新恢复汉、唐训诂注疏的经学传统,研究实际问题,逐渐形成了经世实学思潮。发展到明末清初,通经服古,经世致用,崇实黜虚,遂成为学者的治学宗旨和追求的目标,以致到了清初经世致用成为时代的思潮,进而训诂考据又在学术界取得支配地位。由此看来,从汉、唐之训诂注疏,到宋、明的心性义理,再到清代的朴学考据,恰好形成了一个正反合的辩证行程,而明末清初正是实现从宋、明心性义理之学向清代考据学演变的中间环节,钱谦益则是这一中间环节上的关键人物。对明末清初的学术演变起了积极推动作用。

作为"一代文宗"的钱谦益,他既是明末清初的诗坛领袖,多产的

---

① 金鹤冲:《钱牧斋先生年谱》辛丑八十岁条下。

诗人；又是一位渊博的学者，学界的"泰山北斗"[1]，他于经学、史学、文学及佛藏道籍，无不通晓，其学术成就表现在多方面。其对明末清初学术演变的推动，既体现在他作为学界的宗主领袖，以其学识声望所发挥的号召力、影响力方面，又反映在他于诸多学术领域，针对学术转变中涉及的问题，都提出了具有先导作用的理论观点。大略言之，有如下几个方面：

（1）抨击俗学流弊，强调学以经世，促进了清初经世致用思潮的形成。

钱谦益一生的学术活动突出的特点之一，就是与现实密切联系在一起。他从青少年时代始，就受到浓厚的家学影响。其祖父钱申行，进士出身，关心时事，重视实学，曾汇集关于国计民生的资料，"著书数百卷，为《通典》《通考》之流"，反映了博大、宏通的学术风格。其父钱顺时，长于经学，精于史学，曾据二十一史及历代野史杂记，编成《古今谈苑》，并与东林党人往来密切，试图救世济民[2]。谦益后来锐意文史，讲求经世致用，当与父祖两代的熏习密不可分。他走向社会后，又以其早露的学识才华，受到东林党人孙承宗、顾宪成等人的推重和赏识，并成为东林学派的中坚。东林学派的成员多是些在国家、民族危亡之秋，关心国事民瘼、痛击时弊的有识之士，以救世济民为己任。如著名的东林党领袖顾宪成就曾说："士之号为有志者，未有不亟亟于救世者也。"[3] 另一著名领袖高攀龙也说："学者以天下为己任。"[4] 黄宗羲曾概括东林党人的风节说："一堂师友冷风热血洗涤乾坤。"[5] 钱谦益与顾、高从父辈时就有联系，自身又是东林党人，与上述思想自然若合符节。继东林之后，复社也是当时政治清流的中心，尤重视经世致用之学，治国经邦之术，而复社的领袖陈子龙就是钱谦益的挚友。钱本人也参加复社的活动，常与陈子龙一起抨击

---

[1] 程嘉燧：《牧斋先生初学集序》，载钱谦益《牧斋初学集》附录，上海古籍出版社1985年版，第2224页。
[2] 钱谦益：《请诰命事略》，《牧斋初学集》卷74。
[3] 顾宪成：《赠风云杨君令峡江序》，《泾皋藏稿》卷8。
[4] 高攀龙：《与李肖甫书》，《高子遗书》卷8。
[5] 黄宗羲：《东林学案卷首》，《明儒学案》卷58。

时弊，切磋经世之学，还于崇祯十一年共同编纂了《明经世文编》，是书收集了从洪武至崇祯有明二百七十年，从中央到地方官员与经世相关的文集和著述。他们编纂是书，"志在征实"，"以资后世之师法"，"通今古之龟鉴"。此书的编辑，既反映了钱谦益等人的经世思想，也说明经世学风已从个别人的零星主张，发展成士人的群体意识，赋役吏治、兵农水利、天文地理等实用学科，已成为士人关心的热点。同时，是书的编成，也推动了明末清初经世致用思潮的进一步形成与发展，正如吴晗先生所说："这部书的编辑、出版，对当时的文风、学风是一个严重的挑战，对稍后的黄宗羲、顾炎武等人的经世致用之学，也起了先行的作用。"①

在当时经世学风潮流的推动下，钱谦益从事著述的出发点就在于经世致用，要"达于世务"②。他治经学，目的在于"正人心"，纠正"世道偏颇"③。他以毕生精力倾注于史学，也在于"史者，所以明乎治天下之道也"④。其《初学集》《有学集》中载有其写的大量碑传作品，其目的也是要让"刑政者庶几可以观，可以兴矣"⑤。他编《列朝诗集》，虽有"以诗存史"的作用，而更主要的目的则是想展示明朝的"鸿朗庄严""含章挺生"的旺盛气运，和"金镜未坠""珠囊重理"⑥的中兴之望，反映出编者欲图复明的愿望。总之，钱谦益在从事著述写作时，总是力图做到"非天下之所以治乱安邦者皆不载"。

钱谦益还通过其撰写的大量序、跋、碑传、行状，提倡、表彰经世致用之学，诸如"君之于书，又不徒读颂之而已，皆思落其实而取其材，以见其用于当世"，"于是儒者之道大备，以效国家大用"，"是故经学与国政，咸正于一，而天下大治"，"幼绳留心天下事，辀轩所至，访边塞之要害，问民生之疾苦，于时艰国恤，三致意焉"⑦。

---

① 吴晗：《影印明经世文编序》。
② 钱谦益：《常熟县教谕武进白君遗爱记》，《牧斋初学集》卷43。
③ 钱谦益：《新刻十三经注疏序》，《牧斋初学集》卷28。
④ 钱谦益：《特进光禄大夫左柱国少师兼太子太师兵部尚书中极殿大学士孙公行状》，《牧斋初学集》卷47。
⑤ 钱谦益：《秀才孙锩妻王氏墓志铭》，《牧斋初学集》卷59。
⑥ 钱谦益：《列朝诗集序》，《牧斋有学集》卷14。
⑦ 钱谦益：《秦槎路史序》，《牧斋初学集》卷33。

与之同时，他又反复抨击那些脱离实际、没有创见，一味摹仿、剽窃的俗学。他曾尖锐指出："今之学者，陈腐于理学，肤陋于应举，汩没锢蔽于近代之汉文、唐诗……茫然不知经经纬史之学。"[1] 他又说："夫今世学者，师法之不古，盖已久矣。经义之弊，流而为帖括，道学之弊，流而为语录，是二者，源流不同，皆所谓俗学也。俗学之弊，能使人穷经而不知经，学古而不知古，穷老尽气，盘旋于章句占毕之中，此南宋以来之通弊也。"[2] 他还十分尖锐而形象地指出俗学、伪学"其病有三，曰僞、曰剽、曰奴"[3]，并一一指出"僞""剽""奴"的具体表现。

钱谦益对经世致用的提倡及对俗学的抨击，对扭转明中叶以来的不良学术风气，无疑有振聋发聩的作用，并成为清初出现以顾炎武、黄宗羲、王夫之为代表的、波澜壮阔的经世致用思潮之先导。

（2）提倡"通经汲古""正经""反经"并阐明"经"与"道"、"经"与"史"的关系，为经学在清代的复兴奠定了理论基础。

中国传统的经学历经两汉、魏晋、隋唐、宋元、明清等朝代，在其发展演变过程中，曾呈现出不同的形态和特点，诸如汉学、宋学（理学）、清代汉学（考据学）等，每一种新的形态和特点的出现，都有一个渐进演变的过程，其中魏、晋、晚唐、宋初及明末清初都是经学发展演变的关键时期。具体到明末清初经学演变的主要表现是：如前所述，由于传统的经学自南宋以来，心性义理之学日趋泛滥，导致经学逐渐走向衰落。当明末社会危机加深时，一些学者在寻求解决现实社会危机的思想依据时，对空谈心性义理的理学感到绝望，不得不从古老的经书中寻找救世的良方。因而逐渐出现反对理学，由宋返汉，复兴汉代经学的倾向，直至发展到清代出现了汉学重新支配学术界的局面。在这一演变过程中，钱谦益也对理学深表不满，并提出"通经汲古""反经""正经""治经"等观点，还阐明"经"与"道"、"经"与"史"的关系，不啻为经学在清代的复兴提供了理论依据。

---

[1] 钱谦益：《颐志堂记》，《牧斋初学集》卷43。
[2] 钱谦益：《赠别方子玄进士序》，《牧斋初学集》卷35。
[3] 钱谦益：《郑孔肩文集序》，《牧斋初学集》卷32。

钱谦益关于经学并无大部头的专门著述，但从他关于一些书籍的序、跋和论学的书信中，仍可窥见他对经学有深湛的研究，对经学发展的脉络了如指掌。《新刻十三经注疏序》可以说是代表其经学观点的纲领性之作。在这篇关于经学的著名论文中，他提纲挈领地勾勒了经学以及十三经之传注、笺解、义疏的演变，肯定汉儒治经之踏实，指出宋人治经之流弊，"宋之学者，自谓得不传之学于遗经"，实际上则是"扫除章句，而胥之归于身心性命"，流风所及，使"近代儒者，遂以讲道为能事，其言学愈精，其言知性知天愈眇，而穷究其指归，则或未必如章句之学，有表可循，而有坊可止也"①。这里，已明显反映出其扬汉、抑宋的学术倾向。他在该文中还尖锐地讥刺道学（理学）："道学之偷也，流而为俗学，胥天下不知穷经学古，而冥行擿埴，以狂瞽相师。驯至于今，轾材小儒，敢于嗤点六经，眦毁三传，非圣无法，先王所必诛不以听者，而流俗以为固然。生心而害政，作政而害事，学术蛊坏，世道偏离，而夷狄寇盗之祸，亦相挺而起。"②猛烈抨击了宋、明理学"嗤点六经""眦毁三传"及其在现实生活中造成的祸害。明末清初，在学术思想嬗递演变过程中，出现了反理学思潮，并最终导致理学终结，钱谦益可谓发反理学之先声。

"道"是理学之最高指归，并以其"道"离"经"，因而"经"与"道"的关系遂成为宋明理学与汉唐经学对立的焦点。由于宋、明理学离"经"而谈"道"，蔑视汉唐注疏，排斥《五经》，推尊《四书》，以朱子的《四书集注》等代替汉、唐《五经》笺疏，用以附会其以"道"为基石的理论体系。钱谦益有鉴于此，还着重论述了"经"与"道"的关系，他说："汉儒谓之讲经，而今世谓之讲道。圣人之经，即圣人之道也。离经而讲道，贤者高自标目，务胜于前人，而不肖者汪洋自恣，莫可穷诘。则亦宋之诸儒扫除章句者，导其先路也。"③由于宋、明理学离经而讲道，扫除汉、唐章句注疏，修《宋史》者还将"儒林"与"道学"厘为两传，形成"儒林则所谓章句之儒也，道学则

---

① 钱谦益：《新刻十三经注疏序》，《牧斋初学集》卷28。
② 同上。
③ 同上。

所谓得不传之学者也",遂使"古人传注、笺解、义疏之学转相讲述者,无复遗种"①。这里,钱谦益较为精辟地论述了"经"与"道"互为表里、相互统一、不可分离的关系,得出"圣人之经,即圣人之道",不能"离经而讲道"的结论,在经学发展历程中,实有重要意义。在钱谦益之前,归有光、高攀龙等也讲述过上述类似思想,如归有光曾讲"汉儒谓之讲经,而今世谓之讲道。夫能明于圣人之经,斯道明矣,道亦何容讲哉"②。不过,钱谦益又发展了归有光的观点,他较之归有光关于"经""道"关系的论述,能将之置于经学演变源流中考察,显得更加系统与理论化。且归有光离世较早,而钱谦益在入清之后又生活了一段时间,与清初的学者多有密切交往,他关于"经""道"关系的论述,对清初学者的影响更为直接。

针对宋、明理学"离经言道"的弊端,钱谦益又提出"反经""正经"的思想,他援引《孟子》的"我亦欲正人心,君子反经而已矣"!他又进一步发挥说:"诚欲正人心,必自反经始;诚欲反经,必自正经学始。"③钱谦益所谓的"反经"与"正经",也就是要消除宋、明理学对原始经书的曲解与附会,恢复汉、唐注疏经书的传统,返回到经学的原始本貌。对此,他在《与卓去病论经学书》中说得更加明白,他说:"六经之学,渊源于两汉,大备于唐、宋之初,其固而失通,繁而寡要,诚亦有之,然其训故皆原本先民,而微言大义,去圣贤之门犹未远也。学者之治经也,必以汉人为宗主,如杜预所谓原始要终。"④后来,清代的汉学家治经都以汉代为宗主,公开打出汉学的旗帜,其依据也都是说汉代去古未远,遗说尚存,更加符合经书原义。这与钱谦益的说法几乎如出一辙,相互间显然也有渊源与影响关系。

此外,钱谦益在其著述中,还论述了"经"与"史"的相互关系,提出了"经者,史之宗族也;六经之中皆有史,不独《春秋》三传也"⑤。这实际上已是清代章学诚之"六经皆史"论的滥觞。钱谦

---

① 钱谦益:《新刻十三经注疏序》,《牧斋初学集》卷28。
② 归有光:《送何氏二子序》,《归震川全集》,台北:世界书局1977年版,第104页。
③ 钱谦益:《新刻十三经注疏序》,《牧斋初学集》卷28。
④ 钱谦益:《与卓去病论经学书》,《牧斋初学集》卷79。
⑤ 钱谦益:《再答苍略书》,《牧斋初学集》卷38。

益关于"经""史"关系的论述,首先是强调尊经,主张"史不离经"。同时,他也绝不轻视史的作用与功能,而认为"经"与"史"是相辅相成的,他说:"经犹权也,史则衡之有轻重也;经犹度也,史则尺之有长短也。"① "经"与"史"之间,既然是权与轻重,度与长短的关系,因此,二者也是相互依存的,史既不能离经,而脱离史的经,也就没有了意义。其后,清初的黄宗羲又进一步发挥了钱谦益关于"经""史"关系的论述,认为"受业者必先穷经,穷经所以经世,故兼令读史"。应该说,从钱谦益到黄宗羲,再到章学诚、全祖望,浙东学界绵延不断的史学传统,与钱、黄、章一脉相承的理论,当有一定关联。

钱谦益曾在致友人的书信中说:"仆以孤生谀闻,建立通经汲古之学,而排击俗学。"② 这可以说是钱谦益倡导经学,重视史学,反对理学的总纲。

钱谦益关于"通经汲古""反经""正经","治经以汉人为宗主",以及"经"与"道"、"经"与"史"的一系列论述,无疑都为经学在清代的复兴提供了理论依据。他提出的"圣人之经,即圣人之道"和"六经之中皆有史",更是直接成为顾炎武的"经学即理学",以及章学诚的"六经皆史"论的滥觞和先导。

(3)以卓越的史学理论及编史、考史之实践推进了清代史学的发展。

钱谦益一生治学的重点在史学,他在史学方面的成就也更为突出,他本人也一直以"史官""史家"自命。他常说,"谦益史官也,有纪志之责"③,"余从太史氏之后,纪载国家之盛"④,"余旧待罪太史氏,思颂述国家关雎鹊巢之德,以继二南之盛"⑤,"余待罪国史,论次本朝忠良吏,附两汉之后"⑥,"谦益往待罪史局,三十余年",

---

① 钱谦益:《汲古阁毛氏新刻十七史序》,《牧斋有学集》卷14。
② 钱谦益:《答山阴徐伯调书》,《牧斋有学集》卷39。
③ 均见钱谦益《汪节母寿序》,《牧斋初学集》卷35。
④ 钱谦益:《马母李太孺人寿序》,《牧斋初学集》卷38。
⑤ 钱谦益:《侯母段宜人六十寿序》,《牧斋初学集》卷38。
⑥ 钱谦益:《左扶沟墓志铭》,《牧斋初学集》卷53。

"谦益以石渠旧老,衰残载笔。其何敢避时畏祸,婥姬咙胡,以贻羞于信史",① 如此等等。可见,谦益无时不以"史官""史家"自命。而且他还曾十分自信地说:"余三十年留心史学,于古人之记事记言,发凡起例,或可稍窥其涯略,近代专门名家如海监、太仓者,亦能拾遗纠谬,而指陈其得失。"他也的确在史学理论及编史、考史的实践方面,留下丰硕成果。

钱谦益根据自己长期从事史学的实践体会,对史学的价值、功能、地位给予了极高的评价,认为天地万物运行之道,古今朝代兴亡之理,无不为史学所包含,他说:"史者,天地之渊府,运数之勾股,君臣之元龟,内外之疆索,道理之窟宅,智谙之伏藏,人才之薮泽,文章之苑圃,以神州函夏为棋局,史为其谱。"② 历史不仅是治理国家不可或缺的镜鉴,也是人类精神生活的宝库,它可以使人"耳目登皇,心胸开拓,顽者使矜,弱者使勇,怯者使通,愚者使慧,寡者使博,需者使决,憍者使沉"。钱谦益如此高度评价史学的价值和功能,与只偏重个人道德践履、排斥事功、轻视史学的理学家,形成鲜明对照。朱熹就曾十分轻蔑地说"看史只如看人相打,相打有甚好看处,同父一生被史坏了"③,他甚至连《左传》等儒家经典也颇为不屑地说:"六经、《语》《孟》多少道理不说,恰说这个:纵那上有些零碎道理,济得甚事。"④针对理学家轻视史学的偏颇,如前所述钱谦益还从理论上阐述了"史"与"经"的相互关系,得出"经""史"互不分离,"六经之中皆有史"的结论,都对清代史学家产生了重大影响。

钱谦益在史学方面的成就,还突出表现在历史考证方面。他在史学方面的主要著作有《开国功臣事略》《国初群雄事略》《太祖实录辨证》及大量有重要史料价值的碑传之作。此外,其《列朝诗集》《杜诗小笺》,也反映了他以诗证史的深厚功力。

钱谦益深感"史家之难,其莫难于真伪之辨乎"⑤,因而其在修史

---

① 钱谦益:《建文年谱序》《文贞路公神道碑》,《牧斋有学集》卷14、34。
② 钱谦益:《汲古阁毛氏新刻十七史序》,《牧斋有学集》卷14。
③ 《朱子语类》卷123。
④ 同上。
⑤ 钱谦益:《启祯野乘序》,《牧斋有学集》卷14。

过程中，十分重视史料的考证和辨伪。如他在致力于明初历史研究时，首先注意广泛搜集各种史料，其撰写《国初群雄事略》与《太祖实录辨证》的过程中，不仅对《元史》《元史新编》《国初事迹》《龙飞经略》《平胡录》《平夏录》等公私史书广采博搜，还查阅积累的大量宫中档案，并参考数十种文集、杂著，及无数的行状、碑铭，尔后，再对搜集的史料进行查证和辨伪。他认为只有将史料考证明白、辨别真伪，才能据以定褒贬。当时，曾出现不少伪造的明初史料，影响较大的有《致身录》，钱氏根据明初的制度和史事，通过细致的分析，举出该书的十条破绽，以确凿的证据，得出明确结论："伪也"，"作伪者之愚而可笑也"①。钱谦益这部辨伪之作，深得清初学者潘耒、阎若璩的支持和肯定，实开清初辨伪之先河。

以诗证史，尤其是钱谦益在历史考证方面的独特成就。前人虽然也曾运用过以诗证史的方法，却不像钱谦益运用得广泛和娴熟。如他在《国初群雄事略》中，就曾依据元末明初王逢的诗，纠正了《明实录》的一些错误。他在《杜诗小笺》中，又能据前代诗歌，补充史家的漏记，并纠正史家记载的错误，并综合其他材料，揭示一些历史真相。如中唐名臣杨炎曾任殿中监，而《旧唐书》阙载，钱谦益则根据杜甫的《送殿中监赴蜀见相公》一诗，予以补充。钱谦益不惜以古稀之年，编著大部头的《列朝诗集》，更是以诗存史的典型。清代朱彝尊、全祖望都曾沿用钱谦益开创的这一体例，先后编辑了《明诗综》《续甬上耆旧诗》。

由于钱谦益在当时具有重要地位和影响，曾撰有大量历史人物的传记、行状与碑铭，其中保存了明天启、崇祯及南明和清初的丰富史实。如其所写的《孙承宗行状》，长达近五万言，远比《明史》中《孙承宗本传》要更为丰富翔实，实际上是一部天启、崇祯年间山海关内外抵御清兵的史学专著。还有大量的传记、碑志记述了清统治者入关前后一些坚持抗清斗争的仁人志士可歌可泣的事迹。清代全祖望也以传记、碑志的形式，记述了同一时期的这类历史人物。虽然全祖望对钱谦益多有贬词，但其自幼即读《牧斋初学集》，其治史与钱谦益有着相同的特点，

---

① 钱谦益：《致身录考》《书致身录考后》，《牧斋初学集》卷22。

很难说没有受到钱氏的影响。

总之，钱谦益以其史论、历史考证及碑志之作，对清代史学的发展起了积极的推动作用。

（4）以古典现实主义的诗论、文论及诗文创作批判明中叶以来的拟古主义，为清初诗文的转变"导乎先路"。

钱谦益既是经学家、史学家，又是杰出的文学家和诗人。他通过为大量诗文作品及撰写的"序""跋"阐述了自己的诗论、文论主张，并以自己丰富的创作实践，批判了自明中叶以来充斥文坛的拟古主义，为清初诗文的转变和发展"导乎先路"。

明中叶以来，以李梦阳、何景明和李攀龙、王世贞为代表的前后"七子"，倡言"文必秦汉，诗必盛唐"，抛弃了唐宋以来文学发展的优良传统，走上盲目尊古的道路。他们写诗撰文一味以模拟剽窃为能事，几乎是篇篇模拟，句句模拟，如同写字的"临摹帖"，诗文中"无一语作汉以后，亦无一字不出汉以前"，使得诗文成为毫无灵魂的假古董，一时间复古模拟之风笼罩着整个文学界。这遂引起各方面的厌恶和反对，先有归有光为代表的"唐宋派"，以倡导唐宋古文名家与之对抗；随后又有敢于反潮流的思想家李贽及以袁宗道、宏道、中道为代表的"公安派"和以钟惺为代表的"竟陵派"，均起来反对模拟复古，反对贵古贱今，提倡个性解放，独抒性灵，对充斥文坛的模拟复古之风以有力的冲击。

钱谦益继承并发展了归有光的文学主张，对前后"七子"的复古主义给予了更尖锐的批判。他指出："自弘治至于万历，百有余岁，空同雾于前，元美雾于后，学者冥行倒植，不见日月。甚矣，两家之雾之深且久也。"① 正是在李攀龙、王世贞复古主义烟雾的弥漫下，形式主义的诗作充斥诗坛，谦益予以揭露说："今之名能诗者，庀材惟恐其不博，取境惟恐其不变，引声度律惟恐其不谐美，骈枝斗叶惟恐其不妙丽，诗人之能事可谓尽矣，而诗道固愈远者，以其诗皆为人所作，剽耳佣目，追嗜逐好，标新领异之思侧出于内，哗世炫俗之习交攻于外……其中之

---

① 钱谦益：《黄子羽诗序》，《牧斋初学集》卷32。

所存者，固已薄而不美，索然而无余味。"① 诗风败坏，文风也同样如此，亦如钱谦益所揭露："近代之文章，河决鱼烂，败坏而不可救者，凡以百年以来学问之谬种，浸淫于世运，熏结于人心，袭习纶轮，酝酿发作，以至于此极也。"②

与复古派的诗文主张相反，钱谦益强调诗文要本性情，导志意，又须是从动荡的时世、连蹇的境遇中迸发而出，反对模仿，反对幽眇凄冷脱离现实的写作倾向。他主张："诗言志，志足而情生焉，情萌而气动焉。如土膏之发，如候虫之鸣，欢欣噍刹，纡缓促数，旁薄曲折而不知其使然者，古今之真诗也。"③ 钱谦益之论诗如上，其论文之精神也是这样，他说："夫文章者，天地变化之所为也，天地变化与人心之精华交相击发，而文章之变不可胜穷。"④ 钱谦益还认为，诗文不仅要言志抒情，有用于世，还应与学识相结合，使之更加根深叶茂。因此，他提出："根于志，溢于言，经之以经史，纬之以规矩，而文章之能事备矣！"⑤ 进而，他又提出"反经求本""通经汲古"的文学主张。

对于自己的诗文主张，钱谦益可谓身体力行。他的诗继承了杜甫、元稹、白居易等人的古典现实主义传统，具有雄伟、奇诡、温婉、秾丽的多种风格。从思想内容上说，入清之前，大多反映了对东北边祸的关切，或对宦官权奸的痛恨以及对抗敌将相和忠正人物的歌颂，也有对祖国壮美河山的赞颂，和他与柳如是之间的酬唱。入清之后，由于明、清易代的巨变及个人荣辱浮沉的变化，他降仕清朝而又反清复明，故国沦丧与个人的身世忧患相交织，构成了此时诗作的基本风貌。如其所写的大型七律组诗《金陵秋兴》《后秋兴》，其内容既反映了郑成功攻打金陵及南明桂王政权的有关情况，也透露了他和柳如是支持抗清的事迹。如诗中所云："海角崖山一线斜，从今也不属中华。更无鱼腹捐躯地，况有龙涎泛海槎，望断关河非汉帜，吹残日月是胡笳。嫦娥老大无归

---

① 钱谦益：《族孙遵王诗序》，《牧斋有学集》卷19。
② 钱谦益：《赖古堂文选序》，《牧斋有学集》卷17。
③ 钱谦益：《题燕市酒人篇》，《牧斋有学集》卷47。
④ 钱谦益：《复李叔则书》，《牧斋有学集》卷39。
⑤ 钱谦益：《周教逸文稿序》，《牧斋有学集》卷19。

处,独倚银轮哭桂花。"① 其中对故国的眷恋,以及对个人的悔恨,又都凝结着诗人。真挚深沉的感情,乃其晚年心境的真实写照。

钱谦益以其诗论、文论及诗文创作实践,在批判、扭转明中叶以来的拟古主义的不良倾向的同时,作为诗坛领袖,也乐于奖掖后进,提携人才,清初的著名诗人如王士祯、施闰章、宋琬、冯班等,都曾受到过他的提携。归庄曾对钱谦益的诗作及其影响评价说:"除榛莽,塞径窦,然后诗家始知趋于正道,还之大雅。"②

钱谦益确以其诗文理论与实践以及其对文学队伍的组织和影响,为清初诗文的转变"导乎先路"。

钱谦益的学术成就及其对明末清初学术演变的影响,还不限于以上几个方面。另外,在治学态度、学术风格与治学方法上,如他提出的为学之道"一则曰博求;二则曰虚己"③。所谓"博求",就是广征博引,大量读书,充分占有资料不以孤证自足。在治学范围上强调宏通,长于综合,融经、史、子、集于一体。所谓"虚己",就是治学中要谦虚谨慎,不主观武断,自逞胸臆,对自己的著述,要反复修改,虚怀若谷,听取师友意见,有过则改,但也敢于坚持自己的独特见解。所有这些对清初学术界也都有重要影响。

三 在学术史上的地位及其评价

当我们介绍、论证了钱谦益荣辱浮沉、复杂多变的政治人生及其对明末清初学术演变的推动与影响之后,再来回答其在学术史上居何地位,对其应作出如何评价,似乎已可得出应有的结论了。但问题并非如此简单,因为要回答此问题必然涉及政治与学术的关系,这在他本人与同时代的人看来,都是感到棘手的问题。

1661年,当钱谦益八十寿期之日,其族弟钱君鸿拟为其征词祝寿,为此他曾在《与族弟君鸿求免庆寿诗文书》中说:"夫有颂必有骂,有

---

① 钱谦益:《后秋兴》,《投笔集》。
② 金鹤冲:《钱牧斋先生年谱》附录。
③ 钱谦益:《启祯野乘序》,《牧斋有学集》卷14。

祝必有咒，此相待而成也。有因颂而招骂，有因祝而招咒，此相因而假也。"他"抚前鞭后，重自循省，求其可颂者而无有也"，而后又说自己"少窃虚誉，长尘华贯，荣进败名，艰危苟免。无一事可及生人，无一言可书册府"，因此请其族弟"如不忍于骂我也，则如勿颂"，"如不忍于咒我也，则如勿祝"①。拒绝为己祝寿，他深恐由此招来咒骂，顾虑就在于其曾降清——"荣进败名"。钱谦益的"重自循省"，主要是从政治上作自我评价，认为自己"无一事可及生人，无一言可书册府"。这未免自我否定过甚。

当时也有些人如朱鹤龄，在评价钱谦益时，回避政治问题，只论其学术说："夫虞山公生平梗概，千秋自有定评，愚何敢置喙。若其高才博学，囊括古今，则复乎卓绝一时矣！"②

也有的人对钱谦益在政治上加以谴责，但却不否定其学术成就，如潘耒所云"其阿马、阮，事二姓，则诚有之"，"牧斋虽大节有亏，然其学问之宏博，考据之精详，亦岂易及？安得以人废言"③？潘耒在评价钱谦益时，不仅将政治与学术分开，而且明确提出，不要以人废言，实难能可贵。顾炎武之评对钱谦益也大致持如此态度，已如前引。

钱谦益虽曾投降事清，但很快便深自悔恨，并投入反清复明的秘密活动。此举，与之交往密切的归庄、顾苓、宋琬、黄宗羲等都深有了解。因此，他们直至钱谦益终死，并不谴责甚至还谅解了其曾经阿附阉党、变节仕清之事，仍对其给予极高评价。归庄在《祭钱牧斋先生文》云："百余年来，文章之道，径路歧而芜秽丛。自先生起而顿阛康庄，一扫蒙茸，知与不知，皆先生今日之欧、苏两文忠。"④ 归庄还为之深为惋惜地说："先生通籍五十余年，而立朝无几时，信蛾眉之见嫉，亦时会之不逢，抱济时之略，而纤毫不得展；怀无涯之志，而不能一日快其心胸。"⑤ 钱谦益之弟子顾苓、宋琬亦有类似说法："（钱）自登籍后，颠顿仕途，立朝不及五载，读书著述于林下者五十

---

① 钱谦益：《与族弟君鸿论述免庆寿诗文书》，《牧斋有学集》卷39。
② 朱鹤龄：《与吴梅村祭酒书》，《愚庵小集》卷4。
③ 潘耒：《从亡客问》，《遂初堂文集》卷11。
④ 归庄：《祭钱牧斋先生文》，《归庄集》卷8。
⑤ 同上。

载,操海内文章之柄四十余年。"① 黄宗羲于钱死后,深切哀痛,并写悼诗云,"四海宗盟五十年,心期末后谁与传","平生知己谁人是,能不为公一弦然"②。黄宗羲不仅肯定了钱谦益"四海宗盟五十年"的学术地位,还具体论述了其学术成就:"主文章坛坫,几与弇州相上下,其叙事必兼议论而恶夫剿袭,词章必贵乎铺叙而贱夫雕巧,可谓堂堂之阵,正正之旗。"③

清初的考据学大师阎若璩,虽恃才傲物,但于钱谦益却极推崇:"吾从海内读书者游,博而能精,上下五百年,纵横一万里,仅仅得三人焉,曰钱牧斋宗伯也,曰顾亭林处士及黄南雷而三。"④

不仅是当时著名的文人学者对钱如此推崇肯定,就是一般劳动者和士子,也都对钱氏极其仰慕和推崇。这从崇祯十六年瞿式耜编成《牧斋初学集》后,由程嘉燧所作《牧斋先生初学集序》中可知。序云:"盖先生身虽退处,其文章为海内所推服崇尚,翕然如泰山北斗,虽鸡林蛋户有能知爱之者。"另从《绛云楼书目》卷首所附曹溶的题词,亦可窥见当时情况,词云:"凡四方从游之士,不远千里,行縢修贽,乞其文……络绎门外。宗伯(谦益)文价既高,多与往还,好延引后进。"由此亦见其在一般文士中的声望和影响。

上述从著名学者到一般劳动者及文士,对钱谦益学术地位与影响的评价并非过誉之词,由之,大致可以看出钱谦益在学术史上的地位和影响,本来可作为盖棺论定。殊料,钱死后一百余年,大清皇帝乾隆鉴于钱谦益的诗文中对清朝的评价"荒诞悖谬",多有"诋谤",故屡下诏,毁其人,禁其书,指责钱谦益"非复人类",并认为其文章无光。为消除钱谦益反清诗文的影响,乾隆故意将其贬低为"不过欲借此以掩其失节之羞"。从此,钱谦益其人与书,才被打入十八层地狱,不复见天日。乾隆对钱谦益其人其书的诋毁,完全出于维护清朝的统治需要,属于文字狱之列,本不足以作为评价钱谦益的客观依据。但实际上却不然,不仅乾隆当时的一些史官和文人,慑于乾隆的专制淫威,逢迎圣旨,对钱

---

① 参见金鹤冲《钱牧斋先生年谱》附录。
② 黄宗羲:《八哀诗·钱宗伯牧斋》,《南雷诗历》卷2。
③ 同上。
④ 金鹤冲:《钱牧斋先生年谱》后附。

谦益故意贬抑，甚至当代的一些文史著述，因缺乏对历史真相的了解，也不自觉地受到乾隆的影响。如60年代初，在内地有部颇有影响的《中国文学史》，在论及钱谦益时，也竟同乾隆的话如出一辙，"（钱）变节投降后，诗中常常故意表示怀念故国，诋斥清朝，企图掩饰腆颜事敌的耻辱"，又说"晚年他和杜甫《秋兴》写了一百二十四首《后秋兴诗》，为《投笔集》，竭力表示恢复故国的愿望。并咒骂清朝和吴三桂，虽然好像很沉痛，但民族叛徒的罪名是洗刷不了的"[1]。这些评价，显然受有当时极左政治的影响。

　　学术与政治虽然有一定联系，但二者绝不能等同。因为学术研究毕竟还有其自身的特点和规律。对于一个学者学术成就和影响的评价，既要联系考察其政治表现，分析其政治活动对其学术研究的影响，但更应依据学术本身的特点和规律，研究学者的学术著作，分析其在学术发展演变中的承转关系，前后联系，看其所处的地位和影响。不可只根据政治上的需要及政治形势的变化，对一个学者随意加以肯定或否定。倘若由于一定的政治原因，抹杀了一个学者的学术成就，后人则应将附加于学者身上的不实之词予以澄清，以恢复该学者本来的学术面目，而不应盲从附和原来的政治批判，再人云亦云。从知人论世讲，对于在复杂历史条件下，因时势变化，对有复杂政治历史表现的学者，也应采取具体分析的态度，对错综复杂的情况加以具体分析，而不可攻其一点不及其余。古人讲立德、立言、立功，但德、言、功集于一身而三者完全一致的"完人"很少，有的人言与行完全一致，也有的人言行有所脱节，甚至相反。对于言行脱节，甚至相反的人，当然应指出其失误和危害，但却不能因此而"因人废言"。具体到钱谦益来说，他就有明显的言行脱节，甚至相反之处。譬如，他曾在一篇文章中慷慨陈词："夫立乎人之本朝，蝇营狗苟，欺君而卖国者，谋人之军师国邑，偷生事贼，迎降而劝进者，恻隐羞恶、辞让、是非之心，盖已澌然不可复识矣。"[2] 但这番漂亮的言词，声犹在耳，他却在清兵临城时，带头迎降。言行相背，宛如二人，这确是他授人以柄之处。但我们却不能因此而否定其上

---

[1]　游国恩、王起等主编：《中国文学史》（四），人民文学出版社1964年版，第1020页。
[2]　钱谦益：《重修维扬书院记》，《牧斋初学集》卷44。

述言论的可取之处，更不能进而否定或抹杀、贬低其在学术上的成就和影响。学术成就与政治表现，既有联系，又有区别，应予以区分。长期以来，对于钱谦益的研究，之所以被忽略，或者裹足不前，就在于因为看到其不好的政治表现，而忽略了其学术成就，或者是混淆了政治与学术的界限，而陷入"因人废言"的极端。这是应引以为戒的，我们在这方面已有许多沉痛的历史教训。草撰此文后，深感对于钱谦益此人及相关的一些问题，确有待于进一步深入研究，本文草率成篇，不当之处，尚祈海内外方家批评教正。

（原载台湾"中研院"《明代经学研讨会论集》）

顾炎武与清代考据学

前辈著名史学家范文澜先生在论述清代考据学的发展时曾指出："自明清之际起，考据学曾是一种很发达的学问，顾炎武启其先行，戴震为其中坚，王国维集其大成，其间卓然名家者无虑数十人，统称其为乾嘉考据学派。"[1] 事实也是如此，追溯乾嘉考据学派的渊源，首先提到的正是顾炎武。本文拟对顾炎武的学术倾向，他与乾嘉学派的联系、区别等问题，试作分析和探讨。

一 倡导经世重视实证的学术思想

顾炎武学术思想鲜明而突出的特色，主要是针对明末以来的空疏学风而重视实证与博学，倡导具有批判、求实精神的经世致用之学，提出了"古之所谓理学，经学也"，以及"博学于文""行己有耻"等命题。这些思想和命题，既推动了明清之际经世思潮的发展，也促进了经学在清代的复兴和乾嘉考据学的形成。

自宋元以来，程朱理学成为官方的统治思想。至明中叶，王阳明的心学盛行，良知之说风靡海内。降至明末，王阳明的心性良知之学，又日趋颓废没落。流风所及，一些封建士子孜孜以求功名利禄，为求捷径，不读经书本文，只是捧着"语录"讨生活。充斥学术界的是"置四海穷困于不言，而终日讲危微精一之说"。然而，明末清初"天崩地解"的社会变动，以及"神州荡覆，宗社丘墟"的残酷现实，迫使一

---

[1] 范文澜：《看看胡适的"历史态度"和"科学的方法"》，《范文澜历史论文选集》，中国社会科学出版社1979年版，第244页。

些学者和思想家，进行深刻的反省和总结。明末空谈心性的学风则被视为祸国误民的重要原因。在对之进行抨击的同时，他们积极倡导经世致用的实学。如朱之瑜提倡学术要"经邦弘化，康际时艰"；李颙主张"匡时要务"，"学贵实效"；颜元更大声疾呼"救弊之道，在实学，不在空言"。这些思想主张，汇集成明清之际的经世致用思潮。而顾炎武经世致用的学术思想，正是这一思潮的重要组成部分。针对空谈心性的学风，他尖锐指出："刘、石乱华，本于清谈之流祸，人人知之。孰知今日之清谈，有甚于前代者。昔之清谈谈老庄，今之清谈谈孔孟，未得其精而已遗其粗，未究其本而先辞其末。不习六艺之文，不考百王之典，不综当代之务，举夫子论学、论政之大端一切不问，而曰一贯，曰无言，以明心见性之空言，代修己治人之实学。股肱惰而万事荒，爪牙亡而四国乱。神州荡覆，宗社丘墟。"因此，顾炎武提出自己的治学宗旨是"以明道也，以救世也"，希望通过学术研究"拯斯人于涂炭，为万世开太平"。所以，他研究探讨的问题，多是"国家治乱之源，生民根本之计"，以及"六经之旨""当世之务"，举凡兵、农、财赋、典制、舆地等。

　　为了改变明末以来弃经书于不读的空疏学风，顾炎武又提出了"古之所谓理学，经学也"的命题，这是顾氏学术思想的重要方面，既涉及他的学术思想渊源，也反映了他对理学中不同流派的态度。在《与施愚山书》中他明确指出"理学之名，自宋人始有之"，就是说宋以前尚无"理学"，接着又说，"古之所谓理学，经学也"，"今之所谓理学，禅学也"[1]。换言之，也就是说宋代的理学即经学；而今天——明代以来的理学，则是禅学。他还具体说明古、今理学之不同：古时的理学如同经学一样，需要长期潜心钻研，才能通达；而今天的理学，则流入禅学，根本不通读经书，只求助于语录及八股帖括。连贯前后文字，可见顾炎武对于宋代理学是持肯定态度的，而对于明代流入禅学的理学——王阳明的心学则持否定态度。再联系顾炎武在其他著作中，对朱熹多予赞扬和肯定，晚年还为朱熹修建祠堂，并在《祠堂文》中称："惟绝学首明

---

[1] 顾炎武：《与施愚山书》，《顾亭林诗文集》文集卷3，中华书局1983年版，第58页。

于伊雒，而微言大阐于考亭……启百世之先觉，集诸儒之大成。"① 对朱熹推崇备至，其对于宋代其他理学家，如程颢、张载、邵雍、张栻、吕祖谦等，也有恭维之词，这说明顾炎武并不一概反对理学。顾氏惟于王阳明多有激烈抨击之词，既批评王"以一人而易大下，其流风至于百有余年之久者，古有之矣，王夷甫之清谈，王介甫之新说，其在于今，则王伯安之良知是也"②，又指责说"刘、石乱华，本于清谈之流祸，人人知之。孰知今日之清谈，有甚于前代者"③。值得注意的是，顾炎武对于空谈心性之批判，常常冠以时间界限，诸如"窃叹夫百余年以来之为学者，往往言心言性，而茫乎不得其解也"④，"盖自弘治、正德之际，天下之士厌常喜新，风气之变，已有所自来，而文成以绝世之资，倡其新说，鼓动海内"⑤，锋芒皆指向明中叶以后的王学。这些思想与前述《与施愚山书》中的思想完全一致。然而后人为什么却得出顾炎武反对程朱理学的结论呢？问题就在于清中叶的学者全祖望在其《亭林先生神道表》中将顾炎武《与施愚山书》中的那段话改写成："（顾炎武谓）古今安得别有所谓理学者，经学即理学也。自有舍经学而言理学者而邪说以起，不知舍经学，则其所谓理学者禅学也。"⑥ 抹杀了顾炎武关于理学有古今之别的观点，笼统地说"经学即理学"，"安得别有所谓理学"，取消了顾炎武的"古""今"理学的区别，而这种不符合顾炎武原意的观点却被后来研究清代学术思想史者援以为据，特别是经过梁启超在其《清代学术概论》中对全祖望文化大加渲染，致使学术界长期以来几乎普遍认为顾炎武是既反程朱，也反陆王的反理学思想家。然而事实并非如此，顾炎武不仅不反程朱，其学术思想实渊源于程朱。对此，清代学者早有定论，如章学诚在其《文史通义·朱陆篇》中就曾指出：朱熹之学，"一传而为勉斋（黄榦）、九峰（蔡沈）……五传而为宁人（顾炎武）、百诗（阎若璩），则皆服古通经，学求其

---

① 顾炎武：《华阴县朱子祠堂上梁文》，《顾亭林诗文集》文集卷5，第121页。
② 顾炎武：《朱子晚年定论》，《日知录》卷18。
③ 顾炎武：《夫子之言性与天道》，《日知录》卷7。
④ 顾炎武：《与友人论学书》，《顾亭林诗文集》文集卷3，第40页。
⑤ 顾炎武：《朱子晚年定论》，《日知录》卷18。
⑥ 全祖望：《亭林先生神道表》，《全祖望集汇校集注》上，上海古籍出版社2000年版，第227页。

是"。著《汉学师承记》的江藩也指出："亭林乃文清之裔……辨陆王之非，以朱子为宗"。根据史实，我们认为，应肯定顾炎武的学术思想渊源于朱熹，且不反对程朱，他反对的只是理学中的陆王学派，并不反对整个理学。这样的结论，既符合顾炎武的思想原貌，也不影响他在清代学术思想史上的地位和影响。正因为他批判了王阳明的心性良知之说，横扫了明中叶以来的空疏学风，倡导经世致用，便有力地推动了明清之际经世致用思潮的发展。同时，他提倡的"通经服古"，"引古筹今"，重视实证，也为清代经学及考据学的复兴、发展开辟了道路，奠定了基础。

围绕经世致用与重视实证博学的学术思想，顾炎武还提出了另一重要学术命题："博学于文""行己有耻"。

"博学于文"与"行己有耻"本是传统的儒家观点，是孔子在不同场合答复门人问题时所提出的两个主张。但把这两个主张联系在一起，成为一个学者治学与做人的不可分割的两个方面，则是顾炎武的创造。他不仅提出这一主张，且躬行实践，显然是为了扭转明末的空疏学风，是针对明清易代之际一些士大夫趋炎附势，寡廉鲜耻、反颜事仇而提出来的。

在"博学于文"中，他首先强调要认真读书，博览群籍，"多学而识"，"好古多闻"。他认为，《诗》《书》《三礼》《周易》《春秋》等儒家经典，必须反复诵读，而且要改变"今之学者，并注疏而不观，殆于本末俱丧"[1]等荒疏风气。在提倡读经的同时，顾炎武也十分重视读史，主张通读《二十一史》《资治通鉴》等史籍。他本人是勤学博读的典范，自少至老，未尝一日废书。在顾炎武的影响下，有力地扭转了明末那种"束书不观，游谈无根"的学风，开启了乾嘉学者广读博征的考据学风。当然，顾炎武的"博学于文"并不止于文字、文章之文，还包含着各种社会知识，目的在于以"修己治人之实学"取代"明心见性之空言"。

与"博学于文"相联系，顾炎武力倡"行己有耻"，认为"士而不先言耻，则为无本之人"。其时，士大夫巧佞虚伪成风，特别是清人关

---

[1] 顾炎武：《与友人论易书》，《顾亭林诗文集》文集卷3。

后，一些士大夫丧失民族气节，尤为顾炎武所痛恨。他认为，倘若士大夫皆"卑形态以取容悦，逊声色以媚世俗"，必然是乱天下而祸国家。因此，他呼吁士大夫要坚守气节，做刚方正直之人。

重视实证与博读，既是顾炎武的学术思想，也是他的治学方法。而他提出的"古之理学，经学也""博学于文，行己有耻"等命题，都包含着实证与博学的思想。他一生既广读博览，又实地考察，把文献资料与实地考察结合起来。他的不少著作都是这样写成的，如《昌平山水记》就是他亲至昌平一带实地考察后写成的。其友人王宏撰曾说："亭林所著《昌平山水记》二卷，巨细咸存，尺寸不爽，凡亲历对证，三易其稿矣。"① 这种研究内容和研究方法，都为乾嘉考据学开了先路。

二 乾嘉考据学派的奠基者

称顾炎武是清代考据学的开山祖师，是"不祧祖先"和"奠基人"，是因为他为乾嘉考据学派做了以下几方面的工作：

（一）为汉代经学在清代复兴开辟了先路

乾嘉考据学是以汉代古文经学为其学术渊源，而汉代古文经学在清代的复兴则由顾炎武开辟了先路。

我们知道，北宋以后，经学吸收了道、释二家的思想，发展成为理学。但理学中的程朱一派，虽不废汉代治经的注疏传统，但却以阐释义理为主；而理学中的陆王一派，则主张执简驭繁，反对"支离破碎"，但空谈心性，流于禅释，至其末流，更完全废弃了汉代以来经学的训诂注疏传统，使传统经学日渐衰废。到明代，如顾炎武所说，自《四书五经大全》颁行以来，"制义初行，一时士人尽弃宋元以来所传之实学，上下相蒙，以饕禄利"，"经学之废，实自此始"②，以致"天下之生员，不能通经知古今，不明六经之旨，通当世之务"。为扭转这种学风，顾炎武强调要提高经学的地位，恢复经学原有的面目。

---

① 王宏撰：《山志》。
② 顾炎武：《四书五经大全》，《日知录》卷18。

为恢复经学的传统，顾炎武提出要明辨经学源流，他说"经学自有源流，自汉而六朝，而唐，而宋，必一一考究，而后，及于近儒之所著，然后可以知其异同离合之旨，如论字者，必本于说文，未有据隶楷而论古文者也"①。为此，顾炎武反对宋明以来那种断章取义、心印证悟的语录之学，倾向于以汉儒为师，认为"六经之所传，训诂为之祖，仲尼贵多闻，汉人犹近古"，"大哉郑康成，探赜靡不举，六艺既赅通，百家亦兼取"②，明显地反映了崇尚汉学、鄙薄空谈性道的学术倾向。

此外，顾炎武还强调应该读注疏，批评明以来的学者"并注疏而不观"，几乎没有"能通十三经注疏者"的虚浮风气。他在汉学废绝、宋明理学居统治地位、心性之学泛滥的情况下，提倡"通经服古"，崇尚汉代古文经学，强调训诂注疏，无疑为汉代古文经学在清代的复兴开辟了先路。

正是由于顾炎武及同时代的黄宗羲、王夫之等人弃虚崇实，重视注经传统，又有毛奇龄、阎若璩、胡渭等"接踵继起，考订校勘，愈推愈密"③，才开启了乾嘉时期汉代古文经学重新复兴的局面。

（二）开拓了乾嘉考据学的治学范围

顾炎武学识渊博，涉足领域极广，于群经诸史、历代典制、河漕兵农、天文舆地、艺文掌故、音韵训诂等，皆有深湛研究。梁启超在论及顾炎武在清代学术史上的地位和影响时说："亭林清学界之特别位置，一曰开学风……二曰开治学方法……三曰开学术门类"，"清代许多学术门类，都由亭林发其端，而后人衍其绪"④。这无疑是确然之论，乾嘉学派在治学范围上，乃以经学为中心，而旁及小学、音韵、舆地、典制、金石、校勘、辑佚、辨伪等方面。然溯其渊源，这些研究范围，大都由顾炎武发其端。

---

① 顾炎武：《与人书四》，《顾亭林诗文集》文集卷4，第91页。
② 顾炎武：《述古》，《顾亭林诗文集》诗集卷4，第384页。
③ 皮锡瑞：《经学复盛时代》，《经学历史》，中华书局1963年版，第299页。
④ 梁启超：《清代经学之建设》，《中国近三百年学术史》，复旦大学出版社1985年版，第165页。

1. 关于经学的研究

清代学者特别是乾嘉考据学家，对儒家的经典几乎全都加以整理训释，使中国古代经学历经衰落之后出现复兴。而清代重经的风气，首先由顾炎武开启，他关于"古之所谓理学，经学也，非数十年不能通"的论断，他对于读经要读"注疏"的重视和强调，使人们从明末空疏的风气转向踏实治经的学风上来，都起到开一代风气的作用。其代表著作《日知录》卷一至卷七的论述，以及许多论学的书信之中，对于儒家群经，诸如《易》《书》《诗》《春秋》《礼记》《论语》《孟子》等都有具体的论述和考订，提出了许多新的问题，不乏独到之见。如争论已久的《尚书》中的今古文的真伪问题，顾炎武在《日知录》卷二《古文尚书》条中，便具体论及出于梅赜之手的《古文尚书》属伪作，并明确指出："孟子曰尽信书则不如无书，于今日而益验之矣！"这对于后来关于《尚书》的研究，以及伪《古文尚书》的论定，无疑有开启作用。

2. 关于文字音韵的研究

在清代文字音韵之学由经学的附庸而成为专门之学的过程中，顾炎武亦有开其端之功。他的《音学五书》关于古韵的考辨和分部，直接引发了后来学者深入研究的兴趣。如江永的《古韵标准》分古韵为13部，段玉裁的《六书音韵表》分为17部，孔广森进而分18部，王念孙分为21部，直到黄侃分为28部，日益精进，由疏而密，但都是在顾炎武奠定的基础上发展变化的。此外，顾炎武考订的古无四声之分，对江永、戴震、钱大昕等都产生了影响，他们关于四声之论，大多依据顾炎武的说法而加以发挥。因此，当代语言学家王力曾指出："后来的音韵学家走上比较健康的路子达到接近科学的水平，顾炎武有重要贡献。"

顾炎武亦注重文字的研究，他对汉代许慎的《说文解字》给予了极高的评价："自隶书以来，其能发明六书之旨，使三代之文尚存于今日，而得以识古人制作之本者，许叔重《说文》之功为大，后之学者一点一画莫不奉之为规矩。"① 但他也具体举出许慎《说文》中的失误与不足，希望"今之学者能取其大而弃其小，择其是而违其非，乃可谓善学

---

① 顾炎武：《说文》，《日知录》卷21。

《说文》者矣!"① 乾嘉时期,研究《说文》之风甚炽,惠栋著《读说文记》,江永与戴震往复讨论《六书》,段玉裁著《说文解字注》,钱大昭著《说文统释》,陈鱣著《说文解字正义》,桂馥著《说文义证》,王筠著《说文释例》与《说文句读》,尔后又有朱骏声著《说文通训定声》等。这一切,应该说与顾炎武对《说文》的研究与重视不无关联。

3. 关于金石文字的研究

金石之学在清代也是很发达的学问,至乾嘉时期尤其盛行。顾炎武自青年时代"即好求古人金石之文",后读书渐广,当阅读宋代欧阳修所撰《集古录》时,"乃知其事多与史书相证明,可以阐幽表微,补阙正误"②,因而对金石之学兴趣更浓。中年以后,顾炎武在南北访学与游历之中,处处留心,广为搜求,更广泛地搜集金石之学方面的资料。而后,他将搜集到的碑文和许多新的发现详加考证,先后编成《金石文字记》《求古录》《石经考》诸书。正如全祖望所说:"(炎武)性喜金石之文,到处即搜访,谓其在汉唐以前者,足与古经相参考,唐以后者,亦足与诸史相证明,盖自欧、赵、洪、王(本文作者按:指宋代金石学名家欧阳修、赵明诚、洪适、王俅等),未有若先生之精者。"③ 也正如顾炎武在其《金石文字记序》中希望的那样,"望后人之同此好者继我而录之也",乾嘉时期的著名金石学家王昶、钱大昕、阮元等,均沿着顾炎武的这条路去开展金石研究。

此外,顾炎武在历史地理、典章制度、校勘辨伪等方面,或有丰富的著作,或有独到的论述与考辨,均为其后的学者大大开拓了研究范围。

三 丰富和发展了缜密朴实的考据方法

考据作为一种治学方法,由来已久。但将中国古代的考据学推向高峰,形成独立的考据学派,使考据内容更为广泛,考据方法更为严密,

---

① 顾炎武:《说文》,《日知录》卷21。
② 顾炎武:《金石文字记序》,《顾亭林诗文集》文集卷2,第29页。
③ 全祖望:《亭林先生神道表》,《鲒埼亭集》内集卷11。

考据成果更为充实，是在清代。而顾炎武则是使中国古代的考据方法，发展到清代形成独立的考据学派的奠基者。

正如《四库全书总目提要》所论："炎武学有本原，博赡而能通贯，每一事必详其始末，参以证佐，而后笔之于书，故引据浩繁而牴牾者少，非如杨慎、焦竑诸人偶然涉猎得一义之异同，知其一而不知其二者。"① 顾炎武的考据方法，归纳起来，大致有如下几点：

1. 考辨文字音韵以通经学

从考辨文字音韵入手以通经学的基本方法，是顾炎武进行考据的基本方法。

顾炎武曾谓："读九经自考文始，考文自知音始，以至诸子百家之书，亦莫不然。"② 他又说："古之教人，必先小学，小学之书，声音文字是也。"③ 这是因为，中国的汉字，自殷商周秦以来，不断演变，常常是一字多体，或体同义殊，甚或同音假借等。至于音读，更是变化多端，因时因地而异，时异音变，南北不同。因而只有通晓文字音韵的变化，才能真正读懂经书，正如顾炎武所指出的："三代六经之音，失其传也久矣，其文之存于世者，多后人所不能通，以其不能通，而辄以今世之音改之，于是乎有改经之病。始自唐明皇改《尚书》，而后人往往效之，然犹曰：旧为某，今改为某，则其本文犹在也。至于近日锓本盛行，而凡先秦以下之书率意径改，不复言其旧为某，则古人之音亡而文亦亡，此尤可叹者也。"④ 为此，顾炎武积三十余年精力，五易其稿，撰写了《音学五书》，并在《音学五书序》和《后序》中指出："自是而六经之乃可读，其他诸子之书，离合有之，而不甚远也。天之未丧斯文，必有圣人复起，举今日之音而还之淳古者。"

顾炎武关于音韵学的研究及其成就，对乾嘉时期的学者亦有重大影响。乾嘉时代考据学者的治经方法，也都是沿着顾炎武的路数，治经从古文字入手，重视声音训诂，以求经书的原义。正是在顾炎武的影响下，被称为小学的文字音韵，在清代才由经学的附庸一变而蔚为大观。

---

① 《日知录》卷19，《四库全书总目提要》子部，杂家类三。
② 顾炎武：《答李子德书》，《顾亭林诗文集》文集卷4，第73页。
③ 顾炎武：《昌歜》条，《日知录》卷4。
④ 顾炎武：《答李子德书》，《顾亭林诗文集》文集卷4，第73页。

乾嘉时期的考据学家，不仅由考辨文字音韵入手而疏证经书，而且在文字音韵方面多有专门研究和著述，如《方言疏证》（戴震）、《尔雅正义》（邵晋涵）、《尔雅义疏》（郝懿行）、《广雅疏证》（王念孙）、《说文解字注》（段玉裁）、《古韵标准》（江永）、《切韵考》（陈澧）等。但无论是乾嘉考据学派中的吴派抑或是皖派，对于顾炎武在文字音韵方面的成就都非常推崇。如江永就曾说顾炎武是"近世音学数家"中之"特出"者，所以"最服其言"①，并吸收顾炎武分古韵为10部的研究成果，定古韵为13部；又如，王鸣盛对顾炎武的古韵研究虽有所辨正，但仍很推崇地说顾炎武"作《音学五书》分古韵为十部，条理精密，秩然不紊，欲明三代之音，舍顾氏其谁与归"②。

2. 归纳大量例证

大量归纳例证，以无可辩驳的事实，说明论证问题是顾炎武进行考据的主要方法。这也就是通常所说的归纳法。顾炎武的主要著作，均体现了这种方法。如他作的《天下郡国利病书》，即是"历览二十一史以及天下郡县志书，一代名公文集及章奏文册之类，有得即录"，而后成"舆地之记"和"利病之书"③。《肇域志》也是"先取《一统志》，后取各省府州县志，后取二十一史参互书之。凡阅志书一千余部，本行不尽，则注之旁，旁又不尽，则别为一集曰备录"④。《日知录》更是"自少读书，有所得辄记之，其有不合，时复改定，或古人先我而有者，则遂削之，积三十余年，乃成一编"⑤。大量阅读各种历史文献，随手加以记录，作为各种专题材料，当论证某一问题时，将平日积累的材料，再加排比组合和归纳，而后得出结论。如他要说明"古人之坐，以东向为尊"，便列举了《新序》《史记》《汉书》《后汉书》等书中的有关资料二十余条，而后得出结论："古人之坐，以东向为尊。故宗庙之祭，太祖之位东向。即交际之礼，亦宾东向而主人西向。"⑥ 再如，顾炎武

---

① 江永：《古韵标准例言》。
② 王鸣盛：《音学五书与韵补正论古音》，《蛾术编》卷33。
③ 顾炎武：《天下郡国利病书序》，《顾亭林诗文集》文集卷6，第131页。
④ 顾炎武：《肇域志序》，《顾亭林诗文集》文集卷6，第131页。
⑤ 顾炎武：《日知录序》，《日知录集释》，岳麓书社1996年版，第1页。
⑥ 顾炎武：《东向坐》条，《日知录》卷28。

为了证明"行"(xing)古读若"杭"(hang)，即列举了264条证明材料；为了证明"下"(xia)古读若"户"(hu)，则列举了219条材料；为证明"家"(jia)古读若"姑"(gu)，也列举了57条材料。如非平日积累搜集，焉能举出如此丰富的例证。

乾嘉考据学派论证问题，也主要是采用这种归纳方法。如阎若璩的《古文尚书疏证》一书，为证明梅赜的《古文尚书》之伪，引证了128条材料，每条之下还以按和附的形式再列数十条相关的例证，总计以近千条的材料，确证《古文尚书》属伪作，使千年的争讼，终成定案。另一考据大师王念孙也是"一字之证，博及万卷"[①]，"凡立一说，必列举古书，博采证据，然后论定"[②]。乾嘉学者多运用归纳法，显然是受顾炎武的影响。

3. 验诸实证

顾炎武不仅从历史文献资料中归纳出大量例证，还特别重视将文献资料验诸实证，力求名实相副，他认为"史书之文中有误字，要当旁证以求其是，不必曲为立说"[③]。在顾炎武的著述中验诸实证的事例很多，如金石文字与史书互证。他认为，金石之文"多与史书相证明，可以阐幽表微，补阙正误"，故每见金石碑刻，"必手自抄录"。当他发现史籍纪时，或纪年则不纪月，如《尚书·泰誓》"十有三年春，大会于孟津"，《金縢》"秋大熟，未获"等，均"言时不言月"或"言月不言时"，如《武成》"惟一月壬辰"，《康诰》"惟三月哉生魄"，《召诰》"三月惟丙午朏"。顾炎武遂验诸钟鼎古文，亦多如此，独有《春秋》有年有月有日，便结论为：因为《春秋》乃编年史，"多是义例所存，不容于阙一也"[④]。这是以金石文字验证史书的实例。顾炎武还以所见所闻与文献记载互相印证，如其所论钱法之变，即以所见为证[⑤]。他还以所见所闻论风俗之变，如《日知录》卷12《人聚》条云："予少时见山野之氓，有白首不见官长，安于畎亩，不至城中者。洎于末造，役

---

① 阮元：《王石臞先生墓志铭》，《揅经室续集》卷2。
② 萧一山：《清代通史》，第2册，台湾商务印书馆1980年版，第685页。
③ 顾炎武：《汉书注》条，《日知录》卷27。
④ 顾炎武：《春秋时月并书》条，《日知录》卷4。
⑤ 顾炎武：《钱法之变》条，《日知录》卷4。

繁讼多,终岁之功,半在官府,而小民有'家有二顷田,头枕衙门眠'之谚。已而山有负嵎,林多伏莽,遂舍其田园,徙于城郭。又一变而求名之士,诉枉之人,悉至京师。……五十年来,风俗遂至于此。"

从以上所论可见,无论是从汉代经学在清代复兴,或是从治学范围的开拓,乃至到具体的考据方法等方面看,顾炎武都是乾嘉考据学的奠基者。虽然他只是把考据作为"通经致用"的手段,但他所开创的务实的朴实学风以及缜密的考据方法,确实开启了有清一代的学风,直接影响到乾嘉考据学的形成与发展。因此,顾炎武其后乃至当代学者,无不肯定顾炎武为"清学的开山"与乾嘉考据学的"不祧祖先"。而梁启超在总括古今学人对顾炎武的评价时,也就有这样的结论:"论清学开山之祖,舍亭林没有第二人。"①

(原载《贵州社会科学》1997年第2期)

---

① 梁启超:《清代学术概论》,《梁启超论清学史二种》,复旦大学出版社1985年版,第9页。

读书·调查·创新

——顾炎武的治学方法

提起顾炎武，人们自然会想到他的名句："天下兴亡，匹夫有责。"顾炎武确不愧是我国 17 世纪有影响的爱国思想家。不仅如此，他一生"读万卷书，行万里路"，学识渊博，又是一位开一代风气的著名学者。其治学方法的特点是既认真读书，又进行实地调查，思考问题，勇于创新。

顾炎武生活的时代，已是封建社会的后期。当时，在封建专制文化政策下，占支配地位的学风日益颓废和没落，多数封建士子只埋头读《四书》《五经》八股词章，甚至于连经书本文也不读，一味地捧着"语录"讨生活，正如顾炎武所指出的"今之言学者必求睹'语录'"，"以其袭而取之易也"。顾炎武毅然倡导经世致用的新学风。

要开创一种新的学风，必须认真读书，批判地继承总结前人文化成果。顾炎武正是这样做的。他 6 岁时，便由母亲授《大学》，7 岁跟老师读书，9 岁学《周易》，10 岁时祖父又教他读孙子、吴子诸书及《左传》《国语》《战国策》《史记》等，11 岁又读《资治通鉴》……可见，他在少年时代，就奠定了扎实的学习基础。他青年时期，又"历览二十一史以及天下郡县志书，一代名公文集及章奏文册之类"。中年之后，因参加抗清斗争失败，屡遭缉捕，不得不颠沛流离，南北奔走，在如此艰难的环境中，他依然好学不辍。到了晚年，每叹朋友之中，老而废学者十居七八，他认为"有一日未死之身，则有一日未闻之道"，"君子之学，死而后已"，表示要生命不息，学习不止。他的学生曾说先生"精力绝人，无他嗜好，自少至老，未尝一日废书"[1]。

---

[1] 潘耒：《日知录序》。

顾炎武治学方法的可贵之处，在于他没有仅仅停留在书本知识上，而是把读书和实地考察结合起来。他生平"九州历其七，五岳登其四"，在游历中"所至厄塞，即呼老兵退卒，询其曲折，或与平日所闻不合，则即坊肆中发书而对勘之"[①]。由于顾炎武的许多著述属于历史地理范围，他在游历时总是随身带着这些书稿，每到厄塞险要，都仔细调查访问，发现自己的著述与实际情况不符，就对照改正。他在考察中，还搜集了不少第一手的研究资料，他曾说："比二十年间，周游天下，所至名山、巨镇、祠庙……得一文为前人所未见者，辄喜而不寐。"同时，顾炎武通过实地考察，"考其山川风俗疾苦利病，如指诸掌"[②]，也加深了他对社会实际与民生疾苦的了解，有可能提出进步的主张。譬如他写的《钱粮论》，就是通过对历朝赋税制度的考证，又经实地调查写出来的。他在该文中说："今来关中，自鄠以西至于岐下，则岁甚登，谷甚多，而民且相率卖其妻子。至征粮之日，则村民毕出，谓之人市。"这里所反映的情况是指陕西关中，交通不便，商业不发达，缺乏银钱，然清政府规定田赋要交纳银两，迫使农民把粮食换卖成银子再向官府交纳，造成谷贱银贵的现象，虽丰收之年，农民犹被逼得卖妻鬻子。针对这种状况，顾炎武提出交纳田赋，征银或纳粮，应据各地情况而定。

顾炎武十分强调创新，他认为从事著述或写作，如盲目模仿古人，结果只能是东施效颦。他曾写信劝告一位朋友说："君诗之病在于有杜，君文之病在于有韩、欧。有此蹊径于胸中，便终身不脱依傍二字。"他尤其厌恶剽窃抄袭，他说"凡作书者，莫病乎其以前人之书改窜而为自作也"，并谴责这种人是"但有薄行而无俊才"的"钝贼"。他在著述和写作时，则抱定"必古人之所未及就，后世之所不可无，而后为之"，务求创新。每当发现其论著中的某些见解前人已经提出时，便毫不犹豫地删去，"愚自少读书有所得辄记之，其有不合，时复改定，或古人先我而有者，则遂削之"。难怪梁启超说："故凡炎武所著书，可

---

① 全祖望：《鲒埼亭集》卷12。
② 潘耒：《日知录序》。

决其无一语蹈袭古人。"① 因为顾炎武强调创新，治学态度又严肃认真，他所从事的学术研究领域，诸如政治学、经学、历史地理学，音韵学、考据学等各个方面，多有开拓创新之功。在社会政治学说方面，他批判了封建社会后期的君主专制，提出"众治"；在经学研究方面，他提出"通经致用"，开启了经世致用的新学风；在历史地理学方面，他撰写了《天下郡国利病书》《肇域志》，大大推动了清代历史地理学的发展；他关于音韵学的研究，辨明古音源流，为清代音韵学奠定了坚实的基础。简言之，顾炎武在多学术领域都作出了重要的创新和贡献。

正由于顾炎武在治学上取得了显著成就，他的思想和学术反映了时代的要求，和同时代的黄宗羲、王夫之等人，共同创立了具有批判精神和求实精神的新思潮、新学风，他们都以早期启蒙思想家载入史册。

（注：本文引文凡未注明出处的，均见顾炎武的《日知录》和《顾亭林诗文集》。——作者）

（原载《人民日报》1980年10月22日）

---

① 梁启超：《清代学术概论》，复旦大学出版社1985年版，第9页。

略论黄宗羲晚年的著述生活

黄宗羲与顾炎武、王夫之齐名，被誉为明末清初三大思想家之一，在我国思想史上建有不朽的丰碑。同时，他又是一位著名的学者，学识渊博，著述宏富，开一代学风，在古代学术史上亦占有重要地位。

值得注意的是黄宗羲的绝大部分著作，都是在其晚年写就的。他的《明夷待访录》写成于五十三岁，《明儒学案》写成于六十七岁，而《明文海》则撰成于八十三岁。正如其私淑弟子全祖望在《梨洲先生神道碑文》中所说，"公虽年过八十，著述不辍"，甚至于当其老病不能书写，犹口授其子黄百家代书。

黄宗羲何以在晚年孜孜于著述？支持其在耆老之年勤奋著述的动力何在？他又是在什么样的条件下，完成大量著述的？略论黄宗羲晚年的著述生活，分析这些耐人寻味的问题，有助于了解这位一代学者、思想家的精神风貌，以裨于后人从中汲取有益的借鉴。

一 "所凭之几，双肘隐然"

黄宗羲，字太冲，号南雷。学界尊称其为梨洲先生。浙江省余姚县黄竹浦人，生于明万历三十八年（1610），卒于清康熙三十四年（1695）。其生活的时期，适值"天崩地解"的动荡年代。当时阶级矛盾与民族矛盾交织，斗争尖锐复杂，形势瞬息万变。黄宗羲不仅生逢其时，而且亲身投入了当时的斗争实践。他晚年在自题其画像时，曾概括自己一生的经历说："初锢之为党人，继指之为游侠，终厕之于儒林，其为人也，盖三变而至今。"[①] 所谓"终厕之于儒林"，即指其后半生从

[①] 黄炳垕：《黄梨洲先生年谱》卷首。

事著述时期而言。这段经历大致上是从顺治十年（1653），其开始"毕力于著述"起，直至康熙三十四年逝世为止。在长达四十余年的岁月中，黄宗羲隐居山乡，含辛茹苦，一直笔耕不辍。

黄宗羲本人曾在《怪说》一文中，生动而具体地描绘了他晚年勤于著述的情状："梨洲老人坐雪交亭中，不知日之蚤晚，倦则出门行圊亩间，已复就坐，如是而日而月而岁，其所凭之几，双肘隐然。"这简直是一代学人孜孜于著述的素描画。一位皓首白发的老人，静坐书斋，凝思聚神，时而挥毫撰著，时而翻卷阅读，几至于废寝忘食，不觉日之早晚，不感腹之饱饥。只是在过于疲倦时，才漫步于田间小道。片刻，又复坐于书案前，读写不止。如是日复一日，月复一月，年复一年，以致使所伏之几案，双肘压痕，隐然可见，勤奋之状，感人至深。

黄宗羲从事著述的环境和条件十分艰难。他开始进行著述时，政治上仍遭受清廷迫害，为逃避搜捕，有时不得不举家移居，东躲西藏。动乱不定的环境，使他在经济上又常处困境，有时乃至"屋崩粮绝"。后来，虽渐趋稳定，清朝统治者又推行文字狱，文人们常动辄得咎，祸由天降。然而，在如此艰难困苦的环境中，黄宗羲仍豪情满怀，读书写作不辍。他曾在《山居杂咏》中吟诵："锋镝牢囚取次过，依然不废我弦歌。死犹未肯输心去，贫亦岂能奈我何"。[①] 为实现自己的著述理想，什么烽火铁窗，困顿饥饿，甚至死亡的威胁，都不能使其"废我弦歌"。每当举家迁居时，他既不贪图舒适、安逸，也不关心其他物什，最关心的是他的书籍和资料。正如其在《移居》诗中所云"不为安床席，先遣百本书"，"故物无堪伴，书巢或可如"。一旦定居后，便即刻转入读书写作，"夜寒眠未得，灯火不须除"[②]，漫漫寒夜，秉烛笔书。

越是到了晚年，黄宗羲越加感到时间紧迫。为了把有限的时间和精力集中于著述，他冲破世俗的条框，毅然尽废"庆吊吉凶之礼"，将世俗的贺喜、吊丧之礼，全部免去。他的长女，嫁于本籍县城，宗羲竟忙得终年无暇探望；其二女嫁于本籍山阴（今浙江省绍兴），一连三年未能回家省亲，思念老父"涕泣求归宁"，宗羲竟"闻之不答"。为此，

---

① 黄宗羲：《南雷诗历》卷1。
② 黄宗羲：《南雷诗历》卷4。

人们"莫不怪老人之不情也"。难道宗羲真的无情吗？恰恰相反，他是很有情义的。如顺治十三年，其幼子逝世，宗羲也同常人一样，悲伤至极，直到死去一年后，他仍痛楚不止，"阿寿亡来三百日，更无一日不凄然"，甚至于彻夜难眠，在梦中犹思念"今日娇儿来拜我，梦中萧索五更天"①。由此可见，他与两个女儿减少来往，绝非无情，而是出于有所不为而后有所为。因为，他在晚年深深感到"未完文债堆书案"，不忍将大好的"光阴白日堂堂去"②。

清朝的统治至康熙中叶趋于统一和稳定后，为争取汉族士大夫的合作，屡开博学鸿词科，举办明史馆等，多方网罗士人。由于黄宗羲的学识和声望，他曾多次被清廷征诏，但宗羲终不为之动心，每每托辞拒召，致使朝中"皆以不能致公为恨"。为此，康熙又直接下诏，"可召之京，朕不授以事，如欲归，当遣官送之"③。人们都认为黄宗羲以"大儒耆年，受知当宁"，可谓莫大荣宠。然而，黄宗羲本人却不为荣禄和名利所诱惑，坚以老病为辞，婉言拒诏。这一方面是出于坚守民族气节，另一方面，恐怕也是为了排除干扰，以保证完成自己未竟的学术著作，表现了黄宗羲晚年从事著述的意志与毅力，是多么坚定和顽强。

二 濒于十死 深自爱惜

究竟是什么力量支持着黄宗羲不为艰难困苦所迫，不为世俗的人事应酬所缚，也不为功名利禄所诱，而全身心地倾注于著述呢？

对此，黄宗羲本人曾予回答说："自北兵南下，悬书购余者二，名捕者一，守围城者一，以谋反告讦者二三，气沙埚者一昼夜，其他连染逻哨之所及，无岁无之，可谓濒于十死者矣"，焉能"不自爱惜"④。在明末清初激烈尖锐的阶级斗争和民族斗争中，黄宗羲目睹满族贵族统治者，举兵南下，推行野蛮的民族高压政策，制造了"扬州十日""嘉定三屠"等血腥事件，激发了他的爱国感情和民族意识，投入到江南广大

---

① 黄宗羲：《南雷诗历》卷1。
② 黄宗羲：《南雷诗历》卷4。
③ 全祖望：《梨洲先生神道碑文》，《鲒埼亭集》卷11。
④ 黄宗羲：《怪说》，《黄梨洲文集》，中华书局1959年版，第429页。

群众和汉族士大夫抗清斗争的洪流中。曾在其家乡集合子弟数百名,组成"世忠营",并结寨"四明山",阻击清兵。事败后,又随南明鲁王监国,起事于舟山海上。从当时的斗争形势看,南明的力量不仅薄弱,而且内部相互倾轧,极端腐朽,抗清斗争极为不力,无法抵挡清军的铁骑直驱。致使坚持抗清、坚守民族气节的黄宗羲,不得不在斗争中东奔西徙,历尽艰辛,屡遭清廷的悬赏缉拿,指名追捕,被围孤城,又曾为人告发,逃避追缉而几死沙丘,其遭遇之惨痛,实在是九死一生。黄宗羲深感自己能活下来,实乃是幸存者。作为一个幸存者,当应兢兢业业,做一些有益于国家和民族的事情,否则,无颜以对九泉下死难的先人。痛定思痛,他矢志要深自爱惜,保持晚节,决心在抗清武装斗争失败后,转入深沉的思想斗争,"毕力于著述"。这正是黄宗羲晚年"矻矻终日于著述"的重要精神力量之所在。

此外,黄宗羲因受其父黄尊素——著名东林党人的影响,在明末宦党擅权的情况下,他从少年时代,就关心国事,"尽知朝局清流浊流之分","垂髫读书,即不守章句",总想把读书治学和现实结合起来。他十九岁时,曾"袖长锥,草疏,入京讼冤",亲手锥击阉宦,为父昭雪。其父被阉宦捕害前,曾告诫他:"学者不可不通知史事。"他铭记父亲的遗教,在锥击宦党之后,"自明朝十三朝实录,上溯二十一史,每日丹铅一本,迟明而起,鸡鸣方已,盖两年而毕"[①]。他又旁求九流百家,于书无所不窥。青年时代的黄宗羲可谓有胆、有学、有识。他从"社稷沦亡,天下陆沉"的历史教训中,深感明末理学的空疏,认为明人"袭'语录'之糟粕,不以六经为根底,束书而从事于游谈"[②]。那些理学家们"其所读之书不过经生之章句,其所穷之理,不过字义之从违";他们面对"天崩地解"的危难形势,依然漠不关心,"落然无与吾事",脱离实际,麻木不仁。有亡国之痛的黄宗羲,想竭力扭转这种空疏的学风。他与顾炎武等探讨"国家治乱之源,生民根本之计",提倡经世致用,强调学术必须经世。他晚年之所以坚持不懈地从事著述活动,正是想通过自己的学术著作,总结历史经验教训,评论各种学术流

---

① 黄宗羲:《补历代史表序》。
② 《清史稿》卷480《儒林一·黄宗羲》。

派得失，研究社会实际问题，探讨社会改革方案，身体力行，实践自己的学术思想主张，为开创一代新的学风而努力。这说明黄宗羲晚年的著述活动，有着自己的理想和抱负，绝不是盲目地为著述而著述。

再者，黄宗羲在青年时代，虽曾博览群书，奠定了读书治学的坚实基础，也颇有志于著书立说。然而，险恶的政治斗争形势，迫使他反对阉宦，投身抗清斗争，加之身受濒于十死的苦难遭遇，使之难以集中心思精力于著述。正如他在《行朝录》序中所说："向在海外，得交诸君子，颇欲有所论著，旋念始末未备，以俟他日。搜寻零落，茬苒三十年。"这表明他在海上坚持抗清斗争时，便欲执笔撰写论著，只因缺乏各种必备的条件，才不得不俟诸他日。随着斗争形势的变化，在有可能从事写作撰述的情况下，为完成早年夙愿，他自然会集全部心思精力于著述。如同他在一首诗中所述，"一年功课复如何，文案已完学案多（按：指作者的《明文案》与《明儒学案》等著述）。岂为声名垂后世，难将岁月浪销磨。"[①] 足见，勤于著述的黄宗羲是多么繁忙，一本接一本的论著，写不胜写。不过，他写书并非是为了垂名后世，只不过是为了使自己晚年的生活，过得更充实、更有意义，而不使光阴虚掷。读书与撰述，已成为学者黄宗羲晚年的自觉活动。

经过以上的钩稽研究，我们并不难理解，黄宗羲何以在晚年那样殚精竭虑地醉心于著述。这也说明人必须有点精神和明确的指导思想，有了精神和思想，才能化为巨大的动力，勇往直前，去完成一番伟大的事业。

三　耕耘有获　著述等身

经数十年的辛勤耕耘，黄宗羲终于如愿以偿，实现了自己的著述理想，写出了一部部很有价值的学术思想著作。据不完全统计，他一生共写书六十余种，达一千四百余卷，实可谓著述等身。这些闪烁着光辉思想的著作，正是黄宗羲一生心血的结晶。

在黄宗羲的大量著作中，除《春秋日食历》《授时历》《故大统历》

---

① 黄宗羲：《南雷诗历》卷2。

《推法授日子历》《假如回回历》《勾股图说》《开方命算测图要义》等，乃早年流亡海上时，于"古松流水"间，"布算簌簌"所作外，其余绝大部分著作，都是在晚年写就的。

黄宗羲从顺治十年起，开始转入毕力于著述后，由于当时对抗清斗争实践及南明史事尚记忆犹新，因此首先撰写了《汰存录》《思旧录》《行朝录》。其中《行朝录》包括《隆武纪年》《赣州失事记》《绍武争立记》《鲁纪年》《舟山兴废》《四明山寨记》《永历纪年》等，这些著作充满了亡国之痛，因此被称为痛史，晚明的许多史事，赖以流传。

在经过多年酝酿的基础上，黄宗羲于康熙元年（1662年）写成了有划时代意义的《明夷待访录》，这部著作猛烈抨击了封建君主专制，一针见血地揭露了专制君主"荼毒天下之肝脑"，"敲剥天下之骨髓"，"离散天下之子女，以供我一人之淫乐"，鲜明地指出"为天下之大害者君而已矣"！这些淋漓尽致的揭露，在封建专制主义的淫威笼罩的时代，实如千钧霹雳，具有振聋发聩的启蒙作用。同时，在这部著作中，黄宗羲还提出"天子之所是未必是，天子之所非未必非"，应"公其是非于学校"及"工商皆本"等政治、经济方面的改革主张。这些思想观点，成为资产阶级民主主义启蒙思想的先驱。与黄宗羲同时的顾炎武曾高度评价此书说："大著待访录，读之再三，于是知天下之未尝无人，百王之弊，可以复起，而三代之盛，可以徐还也。"后来，在戊戌维新运动中，梁启超、谭嗣同等，也将此书"印数万本，秘密散布，于晚清思想之聚变，极有力焉"[1]。足见此书在历史上的作用和影响。

康熙十五年（1676），黄宗羲又撰成《明儒学案》。这部六十二卷的大著，包容了明代二百多名学者的哲学、政治思想和学术思想资料。书中对这些学者及其主要代表著作，进行了系统的排比，分清源流，考订得失，成为我国历史上第一部系统、完善的学术思想史，有很高的学术价值。全祖望称赞其乃"有明三百年儒林之薮也"[2]，信非过誉。此书完成后，宗羲又着手编写《宋元学案》，"以志七百年来儒苑门户"，惜

---

[1] 梁启超：《清代学术概论》，第15页。
[2] 全祖望：《梨洲先生神道碑文》，《鲒埼亭集》卷11，《鲒埼亭文集选注》，齐鲁出版社1982年版，第107页。

未编完而下世，后由其子黄百家及其私淑弟子全祖望接力完成。

为了探讨有明一代文章源流，研究明代文学的发展盛衰，纠正明文多模仿之弊，黄宗羲从康熙九年起，直至三十二年止，积数十年之功，编成二百零七卷的《明文案》、四百八十二卷的《明文海》及六十二卷的《明文授读》。如同其在《明文案》序中所说，"某自戊申以来，即为明文之选，中间作辍不一，然于诸家文集搜择亦已过半，至乙卯（康熙十四年）七月文案成，得二百七卷"。黄宗羲在编《明文案》过程中，已"取家藏明文集约五六千本，撷其精华"，但编成后，又感"有明作者如林，歉于未尽"，又亲至徐建庵之"传是楼"，得文案原未收者数百种之多，扩充而编成《明文海》。此书搜罗极富，所阅明人文集达二千余家，很多散佚未见之文集，却为黄宗羲觅得而编入是书。如《四库全书总目提要》所谓："其它散失零落，赖此以传者，尚复不少，亦可谓一代文章之渊薮，考明人著作者，当必以是编为极备矣！"① 宗羲编选此书的目的，也正是"欲使一代典章人物，俱藉以考见大凡"，而此书编成时，他已是八十三岁高龄。

黄宗羲逝世之前，还亲手编写了他历年的诗作《南雷诗历》，并将历年所写短篇文稿，先后编成《南雷文案》《南雷文定》《南雷文约》。此外，他还撰写了充满无神论思想光辉的《读葬书问对》《葬制或问》等。

康熙三十四年七月三日，即1695年8月13日，宗羲老人溘然长逝。这位在文化思想领域奋斗终生的巨人，在其寿终正寝前，又郑重地给其后人留上遗嘱："死后即于次日舁至圹中，敛以时服，一被一褥，安放石床，不用棺椁，不作佛事，不做七七，凡鼓吹、巫觋、铭旌、纸幡、纸钱一概不用。"② 宗羲老人对自己后事的安排，又一次向传统的封建礼教和封建迷信进行了挑战，用自己的言论和行动，实践了其著述中宣传的无神论思想，仅就这一点看来，黄宗羲的理论与实践言和行是颇为一致的。

黄宗羲大量著作的写成、流传，以及发生的作用和影响，使他成为

---

① 《四库全书总目提要》集部，总集卷5。
② 黄炳垕：《黄梨洲先生年谱》卷首。

中国文化思想史上的巨人；而且，同世界各国同时代的文化思想家相比，也毫不逊色。

我们从黄宗羲的生平经历及其晚年的著述生活中，可以获得什么有益的启示呢？其中有一点是很清楚的，即黄宗羲前半生反对阉宦，投身抗清斗争的实践，及"濒于十死"的苦难遭遇，为他晚年的著述提供了丰富的思想泉源。如果没有前半生这些斗争实践，那么他的著述便很难跳出同时代那些腐儒们寻章摘句的窠臼，不可能具有那种尖锐的批判性和深刻的思想性。但是，倘若黄宗羲对自己前半生的斗争实践，不在晚年加以总结，并以坚强的毅力，孜孜不倦地撰成文字著述，那么，他也仅仅只能成为一个反阉抗清的志士，而不会成为文化思想上的巨人。黄宗羲正是通过自己晚年的勤奋和努力，使他前半生的斗争实践，于后半生升华为思想理论著述，前后衔接，相辅相成，终于为后人留下宝贵的精神财富。唐代诗人王勃在其名作《滕王阁序》中说："老当益壮，宁移白首之心。穷且益坚，不坠青云之志。"黄宗羲晚年锐意著述的"白首之心"，的确给人以有益的借鉴和启示。

（原载《吉林大学学报》1985年第4期）

从吕留良对朱学的阐发与传布看程朱理学在清代的发展与演变

——兼就"理学在明清之交终结"说质疑

朱熹（1130—1200）是我国古代杰出的思想家、哲学家、教育家。今年是朱熹诞辰875年，为纪念其对中国文化、东亚文明乃至世界文明所做的贡献，促进社会主义和谐社会建设和发展，在其著述讲学的武夷山举行"朱子文化节"及"朱子学高峰论坛"，这是很有意义的活动与举措。特撰此小文与会，以表祝贺，并求教于研究朱熹及宋明理学的专家学者。

一 对朱熹及程朱理学的认识与评价

笔者对宋明理学只有一般了解，缺乏专门研究，对朱熹及其思想学说仅是景仰而已，而且对之景仰也曾经历了一个艰难曲折的过程。由于我涉足清代学术思想史领域，在迈入清代学术思想门槛之初，当然首先要学习、阅读与之相关的中国思想史界大家前辈的著述，特别是马克思主义学者的论著，如侯外庐、杜国庠等名家的著作，以作为入门的津梁。而在这些大家前辈论及朱熹及宋明理学的著述中，留给我最深刻的印象即是：朱熹及程朱理学是中国封建社会后期的官方哲学和统治思想，居正统地位的意识形态，乃彻头彻尾的客观唯心主义，既是捆绑和束缚劳动人民的绳索和工具，也是历代统治阶级为维护其统治而"涂抹的圣光油漆"，必须认清其反动本质，肃清其流毒和影响。[①] 另一个留

---

① 参见侯外庐《中国思想通史》第4卷下册，人民出版社1960年版，第595—647页。

下的深刻印象则是：朱熹及宋明理学受到历代进步思想家的批判与抵制，特别是在明清之际经过黄宗羲、顾炎武、王夫之、颜元的激烈批判，"理学是决定的终结了，绝没有死灰复燃的可能，虽然有人企图把它再新一下，究竟是过时的果实，变了味"[①]；当时，这些属于主流意识形态且具有权威性的论述，确也为多数青年后学信服与接受。如此一来，朱熹与程朱理学的研究便几乎成为禁区，即使是有人撰写有关朱熹的著述，也只能是批判与否定，很难予以客观而科学的分析。难怪有学者指出："'五四'以来，朱子更为知识阶级所唾弃。此为不合潮流，我国贫弱，皆由朱子之故，于是耻谈朱子。由 1949 年至 1963 年十五年间，据笔者调查，谈朱熹者只有论文五篇，书一本。"[②] 这里，仅就新中国成立后的十几年内国内研究朱熹状况的调查统计，不见得准确，但确实能说明这段时期内，学界对于朱熹的研究多不敢问津。至于"文化大革命"时期，在与传统彻底决裂，批判"封资修"的氛围里，连同孔丘与朱熹都被打入十八层地狱，就更只有批倒批臭了，何谈学术研究。

令人欣喜的是实行改革开放后的近三十多年来，恢复了实事求是、解放思想的路线，学者在学术研究中也逐渐敢于正视历史与现实，冲破了一些长期不能问津的禁区，特别是在倡导弘扬中华民族优秀传统文化的"国学热"中，对包括孔子、朱子在内的许多历史人物，学术界都逐渐开展了实事求是的研究。随着对外学术交流的开展，港台及欧美新儒学的学术研究成果，也陆续被介绍到国内，内地学者对包括程朱理学在内的宋明理学的研究也日趋活跃。人们在总结和反思历史的经验与教训中，逐渐认识到应划清学术研究与政治问题的界限，要允许不同学术观点开展自由的讨论与争鸣，已往学术研究中受极左路线影响的偏颇观点也陆续得到纠正。在这样的学术环境中，对于朱熹及程朱理学的研究，也步入了正常的学术研究轨道。有关儒学、经学、宋明理学的国内外学术研讨会曾一次次召开，宋明理学家的著述与资料大量出版，研究宋明理学及程朱理学家的论文与专著，如雨后春笋般涌现，其中不乏具

---

① 杜国庠：《论"理学"的终结》，《杜国庠文集》，人民出版社 1962 年版，第 337 页。
② 陈荣捷：《〈朱子〉自序》，台湾东大图业公司 1990 年版。

有真知灼见的深入研究之作。对于朱熹及程朱理学的认识和评价也日益符合历史实际，较之过去更加客观和科学，虽然在一些具体问题上还存在不同观点，但在总体评价上则取得许多共识。

概括目前海内外多数研究朱熹及程朱理学的学者们观点，并结合笔者个人的看法：朱熹是中国古代最有影响的思想家、哲学家、教育家之一。他在中国儒学发展史上，不愧是"孔子后一人"，其集北宋以来产生的理学之大成，将儒学发展推向一个新的阶段，是为新儒学。新儒学成为中国封建社会中后期六七百年的占支配地位的主流意识和社会思潮。他所构建的庞大精致的哲学思想体系，可谓"致广大；尽精微，综罗百代"，既继承了传统儒家的哲学思想，又吸收融合了佛学、道学的思辨精髓，将中国哲学的理论思维与逻辑思辨水平提升到新的高度，成为中国中世纪哲学的高峰。他一生著述、讲学不辍，著述丰富，学识渊博，而且诲人不倦，无论是居家还是在外地，都设堂讲经传学，创办书院，培育后进，门人弟子遍天下。其思想学说，自南宋之后，历经元、明、清一直是官方的思想体系，对当时社会的政治、经济、文化教育、法治伦理都有重大影响，其影响所及既达上层统治，也渗透至整个民间与社会，"在漫长的历史中，显示了它对中后期封建社会具有的价值和意义"[1]。同时，他的思想"曾广泛传及东亚地区，在近古东亚文明的发展史上产生了巨大的作用和影响"[2]。以精研朱熹与宋明理学而著称的陈荣捷先生亦曾指出："我觉得中国哲学除了孔、孟、老、庄以外就是新儒学，尤其是朱子，他影响我国很广，很深。韩国、日本也一样。"[3] 终生致力于弘扬中华民族传统文化的钱穆先生对朱熹的评价尤高，他在其《朱子新学案》一书的《朱子学提纲》（代序）中，开宗明义说："在中国历史上，前古有孔子，近古有朱子，此两人，皆在中国学术思想史及中国文化史上发出莫大声光，留下莫大影响，旷观全史，想无第三人堪与伦比。孔子集前古学术思想之大成，开创儒学，成为中国文化传统中一主要骨干。北宋理学兴起，乃儒学之重光。朱子崛起南

---

[1] 陈来：《朱子哲学研究引言》，华东师大出版社2000年版，第1页。
[2] 同上。
[3] 陈荣捷：《新儒学论集》，台湾"中央"研究院中国文哲研究所筹备处1995年版。

宋，不仅能集北宋以来理学之大成，亦并可谓其集孔子以下学术思想之大成。此两人，先后蠹立，皆能汇纳群流，归之一趋。自有朱子，而后孔子以下之儒学，乃重获新生机，发挥新精神，直迄于今。"[1] 作为国学大师的钱穆先生，是新儒学的主要代表人物之一，其高度评价和推崇朱熹是很自然的，其看法与评价不见得是学界的共识，但却值得重视和参考。

由于朱熹的思想在封建社会中后期被视为封建统治的官方哲学和主流意识形态，这也是其自"五四"新文化运动以来，长期受批判、被否定的根本原因，认为其"是替封建统治阶级效劳的反动学说，是中国思想史上的一浊流"。对此，在新时期宋明理学的研究中已有学者指出："'五四'以来对宋明理学批判与否定，也有其偏颇，既没有严格区分作为学术文化思潮的理学与作为封建意识形态的理学之间性质上的差别，也没有正确说明学术批判与政治批判之间方式上的不同，以致理学思潮中合理的、有价值的学术文化精神不能得到客观的分析和积极的继承与弘扬。"[2] 这种看法和分析，对如何实事求是评价朱熹及宋明理学，从方法论的角度给人以启示。

在如何认识和评价朱熹及程朱理学的过程中，还涉及如何看待与评价当代提倡新理学的有代表性的学者，诸如冯友兰先生。冯先生作为著名哲学家，在抗日战争时期曾著有"贞元六书"——《新理学》《新事论》《新世训》《新原人》《新原道》《新知言》，通过这些著作构建了他自己的新理学思想体系。这些著作问世以来，在学术思想界引起很大反响，既有肯定者，亦有批判者，甚至被批判者认为"是国民党蒋介石的御用哲学"。新中国成立之后，冯先生本人对自己的"新理学思想体系"曾作过反省与检查。如其在《四十年的回顾》中就自我批判说："30年代，就在这个时期，建立了新理学的体系，作为国民党反动路线中的一个思想武器。"而张岱年先生则认为冯先生的这种自我批判有"过左"之处，并在其撰写的《冯友兰先生"贞元六书"的历史意义》

---

[1] 钱穆：《朱子新学案》（上），巴蜀书社1986年版，第1页。
[2] 张立文：《论宋明理学的新文化精神》，《宋明思想和中华文明》，学林出版社1995年版，第55页。

一文中肯定了该书的理论意义和社会意义:"第一,'新理学'体系可以说是在比较完整意义上的综合中西的哲学,在中国的理论思维的发展史具有一定的地位;第二'贞元六书'中充满了抗战胜利的信心,强调了民族的自尊心,洋溢着对民族复兴的热情",还明确指出"并未涉及政治敏感问题,还不能简单地说是维护反动路线的"。① 张岱年先生对"贞元六书"的评价与肯定,与往日对冯先生那种剑拔弩张、无限上纲的批判明显不同,也反映了学术界对程朱理学及新理学的研究已处于宽松和谐的客观环境中,扭转了以政治批判混同于学术讨论的极左倾向,学术研究已走上了民主、规范的正确道路。

学术界在对宋明理学的研究中,也涉及如何看待明末清初一些进步思想家对宋明理学的批判问题,提出了与过去不尽相同的观点。他们指出:"明末清初,中国社会出现了所谓'天崩地裂'的局面。许多知识分子(如黄宗羲、顾炎武、王夫之等),对严酷的社会现实进行了历史反思,将明朝灭亡的原因归结为理学的空谈心性。从此,空谈心性、误国殃民,成为宋明理学的历史定论。然而,这种论点是片面的,幼稚的。尽管它确实看到了明朝覆灭的部分思想诱因,但是,它未能说明导致明儒空谈心理更为深刻的社会历史根源,而是单纯用学术思想的变化来解释如此重大的历史事件,也是不符合唯物史观的幼稚之见。"② 这是很有见解的论述。

上述见解的提出也启示了人们进一步追问,明末清初黄、顾、王、颜等人对理学的批判是否导致了理学的终结?在笔者看来这并非一个单纯的理论思考问题,更重要的是要看历史事实,只有根据史实才能对之做出符合历史实际的回答。

二 吕留良对朱学的阐发、传布及其作用和影响

宋明理学特别是程朱之学到明清之交是否已经终结是一个比较复杂

---

① 张岱年:《冯友兰先生"贞元六书"的历史意义》,《中州学刊》1991年第2期。
② 张立文:《论宋明理学的新文化精神》,《宋明思想和中华文明》,学林出版社1995年版。

的问题，不是任何人可以主观随意断论的。前已述及理学是宋、元、明几朝的主流意识形态，亦是当时普遍的社会思潮，及至明清之交，清朝上层统治者与学术思想界及民间对之又持什么态度呢？大量史实证明清朝统治者仍以程朱理学作为其统治思想。同时，多数学者、思想家，包括进步思想家黄宗羲、顾炎武、王夫之等人虽对宋明理学有所修正与批判，但仍不同程度地继承与发挥了或程朱、或陆王的理学与心学，他们并非是宋明理学的彻底否定者。更有不少学者仍鲜明地打着程朱理学的旗帜，阐发和传布朱学，吕留良就是其中最突出的一个，他在清代理学发展演变过程中是不可忽视的人物。但由于"吕家既遭极祸，后世几目为匪人，毕生大节，鲜有识者"，[1] 其生平与思想长期被掩而不张。晚清之江藩与唐鉴曾著有专门论述清代理学的《宋学渊源记》与《清学案小识》，却对吕留良只字不提，这是很不公正的，也掩盖了清代理学发展的重要线索。

吕留良（1629—1683）生于明崇祯二年，卒于清康熙二十二年，浙江崇德人，字用晦，号晚村，乃明末清初著名学者、思想家。他在甲申事变时，曾"散万金以结客"，组织义勇，抗击清兵，是为抗清志士。顺治十年，为避仇家陷害，被迫应科举中秀才，而后又对此一再悔恨，认为此举是"自违心迹""落脚俗尘"。康熙五年，拒绝学考应试，被免去秀才。自此而后，以明遗民身份，隐居山林，广交师友，读书论学，评选时文，钻研程朱著述，刻书、印书，阐发与传布程朱之学，以崇正辟邪，弘扬朱学为己任，被推为"朱子以后一人"，成为清初著名的理学家。康熙十七年、十八年因先后拒清廷"博学鸿词"与"山林隐逸"之荐而削发为僧，自谓"僧乎不僧""俗乎不俗"，却以各种形式传播反清复明思想。后因雍正时期的儒生曾静与张熙利用吕氏的民族思想策动川陕总督岳锺琪反清，在其死去四十多年后，被清廷"剖棺戮尸"，且由此在全国掀起一场广为株连的文字大狱。此后直到清廷灭亡，吕留良的著述长期遭受禁毁，甚至他人与之相关的诗文著述也遭删削改毁，致使吕留良的思想著述被淹没。

吕留良对程朱理学特别是朱熹的思想学说，可谓坚守笃信，终生身

---

[1] 钱穆：《记吕晚村诗中涉及黄宗羲语》，《钱宾四先生全集》卷29。

体力行。他曾说:"幼读《朱子集注》而笃信之,因朱子而信周程,因周程而知信孔孟,故与友人言,必举朱子为断。"他认为"凡朱子之书,有大醇而无小疵,当笃信死守,而不可妄置疑凿于其间",直到晚年他还说,"某生平无他识,自初读书,即笃信朱子之说,至于今老而病,且将死矣,终不敢有毫发之疑,真所谓宾宾然守一先生之言者也"①。

由于明中叶以来王阳明心性之学泛滥,朱学式微,因而尊朱必辟王,吕留良也不例外,他对朱学的阐发还突出表现在辟王方面。他认为王阳明等"皆朱子之罪人,孔子之贼人"。因而"今日辟邪,当先正姚江之非",进而主张"凡天下辨理道,阐绝学,而有一不合于朱子者,则不惜辞而辟之者,盖不独一王学也。王学其尤著者尔"。他还再三申明,他力辟王学并非出于门户之争而是为了明辨是非,明道救世,他说:"道之不明也,几五百年矣,正、嘉以来,邪说横流,生心害政,至于陆沉,此生民祸乱之源,非仅争儒林之门户也。"②他针对王明阳的"心即理","物理不外于吾心,外吾心而求物理,无物理矣"这种偏重内心涵养而不重致知的思想,而继承发挥了程朱一派"涵养须用敬,进学则在致知"的思想而启导学者既需注重身心的修养,而更要注重知识的追求,要"格物致知","格物穷理",反对一味的内心顿悟。他还继承发扬了自孔孟至程朱以来的"华夷之辨"的民族思想,结合明末清初的形势,将对朱学的阐发和强烈的民族思想联系起来,针对南宋以来特别是明清易代的邅变中,一些人不能坚定民族立场投降仕元、仕清,大声疾呼:"华夷之防,大于君臣之义",对这一根本点,必须明辨是非,站稳脚跟。他总结元末、明末的历史教训,警戒士人,要求得朱学之真髓,继承与弘扬朱子之学,"当从出处去就,辞受交接处,画定界限,扎定脚跟"。他看到"今日之所以无人,以士无志也,志之不立,则歧路多也"③。正因如此吕留良之讲朱学,很少讲心性理气等抽象概念,而是立足现实,强调民族主义,身体力行,经世致用。所

---

① 吕留良:《答潘用微书》《与张考夫书》《答吴晴岩书》,均见《吕晚村诗文集》卷1。
② 吕留良:《与某书》,《吕晚村先生文集》卷2。
③ 吕留良:《复高汇旃书》,《吕晚村先生文集》卷1。

以，他对朱学的阐发，虽无重大的学理突破，但能紧密结合当时的形势，有的放矢地阐发朱学，自有其时代特征与独特的贡献。

吕留良对朱学的贡献，还突出表现在对朱学的布道与传播方面。他曾礼聘当时著名的理学大师张履祥到其家坐馆讲学，他本人与其子侄一起，与张共同学习研讨程朱之学。同时，还和张一起编辑刻印程朱遗书，先后编刻有《二程遗书》《朱子遗书》《朱子语录》等，并借助其刻书、卖书之便，发往全国各地。不少人就是利用吕氏编刻销售的这些图书来研究程朱之学的，这在朱学一度式微，朱子遗书难觅的情况下，大大有助于对朱学的弘扬与传播。吕氏对朱学的传布，还表现在其对时文的评选方面。由于时文是科举时代应举士子必读之书，而朱熹之《四书集注》又是明清科举制度规定的必读经典，吕留良正是看到这一点，不惜以大量的时间和精力，对时文进行评点。经其评点的时文，由门人后学整理编成《四书语录》《四书讲义》《吕子评语》等书，传布到各地士子手中，一时间风行海内。正如其子吕葆中在为之所作的《行略》中所说，"其议论无所发泄，一寄之于时文评语，大声疾呼，不顾世所忌讳，穷乡晚进有志之士，闻而兴起者甚众"。可见吕留良著作在当时的影响。

吕留良对朱学的阐发与传布在清初的学术思想界有重要作用和影响。陆陇其是清初有名的理学家，而且是清代第一个从祀孔庙的理学名臣，他在回忆自己的治学道路时，曾满怀感激地说明吕留良对他的影响，"陇其不敏，四十以前，亦尝反复于程朱之书，粗知其梗概，继而综观诸家语录，糠秕杂陈，斌玞并列，反生淆惑。壬子（康熙十一年）、癸丑（康熙十二年）始遇先生，从容指示，我志始坚，不可复变"①。也有学者指出："紫阳之学，六传以及方侯成，遭靖之变，而其统遂绝，河汾崛起，曲高和寡，而陈公甫、王伯安遂鼓偏执之说以乱之，学士大夫从风而靡，虽胡振斋、罗整庵力加攻诋，义甚正而力或未之逮也。至吕晚村氏，始大声疾呼，以号于一世……率其同志，精思力究，南方风气，为之一变。"② 这说明吕留良尊朱辟王思想起到了扭转

---

① 陆陇其：《祭晚村先生文》，《三鱼堂文集》卷12。
② 李文炤：《王元复传》转引自钱穆《跋车双亭刊吕子评语》。

士风的作用。对此，稍晚于吕留良的著名学者戴名世也曾评价说："吾读先生之书，而叹其维挽风气，力砥狂澜，其功有不可没也。"他又说："二十余年来，家颂程朱之书，人知伪体之辩，实自吕氏倡之。"[1] 戴名世之说也有力印证了由于吕留良的提倡，以至于"家颂程朱之书"，肯定了吕氏倡导朱学，维护士风，功不可没。由于吕留良倡导朱学，且在当时产生了较大影响，也使与其同时代且有很高学术地位的学者王宏撰曾把他对朱学的提倡，与顾炎武之于经学，毛奇龄之于音韵、梅文鼎之于历数、顾祖禹之于地理，相提并论，认为"近时崇正学，尊先儒，有功于世道人心者，吕晚村也"[2]。把吕留良与其他领域的权威性代表人物并列，将之视为当时思想界倡导程朱理学的代表人物，足以说明其在当时学术界的地位和影响。顾炎武作为当时的硕学鸿儒，在论及吕留良时，也将其与黄宗羲相提并论，认为"黎洲、晚村，一代之豪杰，朽人不敢比也"。天文历算家王锡阐也认为吕留良的"文章行谊，迈绝等夷，当今人杰也"。经学考据大师阎若璩恃才傲物，目空一切，却心仪吕氏，将之评为"清初的十二圣人之一"。当时人们都称吕氏为"东海夫子""朱子后一人"。清初浙省的巡抚都曾到其府上拜望送匾。这都说明吕留良在清初学术界具有崇高地位。当时的学者对吕之提倡朱学都耳熟能详，他们对吕的推崇与评价，也反映了其对理学、对朱熹的态度和看法。如果理学在明清之交已经终结，毫无市场，不可能有那么多一流学者如此高度评价提倡程朱理学的吕留良。只是由于雍正朝的文字狱及乾隆朝推行文化专制，禁毁了吕氏的著述，才使其在很长一段时期内湮没无闻。雍正和乾隆之所以痛恨吕留良并非因其倡导程朱理学，而是因其有反清思想，而今，我们在论及清代理学时彰显其对程朱理学的阐发与传布，正是要抹掉蒙盖在吕留良身上的污泥灰尘，以便更好地厘清理学在清代的演变与发展。

三 理学在清代的发展与演变

从吕留良对朱学的阐发与传布及其在社会上引起的反响、产生的作

---

[1] 戴名世：《九科大题文序》，《戴名世集》卷4。
[2] 王宏撰：《著述》，《山志》二集卷5。

用看，说明了他的思想与行动绝非孤立偶然的现象，也反映了理学在明清之际并没有沉寂与终结，特别是程朱理学还有抬头复兴的趋势。正如钱穆先生所指出的："故说者莫不谓清代乃理学之衰世，夷考其实，亦复不然。"① 事实上，从明清之交到清朝灭亡之前，程朱理学始终是清朝居正统地位的官方哲学与社会思潮，其发展演变大致经历了顺、康、雍；乾、嘉；道、咸、同、光等几个阶段。在这几个阶段中，理学的表现形式虽各有不同，却始终没有绝脉与断流。兹分别述之。

明清之际是中国社会历史发生大动乱，大变革时期，明朝腐朽，清兵入关，问鼎中原，甲申之变，明朝灭亡，农民军失败……整个社会发生了天翻地覆的变化。"天崩地解"的社会变革迫使一些学者、思想家面对"神州覆荡，宗社丘墟"的残酷现实，痛定思痛，进行深刻的历史反思总结，"探讨国家治乱之源，生民根本之计"。他们大都把明亡的原因，归为明末王阳明的心性之学泛滥，道德沦丧，风俗败坏，脱离实际，空谈误国，进而掀起了"崇实黜虚"，经世致用的社会思潮，并涌现出黄宗羲、顾炎武、王夫之等一大批进步思想家。但就他们的学术渊源来说，黄宗羲本是刘宗周之高弟，宗奉王学，顾炎武宗朱，王夫之宗奉张载的学说，都有宋明理学的渊源。他们在具有社会批判性质的经世致用思潮中，虽提出了一些含有早期启蒙色彩的进步思想与观念，但实事求是地说，还都没有从根本上脱离儒学樊篱及他们原先宗奉的学派。如黄宗羲在《明儒学案·师说》中仍高度赞扬王阳明学说，"先生承绝学于词章训诂之后，一反求诸心，而得其所性之觉曰良知，因示人以求端用力之要，曰致良知"，"以救学者支离眩鹜，务华而绝根之病，可谓震霆启寐，烈耀破迷，自孔、孟以来，未有若此之深切著明者也"。② 难怪有人说黄宗羲之《明儒学案》是"主张姚江门户"③。顾炎武一向被称为反理学思想家，尤其是其在《与施愚山书》中所说的一段话，"理学之名，自宋人始有之。古之所谓理学，经学也，非数十年不能通也"，"今之所谓理学，禅学也，不

---

① 钱穆：《清儒学案序》，《中国学术思想史论丛》（八），台湾东大图书公司1980年版。
② 黄宗羲：《明儒学案》，《黄宗羲全集》第7册，浙江古籍出版社2004年版，第14页。
③ 沈维鐈：《清学案小识序》。

取之五经，而但资之语录，校诸帖括之文而尤易也"。顾炎武的原意是很明确的，他是说古代的理学就是经学，需要很长时间潜心钻研才能通达，而今天明代的理学则是禅学，根本不通读经书，只求助于语录及八股帖括。顾并没有反对宋代理学的意思，只是反对明代的理学。但后来全祖望在其所作的《亭林先生神道表》中却将《与施愚山书》中那段话改成："（顾炎武谓）古今安得别有所谓理学者，经学即理学也。自有舍经学而言理学者而邪说，不知舍经学，则其所谓理学者禅学也。"① 经全氏如此改动，抹杀了顾炎武关于理学有古今之别的观点，笼统地说"经学即理学"，"安得别有所谓理学"，似乎顾炎武从根本上否定了理学的独立存在。这并不符合顾炎武的原意，但后来却被人援以为据得出"顾炎武根本不承认理学之独立"。② 致使学术界长期来普遍认为顾炎武是既反对程朱，也反对陆王的反理学思想家。其实顾炎武对朱熹多有赞扬和肯定，他晚年还为朱熹修建祠堂并写祠文说："惟绝学首明于伊洛，而微言大阐于考亭……启百世之先觉，集诸儒之大成。"③ 还要注意的是顾氏对空谈心性的理学的批判常冠以时间界限，诸如"窃叹夫百余年来之为学者，往往言心性，而茫乎不得其解也"，又说，"盖自弘治，正德之际，天下之士厌常喜新，风气之变，已有所自来，而文成以绝世之资，倡其新说，鼓动海内"④。可见，顾炎武所反对的主要是王阳明之心学，特别是明季王学末流。他并不反对程朱，且其学术渊源于程朱。对此，清代学者早就明确指出过。章学诚在其《文史通义·朱陆篇》中说："朱熹之学一传而为勉斋（黄干）、九峰（蔡沈）……五传而为宁人（顾炎武）、百诗（阎若璩），则皆服古通经，学求其是。""江藩在其《汉学师承记》中也指出，"亭林乃文清之裔……辨陆王之非，以朱子为宗"。依据史实，说明顾炎武反对的只是理学中的陆王学派，并不反对整个理学，这既符合顾氏的思想原貌，也不影响其在清代学术思想史上的地位和影响。正因为他批判了王阳明的心性良知之说，横扫了明中叶以

---

① 全祖望：《亭林先生神道表》。
② 梁启超：《清代学术概论》，第9页。
③ 顾炎武：《华阴县朱子祠堂上梁文》，《顾亭林诗文集》卷5。
④ 顾炎武：《朱子晚年定论》，《目知录》卷18。

来的空疏学风，倡导经世致用，有力地推动了明清之际经世致用思潮的发展。同时，他提倡"通经服古"，"引古筹今"，重视实证，也为清代经学及考据学的复兴奠定了基础，开辟了道路。不过，从黄宗羲、顾炎武的学术渊源与思想倾向看，却难以得出"理学是决定的终结了"的结论。而且，黄、顾对理学的态度，也反映了明清之交学术思想界的一般状况，当时学者中既有宗朱学的，如张履祥、陆世仪、陆陇其；也有宗王学的，如孙奇峰、李颙等。只不过，学者们在探讨明王朝灭亡的教训时，大都把矛头指向明末心性之学泛滥的王学，"尊朱黜王"是当时学术思想趋向。而吕留良的尊朱辟王思想正是在这种历史环境中产生的。当时，陆陇其深受吕留良思想的影响，尊朱黜王思想十分突出，他曾尖锐地说："及考有明一代盛衰之故，其盛也，学术一而风俗淳，则尊程朱效也。其衰也，学术歧而风俗坏，则诋毁程朱之效也。每论（天）启、（崇）祯丧乱之乎起而追原祸始，未尝不叹息痛恨姚江。故断然以为今之学非尊程朱而黜阳明不可。"①陆陇其因受吕留良的影响，才"我志始坚、不可复变"，而走上"尊朱黜王"道路，而后又因吕留良的关系，阅读了张履祥的著作，并予大力推荐，以推动程朱之学。陆陇其被清廷称为醇儒，第一个从祀孔庙，影响甚大，其后朝官讲学，莫不以程朱之学为准，致使程朱理学在清初再度复兴。

程朱理学在清初的复兴不仅表现在民间，更表现在清廷官方的提倡。清初顺治、康熙、雍正三朝为维护其统治，都积极尊孔崇儒，大力提倡程朱理学，将其视为接续孔孟道统的正学，确立为统治思想。顺治二年，清廷就确定朱熹的《四书集注》为科举考试必须遵循的教本。康熙将朱熹升祀大殿十哲之次，认为"孔孟之后，有裨斯文者，朱子之功最为弘巨"，他还命儒臣编纂《性理精义》《朱子全书》，又亲自为《朱子全书》作序，称赞朱子的思想学说："非此不能知天人相与之奥，非此不能治万邦于衽席，非此不能仁心仁政施于天下，非此不能内外为一家。"雍正又首先将"尊朱黜王"的陆陇其从祀孔庙。由于清朝帝王的提倡，在中央和地方很快涌现出一批理学名臣，如魏

---

① 陆陇其：《周云虬先生血书集序》，《三鱼堂文集》卷8。

裔介、魏象枢、汤斌、熊赐履、李光地、张伯行等，这些人位极人臣，官至大学士、首辅之职，在帝王左右，影响朝廷决策，由他们实现了程颐所追求的"行王之道，非可一二而言，愿得一面天颜，罄陈所说"的夙愿，而能"得君行道"。这些所谓的理学名臣虽然在理学学理上没有什么新的突破与创新，但他们按程朱理学的"治道"将"道统"与"治统"结合起来，在建立和稳定清朝的社会道德秩序方面，确有其不可替代的作用，难怪康熙说："知朕者莫若光地，知光地者莫若朕。"正是在清朝最高统治者的提倡与一批理学名臣的辅翼下，从中央到地方，从官方到民间，出现了一批尊奉程朱之学的官吏与学者，并最终形成了复兴程朱之学的社会思潮。事实进一步说明，明清之交到清初的顺、康、雍各朝，理学不仅没有终结，反而更加兴盛。

及至乾隆、嘉庆时期，学术思潮又发生了新的变化。清朝的统治在康雍乾时达到鼎盛阶段。乾隆朝是盛世的继续与发展，当时清朝的统治日趋稳定，幅员广大，疆域一统，社会经济得到高度发展，文化昌盛。与之同时，封建中央集权与专制统治也进一步加强。为实行思想控制，乾隆在整理编纂各种大型图书的同时，也焚书、毁书和禁书，滥行文字之狱。在这种形势下，由清初顾炎武等人提倡的"通经服古""名物考据"，即由文字、音韵、训诂而通经的考证之学，获得空前发展，经学昌盛，出现了"家家许郑，人人贾马"的盛况，也涌现出一大批如惠栋、戴震、钱大昕、王鸣盛、凌廷堪、焦循、王念孙、段玉裁等考据学大师。这些考据学家推崇和宗奉东汉许慎、郑玄之学，而卑薄程朱理学。此时，清廷一方面提倡程朱理学，另一方面又扶植奖掖考据之学。社会上则大都推崇考据，厌薄宋学，一时间考据学占压倒优势，成为占支配地位的学术思潮，宋学（即理学）重新出现衰落式微的局面，以致形成"近今之世，竞争汉儒之学，排挤宋儒，几乎南北皆是，豪健者尤争先矣"[1]，甚至出现"濂、洛、关、闽之书，束之高阁，无读之者"[2]的现象。但即使是在这样的情况下，程朱理学仍是官方哲学，包

---

[1] 袁枚：《随园诗话》卷2。
[2] 昭梿：《啸亭杂录》卷10。

括汉学家在内的学者，虽然在治经的宗旨与方法上与理学家不同，但都推崇程朱提倡的社会纲常伦理。汉学大师惠栋就曾自题楹联："六经宗服（服虔东汉经学家）郑，百行法程朱"，足见程朱在汉学家心目中仍有崇高地位。而且，在汉学考据大盛之时，宋学也没有完全偃旗息鼓，汉、宋学之争始终不绝如缕。汉学家江藩写了《汉学师承记》，持宋学立场的方东树即著有《汉家商兑》，相互对立，旗帜鲜明。因此，此一时期，程朱理学虽一度衰落，却也不能说已经终结。

清朝历史上出现的盛世，到乾隆朝后期已逐渐由盛转衰，嘉庆朝衰败之势更加明显，及至道光时期，特别是经过鸦片战争后，清朝一败涂地，内忧外患，接踵而至，整个清朝统治已处在风雨飘摇之中。此一时期，反映到学术思潮方面又发生了新的变化，以龚自珍、魏源为代表的新的经世致用思潮应运而生。继之西方新学输入，又出现了早期资产阶级改良派及戊戌维新思潮，谭嗣同大声疾呼冲决封建网罗，洗涤三纲五常之厄苦。清朝封建统治者及欲维护封建统治制度的思想家，面对新的形势，不得不提出"中学为体，西学为用"，企图以封建伦理纲常为本，辅以西方的富国强兵之术，并推行洋务运动。但经过中日甲午战争，中国割地赔款，沦为半殖民、半封建社会，为挽救中国沦亡的命运，维新派要求要用西方的议会制度，维新变法，但随之又被手握实权的封建顽固派所粉碎。咸同时期又有唐鉴、倭仁、曾国藩、罗泽南等，为挽救将倾封建统治大厦，又再度提倡程朱理学，强调汉、宋合流，倡导经济事功，一时间又出现了理学复兴与同治中兴的假象。但时代不同了，此时绝不同于清初和清中期，这时封建帝制统治已彻底成为社会生产力发展的桎梏，只有推翻封建统治，社会才能发展和前进。随着资产阶级革命风起云涌，清朝的统治终于被辛亥革命所推翻，作为封建统治者用以维护其统治的官方哲学的程朱理学也走向终结。

四　余论

理学（包括程朱理学与陆王心学）之所以能在中国封建社会中后期的六七百年内作为元、明、清的官方哲学和社会主流意识形态，说明它从总体上适应了当时社会生产力的发展，及生产关系、阶级关系的需要，当有其存在的价值和意义。明清之际的社会变革，导致学术思想界产生具有社会批判性质的进步思想家和不同于空谈心性的经世思潮，黄、顾、王、颜等思想家，对宋明理学（或程朱、或陆王）进行了一定程度的批判，其思想中也包含有一定程度的民主启蒙因素。但当时的资本主义萌芽毕竟十分微弱，作为这种微弱的资本主义萌芽所反映的某些市民思想，在他们的思想中并不占主导地位，他们的思想体系仍属于传统儒家范围，被称之对宋明理学进行了总结的黄宗羲的《明儒学案》与《宋元学案》，只能说是理学家对理学的总结，绝不能作为理学终结的标志。清取代明，只是封建政权的更迭。清朝统治确立后，吸收汉族传统文化，仍以孔孟程朱之学作为其统治思想，而且尤其推崇朱熹和程朱理学，使程朱理学一度出现复兴之势。清代理学家，虽对理学形而上的思想体系没有什么重大的突破与改造，这是因为程朱陆王都着重于"内圣"——心性理学体系的精心构建，后世的理学家很难再有所推进与创新。但他们在"内圣外王"之学的"外王"方面，毕竟结合当时的时代特色而有自己的贡献。正像余英时先生在其《朱熹的历史世界》一书中所说："我们早已不知不觉地将道学或理学理解为专讲心、性、理、气之类的'内圣'之学。至于推明治道的外王之学，虽非全不相干，但在道学或理学中则处于非常边缘的位置。"[1] 但在余先生看来，"外王"方面也为程朱等非常看重，他们构建"内圣"之学，正是为了达到"外王"之"明道治世"的根本目的。因此，也不能说清代的理学家在"内圣"方面没有什么创新，就证明其已走向尽头。其实，理学只能随着封建帝制的终结而终结，是自然而然的事，根本不需要什么证明，而在其尚有存在的根据而作为客观存在时，却要证明其"是决定的终结了"，既与事实不符，也不能令人信服。

理学作为封建社会中后期居支配地位的意识形态与社会思潮，确实具有维护封建统治的社会政治作用，因而，在政治上，它必然伴随封建社会的盛衰交替而升降起伏，直到封建统治崩溃也就最后终结。但其作为一个具有深远、重大影响的学术流派与社会文化思潮，则是中国传统文化的重要组成部分，其中既有精华，也有糟粕，且已积淀在世代中华

---

[1] 余英时：《朱熹的历史世界》（上），三联书店2004年版，第115—116页。

民族及其子孙的思想与生活习俗之中,这一方面即便是在封建社会灭亡之后,也不会随之消失,仍可作为历史文化遗产来进行研究,这则是不言而喻的。

(原载《世界遗产武夷山文化年鉴》,中国社会科学出版社2007年版)

陈确的学术思想和学术风格

明清之际是我国历史上急遽变革的历史转折时期，史称"天崩地解""瞬息万变"。动荡的社会，变革的风云，影响和促进了学术思想的发展，出现了思想活跃、人才辈出、学派林立的局势，造就了一代杰出的思想家和学者。他们站在急遽变化的社会潮流面前，针对宋明理学的空疏腐朽，以犀利的笔锋，总结性地批判过去，倡导经世致用，形成了具有批判精神和求实精神的新思潮、新学风，谱写了学术思想史上瑰丽灿烂的一页，有人甚至赞誉此时"是我国历史上的文艺复兴时期"[①]。

倡导经世致用，具有批判精神和求实精神，是明清之际进步思想家和学者的共同特征。但属于同一社会思潮、具有共同思想倾向的各个学派和人物，由于各自的活动地域、身世经历、师承关系、治学方法、性格爱好等方面，均有所不同，因此各自的理论观点、造诣深浅、研究领域、著作风格，必然会有明显的差异，而绝不会是千孔一面、众口一词。唯其如此，学术思想领域才有可能呈现出丰富多彩的格局。在明清之际众多的学者、思想家中，陈确就具有自己鲜明的学术思想和独特的学术风格。黄宗羲曾称赞说："其学无所依傍，无所瞻顾，凡不合于心者，虽先儒已有成说，亦不肯随声附和，遂多惊世骇俗之论。"[②] 就陈确学术思想的批判性、进步性及其不盲从、不苟同的治学态度而言，较之同时代著名的三大思想家黄宗羲、顾炎武、王夫之等也未见逊色。只是由于他一生山居乡处，晚年又十数年瘫卧病榻，疏于交游，加之其著作久被湮没，未能引起应有的重视和研究。

[①] 谢国桢：《明末清初的学风》，人民出版社1982年版，第1页。
[②] 黄宗羲：《陈乾初先生墓志铭》，《南雷余集》。

因而，研究和论述陈确的学术思想与学术风格，对了解明清之际的学术思想不无裨益。

一

陈确（1604—1677），浙江海宁人，名道永，字非玄，原名筮永，字原季，号逊肤。明亡后，改名确，字乾初。先世为海宁望族，然至其祖辈时，家道逐渐衰落，父辈时贫困益甚，"无力举婚"①，不得不入赘于人家，说明陈确出身于一个贫寒的农村知识分子家庭。

青少年时代的陈确，刻苦自学，十六七岁时，即小有文名，却"不喜理学家言，尝受一编读之，心弗善也，则弃去，遂四十年不阅"②，并厌薄举业，无意仕进，而将心思精力寄托于"放浪山水，恣情声律，韵管谱琴"，常与一二知交"吟风弄月，超然远寄"③。陈确在《韵铉老人传》中，回忆描述其青年时代的举止说："犹忆二十年前，孟秋之望，月明如水，老人与余坐西湖之断桥，老人发歌，而余吹洞箫和之。时桥上下游者数百人，杭俗士大夫喜醉歌，尝纷沓哗嚣于柳桥之下，然闻余两人和歌，而醉歌者皆止，肃然拱听。踰时而歌毕，数百人同声称善。余两人勿为谢，竟起，联袂以归。旁若无人者。"④ 在陈确当时所处的明末社会中，多数士子孜孜以求的不外乎功名利禄。陈确则超脱不羁，"不知功名为何物"，对于"纷沓哗嚣"的俗士大夫竟不屑一顾，这些举止，未免带有叛逆性格。

崇祯十三年（1640），陈确入学为廪生，依然卑视"帖括操觚"，仍一味属意词章，曾与"友人结社黄山许氏之枕涛庄，唱和尤密"。他于诗"主陶性灵，不以雕饰为工"。现留存于《陈确集》中的诗作六百余首，大多感物咏怀，感情真挚，不少诗颇具有现实性和人民性。如其《苍天七章》等诗，便深刻反映了封建社会中农夫的苦难："鸣呼苍天，农民何罪！赤日中田，焦发裂背。渴不得饮，饥不得食。

---

① 陈确：《先世遗事纪略》，《陈确集》，中华书局1979年版，第529页。
② 黄宗羲：《陈乾初墓志铭》，《南雷文定后集》卷3。
③ 陈翼：《乾初府君行略》，《陈确集》，第12页。
④ 陈确：《韵铉老人传》，《陈确集》，第273—274页。

悯其将死，不敢云瘁。天复不念，降其大戾。""呜呼苍天，吾农民之伤，而不知者，谓民已康。有丝满箱，而不得以为裳；有谷满仓，而不得以为粮。岂曰无获，为他人忙。呜呼苍天，吾农民之伤！"① 这些悲愤的诗句，简直是作为农民的代言人，对苍天的不公，社会的不平，抒发的呐喊与控诉！陈确不仅同情社会下层群众的疾苦，也十分不满各级官吏的横征暴敛、残酷虐民，并敢于伸张正义，为民请命。崇祯十五年，适值陈确参加乡试期间，恰逢酷吏虐民，陈确便集结率领数百人，群至司衙控告酷吏虐民之罪，上司却庇护酷吏，反"欲罪首事者"，致使陈确面临被问罪、被剥夺参加乡试的困境。对此，陈确则临危不惧，大义凛然地表示："捐吾生以救一县之民，亦何所惜，一乡荐何足道哉！"② 陈确后来在思想理论斗争中，敢于坚持真理，不盲从，不附和，不为来自各方面的辱骂与围攻所折，与他青年时代这种敢于坚持正义、敢于斗争的思想性格，显然有着思想上的联系。

崇祯十六年，陈确四十岁，始师事浙东大儒刘宗周。他在《祝子开美传》中说："是年秋，开美与余同事刘先生于云门、若耶之间。"不久，历史发生急遽变化，李自成农民军进京，崇祯帝吊死煤山，旋即清兵入关，清王朝建立。清军铁骑南下，于顺治二年五月（1645年6月）攻占南京，南明弘光政权覆灭。当清军长驱至浙时，刘宗周坚持民族气节，一再拒绝清方的征召，最后绝食殉国；陈确的同学与挚友祝渊（字开美）也于同年七月自缢殉明。祝渊死难前，曾将刘宗周的遗著交付陈确曰："此皆刘先生所示手书，与某居平侍先生时所记录也。吾死，无长物，惟此不能忘，惧失之，敬以遗兄。"③ 师友的殉难与嘱托，更加坚定了陈确继承刘宗周思想品节的信念。他师事刘宗周的时间虽然不长，所受影响却极深，如同黄宗羲所谓："（确）受业蕺山刘夫子之门，潜心力行，以求实得……故虽事夫子之日浅，而屈指刘门高第，众口遥集。"④ 师事刘宗周，应是陈确真正治学的开始，也是他生平经历的一大转折，从此"学益邃，识益深"。

---

① 陈确：《苍天七章》，《陈确集》，第 628 页。
② 陈翼：《乾初府君行略》，《陈确集》，第 13 页。
③ 陈确：《祝子开美传》，《陈确集》，第 277 页。
④ 黄宗羲：《陈乾初先生墓志铭》，《南雷余集》。

明朝的覆灭，师友的殉难，清军铁骑的蹂躏，实乃"沧桑变革，动魂惊魄"，使陈确的思想深受刺激，民族意识愈加强烈。他曾抱至死不屈的态度，断然拒绝清朝推行的剃发令，他说："去秋新令：不薙发者以违制论斩。令发后，吏诃不薙发者至军门，朝至朝斩，夕至夕斩。"他接着又说："确生无益于时，正忧不得死所，而以不薙发死，确其无忝所生哉！"① 尽管清廷多方网罗汉族士大夫参与新政权，但陈确却于顺治四年，"随呈本学，求削儒籍"，"犬马犹恋旧主，而况人乎！革命以来，即思告退，以不忍写弘光后年号"②。这表明，陈确矢志不与清朝合作。同年，他又改名确，字乾初，盖取意于《周易·文言》中"乐则行之，忧则退之，确乎其不可拔潜龙也"，以及《周易·乾卦》初卦中"潜龙"，而以"确"为名，以"乾初"为字，均寓有"潜龙"之意，他直言不讳地说过，其"命字有新意"。这都说明陈确于入清后，虽在形式上隐遁起来，实则痛定思痛，要以"确乎其不可拔"的气概，欲有一番作为。

陈确自请削儒籍后，果然"足不赴贡科之试"，长期隐居山乡，躬耕田里，读书治学，以坚强的意志和顽拔的毅力，著书立说，陆续写出一系列思想尖锐、内容深刻的论著，以"惊世骇俗"之论，闪烁着其作为启蒙思想家的战斗光辉。

康熙二年（1663）陈确六十岁时，不幸患风疾，半身偏瘫，且日趋加重，久治不愈，"不下绳床者十五年"③。他自己痛苦地描述疾病的折磨："病夫无一能，惟恃眠与坐。岂知久而变，眠坐俱不可。我欲外形骸，形骸不外我。两臀若受杖，举体如关锁。起倒极艰烦，要之无一妥。一死有何难，难于历坎坷。"④ 即使这样，他仍继续探讨学术理论上的问题，直到其死前不久，还在病榻上力疾作书，与黄宗羲商讨性论方面的问题。

康熙十六年七月二十四日（1677年8月22日），这位在思想理论领域奋斗半个多世纪的进步思想家溘然长逝。黄宗羲曾为之数撰《墓志

---

① 陈确：《告先府君文》，《陈确集》，第310页。
② 同上书，第311页。
③ 黄宗羲：《陈乾初先生墓志铭》，《南雷余集》。
④ 陈确：《病夫前篇》，《陈确集》，第676页。

铭》。黄与陈都是刘宗周的弟子，也曾互相论学，但在陈确生前，黄宗羲对陈确较为激进的观点，并未充分接受和理解，甚至认为其"言之过当"。因此，黄宗羲在其所写陈确《墓志铭》第一稿中，很少涉及墓主的学术思想。以后，他又反复阅读陈确的著作，终有所悟，深为感叹，"今详玩遗稿，方识指归，有负良友多矣。因理其绪言，以谶前过"，①又重撰《陈乾初先生墓志铭》，高度评价陈确的学术思想，并自愧浅陋。为了使陈确的思想"可以传后"，在重撰的《墓志铭》中，黄宗羲还较多地引述了陈确的思想资料。黄宗羲这种从善如流、不执己见的治学态度，在学术史上传为美谈。而在陈确的著述长期未能刊刻的情况下，人们正是通过黄宗羲撰写的几稿《陈乾初先生墓志铭》，才得以亲见陈确学术思想的端倪。黄宗羲对陈确思想的传播，实有不可掩没之功。

陈确一生交往的师友，除上述刘宗周、祝渊、黄宗羲外，还有刘汋（刘宗周之子）、张履祥、恽日初、吴蕃昌、吴衰仲、查嗣琪、蔡养吾、沈昀、末成末、朱康流等。这些人多曾与陈确共同师事刘宗周，同学之谊颇深，私人交往亦甚厚，然而论学却与陈确多有不合，尤其不满陈确的"异端"思想，甚至对之冷嘲热讽、反唇相讥。陈确也正是在与他们的反复辩难中，更加坚定其学术思想，同时也磨砺了其坚韧不拔的学术风格。

二

陈确在预感到自己不久于人世而写下的《示儿帖》中说："吾生不辰，怀抱未展，遂同草木俱腐。生平笔札纷纷，了无足取。唯论葬与世俗异，论性、《大学》与诸儒异。要为不失孔、孟之旨，圣人复起，不易吾言，当勤收辑，多录副本，以待后学……其他诗文，无益于世者，切勿多辑，以误后人。"② 这篇遗言反映了一个正直学者的自知、自信和严肃的社会责任感。在陈确卷帙浩繁的论著中，最有价值、足以

---

① 黄宗羲：《陈乾初墓志铭》，《南雷文定后集》卷3。
② 陈确：《示儿帖》，《陈确集》，第390页。

传世的著作，也正是他所说的《葬书》《大学辨》《性解》等，他的学术思想也较为集中地反映在这几部主要论著中。

顺治七年（1650）以后，陈确陆续写出《葬论》《深葬说》《地脉论》《俭葬说》《葬经》《葬约》等，组成了有关丧葬的论著《葬书》。《葬书》对世俗迷信进行了勇敢的挑战，表现了陈确朴素的唯物主义自然观和可贵的无神论思想。

当时社会上的葬师和阴阳风水先生，宣扬迷信邪说，鼓吹天能赏善罚恶，地有龙脉，人死后灵魂仍能荫福子孙，因此，办理丧葬时，必须选择吉日，察看风水，勘察地形，大办佛事。在这些谬论蛊惑下，厚葬、停棺不葬成风，甚至于"有数十年不葬者，有数世不葬，数十棺不葬而终于不可知者"，对社会造成极大危害。对葬师造成的危害，陈确深恶痛绝，他指出"今天下异端之为害多矣，葬师为甚"，又说，"故凡书之言祸福者，皆妖书也，而葬书为甚；凡人之言祸福者，皆妖人也，而葬师为甚"[①]！有鉴于此，陈确对葬师散布的种种谬论，给予有力地驳斥。他认为天和地都是客观存在的自然界，"天无私覆，故雨露之施不择物。物之材不材，自为枯荣焉，非天有意枯荣之也。地承天施，亦犹是耳。人之善不善，自为祸福焉，非天与地能祸福之也"[②]。意谓天地并非有意志的主宰，不能有意识地给人祸福，人们的祸福主要靠自身的主观努力。他还据理论证根本没有所谓龙脉之地的存在，并指出人死即成朽骨，绝不会因葬地选择的好否而祸福子孙。这些思想继承了古代王充、范缜等人的无神论思想传统，论述得更加明白和深刻。在上述无神论思想基础上，他大声疾呼，千万不要"信奸人之伪书"，而应"事事求实理实益，不苟循虚名"[③]。他提倡速葬、俭葬和族葬，反对因选择吉日和地形而暴棺不葬，否则"一朝失火，朽骨灰飞；或遇水灾，漂流天末"，并举例说"崇祯之戊辰，浮棺蔽河，子孙莫能辨焉，"这岂不是"人子之焚溺其亲"！[④] 他更提倡俭葬，反对倾家破产之厚葬，认为那种"广茔高圹如山如陵"的厚

---

① 陈确：《葬书》下，《陈确集》，第489页。
② 陈确：《葬论》，《陈确集》，第477页。
③ 陈确：《葬书自序》，《陈确集》，第477页。
④ 陈确：《葬论》，《陈确集》，第477页。

葬，虽"观则美矣"，但于生者和死者，都无分毫之益，"非惟无益，且有大损"①。他所提倡的族葬，也是从"不费耕地"、减少分葬的祭礼出发。陈确尤其反对因葬死者而占用大面积的丰腴良田，"欲以一人之朽骨，长据数亩之腴田，其茔封开广者，或更至数十亩，苟此俗不变，地何以给？民何以堪？此何异暴君污吏之多为园囿湾池以害民者乎？"②他还深刻指出，世俗因受葬师的愚弄，办理丧葬时，因择地形地利造成的危害："世莫之悟，争地而仇乡党，争利而仇同气，速狱连祸，破家亡身者有之，异端之害，未有过此之毒者也，不亦痛哉！"③陈确还一针见血地指出，葬师制造种种谬论的目的，就在于"葬师之欲贿也"。葬师掌握了一般人之"哀亲"及"避祸邀福"的心理状态，摇唇鼓舌，必能"重贿立至"，因而制造了种种迷信邪说，可以说在一定程度上揭穿了谬论流行的社会根源。

陈确在《葬书》中阐述的思想观点，既从世界观高度，以无神论思想，戳穿了葬师散布的无稽之谈与谬论制造者的主观动机及其造成的社会危害，同时又提出合理可行的丧葬主张，有重大的理论意义和实践意义。时人曾对之评论说："先生品行文章，推重一时，深痛世人惑于风水，暴棺不葬，著《葬论》《丧实论》诸篇，大声疾呼……其言激切诚恳，有裨世教。"④由于几千年来的封建社会形成的迷信、愚昧和无知，在当代中国社会并没有绝迹，因而，陈确在《葬书》中阐述的无神论思想，至今仍有介绍和借鉴的现实意义。

顺治十一年（1654），当陈确五十一岁时，他又撰写了其最有代表性的著作——《大学辨》。《大学》原是《戴记》中的一章，从汉至宋的千余年间，没有人说它是孔丘、曾参的作品，但自程朱表彰《大学》，把它说成是孔、曾的著作，并与《论语》《孟子》《中庸》同列，刊于《四书》之首后，遂被尊奉为圣经贤传，甚至被理学家认为是表述了孔门一贯相传的心法。自宋而后，在历代封建统治者的提倡下，《四书》及程朱的注释，是士子登科取仕官定的蓝本，唯其是

---

① 陈确：《俭葬说》，《陈确集》，第496页。
② 陈确：《与同社书》，《陈确集》，第484页。
③ 陈确：《葬论》，《陈确集》，第479页。
④ 许季觉：《楹罔极录》，载《陈确集》，第43页。

从，无敢非之者。在程朱思想的禁锢下，一般人"敢于诬孔、曾而不敢议程朱"，朱熹几乎处于至尊的显赫地位。陈确则在《大学辨》中明确指出"《大学》首章非圣经也，其传十章非贤传也"，公然否定《大学》为孔丘、曾参之作。他还进一步指出："《大学》其言似圣而其旨实窜于禅，其词游而无根，其趋罔而终困，支离虚诞，此游、夏之徒所不道，决非秦以前儒者所作可知。苟终信为孔、曾之书，则诬往圣，误来学，其害有莫可终穷者，若之何无辨！"① 这无疑是釜底抽薪，抄没了理学家的王牌和家当，使之无计可施，难以利用护法偶像，贩卖他们自己的思想。

陈确《大学辨》的锋芒所向，主要是针对程朱理学，他在明确否定《大学》是孔丘、曾参的著作后，对朱熹利用《大学》宣扬的唯心主义形而上学思想，进行了深刻的批判。朱熹利用《大学》残章中"此谓知之至也"这句话，补写了《大学章句》第五章，大加发挥说："一旦豁然贯通焉，则众物之表里精粗无不到，吾心之全体大用无不明矣。此谓格致，此谓之知至。"陈确则指出所谓"豁然贯通"与"知止"之说，乃"语语说梦，其尤虚诞近禅者"，完全是禅家的"顿悟"与"空寂"。他认为认识是不断发展的，"道无尽，知亦无尽"，"善之中有善"，"至善之中又有至善"，认识不可能一次完成，"今日有今日之至善，明日又有明日之至善"，所以"君子之于学也，终身焉而已，则其于知也，亦终身焉而已"②，根本不可能有"知止"的境地。陈确还进一步指出，朱熹的所谓"知止"，混淆了对个别事物的认识与对世界全体的认识相互间的界限，他认为在相对的时间里，对个别事物的认识，可以达到"知止"的程度，但对世界上万事万物的认识，则不可能"知止"。他说："吾不知其所谓知止者，谓一知无复知者耶，抑一事有一事之知止，事事有事事之知止；一时有一时之知止，时时有时时之知止者耶？"③ 这里已论及认识过程中个别和一般的关系，说明陈确在认识论上已达到较高的水平。

---

① 陈确：《大学辨》，《陈确集》，第552页。
② 同上书，第554页。
③ 同上。

陈确一再表明，他作《大学辨》的动因是："还《学》《庸》于《戴记》，删性理之支言，琢磨程朱，光复孔孟，出学人于重围之内，收良心于久锢之余。"① 就是说要实事求是，恢复事物的本来面目，把人们的思想从程朱理学的束缚中解放出来。在理学居统治地位的封建专制高压下，堂堂正正地提出这些理论和思想，无疑需要极大的勇气。

继《大学辨》之后，陈确又于顺治十四年（1657）写出《性解》等著作，此后直至其去世前二十年间，还写了一系列阐发性论的著述，这是陈确学术思想的重要组成部分。他关于人性论的观点，同样是针对理学家在这方面散布的唯心主义说教而发。如理学家鼓吹"性即理也"，把人性说成是天理的体现，目的在于使人的一切行动符合所谓的天理，被束缚于封建纲常之下，陈确则认为人性首先是一种自然的本能，通过人本身的"气、情、才"加以体现。他又认为人性并非先天所固有，也非一成不变，而是不断发展变化的。人性的"善"与"恶"都是后天学习的结果，如同植物的生长，"五谷之性，不艺植，不耘籽，何以知其种之美耶"②，人性也同样需要后天的培育和锻炼。陈确的这些看法，实质上就是说人的道德面貌受客观环境影响，其中包含可贵的唯物主义因素。与上述观点相联系，陈确还认为欲是人性的一种体现，日常的正当的欲望无不包含着理，"盖天理皆从人欲中见，人欲正当处，即是理，无欲又何理乎？"③ 因此，他极力反对理学家所谓"存天理，去人欲"的禁欲主义说教，揭露了理学家禁欲说的虚伪性，"圣人之心无异常人之心，常人之所欲亦即圣人之所欲也，圣人能不纵耳"④。虽然，陈确在人性论问题上，并没有摆脱孟子性善论的影响，没有也不可能从社会性方面考察人性，但他能对理学家在性论问题上的唯心主义形而上学观点，进行鲜明而尖锐的批判，无疑具有进步性与合理性。

与明清之际进步的社会思潮相一致，陈确的学术思想也体现了求实

---

① 陈确：《书大学辨后》，《陈确集》，第559页。
② 陈确：《性解》，《陈确集》，第447页。
③ 陈确：《与刘伯绳书》，《陈确集》，第468页。
④ 陈确：《无欲作圣辨》，《陈确集》，第461页。

精神和批判精神。综上所述，陈确的学术思想有两个突出的特点：第一，是与宋明以来虚浮空疏的理学相区别，他主张"求真""求实"，强调"其志于学者"，"只争切实不切实耳！"关于丧葬的论述，密切结合社会实际，"有裨世教"；第二，则是战斗的、批判的反理学精神。正如思想史界前辈侯外庐先生所说："一往直前不顾利害以推翻理学的宝座者，清初学者大有人在。他们都因为态度之无所顾忌，终身不遇，鲜享盛名，如陈确。"[①]

三

凡是在文化思想史上做出卓越贡献，产生重大影响的学者和思想家，往往不仅提出了符合历史发展趋势的、有价值的思想观点，而且还形成了自己独特的学术思想风格。陈确就是一个有着个人独特风格的思想家。他曾在为友人所写的一篇寿词中，称赞著名的东林党人为"松柏之质，经霜益坚"，这一赞语用来概括陈确的学术风格，倒也颇为贴切。一位同时代的文人读了陈确的诗作后，就曾用"君是孤松凌岁寒，骚情那惜傍猗兰"[②]的诗句，来赞扬陈确的思想风格。我们通观陈确的生平经历、思想著述，也深深感受到陈确的学术思想，确如久经风霜的松柏那样，独立挺拔、坚忍顽强。

在学术思想领域，人云亦云、撷拾他人牙慧、没有个人见解的人，只能是腐儒和庸才。陈确与这样的腐儒和庸才，迥然有别。他青少年时代读书时，便有独立见解，"不屑屑章句"，"尤厌薄举业"，不喜理学家言。在以后的读书治学过程中，他又进一步反对"读死书"和"尽信书"。他说，"读书人只读死书，了无用处"，"尽信书，不如无书"。自宋以来的学术思想界，在理学影响下因循守旧，陈陈相因之风，日趋严重，有感于此，陈确痛切指出"吾辈学问，只缘'因循'二字，断送一生"，又说"学者通病，大率一'假'字"。因而，他有针对性地提出"学问之事，先论真假，次论是非"。从"求真""求实"的思想

[①] 侯外庐：《中国早期启蒙思想史》，人民出版社1955年版，第191—192页。
[②] 朱止溪：《读乾初先生遗诗有述》，载《陈确集》，第59页。

出发，陈确"以壮夫心事，志士热肠"的胸怀，还用形象的比喻说"吾辈学问，须实从刀山剑门过，方有用"，否则便是"废时失业，荒误后生"。概括言之，即读书治学务求有个人的真知灼见，要胸怀坦荡，不要隐瞒自己的观点。他认为即使是公认的圣贤，也不能无过，没有必要为之曲护和隐瞒。对此，他身体力行，不仅敢于揭露"程朱学问大谬误处"，而且明确表示"孔（丘）、曾（参）之教，而于心有未安，犹当辨而正之"，既不违心阿古，也决不盲从附和。黄宗羲对陈确的这种思想风格，可谓深有了解，所以一再表彰，"其学无所依傍，无所瞻顾"，"与剽袭成说者相去远矣"！

在学术争论中，坚持真理，勇于争辩，这是陈确学术风格的又一显著特色。在理学居绝对统治地位的形势下，对封建正统思想稍有触犯，即被斥为离经叛道，而为封建统治者所不容，明末的反理学思想家李贽，以毁圣叛道的罪名被迫害，死于狱中即是实例。陈确的《大学辨》《性解》等著作，所阐发的鲜明而尖锐的反理学思想，在当时的学术思想界自然要掀起轩然大波。此说一出，"狂悖""异端""小人之无忌惮者"等罪名，接踵而至。甚至连他最要好的朋友和同学，如张履祥、刘汋、沈昀、吴蕃昌等，也"闻者皆骇"，纷纷"呈书争之"，或动色相戒。张履祥本来是他的挚友，由于学术观点不同，甚至对陈确旁敲侧击，含沙射影地指责他"挟贤挟长""喜新立异""傲然自以为是"。对来自友人的"忧谗畏讥"，陈确实有"抚膺摧胸"之痛，他对这些友人曾诚恳地表示："弟有他过失，岂但亲友之言不敢不从，即下至男妇仆婢，日用违言，亦不敢不默反而速改之，况良友之箴规哉！"与之同时，他又毫不含糊地说："辨学之言，则千秋万世之事，非弟一身之事，当相深论其是非，在吾兄固不宜苟同，在弟亦何敢轻于引过以阿同志。"① 在是非面前，陈确决不轻易放弃自己认为是正确的观点，也决不因情面丧失原则，也就是他所说的"学道非情面间事"，"唯是之从而已"，"是非无遁情，其互有是非者，亦是不掩非，非不掩是"，② 一切都以真理和是非为转移。对于来自四面八方的攻击，他毫不怯懦，反之愈发坚

---

① 陈确：《答沈朗思书》，《陈确集》，第120页。
② 陈确：《复张考夫书》，《陈确集》，第132页。

定了自己的理论信念,针对所谓诋毁朱子的指责,他理直气壮地回答:"岂唯朱子,就使孔、孟曾言之,要当与力争,非好胜也,理之所无,不敢违心阿古也。"他据理指出,程朱把《大学》列于《四书》之首,是"程朱学问大谬误处",如果对他这种看法指责为喜新立异,他"至死而不服",而且要"以死争之",对于程朱的谬误"曲为之护"的人,才"真是程、朱之罪人耳"[①]!陈确在理论是非的斗争中,"唯是之从而已",他坚持真理的执著精神,实属难能可贵。

坚忍顽强,在艰难困苦的环境下,从事著述和研究,是陈确学术风格的另一特色。陈确在学术研究中,经常处于穷愁潦倒的困境之中。他在撰写《葬书》的当年,其妻病故。本来生活就十分困难,妻子久病,竟无钱医治,他在诗中说"妇病已数年,惜财不早治","况复遭世乱,药饵价十倍"[②]。其妻病故后,他生活更为艰难。他在致友人书中曾描述自己的困苦情境说:"弟素不闲生事,丧妇以来,遂至穷窭。七八月之间,竟告绝粮,赖友朋假贷,尚复存活。"[③]特别是陈确晚年又染风疾,瘫卧病榻十五年之久,个人生活难以自理。贫病交加,困苦可想而知,难怪陈确说:"天道茫茫窃自叹,我生何故太艰难。"但是穷困与病痛,并未把陈确压垮。在艰难困苦的环境中,他仍然坚持读书、著述,继续探索学术理论上的是与非。他有关人性论的著述,大都是在晚年病中所写。他在身患重病的情况下,面对张履祥的诘难,仍坚定地回答:"弟老病浸加,死期不远,一切已置度外,唯以圣学久诬,恨之入骨,虽死不瞑。"他临死前不久,在《致黄太冲书》中还写道:"唯是世儒习气,敢于诬孔、孟,必不敢倍程朱,时为之痛心。"他又回答黄的质疑说:"《性解》数篇呈教,据偏见所及于此,是非一听天下之公。"[④]陈确这篇最后遗作,既坚持了反程朱理学的战斗锋芒,又充满着学术理论上的坚定信念,实犹如岁寒中的松柏,苍郁而挺拔。

陈确的学术思想与学术风格,可谓交相辉映,相辅相成,他具有批

---

① 陈确:《答张孝夫书》,《陈确集》,第589页。
② 陈确:《妇病》,《陈确集》,第633页。
③ 陈确:《与吴仲木书》,《陈确集》,第138页。
④ 陈确:《与黄太冲书》,《陈确集》,第147页。

判精神的反理学思想，决定了他独立挺拔，坚忍顽强，唯真理是从的学术风格；而他的唯真理是从的学术风格，又使他的反理学思想更加坚定和鲜明，终于使他站在当时进步社会思潮的前列，成为 17 世纪具有启蒙思想的进步思想家。

（原载《史学集刊》1982 年第 1 期）

阎若璩的考据方法与学术成就

以"卓然不惑,求是辨诬"① 著称的阎若璩,乃清初著名的考据学家,当时学者即将其与顾炎武并称,咸谓"宁人百诗之风"②,足见其在清代学术史上的地位和影响。他的代表性著作《尚书古文疏证》以大量确凿的实证,论证了东晋晚出《古文尚书》之伪,解决了千余年来学术史上一桩聚讼纷纭的公案,开清代考据辨伪之先河。但在"十年动乱"前后的较长一段时间内,在考据几乎等同于"烦琐""脱离实际"的气氛下,阎若璩被视为"烦琐考证""玩物丧志"的典型,或被指责为"在民族气节和学术精神方面缺乏人民性"的代表,鲜有专文论及他的学术成就及其在清代学术史上的地位和影响。60 年代初,曾有篇短文谈论阎若璩的治学精神,认为其"学风实事求是,勇于怀疑,敢于做翻案文章",值得"效法"和"钦佩"。当然,从学术争鸣的角度,该文的看法与评价,完全可以商榷讨论。但此文不久即被批判为是对阎若璩的"全盘肯定""盲目颂扬",是要"引导青年人埋头于琐屑的考据","制造非考据不算学问的学风"。③ 随后此种舆论愈演愈烈,调门愈拔愈高,流风所及,不仅对阎若璩的研究无人问津,以致使一些研究学习中国古典文、史、哲的青年,也误以为文字、音韵、训诂、校勘为无用,缺乏这方面起码的基本训练。党的十一届三中全会以后,在实事求是思想路线的指引下,学术界对清代乾嘉学派的研究讨论,日趋采取科学的、实事求是的态度,但对阎若璩这样的具体人物及其著作的

---

① 阮元:《国史儒林传序》,《研经室集》一集。
② 章学诚:《朱陆篇》,《文史通义》内篇三。
③ 关锋:《要批判地对待阎若璩的治学精神》,《光明日报》1962 年 12 月 27 日。

评价尚有待逐步深入。本文拟从清代学术史研究的角度出发，对阎若璩的治学道路、考据方法、学术成就及其在清代学术史上的地位和影响试作论述。

一　治学道路

阎若璩，字百诗，号潜丘，先世居山西太原西寨村，至五世祖始移居江苏淮安府山阳县。生于明崇祯九年（1636），卒于清康熙四十三年（1704）。其祖父阎世科，乃明万历甲辰进士，曾任福建同考官、辽东宁前兵备道参议，著有《敬刑录》《计辽始末》等，他殷切期望若璩能成为"一代儒者"[1]。其父阎修龄，号牛叟，为明末贡生，明亡后"以读书取友为乐"，乃"江以北之学者也"[2]。王宏撰曾称赞他"行谊甚高，淹通墳籍，著为诗文清真典雅"[3]。其撰述甚富，有《阎氏本支录》《五思录》《秋心诗》《一蒲庵诗》等，后集成《眷西堂诗文》。同时阎修，还广交当时的文人学者，如钱牧斋、傅山、魏禧、阎尔梅等，结为"望社"，他们相互唱和，常禽集阎家，有时甚至"留止经年或数月"[4]。阎若璩后来回忆说"旧雨人来南北多，眷西堂上人征歌"，并注曰"余幼时每侍家大人与诸名宿语"[5]。阎若璩因此和这些学者多结为忘年之交，后一直保持来往。这样的家庭环境对阎若璩走上读书治学道路，自然会有熏陶和影响。

一个学者的治学道路（包括其治学宗旨、态度、方法），既与其家庭环境、师承有关，更与其所处时代有密切联系。阎若璩生活的年代，较之明末清初那些在满汉之间有强烈民族意识的学者、思想家，如朱之瑜（1600—1682）、陈确（1604—1677）、傅山（1607—1684）、黄宗羲（1610—1695）、方以智（1611—1671）、顾炎武（1613—1682）、王夫之（1619—1692）等，大致晚二三十年，而这段时间，恰恰是瞬息

---

[1]　江藩：《阎若璩》，《汉学师承记》卷1。
[2]　黄宗羲：《参议阎公神道碑铭》，《南雷文定》后集卷2。
[3]　张穆：《阎潜丘先生年谱》。
[4]　同上。
[5]　阎若璩：《潜丘札记》卷6。

万变、"天崩地解"的动荡时代。清朝统治者建都北京后，随即铁骑南下，伴之以圈地、剃发、屠城等野蛮的民族高压政策，因此遭到江南地区广大群众和汉族士大夫的强烈反抗。身历"国破家亡"的王、黄、顾等思想家和学者，无不坚守民族气节，直接或间接投身如火如荼的抗清斗争，誓死不与清朝合作，他们的思想言论，激昂慷慨，富有尖锐批判精神，其学术内容具有鲜明的经世致用特点。

阎若璩则不然，当清兵入关，顺治帝建都北京时，他年方八岁，可以说是在清统治下成长起来的新一代知识分子。随着时间的推移，抗清斗争已渐平息，清王朝的统治政权日趋稳定，社会经济逐步恢复，战乱时期的民族高压政策也有所改变与调整，满汉之间的民族矛盾也渐趋缓和。在这种新的形势下，社会思潮与学风，便相应地发生了变化。大多数文人学者在政治立场上开始向清朝统治者靠拢，承认了清朝统治的合法性，并采取了与之合作的态度，阎若璩便是这样。他期望用自己的学识为现实统治服务，曾于康熙十七年应征博学鸿词科，落第后居京师，被大学士徐乾学请至府邸，延为上客，徐乾学所写诗文多经阎若璩裁定。康熙二十八年徐乾学奉敕修《一统志》，次年开局洞庭东山，又延请阎若璩、胡渭、顾祖禹等参与纂修。此外，清修《明史》，阎若璩也积极献策："我皇上汲汲以修《明史》为务也，明有天下三百余年矣，其间人之是非，物之臧否，事绩之成败得失，莫不各有其原委，使不及时为之网罗，则放失旧闻无论，无以昭一代之规。即我国家之所谓鉴于有夏，鉴于有殷者，亦且茫无适从矣，安得不为之加意哉！"[①] 康熙南巡视察河道，咨访吏治民情，阎若璩亦曾献颂诗，渴望荣获召见而未果。康熙四十三年，皇四子胤禛（雍正）将若璩请至京师潜邸，尊为宾师，"呼先生而不名，执手赐坐，日索观所著书，每进一篇，未尝不称善"[②]。同年，阎若璩在京病逝，世宗亲自遣官经纪其丧，并写祭文曰："读书等身，一字无假……孔思周情，旨深言大。"[③] 这些事实表明，阎若璩已绝然不同于明末清初那些前明的孤臣，而是已视清帝、清

---

① 《修史》，《潜丘札记》卷4上。
② 杭世骏：《阎先生传》，《道古堂文集》卷29。
③ 同上。

朝为"我皇上""我国家"。清取代明，与历史上其他时期的改朝换代，王朝兴替，并无本质区别，所不同的只不过是清王朝乃以少数民族入主中原，由满族贵族居统治地位。以汉族的封建正统观而论，总是奉汉族为华夏正统，而视其他少数民族为"夷狄"，少数民族一旦入主中原，便被斥之为"僭伪"。其实，《资治通鉴》的作者司马光早在九百多年前就曾指出："臣愚诚不足以识前代之正闰，窃以为苟不能使九州合为一统，皆有天子之名而无其实者也。虽华夷仁暴，大小强弱，或时不同，要皆与古之列国无异，岂得独尊奖一国谓之正统，而其余皆为僭伪哉！"[①] 从统一的多民族国家着眼，今天我们焉能仍囿于"严华夷之辨"的大汉族立场，将阎若璩在清朝的统治稳固确立后，采取了与之合作的态度，斥之为"晚节不佳""丧失了民族立场"呢？！处理国内各民族之间的相互关系，应根据历史条件具体分析，王、黄、顾等人坚持抗清、坚守民族气节，固应肯定，阎若璩对清朝的臣服与合作，也无可非议。

何况阎若璩终归是一个笃实的学者，并未做过清王朝的一官半职，而是终生孜孜矻矻，著书立说。我们所以介绍其所处的时代和他的政治态度，在于说明一个学者的治学道路，既渊源于学术思想本身嬗递演变的规律，又受当时政治形势的制约和影响，这并不以学者个人的主观愿望为转移。

综观阎若璩的著述及其《年谱》《传记》揭示的材料，他的治学道路，有如下倾向和特点：

第一，尊"汉"抑"宋"的学术倾向。清初顾炎武、黄宗羲等学者，针对宋明理学"束书不观，游谈无根"的空疏学风，强调读书，倡导实学，主张恢复经书的本来面目，程度不同地具有反理学倾向。顾炎武提出"经学即理学""舍经学无理学"，要求学者要"博学于文""多学而识"；黄宗羲也强调"读书不多，无以证斯理之变化"，提倡"穷研经史"。经这些大师的倡导，学术界一变明末的空疏学风，渐趋于敦实，多以读书注经为本务，对宋明理学的主观臆断和空洞说教产生了怀疑和不满，逐步转向"综名核实"的汉代经学。阎若璩与顾炎武、

[①] 《魏纪》1，《资治通鉴》卷69。

黄宗羲均有交往，并以师辈视之，极为推崇，曾向之请益问学，他继承和吸收了顾、黄的务实学风，同样深感于理学的空疏，"素鄙薄道学不博学"，甚至直斥"道学寡陋"①，还点名道姓地批评朱熹"臆解字义"，认为"训诂之学至宋而亡，朱子尤其甚者"②，又批评王阳明"讲致良知之学，而至以读书为禁，其失也虚"③。中国传统儒学的发展，经历了秦汉、魏晋、隋唐、宋明各阶段，儒家的《诗》《书》《易》《礼》《乐》《春秋》等，被奉为经典，研究注释这些经书的学问称为经学。汉代经学最为盛行，当时经师治经偏重于名物训诂，对经书的注解训释较接近经书本来的面目。宋明理学家对于儒家经书，则偏重于阐发义理，有时却随意曲解，杂有己见。清初的学者们，在抨击理学的弊端时，限于时代条件，不可能摆脱传统儒家的学说拿出新的思想武器，只能在传统儒学的巢穴中，出于此而入于彼，抑"宋"则往往走向尊"汉"。阎若璩便是这样，他的学术宗旨，较之黄宗羲、顾炎武更趋于尊"汉"抑"宋"。他认为"儒者之学，莫大乎正经而黜伪"，对于被淆乱的经书，"莫之或正，儒者之耻也"④。他在《经学》的策文中，论述经学的盛衰变化时说："汉承秦火之后，而诸儒存亡继绝不遗余力，传《易》者有田何，传《书》者有伏胜，《诗》有申公，《礼》有高堂生，《春秋》有胡母生，皆各执一经，以相授受，而马融、郑康成书始兼群经而纂释之，其网罗遗逸，博存众家，意深远矣！唐贞观中命诸儒粹章句为义疏，定为一是，于是前代儒者仅存之书皆不复传。盖唐人崇进士之科而经学几废，与汉人重博士之官而经学大盛殆不侔矣！宋大儒始以其自得之见，求圣人之心于千载之下，然虽有成书而多所未尽。乃淳祐一诏，其书已大行于世，而明人遂用以取士学校之格，不免有唐世义疏之弊，非汉人宏博之规，学士大夫循常袭故，有陷于孤陋而不自知者，嗟乎！"⑤这段话颇能反映阎若璩的学术宗旨，他认为经学在汉代大盛，到唐代则几废，下至宋明以降，学士因"循常袭故"，"陷于孤

---

① 《潜丘札记》卷5。
② 《与戴唐器》，《潜丘札记》卷5。
③ 《潜丘札记》卷2。
④ 张穆：《阎潜丘先生年谱》。
⑤ 《经学》，《潜丘札记》卷4上。

陋而不自知"。其尊"汉"抑"宋"的倾向十分明显。阎若璩还具体分析了汉儒与宋儒不同的治学特点:"汉儒注疏多详于名物制度",而"宋儒传注废注疏而专义理也"①。他在比较了汉代赵岐与宋代朱熹的《孟子注》之后说:"汉注精妙至此,宋儒不能及也。"② 阎若璩有时甚至公开明确表示他"主汉不主宋"③,同时代的学者也感到阎若璩对于经学乃"信汉而疑晋、疑唐"。这种尊"汉"抑"宋"的学术倾向,一方面是清初以来反理学思潮的进一步发展;另一方面也是清朝统治者"稽古右文"的结果。康熙朝屡屡"御纂""钦定"诸经,使"鸿篇巨制,照耀寰区"。尽管康熙朝颁行的诸经不少还是宋学,康熙本人也十分尊崇朱熹,将其祀为十哲之次,但康熙一再强调,他尊奉的是"真理学",并一再贬斥"假道学",这在客观上实际助长了反理学倾向的发展,促进了学风的转向。加之顺治末年至康熙初年,为加强思想控制,又大兴文字之狱,也迫使学者畏于阐发思想,转向于考证校勘经书,遂使阎若璩等"接踵继起,考订校勘,愈推愈密"④。当然,我们只能说阎若璩具有尊"汉"抑"宋"的学术倾向,而并非纯粹的汉学家,他的学术思想中仍有受宋学影响的一面,正如有些学者所指出的:"其《疏证》信蔡传臆造之事实,邵子意推之年代,其说《诗》以王柏《诗疑》为然,谓郑、卫为可删,乃误沿宋学。"⑤ 这也反映出他尚无严格的汉、宋学门户之见。晚清经学家皮锡瑞在概括清代200多年学术思想的变迁时说:"国朝经学凡三变。国初,汉学方萌芽,皆以宋学为根柢,不分门户,各取所长,是为汉、宋兼采之学。乾隆以后,许、郑之学大明,治宋学者已鲜。说经皆主实证,不空谈义理,是为专门汉学。"⑥ 如果说稍早于阎若璩的顾炎武、黄宗羲,对于汉学、宋学尚持兼而采之的态度,而阎若璩则进一步向"主汉抑宋"的立场迈进。因此到乾隆中叶后,形成了专门汉学,乾嘉时期出现"家家许郑,人人贾马,东汉

---

① 《潜丘札记》卷1。
② 《答万公择》,《潜丘札记》卷5。
③ 《与吴亦韩》,《潜丘札记》卷5。
④ 皮锡瑞:《十·经学复盛时代》,《经学历史》。
⑤ 同上。
⑥ 同上。

学烂然如日中天"的盛况，阎若璩有推动作用。

第二，勤学善疑的治学态度。阎若璩从尊"汉"、抑"宋"的学术倾向出发，在治学态度上可谓勤学善疑，且自幼至老，勤学不懈，如与其同时代的一位学友在谈及其幼年读书的情景说："少时与阎百诗先生同受业于靳茶坡先生之门，同学日暮抱书归家，阎天资鲁，独吟不置（归），必背诵如翻水乃已。"① 阎至十五岁时，益加勤奋，"冬夜读书，有所碍，愤发不肯寐，漏四下，寒甚，坚坐沉思，心忽开朗，如门扃顿辟……自是颖悟异常"②。他读书的志向甚高，尝集陶贞白、皇甫士安语题其柱曰："一物不知，以为深耻；遭人而问，少有宁日。"③ 由于其父、祖辈皆乐于著述，"家多藏书"，若璩"幼即潜心钻研，抉精剔髓"④。自家书不足，则设法辗转借读，如临汾人贾铉家多藏书，阎若璩便经常向其借读，其《席上赠贾五铉古诗二首》，次章云："吾生苦读书，不以老而倦，奥篇及隐帙，倍文如觌面；家藏苦不足，假借遭人贱。思僦春明居，愿谢主翁馔。忽闻东土司，插架十万卷；历传自隋唐，人间未经见，因君达书名，缮写烦邮传；续留古慧命，万世犹归善。"⑤ 中年以后他与徐乾学交，徐家之"传是楼"藏书尤富，其中"古今钞本，宋板经史，诸子百家，二氏方术，稗官野乘、齐谐，靡不俱备"，阎若璩"皆能寻览记诵"。⑥ 他曾经说："观天下书未尽，不得妄下雌黄。"⑦ 他又说："一经不可尽也，进而之五经；则曰，十三经不通，五经不能精也。"⑧ 于是他穷年累月，博览群书，直到晚年，仍"秉烛夜读"，以至于对各经注疏"皆能成诵"，对各种史书亦能"综核贯穿"。将汗牛充栋的经史典籍，能熟读至如此程度，可以想见需要花费多么巨大的精力，付出何等艰辛的劳动。与阎若璩有过直接交往的赵执信，形象地描绘了阎若璩读书治学的勤奋情状，"其于书无所不读，

---

① 张穆：《阎潜丘先生年谱》。
② 同上。
③ 同上。
④ 沈俨：《潜丘札记》序。
⑤ 阎若璩：《潜丘札记》卷6。
⑥ 《阎潜丘先生年谱》。
⑦ 同上。
⑧ 同上。

又皆能精晰而默识之,其笃嗜,若当盛暑者之慕清凉也","其用力,虽壮夫骏马日驰数百里,不足以喻其勤"。① 这确非过誉之词。

学问的起点在于多思善疑,如法国哲学家笛卡尔所谓:"要想追求真理,我们必须在一生中尽可能把所有事物都来怀疑一次。"笛卡尔这种哲学上的怀疑主义虽不尽可取,不过在治学中确需要有善疑多思的态度和精神。只有不断地发现问题,产生疑问,反复思考,求得解决,学问才能与日俱增,也才有可能开拓和创新。否则只读书,不思考,纵读书万卷,至多只能是一个书橱,韩愈所谓"行成于思,毁于随",正是这个道理。阎若璩则不仅勤奋好学,而且能多思善疑。他说"学当善于阙疑",他读书从不满足于浅尝辄止,而是"一义未析,反复穷思",甚至于"饥不食,渴不饮,寒不衣,热不扇,必得其解而后止","每于无字句处精思独得"②。后来戴震在谈到阎若璩的治学经验时说:"阎百诗善读书,百诗读一句书,能识其正面背面。"③ 阎若璩善疑多思的治学态度,尤其突出地表现在他对《古文尚书》的辨伪方面(本文"学术成就"部分对此将专作论述)。他在学术上之所以取得重大成就,与其勤学多思的治学态度密不可分。

第三,精审博征的治学方法。清代考据学家在治学方法上多坚持精审博征,如开考据之先河的顾炎武乃"学有本源,博瞻而贯通,每一事必详其始末,参以佐证,而后笔之于书";黄宗羲于治史也是"持论皆有依据",能"一一洞晓其始末";与阎若璩同时的胡渭同样是"旁引曲证,""考究精密",而阎若璩在这方面更是突出。他治学严谨精审,凡著书立说,务求融会贯通,明白洞彻,一旦作出结论,尽可能精审博征。他曾在致友人书中说:"总之书传如此甚夥,非得理精证确者,断断不宜下断论也。"他又说:"大抵著一书,立一说,必处处圆通,不至有一毫障碍而后可。"④ 同时,他还认为"古人之事应无不可考者;纵无正文亦隐在书缝中,要须细心人一一搜出耳"⑤。因此,他每研究

---

① 赵执信:《潜丘先生若璩墓志铭》,《饴山文录》卷7。
② 阎咏:《府君行述》。
③ 段玉裁:《戴东原先生年谱》,载《戴震集》后附。
④ 阎若璩:《与刘超宗书》,《潜丘札记》卷5。
⑤ 张穆:《阎潜丘先生年谱》。

一个问题，总是追根溯源，详究始末，务洞悉其奥而后止。他曾告诫其子说："读书不寻源头，虽得之殊可危。"① 顾炎武学识之渊博人所公认，其所撰《日知录》最称博洽。但其"游太原以所撰《日知录》相质（若璩），即为改定数条，顾虚心从之"②。阎若璩与清初另一著名学者傅山，相互切磋研讨，常常是"穷日夜不少衰止"。傅山长于金石之学，但曾请难于若璩说："此种学证经史之伪而补其亡阙，厥功甚大，毕竟始自何代何人？"阎若璩随即列举"魏太和中鲁郡于地中得齐大夫子尾迻女器""晋永嘉时曹嶷于青州发齐景公冢得牺象二尊""汉章时零陵文学奚景于泠道舜祠下得白玉琯"等，并论证说："凡是数说，似未有之先者"。③ 这些事例都反映了阎若璩治学的渊博和精审。对此，其子阎咏也曾予论述说："府君交游遍天下，先后名辈咸以文学相质，必详细条答，虽熟记之书必检示；或阅他书可以印证者辄复手录示之；或数年后犹时时札记驰书告之。"④ 对于确实弄不清的问题，阎若璩则抱着"知之为知之，不知为不知"的态度，存之"阙疑"。他感到一时难以搞清的问题，"千载之下，实在难以臆度"，"故曰'学者莫善于阙疑'"⑤。这说明阎若璩的精审是建立在严肃认真、实事求是的基础之上。

精审与博征是相互联系的，要做到精审就必须博征，而博征又恰恰是阎若璩治学方法中的最大特色。他曾经说："生于千载下而仰论千载上事，非典籍具存，证佐明白，因不可凭私臆度也。譬如有物十焉，吾数九而悉其同，而其一未数者，安知不忽异？郡治国所亦尔。且吾之著书也，宁质勿达，宁阙人之所共信，毋徇己之所独疑，此生平之志也。"⑥ 也就是说欲弄清症结与疑问，绝不能凭主观的想象与臆测，而应依据客观的佐证。阎若璩亦曾反复申述"想象二字，弟不敢受"，"要事求有据，不敢凭臆以决矣"。⑦ 考证几乎成了阎若璩治学之必需，

---

① 阎咏：《府君行述》。
② 张穆：《阎潜丘先生年谱》。
③ 阎若璩：《潜丘札记》卷2。
④ 阎咏：《府君行述》。
⑤ 阎若璩：《潜丘札记》卷3。
⑥ 阎若璩：《潜丘札记》卷5。
⑦ 阎若璩：《潜丘札记》卷2。

他每读一书，必考作书之时日；每论一地，必考历代地理之沿革。总之，必事求有据。而且每证明一个问题，不一孤证自足，而是旁参互证，以博取胜，甚至"手一书，至检数十书相证"，以至于"侍侧者头目为眩"，他依然"精神涌溢，眼烂如电"[①]，以博征为乐事。他自己也认为："考据之学，弟所专也。"[②] 因此《四库全书总目提要》论及阎若璩的治学时说："记诵之博，考核之精，国初实罕其伦匹。虽以顾炎武之学有本源，《日知录》一书亦经其驳正，则其他可勿论也。"[③] 足见精审与博征是阎若璩治学方法中的最大特色。

阎若璩沿着上述治学道路，终生孜孜不懈，著书立说，为后世留下的著作有：《尚书古文疏证》八卷、《潜丘札记》六卷、《四书释地》六卷、《孟子生卒年月考》一卷、《毛朱诗说》一卷、《困学纪闻注》二十卷。以上六种《四库全书》均有收录或存目。另外还有《日知录补正》《丧服异注》（以上两种后收入《潜丘札记》）以及宋刘敞、李焘、马端临、王应麟《四家逸事》等书。这些著作都是阎若璩学术成就的结晶，其中最重要的是《尚书古文疏证》。

二 学术成就

阎若璩遵循"尊汉""抑宋"的治学倾向，坚持善疑多思的治学态度，采取精审博征的治学方法，终于取得显赫的学术成就，成为清初著名的学者。一个学者在学术史的天平上究竟占有多大分量，取决于其学术成就的大小；其在学术史上的影响如何？当依据于其学术成就的主要表现方面。

作为一代学术大师阎若璩的成就是多方面的，但其最主要、最突出的成就则有两点：其一，解决了千百年来学术史上的疑案，证明《古文尚书》为伪作；其二，创立了考据、辨伪的通例，开清代考据辨伪之先河。对阎若璩的上述学术成就，学术界似乎没有异议，但往往估价不

[①] 阎咏：《府君行述》。
[②] 阎若璩：《与唐戴器》，《潜丘札记》卷5。
[③] 《四库全书总目提要》卷119，《杂家类三》。

足，或语焉不详，因此再作进一步论述。

第一，解决千古疑案，证明《古文尚书》系伪作。《尚书》是记载我国远古史事的典籍，是研究上古夏、商、周历史、典章制度、学术思想与语言文字的一部重要文献资料。因其流传久远，文字古奥，史实错乱。加之，经过后人不断整理，又有各种版本流传，所传各种版本的编定、篇目、文字等也各不相同。特别是又存在今、古文之别和真、伪之争，因而在儒家诸经之中《尚书》最为难治。这种客观现状，势必增加了研究问题的复杂性。要评价和论述阎若璩辩证《古文尚书》的成就，不得不从《尚书》的流传演变及疑案产生说起。

1.《尚书》的流传与演变

《尚书》作为一部古老的典籍，据说是在孔子删六经时整理删定的，孔子在整理此书过程中，从大量的竹简中选出一百篇遂成《尚书》，为儒家六经——《诗》《书》《易》《礼》《乐》《春秋》中之一经。原来秦始皇焚书时，此书亦被焚。不过，当时有人在焚书前将书藏于屋壁中，使该书并未泯灭。据《史记·儒林传》记载："伏生者，济南人也。故为秦博士。孝文帝时，欲求能治《尚书》者，天下无有，乃闻伏生能治，欲召之。是时伏生年九十余，老不能行，于是乃召太常，使掌故晁错往受之。"伏生凭记忆口授，"教于齐鲁之间，学者由是颇能言《尚书》"。伏生在辗转传授过程中，得《尚书》二十九篇，用汉当时流行的隶书写成，此即所谓《今文尚书》，也是至今最早的《尚书》传本。

又据《汉书·艺文志》记载，"《古文尚书》者，出孔子壁中。武帝末，鲁恭王坏孔子宅，欲以广其宫，而得古文《尚书》及《礼记》《论语》《孝经》，凡数十篇，皆古字也……孔安国者，孔子后也，悉得其书，以考二十九篇，得多十六篇，安国献之遭巫蛊事，未列于学宫"。从孔壁中发现的这些散乱《尚书》，采用汉以前的科斗文写于竹简，后经孔子后裔孔安国校读整理，遂与伏生之《今文尚书》同时流传，这就是后来所谓的《古文尚书》。但因其未被列于学宫，后在私人流传过程中，多有散失，至晋永嘉乱后便再难见到。因而，所谓的《古文尚书》，只是在先秦的典籍中有片断记载。在司马迁的《史记》中，也收录了一些篇章，而其他汉代典籍中则多注"亡""佚"，如马融的书序即云：(古文尚书)"逸十六篇，绝无师说。"

但是到了东晋时，有豫章内史梅赜者，忽然献出孔安国传注之《古文尚书》。据《隋书·经籍志》云："至东晋时豫章内史梅赜，始得安国传奏上。"唐陆德明《经典释文》序录亦云："江左中兴，元帝时，豫章内史梅赜，奏上孔安国传《古文尚书》。"梅赜所上的《古文尚书》并有孔安国序曰："科斗书废已久，时人无能知者，以所闻伏生之书，考论文义，定其可知者为隶古定，更以竹简写之，增多伏生二十五篇。伏生又以《舜典》合于《尧典》《益稷》合于《皋陶谟》《盘庚》三篇合为一，《康王之诰》合于《顾命》，复出此篇并序，凡五十九篇，为四十六卷。"又谓"承诏为五十九篇作传，于是遂研精覃思，博考经籍，采摭群言，以立训传，约文申义，敷畅厥旨，庶几有补于将来。书序，序所以为作者之意，昭然义见，宜相附近，故引之各冠其篇首，定五十八篇"。所谓四十六卷、五十八篇，表面上正与原孔壁古文《尚书》相合。而后，此书遂与伏生之《今文尚书》并行复在社会上流传。特别是经过唐初陆德明作《经典释文》、孔颖达作《尚书正义》，均依梅赜《古文尚书》为据，进一步使得此后的千余年间，举国上下，人人背诵，将其奉为经典，少有疑之者。

当然，在流传的各种《尚书》中，还有两汉时有人献出的《泰誓》篇，以及张霸所献《百两》篇和杜林的漆书古文。不过后出《泰誓》与张霸的《百两》篇，当时就有人断定为伪作，并未造成很大影响。而影响最大、流传最久的还是伏生的《今文尚书》与梅赜后出之《古文尚书》。伏生之书，乃《尚书》的真正传本，向无疑问；梅赜之书是真品，还是赝作，则有不少破绽，自宋代以来便有学者陆续提出疑问。

2. 自宋以来对梅赜《古文尚书》真伪问题的疑难

梅赜所上《古文尚书》及孔安国传，自六朝至隋唐再迄宋明，一般都信为真古文，上自皇帝经筵进讲，下至蒙馆课读，俨然奉为神圣不可侵犯的经典，但在举国上下信仰风诵的气氛下，也逐渐有些学者对其真伪问题提出疑难。

最早对伪古文尚书发难的是南宋初年的吴棫（字才老），他作有《书稗传》凡十三卷，此书虽已失传，但蔡沈《书经集传》中曾引其论曰："汤武皆以兵受命，然汤之辞裕，武王之辞迫，汤之数桀也恭，武之数纣也傲，学者不能无憾。疑其书之晚出，或非尽当时之本文也。"① 另外明代梅鷟也曾转引其论："伏生传于既耄之后，而安国为'隶古'，又特定其所可知者，而一篇之中，一简之内，其不可知者，盖不无矣。乃欲以是尽求作书之本意，与夫本末先后之义，亦可谓难矣。而安国所增多之书，今篇目具在，皆文从字顺，非若伏生之书诘曲聱牙，至有不可读者。夫四代之书，作者不一，乃至二人之手，而遂定为二体乎？其亦难言矣！"② 说明其已从史实与文体上怀疑梅赜《古文尚书》的真实性。

继吴棫之后，朱熹也进一步对《古文尚书》及孔安国传提出怀疑，他在这方面的议论甚多，阎若璩于《尚书古文疏证》后附《朱子古文书疑》，汇集了《朱子语类》及《朱子文集》怀疑《古文尚书》之伪的言论有五十三条之多。如朱熹指出："《书序》恐不是孔安国做，汉文粗枝大叶，今《书序》细腻，只是六朝时文字。"③ 他又说："某尝疑孔安国书是假书，岂有千百年前人说底话，收拾于灰烬屋壁中与口传之馀，更无一字讹舛，理会不得。兼《小序》皆可疑……疑似晋宋间文章。况孔《书》至东晋方出，前此诸儒皆不曾见，可疑之甚。"④ 由上可见，朱熹已明确指出孔安国传注及书序是伪书，怀疑乃魏晋时人假托孔安国之名而作。朱熹又进一步指出："按《汉书》以伏生之《书》为今文，而谓安国之《书》为古文，以今考之，则今文多艰涩，而古文反平易。""然伏生背文暗诵，乃遍得其所难，而安国考订于科斗古书错乱磨灭之余，反专得其所易，则又不可晓者。"⑤ 不过，朱熹对《古文尚书》本身的怀疑，并未能追根刨底，而是发现问题后又自我解释说："《书》有二体，有极分晓者，有极难晓者。"⑥ 朱熹之所以敢于直斥孔安国传为伪，而对于《古文尚书》本身则疑信参半，反映了他在巍峨耸立的经书面前尚缺乏应有的勇气，难怪阎若璩批评他"其于古文

---

① 蔡沈：《泰誓上》，《书经集传》卷之4。
② 梅鷟：《古文二十五篇》，《尚书考异》卷1。
③ 均见《尚书古文疏证》后附《朱子古文书疑》。
④ 同上。
⑤ 同上。
⑥ 阎若璩：《尚书古文疏证》卷8"第一百十四条"。

似犹为调停之说"①。

继朱熹而后，怀疑梅赜《古文尚书》的学者日益增多，如元代的吴澄著《书纂言》、赵孟𫖯著《书今古文集注》、王充耘著《读书管见》等；到明代又有罗敦仁作《尚书是正》，郝敬作《尚书辨解》、郑瑗作《井观琐言》等，②都程度不同地怀疑梅赜《古文尚书》为伪作。特别是明代梅鷟作《尚书考异》六卷，已从各个方面较为系统地论证了梅赜《古文尚书》为伪作，指出其传授之不可信。《史记》《汉书》均无孔安国作书传之事，汉代儒者亦无引梅赜古文《尚书》的记载，同时还指出其篇名之不合，文体、字义之不符等。梅鷟及其《尚书考异》从形式到内容都为其后阎若璩的考证奠定了基础。

3. 阎若璩作《尚书古文疏证》，古文之伪终成定论

如前所述，自吴棫至梅鷟诸多学者，均对梅赜所上之《古文尚书》的真伪提出疑难，说明该书的真实性确存在问题。这些学者的质疑与考辨，逐步深化，对促进问题的最后解决，都做出程度不同的贡献。但他们或因受经学的禁锢，思想不够解放，没有彻底否定的勇气；或因本人学识不富，搜集材料不足；或因考据方法不严密，论证尚缺乏应有的说服力，都未能将古文尚书之伪彻底揭穿，正如《四库全书总目》所说："自吴棫始有异议，朱子亦稍稍疑之。吴澄诸人本朱子之说，相继抉摘，其伪益彰，然亦未能条分缕析，以抉其罅漏。明梅鷟始参考诸书，证其剽剟，而见闻狭窄，搜采未周。"③因而后出《古文尚书》的真伪问题依然是个疑团。而阎若璩在前人的基础上，又以毕生之精力，撰写了《尚书古文疏证》，古文尚书之伪才终成定论，《四库全书总目》肯定说："至若璩乃引经据古，一一陈其矛盾之故，古文之伪乃大明。"④对《古文尚书》的辨伪，从问题提出到最后解决的过程，阎若璩虽非首先发难，但确集前人之大成，并多有发明和创见，终于廓清了迷雾，解决了学术史上久悬未解的一桩公案。这显然是阎若璩对学术史的一大贡献，也是他最突出的学术成就之一。

---

① 阎若璩：《尚书古文疏证》卷8"第一百十四条"。
② 参见张西堂《尚书引论》。
③ 《四库全书总目》卷12经部·书类二。
④ 同上。

阎若璩的《尚书古文疏证》不仅是他本人的代表作，也是清代考据学方面著名的代表作，其魄力之宏大、材料之充分、论证之严密，实远超前人。全书八卷，引证128条（其中第二卷缺第28条、第29条、第30条；第三卷自第33条至第48条全缺；第七卷缺第102条、第108条、第110条），每条之下又以案或附的形式再列相关例证数十条，几乎用了近千条例证，指出梅赜《古文尚书》来源之不明，篇数、篇名与孔壁古文尚书之不同，文体、史例与时代之不合，史实之不符，以及典制、历法、地理之相悖等各个方面，或直证、或旁证、或实证、或虚证，令人信服地确证梅赜《古文尚书》是彻头彻尾的伪造，成为200多年来大家公认一部最成功的考证杰作。

阎若璩在《尚书古文疏证》写到四卷时，曾送请黄宗羲审定，宗羲欣然为之作序曰，"淮海阎百诗寄《尚书古文疏证》方成四卷，属余序之。余读之终卷，见其取材富，折衷当"，"中间辨析三代以上之时日、礼仪、地理、刑法、官制、名讳、祀事、句读、字义，因尚书以证他经史者，皆足以祛后儒之蔽，如此方可谓之穷经"，"有功于后世大矣"[①]！宗羲之论，可谓是对阎若璩及其《尚书古文疏证》合乎实际的评价。与阎若璩同时的学者毛奇龄，作《古文尚书冤词》，为伪《古文尚书》辩护，与阎若璩相对立，虽然"百计相轧，终不能以强词夺正理"，因为阎若璩的论证，皆"有据之言，先立于不可败也"[②]。

阎若璩之所以能最终解决了古文《尚书》之伪的问题，自有其客观条件和主观原因。从客观条件说，自南宋以来有不少学者对《古文尚书》的真伪进行了研究，积累了不少可资借鉴的观点和材料，为阎若璩的进一步研究开辟了道路，创造了条件。这从阎若璩《尚书古文疏证》卷八论证的题目和内容中可以发现，如"第一百十三言疑古文自吴才老始""第一百十四言朱子于古文犹调停之说""第一百十六言郝氏敬始畅发古文之伪""第一百十七言郑氏瑗疑古文二条""第一百十八言王充耘疑古文三条""第一百十九言梅氏鷟《尚书谱》有未采者录于篇"等。可见，阎若璩在研究过程中，确认真吸收、利用了已有研究成果，

---

① 《南雷文定》三集卷1。
② 《四库全书总目》卷12经部·书类二。

是在前人研究的基础上把问题推向前进。同时，同时代的学者如姚际恒也在研究《古文尚书》的真伪问题，阎若璩也争取与其切磋研究交换意见，如其曾云"癸酉冬薄游西泠，闻休宁姚际恒字立方闭户著书攻伪古文，萧山毛大可告余……日望子来不可不见之，介以交余……出示其书凡十卷，亦有失有得"，"得则多超人意见外，喜而手自缮写，散各条下"，这就是《尚书古文疏证》卷八"第一百二十一言姚际恒攻伪古文有胜余数条载于篇"。这说明阎若璩之研究《古文尚书》，不仅吸收了前人，也吸收了同时代学者的研究成果。从学术史的发展演变看，一项重大研究课题的解决，往往需要几代乃至数十代人的努力探索，梅赜之《古文尚书》被认定为伪作，正是如此。

阎若璩之所以获得此一重大成就，从其主观原因说，则在于他有锲而不舍的精神和实事求是的态度。他自二十岁读《古文尚书》怀疑其伪始直至终老止，潜心钻研，严肃认真，一丝不苟。他在撰写过程中向友人黄宗羲、顾炎武、胡渭、顾祖禹等虚心请教，反复研讨，每成一卷，便与这些学者"或面语，或遣信送览"，以求一是。由于伪《古文尚书》，流传千余年，与圣经贤传并列，真伪参半，十分复杂，要证明其伪，谈何容易。阎若璩也深知其难，他说："伪《古文尚书》甚难而实是；不伪《古文尚书》甚易而实非，人将从易而非者乎？抑将从难而是者乎？"① 他毅然"从难而是者"。证明《古文尚书》之伪，不仅有学术本身的困难，而且还要承受"侮圣毁经"的舆论谴责，作《古文尚书冤词》的毛奇龄，就曾指责阎若璩"藉毁经以为能事"。也有人向阎若璩提出诘难说："子于《尚书》之学，信汉而疑晋、疑唐犹之可也，乃信史、信传而疑经真可乎哉？"阎若璩则实事求是地回答说："何经、何史、何传，亦惟其真者而已，经真而史传伪，则据经以证史传可也，史传真而经伪，犹不可据史传以正经乎！"② 他并不盲目地认为凡"经"必高于"史"和"传"，而是抱定以"真"为准则。学术研究只有去掉盲目的宗教信仰成分，才有可能获得客观的真理，阎若璩之所以能最终证明《古文尚书》之伪，正和他具有"求真""求是"的

---

① 阎若璩：《潜丘札记》卷4上。
② 《尚书古文疏证》卷2。

科学态度分不开。

第二，创考证、辨伪之通例，开清代考证辨伪之先河。辨明《古文尚书》之伪固然是阎若璩学术史上的重大成就，但其在清代学术史上带有普遍意义的更突出的成就，还在于他通过考辨《古文尚书》，运用和创立了考证、辨伪的通例，直接开启了清代考证、辨伪的学风。对于阎若璩的考证、辨伪方法，我们依据《尚书古文疏证》等著述，并参考吸收前辈学者，如容肇祖等先生的研究成果，可以归纳出如下各点：

1. 以书本身的篇数、篇名、字句与古代典籍对证

孔壁《古文尚书》虽然在流传中亡佚，但其篇数、篇名及一些字句仍散见于汉以前的典籍中，阎若璩钩稽这些散见的记载，与后出《古文尚书》对证，即可发现问题。

关于《古文尚书》的篇数在《汉书·儒林传》《汉书艺文志》及《汉书·楚元王传》中均记载"得多十六篇"，或"遗书十六篇"等，而梅赜所上《古文尚书》则为二十五篇，对证出篇数不合。①

关于《古文尚书》的篇名，东汉郑玄的书注中曾有记载，与后出《古文尚书》相对照，发现"不独篇名不合者，其文辞不可得而同"，但"郑所注古文篇数上与马融合，又上与贾逵合，又上与刘歆合"，"此皆载在史册，确然可信者也"，进而可证后出书"未必为孔壁之旧物"②。

再者《古文尚书》的一些字句，尚保存于郑玄所作书注中，与晚出古文对照亦多有不同，如"今晚出孔《书》'宅嵎夷'，郑曰'宅嵎铁'；'昧谷'，郑曰'柳谷'；'心腹肾肠'，郑曰'忧肾阳'；'劓刵劅'，郑曰'膑宫劓割头庶剠'"，等等。如以晚出古文与保存伏生《今文尚书》之真的蔡邕《石经》对照，亦大不相同。因此，阎若璩得出结论说："出于魏晋间之《书》，盖不古不今，非伏非孔，而欲别为一家之学者也。"③

以伪书本身的篇数、篇名、字句与散见于古代典籍中记载有关原书

---

① 《尚书古文疏证》卷1，第一两汉书载古文篇数与今异。
② 《尚书古文疏证》卷1，第三郑康成注古文篇名与今异。
③ 《尚书古文疏证》卷2，第二十三晚出书不古不今非伏非孔。

的篇数、篇名、字句相对证，找出矛盾，这是最有力的直接证明。

2. 以晚出《古文尚书》与《今文尚书》之文体语言相证

阎若璩之前朱熹等曾从文字难易的角度，对后出《古文尚书》表示怀疑，但朱熹作了模棱两可的解释，未敢直斥后出古文之伪。阎若璩进一步以后出古文与伏生之《今文尚书》对照，发现《尚书》中无论是诸命还是诸诰，凡属古文如"《说命》《微子之命》《蔡仲之命》《毕命》《冏命》"，"皆'易晓'"，而今文如"《顾命》文侯之命"则"难晓"；诸诰亦如是，"《盘庚》《大诰》《康诰》《酒诰》《召诰》《洛诰》皆今文也，故难晓"①，而"古文如《仲虺之诰》、《汤诰》便又易晓"。阎若璩认为这种现象"虽百喙亦难解矣"，因为文体的演变，乃由远而近，由难变易，古文易晓，今文反难晓，不符合文字语言演变规律，况且"今文二十八篇……多诘屈聱牙"，"古文二十五篇……尽文从字顺"，同时"二十五篇之文，虽名为四代作者不一，而前后体制不甚远"②，说明晚出《古文尚书》，显系后人一时伪造。

3. 以《论语》《孟子》《墨子》等书所载《古文尚书》佚文对证

《尚书》有今、古文之分始自西汉，孔丘、墨翟、孟轲所处的春秋战国时代，并无今、古文之分，然而在《论语》《孟子》《墨子》这些典籍中，却常常引用《尚书》的佚文，以这些佚文与后出《古文尚书》相对照，发现多有不符。如以《孟子》所引《尚书》文句为例，"由今文校之，辞既相符，义亦吻合"，但"其引古文《书》若《泰誓》（上）、《泰誓》（中）、《武成》辞既不同而句读随异，义亦不同而甚至违反"③。阎若璩在《尚书古文疏证》中还多处选用这种证明方法，如"第五，古文《武成》见《三统历》者与今异""第六，古文《伊训》见《三统历》及郑注者今异""第十二，墨子引《书》语今妄改释"，即从同时代的著作中，考某书称引他书的佚文，再对证所考书与佚文的不符，进而证明该书为伪作，这种考证方法，正是明代王应麟在《四部正伪》中提出的"核之并世之言以观其称"的辨伪通则的具

---

① 《尚书古文疏证》卷8，第一百十四朱子于古文犹为调停之说。
② 《尚书古文疏证》卷8，第一百十五马公骕信及古文可疑。
③ 《尚书古文疏证》卷1，第十四孟子引今文与今文合引古文与今不合。

体运用。

4. 从著述的体例上对证

"史各有体",文各有例,每一著述都有自身的体例,与他书各有不同,正如《尚书》之体例不同于《春秋》,《春秋》之体例亦不同于《史记》一样。因而,从体例上考察某书是否伪作,也是重要的辨伪方法,阎若璩便用了这种方法。他依据朱熹"古史例不书时"的论断,论证《尚书》各篇记言、记事皆不表明具体时间,"如《康诰》'惟三月哉生魄',《多方》'惟五月丁亥'……《洪范》'惟十三祀……'"等,"皆不继以时"。但"晚出《泰誓》上,开卷大书曰:'惟十有三年春'"①,此与《尚书》全书的体例显然不合。

再如古人对所奉经典进行传注时亦有体例,从孔子到汉初,诠释传注经典时,经文与传注释文,截然分开。至东汉马融时,为了方便读者,才于传注时,具载本文,就经为注,马融以前绝无就经为注事。孔安国献《古文尚书》系汉武帝时,经与传的体例应与先秦和汉初同。但梅赜献出的孔安国《古文尚书》,却是经与传连续,暴露了魏晋时伪托《古文尚书》者,不熟悉汉初的著述体例。②

5. 从地理沿革、地名设置先后相证

阎若璩主张"穷经者须知地理"。他对于"山川形势,州郡沿革,了如指掌",其在考辨《古文尚书》时,运用了丰富的地理知识,说明一代有一代的地名,只有后代沿用前代的地名,而不会前代预知后代地名的。按这样的地理常识考证晚出《古文尚书》,便能发现其明显的破绽,如《汉昭帝纪》"始元六年庚子秋,以边塞阔远,置金城郡",孔安国本来是汉武帝时之博士,且又"早卒",其卒年当在汉元鼎末、元丰初,早于始元庚子前三十年,不可能知道有"金城郡"的地名。但在梅赜所上《古文尚书》孔安国传注中,却有"积石山在金城西南耶"之说,③ 孔安国怎能在前三十年预知后人设置的地名?由此证明后出《古文尚书》及孔安国传,显系魏晋时人伪托。

---

① 《尚书古文疏证》卷4,第五十四泰誓上惟十有三年春系以时非例。
② 《尚书古文疏证》卷5上,第六十九安国传就经下为之汉武时无此。
③ 《尚书古文疏证》卷6上,第八十七汉金城郡乃昭帝置安国传竟有。

再如《尚书古文疏证》卷六上"第八十五,《武成》谓商郊、牧野为二地""第八十八,晋省谷城入河南县"等,也都是从地理沿革的角度,指出后出《古文尚书》或将一地误作两地,或将后来才有的地理变迁,误作前代已有,均有力证明晚出《古文尚书》系后人赝造。

6. 以官制、礼制相证

一代有一代之制度,如官制、礼制等各个朝代均有变化和不同,因而从一些著作中涉及的典制亦可考辨著述的撰写年代。阎若璩从考察典制入手,指出晚出《古文尚书》不通西汉时官制,如西汉时的"三公",乃指丞相、太尉、御史大夫;而晚出古文《周官》篇注中,却称"三公"指太师、太傅、太保。① 孔安国是西汉人,当通西汉官制,不应不晓"三公"何所指。

再以礼制而论,阎若璩也考证《古文尚书》多处不合礼制。如他指出"左传载夏日食之礼今误作季秋"②,证明《胤征》所记日食之礼与时令的月份不合等。可见,从典制方面考证古书的真伪与年代也是重要方法。

7. 以时历考证

古时由于天文历法直接关系到帝王的征战、承继、祭祀等行事,所以比较重视天文变化,一些著述中常涉及时历,依据时历也可考证某一著作的真伪与年代。阎若璩即从时历推算的正误,考证《古文尚书》之伪,如卷六(上),第八十一以历法推仲康日食与《胤征》都不合;第八十二以历法推《尧典》《蔡传》犹未精;第八十三以历法推古文《毕命》六月朏正合;第八十四以历法推成汤三月丙寅日正合等,都是用历法的推算去考证的。当然,共和以前的年历,现代已难于准确推知,《胤征》诸篇的推算是否有误也很难确定,但阎若璩用历法的推算作为考证的根据,却不失为一种考证问题的方法。

8. 以音韵、训诂相证

古代经书的撰写与传注,常涉及音韵与训诂,某些字句应如何训释,某处是否用韵、用什么韵都有一定规则可寻。作伪书者为了以伪乱

---

① 《尚书古文疏证》卷4,第六十二周官从汉百官公卿表不合周礼。
② 《尚书古文疏证》卷6上,第八十一以历法推仲康日食胤征都不合。

真，当然要尽力弥缝补缀，却难免仍有疏漏贻误。因而，从音韵训诂方面考察，亦可推出伪书的破绽。阎若璩也从这方面对《古文尚书》进行了考证，如他指出："荀子引道经四语，亦是以危微几之成韵，《论语》虽有周亲四语以亲人人成韵。伪作《大禹谟》《泰誓》中者，竟截去一半，间以天视天听之语，亦系不识文有用韵处。"① 从训诂方面讲，"郁陶"二字，《尔雅·释诂篇》等均训为"喜"，即"皆谓欢悦也。郁陶者，心初悦而未畅之意也"。但"伪作古文者，一时不察，并窜入《五子之歌》中"，将其训为"忧"②，不了解词意随时而异。以后来的词意，训释古代的词意，暴露了伪造的痕迹。

9. 以时代思想与风尚证

每一时代均有反映该时代特点的思想与风尚，学者可从某一著述反映的思想与风尚考察著述撰写的年代，如晚出《古文尚书》之《胤征》篇有"玉石俱焚"的词语。经阎若璩考证"玉石俱焚"的思想出于魏晋期间，举例说："《陈琳集》有《檄吴将校部曲文》，末云'大兵一放，玉石俱碎，虽欲救之，亦无及已'"；另《三国志·钟会传》中亦有"大兵一发，玉石俱碎，虽欲悔之，亦无及已"。阎若璩指出："（钟）会与（陈）琳不相远，辞语并同，足见其时自有此等语，而伪作者偶忘为三代王者之师，不觉阑入笔端，则此《书》之出魏晋间又一佐证也。"③

阎若璩还考证魏晋间托古造伪之风甚炽，如"晋广陵相鲁国孔衍，以为国史所以表言行，昭法式，至于人理常事，不足备列，乃删汉魏诸史，取其美辞典言，足为龟镜者，定以篇第，纂成一家"，又如晋、隋之间的王劭"录开皇、仁寿时事编而次之，以类相从，各为其目，勒成《隋书》八十卷"。由此看来"六朝学士家，原有此种撰著文章家原有此种体制，故魏晋间人遂有假古题、运古事以撰成二十五篇《书》（按：指伪《古文尚书》），以与真《书》相乱，亦其时风尚所致"④。

---

① 《尚书古文疏证》卷5下，第七十四古人以韵成文大禹谟泰誓不识。
② 《尚书古文疏证》卷4，第五十六尔雅解郁陶为喜今误认作忧。
③ 《尚书古文疏证》卷4，第六十四胤征有玉石俱焚语为出魏晋间。
④ 《尚书古文疏证》卷5上，第七十二白居易补汤征书久可乱真。

10. 据史志书目证

中国历史文化有优良的传统，各种典籍的流传，历代均有史志著录，如《汉书·艺文志》《隋书·经籍志》等。因此，各种典籍的流传与散佚，均可据历代史志查考。阎若璩即据史志查考孔壁《古文尚书》已在西晋亡佚，他考证说："牛弘历陈古今书籍之厄，以刘石凭陵，京华覆灭，为书之四厄，及余征之两晋益合。秘书监荀勖，录当代所藏书目凡二万九千九百余卷，名《中经簿》，今不复传，隋唐时尚存。故《经籍志》云：晋秘府存有古文尚书经文是也。元帝之初，渐更鸠聚，著作郎李充以勖旧《簿》校之，才十之一耳。《古文尚书》之亡，非亡于永嘉而何哉？余因叹前世之事，无不可考者，特学者观书少而未见耳！"①

阎若璩考证问题的角度与方法既广泛又娴熟，以上仅举其要者列出十点。这些考证、辨伪方法虽然是具体运用于考证伪《古文尚书》，但从书本身的篇数、篇名直证，以同时代的典籍对证，以著作的体例、地理沿革、官制、礼制、历法、音韵、训诂、时代思想与风尚、史志目录等为旁证，这些方法，在考证其他著述、其他问题时也具有普遍意义，事实上也多被阎若璩以后的清代考据学家所吸收沿用，因而具有考证、辨伪的通则作用。所以，我们将其视作阎若璩在清代学术史上另一重大而突出的学术成就。

三　地位和影响

我们在论述了阎若璩的治学道路与学术成就之后，再来探讨其在清代学术史上的地位和影响的问题，则可迎刃而解。

清代学术与历史上其他朝代的学术相较，显著的特色是考据学的盛行和发展，人们甚至以考据学作为清代学术的标志。清代考据学作为风靡一时的学术流派，当有其产生、发展、消亡的历史。有关著作在论述清代考据学产生、发展的历史时，多把顾炎武视为"不桃祖先"，或者

---

① 《尚书古文疏证》卷1，第二古文亡于西晋乱故无以证晚出之伪。

说"顾炎武启其先行",甚或明确地说"古学之兴也,顾氏始开其端"①。这种说法当然有一定的根据和道理。因为顾炎武在清代首倡实证学风,他的著作《日知录》《音学五书》《天下郡国利病书》等,论证问题时也都是"每一事必详其始末,参以佐证而后笔之于书"。在经学、音韵学、历史地理学等方面,顾炎武确在研究内容、研究方法上,为清代考据学开拓了道路,奠定了一定的基础。仅就此而论,当然可以把顾炎武看作清代考据学的奠基者之一。不过,顾炎武并非专门的考据学家,顾炎武的学术思想较为丰富而广阔,他的著作中虽然运用了考据方法,只不过是以考据为手段,达到经世致用的目的。再就其对汉学、宋学的态度而论,他也表现出明显的汉、宋兼采的倾向。因此,其在学术思想史上的影响,也远不只是在考据方面。阎若璩则不然,他一生几乎是集全部精力于考据,他的主要著作《尚书古文疏证》《潜丘札记》《四书释地》等,也都是专门的考据之作。如前所述,他不仅运用娴熟的考证方法,辨明《古文尚书》之伪,而且创立了系统的考证、辨伪的通例。他的治学道路、学术成就及其在清代学术史上的影响,都突出地体现了一个考据学家的素质和特点。阎若璩虽然还没有像其后的惠栋、戴震那样,公开打出汉学的旗帜,与宋学分庭抗礼,但其治学宗旨已明显地表现出尊"汉"抑"宋"的学术倾向。因而,可以说阎若璩是从清初顾炎武、黄宗羲、王夫之等人的经世致用之学,转变到乾嘉考据学派的桥梁和中间环节。他的治学方法、学术成就,促进了乾嘉考据学派的形成。因而《四库全书总目》在评论阎若璩及其著作时说:"考证之学则固未之或先。"专宗汉学的江藩,站在汉学家立场上撰写的《国朝汉学师承记》,也把阎若璩放在首卷开篇的位置,显然视阎若璩为清代汉学(或考据学)的鼻祖。无独有偶,专门抨击汉学的方东树在其《汉学商兑》一书中,站在宋学立场上也同样指出:"阎(若璩)、惠(栋)继起,堕本勤末……而汉学考证,遂于义理之外巍然别为一宗。……后来戴氏等日益寝炽其聪明博辨,即足以自恣,而声华气焰又足以耸动一世,于是遂欲移程朱而代其统矣,一时吴中、徽歙、扬州数

---

① 汪中:《国朝六儒颂》。

十余家，益相煽和。"① 可见，无论是汉学家，或是宋学家，尽管学术立场不同，但都把阎若璩与乾嘉汉学联系起来，颇能说明阎若璩在清代学术史上的地位。我们认为更确切地说，阎若璩才是清代考据学的真正奠基者，是乾嘉考据学派最直接的先驱，众多的乾嘉考据学家，在研究范围，以及治学态度、治学方法方面，都程度不同地受到阎若璩的影响。

阎若璩在学术史上的第一大功，是对东晋伪《古文尚书》和伪《孔安国传》宣判了死刑。这在学术史上的影响十分重大。尔后，在阎若璩的影响启发下，惠栋又作有《古文尚书考》、段玉裁作《古文尚书撰异》，都继承和发展了阎若璩《尚书古文疏证》的成就，把伪《古文尚书》的伪装剥落得一干二净。阎若璩在这方面的影响，远远超出了辨明一部书的真伪本身，而是开创了清代的辨伪疑经之风。正如梁启超所说："区区二十篇书的真伪，虽辨明有何关系，值得如此张皇推许吗？答道：是大不然。"② 因为在两三千年的封建社会中，儒家的经书在意识形态领域内被"定于一尊"，处于至高无上、神圣不可侵犯的地位。且莫说怀疑其真伪，即使是对经书中的个别字句进行批评研究，也会被指责为"非圣无法"，"大逆不道"，实在是"曾经圣人手，议论安敢到"。然而阎若璩则以极大的勇气，冒天下之大不韪，毅然将上自皇帝经筵进讲，下至蒙馆童子课读背诵的《古文尚书》，以无可辩驳的充分证据，判定其是伪造。可以想象这在当时的思想界会引起多么巨大的震动。即以原来被理学家遵奉为孔门心传的"人心惟危，道心惟微，惟精惟一，允执厥中"，便出自伪《古文尚书》的《大禹谟》篇。现在《古文尚书》既然证明是伪作，那么孔门心传那套骗人的鬼话，自然也就失去了赖以存在的根基。这对理学者无疑是沉重的打击。正因为此，阎若璩被诋毁为"毁经叛道"。科学研究的最大障碍莫过于盲目信仰，几千年来人们对于儒家的几部经书，就处于完全麻木的盲目信仰状态。阎若璩却把被世人盲目信仰的经书作为研究对象，进行客观的论证，最后得出结论——《古文尚书》是伪作。这就启示了人们经书是可以研究的。

---

① 方东树：《汉学商兑》卷下。
② 梁启超：《梁启超论清学史二种》，第171—172页。

此路一开，儒家的《诗》《书》《易》《春秋》等，都成了研究的对象，学者们尽可以做今文经学与古文经学的相对研究，六经与诸子的相对研究，中国经典与外国经典的相对研究，原来人们不敢涉足的领域，都一一被开拓了出来。这是学术史上的一大进步。尽管阎若璩从主观意图上说其辨伪是为了"正经"，但其在客观上却促进形成了清代的疑经辨伪学风。与阎若璩同时或其后，不少学者都致力于辨伪疑经的研究，如胡渭的《易图明辨》、姚际恒的《古今伪书考》、崔述的《洙泗考信录》等，都是在疑经辨伪的学术风气下产生的。李塨曾根据自己的亲身经历说："塨南游时，客有攻辨《中庸》《大学》《易系》及《三礼》《三传》者。塨见之大怖，以为苟如是则经尽亡矣，急求其故，则自攻《古文尚书》为伪书始。"① 此足以说明阎若璩的《尚书古文疏证》对促进疑经之风的作用和影响。

清代被公认为是中国经学的复盛时代，有清一代经学名家辈出如林，经学著作汗牛充栋。一部《清经解》与《续清经解》，收录的作者多达一百五十七家，收的经学著作即达三百八十九种，二千七百二十七卷，可谓卷帙浩繁。中国传统的经、史、子、集等典籍，在清代大多经过训诂、校勘、辑佚、辨伪，许许多多的学者皓首穷经，进行了认真的整理，这些学者也程度不同地受到阎若璩考证、辨伪方法的影响，阎若璩在这方面的成就和影响，对保存中国丰富的文化典籍无疑有进步作用。

阎若璩作为乾嘉考据学派的直接先驱，他在学术史上的影响，既有积极的一面，也有消极的一面。从总体上看，阎若璩开拓的考证学风，研究的范围和领域比较偏颇和狭窄，多限于具体著作、具体问题的研究，很少涉及重大的社会实际问题。这种研究方法，一旦成为一个时期的学术思潮，就使得学术研究与社会现实脱节。清初王、黄、顾等思想家和学者的思想，别开生面，富有批判精神，而清中叶的乾嘉考据学，虽也不乏戴震、章学诚等杰出的学者和思想家，但绝大多数的考据学家，则是学术上的巨人，思想上的矮子，他们的学术著作中，缺乏清新、尖锐、泼辣的思想，缺少对社会实际问题的研究与关注，整个学术

---

① 李塨：《古文尚书冤词序》。

思想界缺乏生气与活力。这种局面的造成，原因当然是多方面的，但也不容忽视，与阎若璩等人开创的考据学风的弊端和局限有关。

就阎若璩个人的治学态度和治学方法看，他有实事求是，踏实细密、精审博征的方面，也有烦琐、脱离实际的方面。而对于后者，他本人及其追随者，不仅缺乏自觉，反而却引以为自矜与渊博。如阎若璩曾订正了顾炎武的《日知录》若干条，且不说订正本身正确与否，但订正的问题全属琐屑枝节，对顾炎武学术思想中有关社会实际国计民生的重大问题，阎若璩均未触及，但他本人却处处以订正《日知录》为荣耀。殊不知就思想的博大广阔、经世致用而论，阎若璩与顾炎武相差远矣。他的学术思想和著述中，几乎没有涉及社会现实问题，但他却标榜自己的著作"空前绝后"。他对某些问题的考证，有时也流于琐屑无味，如他经常自我标榜的竭二十年之精力，考证出"使功不如使过"一语的出处。他还曾津津有味地考证张良在鸿门宴上的座次。诸如此类的考证既无实际意义，也无任何学术意义，但却被他自我欣赏为"碎金"。他在和别人争论学术问题时，常常极尽恶谑谩骂之能事，而不是心平气和地讨论问题。如他和汪琬在丧礼问题有不同意见，便攻击汪琬"妄之极也"，甚至贬低汪琬的论据如"犬之拾骨"，逞私武断，恶语伤人，以致二人反目成仇，这决非学者应有的风度。难怪清代学者全祖望曾批评阎若璩曰"稽古甚勤，然未能洗去学究气，使人不能无陋儒之叹"，这一批评，实在是一语中的。阎若璩这种烦琐脱离实际的考证，以及争论问题时表现出意气用事的不良态度，也直接影响了其后的乾嘉学者，使之越来越走向烦琐考据的狭路之中，而乾嘉学派的根本弊端，在阎若璩的治学态度和治学方法中早已初现端倪。

总之，对于阎若璩这样的学者，我们在论述其学术成就和影响时，应从历史实际出发，进行实事求是的具体分析，既不可对其学术思想中进步的精华视而不见，也不可将其落后的糟粕视为"国宝"，盲目地肯定和颂扬。

(原载《松辽学刊》1985年第1、2期)

胡渭及其《易图明辨》

胡渭，原名渭生，字朏明，晚号东樵，浙江德清人，生于明崇祯六年（1633），卒于清康熙五十三年正月初九日（1714年2月22日）。清初著名经学家，尤擅长于儒家经典中的历史地理学与考据学，与阎若璩齐名，有"一代儒宗"之称，乃乾嘉考据学派的先驱。

胡渭出生于世代书香门第，曾祖友信，明隆庆进士，与归有光齐名，有著述留世。祖父子益，为诸生。父公角，天启举人，清介自持，肆力于《史》《汉》百家言，著有《漱六轩稿》等。①顺治元年（1644），胡渭年十二，父没而孤，又值战乱，由母沈氏"携之避兵山谷间，教以书，略能上口，遂有志向学"②。受家庭影响，虽遭颠沛，犹好学不辍。十五岁为县学生，后屡试不第，遂入京，就读太学，并客居大学士冯溥幕署。康熙十七年（1678），诏举博学鸿儒，冯溥举荐，渭坚辞不肯就。自是绝意科举，笃志穷经，时人谓"年四十余，不复事科举，专肆力于古学"③。康熙二十一年，冯溥致仕，归里后，曾有诗寄胡渭，诗云："文定渊源自一门，肯将憔悴羡留髡，莺花欲醒尘中梦，燕酒难招别后魂。好藉郑庄资客骑，来看谢傅奕棋墩。衰迟相约君休笑，疑义犹能相与论。"④说明二人相交甚厚。

康熙二十五年（1686），徐乾学以礼部侍郎充"一统志""会典""明史馆"三总裁，广招天下名士，一时间如刘献廷、万斯同、阎若璩、王源等，"皆集阙下"，胡渭亦入幕。是时，徐乾学曾主持撰写

---

① 钱大昕：《胡先生渭传》，《潜研堂文集》卷18及《康熙德清县志》卷6。
② 钱林：《文献征存录》卷6。
③ 李振裕：《胡朏明先生七十寿序》，《白石山房集》卷17。
④ 冯溥：《佳山堂诗集》卷5。

《资治通鉴后编》一百八十卷，胡渭与万斯同、阎若璩等"皆排比正史，参考诸书，作为是编"。康熙二十九年（1690年）徐乾学请命归里，于洞庭山开局修《大清一统志》，特延胡渭与阎若璩、顾祖禹、黄仪、姜宸英、黄虞稷等分纂。一时博学洽闻之士，尽招邸舍，可谓"人物精英收薄海，山川指点话神州"。洞庭山湖光山色，风景优雅，书局又在这里备置了"金匮石室之秘藏，职方图册之汇献"。又有许多饱学之士，相互切磋琢磨，可谓读书治学的佳境。胡渭自己日后在回忆这段生活时曾说："己巳冬，公（按：指徐乾学）请假归里，上许之，且令以书局自随。公于是僦舍洞庭，肆志搜讨。湖山闲旷，风景宜人。时则有无锡顾祖禹景范、常熟黄仪子鸿、太原阎若璩百诗，皆精于地理之学。以渭之固陋，相去什伯，公亦命披阅图史，参订异同，二三素心，晨夕群处，所谓'奇文共欣赏，异义相与析'者，受益弘多。不可胜道。"① 因此使他在参与编修《一统志》过程中，"纵观天下郡国之书"，与顾、黄、阎等硕儒名士交流研讨，大大开阔了眼界，增长了学识，充分利用了书局的有利条件，又锐意研究《禹贡》，"凡与《禹贡》山川疆域相涉者，随手钞集，与经文比次，以郦道元《水经注》注其下；郦注所阙，凡古今载籍之言，苟有当于《禹贡》，必备录之"，② 积累了雄厚的资料。康熙三十三年，徐乾学继落职之后，又抑郁病逝，"一统志书局"随之星散，胡渭亦返乡家居，闭门著述，谢绝一切人事，专心整理在书局搜集的有关资料，历时三载，撰写成其历史地理学名著《禹贡锥指》。

《禹贡锥指》乃胡渭生平精力专注之作，是书凡二十卷，摹图四十七篇，书中对于历代有关义疏及方志舆图，几乎搜采殆遍，详细考证了九州分域山水脉络的古今异同。虽然自宋代以来，先后有傅寅、程大昌、毛晃等数十家注释《禹贡》，但均无胡渭此书精详。正如《四库全书总目》所评论"精核典赡，此为冠矣"！③ 特别值得注意的是，胡渭有鉴于历朝历代水灾为患，严重损害国计民生，因于书中的《导河》

---

① 胡渭：《禹贡锥指略例》。
② 杭世骏：《胡东樵先生墓志铭》，《道古堂文集》卷40。
③ 《四库全书总目》卷12经部·书类二。

一章,"备考历代决溢改流之迹,论近日淮黄之势",考论尤详,以便为治理黄、淮提供历史依据,"其说可称卓论,岂不通时务之迂儒所哉。"①

康熙三十八年(1699),胡渭再游北京。当时,其侄会恩在京任内阁学士兼礼部侍郎,又有许多相交多年的学界友人聚居北京。他在北京,将所著《禹贡锥指》及正在撰写中的《易图明辨》就正于礼部尚书李振裕、侍讲学士查升,以及万斯同、李塨等学者,深得诸人好评。万斯同说:"大畅予怀,而其采集之博,论难之正,即今予再读书十年,必不能得到,何先生之学大而能精若此。"② 当时,康熙正着意表章六经,曾诏问廷臣:"有潜心经学,著述可传者否?"侍讲学士查升即以胡渭之《禹贡锥指》进呈。康熙读后,极为称赞,并询问胡渭的有关情况。

康熙三十九年(1700),胡渭又撰写完成其另一部重要代表作《易图明辨》。他曾追述撰写此书的过程说:"岁庚午(康熙二十九年),与徐敬可读书莫厘峰下,方且效一得之虑,相与更定是书……越七岁为今丁丑(康熙三十六年),始成此五卷。"③ 至康熙三十九年,胡渭与万斯同在北京讨论学问时,方将《易图明辨》全书十卷交请万斯同审正作序,说明是时此书才最后完成。可见,胡渭撰写《易图明辨》,前后历经十余载,可谓殚思竭虑,亦生平精力所系之作。

《易经》本来是古代的占卜书,后成为儒家的重要经典,因此历来疏解注释此书者繁多,形成所谓"两派六宗"之分。及至北宋初年,陈抟、邵雍诸人造河图洛书之说,神秘附会说河图洛书为龙马神龟所负出,并绘太极、无极、先天等图,且将这些托之于伏羲、文王、周公、孔子等"先皇""先圣",把《易经》诠释得玄妙神秘,乌烟瘴气。南宋时,朱熹作《周易本义》亦采用此说,遂开宋明数百年《易》学之主流。对此,元、明以来,便不断有学者起而驳难,指出所谓河图洛书、先天、后天等图,杂以道家修炼之术,并非作《易》本旨。清初,

---

① 江藩:《汉学师承记》卷1《胡渭》。
② 万斯同:《易图明辨·序》。
③ 胡渭:《易图明辨》卷5。

黄宗羲、宗炎兄弟著《易学象数论》《图书辨惑》，毛奇龄著《河图洛书原舛编》等，均力斥宋明《易》学之非。胡渭则荟萃众长，撰成《易图明辨》，广征博引，证明河图洛书不过是道士的修炼术。他认为儒家的经典——《诗》《书》《礼》《春秋》等，皆不可无图，惟《易》"无所用图"。因为《易》本身的"六十四卦，二体、六爻之画，即其图也"，何须再有"先天""后天"等图。他还指出，"河图"之象，自古无传，无从拟议，而"洛书"之文，虽见于《尚书·洪范》，但并非作《易》本旨。因此，治《易》者，一味附会演绎"河图""洛书"，实"千古笑柄"，只能把《易》学引入歧途。胡渭的这些考证和论述，对宋明理学无疑是沉重的打击。正如梁启超所说："须知所谓无极、太极，所谓河图洛书，实组织宋学之主要根核，宋儒言理、言气、言数、言命、言心、言性，无不从此衍出。周敦颐自谓'得不传之学于遗经'，程朱辈祖述之，谓为道统所攸寄，于是占领思想界五六百年，其权威几与经典相埒。渭之此书，以《易》还诸羲、文、周、孔，以图还诸陈、邵，并不为过情之抨击，而宋学已受致命伤。"① 梁启超从思想意义上对《易图明辨》的评价，确非过誉之词。从学术思想史发展演变的角度而论，《易图明辨》也开启了清代《易》学恢复汉代《易》学的先河，颇得此后《易》学家的推重。如果与胡渭的另一部著作《禹贡锥指》相较，其学术思想价值则更高。《四库全书总目》在评论这两部著作的价值时亦曾指出："是书专为辨定图、书而作……视所作《禹贡锥旨》，尤为有功于经学矣！"②

康熙四十四年（1705），在康熙南巡江浙途中，胡渭曾恭诣行宫，并献《平成颂》，蒙康熙召见赐宴，并亲题"耆年笃学"赐渭，传为佳话。这也反映出胡渭在政治态度上，已不同于明末清初王夫之、黄宗羲、吕留良、顾炎武等具有强烈民族意识的思想家。他从抗清反清立场上转向对清朝统治者采取了合作支持的态度，此乃政治形势变化使然，合乎封建社会思想发展规律也无可非议。

康熙五十三年正月初九，胡渭以八十二岁高龄病逝于乡，其另有著

---

① 梁启超：《清代学术概论》。
② 《四库全书总目》卷 6 经部·易类六。

作《洪范正论》《大学翼真》等。乾隆时期的学者汪中在其所撰《国朝六儒颂》中说："古学之兴也，顾氏始开其端；河洛矫诬，至胡氏而绌；中西推步，至梅氏而精；力攻古文者，阎氏也；专言汉儒《易》者，惠氏也。凡此皆千余年不传之绝学，及戴氏出而集其成焉。"[1] 这足以说明胡渭在清代学术思想史上的地位和影响。

(原载《清代人物传稿》上编第八卷，中华书局1995年版)

---

[1] 凌廷堪：《汪容甫墓志铭》，《校礼堂文集》卷35。

乾嘉学派与康乾盛世

清康、雍、乾时期，史称"康乾盛世"，是中国封建社会最后出现的一个辉煌显赫的黄金时代。此时，清王朝政治上实现了稳定，统一的多民族国家得以巩固确立；经济上农业、手工业和商业，都获得长足发展，呈现了"国富物阜"的繁荣景象，为封建帝国奠定了较为雄厚的物质基础；文化上也大力倡导学术，书院林立，编书、校书、刻书之风甚盛，学人辈出，人才济济，"斐然比于汉唐"，终于形成了在学术思想领域居支配地位的乾嘉学派（亦称乾嘉汉学或乾嘉考据学）。日本学者今西龙在论述清代历史时说，新兴的、强健的满洲民族，"对外则拓展了历代以来广大无比的版图"，"对内则整理了人类的至宝的文化"[①]。这些文治武功，大抵都是在康、雍、乾时期实现的。康、雍、乾三朝的统治时间130余年，几乎占去了清朝历史之半，因而，有清一代政治、经济、文化的发展，大都和康乾盛世密切相关。

然而，长期以来的清史研究中，在提到多民族国家的统一与封建经济的高度发展时，无不归结为康乾盛世的产物，而论及乾嘉学派形成的原因时，多笼统地认为是清朝统治者大兴文字狱，实行民族高压恐怖政策，许多知识分子为了逃避政治迫害，埋头于训诂考据之中，所以产生形成了乾嘉以来的考据学，这是相当流行的传统看法。似乎乾嘉学派的产生与盛行，只是清廷滥行文字狱的结果，与康乾盛世社会经济的发展并无关联。

上述看法，进而影响到对乾嘉学派派别的划分与评价。在一些著述中，竟然把本属于乾嘉学派中皖派首领，著名汉学大师戴震，说成是

[①] 萧一山：《清代通史》，第1册，台湾商务印书馆1962年版，第4页。

"所向披靡"地同汉学进行斗争的思想家。在这种逻辑下，凡是有进步思想的学者，不管其是否汉学家，则均不属于乾嘉学派之列。于是乎乾嘉学派就只有脱离现实、脱离政治、烦琐饾饤、没有思想的一面，其从学术内容到治学方法，无一可取之处，完全是反动统治阶级的奴仆和工具，纯系封建糟粕。学术界甚至动辄认为："如何评价清代考据学，也是近现代文化战线上两条路线的斗争。"[①] 这致使人们对乾嘉学派的评价问题，噤若寒蝉，不敢说是，只能说不，严重地影响了实事求是地评价历史文化遗产。近几年来，由于拨乱反正、解放思想，学术研究渐趋实事求是，对于乾嘉学派的研究评价，也有所变化，一些论著，已能部分地肯定乾嘉学派的研究方法和学术成就，但论及其产生的原因时，仍归之于文字狱。

有鉴于以上种种情况，本文拟就乾嘉学派与康乾盛世的关系，提出些质疑性的看法，以求教于清史、思想史界的同志。

清代的考据学自清初顾炎武发其端，经百余年的酝酿、发展，迄于乾嘉，出现"家谈许郑，人说贾马"的盛况，达到鼎盛阶段，形成乾嘉学派，并成为清代的主流学术思潮，考据学何以成为清代居支配地位的学术思潮呢，这是需要认真探讨的。

在我国封建社会学术思想发展的长河中，曾先后出现了春秋战国的诸子学、两汉经学、魏晋玄学、隋唐佛学、宋明理学，在清代则有乾嘉汉学。各种学术思潮的出现，既顺应了思想嬗递演变的规律，又决定于支配各历史时期社会经济发展的不同状况。恩格斯曾指出："更高的即更远离物质经济基础的意识形态，采取了哲学和宗教的形式。在这里，观念同自己的物质存在条件的联系，愈来愈混乱，愈来愈被一些中间环节弄模糊了，但是这一联系是存在着的。"[②] 意识形态受物质经济条件的支配制约，这是历史唯物主义的基本原理。欲探索乾嘉学派产生及其兴盛的原因，归根结底应从物质经济基础中去寻找。当然，我们也要考虑政治上的原因，但还要注意联系当时的整个社会形势，不能只看到一

---

① 参见罗思鼎《论乾嘉考据学派及其影响》《评乾嘉考据学派的方法论》等文。
② 恩格斯：《费尔巴哈与德国古典哲学的终结》，《马克思恩格斯选集》第4卷，人民出版社1972年版，第249页。

点而不顾及其他。

从历史唯物主义观点看，统治阶级的政策，只能在一定条件下，促进或遏制学术思想的发展变化，但不能从根本上决定其产生和消灭。事实上，文字狱和考据学之间并无必然联系，尤其是考据学发展到极盛，与文字狱更是没有必然联系。明代也有文字狱，但明代并没有形成与乾嘉学派类似的考据学派。可见，将乾嘉学派的盛行，仅归因于清朝统治者的文字狱政策，缺乏足够的说服力。

那么，究竟是什么原因，使乾嘉学派蓬勃发展起来的呢？看来，这与康乾时期政治上的稳定统一，社会经济的发展繁荣，统治者大力倡导封建学术有直接关联。

清初，经过激烈的阶级斗争与民族斗争，至顺治十八年，南明桂王永历帝被俘，清朝扫清了残明余部。接着清政府又于康熙二十年平定三藩叛乱，二十二年收复台湾。继而，历经康、雍、乾三朝，清政府又抵制了沙俄在东北边境的侵扰，平定了准噶尔在西北边境的叛乱，统一了新疆、喀尔喀蒙古和西藏，在这些地区有效地建立了隶属中央的行政机构，使统一的多民族国家在政治体制上得到确立和巩固。与之同时，以满族贵族为主体的清统治者，为缓和民族对抗情绪，在康熙执政后，逐步修订和废止了民族歧视政策，荐举山林隐逸，开博学鸿儒科，吸收汉族传统文化，选拔汉族上层进入统治机构，使阶级矛盾和民族矛盾都有所缓和，取得了政治上近百年相对稳定的局面。政治上的安定统一，必然为学术文化的发展，创造适宜的环境，"经大乱后，社会比较的安宁，故人得有余裕以自厉于学"[1]。乾嘉学派正是在这样的环境形势下，逐步发展起来的。

政治上的稳定统一，为学术文化的发展提供了有利的环境，但究竟能否发展，还要看是否具备相应的物质经济基础。清初，由于长期战乱，社会经济遭到破坏，人口锐减，土地荒芜，满目荒榛。康、雍、乾等朝，在求得国家政治上安定统一的同时，也采取了一系列恢复生产的政策和措施，如取消三饷加派，蠲免赋税，奖励垦荒，停止圈占土地，重视农田水利建设，修治黄、淮、运河，使"水归故道，漕运无阻"，

---

[1] 梁启超：《清代学术概论》，复旦大学出版社1985年版，第22页。

又颁布"盛世滋生人丁永不加赋""除贱为良"和"废除匠籍"等政策，给予束缚在土地上的农奴、打入贱民层的籍民及官衙中的工匠一定程度的自由，有利于解放生产力，促进了社会经济特别是农业生产的发展。在生产恢复发展的基础上，从清初到康乾时期，耕地面积和人口迅速增长。顺治十八年，耕地面积只有二百九十多万顷，而康熙末年上升至八百五十多万顷。顺治十八年全国人丁为一千九百多万，乾隆末年人口却剧增至两亿多[1]。人口与耕地面积大幅度的增长，反映了农业生产的迅速发展，否则不会有足够的粮食，养活那么多人口。此外，在农业生产发展的基础上，手工业与商业也日趋活跃，丝织、瓷器、采矿、工艺等部门，都取得超越前代的发展。清政府财政收入增加，国帑大有剩余。据康熙四十一年《清实录》记载："今户部库币有四千五百万两，每年并无靡费，国帑大有赢余。"由于国库有了赢余，康熙时曾屡屡蠲免各省钱粮，"查自康熙元年以来，所免钱粮数目共九千万有奇"[2]。到康熙四十年之后，已出现了"海内宴安，民生富庶"的局面。史书记载，难免有所夸大，但毕竟在一定程度上反映了康熙盛世之际"国富物阜"的事实。由于经济发达，百姓的生活也相对富庶，如《啸亭杂录》所云："本朝轻薄徭税，休养生息百有余年，故海内殷富，素封之家，比户相望，实有胜于前代。"[3] 经济上的发展繁荣为文化学术的兴盛，提供了物质基础和条件，乾嘉学派之所以能蓬蓬勃勃地兴盛发展，正因康乾盛世为之提供了物质经济基础。

马克思曾说："依据历史的永恒规律，野蛮的征服者，总是被那些被他们征服的民族的较高的文明所征服。"满族的经济文化，在入关之前，大大落后于汉族和关内地区。但为什么原来处于落后状态的以满族贵族为主体的清王朝，建立了中央政权后，竟能统治中国社会近三百年，并使明末以来已濒于解体的中国封建社会，又起死复生，回光返照？原因固然很多，但重要的原因之一，则是它不仅被具有较高文明的汉族文化所征服，而且康、雍、乾等帝王，从维护其统治地位出发，都

---

[1] 参见《清实录》与《清史稿·食货志》。
[2] 王先谦：《东华录》康熙卷76。
[3] 昭梿：《本朝富民之多》，《啸亭杂录》续录卷3，中华书局1980年版，第434页。

比较自觉地倡导"稽古右文""崇儒重道",重视发展传统的汉族封建文化。康熙在这方面尤为突出,他自己身体力行,勤于学习,"留心艺文,晨夕披阅",从经传诗词到天文历算,广泛涉猎,在宫内延请著名学者,为其讲解儒家典籍,开始隔日一讲,后来日日进讲,寒暑不辍。三藩乱起,军政事务繁忙,日理万机,侍讲学士奏请停讲,他却说:"日讲关系重大,日月易迈,恐致荒疏。虽当此多事之时,不妨乘间进讲,于军事无误。"[①] 1684 年,康熙南巡途中,泊舟燕子矶,夜读至三鼓,侍讲学士高士奇,劝其休息节养,康熙则说:"予五岁既知读书,八岁践祚,辄以《大学》《中庸》之训诂,咨询左右,必求得大意,而后予心始觉愉快。日日读书,必字字成诵,从不肯自欺。及四子书既已贯通,乃读《尚书》,于典谟训诰之中,体会古帝王孜孜求治之意,即欲使古昔治化,实现于今……予之不觉疲劳,以此故也。"[②] 由于侍讲学士的讲解,和康熙本人的刻苦自励,他的汉学受到严格的训练,有坚实的基础。当然,康熙的刻苦自励与提倡学术,是为了"欲使古昔治化,实现于今"。正是基于这样的目的,待政治形势稍加安定,他便提出发展文教的措施。康熙十六年他就提出:"四方渐定,正宜振兴文教。"康熙十七年他又开博学鸿儒科,以网罗天下名士、"硕彦奇才"。康熙说:"自古一代之兴,必有博学鸿儒振起文运,阐发经史,润色词章,以备顾问著作之选。"对于有名的学问家,康熙都十分尊重,胡渭、阎若璩都曾受到隆重礼遇,曾被尊称为先生,受赐"耆年笃学"的匾额。梅文鼎是有名的数学家,康熙南巡时,接至舟中,畅谈三昼夜,并赞赐"绩学参微"四字。康熙还广为搜集各种图书,康熙二十五年四月他曾下谕礼部:"自古帝王致治隆文,典籍具备,犹必博采遗书,用充秘府,盖以广见闻,而资掌故,甚盛事也。朕留心艺文,晨夕披览,虽内府书籍,篇目粗陈,而裒集未备。因思通都大邑,应有藏编名山,野乘,岂无善本,今宜广为访辑,凡经史子集,除寻常刻本外,其有藏书秘录,作何给值采集,及借本抄写事宜,尔部院会同详议具奏,务令

[①] 王先谦:《东华录》康熙卷 19。
[②] 王先谦:《东华录》康熙卷 34。

搜罗罔轶，以副朕稽古崇文之至意。"[①] 在网罗名士，搜访图书的基础上，又钦定编辑各种书籍。

雍正、乾隆继康熙之后，也同样重视对古籍的编纂整理。乾隆即位后，"即诏中外，搜访遗书，并令儒臣校勘十三经二十一史，遍布黉宫，嘉惠后学，复开馆纂修《纲目三编》，《通鉴辑览》及《三通》诸书"，"至若发挥传注，考核典章，旁暨九流百家之言"，亦"备为甄择"。从康熙到乾隆，曾多次组织人员，几乎对所有儒家经书，都进行了疏解，刻印成书，如《易经通注》《日讲易经解义》《御纂周易折中》《御纂周易述义》《日讲书经解义》《钦定书经传说汇编》《钦定诗经传说汇编》《御纂诗义折中》《钦定周官义疏》《钦定仪礼义疏》《钦定礼记义疏》《日讲春秋解义》《御纂经集注》《日讲四书解义》《御纂律吕正义》等，实为后来乾嘉学者大规模的训诂、校勘、注释儒家典籍开了先河。此外清廷还编纂刊印了各种丛书、类书与工具书，所编各种书籍之多，规模之大，均为历史上所罕见，诸如《古今图书集成》《四库全书》《清会典》《清会典则例》《续文献通考》《清朝文献通考》《续通志》《清朝通志》《清朝通典》《八旗通志》《大清一统志》《佩文韵府》《历代职官表》《全唐诗》《渊鉴类编》《骈字类函》《康熙字典》等，不下二百余种。其中规模最大的是《四库全书》的编纂，是书首尾完整地抄录了我国古代的各种重要典籍，分编于经、史、子、集四部，丰富浩瀚，包罗宏大，可谓古代文化遗产之总汇。当时，集中了大批名流学者，参与是书编纂，如纪昀、戴震、邵晋涵、姚鼐、朱筠、王念孙、任大椿等，他们中不少人就是乾嘉学派著名的汉学家。这些书的编纂，既培养造就了学者，也为更多的人提供了读书治学的资料、工具等便利条件，有利于学术文化的发展。虽然在编书过程中，也查禁、销毁、删改了大批不利于清朝统治的"违碍"书籍，但实事求是地衡量其功过得失，整理、保存文化典籍的功绩却不可磨灭。

在清朝中央政府的大力提倡下，康乾时期朝中的一些要员和封疆大吏，也都热心于提倡学术，如徐乾学、毕沅、阮元等，都在幕府中养了大批学人，他们创办学堂经舍，主持编纂书籍。一时间，搜书、编书、

[①] 王先谦：《东华录》康熙卷37。

校书、刻书、藏书蔚然成风，学术气氛浓厚。另外，由于有些古籍，因年代久远，逐渐湮没散失，乃至出现真假难辨、以假乱真的情况，有些学者便尽毕生精力，搜罗群籍，据他书所引，将散失的古书，重新辑佚成书，或进行辨伪，也颇有成绩。这方面有代表性的著述如严可均的《全上古三代两汉三国两晋六朝文》、姚际恒的《古今伪书考》等。在上下热心、提倡学术的流风影响下，甚至于一些穷奢极欲的淮扬盐商，也附庸风雅，招养名士，竞相刻书、藏书。因为有这样的条件和土壤，才使得乾嘉学派蓬蓬勃勃地发展、盛行起来。

试想，如无康乾时期雄厚的物质基础，怎能编纂、刻印《古今图书集成》《四库全书》那样浩瀚的书籍？同时，如无相对稳定的政治环境，乾嘉学者又怎能穷年累月、怡然自得地"皓首穷经"。所以，应该说康乾盛世是乾嘉学派产生发展的根本原因和条件。从一定意义上说，没有康乾盛世，也就没有根深叶茂的乾嘉学派。如果只从文字狱来说明乾嘉学派的风行，许多问题便不能得出符合历史实际的解释。

既然如此，文字狱导致乾嘉学派出现的观点，又为何长期流传经久不衰呢？究其原因，一方面是由于清朝统治者，为泯灭民族意识，巩固其统治权力，确实屡兴文字狱，授人以柄；另一方面恐怕和满族以少数民族居全国统治地位，整个清代始终存在满汉间民族矛盾有关。满族贵族统治者，对汉族等其他民族，确有民族歧视的一面，以文字罗织人罪、禁锢思想是重要手段之一，清代进步思想家龚自珍就曾揭露说"避席畏闻文字狱，著书都为稻粱谋"，这确实是事实。毋庸置疑，整个有清一代，满汉民族之间的对立和成见，时而尖锐，时而缓和，然始终未能根本消除。对清朝采用文字狱控制思想，造成的恶劣作用和影响，学者理应予以揭露和批判，但在此过程中，也难免有夸张的一面。其实，封建社会的各朝各代，对不利于其统治的思想、言论、文字，无一例外地都要进行镇压取缔，清朝也同样如此。只不过是满族以少数民族入主中原，在"严华夷之辨"的封建士大夫眼中，对清朝这方面的苛政，难免有过分的渲染夸大。直到辛亥革命时期，资产阶级思想家、宣传家，为反对和推翻清朝封建统治，利用汉族广大群众的排满情绪，广为宣传满族的民族歧视、民族高压政策。如章太炎在论及乾嘉学派时所说的："多忌，故歌诗文史梏；愚民，故经世先王之志衰。家有智慧，大凑于说经，亦以纾死。"① 于是，文字狱导致乾嘉学派泛滥的观点，便更为流行。究其实，其中虽包含有不科学的成分，但因反映了部分现象和事实，人们也就很少对这种观点进行深思熟虑的分析和鉴别。加之新中国成立后，因批判胡适的实用主义和考据学，对乾嘉学派也多是从批判否定的角度进行研究考察，对该学派的许多问题，缺乏冷静审慎的分析，致使一些传统看法，流传至今。

（原载《清史研究集》第四辑，四川人民出版社 1986 年版）

---

① 章太炎：《清儒》，《检论》卷 4，《章太炎全集》（三）。

论乾嘉学派的学术成就与历史局限

乾嘉学派，于"乾隆、嘉庆两朝，汉学思想正达于最高潮，学术界全部几乎都被他占领"①。它不仅是清朝学术思潮的主流，也是中国学术思想史上的一大学术流派，在中国学术思想发展史上具有重要地位和影响。这里仅就乾嘉学派的学术成就及历史局限作初步论述。

一　乾嘉学派的学术成就

根据乾嘉学派治学内容、治学方法上的特点，其学术成就可概括如下几方面：

第一，集历代特别是明末清初考据之大成，把中国古代考据学推向高峰，形成独具特点的考据学派。人们一谈到考据，即联想到清代或乾嘉时期，似乎只有清代才有考据。其实，这是种错觉。考据作为一种治学的基本方法，为历代学者整理历史文献时所普遍使用，并非清代所独有。应该说早在古代只要有了文献资料，有了学术活动，就有一定形态的考证。如《论语·八佾篇》记载："子曰：夏礼吾能言之，杞不足征也；殷礼吾能言之，宋不足征也。文献不足故也，足则吾能征之矣。"孔子所谓文献不足，故杞、宋之事不足征，必然是经过对文献资料的检索考证而后得出的结论。因此，可以说在孔子时代就有了考证。特别是相传孔子删定《诗》《书》《易》《礼》《乐》《春秋》等六经，已是正规的古籍文献整理。所以，乾嘉考据大师段玉裁曾云："校书何放

---

① 梁启超：《中国近三百年学术史》，复旦大学出版社1985年版，第115页。

（仿）乎？放（仿）于孔子。"① 俞樾亦云："读书必逐字校对，亦孔氏之家法也。"② 可见，孔子也是搞考据的鼻祖。考据方法更加正规地运用于整理历史文献，当自汉代始。因汉继秦火之后，文献典籍或篇章亡佚，或字句讹误，或真伪可疑，都需要一定的考据，方可弄清真相。刘向、刘歆父子奉诏校书秘阁，便运用了比勘文字、辨别真伪、厘定篇次、分类编目等方法和程序，这些都是基本的考据工作。东汉时期古文经学盛行，对经书的训诂注疏大盛，涌现了郑玄等训诂学大师，确立了汉儒经师的权威地位。因此，清代乾嘉学派，以"郑学"为旗帜，以"汉学"相标榜。唐代孔颖达撰《五经正义》，颇重字句训诂与名物考证。而且，此时注史之风甚炽，如司马贞的《史记索隐》、张守节的《史记正义》、颜师古的《汉书注》等，或明音义，或正史事，或详典制，均开史学考据之风。至宋代，虽然程朱理学盛行，但考据方法仍然不辍。诸如晁公武、陈振孙之考订图书，欧阳修、赵明诚考录金石，郑樵、王应麟考证文献，都取得突出成就。朱熹作为擅讲义理的大理学家，也并非不重视考据。他在校勘古籍、辨订群书方面，都有著述，特别是辨伪古文尚书，对后来的学术思想发展有较大影响。明代虽然有王阳明的心性之学泛滥，但仍不乏考据方面的学者和著述，如杨慎开启明代考据学风，梅鷟、胡应麟考辨伪书，焦竑、陈第研究文字、考订古音，方以智考订方言俗语和官制。这些学者的考据成果和考据方法，直接开启了清初的经世实证学风。清初顾炎武等学者继承了明代学者的考据成果，并有鉴于明末以来的空疏学风，强调认真读书，重视考察和博求实证的朴实学风，以这样的方法研究经学、文字音韵学和历史地理学，为此后清代的考据学在研究内容和研究方法上开了先路，成为乾嘉学派的"不祧祖先"。继顾炎武之后，康熙时期又有阎若璩著《尚书古文疏证》《四书释地》，胡渭著《易图明辨》《禹贡锥旨》，毛奇龄著《四书改错》，顾祖禹著《读史方舆纪要》，姚际恒著《古今伪书考》，又有王锡阐、梅文鼎等关于天文历算之作。他们都专力于考据并分别在训诂经书、考释历史地理、考辨文献和天文历算方面做出成绩，成为乾

---

① 段玉裁：《经韵楼集》卷8，《经义杂记序》。
② 俞樾：《春在堂杂文》六编卷7。

嘉学派的直接先驱。乾嘉学派正是在继承和发展了历代，特别是清初学者的考据成果与考据方法的基础上，把考据学发展为独立的学派。从学术思想史发展的历程看，任何一个自成体系、别立门户的学术派别，都要有自己的学术宗旨、治学方法、研究重点及学术风格，而这些则需要有一个积累的过程。乾隆中叶后，正是经过长期的积累之后，考据学作为一个独立学派的条件完全具备，以考据为特点的乾嘉学派才正式出现和形成。当时"许（慎）郑（玄）之学大明，治宋学者已尠，说经皆主实证，不空谈义理，是为专门汉学"[①]。首先打出汉学旗帜的是惠栋，以惠栋为首形成了乾嘉学派中的吴派。稍晚于惠栋，又有戴震创立了乾嘉学派中的皖派。在吴、皖两派周围，涌现了一大批考据学家，诸如余肖客、沈彤、江声、王鸣盛、钱大昕、卢文弨、江永、洪榜、程瑶田、汪中、焦循、段玉裁、王念孙、阮元、王引之等。真是学者辈出，著述如林，一时间呈现出"家家许郑，人人贾马，东汉学烂然如日中天"的盛况。乾嘉学派的出现，使得考据内容更为广泛，考据方法也更为严密，考据成果更为充实和丰富。虽然，自从有了历史文献与学术活动，就有考据，但考据学成为独立的学派则是清代所特有的，而乾嘉学派可谓集历代考据之大成，把中国古代考据学推到高峰，引向极致。

第二，对我国两千多年以来的文献典籍，进行了大规模的整理总结，使丰富的文化遗产赖以保存，并为后人阅读、利用和整理提供了方便，奠定了基础。我国是一个历史悠久，文化典籍丰富的国家，自有文字记载的历史以来，延绵不断，流传下来浩瀚的历史文献典籍是研究古代历史文化的珍贵史料。但在辗转相传中，大量的文献典籍或由战乱、或因水火、或被风蚀虫蠹，不少亡失残缺，颠倒讹误，真假错乱；或由于年代久远，字形音义变化，艰涩难解，使人无法卒读。以考据为特长的乾嘉学派，在吸收前人已有成果的基础上，通过训诂笺释、版本鉴定、文字校勘、辨伪辑佚等方法和手段，对两千多年来流传下来的文化典籍，进行了大规模的、认真系统的整理和总结，做出了可贵的贡献和成绩，涌现了更多的学者和著述，在经学、小学、历史、地理、金石、考古，以及工具书、丛书、类书的研究和编纂方面，都留下可资借鉴的

---

① 皮锡瑞：《经学历史》，《经学复盛时代》，中华书局1959年版，第341页。

宝贵成果。梁启超在其《中国近三百年学术史》中，用一半以上的篇幅，综述"清代学者整理旧学之总成绩"，分"经学、小学及音韵学"，"校注古籍、辑佚书、辨伪书"，"史学、方志学、地理及谱牒学"，"历算学及其他科学、乐曲学"等四部分，详细具体地总结了清代学者在整理古籍方面的成绩和贡献。虽然梁氏是就整个清代学者的成绩而言，但其中大部分成绩乃乾嘉时期所取得，读者仍可从中了解乾嘉学派在这方面的学术成就。

中国的传统文化以儒家为核心，而儒家的思想又集中反映在其几部主要的经典中。由于乾嘉学派的治学范围乃以经学为中心，其学术成就也较多反映在对儒家经典的整理上。乾嘉学派几乎对儒家所有的经典，都重新加以训诂和笺释，如《易》《书》《诗》《礼》《春秋》《论语》《孟子》《尔雅》等，都有新注新疏。惠栋的《易汉学》《周易述》《易例》，焦循的《雕菰楼易学三书》，阎若璩的《尚书古文疏证》，王鸣盛的《尚书后案》，孙星衍的《尚书今古文注疏》，陈奂的《诗毛氏传疏》，孙诒让的《周礼正义》，秦蕙田的《五礼通考》，刘宝楠的《论语正义》，郝懿行的《尔雅义疏》……都是乾嘉学派训释儒家经书的著名考据之作。后来，阮元和王先谦汇集清代学者训释儒家经书的成果编成《皇清经解》与《续皇清经解》，收录经学著述194家389种，达3000卷之多，足以反映清代学者特别是乾嘉学派治经方面的成就。我国老一辈史学家范文澜先生曾指出，"新汉学系经学从考据方面的发展，古代制度文物，经考据学者的研究，艰涩难解的古书，大体可以阅读。因此，新汉学系经学堆积起巨大的考古材料，把封建统治工具的经学，改变成科学的古代社会史、古代哲学史原料看，它自有很高的价值存在"[1]，实事求是地肯定了乾嘉学派整理儒家经学的成就与价值。

与整理经书相关联，为了搞清经书的字义与音读，乾嘉学者在文字学、音韵学方面也下了很大的功力。我国古代流传下来的这方面的有关著作，如《尔雅》《方言》《广雅》《说文》《广韵》等，乾嘉学者也大都对之进行了整理、注释和研究。在这方面产生了一批著名的学者和学

---

[1] 范文澜：《中国经学史的演变》，《范文澜历史论文选》，中国社会科学出版社1979年版，第299页。

术价值很高的著作。诸如戴震的《方言疏证》，邵晋涵的《尔雅正义》，王念孙的《广雅疏证》，阮元的《经籍纂诂》，王引之的《经传释词》，段玉裁的《说文解字注》等，在学术上均有很多创获。这些著述，至今仍是研究文字、音韵、训诂方面的重要参考著述。乾嘉学派在这方面的成就，超过了历史上任何时代的其他学派。

除经学、文字学、音韵学而外，乾嘉学派用力甚勤的则是史学。乾嘉学派在史学方面的贡献，主要表现在对史料的修补鉴别，考厘史籍的编著源流，考订历代史书记载的真伪异同，补订各史表志，以及搜集辨证遗文佚事方面，史论方面则不突出。乾嘉考据史学的代表作，诸如钱大昕的《二十二史考异》，王鸣盛的《十七史商榷》及赵翼的《廿二史札记》等。这三部类似的史书，亦各有特点。钱著详于校勘文字，解释训诂名物；王著则偏重典章制度的考实；赵著则在考辨史实的同时又多发议论，均有助于后人阅读了解古史。至于考订补注各断代史的史籍更是不胜枚举。乾嘉学派在史学方面的成就，还表现在各类史表的编排与方志编纂方面。清代各省、府、州、县均有创编和续订之志书，而许多志书大都成于乾嘉学者之手。方志的编纂与义例的创立，成为清代史学的一大特色。

乾嘉学派在古籍整理方面的成就，还突出表现在校勘、辑佚、辨伪方面。乾嘉学者运用校勘，对秦汉以来的大部分子书，诸如《荀》《墨》《老》《庄》《韩》《管》《晏子春秋》《吕氏春秋》《淮南子》《春秋繁露》《太玄》《法言》《白虎通义》《盐铁论》《水经注》等，均予校订，或厘审字句、或排比章节，使许多难读的古书，文从字顺，恢复了本来面目。卢文弨的《群书拾补》、王念孙的《读书杂志》、俞樾的《诸子评议》，都是有名的校勘著作。乾嘉学者还经过搜集钩沉，把许多亡佚的文献典籍，从几部较大的类书或较古的典籍中辑佚出来，仅从《永乐大典》中，就辑出亡佚之书375种，4926卷。乾嘉时期著名辑佚大家马国翰的《玉函山房辑佚书》，即辑出经部书籍432种，史部8种，子部152种，从而使许多年久失传的典籍重见天日。再者许多伪书，或作者、年代记载有误的书籍，乾嘉学者也以严正的态度，加以辨证，确凿证明某些书是伪书，避免了以讹传讹，以假乱真。姚际恒的《古今伪书考》、崔述的《考信录》等，都是著名的辨伪著作。

中国古代浩如烟海的古籍，正是通过乾嘉学者的训诂注疏、校勘、辑佚、辨伪等才正本清源，去伪存真，成为信谳。我们今天，能对先秦以来的大量典籍加以阅读和利用，与乾嘉学者的认真整理及研究密不可分。研究古代历史文化，离不开文献资料的搜集整理、阅读和鉴别，乾嘉学派在这方面给后人创造了条件，提供了方便，其成就是不能抹杀的，其研究成果应予充分利用。正如当代史学大师郭沫若先生所指出的："欲尚论古人或研讨古史，而不从事考据，或利用清儒成绩，是舍路而不由。"① 这也说明，乾嘉学派在整理、保存文化典籍方面的成就，理应给予充分肯定。

第三，乾嘉学派中有许多严肃的学者，在治学态度与治学方法上，严谨踏实，一丝不苟，而且还开近代实证学风之先河。乾嘉学派取得的学术成就与这样的治学态度、方法密不可分，而这样的态度和方法，也是其学术成就的一方面。乾嘉学者在治学中继承和发展了清初顾炎武提倡的学风，强调认真读书，重视实证，力戒空谈，主张"无一事无出处，无一事无来历"。他们花气力，下功夫，穷年累月地搜集材料，整理材料，而后用形式逻辑的方法，进行归纳、排比，"究其异同，核其始末"，论必有据，据必可信，反对盲目蹈袭前人的旧说。因此他们得出的结论，往往有较高的学术价值。我们马克思主义的社会科学工作者，"即使只是在一个单独的历史实例上发展唯物主义的观点，也是一项要求多年冷静钻研的科学工作，因为很明显，在这里只说空话是无济于事的，只有靠大量的、批判审查过的、充分地掌握了的历史材料，才能解决这样的任务"。② 当然，我们所要搜集掌握的材料，除文献资料外，还有通过社会调查，归纳现实生活中的材料，而不只是从书本上抄录的死材料。但从重视和认真搜集材料的角度来说，乾嘉学者那种认真读书，重视实证，一丝不苟的治学态度和方法，确有值得效法和借鉴之处。

乾嘉学派在治学方面，特别值得注意的是，一些乾嘉学者如王念

---

① 郭沫若：《读随园诗话札记》，《郭沫若全集·文学集》第16卷，人民文学出版社1992年版，第344—395页。

② 恩格斯：《卡尔·马克思政治经济学批判》，《马克思恩格斯选集》第2卷，人民出版社1972年版，第118页。

孙、王引之、阮元等人，已将传统的学术研究方法，大大推向前进，使自己的学术研究方法，已具有某些近代气息。如王念孙、王引之父子在训诂和词语研究中，已具有近代文法观念，当代语言学家吕叔湘在其《文言虚字》一书的序言中，认为自己在这方面的工作是王引之《经传释词》一书的继续。同时，王引之的学术著作，论证严密，逻辑性强，有纯熟的归纳、演绎技巧，已是系统的学术论著，而不像顾炎武《日知录》、阎若璩的《潜丘札记》等零金碎玉式的札记之作，开启了近代学术论著的论证之风。再如阮元在自己的学术著作中，已运用统计方法，对事物进行归纳，具有类的观念和发展的观念，已突破了传统的研究方法。阮元在表述问题时，运用的一些词汇如"实事""西学""西法"等，也都是近代学者常用的词语。总之，从这些学者的研究方法、研究用语中，已可嗅到近代学术研究的气息，这正是学术研究反映历史转折时期时代特点的表现。那种所谓乾嘉汉学把"中国学术进到近代之路隔断了"的说法，并不符合历史事实。

以上概略地论述了乾嘉学派的学术成就，这不足以括其全，却足以说明该学派并非从研究内容到研究方法都一无可取之处。乾嘉学派，也不仅仅只是在整理古籍方面有贡献，它的成就是多方面的，在中国学术发展史上有着重要地位和影响。

二　乾嘉学派的历史局限

当然，我们肯定乾嘉学派的学术成就，只是肯定它在其所处时代达到的学术高度和水平，尊重历史的辩证法的发展，给予其一定的历史地位，而不是盲目地颂古非今，更不是赞扬任何封建毒素。因而，我们在肯定乾嘉学派学术成就的同时，还必须清醒地看到该学派的弊端及其历史局限。总的看来，乾嘉学派的历史局限和弊端，主要有如下几点：

第一，乾嘉学派作为乾嘉时期占支配地位的学术流派，是历史遗留下来的封建社会的封建文化遗产。从总体上看，其治学宗旨和治学内容仍是为封建统治阶级服务的封建文化，这就注定了其有不可克服的历史局限。它的治学宗旨和特点，决定其治学内容主要是儒家经典和其他封建文化典籍，它研究考证的问题，几乎全是书本上的问题，缺乏新鲜的、现实的实际内容，确有脱离实际的倾向。再者，由于该学派产生于清代"太平盛世"，与盛世相适应，它在政治稳定、经济繁荣的基地上，才有可能获取丰富的养料而蓬勃生长，并作为盛世的点缀，尚可发挥一定的历史作用，诸如参与纂修《四库全书》等许多大部头的丛书和类书。然而，一旦时过境迁，社会转向衰败，矛盾加深，出现危机，它也就失去了存在和发展的条件。正如当时一些学者所指出的："近世言汉学者，喜搜古义，一字聚讼，动辄数千言，几如秦近君之说《尚书》。当天下无事时，文章尔雅，以之润色太平可矣，及其有事，欲以口耳之学，当天下之变，宜其束手无策。"[①] 到嘉庆时期，社会呈现出经济衰败，政治腐朽，思想沉寂的残破景象，不仅国内阶级矛盾尖锐，而且世界资本主义各国加紧了对中国的侵略。面对形势的急速变化和深刻的社会危机，历史的进程要求学者和思想家，把视线从古代典籍转移到现实斗争，从学术思想的角度，对社会变革及其发展趋势，作出必要的解释和论证，乾嘉学派则捉襟见肘，无能为力。它既不能满足统治阶级的需要，也不能适应社会动荡的局面。因此，18世纪末至19世纪初，乾嘉学派如同"康乾盛世"成为过眼的烟云一样，也迅速走向没落，被龚自珍、魏源为代表的以今文经学为形式的新的经世致用思潮所代替，这是乾嘉学派本身的局限导致的历史必然。

第二，乾嘉学派观察和思考问题的角度是向后看的而不是向前看，论证问题的过程和方法也过于机械和烦琐，这是其最突出的弊端。由于乾嘉学派的治学内容是以儒家经典为中心，其治学方法是以考据为特点，一些乾嘉学者认为儒家典籍越古越真，越符合经书的本来面目，甚至认为对儒家典籍的注疏，也是唐胜于宋，汉必胜于唐。这种观点使他们观察和思考问题时，走上复古、佞古倾向。特别是以惠栋为代表的吴派学者，抱着"凡古必真，凡汉皆好"的态度，具有明显的复古、泥古毛病。所以《四库提要》批评惠栋"其长在古，其短亦在于泥古"。王引之甚至批评惠栋"见异于今者则从之，大都不论是非"。在惠栋这种复古、泥古思想的影响下，一些乾嘉学者几乎是嗜古成癖，譬如江声，生平竟不作楷书，与人通信也写古代的篆字，看他的书信如观天书

---

① 张瑛：《谈毛诗传》，《知退斋稿》卷1。

符录。其次，由于乾嘉学者强调博征，进而走向嗜博烦琐之一途。本来，旁征博引应以研究论证问题的需要为转移。但在博征风的影响下，有些乾嘉学者，为考证而考证，卖弄博洽，故弄玄虚，往往"繁称千言，始晓一形一声之故"，致使考据学愈益走向烦琐。恩格斯在批判形而上学的思想方法时指出："形而上学的思维方式，虽然在相当广泛的，各依附对象的性质大小不同的领域中是正当的，甚至是必要的，可是它每一次都迟早要达到一个界限，一超过这个界限，它就要变成片面的、狭隘的、抽象的，并且陷入不可解决的矛盾。因为，它看到一个一个的事物，忘记了它们互相间的联系；看到它们的存在，忘记了它们的产生和消失；看到它们的静止，忘记了它们的运动。因为它只见树木，不见森林。"[1] 而绝大多数乾嘉学者，正是采取了这种形而上学的思维方法，他们虽然对个别问题和事例，通过音训考据，能得出接近正确的解释，但从总体上说，却具有孤立、片面、狭隘的观点，他们不能用运动、发展、变化的观点，去研究考察问题，不能从事物的相互联系中，分析事物的发展趋势，尤其是对重大的历史事变，不能作出应有的说明。烦琐、泥古、形而上学可以说是乾嘉学派的根本弊端。

第三，党同伐异、壁垒森严的门户之见，这是乾嘉学派的另一突出弊端。在古往今来的学术研究中，都鼓励提倡各个学派具有自己的特色。而一个有特色的学派也应该旗帜鲜明，敢于标新立异。也只有这样，才能百花齐放，才能促进学术事业的前进和发展。但是，任何一个具有特色并能取得巨大成就的学派，必然是兼容并蓄，吸收各家之长，而不能抱残守缺，抱门户之见，排斥其他学派。然而，乾嘉学派在公开打出汉学的旗帜后，以恢复汉学为己任，而排斥宋学。在清代坚持宋学立场的，也不屑与汉学家为伍。在整个有清一代汉、宋学之争，此伏彼起，一直不绝如缕。在汉、宋两派的对立斗争中，无论是汉学和宋学，都有很深的门户之见。其中江藩撰写的《国朝汉学师承记》与方东树撰写的《汉学商兑》，可以说是各自站在汉、宋学立场上，宣扬自己、排斥对方，顽固扩张门户的典型代表。江藩在《国朝汉学师承记》中，

---

[1] 恩格斯：《社会主义从空想到科学的发展》，《马克思恩格斯选集》第3卷，人民出版社1972年版，第418—419页。

大张汉学,记述汉学源流,为每个汉学家树碑立传,认为清代汉学使"汉学昌明,千载沉霾,一朝复旦"。然而,他却把清代最有影响的大思想家、大学问家顾炎武、黄宗羲附于卷末,理由是此"两家之学,皆深入宋儒之室,但以汉学为不可废耳,多骑墙之见,依违之言,岂真知灼见者哉"①!江藩为大张汉学门户,甚至不惜削足适履,篡改史料。而方东树则站在宋学立场上,在其撰写的《汉学商兑》中,对清代汉学家,从顾炎武、阎若璩,到惠栋、戴震,一一予以抨击,指责汉学家"离经叛道",乃"几千年未有之异端邪说",痛恨"近世为汉学考证者","著书以辟宋儒攻朱子为本首",甚至破口大骂汉学如"鸩酒毒脯,烈肠洞胃",如"洪水猛兽,横波荡流"②。在汉、宋两派各持门户之见的影响下,不少汉学家都有很深的门户成见,特别是以惠栋为代表的吴派学者,门户之见尤深。早在乾嘉当时,一些有思想的进步学者就已指出乾嘉学派的这种弊端,如焦循就曾指出,"循尝怪为学之士,自立一考据名目,以时代言,则唐必胜宋,汉必胜唐,以先儒言,则贾孔必胜程朱,许郑必胜贾孙,凡郑许一言一字皆奉为圭璧,而不敢少加疑词。窃谓此风日炽,非失之愚即失之伪……循每欲芟此考据之名目,以绝门户声气之习"③。焦循已清楚地看到乾嘉考据学,固守门户之见而造成的不良后果,而决心消除"门户声气之习"。多数汉学家坚持门户之见,其思想方法则是把汉、宋之学绝对对立起来,认为汉学重名物训诂,宋学则只讲心性义理。其实,这只是就一般趋向而言,并不是绝对的。尽人皆知朱熹是理学的集大成者,可谓典型的宋学家,却有许多名物训诂之作。同样,戴震是乾嘉汉学的集大成者,又何曾不谈义理。所以,鸦片战争前夕龚自珍在其《与江子屏笺》中,就明确指出:"若以汉与宋为对峙,尤非大方之言,汉人何尝不谈性道……宋人何尝不谈名物训诂。"而且,无论是汉学或者是宋学,在各自的思想学说中,都是精华与糟粕杂陈。只有排除门户之见,才能吸其精华,去其糟粕。否则,像有些汉学家那样,坚守门户,惟汉是从,必然会视糟粕为精华,

---

① 江藩:《国朝汉学师承记》卷8附语。
② 方东树:《汉学商兑·序例》《汉学商兑·卷上》。
③ 焦循:《与王引之书》,《焦里堂先生年谱》。

良莠不分，结果不仅使本学派缺乏生命力，也影响整个学术事业的发展。

愈到后来，乾嘉学派的上述局限与弊端，暴露得愈加充分，到了鸦片战争前夕，一些对社会危机有深切感受，要求改变现状的进步思想家，痛感终日将时间精力消磨在名物考据之中，认为对于时事政治、国计民生不闻不问的乾嘉汉学，成为解决现实的障碍，大声疾呼要求改变学术风气。正如魏源所指出的"自乾隆中叶后，海内士大夫兴汉学"，只"知争治诂训音声，瓜剖釽析"，"罔知朝章国故为何物"，也"罔知漕、盐、河、兵得失何在，有奋志讲求抱负宏远之人，人群笑为迂阔"，其恶果是"锢天下聪明智慧使尽出于无用之一途"[①]。所以，嘉道之际，乾嘉学派便走向衰败和没落，此后，虽然还有少数学者循着乾嘉学派的治学门径，在学术上仍做出可观的成绩，但作为一种学术思潮，乾嘉学派却成为历史的陈迹。

历史地、恰如其分地分析论述乾嘉学派的学术成就与历史局限，自然就会看清其在中国学术史上的地位和影响，进而对其作出实事求是的评价。

(原载《社会科学辑刊》1991年第2期)

[①] 魏源：《武进李申耆先生传》，《魏源集》，中华书局1976年版，第359页。

评价乾嘉学派应消除历史成见

乾嘉学派亦称乾嘉汉学，或乾嘉考据学，因其于"乾隆、嘉庆两朝"，"正达于高潮，学术界全部几乎都被他占领"①，故以乾嘉学派名之。由于乾嘉学派是乾嘉时期占支配地位的学术流派，又是有别于其他历史时期的学术，足以反映清代学术特点的学术思潮，因而也有人以"清学"称之。唯其如此，欲研究清代学术思想，特别是要研究乾嘉道时期的学术文化，必然应着重研究乾嘉学派。近年来的清史研究中，乾嘉学派也的确引起学界的关注。但是，乾嘉学派产生形成的真正原因何在？对其成就与局限应如何实事求是地评价？它在中国学术史上有何作用和影响？对这些涉及乾嘉学派的一些基本问题，从乾嘉当时，中经二百余年，直至目前，始终是毁誉褒贬不一，歧见纷纭迭出。褒誉者谓其使"汉学昌明，千载沉霾，一朝复旦"，或将其比作"欧洲文艺复兴"，甚至认为其是"学问的极致"。贬毁者则将其视作"鸩酒毒脯"，"洪水猛兽"，或谓其"歪曲了汉宋两朝学术的本来面目，且给现代人文科学的研究以不良影响"，甚至说它是"民族精神文化之堕落"②。为什么对于同一客观事物，竟有如此截然相反的评价，值得我们沉思。

在中国学术思想发展的历史过程中，各个时代都曾产生和形成许多不同特点的学术思潮与学术流派，诸如先秦诸子学、两汉经学、魏晋玄学、隋唐佛学、宋明理学等。当时和后世研究学术思想史的人，

---

① 梁启超：《中国近三百年学术史》，《梁启超论清学史二种》，复旦大学出版社1985年版，第115页。

② 均见徐复观《"清代汉学"论衡》，《大陆杂志》第54卷第4期。

对各个学术思潮、流派进行讨论研究时，必然会作出各自的评价，或肯定，或否定，或一致，或不一致。一般说这多属于学术研究中不同学术观点的争论，是学术研究中的正常现象，也只有通过不同学术观点的争鸣和辩难，才能促进学术研究的发展和繁荣。但是，历史是复杂的，对一些学派的不同评价中，除正常原因外，也不排除有不正常因素。对乾嘉学派的评价之所以毁誉褒贬不一，就有历史成见的影响，诸如汉、宋学之争的门户之见，满、汉民族矛盾斗争中的民族偏见，以及新中国成立后曾经存在过的极左政治对学术研究造成的极左成见等。在20世纪90年代的今天，我们要客观地、实事求是地评价乾嘉学派的成就、局限及其在中国学术史上的地位和影响，理应消除评价乾嘉学派中存在的历史成见的影响。现将的确存在的历史成见，加以论列：

第一，汉、宋学之争的门户之见。研究清代学术思想史的人都清楚，贯穿有清一代的汉、宋学之争，你消我长，此伏彼起，始终不绝如缕。在两派的激烈争论中，有些汉学家，或者宋学家，都有很深的门户之见，并将这些成见反映在他们的著作及其对乾嘉学派的评价中。其间，江藩的《国朝汉学师承记》与方东树的《汉学商兑》，可谓评价乾嘉学派过程中所暴露的反映汉、宋学各自门户之见的典型。

嘉庆年间，随着康乾盛世的衰落，清朝的封建统治逐渐由鼎盛走向衰败，作为康乾盛世产物的乾嘉学派，也逐渐由昌盛走向没落。社会又面临着新的变革，这时的学术思潮也在孕育着新的变化。这时，汉、宋学之争又再度兴起。当时，坚持汉学立场的江藩于嘉庆二十三年（1818），刊行了他的代表作《国朝汉学师承记》。他作为乾嘉学派吴派的传人在是书序言中说："藩绾发读书，受经于吴郡通儒余古农（按：即惠栋弟子余肖客），同宗艮庭（按：即惠栋弟子江声）二先生，明象数制度之原，声音训诂之学。乃知经术一坏于东、西晋之清谈，再坏于南、北宋之道学。元、明以来，此道益晦。至本朝三惠之学（按：指惠周惕、惠士奇、惠栋祖孙三代）盛于吴中。江永、戴震诸君，继起于歙。从此汉学昌明，千载沉霾，一朝复旦。暇日诠次本朝诸儒为汉学者，成汉学师承记一编，以备国史之采择。"显见，江藩是站在汉学立场来编该书的。此书对清代汉学的师承源流、派别及其代表人物一一记述，保存了不少学术史资料，自有一定的学术价值，但也有十分浓厚的门户之见。反映其门户之见最突出的事例是该书将阎若璩与胡渭列于卷首，而将开启有清一代学风，被公认为是乾嘉学派奠基者的顾炎武、黄宗羲却附于卷末。其如此处理的理由是："两家之学，皆深入宋儒之室，但以汉学为不可废耳，多骑墙之见，依违之言，岂真知灼见者哉！"①仅仅以"汉""宋"作为划分是否有真知灼见的标准，进而认为凡采宋儒之说者，皆非真知灼见，概予排斥，足以说明，江藩的门户之见是何等壁垒森严。不仅如此，江藩为了张大汉学门户，甚至不惜削足适履，篡改史料。如他在《汉学师承记》中根据朱彬所作的《刘先生台拱行状》改作的《刘台拱传》即是典型的一例。朱彬作《行状》原文是："先生为学，自六书九数，以至天文律吕，莫不穷极幽眇，而于声音文字尤深，其考证名物，精研义理，未尝歧而二之。传注有未确，虽自古经师相传之古训，亦不为苟同，于汉宋诸儒，绝无依倚门户之见。"②而江藩据此改写的《刘台拱传》却成为："君学问淹通，尤邃于经，解经专主训诂，一本于汉学，不杂以宋儒之说。"③刘台拱本来是"于汉宋诸儒，绝无依倚门户之见"，经江藩篡改却成为"一本于汉学，不杂以宋儒之说"。如此偷梁换柱，完全按自己的汉学立场，取舍史料，涂抹学人。因此，江藩虽然对乾嘉学派及有关学者作了极高的评价，我们却必须对其说法和依据，进行谨慎的分析和考辨，拨去其涂加的门户之见的外衣。

与江藩同时而稍后的方东树，则从宋学立场出发于道光六年（1826）撰写了其名著《汉学商兑》。是书对清代诸考据学家，从顾炎武、黄宗羲，到惠栋、戴震，凡是有反理学倾向者，均一一抨击，诋毁辱骂考据学派"离经叛道"，乃"几千年未有之异端邪说"。在他看来，"程朱之道，与孔子无二，欲学孔子而舍程朱犹欲升堂入室而不屑履阶由户也"，然而"近世为汉学考证者"，却恰恰"著书以辟宋儒攻朱子为本，首以言心、言性、言理为厉禁"④。因此，他顽固地站在捍卫宋

---

① 江藩：《国朝汉学师承记》卷8附语。
② 见《碑传集》卷135。
③ 《国朝汉学师承记》卷7。
④ 方东树：《汉学商兑·序例》。

明理学的立场上，破口大骂汉学如"鸩酒毒脯，裂肠洞胃"，如"洪水猛兽，横波荡流"。虽然方东树指责考据学派"汉学诸人，言言有据，字字有考，只向纸上与古人争训诂形声，传注驳杂，援据群籍，证佐数百千条，反之身已心行，推之民人家国，了无益处，徒使人狂惑失守，不得所用"①，确也击中了乾嘉学派之弊端，但他也不过是从维护宋学出发，抨击汉学时，歪打正着。我们对于方东树对汉学的批判与抨击，同样应予以分析和鉴别。

乾嘉时期，像江藩、方东树这样分别从汉、宋学门户立场出发评价记述乾嘉学派的人，还大有人在，兹不一一列举。他们对乾嘉学派的评论，不管是肯定与否定，不论是出于何种动机与目的，都有一定的合理因素，特别是他们作为乾嘉学派同时代的人，甚至本身就是学派中的当事者，都或多或少地掌握和了解当时的学术史资料。因而在他们的著述中保存了一些有价值的第一手资料，都可作为后人研究乾嘉学派时参考、借鉴的资料，绝不可简单摒弃。但是，必须看到，由于他们大都有党同伐异、固步自封的门户之见，他们的记述与评论难免带有很大的主观性、片面性，对乾嘉学派的评价不可能是科学的、客观的。对此，当时有些学者已经察觉。如焦循就曾指出："循尝怪为学之士，自立一考据名目，以时代言，则唐必胜宋，汉必胜唐；以先儒言，则贾、孔必胜程、朱，许、郑必胜贾、孔。凡许、郑一言一字皆奉为圭璧，而不敢少加疑辞。窃谓此风日炽，非失之愚即失之伪……循每欲芟此考据之名目，以绝门户声气之习！"② 对此，王引之也深有同感。他在给焦循的复信中说："惠定宇（惠栋）先生考古虽勤，而识不高、心不细，见异于今者则从之，大都不论是非。……来书言之，足使株守汉学而不求是者，爽然自失。"③ 一般说乾嘉学派中的皖派学者，已不像吴派学者那样深抱门户之见，嘉道而后，汉学和宋学则日趋合流。不过，值得注意的是江藩与方东树等人的著作，对乾嘉学派的评述，在当时都带有总结性质，在此后的长期流传中，都曾发生很大的作用和影响，甚至在当代

---

① 方东树：《汉学商兑》卷6中上。
② 焦循：《与王引之书》，《焦里堂先生年谱》。
③ 王引之：《与焦里堂先生书》，《王文简公文集》卷4。

某些学术思想史研究的论著中也还有受其影响的反映。因此，要科学地评价乾嘉学派，理应消除历史上汉、宋学派之争的门户成见，遗留给乾嘉学派研究中的影响。

第二，满、汉民族矛盾斗争中遗留的民族偏见。这是评价乾嘉学派时应注意消除的又一历史成见。与汉、唐、宋、明等封建王朝相比较，清代封建统治的一个重要特征是满族上层居统治地位。在中国封建社会中本来就存在着严"华夷之辨"的华夏正统观念；加之，满族贵族势力在夺取全国政权过程中，曾推行了野蛮的民族高压政策，激起了广大汉族民众与封建士大夫的强烈反抗；后来，清朝统治者虽然调整了政策，民族矛盾有所缓和，但满、汉民族之间的矛盾和斗争，从清初一直贯穿到清末。辛亥革命时期为推翻清朝封建专制统治，当时人还以"驱逐鞑虏，恢复中华"相号召。考察汉族知识分子与清朝统治政权之间的关系，大致上呈现由对立反抗逐渐转向承认合作的趋势。一般说，明末清初的学者、思想家，如朱之瑜、陈确、傅山、方以智、黄宗羲、顾炎武、王夫之、吕留良等，大都具有强烈的民族意识，甚至直接与间接地投入过抗清斗争，誓死不与清朝合作。但随着时间的推移，到康熙中叶以后，抗清斗争已经平息，清王朝的统治政权日趋稳定，社会经济得以恢复和发展，战乱时期的民族高压政策也有所改变与调整，满汉之间的民族矛盾逐渐趋于缓和。在这种新的政治经济形势下，社会思潮与学风也相应地发生了变化。此时，大多数文人学者在政治立场上开始向清朝统治者靠拢，承认了清朝统治的合法性，并采取了与之合作的态度，如阎若璩、胡渭、顾祖禹、黄仪、徐乾学等。至于康乾以后的文人学者，与清朝政府的关系变化就更大了，基本上已经融为一体，当然二者之间还有各种矛盾，但多属于一般封建专制政权与知识分子之间的矛盾，并非都是满、汉民族之间矛盾的体现。

从统一的多民族国家着眼，清朝取代明朝与中国历史上其他时期的改朝换代，同属封建王朝兴替，并无本质区别，所不同的只是清朝是以少数民族入主中原，由满族贵族居统治地位。我们绝不能站在封建的汉族正统立场，视清代满族贵族统治为"僭伪"和"夷狄"，也不能把后来对清朝政府采取臣服合作态度的阎若璩等斥为"晚节不佳""丧失了民族立场"。若要以正确的观点评论清代各历史阶段知识分子与清朝政府之间的关系,则首先应依据历史条件的变化进行具体分析。明末清初的顾炎武、黄宗羲、王夫之等,在清王朝推行野蛮的民族屠戮政策下,身遭"国破家亡"之痛,坚持抗清,坚守民族气节,固应肯定。而阎若璩等在清朝统治稳固确立之后,采取了与之合作的态度,也无可非议。至于康熙、乾隆时期,大批文人学者参与《明史》及《四库全书》的编纂,与历朝历代文人学士参与王朝文治并无二致。但是不少论者,却总是以明末清初王、黄、顾等人的民族气节,来衡量和要求包括乾嘉汉学家在内的思想家和学者,认为他们参与清朝兴办的文化事业,是在清廷威迫利诱下,"没有民族思想","没有政治是非的人"。辛亥革命直至"五四"运动时期,一些资产阶级革命家、思想家,从推翻封建帝制、批判封建专制主义的需要出发,以清朝的封建专制统治为矢的,对之进行激烈的揭露批判,是革命斗争的需要,在实际生活中也起了积极作用。但他们在一些宣传文字中确也夹杂有民族偏见,甚至章太炎和鲁迅先生的某些论述也在所难免。譬如鲁迅先生写有《算账》这篇杂文,文中讲道:"说起清代的学术来,有几位学者总是眉飞色舞,说那发达是为前代所未有的。证据也真够十足:解经的大作,层出不穷,小学也非常的进步;史论家虽然绝迹了,考史家却不少;尤其是考据之学,给我们明白了宋明人决没有看懂的古书……但说起来可又有些踌躇……我每遇到学者谈起清代的学术时,总不免同时想:'扬州十日''嘉定三屠'这些小事情,不提也好罢,但失去全国的土地,大家十足做了二百五十年奴隶,却换得这几页光荣的学术史,这买卖,究竟是赚了利,还是折了本呢?"[1] 鲁迅先生竟然把"满族"完全看作是中华民族之外的外来民族,因而把满族贵族的统治看作是"失去全国的土地",大家都"做了二百五十年的奴隶"。这显然是受了封建社会长期流传的"严华夷之辨"的封建正统观影响。以这种理论和逻辑,当然要否定清朝统治下所取得的包括乾嘉学派在内的任何成就。但是,鲁迅先生的论述,对研治清代学术文化史有重大影响,是无可否认的。

近年来持民族偏见的观点评价乾嘉汉学的典型论者,要推久居台湾的老一辈学术思想史专家徐复观先生了。徐先生是现代新儒家的著名代

---

[1] 鲁迅:《算账》,《花边文学》,人民文学出版社2006年版。

表人物，曾撰有《"清代汉学"论衡》一文，此文对包括乾嘉学派在内的清代汉学持基本否定的态度。即如本文开篇所引，他总的认为"清代汉学，歪曲了汉宋两朝学术的本来面目，且给中国现代人文科学的研究以不良影响"，甚至认为"此派考证的成果，非仅不一定超越了前人；而且许多问题经他们的考证而更远于真实"①。这些看法，显然有些偏颇。细读徐先生的文章，发现支配其立论的基本立场有二：其一是宋学立场；其二则是正统的大汉族立场。如徐先生在文中指出："满清以异族入都北京之年，亦即中国第三次亡于异族之年，在学术上活跃于17世纪50年代以后的重要人物……怀华夏沦胥之痛，并深思其所以沦胥之故，欲在学术上挽人心于不死，乃继承中国儒家以天下为己任的大统，深一层看，依然是顺承宋代理学的大统而有所发挥推展的。"（按：由此说法亦可见作者的宋学立场）徐先生认为，此时的学者是"具有人格尊严的学者"。但继此而后的胡渭、阎若璩则"缺乏民族思想"，胡、阎的著述是为"希荣取宠之资"，"他们没有一点人格尊严的感觉，这在学术精神上，可以说完全从儒家的传统中摆脱了出来，与18世纪的汉学家的人生态度相连结"②。论到乾嘉学派的主要代表人物戴震时，徐先生说，"他（戴震）四十岁后彻底否定宋学是为了迎合风气……五十一岁时，能以举人参加四库馆，盖得此迎合之力"，甚至认为戴震"想从正面推翻宋代作为学术骨干的理"，也是由于他"窥见微旨"，即徐先生认为的乾隆"实际把理学家的基本立足点否定了"，所以戴震在抨击宋代的"理"，才"特倡言之而无所忌"③。这实际上是完全否定了戴震批判理学的进步社会意义。这些看法大有商榷讨论的必要，本文姑且不论。徐先生为了论述汉学家没有民族气节，又谈到清朝"以异族入主中华，由种族的猜妨心理，对士人采用极端的（专制屠戮）与虚伪的利诱"，"在他们的利诱政策中，最成功的莫如开设四库馆"，以此"大量毁灭，改窜图书"。因此，徐先生认为"只有完全没有一点民族思想，没有一点政治是非的士人，才可在这样的政治中生存"。而"清

---

① 徐复观：《"清代汉学"论衡》，《大陆杂志》第54卷第4期。
② 同上。
③ 同上。

代汉学，产生于威迫利诱达到最高峰之际"，"四库馆就是汉学家大本营"，"当时的汉学家以能参预（四库馆）为莫大光荣"[①]。自然，在徐先生看来，当时的汉学家都是些"既无民族思想"，又"无政治是非"的人。把当时参与纂修四库全书的许多第一流的大学问家，都视作没有民族思想、没有政治是非的糊涂虫，显然有失公允。而且区分有无民族思想的准绳，完全从大汉族立场出发，也不符合中华民族是包括各少数民族在内的众多民族的统一体这一基本事实。而徐先生之所以对包括乾嘉学派在内的清代汉学作出完全、彻底的否定性的评价，正是受其封建的汉族正统观立场及宋学立场的支配。

值得注意的是，出于民族偏见评价乾嘉学派的不仅徐先生一人。诸如长期以来把乾嘉学派的产生，仅仅归结为是清廷大兴文字狱的结果，也与片面夸大满汉之间的民族矛盾有关。然而，至今在许多著述中论及乾嘉学派产生形成的原因时，依然简单地沿袭着这种传统说法。因此，欲客观地、实事求是地评价乾嘉学派，仍很有必要消除民族偏见。

第三，新中国成立后曾经存在的极左政治倾向影响到对乾嘉学派的评价。这是论及评价乾嘉学派应消除历史成见的影响时，尤其不可忽视的。乾嘉学派是继宋明理学之后，在中国封建社会中有较大影响的一个学术流派。作为一个学术流派与社会思潮，其产生、发展和没落，都有一定的社会经济政治原因，应放在当时的历史条件下进行具体分析和评价。而且，这完全是历史学术问题，学术界完全可以自由争鸣和讨论。但是，新中国成立初期，在一些学术批判运动中，往往混淆政治与学术的界限，对乾嘉学派的研究评价也未能例外。特别是在批判胡适的实用主义与考据学的同时，也株及历史上的乾嘉学派，出现全盘否定乾嘉学派的倾向。一些论者认为乾嘉学派是封建专制主义文化政策的产物，是封建反动统治阶级的奴仆和工具，脱离现实，烦琐饾饤，没有思想，从其治学内容到其治学方法，都一无可取之处，纯系封建糟粕。不仅如此，有些论著甚至提出："如何评价清代考据学也是近现代文化战线上两条路线的斗争。"在这种极左气氛下，乾嘉学派成了研究的禁区，人们对之噤若寒蝉，偶尔触及，不敢说是，只敢说不。稍有异议，论者便

[①] 均见徐复观《"清代汉学"论衡》，《大陆杂志》第54卷第4期。

会导致对自身的批判。20世纪60年代初，报纸上有篇短文谈论阎若璩的治学精神，肯定阎若璩"学风实事求是，勇于怀疑，敢于做翻案之章"。本来，从学术争鸣的角度，这篇短文的看法与评价是否正确，完全可以商榷讨论。然而，这篇短文的作者很快便遭到批判，"棍子""帽子"满天飞，指责其对阎若璩"全盘肯定""盲目颂扬"，"制造非考据不算学问的学风"，是要"引导青年人埋头于琐屑的考据"。随后，这种批判性的舆论，愈演愈烈，到了"十年动乱"期间，彻底批判砸烂"封、资、修"，"大、洋、古"，乾嘉学派理所当然地被视为封建主义的黑货，是"烦琐考据""玩物丧志"的典型。这种流风所及，不仅使对乾嘉学派的研究无人问津，甚至连文字、音韵、训诂、校勘，这些进行古典文史哲研究的基本训练，也被视为无用。这种彻底否定传统文化的民族虚无主义倾向，给亿万人民的心灵深处烙下极深的创伤，对学术研究造成极大的祸害。可以毫不夸张地说，从新中国成立之后，到党的十一届三中全会之前，学术界对乾嘉学派一直没有开展认真的研究。因而，长期以来还没有一部系统研究论述乾嘉学派的专著，很有研究分量的论文也不多见。反之，大批判里手罗思鼎有关乾嘉学派的批判文章，《论乾嘉学派及其影响》《评乾嘉考据学派的方法论》等极左的"妙文"，则称霸学坛，制造混乱，造成恶劣影响，对此决不能低估。

党的十一届三中全会之后，在实事求是的政治思想路线指引下，学术界对乾嘉学派又开展了讨论，日趋采取了科学的、实事求是的态度，陆续发表了一些研究性的论文，对乾嘉学派产生形成的原因、乾嘉学派的流派及其发展阶段、乾嘉学派的学术成就及其在学术史上的地位作用和影响、乾嘉学派的弊端及其历史局限和乾嘉学派学者的个案研究等，都提出了不同的看法和意见。这是十分可喜的现象。但也应指出，这些讨论和研究还只是初步的，许多问题仍有待于进一步深入。长期以来极左的政治倾向对乾嘉学派研究造成的消极影响，还需要在研究过程中进一步消除。

（原载《社会科学战线》1992年第3期）

关于乾嘉学派的成因及派别划分之商榷

乾嘉学派亦称乾嘉汉学或朴学、考据学。由于它是清代居支配地位的学术思潮与学术流派,在中国学术思想史上具有重要地位和影响,因而在近年来兴起的中国传统文化研究热潮中,海内外学术界对之给予了较多的关注并进行了一定的讨论。学者们就讨论中所涉及的该学派一些基本问题,相互争鸣诘难,看法不尽一致。其中,关于该学派产生、形成的原因及其派别划分问题,就是讨论较多、分歧较大的两个问题。这里拟提出些商榷意见,以求教于方家。

一 关于乾嘉学派产生、形成及其兴盛的原因

乾嘉学派为什么在清代产生、形成并逐渐兴盛?这是研究乾嘉学派时首先提出并应予解决的问题。对此,清末以来,章太炎、梁启超等人主要从清廷的文化专制政策——滥行文字狱加以说明。如章太炎在《清儒》一文中,开宗明义即说:"多忌,故歌诗文史梏;愚民,故经世先王之志衰。家有智慧,大凑于说经,亦以纾死,而其术近工眇踦善矣!"[1] 梁启超也谓:"其后文字狱频兴,学者渐惴惴不自保,凡学术之触时讳者,不敢相讲习。然英拔之士,其聪明才力,终不能无所用也。诠释故训,究索名物,真所谓'于世无患,与人无争'学者可以自藏焉。"[2] 自此而后,学术界在论及乾嘉学派产生和形成的原因时,大多

---

[1] 章太炎:《清儒》,《检论》卷4,《章太炎全集》(三)。
[2] 梁启超:《清代学术概论》,《梁启超论清学史二种》,复旦大学出版社1985年版,第23—24页。

采纳章、梁之说，几成定论。80年代以来，才有些学者从清代康乾盛世经济的繁荣、政治的稳定和统治者对学术的提倡等角度去解释，认为文字狱并非是乾嘉学派产生的唯一的或主要的原因；也有些学者提出"文字狱和乾嘉学派并无必然联系"。随后，又有学者从学术思想本身的发展说明乾嘉学派的成因，认为乾嘉学派是清初反理学思潮的延续和发展，应从学术思想发展的内在逻辑寻求乾嘉学派产生的原因。前不久，台湾"中央研究院"中国文哲研究所专门就"乾嘉学术"进行座谈讨论，在论及乾嘉学派产生的原因时，将上述三种观点分别概括为政治因素、经济因素——外在因素说，以及内在因素说，并予以评论："无论是从外在或是内部的层面，来探讨乾嘉考据学形成的原因，都有相当的可信性。然而相对的，也各自具有不能全面照顾的缺憾。因为一种学术风潮的勃兴，并不是一蹴而成的，往往是多方面的、错综复杂的历史因素交互作用的结果，考据学自然也不能例外。"[1]

笔者在80年代初曾发表《乾嘉学派的成因及其评价》与《康乾盛世与乾嘉学派》[2]两文，针对清末以来多数学者将乾嘉学派的产生仅仅归之为文字狱的观点提出不同看法，认为这种观点失之简单和偏颇，而把乾嘉学派的产生和兴盛与康乾盛世联系起来考察，提出乾嘉学派是康乾盛世产物的结论。这种看法是基于下述认识，即历史上各种学术思潮与流派的产生，多决定于各历史时期政治、经济发展的状况；而思想本身发展演变的规律虽对其有作用，但它也不能脱离当时的时代条件，故我们不能就思想论思想。再者，统治阶级的政策，只能在一定条件下促进或遏制学术思想的发展与变化，而不能从根本上决定其产生和消灭，所以不应过分夸大文字狱对乾嘉学派产生的作用和影响。

具体说来，清代康雍乾时期，出现了史称的康乾盛世，此时中国统一的多民族国家在政治上得到确立和巩固，形成了政治上近百年相对安定的局面，为学术文化的发展创造了适宜的环境。与此同时，康雍乾时期的社会经济，无论是农业、手工业，还是商业都有长足的发展，正如

---

[1] 蒋秋华：《乾嘉学术兴起原因之探讨》，《中国文哲研究通讯》第4卷第1期。
[2] 分见任清《乾嘉学派的成因及其评价》，《人民日报》1982年10月25日；王俊义《康乾盛世与乾嘉学派》，《清史研究集》第4辑，四川人民出版社1986年版。

有些史籍所记载："本朝轻薄徭税，休养生息百有余年，故海内殷富，素丰之家，比户相望，实有胜于前代。"① 经济上的发展和繁荣，为学术文化的发展和兴盛，提供了物质基础。乾嘉学派之所以能蓬蓬勃勃地兴盛发展，正依赖于康乾盛世所奠定的政治和丰厚的物质基础。

除了政治经济因素外，学术文化能否获得发展，还要看统治者是否予以支持和提倡。而康雍乾三朝统治者恰恰又都比较重视和提倡封建学术文化，"稽古右文，崇儒重道"，大力倡导和编纂各种典籍。从康熙到乾隆，清政府几乎对所有儒家经典都重新进行了疏解、汇编和刻印。同时，清政府又以巨大的人力、财力编纂各种大型图书，诸如《古今图书集成》《四库全书》等。这些大型图书的编纂，既使当时许多著名的汉学家，如纪昀、戴震、王念孙、邵晋涵等学者的学术思想得以施展和发挥，又为更多的人提供了读书治学的资料、工具书等便利条件。当《四库全书》编纂完成之后，清廷分别在北京、承德、沈阳、杭州、扬州、镇江及宫中修建七阁存放，使更多的文人学者得以阅览，使浩如烟海的书籍得以充分利用。所以，有人说："四库全书馆就是汉学家大本营。"由于清朝中央政府对学术的倡导，一些封疆大吏也都热心提倡学术，诸如王昶、朱筠、毕沅、阮元等，他们本身既是学者，又是政府要员，都热心提倡学术，纷纷创办书院经舍，主持编纂书籍，支持赞助学者著书立说。上行下效。一时间，搜书、编书、校书、刻书、藏书蔚然成风，形成了浓厚的学术风气。甚至一些大的盐商也都附庸风雅，召募文人学者，编纂、汇刻各种书籍，乃至修建书楼，用以搜书、藏书。乾嘉学派正是在这样的学术氛围中形成、发展并走向鼎盛的。

由上所述，可知如果没有康乾盛世，也就不可能有根深叶茂的乾嘉学派。仅仅从文字狱的横行来说明乾嘉学派的产生，许多问题便得不出合理的解释和说明。因为推行文化专制政策，以文字兴师问罪，乃是历朝封建统治者惯用的伎俩。何以唯独清朝才有鼎盛的乾嘉学派出现？可见，只用文字狱来说明乾嘉学派的产生与兴盛的观点则难以成立。

有些学者对将乾嘉学派的成因与康乾盛世联系起来考察的方法进行了批评，认为这"还只是停留于形成乾嘉学派外在原因的探讨，却忽略

---

① 昭梿：《啸亭杂录》续录卷2。

了中国古代社会理论思维本身发展内在逻辑的认识"。他们表示要另辟蹊径，说："与其局限于外在原因的探究而可否不一，倒不如从中国儒学自身发展的矛盾运动中去把握问题的本质。"[1] 于是，持这种观点的同志，从分析理学的发展演变入手，认为北宋以来产生的理学至明清之际，已穷途末路，面临必然崩溃的厄运。因而，清初兴起了批判理学的思潮，这一思潮成为乾嘉汉学的先导。而清朝统治者由于推行文化专制主义，使清初形成的批判理学的思潮逐渐抛弃了其经世致用的宗旨，只保留了朴实的考经证史的一面。这就为尔后乾嘉学派的形成，在理论思维上提供了内在的逻辑和依据。应该指出，这些学者提出的颇有道理的见解，在一定程度上补充了持康乾盛世产生乾嘉学派说的论者之不足。不过他们也只是着重强调了从学术本身发展的内在逻辑去分析乾嘉学派的产生，而将所谓的外在因素放在可有可无、无足轻重的位置，乃至于仅是附带提及而已，却忽略了乾嘉学派产生的客观基础和时代特征，难免有就思想论思想，甚至有本末倒置之嫌。

持上述观点的学者还对"康乾盛世说"提出诘难：中国古代史上也曾出现过与康乾盛世并称的盛世，诸如汉"文景之治"、唐"贞观之治"、宋"太平兴国之治"、明"文宣之治"等，而那些盛世却都没有出现考据学独盛的局面，为何唯有康乾盛世才出现了乾嘉学派？以此逻辑推论，两者似乎并无必然联系。应该说，这种逻辑上的推论只说对了一半，即考据学并非和所有的盛世都有必然联系，因为虽然盛世为学术文化的发展提供了物质基础，但学术的兴盛究竟以何种形态表现，则还要依据其所在时代的具体状况而定，其表现形态或经学、或佛学、或理学、或考据学，不一而足。而各个时代的学术思想究竟以什么样的内容和形式加以表现，则既要以不同时代原有的学术思想资料为出发点，也与当时的学术思想发展趋势相联系。由于清代之前中国历史上的盛世，并不存在由宋学（理学）向汉学（考据学）转化的内在因素，当然也就不可能出现乾嘉汉学那样的考据学。但却不能由此进而推论：康乾盛世也不可能导致乾嘉学派的产生。这是因

---

[1] 陈祖武：《从清初的批判理学思潮看乾嘉学派的形成》，载陈祖武《清初学术思辨录》附录一，中国社会科学出版社1992年版，第303—304页。

为，当时除康乾盛世提供的客观环境外，还存在着由宋学向汉学转变的思想资料及学术思想发展趋势，亦即自宋以来形成的理学，至明中叶以后完全走向空谈心性、于事无补的局面，理学确已走向终结和没落，需要为新的学术思潮所取代。因而，明末便出现了倡导经世致用、强调读经证史的学术思潮。这一思潮提出"经学即理学"，主张汉、宋学兼采，具有明显的反理学倾向。他们以这样的学术主张，通过文字、音韵、训诂去考辨和整理儒家经典，遂成为乾嘉学派的先导，为乾嘉学派的产生和形成提供了思想资料。就此而论，明末清初出现的反理学思潮，无疑是乾嘉学派产生和形成的内在思想因素。我们过去在强调乾嘉学派与康乾盛世的联系时，未能充分注意这一点，诚然是论述上不够严密之处。但如仅有这种思想上的内在因素，而无康乾盛世提供的客观环境和物质基础，乾嘉学派即便是产生和出现，也很难走向兴盛。

在论述乾嘉学派产生和形成的原因时，虽然不能把清廷推行文字狱说成是乾嘉学派产生的唯一原因，但也不能否认其在乾嘉学派产生发展过程中的作用和影响。文字狱虽非清代所专有，但像清代那样频繁、酷烈的文字狱却也是空前的。清代这种残酷的文化专制政策，无疑也促使了当时的学者走向远离现实、全身避祸的考据学之一途，使学术的发展出现畸形的状况。

从对乾嘉学派产生和形成原因的讨论中，笔者深感不同学术观点的讨论，有助于学术事业的发展。因为通过讨论和争鸣，可以使不同观点学者的认识更加全面。历史上各种学术思潮的产生和勃兴，往往是多种错综复杂的历史因素相互作用的结果。在探讨乾嘉学派产生、形成及其走向兴盛的原因时，只有客观地、全面地将内、外因素结合起来，并进行综合的分析考察，才会得出令人信服的结论，只强调内在或外在因素的某一方面，都难免有顾此失彼之嫌。从多元性的思维方式去考虑问题，看来是解决乾嘉学派成因问题的发展趋势。

二 关于乾嘉学派内部派别的划分

在中外学术史上，凡属流传时间较长、影响较大的学派，在其发展过程中往往又会分化出各具特色的不同流派。他们同属于一个大的思潮和流派，既有共同的治学宗旨和特点，又有不同的个性特色，成为同中有异，异中有同，既有联系，又有区别的学派。学派的命名，或以学派创始人，或以学派的特征，或以所处的时代，或以所在地域而名之，这在中外学术史上都是屡见不鲜的。中国学术史上则常以地名命名学派，如宋代的濂、洛、关、闽之学以及永嘉学派、永康学派、金华学派，明代的姚江学派、泰州学派、浙东学派等。对学术流派作如是划分和命名，代代相传，约定俗成，既为学术界所公认，也为研究学术史提供了方便，这几乎已成为中国学术史上的一个传统。明清之际的大学者、大思想家黄宗羲所著的学术史巨著——《明儒学案》，就大多以地域来划分和命名学派。

清代的乾嘉学派，自顾炎武为之奠基，胡渭、阎若璩、姚际恒等作为先驱，发展到乾隆时期的惠栋公开打出汉学旗帜，遂成为与宋学相对垒的独立学派，再到戴震达到乾嘉学派的高峰，在学术界已居于支配地位。近人研究乾嘉学派时，在肯定该学派共同特征的基础上，又根据其内部不同代表人物的不同特点，将其分作吴派和皖派：吴派以惠栋为开山，皖派以戴震为代表。因惠栋是江苏吴县人，戴震是安徽休宁人，各以其地望名其学派，故有吴派、皖派之称谓。

对于吴派和皖派这种名称的划分和命名，似始于章太炎。他在《訄书·清儒》中说："其成学著系统者，自乾隆朝始，一自吴，一自皖南。吴始惠栋，其学好博而尊闻。皖南始戴震，综形名，任裁断，此其所异也。"章氏在文中还列举了江声、余肖客、王鸣盛、钱大昕、汪中、刘台拱、李惇、贾田祖、江藩等皆为吴派学者，并指出，他们"皆陈义尔雅，渊乎古训是则者也"。同时，他又列举了金榜、程瑶田、凌廷堪、胡匡衷、胡承珙、胡培翚、任大椿、卢文弨、孔广森、段玉裁、王念孙、王引之、俞樾、孙诒让等皆为皖派学者，并指出，他们"凡戴学数家，分析条理，皆瘉密严瑮，上溯古义而断以己之律令，与苏州诸学殊矣"[1]。此后，梁启超在《清代学术概论》与《中国近三百年学术史》中，也完全采纳了章太炎的说法，说："汉学派中也可以分出两个支派，

---

[1] 章太炎：《清儒》，《检论》卷4，《章太炎全集》（三）。

一曰吴派，二曰皖派。吴派以惠定宇（栋）为中心，以信古为标帜……皖派以戴东原（震）为中心，以求是为标帜"。① 同时，他也列举了与章太炎所论大致相同的隶属于吴派和皖派的学者。自章、梁之说出至今近一个世纪，凡治清代学术思想史者，在论及乾嘉汉学的派别划分时，大都沿用此说，间或稍有发挥和补充。但最近几年，海内外均有学者先后撰文，对吴、皖分派说提出质疑与商兑，如陈祖武的《乾嘉学派吴皖分派说商榷》、暴鸿昌的《乾嘉考据学流派辨析——吴派、皖派说质疑》、台湾中山大学的鲍国顺先生的《吴、皖分派说商兑》，基本上反映了对吴、皖分派说持不同意见者的观点。现将他们对吴、皖分派说提出质疑的主要论点列举于下：

第一，乾嘉学派是一个历史过程，而吴、皖分派的观点无形中掩盖了其演变发展的历史轨迹。第二，乾嘉考据学是同一个学派，该学派中的学者虽有差异和各自的风格，但他们的治学宗旨基本上相同，以乾嘉学派称之足矣，无须再分吴、皖两派。第三，以吴、皖地域来划分两派，以及所谓吴派佞汉嗜古、皖派实事求是的概括也不尽符合历史事实。他们还具体指出被视为皖派学者中的段玉裁、任大椿、孔广森、王念孙、王引之等并非皖人；同时被视为吴派的学者并非都佞汉信古，而被视为皖派的学者也同样有佞汉者。可见吴、皖分派说与历史事实并不符合。

如前所述，章太炎、梁启超提出的吴、皖分派说至今已近一个世纪，他们的论断本身也并非十分严密。随着学术研究的深入和发展，如果对于乾嘉学派中学术派别有更科学的划分法，或者根本不用分派更能说明乾嘉学派的有关问题，也完全可以将吴、皖分派说予以否定。但是，将近一个世纪以来，吴、皖分派说之所以能为大多数研究者所接受，究其原因，我想大概在于它基本上反映了乾嘉学派本来的历史面目。如欲将其否定，则必须有充分的根据。就目前对吴、皖分派说提出商榷的学者们的论点看，似还不足以否定或取代吴、皖分派之说。

首先，肯定吴、皖分派之说，并不否认乾嘉学派是一个历史发展过程，也不会掩盖其演进发展的历史轨迹。因为对吴、皖分派说的肯定者

---

① 梁启超：《中国近三百年学术史》，第115页。

和否定者，都未否认乾嘉学派有发展演变的历史进程，而吴、皖分派只是在乾嘉汉学发展到鼎盛阶段的乾嘉之际才出现的。在吴、皖分派之前，早在清初就有顾炎武为清代汉学奠定基础，后又有胡渭、阎若璩、姚际恒等为汉学之先驱，待惠栋公开打出汉学的旗帜后，乾嘉汉学始成为独立的学派，涌现了有代表性的杰出汉学大师，诸如惠栋和戴震，他们各以自己的学术成就与治学方法影响并带动了一批学者，追随自己，在共同的汉学宗旨下形成各自不同的特点，在汉学的旗帜下产生了不同的支派。吴派形成于前，皖派产生于后，戴震曾向惠栋受业请教，尔后在治学上又形成有别于惠栋的特色。惠栋与戴震各以其所在地域为中心，各自传授和影响了一批学者，形成各具特色的流派。至戴震与段玉裁、王念孙、王引之这些汉学大师之后，一方面由于社会现实的变化，另一方面由于乾嘉学派本身日益烦琐和脱离实际，学派遂走向衰落，逐渐为新的经世致用思潮和今文经学所取代。以上这些都是陈祖武先生等十分强调的乾嘉学派的历史过程。但吴、皖派别的划分，与这一历史进程完全吻合，并未掩盖乾嘉学派演进发展的历史轨迹。可见，认为吴、皖分派说无形中掩盖了乾嘉学术的历史演进轨迹，道理是不充分的。

其次，以吴派和皖派作惠栋和戴震为代表的学派的名称，也仅是一个代称和概称。当时和其后的学者是否属于吴派和皖派，也并非仅仅以他们是否吴人、皖人为根据，更主要的是要看其与惠、戴是否有师承关系，相互间的治学宗旨与特色是否相同。因此，并非所有吴籍或皖籍的学者，就一定属于吴派或皖派；同样，不属吴籍或皖籍的学者，也并非就不可能属吴派或皖派。以此而论，虽然段玉裁是江苏金坛人，任大椿是江苏兴化人，孔广森是山东曲阜人，王念孙、王引之父子是江苏高邮人，但由于他们是戴震的学生或再传、私淑弟子，在治学宗旨、方法和特色上，也和戴震相一致，继承并发展了戴震的学术成就与学术思想，因此，他们都属于皖派学者。同样，属于吴派的学者也大都如是。因此，既不能仅把是否属于吴籍、皖籍人，作为划分吴派、皖派的唯一根据，也不能根据段玉裁、任大椿、孔广森、王念孙等不是皖人而列入皖派，便得出吴、皖分派说不符合历史事实的结论。

再者，以吴、皖分派以及对吴、皖两派特点的概括，也并非章太炎独创和首创。事实上，乾嘉时期的学者就已有类似的划分和评价，如王昶就说："吴中以经术教授世家者，咸称惠氏。惠氏之学大都考据古注疏之说而疏通证明之，与古籍之载相切，传至定宇先生（即惠栋），则尤多著纂，卓卓成一家言，为海内谈经者所宗"，"于是，吴江沈君彤、长洲余君仲霖、朱君楷、江君声等先后羽翼之，流风所煽，海内人士无不重通经，无不知信古，而其端自先生发之"①。戴震也曾经指出："先生（指惠栋）令子秉高与二三门弟子，若江君琴涛（江声）、余君仲林（余肖客）皆笃信所授，不失师法"，"而吴之贤俊后学，彬彬有汉世郑重其师承之意。"② 对于戴震及其皖派也有许多同样类似的论述，兹不赘述繁引。至于对吴、皖两派特点的概括，当时学者就已有类似章太炎的评论。如以吴派自居的王鸣盛本人就曾经说："方今学者，断推两先生，惠君之治经求其古，戴君求其是，究之舍古亦无以为是。"③ 王鸣盛虽然是站在吴派立场评论惠、戴两家之得失，但确也道出了二者的不同特点。《四库提要》在评论惠栋的学术特点时也指出："其长在博，其短亦在嗜博；其长在古，其短亦在泥古。"可见，吴、皖分派说以及对两派特点的概括，并非没有根据。至于对吴、皖分派说提出商兑的论者，列举事例说明被认为是吴派学者的王鸣盛等并不泥古、信古，而且他们"实事求是"的治学态度，也不亚于皖派学者。当然，我们并不否认上述所举的单独事例，但是如若列举吴派学者泥古、嗜古的事例，那就简直多如牛毛，不胜枚举了。即以王鸣盛为例，他就明确说过："治经断不敢驳经……但当墨守汉人家法，定从一师，而不敢他徙。"④ 他作《尚书后案》一书，就专宗汉代经师郑玄，而且直言不讳地说："《尚书后案》何为作也？所以发挥郑康成一家之学也。"⑤ 这难道不是信古佞汉的典型吗!? 由此可见，不能单凭某一学者的个别言论，就证明其与章太炎所概括的吴、皖两派的特点不合，断言吴、皖分派说与历史事实不符。须知古代学者在不同场合，针对不同情况而发表的言论，不可能完全如出一辙，即便是对于同一个问题的说法前后也可能有互相

---

① 王昶：《惠定宇先生墓志铭》，《春融堂集》卷55。
② 戴震：《题惠定宇先生授经图》，《戴震集》卷11。
③ 洪榜：《戴先生行状》，《初堂遗稿》卷44。
④ 王鸣盛：《十七史商榷·序》。
⑤ 王鸣盛：《尚书后案·序》。

矛盾之处，这并不足为奇。而问题的关键与实质，则应从其大量言论中看其总的趋势，而后才能得出较为符合其本来面目的真实结论，绝不能以偏概全。

还须指出，在乾嘉学派中分出吴派和皖派，既不是说二者根本对立，也不是否定二者具有相同的一面，而是肯定二者都是乾嘉学派，都推崇和宗奉汉学，都是从文字、音韵、训诂入手治经，有着基本的共同点，且相互影响，互为师友。正是在这一前提下，他们在学术发展过程中又形成了各具特色的流派。这是客观存在的事实。今天我们根据史实，研究分析两派的异同，总结各自的特点、成熟与不足、经验和教训，这正是研究学术思想史的义不容辞的任务，也是深入推进学术史研究的重要课题和途径，怎么能说是"偏偏要摘其差异"去强分派别呢？

当然，我们也绝不是说章太炎关于吴、皖分派之说就是不可逾越的定论，也不必死守吴、皖分派说的成规。事实上，如果更深入地研究乾嘉汉学，似乎还可以从中划出其他派别来，如浙东学派、扬州学派、杭州学派等。但是，要改变和推翻前人的论断，就必须有充分的根据和理由。

（原载《中国社会科学院研究生院学报》1995年第3期）

乾嘉汉学论纲

乾嘉汉学是清代居支配地位的学术思潮与学术流派，在中国学术思想史上具有重要地位和影响，无疑是一个值得深入研究的重要课题。但长期以来对它的评价却歧见迭出，毁誉褒贬不一，近年来海内外学术界又对之进行了较多的讨论。讨论中涉及乾嘉汉学的一系列基本问题，诸如乾嘉汉学概念的内涵与外延，其产生兴盛的原因，派别的划分，学术成就与局限，在中国学术史上的地位和影响等。截至目前，各家看法也不尽一致。笔者在这一讨论过程中，也曾陆续发表过一些论文，对上述问题也程度不同地有所涉及。这里，拟再就乾嘉汉学的有关问题，略陈管见，以求教于方家。

一　乾嘉汉学之命名及其内涵与外延

以儒家经学为核心的中国传统学术，自周秦以来，在其发展演变过程中，历经汉魏、隋唐、宋元、明清等时期，经学在各个历史阶段，曾呈现不同的特色并形成不同的学术流派。大而言之，则有以训诂注疏为特征的古文经学及以阐发微言大义为特征的今文经学，另外又有与今、古文经学特点各有近似之处的汉学（考据学）和宋学（理学）。在中国学术发展史上，今、古文经学与汉、宋学之争，曾你消我长，此伏彼起。清代乾嘉汉学则是与宋学相对而言，以尊汉学为治学宗旨的学术流派。

乾嘉汉学是这一学术思潮与流派的总称，从不同角度与侧面出发，它又有各种名异实同的称谓。由于其考经证史朴实无华，以考据见长，就其学术风格与治学方法而言，常常称其为朴学或考据学；又由于此一学派发展到乾隆、嘉庆时期达到鼎盛阶段,曾呈现"家家许郑,人人贾马"的盛况,从其反映的时代特征而言,又称之为乾嘉汉学;因其在乾嘉时期形成为与宋学对垒有压倒优势的独立学派,也称其为乾嘉学派。同时,由于它足以反映清代学术思想的特色且在清代的各个学术思潮与流派中占支配地位,因而也有学者将其笼统称为清代汉学或清学。乾嘉时期恪守汉学门户之见的江藩,曾撰有《国朝汉学师承记》,记述清代汉学代表人物的师承源流、学术成就;与之同时,站在宋学立场的方东树又撰写了《汉学商兑》,对汉学家指名道姓大张挞伐。这也说明,无论是赞成者还是反对者,都把这一思潮与流派称为"汉学",可见乾嘉汉学是被公认的名称。

就清代大多数宗奉汉学的学者的治学内容看,他们的研究范围大都以经学为中心,而旁及小学、音韵、历史、地理、天文、历算、金石、典制、校勘、辑佚、辨伪等;在研究方法上,又都强调"无征不信",研经治史,都重视考证,且不以孤证自足,必取之甚博。以这样的治学内容和治学方法为特征的学术流派,均通称为乾嘉汉学或乾嘉学派,而且它是清代居支配地位的学术思潮。但这并不是说,乾嘉汉学可以囊括和代替清代所有的学术思潮,我们并不排斥和否认清代各个阶段还有其他的学术思潮和流派,正像隋唐时佛学最为盛行,但仍有排斥和反对佛学的思潮与流派存在一样。

历史上凡是有重大影响的学术思潮与流派,无不是特定历史阶段的产物,且都经历了产生形成、发展兴盛乃至走向衰落的演变过程。乾嘉汉学虽以乾嘉表明其时代特征,但并非其起讫时间仅界定在乾隆、嘉庆这两朝,即从乾隆元年(1736)到嘉庆二十五年(1820)这八十五年,实际上乾嘉汉学从其产生形成,经发展鼎盛,再到走向衰落,则与有清一代相始终。正如老一代历史学家、经学史家范文澜先生所言:"自明清之际起,考据学是一种很发达的学问,自顾炎武启其先行,戴震为其中坚,王国维集其大成,其间卓然名家者无虑数十人,统称为乾嘉考据学派。"可见,乾嘉汉学并不仅仅是指乾嘉时期的汉学家,在其发展演变过程中,它实际上包括了从清初到清末,具有汉学特色的思想家和学者。

当然,乾嘉汉学或乾嘉学派在时间界定上,也可以有内涵与外延,狭义与广义的区分。就乾嘉汉学的特定内涵说，乃指乾嘉时期的考据学派与考据学家，这是对乾嘉汉学的狭义理解。但如果肯定清代的考据学发展到乾嘉时期乃是其鼎盛阶段，因以乾嘉名之，那么清代的考据学，则理应还有其产生形成及衰落的阶段。既然乾嘉汉学是清代考据学的总称，其在时间上的外延显然应该扩大，应包括有清一代具有考据特征、与乾嘉汉学有师承源流的学者和思想家。这则是对乾嘉汉学的广义理解。一般说谈到乾嘉汉学多是从其广义角度而言。

有些论者在研讨乾嘉汉学时，虽然涉及乾嘉汉学的产生形成、派别划分、治学方法、成就影响等基本问题。但却只从乾嘉的字面出发，将其时间范围严格界定在乾隆嘉庆两朝。[①] 如将乾嘉汉学仅局限在乾嘉两朝，就很难讨论清楚上述那些基本问题。

二 乾嘉汉学产生形成及其兴盛的原因

乾嘉汉学为什么在清代产生形成并逐渐兴盛？这是迄今学术界讨论分歧较大的一个问题。清末以来，章太炎、梁启超等主要从清廷的文化专制政策——滥行文字狱加以说明；80年代以来，有些学者又从清代康乾盛世经济的繁荣、政治的稳定和统治者的提倡去解释；随后，又有学者着重从学术思想本身的发展，认为乾嘉汉学是清初反理学思潮的延续和发展。台湾"中研院"中国文哲研究所将上述三种观点分别概括为：政治因素、经济因素——外在因素说以及内在因素说。但这几种看法，各执一端，都只是着重从一个方面去分析，因而也都不足以令人信服。

我个人在80年代初曾发表《乾嘉学派的成因及其评价》[②]及《康乾盛世与乾嘉学派》[③]二文。针对清末以来将乾嘉汉学的产生仅仅归之为文字狱的观点提出质疑，认为这种看法失之简单和偏颇，而把乾嘉汉学的产生和兴盛与康乾盛世联系起来考察，提出乾嘉汉学是康乾盛世产

---

① 参见《〈乾嘉学术研究之回顾〉座谈会纪要》，《中国文哲研究通讯》第4卷第1期。
② 任清：《乾嘉学派的成因及其评价》，《人民日报》1982年10月25日。
③ 王俊义：《康乾盛世与乾嘉学派》，《清史研究集》第4辑，四川人民出版社1986年版。

物的观点。这种看法是基于历史上各种学术思潮与流派的产生，既依据于思想本身发展演变的规律，同时又决定于各历史时期政治经济发展的状况，不能脱离时代条件就思想论思想。再者，统治阶级的政策，也只能在一定条件下促进或遏制学术思想的发展与变化，却不能从根本上决定其产生和消灭，因而不能过分夸大文字狱对乾嘉汉学产生的作用和影响。

具体说来，清代康雍乾时期，出现了史称的康乾盛世，此时中国统一的多民族国家在政治上得到确立和巩固，形成了政治上近百年相对稳定的局面，为学术文化的发展创造了适宜的环境，"经大乱后，社会比较安宁，故人得有余裕自厉于学"。

政治上的稳定局面，虽然为学术文化的发展提供了有利的环境，但学术究竟能否发展，还要看是否具备相应的物质基础。而康雍乾时期的社会经济，无论是农业、手工业，还是商业都有长足的发展，正如有些史籍所记载："本朝轻薄徭税，休养生息百余年，故海内殷富，素封之家，比户相望，实有胜于前代。"经济上的发展繁荣，为学术文化的兴盛，提供了物质基础和条件。乾嘉汉学之所以能蓬蓬勃勃地发展和兴盛，正依赖于康乾盛世所奠定的丰厚的物质基础。

虽然有政治的稳定，经济的发展，为学术文化发展提供了物质基础，但学术文化能否发展，还要看统治者是否支持和提倡。恰好，康雍乾三朝统治者又都比较重视和提倡封建学术文化，"稽古右文，崇儒重道"，大力倡导和编纂各种典籍。当时，从康熙到乾隆，清政府几乎对所有儒家经典，都重新进行了疏解、汇编和刻印。同时，清政府又以巨大的人力、财力编纂各种大型图书，诸如《古今图书集成》《四库全书》等。这些大型图书的编纂，既使原有学者的学术得以施展和发挥，又为更多的人提供了读书治学的资料、工具等便利条件，促进了汉学的发展。所以，有人说："四库全书馆就是汉学家大本营。"由于清朝中央政府对学术的倡导，一些封疆大吏也都热心提倡学术，他们创办书院经舍，主持编纂书籍，支持赞助学者著书立说。上行下效，一时间搜书、编书、校书、刻书、藏书蔚然成风，形成了浓厚的学术风气。乾嘉汉学正是在这样的学术氛围中形成发展走向鼎盛的。

总之，如果没有康乾盛世，也就没有根深叶茂的乾嘉汉学。如果只从文字狱的推行来说明乾嘉汉学的产生，许多问题便不能得出合理的解释，因为推行文化专制政策以文字兴罪，乃是历朝封建统治者惯用的伎俩，何以唯独清朝才有鼎盛的乾嘉汉学？因而，只用文字狱来说明乾嘉汉学的产生与兴盛的观点难以成立。

但有些论者批评将乾嘉汉学的成因与康乾盛世联系起来考察是"停留于形成乾嘉学派外在原因的探讨，忽略了对中国古代学术发展内在逻辑的认识"。这是很有道理的见解。不过，如只强调从学术本身发展的内在逻辑去分析乾嘉汉学的产生，将所谓的外在因素置于可有可无、无足轻重的位置，则又忽略了乾嘉汉学产生的客观基础和时代特征，难免有就思想论思想，甚至有本末倒置之嫌。持这种观点的学者还对"康乾盛世说"提出诘难：中国古代史上也曾出现过与康乾盛世并称的盛世，诸如汉代的"文景之治"、唐代的"贞观之治"、宋代的"太平兴国"及明代的"文宣之治"等，而那时并未出现考据学独盛的局面。为何惟有康乾盛世才出现乾嘉汉学，以此逻辑推论康乾盛世似与乾嘉汉学并无必然联系。应该说这种推论只说对了一半，即考据学并非和所有的盛世都有必然联系。因为盛世虽为学术文化的兴盛提供了物质基础，但学术的兴盛以何种形态表现，则又要依据其所在时代的具体状况而定，或经学、或佛学、或理学、或考据学。而各个时代的学术思想究竟以什么样的内容和形式加以表现，则要以不同时代原有的学术思想资料为出发点，也要与当时的学术思想发展趋势相联系。由于除康乾盛世之外中国历史上的其他盛世，并不存在由宋学（理学）向汉学（考据学）转化的内在因素，当然也就不可能出现乾嘉汉学那样的考据学。但我们却不能由此进而推论康乾盛世也就不可能出现乾嘉汉学。这是因为当时除康乾盛世提供的客观环境外，还存在着由宋学向汉学转变的思想资料及这样的学术思想发展趋势。因为自宋以来形成的理学，至明中叶以后才完全走向空谈心性、于事无补的局面，理学已走向没落，需要有新的学术思潮来取代。因而明末就出现了倡导经世致用，强调重经读史的学术思潮。这一思潮提出"经学即理学"，主张由宋返汉，或汉、宋兼采，具有明显的反理学倾向，他们以这样的学术主张，通过文字、音韵、训诂去考辨和整理儒家经典，成为乾嘉汉学的先驱，为乾嘉汉学的产生和形成提供了思想资料和学术先导。就此而论，明末清初出现的反理学思潮，无疑是乾嘉汉学产生和形成的内在思想因素。我们过去在强调乾嘉汉学与康乾盛世的联系时，未能充分注意上述思想上的内在原因，诚然是论述不够严密之处。但如仅有这种思想上的内在因素，而无康乾盛世提供的客观环境和物质基础，乾嘉汉学仍不可能走向兴盛。

还应看到，虽然不能把清廷推行文字狱说成是乾嘉汉学产生的唯一原因，但也不能否认其在乾嘉汉学产生和发展过程中的作用与影响。文字狱虽非清代所专有，但像清代那样频繁、酷烈的文字狱却也是空前的，清代这种残酷的文化专制政策，无疑也促使了当时的学者易于走向远离现实、全身避祸的考据学之一途。

不同学术观点的讨论，有助于学术事业的发展，它促进不同观点的学者改变单一的、固定的思维模式，可以广纳对方有益的观点，逐渐使自己的认识更加全面。历史上各种学术思潮与流派的产生和勃兴，往往是多种错综复杂的历史因素相互作用的结果。在探讨乾嘉汉学产生形成及其兴盛的原因时，只有客观地、全面地将内、外因素结合起来，进行综合的分析考察，才会得出令人信服的结论。只强调内在或外在的某一方面，虽然都有各自的根据，但也都有顾此失彼的不足。从多元性的思维方式去考虑问题，看来是解决乾嘉汉学成因问题的趋势。

三　关于乾嘉汉学内部派别的划分

在中外学术发展史上，凡属流传时间较长、影响较大的学派，在其发展过程中往往又会分化出不同的流派。它们同属于一个大的思潮和流派，既有共同的学术宗旨和特色，又有不同的个性特点，成为同中有异、异中有同，既有联系，又有区别的学派，这在中外学术史上都是屡见不鲜的。学派的命名，或以学派创始人、或以学派的特征、或以所处时代、或以所在地域等。中国学术史上往往以地域命名学派，如宋代的濂、洛、关、闽之学以及永嘉学派、永康学派、金华学派，明代的姚江学派、泰州学派、浙东学派、浙西学派等。对学术流派作如是划分和命名，代代相传，约定俗成，既为学界所公认，也为研究学术史提供了方便，几乎已经成为中国学术史的一个传统。黄宗羲所作的学术史巨著——《明儒学案》就大多以地域来划分和命名学派。

清代的乾嘉汉学，自顾炎武为之奠基，胡渭、阎若璩、姚际恒等作为先驱，到乾隆时期的惠栋公开打出汉学旗帜，遂成为独立的乾嘉学派。近人在研究乾嘉学派时，在肯定其共同特征的基础上，又根据其内部不同代表人物的不同特点，将其分为吴派和皖派。吴派以惠栋为开山，皖派以戴震为代表。因惠栋是江苏吴县人，戴震是安徽休宁人，各以其地望名其学派，这种明确的命名和划分始于章太炎，他在《訄书·清儒》中说："其成学著系统者，自乾隆朝始，一自吴，一自皖南。吴始惠栋，其学好博而尊闻。皖南始戴震，综形名，任裁断，此其所异也。"章氏在文中还列举了江声、余肖客、王鸣盛、钱大昕、汪中、刘台拱、李惇、贾田祖、江藩等为吴派学者，说他们"皆陈义尔雅，渊于古训是则者也"；同时，又列举金榜、程瑶田、凌廷堪、任大椿、卢文弨、孔广森、段玉裁、王念孙、王引之等为皖派，并指出："凡戴学数家，分析条理，皆䌷密严瑮，上溯古义而断以己之律令，与苏州诸学殊矣。"其后，梁启超作《清代学术概论》，也完全采纳了章太炎的说法，也认为乾嘉汉学"正统派之中坚，在皖与吴，开吴者惠，开皖者戴"。自章、梁之说出至今近一个世纪，凡治清代学术思想史者，在论及乾嘉汉学的派别划分时，大都沿用此说，间或有所补充与发挥。但最近几年，有关学者却先后撰文，对吴、皖分派说提出质疑与商兑，这是学术研究中的可喜现象。对吴、皖分派说提出质疑者的主要论点是：

第一，乾嘉学术是一个历史过程，而吴皖分派的主张则无形中掩盖了其演进的轨迹；

第二，乾嘉考据学是同一个学派，他们的治学宗旨基本上相同，但同一学派中的学者也有差异和各自的风格。不要对他们的相同点视而不见，偏要搞些差异予以划分。即以乾嘉学派称之足矣，再分吴派、皖派，乃大可不必；

第三，以吴、皖地域划分两派，以及所谓吴派佞汉嗜古，皖派"实事求是"的概括也不尽符合事实。并具体指出被视为皖派学者中的段玉裁、任大椿、孔广森、王念孙并非皖人。同时被视为吴派的学者并非都佞汉信古，而被视为皖派的学者也同样有佞汉者。可见吴、皖分派说与事实并不符合。

如前所述，章、梁的吴、皖分派说提出已近一个世纪，他们的论断本身也并非十分严密。如果对于乾嘉汉学的学术派别有更科学的划分法，或者根本不用分派更能说明乾嘉汉学问题，也完全可以将吴、皖分派说予以否定。但是，将近一个世纪以来，吴、皖分派说之所以能为大多数研究者所接受，我想其原因就在于它基本上反映了历史的本来面目。同时，就目前对吴、皖分派说提出商兑者的论点看，似还不足以否定或取代吴、皖分派之说。

首先，提出乾嘉汉学中有吴、皖分派之说，并不否认乾嘉汉学是一个历史过程，也不会掩盖其演进的历史轨迹。因为对吴、皖分派的肯定者和否定者，都不否认乾嘉汉学有发展演变的历史进程。而吴、皖之分派只是乾嘉汉学发展到鼎盛阶段的乾嘉之际才出现的。在吴、皖分派之前，早有顾炎武为乾嘉汉学奠定基础，又有胡渭、阎若璩等为之先驱，待惠栋公开打出汉学旗帜，乾嘉汉学成为独立的学派后，逐渐在汉学这一大的旗帜下，出现了吴派和皖派。吴派在前，皖派在后，戴震曾向惠栋受业请教，而后在治学上又形成有别于惠栋的特色。同时，惠栋与戴震各以其所在的地域为中心，各自传授和影响了一批学者，形成各具特色的流派。戴、段、二王之后，一方面由于社会现实的变化，另一方面由于乾嘉汉学本身愈益烦琐和脱离实际，走向衰落，学派遂为新的经世致用思潮和今文经学所取代。吴派、皖派的划分，同乾嘉学术的历史进程完全吻合，并未掩盖其演进的历史轨迹。

再者，以地域命名和划分学派，本是中国古代学术史的传统，以吴派与皖派作为惠栋和戴震为代表的学派的名称，也只是一个代称与概称。当时和其后的学者是否属于吴派与皖派，也并非仅仅以是否吴人、皖人为根据，更主要的是还要看是否与惠、戴有师承关系，相互间的治学宗旨与特色是否相同。因此，并非吴籍、皖籍的学者就一定属于吴派和皖派；同时也并非非吴、皖籍的学者，就不可能是吴派或皖派。虽然段玉裁是江苏金坛人，王念孙、王引之是江苏高邮人，但由于他们是戴震的弟子，在治学宗旨、方法和特色上，也和戴震一致，继承并发展了戴震的学术成就，因此，他们都属于戴震为代表的皖派，而属于吴派的学者也大都如是。因此，既不能把是否吴籍、皖籍人，作为划分吴、皖派的唯一根据，也不能根据段玉裁、任大椿、孔广森、王念孙不是皖人，便得出吴、皖分派说不符合历史事实的结论，何况章太炎提出吴、皖分派说也没有立此标准。否则，他也不会将段玉裁和王念孙等列入皖派。

最后，还有以吴、皖分派以及对吴、皖两派特点的概括，也并非章太炎独创和首创。乾嘉时期的学者就已有类似的划分和评价。如当时人就说："吴中以经术教授世家者，咸称惠氏。惠氏之学大都考据古注疏之说而疏通证明之，与古籍之载相切，传至定宇先生（即惠栋），则尤多著纂，卓卓成一家言，为海内谈经者所宗"，"于是吴江沈君彤，长洲余君仲霖、朱君楷、江君声等先后羽翼之，流风所煽，海内人士无不重通经，无不知信古，而其端自先生发之"①。戴震也曾经指出："先生（惠栋），令子秉高与二三门弟子，若江君琴声（江声）、余君仲林（余肖客）皆笃信所授，不失师法。而吴之贤俊后学，彬彬有汉世郑重其师承之意。"② 对于戴震及其皖派也同样有许多类似论述，兹不赘述繁引。至于对两派所反映出的特点，当时也有类似章太炎的评论。如以吴派自居的王鸣盛本人就曾经说："方今学者，断推两先生，惠君之治经求其古，戴君求其是，究之舍古亦无以为是。"③ 王鸣盛虽然是站在吴派立场评论二家之得失，但确也道出二者的不同特点。《四库提要》在评论惠栋的学术特点时也说："其长在博，其短亦在嗜博；其长在古，其短亦在泥古。"就大量史实看，分别隶属于吴派和皖派的学者，也大多具有类似的特点。可见，吴、皖分派说并非没有根据。至于对吴、皖分派说提出商兑的论者，列举事例说明被认为是吴派学者的王鸣盛、钱大昕等并不泥古、信古，而且他们"实事求是"的治学态度，也不亚于皖派学者。但是，若要列举吴派学者信古、嗜古的事例简直不胜枚举，即以王鸣盛为例，他就明确说过："治经断不敢驳经……但当墨守汉人家法，定从一师，而不敢他徙。"他作《尚书后案》一书，就专宗汉代郑玄。而且直言不讳。"《尚书后案》何为作也？所以发挥郑康成一家之

---

① 王昶：《惠定宇先生墓志铭》，《春融堂集》卷55。
② 戴震：《题惠定宇先生授经图》，《戴震集》卷11。
③ 洪榜：《戴先生行状》，《初堂遗稿》卷11。

学也。"这难道还不是信古佞汉的典型吗!? 因而不能列举某一学者的个别言论,证明其与章太炎所概括的吴、皖两派的特点不合,就断言吴皖分派说与历史事实不符。须知古代学者在不同场合的言论焉能完全如出一辙,而应看其总的趋势。

同时,在乾嘉学派中再分出吴派和皖派,并非说二者有根本对立,而是在肯定二者都是乾嘉学派,都宗奉汉学,都从文字、音韵、训诂入手治经,有着基本的共同点,且相互影响,互为师友,并形成各具特色的学术流派,这是客观存在的事实。既然如此,根据史实,研究分析两派的异同,总结各自的成就与不足、特色和经验,这正是研究学术思想史义不容辞的任务,也是推进学术研究的重要途径。怎么能说是"偏偏要来摘其差异"去强分派别呢?

当然,绝不是说章太炎关于吴、皖分派之说是不可逾越的定论,我们也不必死守吴、皖分派的成规,事实上如果更深入地研究乾嘉汉学,还可从中分出其他派别,如扬州学派、杭州学派等。但要改变和推翻前人的论断,必须有充分的根据和理由。

四 乾嘉汉学的学术成就与历史局限

研究乾嘉汉学,归根结底应对之做出符合历史实际的评价。究竟应如何评价乾嘉汉学,长期来始终是毁誉褒贬不一。正如一位台湾学者所指出的:"乾嘉学术在清代已有人加以非议,民国以来研究的学者对它的评价常因时、因人而异,例如大陆在 50 年代中期对乾嘉学派的评论,侧重在弊端的分析,但在 60 年代初,又特别突出它的成就,但不久又加以否定,近来又有逐渐被肯定的趋势,从中似乎可以看出中国大陆政治社会的一些变化。"[①] 这一概述未必完全准确,却也能反映出学界对乾嘉汉学评价的变化轨迹。乾嘉汉学作为历史上的一个学术流派,主要应看其在学术上的成就与局限,而不应从现实政治的需要出发对之评价忽左忽右、忽高忽低。乾嘉汉学是在继承和发扬汉代古文经学的基础上,以考据为专长的一个学术流派,其学术成就、历史局限大都与考据

---

① 李威熊:《乾嘉之学在学术史上之地位》,《中国文哲研究通讯》第 4 卷第 1 期。

有关。

根据乾嘉汉学治学内容和治学方法上的特点，其学术成就可概括为以下几个方面：

第一，集历代特别是明末清初考据之大成，把中国古代的考据学推向高峰，使考据内容更为广泛，考据方法更为严密，考据成果也更为丰富和充实。考据作为一种治学的基本方法，为历代整理历史文献所普遍使用，并非清代所独有，应该说早在古代有了文献资料，有了学术活动，就有一定形态的考据。《论语·八佾篇》记载孔子的言论说："夏礼吾能言之，杞不足征也；殷礼吾能言之，宋不足征也；文献不足固也，足则吾能征之矣！"这必然是对文献资料经过检索考证后而得出的结论。考据方法更加正规地运用于历史文献整理，当自汉代始。刘向、刘歆父子奉诏校书秘阁，便运用了比勘文字、辨别真伪、厘定篇次、分类编目等方法和程序，这些都是基本的考据工作。东汉时期，古文经学盛行，对经书训诂注疏大盛，开汉学之先河，以至乾嘉学派以"汉学"相标榜。唐宋时期在注经、考史、校勘古籍、辨订群书、考录金石等方面，都做出了可观的成绩。到了明代更有杨慎、梅鷟、王应麟、陈第、方以智等，考辨伪书、考订古音、方言、官制等，直接开启了清初的实证学风。清初顾炎武等，继承了明代考据成果，更加重视博征与实地考察，并以这样的方法研究经学、文学、音韵学和历史地理学，成为乾嘉汉学的"不祧祖先"。

乾嘉汉学正是在继承和发展历代特别是明末清初的考据成果和考据方法的基础上，把考据学发展为独立的学派，并使之成为在清代居支配地位的学术思潮。乾嘉学派的出现，使得考据内容更为广泛，考据方法更为严密，考据成果也更为丰富和充实。虽然说自从有了历史文献与学术活动，就有了考据，但考据学成为独立的学派则是清代所独有的。乾嘉汉学可以说是集历代考据之大成，把中国古代的考据推到高峰，引向极致，从而推动了对中国古籍的研究与整理。

第二，对我国两千多年以来的文献典籍进行了大规模的总结整理，使丰富的文化遗产得以保存，并为后人的阅读提供了方便，奠定了基础。中国作为一个文明古国，两千多年来流传下来的浩瀚典籍是研究古代历史文化的珍贵史料。但这些典籍在长期辗转相传中，由于各种原因，不少已亡佚残缺、颠倒讹误、真假错乱。再者，因年代久远，字形音义变化，一些典籍艰涩难解，使人无法卒读。乾嘉汉学在吸收前人成果的基础上，通过训诂注释、版本鉴定、文字校勘、辨伪辑佚等手段，对两千多年来的历史文化典籍进行了大规模的整理和总结，做出了可贵的贡献。

由于乾嘉汉学的治学范围乃以经学为中心，其在整理古籍方面的成就，首先反映在对儒家经典的注疏整理方面。它几乎把所有儒家的经典都重新加以训诂和笺释，如《易》《书》《诗》《礼》《春秋》《论语》《孟子》《尔雅》等重要典籍，都有著名的考据之作。阮元和王先谦曾汇编清代学者训释儒家经书的成就，先后编成《皇清经解》《续皇清经解》，足以反映清代学者特别是乾嘉汉学治经方面的成就。范文澜先生曾指出"新汉学系经学从考据方面的发展，古代制度文物，经考据学者的研究，艰涩难解的古书，大体可以阅读。因此，新汉学系经学堆积起巨大的考古材料，把封建统治工具的经学，改变成科学的古代社会史、古代哲学史原料看，它有很高的价值存在"，充分地肯定了乾嘉汉学在整理儒家经学方面的价值与成就。

与整理经书相联系，为了弄清经书中的文字、音读及训释，乾嘉学者在文字学、音韵学、训诂学方面尤下了功夫，我国古代流传下来的这方面有关著作，诸如《尔雅》《方言》《广雅》《说文》《广韵》等，乾嘉学者大都进行了整理、注释和研究，并产生了一批著名的学者和学术价值很高的著作，其成就超过了历史上任何时代。

除经学、文字音韵学外，乾嘉学者还将考据引向史学，对史料进行修补鉴别，考订史籍的编著源流，订正历代史书记载的真伪异同，补订各代史书的表志，搜集辨证史料遗文佚事，都取得突出成果，产生了一批很有特色的考史著作。

乾嘉汉学在古籍整理方面的成就，还表现在校勘、辑佚、辨伪方面。他们利用校勘，对秦汉以来的大部分子书，诸如《荀子》《墨子》《老子》《庄子》《韩非子》《管子》《晏子春秋》《吕氏春秋》《春秋繁露》《淮南子》《太玄》《法言》《抱朴子》等均予校订。同时，许多亡佚的文献典籍，经过乾嘉学者的搜集钩沉，形成卷帙浩瀚的辑佚书，如《玉函山房辑佚书》《全上古三代秦汉三国六朝文》，使得许多年久失传的典籍重见天日。再者，许多伪书，或将作者张冠李戴，或年代混淆，乾嘉学者也以严肃的态度，加以辨正，以确凿的事实证明某些书乃伪书，避免了以讹传讹，以假乱真。

中国古代浩如烟海的古籍，正是通过乾嘉学者的注疏、校勘、辑佚、辨伪等整理工作，才得以正本清源，去伪存真，成为信谳。研究古代历史文化，离不开对文献资料的搜集、整理、阅读与鉴别。乾嘉汉学恰恰在这方面给后人创造了条件，提供了方便，他们在这方面的成就尤值得称道。

第三，乾嘉汉学的许多学者的治学态度、治学方法严谨踏实，一丝不苟，也值得借鉴，更有一些学者直接开启了近代实证学风之先河。乾嘉学者在治学态度和方法方面，继承和发展了清初顾炎武倡导的学风，强调认真读书，重视实证，力戒空谈，主张无一事无出处，无一事无来历，花气力，下功夫，穷年累月地搜集材料，再将搜集的材料，排比归纳，核其始末，究其异同，他们的每一结论，必有论据，据必可信，并反对盲目蹈袭前人旧说。因此他们得出的结论，往往有很高的学术价值。

特别值得注意的是，一些乾嘉学者如王念孙、王引之、阮元等在治学方法方面，已将传统的研究方法大大向前推进，使自己的学术研究方法具有某些近代气息。这正是他们的学术研究反映历史转折时期时代特点的表现。当代有些学者指责乾嘉汉学，"把中国古代学术进到近代之路隔断了"的说法，并不符合历史事实。

以上几点，尚不足以概其全，却也足以说明乾嘉汉学在研究内容和研究方法方面，都取得突出的贡献与成就，绝不能武断地予以抹杀。

在肯定乾嘉汉学学术成就的同时，还必须清醒地看到其历史局限与弊端。这突出表现在：

其一，乾嘉汉学作为清代占支配地位的学术思潮与学术流派，从总体上看，它仍是封建时代为封建统治服务的封建文化。该学派的治学宗旨和特点，决定了其治学内容主要是儒家经典和其他封建典籍，其中必然包含不少封建毒素。它研究考证的问题，多半停留在书本文献中，缺乏新鲜的、现实生活中的实际内容，确具有脱离实际的倾向，这是乾嘉汉学的根本局限和弊端。

其二，复古、烦琐、形而上学也是乾嘉汉学突出的弊端。由于乾嘉汉学在治学内容上以儒家经学为核心，又认为儒家的经典愈古愈真，甚至认为对儒家典籍的注疏，也是愈古愈好，唐必胜于宋，汉必胜于唐。这种思想方法使他们观察问题的角度，主要是向后看，而不是向前看，尤其是以惠栋为代表的吴派学者，抱着"凡古必真，凡汉皆好"的态度，更具有明显的复古、泥古特征。再者，由于乾嘉汉学强调博征，发展到后来，甚至卖弄博洽，为考证而考证，致使其愈益烦琐，往往"繁称千言，始晓一形一声之故"。再者，乾嘉学者虽能对个别问题和事例通过考据得出正确的结论，但却具有孤立、片面、狭隘的局限性，不能用运动、变化、发展的观点去观察研究问题，也不能从事物的相互联系中分析事物的发展趋势，具有明显的形而上学特征。这种思维方式，利于对微观的具体事物、具体问题的考察，却不能从宏观上对重大的历史事变作出应有的分析和说明，这种局限决定了乾嘉汉学在社会相对稳定、经济较为繁荣的时期，有可能作为盛世的反映和点缀，但一旦时过境迁，社会转向衰败，出现尖锐的矛盾和危机时，它便失去了存在和发展的条件。

其三，党同伐异、壁垒森严的门户之见，这是影响乾嘉汉学发展的另一弊端。任何一个有特色、有成就、有生命力的学派，必然是兼收并蓄，吸收各家之长。但乾嘉汉学在汉、宋学之争中，具有很深的门户之见。多数乾嘉汉学的学者把汉、宋学之争，加以绝对对立，认为汉学重名物训诂，不讲心性义理；宋学则只讲心性义理，不谈名物训诂。这就必然使乾嘉汉学的道路越走越窄，弊端越陷越深，以戴震为代表的皖派学者中的某些人以及扬州学派中的焦循、王引之等，都已经意识到应消除汉、宋学门户之见。嘉、道以后，在社会思潮的急剧变化之中，汉、宋两家逐渐合流，这也是清代学术发展的必然趋势。

由于乾嘉汉学存在上述局限和弊端。所以到鸦片战争前夕，一些对社会危机有深切感受，要求改变现状的思想家和学者，都痛感终日将时间和精力消磨在文字训诂、名物考据之中，劳心伤神，于事无补，因而大声疾呼，要求改变学术风气。此后，虽然还有个别学者沿着乾嘉汉学的路子治学，且取得重大成就，但作为一种学术思潮，乾嘉汉学则走向没落并逐渐消失。

五　乾嘉汉学在中国学术史上的地位和影响

乾嘉汉学是与先秦诸子学、两汉经学、魏晋玄学、隋唐佛学、宋明理学并称的中国古代学术思想史上的一大学术思潮与流派，它在学术思想史上有着重要地位和影响。

乾嘉汉学是清代居支配地位的学术思想，考察其历史地位应将其和清代在中国历史上的地位相联系。清代是中国封建社会处于发展最充分最完备形态的时期，又是中国古代社会向近代社会发展的转折点，乾嘉汉学则是这种历史特点在学术文化领域中的表现。儒家及其经学是中国封建文化的主体及核心。儒家学说在其发展变化过程中，向以滚雪球似的注疏形式为特点。而乾嘉汉学则是以这种注疏形式研究经学的总汇和总结。由于乾嘉汉学重视和提倡对儒家经书的考证和注疏，就使宋元以后曾一度衰落的经学，又在清代重新复兴和繁荣。从经学发展演变的历史考察来看，乾嘉汉学则使经学由衰再振，其在中国学术史上的地位、作用和影响当不可低估。

首先，它影响了清代特别是乾嘉时期的学术风貌。由于乾嘉汉学在乾嘉时期独盛，致使当时"说经皆主实证，不空谈义理"。当时，各个学术领域的众多学者都趋向考证，学者们对传统的经、史、子、集的研究，在治学内容和方法上都以考证为出发点。在这种风气下，学者们对于中国传统文化的研究，微观方面比较深入，如前所述，各种历史文献典籍大都得到整理，不仅整理成果辉煌，而且使整理的方法和手段，诸如校勘、版本、目录、辑佚、辨伪等也都得到发展和完善。但由于乾嘉汉学偏重于对历史文献中的名物典制及一字一句的考证与注疏，对于社会现实提出的重大思想理论问题，和关系国计民生的社会实际问题，都未能给予应有的关注，致使当时的学术思想界，从宏观方面对思想理论的探讨和对现实问题的研究都比较贫乏，思想文化领域一时显得枯燥和沉寂。这虽然是清朝统治者推行文化专制统治导致的恶果，但乾嘉汉学掀起的考证风支配着学术文化领域，无疑对当时思想文化界的局面也起有推波助澜的作用。

乾嘉汉学在学术史上的重大影响还表现在治学方法方面。中国近代的思想文化经历了两次大的转变：一次是由古代的封建文化向资产阶级文化转变；一次是从资产阶级文化向马克思主义的思想文化转变。在这两次大的转变这程中都涌现了一大批有代表性的著名思想家和学者，如第一次转变过程中的章太炎、王国维、陈寅恪、陈垣，第二次转变过程中的郭沫若和范文澜等。而这些人在治学方法上无不受到了乾嘉汉学的影响。

在由封建学术文化向资产阶级学术文化转变过程中，章太炎、王国维、陈寅恪、陈垣都是著名代表人物，但他们的学术都深深打上了乾嘉汉学的烙印。章太炎作为资产阶级革命的思想家、宣传家，其政治思想与学术思想，都远远超出乾嘉汉学范围，但终其一生，作为"国学大师"，他在经学、小学方面的成就，无疑与他早年在"诂经精舍"从俞樾问学时受到过严格的朴学训练有关。王国维作为一代学术大师，在哲学、史学、考古、戏曲、诗词等方面都取得惊人的成就，重要原因就在于他把乾嘉汉学与近代西方资产阶级的学术思想及治学方法结合起来，能够"取地下宝物与纸上之遗文互相释证"，又"取异族之故书与吾国之旧籍互相补正"，并"取外来之观念与固有之材料互相考证"。[①] 王国维之后，当代著名史学家陈寅恪、陈垣与乾嘉汉学的渊源尤为明显。国内外不少研究陈寅恪学术思想的学者都指出："陈氏的著作一如乾嘉诸老的著作，大都属于考证、疏证、笺证、考释之类。不过陈先生也是中西互观，能对之相互取长补短，因之能比乾嘉学派更上一层楼。"与陈寅恪齐名的陈垣，同样与乾嘉汉学有密切渊源，"他在史学研究上，一向重视考据，从年轻的时代起，就很欣赏乾嘉学者的考据成就"，"生平著作大都与考据有关"。二陈的治学实践与学术成就，证明他们既继承和发展了乾嘉汉学的治学方法，又吸收了近代欧美的学术思想与方法，做到了中西互观，融会贯通，才不断开拓了学术研究的新领域。

在从资产阶级学术文化向马克思主义学术文化转变的过程中，史学领域的郭沫若与范文澜可说是杰出的代表。郭沫若作为中国马克思主义史学和新文学的开拓者，不仅吸收了世界优秀文化成果，而且对中华民族的传统文化，从内容到形式都予以批判性继承，对于传统的治学方

---

① 陈寅恪：《王静安先生遗书序》，《金明馆丛稿二编》。

法——包括乾嘉考据学，同样采取了批判继承的态度，并成熟地运用到自己的学术研究之中。综观他的文、史、甲骨、金文及考古学方面的著述，可以看到考据学的一些基本方法和手段，诸如文字、音韵、校勘、训诂、辨伪等，都曾被运用自如。他童年时代就把四书五经背得滚瓜烂熟，十岁时就从长兄学习段玉裁的《说文》及《群经音韵表》，读高中就自学《皇清经解》，对其中收录的阎若璩的《尚书古文疏证》尤感兴趣。郭沫若于大革命失败后流亡日本，开始研究甲骨文、金文，更是直接吸收了罗振玉、王国维的研究成果。抗日战争期间，当他将治学兴趣转向中国古代学术思想研究时，又几乎穷尽所有有关材料："秦汉以前的材料，差不多被我彻底剿翻了，考古学上的、文献学上的、文字学、音韵学、因明学，就我所能涉猎的范围，我都做了尽可能的准备和耕耘。"郭沫若还以极大的精力，直接运用考据方法从事学术研究，他的名著《青铜时代》就是一部偏重考证性的著作。另外，新中国成立后，他还进行了古籍整理，整理出《管子集校》《盐铁论读本》等。当然，郭沫若不只是吸收继承了传统的考据学，更重要的是他以辩证唯物论为锐利武器，批判和超越了传统考据学。因为包括王国维在内的传统考据学者，对文献典籍的整理还多停留在整理阶段，而郭沫若的研究和考据则具有批判性质，正如他自己所说："整理的终极目标是在实事求是，我们的批判精神是要实事之中'求其所以是'。'整理'的方法所能做到的是知其然，我们的批判精神是'知其所以然'。"否则，郭沫若也只能是位长于考据的国学家，而不可能是中国马克思主义史学的开拓者。

与郭沫若相比较，范文澜受乾嘉汉学的影响更为明显。他青年时代在北京大学读书时，曾师从于音韵训诂学家黄侃和古文经学家刘师培。当时，他"笃守家法，朝夕诵读经书及《汉书》《说文》，决心追踪乾嘉诸老，以专精训诂考证为己任"。后来，他接受马克思主义，运用马克思主义唯物史观研究中国历史。但他仍然强调扎实的考据学风，提倡"板凳要坐十年冷，文章不写一句空"。胡绳同志在《范文澜的严肃学风》中说"范老站在坚定的马克思主义立场上发扬了中国经学家、史学家一丝不苟，言必有据的治学态度"，"他排斥和鄙视那种空疏浅薄的学风"。这说明范文澜也是继承了乾嘉汉学，并超越了乾嘉汉学。郭沫若与范文澜的学术成就与治学经验表明，只有在科学的理论思想指导下，批判地继承包括乾嘉汉学在内的中国传统文化，才能把学术研究引向划时代的崭新阶段。

探讨和研究乾嘉汉学在中国学术史上的作用和影响时，还必须清醒地注意到该学派具有烦琐、泥古、脱离实际的弊端。这对学术思想文化的发展也势必会产生消极的影响。它甚至就直接影响到有些学者认为历史学就是史料学和考据学，而理论没有史料和考据可信，甚至认为历史没有什么规律可循。还有一些人，由于各种原因，当对现实产生某些看法和不满时，希冀摆脱现实，发思古之幽情，以寻找慰藉，进而埋头于考据，如此等等，都是乾嘉汉学的局限和弊端可能导致的一些消极影响。因此，在研究乾嘉汉学的地位、作用和影响时，对其消极面也必须实事求是地予以正视。一代有一代的学术，我们的前辈从章太炎、王国维、陈寅恪、陈垣到郭沫若与范文澜，都曾经在其所处的时代继承并超越了乾嘉汉学。今天，在科学发展日新月异，知识和信息高度密集，科学和经济的竞争日趋激烈的改革开放的新时代，绝不能再去提倡"回到乾嘉时代"。

（原载《中国国际汉学论集》，中国社会科学出版社1990年版）

关于扬州学派的几个问题

对于清代扬州学派的研究，由于先哲和时贤的推动，近年来已逐渐引起海内外学界的关注。正如扬州大学的祁龙威教授在《对"扬州学派"研究的回顾与展望》一文中所说：地处"扬州学派"的故乡的扬州大学（其前身为扬州师院），早在20世纪80年代，就组织队伍，成立机构，点校整理了有关扬州学派学者的遗著，还编印了《扬州学派研究》专集，并在1988年召开了首次"扬州学派学术研讨会"，以促进对乾嘉扬州学派的研讨。此外，祖籍扬州的台湾学者陈捷先教授，为弘扬地域学术文化，也于1996年倡议并由冯尔康教授等20多位专家学者编著了《扬州研究》一书，以专题论文形式，对包括扬州学派在内的扬州地域的历史地理、学术文化做了深入的研究。另据我所知，台湾"中央"研究院也就"清乾嘉扬州学派研究"立项，并由该院中国文哲所在开展中国经学史的研究过程中，制订了"清乾嘉扬州学派"的课题研究计划，曾派出研究人员专程到扬州进行学术考察，并在该所主办的《中国文哲研究通讯》刊出一组关于扬州学派研究的论文和资讯。正是在上述一系列工作的基础上，又由扬州大学人文学院举办了这次"海峡两岸扬州学派研讨会"。相信通过此次盛会，必将进一步推动对扬州学派的深入研究，并促进海峡两岸学者间对这一课题研究的交流与合作。

基于个人的专业研究，曾先后撰写过两三篇有关乾嘉扬州学派论文，也有幸参加过几次"扬州学派研讨会"。在此过程中深深感到根基于扬州地域上的扬州学派，无论是从地域文化，还是从中国学术史、思想史、经学史，特别是从清代学术思想史等各个角度而论，都非常值得学术界同仁花费精力深入研究。同时，我还感到，截至目前对于扬州学派的研究，虽然已经取得一些可喜的成果，但大多属于有关扬州学派学者的个案研究。如与扬州学派所涵盖的丰富内容相较而论，从总体上看研究的深度和广度都尚属初始阶段，还缺乏从总体上对该学派进行深入系统的论述。唯其如此，目前学术界对扬州学派的一些基本问题，诸如扬州学派是否是一个客观存在的学术流派，该学派的学术思想渊源如何，其产生、形成、发展的脉络怎样，其存在的时间、空间及包括的成员如何界定，该学派的学术成就、思想特色及其在学术思想史上的地位影响怎样，都还存在一些不同看法，亟待通过深入地研究和讨论，或取得共识，或求同存异。有鉴于此，本文拟就扬州学派的几个问题在旧作基础上再谈点浅见。

一 扬州学派产生的土壤与学术思想渊源

我总的认为扬州学派是以扬州地域为中心，以王念孙、汪中、焦循和阮元等为主要代表人物，作为乾嘉汉学的分支，活动于清代乾嘉道时期的一个学术流派。它既反映了乾嘉汉学的鼎盛，也反映了汉学走向没落之际，新的学术思潮即将兴起的某些先兆，是清代特定历史阶段的学术流派。研究扬州学派，有必要首先分析它产生的土壤及其学术思想渊源。

扬州学派作为一个具有地域特点的学术流派，乃是在扬州地区这块有着丰厚的文化积累的肥沃土壤中产生形成的。"禹贡九州"，扬州即为其一。扬州市又是一个有悠久历史和丰富文化传统的大都会，它"居南北之冲，负淮带海襟江，东南财赋倚为重轻……声名文物之盛，非他乡得与之抗"。自隋唐以来，它就逐渐成为我国东南沿海地区的经济、文化中心。及至清初，扬州的社会经济一度遭受摧残，至清中叶又重新繁盛，社会经济迅速发展，农业、手工业、商业、交通运输业，特别是盐业，都达到历史上前所未有的水平。经济发达与交通便利，必然为学术文化的繁荣提供了物质基础与便利条件。当时扬州学者薛寿就曾指出："吾乡素称沃壤，国朝以来，翠华六幸，江淮繁富为天下冠，士有负宏才硕学者，不远千里百里，往来于其间，巨商大族，每以宾客争至为宠荣，兼有师儒之爱才，提倡风雅，以至人文汇萃,甲于他乡。"① 自清初起,扬州即为人文汇萃之区,"四方贤士大夫无不至此"。当时著名的文人学者如王士禛、杜浚、魏禧、陈维崧、吴伟业、冒襄、宋荦、费密等,都曾居住或来往扬州,揽胜访古,文酒聚会,质疑访学,刊刻著述。稍后,历任两淮盐政、转运使及扬州的一些大盐商,如曹寅、马曰琯、卢见曾、曾燠等,都拥资巨万,又提倡风雅,热心地方文化学术事业,搜罗典籍,网罗名士,兴办学校,刊刻书籍。如被称为"扬州二马"的马曰琯、马曰璐兄弟,就"好学博古,考校文世",对"四方之士",都优待礼加,当时著名的文人学者如厉鹗、杭世骏、全祖望等均曾入主马氏,二人都礼待甚厚。再如乾隆朝两度出任两淮盐运使的卢见曾,也广纳学者名流,"座中皆天下士",当时名闻遐迩的学者、画家如惠栋、戴震、郑燮、高凤翰等,都曾入主卢幕,或与之密切交往。众多的文人学者聚会于扬州,自然会促进扬州当地学术文化的发展,致使扬州书院林立,如安定书院、敬亭书院、梅花书院等。著名学者姚鼐、赵翼、杭世骏等,都曾在安定书院与梅花书院掌教,"四方来肄业者甚多",诸如段玉裁、李惇、王念孙、汪中、刘台拱、洪亮吉等,也曾就读于这两座书院。② 另外,康熙、乾隆六次南巡,都曾驻跸扬州,并对扬州地区经济文化的发展给予关注,《全唐诗》就由曹寅在扬州设局办理,并于康熙四十五年在扬州刻成;康雍间编纂的大型类书《古今图书集成》,也曾钦颁一部藏于扬州天宁寺大观堂;乾隆时编纂的《四库全书》,也谕令藏庋一部在扬州文汇阁,"以佳士林,俾得就近抄录传观,用光文治"③。在这些有利的政治、文化、经济形势推动下,康雍乾时期,扬州的文学艺术也呈现繁荣兴旺景象,文学创作、绘画、书法、戏剧、曲艺等方面,都是人才济济。仅就绘画来说,清中叶的扬州八怪,都长期在扬州从事艺术活动。他们反对模仿,提倡独创,信笔挥写,直抒胸臆,为清代画坛带来许多新的气息,这对扬州学派的形成及其学术风格必然有潜移默化的影响,使之视野开阔,会通广博,易于博采众长,思想活跃,较少门户之见。

---

① 薛寿:《读画舫录后》,《学诂斋文集》卷下。
② 李斗:《扬州画舫录》卷3。
③ 《巡幸》,《重修扬州府志》卷1。

一个学术流派的学术思想渊源,对该学派的学术思想风貌有直接影响。扬州地区,文明开发较早,自古以来,就是人文渊薮。自秦汉以来,此地便名家辈出。西汉吴王刘濞,就曾在此地封藩而治,一代大儒董仲舒也曾任过江都相,他们对扬州地区经济文化的发展,势必都有促进和影响。隋唐五代时,这里又先后涌现出曹宪、李善的文选学,及徐铉、徐锴关于《说文》方面的著作……直到有清之前,可谓代不乏人。最近,扬州大学人文学院的田汉云教授在《略说扬州学派与历代文化之关系》一文,便论述了历代人物及著述对扬州学派的影响,说明"扬州学派对中国古代文化具有很强的接受、消化、整合、创新能力。因此,以开放的眼光,从博大精神的古代文化中探求它的根基,才可能深刻地理解它",这是很有见地的看法。源远流长的丰厚文化积累,必然潜移默化地影响着扬州地区的思想文化发展。不过,我觉得扬州学派更直接的学术思想渊源还应当从其较为接近的,自清初以来逐渐兴起的乾嘉汉学中去寻找。

扬州学派产生形成之际,正是乾嘉汉学鼎盛之时,这时的学术界"许郑之学大明,治宋学者已鲜,说经皆主实证,不空谈义理"[①]。学者们研治儒学典籍,皆从古文字入手,重视声音训诂,以求经典原义,这是汉学家共同信奉的治学原则。在扬州学派形成之前,惠栋与戴震,各执学界牛耳,"咸为学者所宗",扬州学派的学者们,生活于乾嘉汉学垄断学界的时代,其治学道路不可避免地受汉学的影响。尤其是戴震,可以说是扬州学派学术思想的直接先导,正如刘师培所说:"戴氏弟子,舍金坛段氏外,以扬州为最盛。"[②] 因此,扬州学派的直接学术思想渊源,显然是来自乾嘉汉学,特别是受戴震的影响为最。但学术思潮与学术流派并非孤立静止和一成不变的,随着社会经济、政治形势的变化,及学术思想本身的递嬗演变规律,学术思潮与学术派别也在不断发展和变化,"当一种学术派别和思想潮流发展到高峰以后,便会发生分化。站在这一学派和潮流之外的人固然会对它进行抨击,就是属于这一学派和潮流中的人,也会由于时代演化而立场各异,对本学派的宗旨产生不

---

① 皮锡瑞:《经学历史》,中华书局1959年版,第341页。
② 刘师培:《南北学派不同论》,《刘申叔遗书》。

同的理解和评价，从而在治学实践中进行修正、改进，以致蜕化，创造出新的学派，新的思潮、思想"①。扬州学派正是在乾嘉汉学发展到高峰，继而走向衰落的过程中，从汉学潮流中分化出来的一个新的学派。乾嘉汉学走过其辉煌显赫的时期，到嘉庆朝后期，一方面清朝统治逐渐由盛转衰，社会危机日益加深；另一方面汉学的弊端——烦琐、偏颇、脱离实际、治学范围狭窄等愈益暴露，对社会提出的各种实际问题无力解决，其作为一种学术潮流开始由兴盛走向衰落，此后学界虽仍不乏著名的汉学家，如俞樾、孙诒让等，但却构不成一种学术思潮。扬州学派正是乾嘉汉学发展到高峰，并开始走向衰落时期的一个学术派别。从其主要代表人物王念孙（1744—1832）、汪中（1744—1794）、焦循（1763—1820）、阮元（1764—1849）、王引之（1766—1834）等的主要活动年代看，也正是乾嘉汉学从兴盛走向衰落的历史阶段。他们的学术思想既反映了乾嘉汉学鼎盛时期炉火纯青的境界，也表现了其走向衰落之际的某些弊端。

在这样的形势下，扬州学派必然是既继承了吴、皖两派的特点，又发展和超越了两派，形成了自己的独特风格。

二　扬州学派存在的时空及其成员界定

在中国学术思想史上，以共同的师承渊源，共同的学术观点、学术特征，共同的活动地域为纽带，曾产生形成了许多各有特点的不同学术流派。这些学派或以学派的创始人、或以地域、或以学派的宗旨与特征来命名，诸如春秋战国时的儒、墨、名、法等学派，两汉时期的经今文学派、经古文学派，宋明时期的程朱学派、阳明学派，以及清代的乾嘉学派（吴派、皖派）等，它们都是特定历史时期、各具时代特征的学术流派。同样，扬州学派也是特定时期的一个学术流派，我们在研究扬州学派时，首先应对其存在的时间、空间及其成员，有个基本的界定。

所谓扬州学派存在的时间，也就是说扬州学派产生、形成活动于何时。我认为扬州学派，并非贯穿于扬州地区的从古至今的一个学派，而

---

①　戴逸：《汉学新探》，《履霜集》，中国人民大学出版社1987年版，第100页。

是指清代特定历史时期中乾嘉学派的一个分支。因此，要确定其产生形成的时间，必须将其置于乾嘉学派的历史背景下来考察。学术界都共认清初的顾炎武是乾嘉学派的"不祧祖先"，其后的阎若璩、胡渭等是其"直接先驱"，但在顾、阎、胡等人时期，乾嘉汉学尚未形成独立的学派，直到乾隆时期的惠栋公开打出汉学旗帜后，乾嘉汉学才正式成为独立的学派。接着在乾嘉汉学中又分化出吴派和皖派，形成汉学的鼎盛局面。扬州学派直接的学术思想渊源，既然来自乾嘉汉学中的吴派和皖派，其产生形成的时间，理应在清乾嘉时期，且稍晚于吴、皖两派，如前既述，它实际上是乾嘉汉学发展至鼎盛阶段，并逐渐走向衰落时期的一个学派。它的学术风格和特征，也反映了这个历史时期的一些特征。基于对扬州学派产生形成的时间范围做如此界定，当然，就不能认为扬州学派是扬州地区从古至今都存在的一个学派。同时，也不能把从清初到清末，凡属扬州籍的学者，也都笼统地划入扬州学派。否则，就很难分析扬州学派的时代特点和基本特征。对于扬州学派的研究，不能等同于研究扬州地区的地域文化史、学术发展史，它只是整个扬州地域学术文化发展过程中，一个特定历史时期的一部分。在有些研究扬州学派的论著中，一方面认为扬州学派是在"吴、皖两派以后，衍皖派余绪，集吴、皖两派之长"，另一方面又将康熙时期的王懋竑、朱泽云等列入扬州学派。其实，这两位学者虽然都是扬州宝应人，但其活动的年代主要在康熙年间，朱泽云早在雍正十年（1732）就已去世，那时戴震还不足十岁，吴、皖两派都还没有形成，王懋竑与朱泽云又何以能受吴、皖两派的影响呢？之所以会有如此论述，主要是由于未能对扬州学派产生形成的时间，做出明确的界定所致。

再说扬州学派的活动空间。扬州学派既以扬州地域而命名，其活动的空间范围，当然应在扬州地区。清代乾嘉时期的扬州府治，领二州六县，即高邮州、泰州和江都、甘泉、仪征、兴化、宝应、东台[①]。扬州学派在地域范围上即指此二州六县。不过，作为一个学术流派，主要是指其学术思想观点和学术特征，而不仅仅指地域分布。扬州学派既以扬州为活动基地，其成员自然大都是扬州籍学者。但并非凡是扬州籍学

[①] 嘉庆《重修扬州府志》卷5《建置沿革》。

者，便一定属扬州学派，而非扬州籍学者，也未见得就不能属扬州学派，还要看其师承渊源和学术倾向。如江藩，本是扬州甘泉人，但他师从于余肖客，是惠栋的再传弟子，在治学上恪守吴派的学术宗旨与治学方法，且门户森严，在学术风格上与吴派一脉相承。因此，其应属于吴派。另如凌廷堪，他原是安徽歙县人，但却久客扬州，又深受戴学影响，与扬州学派中的刘台拱、汪中、焦循等交往也很密切，在学术风格上更接近扬州学派，理应属于扬州学派。

对于扬州学派成员的界定，较为复杂。但可以参考当时有关学者的论述，联系学者自身的治学宗旨和治学方法，予以大致界定。当时的学者汪中曾指出："是时，古学大兴，元和惠氏、休宁戴氏，咸为学者所宗。自江以北则有王念孙为之唱，而君（按：指李惇）和之，中及台拱继之，并才力所指，各成其学。虽有讲席，不相依附。"① 汪中的意思很明确，说明在惠栋和戴震各自创立了学派，都为学者所宗的情况下，王念孙既宗其为盟主，又有自己的发展，"各成其学"，不是简单的相互依附，各有自己的学术特色，这是成为一个独立学派最主要的条件。当时，另一个学者王昶便看到这一点，他说："近过广陵（按：即扬州），复见汪君中，通经邃史，笃于学，志于古，为予所不如，盖予与淮海之交有四士焉：训导宝应刘台拱有曾闵之孝；给事中王念孙及其子国子监生引之，有苍雅之学；君既有扬马之文，时谓之四士三美，宜矣。"② 这些还只是讲了扬州地区的学者，有自己独特的特点和联系，已有一个学派的端倪。到了民国初年，有位学者在其撰写的《刘师培外传》中，便明确肯定了扬州学派的存在，他说："扬州学派于乾隆中叶，任、顾、贾、汪、王开之。焦、阮、钟、李、汪、黄继之，凌曙、刘文淇后起，而刘出于凌，师培晚出，袭三世经传之业，门风之盛，与吴中三惠九钱相望，而渊综广博，实隆有吴、皖两派之长，著述之盛，并世所罕见。"③ 该文不仅明确肯定了扬州学派的存在，而且勾画出该学派的发展线索、各阶段的代表人物及其学术成就，文中高度评价该学

---

① 汪中：《大清故候选知县李君墓志铭》，《述学》外篇一。
② 王昶：《四士谈》，《春融堂集》卷35。
③ 尹炎武：《刘师培外传》，《刘申叔先生遗书》卷首。

派"渊综广博，实隆有吴、皖两派之长"。由于《刘申叔先生遗书》印数不多，流传不广，故载入该书卷首的此文未能引起更多学人的重视和研究。从以上有关论述可知，扬州学派的主要代表人物有王念孙、汪中、焦循、阮元等。属于这一学派的学者有李惇、任大椿、程晋芳、刘台拱、贾田祖、江德量、凌廷堪、秦恩复、钟怀、顾凤毛、罗士琳、王引之、刘文淇、黄承吉等。近当代学者刘师培则是该学派的遗绪和殿军。由于扬州学派与戴震关系密切，因而扬州学派中有些学者如王念孙也同属皖派。王念孙是戴震的弟子，本属皖派学者，但由于扬州学派形成较晚，他既属皖派，又属于扬派，这并不奇怪。因为皖派与扬派既有渊源关系，有许多共同之点，同时又有所区别，因而，同一个人可以由彼入此。

以上对扬州学派的时空及其成员的界定，也可进一步说明，清代乾嘉时期确存在着扬州学派，其产生形成的时间稍晚于吴、皖两派，且在学术思想渊源上受吴、皖两派的影响。基于这一客观事实，一些前辈学者早就肯定了扬州学派的存在。以研究清代学术思想史著称的梁启超就曾说在吴、皖两派之外，"尚有扬州一派，领袖人物是焦里堂（循）、汪容甫（中），他们研究的范围比较的广博"[1]。已故著名历史学家柴德赓先生也曾明确肯定"乾隆时经学流派，吴、皖两派之外，还有扬州一派，扬州派以王念孙为首，汪中等和之。各人有各人的成就"[2]。近几年，著名清史学家戴逸先生也认为，乾嘉汉学中，继吴、皖两派之后，"再下去是扬派，即扬州学派，像阮元、焦循、王念孙和王引之父子等大批人，到了这批人手里，汉学发展到顶峰，并转向衰落，他们的成就是非常大的"[3]。这些前辈学者的精辟之见，都对我们研究扬州学派有重要启示。

我们在肯定扬州学派存在的同时，要看到学术界也有些学者对此尚有疑义。如有的学者认为乾嘉学派根本不必要再分吴派、皖派。当然，更不必再分出扬州学派。他们的主要论据是，如此划分会否定乾嘉学派

---

[1] 梁启超：《中国近三百年学术史》，复旦大学出版社1985年版，第115页。
[2] 柴德赓：《章实斋与汪容甫》，《史学丛考》，中华书局1982年版，第293页。
[3] 戴逸：《清代思潮》，《步入近代的历程》，辽宁大学出版社1992年版，第28页。

不断发展演变的过程；同时所谓的吴、皖两派之间的共同点远大于不同点，不必过分强调其中的不同点；再者二者之间的特点也不是绝对的，勉强划分出吴派、皖派是缘木求鱼。这些学者还针对扬州学派的提法而指出："晚近以来，沿据地望名学旧辙，又有扬州学派、浙东学派诸多归纳，按照地域来区分乾嘉学派和整个清代学术，是否与学术史实际相吻合……恐怕还可以商量。"① 另外，也有学者将乾嘉学派分为惠栋、戴震、钱大昕派，并认为目前所论扬州学派中的成员，大都属于戴派，没有再分出扬州一派的必要②。笔者既然反复论证扬州学派的存在，对上述观点，当然持保留意见。这里问题的关键是，即便有吴、皖、扬州各派之分，也并不否定乾嘉学派的发展演变过程。对此，我在《关于乾嘉学派的成因及派别划分之商榷》一文中已有论及，这里不再赘述。

三 扬州学派的学术特征及其地位和影响

关于扬州学派的学术特征，张舜徽先生在其《清代扬州学记》中，曾通过对吴皖两派及扬州籍学者的相互比较后得出结论说："余尝考论清代学术，以为吴学最专，徽学（皖）最精，扬州之学最通。无吴、皖之专精，则清学不能盛；无扬州之通学，则清学不能大。然吴学专宗汉学遗说，摒弃其他不足取，其失也固。徽学实事求是，视夫固泥者有间矣，而致详于名物度数，不及称举大义，其失也偏。扬州诸儒，承二派以起，始由专精汇为通学，中正无弊，最为近之。"③ 这确为真知灼见。说明扬州学派在继承吴、皖两派的基础上，又进一步向前发展，由专精进而发展为会通，克服了吴、皖两派的固守和偏颇，达到创新和通大。具体说来扬州学派的特征和影响有如下几点：

第一，继承发展惠栋、戴震的考据之学，将乾嘉汉学进一步推向高峰，并取得总结性成就。扬州学派在学术思想上因渊源于惠、戴，所以他们在治学中仍遵循从古文字入手，重视声音训诂，以求经书原意的原

---

① 陈祖武：《扬州诸儒与乾嘉学派》，载冯尔康等《扬州研究》，台湾联经出版事业公司1996年版，第180页。
② 漆永祥：《乾嘉考据学研究》，中国社会科学出版社1998年版，第113页。
③ 张舜徽：《清代扬州学记》，上海人民出版社1962年版，第2页。

则。他们于起步时，清代汉学已有丰富的积累，在文字、音韵、训诂、校勘、辨伪、辑佚等方面，都已取得显赫成就。他们可以吸收利用汉学已有的成果，进一步发展和提高，将汉学推向高峰，如王念孙、王引之父子，在清代汉学领域达到的成就，即致登峰造极。他们以渊博的学识，并娴熟地运用归纳演绎的方法，在训诂、校勘方面的成就，都远远超过惠栋和戴震。阮元在评价王氏父子的学术成就时就曾指出"高邮王氏一家之学，海内无匹"，"又过于惠、戴二家"，"亦为惠氏定宇，戴氏东原所未及"[①]。王氏父子在训诂、校勘等方面，"触类旁通"，创立的通例，对于乾嘉汉学的方法和手段，实带有总结性质。另如任大椿关于典章制度的研究，也发展了戴震的学说。戴震曾计划撰写《七经小记》，以解决经学研究中有关训诂、名物制度方面的疑难，却未能如愿完成。任大椿效法戴震，先后撰写《牟服释例》《深衣释例》《释缯》等，均补充和发展了戴震的典章制度之学。其他如汪中的《明堂通释》《释三九》、焦循的《群经宫室图》及阮元的《明堂论》，均是有关典章制度方面的名著，都发展和超过了惠栋、戴震在这方面的研究。嘉庆时期，当乾嘉汉学由兴盛走向衰落之际，出现了对汉学进行总结和抨击的著作，如江藩的《国朝汉学师承记》、方东树的《汉学商兑》，这说明乾嘉汉学作为一种学术思潮，已走到了晚期阶段，学者们都在从不同角度对之进行总结。扬州学派的代表人物阮元主持编纂的《经籍籑诂》《十三经注疏》《皇清经解》，也在一定程度上总汇了乾嘉汉学在训诂、校勘、解经等方面的成果，实际上也具有总结性质。

第二，突破了传注重围，开拓了研究领域，使学术研究在内容和方法上都渐有近代学术气息。中国封建社会以儒学为核心的传统学术，将儒家典籍视为神圣的经典。自汉而后各朝各代的学者无不在传注儒家经典上下功夫，形成世代相传的注经局面，不敢越传注之雷池，治学范围也有偏枯狭弊，除了几部儒家典籍外，诸子百家之学，多被视为旁门左道。乾嘉汉学兴起后，一反宋元对四书五经的说解，又将精力集中于汉儒传注方面。特别是吴派学者"惟汉是从"，以致造成学术界的抱残守缺，孤陋寡闻，更加窒息了生动活泼的学术研究。置身于乾嘉汉学之间

---

① 阮元：《王石臞先生墓志铭》，《研经室集》卷2。

的扬州学派学者，深深感到学术研究中的这种弊端，加之他们活动于交通发达，商业繁盛的扬州地域，与荟萃往来于扬州的各地学者广泛接触，在学术上能"求同存异"，不守门户之见。焦循就认为"古学未兴，道在存其学；古学大兴，道在求其通"。就是说，要发展学术，一定要求通，要敢于摆脱传注的重围，扩大研究领域。他们的研究范围不限于儒家经典，首先将研究内容扩大到先秦诸子，如汪中研究墨子、荀子和贾谊。他校订墨子，撰写《墨子后序》，又撰《荀卿子年表》，驳斥正统儒家对墨子的诬蔑，肯定荀子的历史地位。以致使正统派学者诅咒汪中"敢言孟子之言兼爱无父乃诬墨子，此则又名教之罪人"[1]。另如王念孙的《读书杂志》，广泛校勘了管子、晏子、墨子、荀子、淮南子等子类著作，均开子学研究之先河。尔后的学者如孙诒让著《墨子间诂》、俞樾撰《诸子评议》，多受汪中、王念孙等扬州学派学者之影响。另外扬州学派学者又大都重视自然科学的研究，李惇、焦循、阮元等对于天文、数学、自然科学史诸方面都有深湛研究。李惇、焦循在数学方面取得杰出成就，焦循还利用数学原理研究《周易》，尤为别具一格。阮元编写出《畴人传》，撰写了大批天文历算学者的传记，实际上是一部自然科学史，开拓、扩大了治学范围。

　　前辈史学大师陈垣先生曾谓，"朱竹垞、全谢山、钱竹汀三家集，不可不一看，此近代学术之源泉也"。而扬州学派的研究方法，则将传统的学术研究方法，更是大大向前推进了一步。特别是王念孙、王引之、阮元等人，已生活于鸦片战争前后，都在不同程度上受有近代科学的影响，使自己的学术研究方法具有某些近代气息。王念孙、王引之父子在训诂、词语等语言学研究中，已具有近代文法观念，因此当代语言学家吕叔湘在其《文言虚字》一书的序言中，认为自己在这方面的工作是王引之《经传释词》一书的继续。当代另一语言学大师王力先生在其《中国语言学史》中甚至认为王念孙、王引之等人的著作"是中国语言学走上科学道路的里程碑"。王引之的学术论著，大都结构严密，逻辑性强，娴熟地运用了归纳和演绎的方法，已是系统的学术论著，开近代学术论证之风，与顾炎武的《日知录》、阎若璩的《潜丘札记》等

---

[1] 翁方纲：《书墨子》，《复初斋文集》卷15。

零金碎玉式的札记之作相比，显然有所不同。再如阮元在其学术著作中，已经运用统计的方法，对事物进行归纳，具有类的观念和发展的观念，也突破了传统的研究方法。他在表述问题时所用的一些词汇，如"实学""西学""西法"等，也都是近代学者常用的词语概念。

第三，反对汉学的墨守与门户之见，具有发展变化的思想和求实批判精神。扬州学派的学者，虽然吸收继承了乾嘉汉学的治学方法和原则，但在乾嘉汉学从兴盛走向衰落的过程中，他们又大都感受到汉学的拘守、狭隘和烦琐。因而，他们一方面突破传注重围，开拓研究领域，吸收运用新的研究方法；另一方面也对汉学的弊端进行批评指责。由于扬州派学者多出身于汉学营垒，"入其垒，暴其恃，而见其瑕"，他们的批评，并非出于门户之见，比较切实。如焦循就曾写信给王引之说，"循尝怪为学之士，自立一考据名目"，而盲目泥古，"以时代言，则唐必胜宋，汉必胜唐；以先儒言，则贾、孔必胜程、朱，许、郑必胜贾、孔。凡许、郑一言一字，皆奉为圭璧，而不敢少加疑辞，窃谓此风日炽，非失之愚，则失之伪"。因此，他决心"芟此考据名目，以绝门户声气之习"①。而王引之在给焦循的复信中也深表赞同说："来书言之，足使株守汉学而不求其是者，爽然自失。"王引之在此信中还批评惠栋信汉、佞汉的错误倾向，他说："惠定宇先生考古虽勤，而识不高，心不细，见异于今者则从之，大都不论是非。"② 焦循、王引之通信中对汉学盲目泥古、自立门户的批评，并非个别扬州学者的一己之见，而是在汉学的弊端和危害日益暴露的情况下，扬州学派对此已有一定的议论，并有共同的认识。比如阮元，他在这方面的言词，虽不像焦循、王引之那样尖锐，但其同样主张："儒者之治经，但求其是而已矣，是之所在，从注可，违注亦可。不必定如孔、贾义疏之例也。"③ 这些看法必然逐步打破汉学的门户之见，促使乾嘉汉学的分化。

扬州学派从对汉学弊端的认识中，进而痛切认识到汉学已没落到禁锢思想，窒息学术发展的危害。如焦循所指出的"执一害道，莫此为

---

① 焦循：《家训》，见罗振玉影印《昭代经师手简二编》。
② 王引之：《与焦里堂先生书》，《王文简公文集》卷4。
③ 阮元：《焦里堂群经宫室图序》，《研经室集》卷11。

甚"，他看到当时的学术已沦落成投靠富贵有势力之家的奴仆，"不能自立，以为之奴"，而受其凌者，"或又附之，则奴之奴也"。要发展学术，就必须打破这种局面。由于时代变化，扬州学派学者多具有发展变化思想，焦循尤其突出，他竭力反对形而上学所谓的"定论"，认为"井田封建，圣人所制也，而后世遂不可行，则圣人之言且不定也。故有定于一时，而不能定于万世者。有定于此地，而不能定于彼地者。有定于一人，而不能定于人人者，此圣人所以重通变之学也"。焦循关于《周易》的研究，便运用数理知识，说明宇宙万物都是经常变化的、发展的，进而又用发展变化的观点，阐明性理，指导治学。同样，这种发展变化的思想，在汪中、阮元等人的学术思想中，也有深浅不同的反映。这正是行将遽变的时代，在学术思想上的折射。

扬州学派的发展变化思想，运用于学术研究中，便主张创新务实，联系实际，经世致用。如汪中在论述自己的治学宗旨时说："故尝推六经之旨，以合于世用，及为考古之学，惟实事求是，不尚墨守。"[①] 扬州学派的开拓治学领域，扩大治学范围，冲破经注的束缚，研究子学、天文、农学、史地、自然科学史等，也是从经世致用出发。在经世致用的思想指导下，汪中勇敢地否定宋儒认为《大学》为孔子所作的观点，认为宋儒将《大学》托之孔子，目的在于抬高他们自己，"不托之孔子，则其道不尊"，但是托之孔子，又"义无所据"[②]，缺乏应有的根据。这些思想观点很有批判精神，在长于考据的多数汉学家著作中是少见的。

清代的学术思想，如何从乾嘉汉学演变到鸦片战争前后的经世致用，在以往的学术思想史论著中尚未论述明白。通过对扬州学派的研究，可以发现扬州学派正是从乾嘉汉学演变到鸦片战争前后新的经世致用思潮的中间环节，扬州学派一方面继承和总结了乾嘉汉学，将乾嘉汉学推向高峰；另一方面又看到并指出了乾嘉汉学的局限和弊端。他们通过自己的学术研究开拓了研究领域，扩大了治学范围，阐述了发展变化的思想，成为新兴的学术思潮的发酵剂和先导。深入研究扬州学派，显

[①] 汪中：《与巡抚毕侍郎书》，《述学·述学别录》。
[②] 汪中：《大学评议》，《述学补遗》。

然有助于更准确地阐明清代学术思想的发展和演变，这既说明了扬州学派在清代学术思想史上的地位和影响，同时，也是研究扬州学派的重要意义所在。

（原载《清代扬州学术研究》，台湾学生书局 2001 年版）

对新时期扬州学派研究的回顾与展望

——从个人参与研讨的视角谈起

时值癸巳年春夏之交，我再一次来到栖灵塔下、瘦西湖畔的扬州大学，参加在这里举行的第三次"海峡两岸扬州学派学术研讨会"，且又有机会与有着深厚学术友谊的海峡两岸的诸多师友再次相会，欣慰之情，实溢于言表。这里，我衷心感谢会议的邀请。此时此刻，也使我油然回忆起自1988年扬州大学（当时称扬州师范学院）发起组织的"扬州学派研讨会"及2000年由扬州大学人文学院与台湾"中央院"中国文哲所联合举行的首次"海峡两岸扬州学派学术研讨会"。基于个人的专业研究，加之与扬州大学人文学院与台湾"中研院"中国文哲所之间的学术渊源，这两个单位举办的与扬州学派直接或间接相关的学术活动，我多有幸参加，也有缘拜读过这两处不少学者研究扬州学派的有关著述，都深受教泽。在诸位先进的启迪下，个人也写过几篇小文，诸如《论乾嘉扬州学派》《再论乾嘉扬州学派》《关于扬州学派的几个问题》，阐述了对扬州学派有关问题的拙见。从一定程度上看，我可谓是新时期扬州学派研究的亲身参与者，所谓新时期是指自1988年扬州大学召开的"扬州学派研讨会"至此次会议举行的这二十五年。回顾二十五年来扬州学派研究艰辛而辉煌的历程，令人欣喜赞叹；展望其未来的研究发展前景，更使人满怀信心和期待。因此在此次研讨会上，我拟从个人参与研讨的视角，对新时期扬州学派的研究，做简略的回顾与展望。

第一，1988年扬州大学召开的"扬州学派研讨会"，为新时期扬州学派研究吹响了号角，开辟了道路，奠定了基础。

扬州作为一座具有悠久历史和深厚文化积淀的历史文化名城，为当地学术文化的发展与繁荣，提供了肥沃滋润的土壤和得天独厚的自然及人文环境。自古以来，尤其是在隋唐之后，这里就人才辈出，著述如林。特别是清代乾嘉时期，在考据学兴盛的学术背景下，继吴、皖两派之后，扬州地区的确存在着一个超越吴、皖，具有自身特点的扬州学派。对此，乾嘉当时的学者，就以自身的直观感受论述过扬州学派作为一个学术群体的客观存在。晚清以降至民国初年，又有学者不仅明确肯定了扬州学派的存在，还清晰勾画了该学派的发展线索、各个阶层的代表人物及其学术成就。[①] 以研究清代学术思想史著称的梁启超在其名著《中国近三百年学术史》中，也曾说过在乾嘉吴、皖两派之外，"尚有扬州一派，领袖人物焦里堂（循）、汪容甫（中），他们的研究范围比较的广博"[②]。可惜的是，梁任公此论语焉不详，此后也未再有具体论列。致使此后研究清代学术的学者，论及清代学术时，只讲吴、皖两派，鲜有对扬州学派的论述。正有鉴于此，当代著名历史文献学大师张舜徽先生为表彰扬州之学，特撰《清代扬州学记》，他辨章学术，考镜源流，十分明确而精辟地说："余尝考论清代学术，以吴学最专，徽学最精，扬州之学最通。无吴、皖之专精，则清学不能盛；无扬州之通学，则清学不能大。"他还进一步评析说，吴学，"其失也固"；皖学，"其失也偏"，惟有"扬州诸儒，承二派以起，始由专精汇为通学，中正无弊，最为近之"[③]。张先生以上所论，堪称经典之作，理应成为研究扬州学派的圭臬。然而，因中国内地较长一段时期内受左倾思潮影响，在学术导向上重论轻史，不重视传统的经学研究，致使包括扬州学派在内的乾嘉考据学，在学术界很少有人问津，长期处于沉寂状态。

难能可贵的是祁龙威先生，他长期任教于扬州大学，本身具有深厚的学术造诣，对经史文字、音韵训诂之学有精湛研究，深知扬州学派的学术成就及其在中国经学史、清代学术史上的地位和影响，其自身又长期工作、生活在扬州，深感有责任、有义务推动扬州学派的研究，进而使之发扬光大。因此，其早在20世纪60年代就在扬州大学及扬州地区，倡导研究扬州学派，他自己也身体力行，撰写论著。同时，他还约

---

① 尹炎武：《刘师培外传》，《刘申叔先生遗书》卷首。
② 柴德赓：《章实斋与汪容甫》，《史学丛考》，中华书局1982年版，第28页。
③ 张舜徽：《清代扬州学派》，上海人民出版社1962年版，第2页。

请同事共同关注，并引导培养自己的学生选择扬州学派相关的研究课题。虽然，万事开头难，他却老骥伏枥，矢志不渝，积数年之功，终于初有成效，编辑印行了《扬州学派研究》一书，汇编了近二十篇有关论文，诸如《扬州学派散论》《戴震与扬州学派》《浅论扬州学者在方志学方面的成就》《刘师培的文学史观》等，从各个方面对扬州学派、扬州学者的学术成就予以介绍及研究。祁先生还亲自为该书撰写了序言，呼吁学术界开展对扬州学派的研究。进而，在此基础上，首次"扬州学派研讨会"于1988年召开。

那时，我尚在中国人民大学清史研究所工作，十分荣幸地应邀参加了这次研讨会，同时还带了两名研究生（其中一名为美国青年学者）与会学习。对此，我在为庆祝祁龙威先生从事学术活动六十周年而写的《祁龙威先生学术之树常青》一文中曾有述及。当时与会的学者，除扬州当地与江苏、浙江学者外，还有上海的汤志钧、北京的赵守俨、广东的陈乐素等知名前辈专家，以及香港大学的魏白蒂教授等三四十人。与会学者就历史上是否存在扬州学派，其产生的学术背景如何，有哪些学术成就特点，该学派与乾嘉考据学中的吴、皖两派有何异同，有哪些成员和代表人物，刘师培能否算是扬州学派成员，等问题各抒己见，开展了热烈讨论，既有共识，也有异议。实事求是地说，这次会议大大推动了扬州学派研究，使这一久久沉寂的学派，重新引起学术界的关注，一些与会学者（包括我个人）会后陆续写了论述扬州学派的论文。此后，祖籍扬州的台湾历史学家陈捷先先生，为纪念扬州先贤，弘扬扬州地域文化，曾约请著名清史学家冯尔康教授主编了《扬州研究》，邀请包括扬州地区学者在内的二十多位学者，撰写了数十篇关于扬州历史文化的论文，其中直接论述扬州学派的文章，就有《扬州诸儒与乾嘉学派》《再论乾嘉扬州学派》《王念孙、王引之父子与乾嘉扬州学派》《阮元与扬州学派》《清代扬州历史地理学家之成就》等。这反映出扬州学派的研究，已在更大范围引起关注，逐渐成为学术界相关学科学者的共同话题。

经过1988年这次学术研讨会，扬州大学文学院及相关各院、各学科，备受鼓舞，他们决心将扬州学派的研究进一步引向深入，在已取得的研究成果的基础上，又制订研究规划，组织和培养研究力量，开展专题研究，撰写研究论著，整理编校相关史料，出版研究成果，举办学术活动，加强与海内外学术交流。这些研究规划的执行，诸多研究成果的出版及研究人才的涌现，也逐渐引起扬州市、江苏省各有关领导部门的关注，他们都以很大热情表示了对扬州学派研究的支持。扬州大学和扬州地区的学者，继1988年的学术研讨会之后，又经过十多年的辛勤耕耘，使对扬州学派和扬州文化的研究，更上一层楼，研究力量更加壮大，研究成果更加丰硕，一批优秀的研究人才也脱颖而出，为深入、持续地开展对扬州学派的研究和开展海内外学术交流奠定了基础。正是在这样的形势下，1999年扬州大学文学院邀请了台湾"中研院"中国文哲所由林庆彰教授领衔主持的"清扬州学派经学研究计划"项目的诸位专家学者，来扬州考察，并商定合作开展研究方案，决定在扬州和台北合作举办关于扬州学派的研讨会。由此，也使扬州学派研究进入新的阶段。

第二，2000年与2001年先后两次在扬州和台北举办"海峡两岸扬州学派学术研讨会"，将扬州学派研究提升到新水平、推向新阶段。

扬州大学人文学院与台湾"中研院"中国文哲所在1999年1月举行的"清代扬州学派学术交流会"上约定，未来继续合作，并先启动两次关于扬州学派研究的学术研讨会：2000年4月，由扬州大学在扬州召开第一次研讨会；2001年再由台湾"中研院"中国文哲所于台北召开第二次研讨会。可喜的是，这两次会议都按计划如期举行，且于会后公开出版了由祁龙威、林庆彰与杨晋龙分别主编的《清代扬州学术研究》《清代扬州学术》两部四册会议论集。我有幸应邀恭临2000年的盛会，并拜读过两次会议的论集，深深感到这两次会议的召开与论集的出版，是海峡两岸学者合作研究扬州学派的标志，而且研讨会与论集的学术层次、学术质量也都将扬州学派的研究提升到新水平，推向新阶段。这当然是合作双方，特别是研究计划、研究项目的主持人、执行者精诚团结，共同努力的结果，也是由他们的学术造诣、学术水平和学术追求所决定的。

对于合作研究计划方之一的扬州大学人文学院在研究扬州学派方面的推动者，作为其学术旗帜的祁龙威先生及其周围的有关情况，上文已有涉及。至于合作研究另一方——台湾"中研院"中国文哲所此一计划项目的主持人林庆彰先生的有关情况，我认为也很有必要就自己的接触与了解做点介绍。林先生以研究中国经学史著称，乃享誉国际的知名学者，在其长达三十余年的中国经学研究历程中，学术成果丰硕，撰写的各种经学史论著，主编的各种有关经学典籍、工具书等，确可谓著述等身，其主要经学代表著作有《明代考据学研究》《清初的群经辨伪学》《明代经学研究论集》《清代经学研究论集》等，主持编写的经学目录有《经学研究论著目录》（1912—1997）、《乾嘉学术研究论著目录》（1900—1993）、《日本研究经学论著目录》（1902—1992）等。而且，他在推动台湾与内地的学术交流方面也是有心人。早在1989年，其在兼任台湾《国文天地》社长时，就亲到北京与《文史知识》签订了合作交流协议。可谓首创台湾与内地的学术文化交流，因此受到学术界赞扬和舆论媒体的广泛报道，诸如《〈文史知识〉与台湾〈国文天地〉携手——血缘同祖 文化同根》等。近年来他在推动台湾与内地的中国经学研究方面又做了很多工作，因此由他来推动扬州学派的合作研究绝非偶然。他对扬州与扬州学派深有感情，近年来先后九次来扬州，将此地视为自己的第二故乡，还向扬州大学捐赠了一千多册有关扬州学派的书籍。这次他又抱病前来参加研讨会，其如此为学术献身的执着精神实令人钦敬！

关于林先生在经学研究方面的学术成就，他的弟子编有《经学研究三十年——林庆彰教授学术评论集》[①]，对其经学研究有翔实评论。我在和林先生长期的学术交流中，对其学术成就与治学精神十分仰慕，也曾写过几篇评介文字，如《林庆彰及其中国经学史研究》[②]《窥见清初经学堂奥的力作——评〈清初的群经辨伪学〉》[③]《搜罗详编，嘉惠士林——评林庆彰〈经学研究论著目录及其史〉》[④]。林先生对中国经学史的研究有总体计划，在研究方法上，他从收集史料的基础研究入手，先编写各种相关专题目录及史料典籍，再按中国历史断代、或专题进行研

---

① 陈恒嵩、冯晓庭编：《经学研究三十年——林庆彰教授学术评论集》，台湾乐学书局2010年版。
② 见《中国文化》第15、16期合刊，1997年。
③ 见《中国文哲研究通讯》1994年12月。
④ 见《炎黄文化研究》1997年第4期。

究，最后再总其成写出中国经学史巨制。而在断代或专题的经学研究计划中，就有"明代经学研究""清乾嘉经学研究""清乾嘉扬州经学研究"等项目计划。在执行这些研究计划时，都会举行学术研讨会、发表论文、出版论集。我就曾应邀参加过他举办的"明代经学研讨会"与"清乾嘉考据义理学研讨会"等。他们与扬州大学合作开展的"清代扬州学派研究"，正是其"清代乾嘉扬州经学研究"的组成部分，乃属正式备案的研究计划，执行中自然严肃认真，各方面都有相应的保证。

从1988年召开的"清代扬州学派"研讨会，到2000年、2001年扬州与台湾的"扬州学派研讨会"，前后相隔已十余年，这期间，就中国内地学界而论，正遇上改革开放的大好时机，学术文化的发展呈现繁荣之势，甚至出现"国学热""传统文化热"的势头，学者们的思想也较过去大为解放与活跃。以扬州大学祁龙威先生为代表的学者们对扬州学派的研究，正乘此势头，无论是学术成果积累，研究内容的深度和广度，还是研究阵容的壮大，新进人才的培养与涌现，及社会各界的参与和支持，都有很大的发展和提高。所有这些都可以从两次"海峡两岸扬州学派学术研讨会"反映的情况中得到充分的印证。

首先，从与会学者的分布地域范围及学术层次上看：分布的地域和单位更加广泛，在中国内地，除扬州地区的学者外，还有各省市的学者。从学者所在单位看，既有扬州大学、苏州大学、南京大学、上海社会科学院，也有中国社会科学院、清华大学、北京大学、中国人民大学等知名高校和科研单位。就台湾地区看，参加人员单位既有"中研院"，也有台湾大学、交通大学、成功大学、台湾暨南大学、台湾师范大学、佛光大学、台北科技大学等单位的学者，这说明关注和研究扬州学派的学者更广泛，人数也更多。从与会学者的年龄和学术层次上看，既有年高德劭的学界前辈，也有正值盛年，学术成就很大、知名度很高的中壮年学者，还有茁壮成长的优秀青年学者。这说明会议的学术层次很高，也展示了对扬州学派的研究已形成雄厚的学术基础。

再就会议的学术研究成果看，已收入《清代扬州学术研究》与《清代扬州学术》论集的论文就有六十余篇，这些论文对扬州学术的论述，在研究内容和研究深度上，较之十年前，都有很大发展与超越，反映了台湾与内地学术界对扬州学派研究的最新水平。对此扬州大学的田汉云教授和"中研院"文哲所的杨晋龙研究员在分别撰写的《海峡两岸清代扬州学派研讨会综述》与《海峡两岸清代扬州学派研讨会纪实》中，已有概括和分析。田教授的《综述》概括了研讨会论文对扬州学派的命名、定位、特点、影响，以及其所处的环境和社会背景，该学派及主要代表学者的学术成就。杨教授的《纪实》则对提交会议的四十篇论文的内容要旨、学术观点逐篇予以钩玄提要，还将论文讨论的内容范围进行了分类：1. 析论扬州学派产生的社会、经济、教育等背景；2. 说明扬州的地理沿革；3. 综论清代学术流派的渊源、特色与发展；4. 论证扬州学派与其他学派的关系；5、6. 讨论扬州学派在某方面及某些学者的学术成就；7. 对扬州学派的批评。《纪实》还以会议论文内容所属的学科与专业将此文划分为以下数类：1. 经学、2. 小学与训诂、3. 诠释学、4. 辑佚整理、5. 校勘与整理、6. 校勘、7. 经世与致用、8. 义理、9. 学术史、10. 史学等。我们从杨先生在《纪实》中对与会论文论述的范围及所属学科专业的分类中，足以看到研讨会对扬州学派的研究在广度与深度上都有很大的扩展与提高。

我个人从参与研讨的直观感受中，也认为与会论文的学术质量很高，大多数论文在学术观点的论证上逻辑更加严密、论据更加充分、说理更加透彻细致，即使是同一作者对同一问题论述，前后相比也有明显的提升。这也说明学术界对扬州学派的研究在不断深入。另外，有些与会者虽然在这次会议上未正式提交论文，但其在会上的发言就是一篇高质量的论文。这里，我要特别举出赵昌智先生。他当时是扬州市委、市政府文化宣传部门的领导，现任扬州市"扬州文化"与"扬州学派"两个研究会的会长，又是"扬州学派丛书"编委会主编，他在会议闭幕式的发言中，就如何开展和深化扬州学派研究提出了不少很有见地的主张，他指出："扬州文化底蕴非常丰厚，展现出文化的多元性，所以包容性特别强，而扬州学派在清代的学术地位非常重要，如果没有扬州学派的出现，清代学术即有缺乏高潮的感觉。现在研究扬州学派最重要的是如何继承以往辉煌的成果，如何在继承旧文化传统而发展开发出新的文化生机？也就是在面对优秀文化传统时要做什么？应该留给后人什么？"为此，他建议扬州市政府的文化单位，组织人力对扬州学派学者的著作加以整理、点校出版，并邀请专家写作扬州学派学者的年谱、传记、评传，编写出一套"扬州文化丛书"。为了推动相关的研究和丛书的编写，他认为还应成立扬州文化研究会。同时，他提出丛书的编纂原则：应该是"专门与普及并重；古籍的整理与收集保护并重；扬州学派的研究与其他文化活动并重"①等。据我所知，赵先生不仅是这样说的，也是实实在在这么做的，他在此次会议前后，就以自己的学识、地位和影响，组织成立了"扬州文化研究会"与"扬州学派研究会"，又组织编写了《扬州学派丛书》与《扬州文化研究丛刊》。他自己也身体力行，先后出版了其主编的《扬州学派人物评传》，以及个人的专著——《扬州文化丛谈》。而且，他在工作中对学有专长的专家十分尊重，对专家在工作生活上及学术成果出版中的困难都尽可能给予帮助和支持。在和赵先生的交往中，我深感其有很高的学术文化素养，是一位典型的学者型领导，他多年来对扬州学派与扬州文化研究的推动及其影响，可谓新时期扬州学派研究发展中不可或缺的组成部分。因此，我们在评述新时期扬州学派研究取得的成就时，自然会论及他对扬州学派研究的推动和影响。

从上述介绍与评论中，我们说2000年与2001年两次"海峡两岸扬州学派学术研讨会"，将扬州学派的研究提升到新水平，推向了新阶段，确乃论有所据，绝非虚诞之词。

第三，新时期扬州学派研究取得的辉煌成就及未来发展前景展望。

当代学术界对扬州学派的研究，如果以1988年扬州大学召开的首次"扬州学派研讨会"为起点，历经2000年、2001年，再到这次"海峡两岸第三次扬州学派学术研讨会"止，前后已有二十五年的时光。相对于过去时段的研究，如前所述，我们将其称为新时期的扬州学派研究。此间，在扬州学派的发源地——扬州地区及扬州大学的推动下，又经1999年以来与台湾"中研院"中国文哲研究所的交流合作，共同推进，使扬州学派的研究有了长足发展，取得辉煌的成就，这主要表现在：

首先，推出了大量内容厚重的学术研究成果。

学者们研究扬州学派的学术成果，首先表现在学术论文方面。这些

---

① 参见《清代扬州学术研究》（下册），第844—845页。

论文除集中编入《扬州学派研究》《扬州研究》及《清代扬州学术研究》《清代扬州学术》等论集外，还散见于《扬州大学学报》《扬州文化研究论丛》，以及《中国文哲研究通讯》（台湾）、《中国文哲研究集刊》（台湾）与《"清华大学"学报》（哲学社会科学版）等国内各大学报等报刊。如果有心人能编一本新时期扬州学派研究论文目录，其数量一定相当可观，估计当有千篇以上。

再就是研究专著，这方面不包括台湾学者的研究成果在内，仅笔者见到的就有王章涛著《阮元年谱》《阮元评传》《王念孙、王引之年谱》《凌廷堪评传》，郭明道著《阮元评传》，刘建臻著《清代扬州学派经学研究》《焦循著述新证》《焦循学术论略》，张其昀著《〈广雅疏证〉导读》，戚学民著《阮元〈儒林传稿〉研究》，赵昌智的《扬州文化丛谈》及其主编的《扬州学派人物评传》《扬州学派论文选》等。

此外，学者们经过潜心爬疏整理，还标点校勘了扬州学派学者的文集，如田汉云《新编汪中集》、张连生《宝应刘氏集》、刘建臻《焦循诗文集》，还有陈文和先生以一己之力点校与扬学相关的《钱大昕全集》和《王鸣盛全集》。台湾"中研院"文哲所组织者也点校了《汪中集》（王清信、叶纯芳）、《汪喜孙全集》（杨晋龙主编）、《刘文淇集》（曾圣益）、《刘寿曾集》（林子雄）。这些文集，为广大学者研究扬州学派及其学人提供了资料上的极大方便。

其次，涌现出一批优秀的学术研究人才，壮大了研究力量。

学术研究乃千秋功业，需要一代代学人去完成。在新时期扬州学派的研究事业中，经过前辈培育、领导扶植和个人的刻苦努力，涌现出一批优秀的学术研究人才。这里仅以扬州大学和扬州地区为例。

我们首先要列举的是田汉云教授，虽然他现在已是卓有成就、很有声誉的著名学者，但在二十五年前，他还是一个刚过而立之年的青年才俊，他作为祁龙威先生的高足，其主要学术成就还是在1988年会后取得的。他先是在祁先生的熏陶下，推出经学研究的力作——《中国近代经学史》，奠定了其步入学术殿堂的基础，而后在从事繁重的教学与研究任务的同时，又以很大精力投入扬州学派研究，不仅点校了《汪中集》，作为国家清史编纂委员会的文献项目正式出版，还撰写了十多篇高质量的研究论文，如《略说扬州学派与历代扬州文化之关系》《关于进一步确认扬州学派的思考》《论汪中的经学思想》等，这些论文内容都很厚重，论证鞭辟入里，深受学界好评，对研究扬州学派很有参考价值，推进了扬州学派研究。此外，他还参加了与扬州学派研究关系密切的、由祁龙威先生主持的国家项目——国家清史编纂委员会新编的《清史》主体工程《典志》中的《朴学志》的编撰工作。他不仅自己为学术研究付出心血，还热情积极地提携青年、培养研究生。近年来他已先后培养有四五十位硕士和博士研究生，其中有的学生也已成为很有学术成就的教授和博士研究生导师。前文提到的刘建臻就是他带过的博士研究生。而刘建臻也正是在研究扬州学派中崛起的优秀研究人才之一。

刘建臻被祁老称赞为是"不畏古奥，人才难得"的研究型人才，因被"接纳来扬州大学任历史讲师、副教授"，"2000年又师事田汉云教授，攻读博士学位"。① 在祁老推动的扬州学派研究中，他是多位积极投入的中青年学者之一。从2004年至今，他已先后出版了《清代扬州学派经学研究》等多部著作，并在《历史研究》等刊物上发表二十多篇有关扬州学派的论文，其研究成果之丰硕，亦可谓惊人，这些成果当然凝结着其汗水与心血。"梅花香自苦寒来"，功夫不负有心人，令人欣喜的是如今刘建臻由于学术成就昭著，已成为教授和博士研究生导师。

从祁龙威先生，到田汉云教授，再到刘建臻博士，亦可看到扬州学派研究上学术传承之端倪，真可谓代有传承，后继有人。

提到研究扬州学派的人才，不仅聚集在扬州大学，而且在扬州地区的各界人士中也不乏研究学者，有的还做出了突出成就。诸如被称为"奇人"的王章涛先生，就是十分突出的一位，他并非文史专业出身，也没有在政府机构、高等学校和科研机构供职，只是一个普通的园林技术工程人员，且在一段时间内只有不多的下岗补助，但他却几十年如一日，坚持在业余从事学术研究，孜孜不懈地撰写论著，先后出版有《阮元年谱》《阮元评传》《王念孙、王引之年谱》《凌廷堪评传》等一系

---

① 祁龙威：《序》，载刘建臻《清代扬州学派经学研究》，江苏人民出版社2004年版，第1—2页。

列学术著述。① 其中《阮元年谱》达一百余万字，受到专门研究阮元的学者之高度评价，认为"此谱具有容量大、涵盖广、资料全、考证精的特点，不仅全方位，多角度地记述了阮元的生平事迹，而且折射出清代中叶社会政治状况及其变化，同时也反映出一代学术文化发展流变的轨迹"。② 像王章涛先生这样持之以恒，在极其艰难困苦条件下，多年如一日的坚持扬州学派研究，且取得如此惊人的成就，更是难得，令人钦敬！

以上举出的几位研究扬州学派的优秀人才，只是典型代表。此外，在扬州大学和扬州地区还有一批学者，在兢兢业业地研究扬州学派和扬州文化，已经形成了一支有雄厚基础的研究力量。

最后，成立了研究机构、建立了学术研究团体、组织研究丛书和研究丛刊及学术出版阵地。

为了能长期有计划地研究扬州学派和扬州文化，在扬州大学和扬州地区，还成立了有正式建置的扬州学派研究中心，并建立了群众学术团体"扬州学派研究会""扬州文化研究会"。这些学术团体，经常举行学术活动，还设立了"扬州学派丛书"与"扬州文化研究丛刊"。又有广陵书社这样的出版单位，大量出版有关扬州学派研究的著述。这就使学者通过辛勤研究而形成的著作能及时发表和出版，减少了后顾之忧。

仅就以上几个方面看，新时期的扬州学派研究，确是辉煌灿烂，令人赞叹。以此为基础，其未来的研究发展趋势，自然使人充满乐观、自信和希望。而今，又召开了第三次"海峡两岸扬州学派学术研讨会"，定会将此一课题的研究推向更新的阶段和更高的水平。我们期待在未来的十年、二十年，海峡两岸学术界对于扬州学派和扬州文化的研究能在共同的合作交流中再创辉煌。当然，未来客观形势的发展，在国际上多元文化日益激烈的竞争中，学术队伍的新老交替与学术研究的传承换代，以及思想观念的变化，研究视角、研究方法及至研究手段的更新，都必将为扬州学派这样的传统学术文化研究带来新的发展机遇和严峻挑战，因而扬州学派的研究，也只有在面对时代的发展与变化，在各个方

---

① 赵昌智：《序》，载刘建臻《王念孙、王引之年谱》，广陵书社2006年版，第6页。
② 黄爱平：《序》，载刘建臻《阮元年谱》，黄山书社2003年版，第5—6页。

面都有所创新,才能有新的生机与发展!"江山代有才人出","长江后浪推前浪",若干年后,新扬州学派必将破土而出。

(本文乃提交于 2013 年扬州举办的"海峡两岸扬州学派研讨会"论文)

钱大昕学术思想述略

——兼论对乾嘉学者之评价

钱大昕是人们熟悉的乾嘉学者，以其所著《二十二史考异》与王鸣盛、赵翼齐名。长期来，一些著述论及钱大昕在学术上的功过得失时，总是列举其如何勘正旧史之疏漏、校订史书传写刊刻之衍脱及考证历来史注之舛谬，如此等等。似乎他只是一个纯粹的考史学家，是乾嘉学派中"为考证而考证"的典型代表。也有些论者举钱大昕做过清朝的官，还曾自题像赞曰："官登四品，不为不达；岁开七秩，不为不年；插架图籍，不为不富；研思经史，不为不勤。因病得闲，因拙得安，亦仕亦隐，天之幸民。"① 便说这活脱脱地表现了钱大昕悠闲自得，踌躇满志，既有钱又有闲，自可心安理得地将自己关进书斋，埋头于故纸堆中，把学术作为消磨岁月的消遣品②。到底应如何评价钱大昕和其他乾嘉学者？他们是否仅仅把学术作为当官的消遣和点缀？本文拟围绕钱大昕的学术思想，就其治学道路、学术宗旨、成就影响等方面略作论述，并就乾嘉学者的评价问题谈点粗浅看法。

一 "书有一卷传，亦抵公卿贵"

钱大昕（1728—1804）字晓征，一字及之，号辛楣，又号竹汀，晚年号潜研老人，江苏嘉定（今上海市嘉定区）人，其祖父与父亲皆以教书为业，在乡里坐馆授徒。大昕少年时代，常随其祖父于坐馆之家辗

---

① 钱大昕：《目录》后附，《潜研堂文集》。
② 罗思鼎：《论乾嘉考据学派及其影响》，《学术月刊》1964年第5期。

转就读。十五岁中秀才，工于词章，被视为"奇才"，为王鸣盛之父激赏。他从十八岁，以教书为生，其坐馆之家，"颇藏书，案头有《资治通鉴》及不全二十一史"，便借此条件"晨夕披览，始有尚论千古之志"①。后由王鸣盛推荐，被招入紫阳书院就读。尝自述曰："予年二十有二，来学紫阳书院，受业于虞山王艮斋先生。先生诲以读书当自经史始，谓予尚可与道古，所以期望策励之者甚厚。予之从事史学，由先生进之也。"② 此间，他曾几次应举，均未中，曾自谓"吾本江左寒儒"。

乾隆十六年（1751）清帝南巡，江浙吴中士子，争献颂赋，大昕亦献赋行在，被诏试，特赐举人。乾隆十九年中进士，尔后历官内阁中书、翰林院编修、侍读、侍讲、詹事府少詹事、广东学政。有些论者指出：钱大昕通过献赋，"才得中进士，足见也是一个热衷功名的人"③。就事而论，当不无道理。但当时大昕尚是一个阅世未深的青年，为摆脱困境，确有些功名心切。然而后来他曾自述："好名之心，仆少时不免，迄今方以为戒。"④ 引以为戒者，显指包括献赋行在之类而言，反映了钱大昕本人对因走捷径被赐举人而步入仕途，并非沾沾自喜。我们评论历史人物，不能孤立地就事而论，应注意人物自身的思想变化。

再就钱大昕自乾隆十七年至四十年做官期间的言行看，他并不热衷于攀权附势，交纳巨公贵卿，而是"硁硁自守，不干人以私"。其主要精力依然是放在读书做学问，编纂各种书籍。

乾隆十七年，大昕被诏赐举人，首次入京任内阁中书，任暇则与褚寅亮等"讲习算术，得宣城梅氏书读之，寝食几废，因读历代史志，从容布算，得古今推步之理"⑤。

乾隆十八年，始著《元史氏族表》，后来他在给其弟晦之的信中

---

① 钱大昕：《竹汀居士年谱》，《嘉定钱大昕全集》（壹），江苏古籍出版社1997年版，第8页。
② 钱大昕：《汉书正误序》，《潜研堂文集》卷24，《嘉定钱大昕全集》（玖），第381页。
③ 柴德赓：《王西庄与钱竹汀》，《史学丛考》中华书局1982年版，第274页。
④ 钱大昕：《与友人论师书》，《潜研堂文集》卷33，《嘉定钱大昕全集》（玖），第565页。
⑤ 钱大昕：《竹汀居士年谱》，《嘉定钱大昕全集》（壹），第12页。

说，"昔在京师，有志撰述"，"继有刊定《元史》之举，力未能兼"。①因研究撰述《元史》而改变注释《尔雅》的计划当在此时。

乾隆十九年，他中进士，改官翰林院庶吉士。读《汉书》，撰写了天文历算方面的著述——《三统术衍》。同年，还应刑部尚书秦蕙田之约，协助其考订《五礼通考》。

乾隆二十一年，与纪昀一起奉旨修《热河志》，一时"馆中有南钱北纪之目"②。

乾隆二十二年，擢翰林院编修。"公事之暇，入琉璃厂书市，购得汉唐石刻二三百种，晨夕校刊，证以史事，辄为跋尾。"

乾隆二十三年，充武英殿纂修官，协助礼部尚书何国宗润色《天球图》。

乾隆二十五年，大昕又充续文献通考馆纂修官，"分修田赋、户口、五礼三考"。

乾隆二十八年，秦蕙田奉旨诏修《音韵述微》，又延请大昕任编校，是书"所进条例"，皆大昕具稿。

乾隆三十二年，得伤寒疾，几至丧命。病中写诗抒发心境说："四十年犹壮，经旬病独侵。害风增咳逆，伏枕屡呻吟"，"山妻苦相劝，第一且归田"③。病后，其妻病殁，归意更坚。经固辞，于是年秋以病乞假归里。在家整理多年积累的材料，开始撰写《二十二史考异》，如该书自序所云："丁亥岁（乾隆三十二年），乞假归里，稍编次之，岁有增益，卷帙滋多。"

乾隆三十五年，原拟休官，因其父力促回京复职，"读《说文》，研究声音、文字、训诂之原，间作篆隶书"。

乾隆三十六年，又充一统志馆纂修官，撰《与一统志馆同事书》，是岁并撰成《金石文跋尾》六卷。

乾隆三十七年，补翰林院侍读学士，充三通馆纂修官。《通志》之凡例及子目增删，皆由大昕手定。又撰《续通志列传凡例》《续通志列

---

① 钱大昕：《与晦之论尔雅书》，《潜研堂文集》卷33，《嘉定钱大昕全集》（玖），第575页。
② 钱大昕：《竹汀居士年谱》，《嘉定钱大昕全集》（壹），第14页。
③ 钱大昕：《潜研堂诗集》卷8，《嘉定钱大昕全集》（拾），第159页。

传总序》。

乾隆四十年，值广东学政任，闻父丧，服阙归里。从此不复出任，定居苏州。

大昕归里后，曾先后主讲钟山、娄东、紫阳书院，达三十年，造就弟子几两千人。虽自五十三岁起两目眩昏，五十七岁又得风痹之疾，几不能行动，但著述讲学始终未辍。生平大部分著作如《二十二史考异》《十驾斋养新录》《潜研堂文集》等，多于归里后撰成。嘉庆九年十月二十日，其去世当天仍"更衣薙发，校《养新录》刊本数页"，并为友人评定诗稿，还与门人晤谈，"俄觉劳倦，命侍者扶掖登床，闭目不复苏"[1]。大昕确谓著述讲学终生。

从大昕生平经历及其做官时的主要行迹可见：

（1）年轻时，一度热衷功名，但综其一生看，却是淡于官位，不愿久沉宦海。江藩谓其"淡于名利"[2]，并非无据。

（2）其二十余年的京官生涯，多任职于编修、编纂、侍读、侍讲等职，不过是笔耕儒职，类似于文学侍从。同时，做官期间个人著述未辍。但作为一个文学侍从，难免有奉和扈从、官场应酬等。

（3）从四十八岁辞官归里，至七十七岁病终，集心思精力于著述讲学，虽年老多病，仍坚持不懈，常抱病著书讲学，显见其决非把学术当作消磨岁月的点缀。

大昕之锐意著述，不贪恋官位，自有其指导思想。他在《重刻河东先生集序》中说："宰相虽荣宠一时，而易世以后，罂醯无称，甚或为后世诟病，知富贵之有尽，不若文章之长留矣！"[3] 他认为官位不过荣宠一时，而学问和著述才能久传于世，因而与做官相比，他更看重于著书立说，他曾经说，"书有一卷传，亦抵公卿贵"，因而"知难而退，从吾所好"[4]。正如王引之所说，"先生淡于宦情，抱道自足"，"大肆其

---

[1] 钱庆曾：《竹汀居士年谱续编》，载钱大昕《嘉定钱大昕全集》（壹），第44—45页。
[2] 江藩：《钱大昕传》，《汉学师承记》卷3。
[3] 钱大昕：《重刻河东先生集序》，《潜研堂文集》卷26，《嘉定钱大昕全集》（玖），第410页。
[4] 钱大昕：《瓯北集序》，《潜研堂文集》卷26，《嘉定钱大昕全集》（玖），第419页。

力于著述"①。终其一生，果然著述等身，共三十五种，计四百余卷，约数百万言，以一个严谨笃实的大学问家载入古代学术史册。

二 "于儒者应有之艺，无弗习，无弗精"

"自乾隆中叶后，海内士大夫兴汉学"，出现了"家谈许郑，人说贾马"的盛况。大昕年轻时，就与王鸣盛、褚寅亮、王昶等"以古学相策厉"，并与汉学大师惠栋及吴派学者沈彤等引为忘年交，相互研讨经义。后来，大昕在回顾与惠栋的交往时说："予弱冠时，谒先生于泮环巷宅，与论易义，亹亹不倦，盖谬以子为可与道古者。忽忽四十余载，楹书犹在，而典型日远，缀名简末，感慨系之。"他又说："今士大夫多尊崇汉学，实出先生绪论。"② 从中反映了他在学术上深受惠栋的影响，使之逐渐恪守汉学治学宗旨。清代汉学家共同遵奉的治学原则是：由文字、音韵、训诂入手，探求经书义理。钱大昕也是这样认为："有文字而后有诂训，有诂训而后有义理，训诂者义理之所由出，非别有义理出乎训诂之外者也。"③ 他更明确地主张："诂训必依汉儒，以其去古未远，家法相承，七十子之大义犹有存者，异于后人之不知而作也。"④ 这正是惠栋的"经之义存乎训，识字审音，乃知其义"等观点的发挥。

从汉学的宗旨出发，钱大昕的学术思想中具有鲜明的反宋学、反理学倾向。他批评宋明理学之空谈心性义理，指出："魏晋人言老庄，清谈也；宋明人言心性，亦清谈也……（理学）驰心于空虚窈远之地，与晋人清谈奚以异哉！"⑤ 他又批评宋明诸儒空疏不学，敷衍附会，"元

---

① 王引之：《詹事府少詹事钱先生神道碑铭》，《王文简公集》卷4。
② 钱大昕：《尚书古文考序》，《潜研堂文集》卷24，《嘉定钱大昕全集》（玖），第368—369页。
③ 钱大昕：《经籍籑诂序》，《潜研堂文集》卷24，《嘉定钱大昕全集》（玖），第377页。
④ 钱大昕：《臧玉林经义杂识序》，《潜研堂文集》卷24，《嘉定钱大昕全集》（玖），第375页。
⑤ 钱大昕：《十驾斋养新录》卷18，《嘉定钱大昕全集》（柒），第502页。

明以来，学者空谈名理，不复从事训诂，制度象数，张口茫如"①。他还批评理学家大搞支离破碎的语录，"释子之语录，始于唐；儒家之语录，始于宋……语录行，儒家有鄙倍之词矣"②。钱大昕不仅批评宋明理学空谈心性义理的一般倾向，对于理学名家也常直言不讳地点名抨击，如他抨击朱熹那些反对言利的虚伪说教，实际上是"稽之于古，既无其人；度之于情，恐无其事，陈义虽高，不如古注之似浅而实当也"③。此外，朱熹所补的《大学·格致》章，数百年来连同《大学》一起，被视为经典，大昕却认为其"不免有补缀之病"，并抨击朱熹的补阙是"以意增改"④。钱大昕对宋明理学空疏之蔽的批判，实则继承和发展了清初顾炎武等人反理学的思想倾向。

钱大昕虽然以汉学为宗旨，在师承渊源上与以惠栋为代表的吴派较为接近，但他又广泛结交其时不同学派，相互书信往还、质疑问难、考订著述，使之有可能兼取各家所长，视野较为宽广，在治学态度上不像其他吴派学者那样绝对和墨守。如惠栋治学中几乎是"凡古必真，凡汉皆好"。大昕则认为"后儒之说胜于古，从其胜者，不必强从古可也"，并不完全以古为准、以汉为好。再如王鸣盛认为"治经断不敢驳经"，"但当墨守汉人家法"，其《尚书后案》便仅仅是发挥郑康成一家之说。而大昕对包括郑康成在内的古人及其著作，则不盲从附和，他认为是错的，便据实订正，直陈其失。譬如他对于顾炎武、朱彝尊、胡渭、阎若璩等，固然十分尊重，然对于他们在学术上的错谬之处，也据理驳正。为此，王鸣盛曾寓书规劝他不要冒犯前哲，他则复书说："愚以为学问乃千秋事，订讹规过，非以訾毁前人，实以嘉惠后学。"他还说"一事之失，无妨全体之善……郑康成以祭公为叶公，不害其为大儒；司马子长以子产为郑公子，不害其为良史"。"去其一非，成其百事"，"且其言而诚误耶，吾虽不言，后必有言之者，虽欲掩之，恶得而掩之！

---

① 钱大昕：《重刻孙明复小集序》，《潜研堂文集》卷26，《嘉定钱大昕全集》（玖），第411页。
② 钱大昕：《清谈》《语录》《名》，《十驾斋养新录》卷18，《嘉定钱大昕全集》（柒），第502、488、489页。
③ 同上。
④ 钱大昕：《读大学》，《潜研堂文集》卷17，《嘉定钱大昕全集》（玖），第274页。

所虑者，古人本不误，而吾从而误驳之，此则无损于古人，而适以成吾之妄"①。这篇复书，集中反映了钱大昕治学实事求是的态度，反映了他对待学术批评的严肃性、原则性，对古人既不盲从，也不率意指责。但对前人的批评，却不能攻其一点，不及其余。这些思想在学术史上是很有价值的。

大昕在治学态度上另一突出的特点是择善而从，不囿于门户之见。自惠栋打出"汉学"旗帜后，汉、宋之争，经今古文之争，门户对立，壁垒森严。多数汉学家都推崇东汉郑玄等人的古文经学，贬低伏生等人的今文经学，钱大昕对于经今古文则不专主一家，他说："汉儒传经各有师承，文字训诂多有互异者……伏、郑所传，有古今文之别，要未必郑是而伏非也。"② 另外，他对于乾嘉汉学中的吴派与皖派，也抱定"择善而从，非敢固执己见"的态度。

对于西学，钱大昕也不采取简单排斥的态度。自明末以来，西方的天文、历法、物理、数学及各种仪器便不断传入我国。钱大昕看到了西学之长，他认为"利玛窦诸人独行于近代，意其术实有可补中土之所未备者"③。既然"西士之术固有胜于中法者，习其术可也"。但是，"习其术而为所愚弄，不可也"，从这一思想原则出发，他感到梅文鼎"能用西学"，而江永则是"为西人所用"④。他自己就认真地学习过"欧罗巴测量、弧三角诸法"，而且对利玛窦、汤若望、南怀仁诸家之术，能"洞若观火"，从而"学贯中西"⑤。可见，钱大昕并不是一般地反对学习西学，而是主张要使西学为我所用。直至鸦片战争以后，愚昧寡陋的顽固派，仍一味排斥西学，视其科学技术为"奇技淫巧"，也有些人崇洋媚外，屈首于洋人脚下。钱大昕却于乾隆中叶就提出要学习西术之长而为我所用，实乃有识之见。

---

① 钱大昕：《答王西庄书》，《潜研堂文集》卷35，《嘉定钱大昕全集》（玖），第603—604页。
② 钱大昕：《答问二》，《潜研堂文集》卷5，《嘉定钱大昕全集》（玖），第64页。
③ 钱大昕：《杂著一·策问》，《潜研堂文集》卷17，《嘉定钱大昕全集》（玖），第270页。
④ 钱大昕：《与戴东原书》，《潜研堂文集》卷33，《嘉定钱大昕全集》（玖），第565、567页。
⑤ 王昶：《詹事府少詹事钱君大昕墓志铭》，见《碑传集》卷49。

当时，主持文衡多年的阮元，曾高度评价大昕的学术成就和特点，他说："国初以来，诸儒或言道德、或言经术、或言史学、或言天学、或言地理、或言文字音韵、或言金石诗文，专精者固多，兼擅者尚少，惟嘉定钱辛楣先生能兼其成。"① 从清代学术发展史看，乾嘉学者，学贵专门，有些人一生治一经、专一书，只能在一个方面，或某两三个方面取得成就，而大昕却能兼通众艺，如同段玉裁所说："先生于儒者应有之艺，无弗习，无弗精。"② 他在经学、史学、天文、历算、音韵、训诂、官制、舆地、金石、词章等各方面，都有突出成就和独到见解。下面仅就几个方面撮举其要：

大昕于经学有深湛研究。虽然，他有感于"自惠、戴之学盛行于世，天下学者但治古经，略涉三史，三史以下，茫然不知，得谓之通儒乎！"③ 而将自己的主要精力转向史学，但现存著作仍能反映其经学造诣。《潜研堂文集》卷四至卷十五，收集了他关于经史的问答，其中关于群经的有七卷，内容涉及《易》《诗》《书》《礼》《春秋》《尔雅》诸经；《十驾斋养新录》前三卷，亦是论经之作。在这些著述中，他对于诸经中聚讼难解的问题，皆错综贯穿，剖析源流，常发前人所未发。另外，他所写的有关经书的序言，如为惠栋写的《尚书古文考序》、为褚寅亮写的《仪礼管见序》、为臧玉琳写的《经义杂识序》、为段玉裁写的《诗经韵谱序》、为阮元写的《经籍纂诂序》，也都反映了他对诸经以及经学著述，皆能明了源流，融会贯通。当时的学者曾谓："今之竹汀，犹古之郑康成也！"④ 从时人的推服中，亦可见其对经学确有深湛的研究。

大昕在天文历算方面，亦可谓学贯中西，段玉裁曾说他对于"古九章算术，自汉迄今中西历法，无不了如指掌"⑤。大昕在这方面的成就，集中反映在《三统术衍》《四史朔闰考》及《太阴太岁考》等著述中，

---

① 阮元：《十驾斋养新录序》，见钱大昕《十驾斋养新录》卷首，《嘉定钱大昕全集》（柒），第1页。
② 段玉裁：《潜研堂文集序》，载钱大昕《嘉定钱大昕全集》（玖），第1—2页。
③ 江藩：《钱大昕传》，《汉学师承记》卷3。
④ 梁玉绳：《寄弟处素书》，《蜕稿》卷4。
⑤ 段玉裁：《潜研堂文集序》，载钱大昕《嘉定钱大昕全集》（玖），第1—2页。

特别是关于三统术的研究。汉代刘歆曾作《三统历法》，反映了西汉以前我国古代天文历算方面的成就。但流传两千年，其中讹文奥义，无能正之者。大昕也曾"病其难通"，因此深入探研有关著述，"乃为疏通其大义"，"间有讹舛，相与商酌校正"①，而后著成《三统术衍》，使"二千年已绝之学，昭然若发蒙"②。阮元读是书之后，也说"得暇而读之，寻绎数过，凡昔所积疑、扞格难通者，一旦涣若冰释"③，欣然为之作序刊刻。

大昕对于音韵学的研究亦有独特的创见，尤其是对于古音声母的研究。清代是古音学全盛时代，钱大昕之前，顾炎武、江永及与之同时的戴震、段玉裁等，都是清代著名的古音学家，他们对于古音韵的研究，各有建树，亦各有不足之处。钱大昕在继承前人研究的基础上，对于古音韵学的研究又有所推进。近代音韵学大师黄侃先生曾指出："故自来谈字母者，以不通古韵之故，往往不悟发声之由来；谈古韵者，以不懂古声之故，其分合又无的证。清世兼通古今声韵者，惟有钱大昕，余皆有所偏阙。"他又说："古无舌上，轻唇，钱大昕所证明。"④ 现代语言学家王力先生也认为："钱氏以前，研究古音的人，如陈第（明代人）、顾炎武、江永、段玉裁、戴震等，都只注重古韵，没有讨论到古纽（古代称声母为纽）。首先注意到古纽问题的，恐怕要算钱氏了。"他也认为大昕在这方面的创见，主要是证明了"古无轻唇音"与"古无舌上音"⑤。这足见钱大昕对音韵学方面的贡献。

大昕对于金石学的研究，从研究历史的角度认为"金石之学与经史相表里"，"证以正史甚多"。他十分重视金石之学，广为搜集各地各代金石文字，经几十年之积累，搜得金石碑刻等近二千种，经其跋尾者亦有八百六十件之多，著成《金石文目录》《金石文跋尾》二书。王鸣盛一向矜重自负，却承认自己在金石学方面，"才固不逮竹汀远甚"，并认为大昕在这方面的成就，远远超过自宋至清的金石学名家欧阳修、赵

---

① 钱大昕：《三统术衍·自序》，《嘉定钱大昕全集》（捌），第3页。
② 《钱大昕传》，《清史稿》卷481。
③ 阮元：《三统术衍序》，载钱大昕《嘉定钱大昕全集》（捌），第2页。
④ 黄侃：《音略》，《黄侃论学杂著》。
⑤ 王力：《汉语音韵学》，中华书局1982年版，第336—337页。

明诚、顾炎武、朱彝尊等，为"金石学之冠"①，足以说明大昕在金石学方面的成就和影响。

当然，钱大昕在学术上成就最多、影响最大的还是史学，前人已多有论述。不过，大昕在史学方面的成就和贡献是多方面的。这里仅就其对元史的研究稍作评介。从《二十二史考异》可知，钱大昕对中国历史进行过全面深入的研究，尤以对元史用力为深，一百卷的《二十二史考异》，考证了二十三部史书，其中《元史》即占十五卷的篇幅。他曾认真研读了明洪武年间所修《元史》，详细列举了此书的谬误，认为"古今史成之速，未有如《元史》者；而文之陋劣，亦无如《元史》者"②。有志于重修一部新的《元史》，现存其所著《元史氏族表》《补元史艺文志》不过是他研究元史的部分成果，但从中亦见其功力之深。史家一向认为"稽氏族于金、元之际难矣。金制系氏于名"，因其"名与氏不相属，公私称谓有名无氏"，加之氏族繁多"译字无正音"。然而大昕却把头绪纷繁的元史氏族理出头绪，撰成《元史氏族表》③。他的《补元史艺文志》，搜集元明诸家文集、志乘、小说，无虑数百种，并对已有的涉及元史艺文的节目，亦多有驳正，成为较为完备的《元史艺文志》。大昕这两部有关元史的专著，对后人重修《元史》起了推动作用，后来魏源撰《元史新编》，书中《艺文表》《氏族表》，则全部取自大昕原著。大昕之弟子黄钟在《跋元史氏族表》中说："先生尝欲别为编次，以成一代信史。稿已数易，而尚未卒业。其艺文志及此表，皆旧史所未备。"④ 既然"稿已数易"，国内理应有大昕编次之《元史》稿，惜至今未有发现。据日本人岛田翰《访书余录》所述：曾访得钱大昕《元史》手稿残本二十八巨册，并说该手稿已缺卷首至二十五。这一发现，证实大昕确有《元史稿》留世。

以上仅就钱大昕几个方面的学术成就略作评介，亦可窥见其治学范围与学术成就，确谓博大精深，在乾嘉学者中有很高的学术地位。戴震

---

① 王鸣盛：《潜研堂金石文跋尾序》，《嘉定钱大昕全集》（陆），第1—2页。
② 钱大昕：《十驾斋养新录》卷9《元史》、卷18《河防》、卷6《王充》、卷18《言动》，《嘉定钱大昕全集》（柒），第232、499、155、484页。
③ 钱大昕：《元史氏族表序》，《嘉定钱大昕全集》（伍），第1页。
④ 黄钟：《元史氏族表跋》，载钱大昕《嘉定钱大昕全集》（伍），第314页。

说："当今之世，吾以晓征为第二人。"戴震在推崇大昕的同时，毫不掩饰地以第一自居。客观地说，戴震的学术成就和地位，自不亚于大昕，但就博洽渊深而言，他比之大昕也似有逊色。难怪，王引之说："国初，诸儒起而震之，若昆山顾氏、宣城梅氏、太原阎氏、婺源江氏、元和惠氏，其学皆实事求是，先生出于其后而集其成焉。"① 这里，王引之把钱大昕视作自顾炎武、梅文鼎、阎若璩、江永、惠栋而后的集其成者，自有其根据和道理。我们且不说钱大昕是否是乾嘉汉学的集其成者，但是，完全有理由说，他在清代汉学家中，与阎若璩、胡渭、梅文鼎、惠栋、戴震、段玉裁、王念孙等，具有同等地位，不愧是第一流的乾嘉学者。

三　"儒者之学在乎明体以致用"

多年来，似乎形成这样一种看法：清代学术思想发展到乾嘉时期，当时的考据学者只是在治学方法和研究对象方面，继承了清初大师开辟的道路，却把清初学者治学精神的实质抛弃精光，大搞名物考证，没有什么思想可言，钱大昕是典型的乾嘉学者，当然也不例外。我们认为，上述看法有进一步讨论的必要。

钱大昕是封建社会的学者，他曾总结封建社会居统治地位的儒家之学与社会政治的关系说："夫儒者之学，在乎明体以致用，《诗》《书》执《礼》，皆经世之言也。《论语》二十篇、《孟子》七篇，论政者居其半，当时师弟子所讲求者，无非持身处世、辞受取与之节，而性与天道，虽大贤犹不得而闻，儒者之务实用而不尚空谈如此。"② 这段话的中心思想在于说明儒者之学，不尚空谈，应经世致用。他还说："经以明伦，虚灵玄妙之论，似精实非精也；经以致用，迂阔深刻之谈，似正实非正也。"③ 反复强调的都是学要经世致用。他所谓的"明体""明伦"，当然是封建社会的"体"和"伦"。他所谓的"经世致用"，当

---

① 王引之：《詹事府少詹事钱先生神道碑铭》，《王文简公集》卷4。
② 钱大昕：《世纬序》，《潜研堂文集》卷25，《嘉定钱大昕全集》（玖），第403页。
③ 钱大昕：《二十二史札记序》，《嘉定钱大昕全集》（拾），第7—8页。

然是经封建社会之世，致封建社会之用，这是毫无疑义的。不过，有一点是明确的，他并不主张学术要脱离当时的社会实际，他之所以一再抨击宋明理学的空疏，正是要探讨学术如何更好地为封建社会政治服务。"经以明道""学以致用"，可以说是钱大昕治学的指导思想。

从这样的指导思想出发，他所从事的每一专门学术领域的研究，都是有所为的。他一生集中了很大的精力用于治史，在于他感到"天下学者但治古经，略涉三史，三史以下，茫然不知"，而他又认为史与经同样重要，并无"经精而史粗"，"经正而史杂"[①] 之别，不通史也难以明经。他研究金石之学，每遇断碑残刻，无不精心搜集，似乎是好古玩物，实则是为了"证史迹之异同"。

大昕生活于雍正、乾隆、嘉庆时期，这时既是清代的繁荣鼎盛之际，又是清代统治由盛转衰的开始。这种社会形势，无论是鼎盛，还是衰败，在他的思想和著作中均有反映。乾隆前半期是"康乾盛世"的顶峰，"文治武功"都显赫昌盛，大昕的某些诗作，如《闻金川平定喜而有作》《平定准噶尔告捷礼成恭纪一百韵》《回部荡平大功告成恭纪一百韵》正是"盛世武功"的反映。乾隆时期，随着封建经济的发展与多民族国家的统一和巩固，又"稽古右文"，大力发展封建学术文化，编纂各种书籍，大昕参与编纂的《热河志》《续文献通考》《续通志》《一统志》诸书，正是"康乾盛世"在文化学术上的反映，而大规模地编成各种书籍，也是促成盛世形成的一种标志。钱大昕参与这些书籍的编纂本身，就是用自己的学术为当时的社会政治服务。

钱大昕也不仅仅只是把自己的学术作为粉饰盛世的点缀。二十多年的京官生涯，使之深悉官场与士林内幕。"康乾盛世"所掩盖的封建社会的卑鄙龌龊，诸如乾隆皇帝的独断专横、奢靡淫逸、滥兴文字狱，各级封建官僚的贪黩与暴敛、科举制度的弊端与士林风气的颓废，他可谓耳闻目睹。作为一个正直严肃的学者，钱大昕对这些现实也深为不满，或在其学术著作中，以谈古论今的方式，含蓄而深沉地予以揭露；或在一些短论与诗歌中大胆而直接的给予抨击。他在这方面表达的思想观点主要有：

[①] 钱大昕：《二十二史札记序》，《嘉定钱大昕全集》（拾），第7—8页。

第一，总结历史经验，揭露封建君主专制。他在总结历代兴亡时说，"唐、虞、三代皆封建之世，其土地人民、天子与诸侯共之，天子不甚尊，诸侯不甚卑"，天子与诸侯皆"以匹夫匹妇之饥溺为己患"，不求个人之"足乐"。但是"自秦人废封建为郡县，遂以天下为天子私有，竭四海以奉一人，尽改古昔淳朴之俗，欲为子孙万世之利。迨其后嗣不肖，天怒人怨，豪杰之士，乘其乱而攘取之"①。这实质上是对秦以后封建君主专制进行了揭露。另外，在封建社会里，君道尊，臣道卑，乃为天经地义，臣弑君就是大逆不道。钱大昕则认为"君诚有道，何至于弑，遇弑者皆无道之君也"②。尽管钱大昕的目的并非鼓吹弑君，只希望对极端的君主专制有所限制，出现君明臣良的局面。但在封建专制制度下，这些言论也是很大胆的。

第二，提倡君主的纳谏，反对滥兴文字狱。大昕一生的主要活动时期，贯穿于整个乾隆一朝。乾隆继康、雍之后，对促进多民族国家的统一和巩固，对促进社会经济的发展，起了应有的作用。但就其个人的统治作风来说，则甚为专横独断。他只听颂赞之词，不听逆耳之言。杭世骏因上书倡言"朝廷用人，宜泯满汉之见"，险遭杀戮；不少大臣因劝谏其南巡时应"恭行节俭"，也被降职贬官。乾隆为推行绝对专制屡兴文字狱，大昕的老师沈德潜，就因《咏黑牡丹诗》中有"夺朱非正色，异种也称王"的词句，被刨棺戮尸。对此，大昕以谈古喻今的方式表示了愤懑。他在《洛蜀党论》一文中说："夫摭语言文字之失，陷人于罪，纵使幸而得逞……犹为士论所薄。"他在《读汉书六首之一》中还呼之欲出地说："文网日以密，士节日以贬；造请公卿间，见笑徒自点。"对历史上文字狱的谴责，显然是针对现实而发。此外，他在《梁武帝论》一文中，精辟地阐述了善治国者必纳谏的道理。他说，"昔梁武帝以雄才手定大业，在位四十余年"，"而终于国破身亡"，究其原因就在于"恶人之谠言"，拒绝纳谏，"所用者皆容悦谄谀之徒，无有为梁任事者……而国不亡者未之有也"。他进而从梁武帝的历史教训中引

---

① 钱大昕：《与邱草心书》，《潜研堂文集》卷36，《嘉定钱大昕全集》（玖），第613页。
② 钱大昕：《答问四》，《潜研堂文集》卷7，《嘉定钱大昕全集》（玖），第83页。

出结论："治国之道如养生，然养生者，不能保身之无病，而务求医以药之；治国者，不能必政之无失，而务纳谏以救之。"① 这实际上也是以总结历史经验的方式，讽喻当时的最高统治者，不要刚愎自用，而应善于纳谏。

第三，抨击横征暴敛，同情人民疾苦。乾隆时期，因多次用兵，军费糜重，乾隆个人又屡屡南游西巡，兴师动众，挥霍无度。以致乾隆后期，国库空虚。统治者为满足穷奢极欲的需要，又横征暴敛，肆意加赋加征。钱大昕曾以家乡嘉定为例，撰文揭露加赋加征的事实，"以嘉定言之，岁以七万三千九百漕折解京矣；又责以五万六千解江宁，是两漕也。且它邑折漕，石止五钱，嘉定则七钱矣。又输官布九万五千余匹"，实是"出不应派之粮，供不应给之卫，敲骨竭髓，徒资群蠹瓜分，酤酒、陆博之资，民实不服"②。大昕对加征的揭露，反映了他对清政府横征暴敛的不满。在横征暴敛下，农民及其他社会下层群众的苦难可想而知。对此，钱大昕在其诗作中也常有反映，颇具现实性、人民性。

第四，揭露吏治腐败、士风颓废。自乾隆中期起吏治腐败、士风颓废的情况日益严重。和珅之贪赃枉法不过是最突出的典型，当时的社会，几乎是贪污成风，馈送贿赂成习。钱大昕深恶痛绝地指出：贪与敛者"终身不可齿士大夫之列"。清代的河患严重，历康、雍、乾三朝，终未解决。钱大昕认为重要的原因之一，就在于治河的官吏贪赃渎职，他说："今之官吏，其好利犹昔也，堤防日增，决溢屡告，竭海内之膏脂，饱若辈之囊橐，赏重罚轻，有损无益，其何能淑载胥及溺，深可虑也。"③ 吏治腐败，进一步引起士风颓废，士子们追名逐利，投门师、贿权贵，习以为常。大昕揭露说："今之最无谓者，其投拜之师乎？此外雅而内俗，名公而实私。师之所求于弟子者利也，弟子之所藉于师者势也。质疑问难无有也……士习由此而渝，官方由此而隳。"当时，也有不少士子向大昕投拜，他则断然拒绝说："足下于仆非有一日之好，

---

① 钱大昕：《梁武帝论》，《潜研堂文集》卷 2，《嘉定钱大昕全集》（玖），第 29—30 页。
② 钱大昕：《记加征省卫运军行月粮始末》，《潜研堂文集》卷 22，《嘉定钱大昕全集》（玖），第 346—347 页。
③ 钱大昕：《河防》，《十驾斋养新录》卷 18，《嘉定钱大昕全集》（柒），第 499 页。

而遽欲师之,仆自量文章道德不足以为足下师,而势力又不足以引拔足下。若欲藉仆以纳交一二钜公,俾少为援手,则仆之硁硁自守,不甘人以私……而亦何忍以误足下乎!"① 由此,可见大昕之为人。

第五,谴责封建礼教对妇女的迫害。在封建社会里,女子受封建礼教约束压迫最深,使亿万妇女深受其苦。钱大昕对此直斥其非:"然则圣人于女子抑之不已甚乎!""后世闾里之妇,失爱于舅姑,谗间于叔妹,抑郁而死者有之,或其夫淫酗凶悍,宠溺嬖媵,凌迫而死者有之,准之古礼,固有可去之义,亦何必束缚之,禁锢之,置之必死之地以为快乎!"他认为:"使其过不在妇欤,出而嫁于乡里,犹不失为善妇,不必强而留之,使夫妇之道苦也。"②

第六,一些朴素的唯物主义思想观点。大昕是一个学者,并非哲学思想家,但在其著述中,仍不乏朴素唯物主义的观点。大昕一生反佛最力,在驳斥佛教的生死轮回说时指出:"生死者,人之常,犹草木之春荣秋落也。形神合而有身;若色香合而为花,未闻花落而香留,安得身亡而神在?"③ 以此批判佛家所谓"形有去来,神无生灭,不受吾法,即堕轮回之苦"的谬论。

……

上述思想观点,虽无划时代的宏论,也没有惊人而深刻的哲理,却说明钱大昕并非只钻故纸堆,专搞脱离实际的烦琐考证,他也并没有脱离现实社会生活,对现实生活中的各种问题,在其学术著述中,都程度不同的反映。可见,他的确是身体力行地遵循"儒者之学在乎明体致用"的原则,努力使自己的学术能经世致用。

四 余 论

钱大昕在学术上有突出的成就,也具有进步倾向的政治思想和学术

---

① 钱大昕:《与友人论师书》,《潜研堂文集》卷33,《嘉定钱大昕全集》(玖),第565页。

② 钱大昕:《答问五·三礼》,《潜研堂文集》卷8,《嘉定钱大昕全集》(玖),第106—107页。

③ 钱大昕:《轮回论》,《潜研堂文集》卷2,《嘉定钱大昕全集》(玖),第35页。

思想，但也不可避免地存在着时代的、阶级的局限。他一再咒骂以白莲教为代表的农民起义为"教匪""妖民"。在学术思想上他也从封建正统思想出发，诅咒"问孟""刺孔"的王充，乃"有文无行，名教之罪人也"[1]。他攻击王安石"狂妄"，指责其"囚首丧面而谈《诗》《书》，亦足以祸国"[2]。他对明末以来，反映市民思想的"小说演义之书"，也认为有伤风化，"导人以恶奸淫盗之事"，"极宜焚而弃之，勿使流播"。在学术研究中，他对某些问题的考证，亦有烦琐脱离实际的一面。

对于钱大昕以及乾嘉学者应作如何评价，我们认为：

第一，钱大昕及乾嘉学者，如卢文弨、毕沅、阮元、王念孙等，既是学者，又是官僚，可谓一身二任焉！对这些具有双重身份的人物，应综合其一生的主要活动与事迹，并看其在历史上产生的主要作用和影响，而不能不加分析地斥之为封建官僚，极力贬低。以钱大昕而论，他虽然做了二十多年清朝的官，但其一生主要致力于著述和讲学，其在历史上的作用和影响也主要在这方面。理应把他视为一个学者，研究他的著述，分析他的学术思想。按其学术成就及其思想观点，作出实事求是的评价。对与之相类似的人物，也应作如是观。如像阮元身居封疆大吏、王念孙做过永定河道、王引之身任工部尚书，但他们同样是终生不废治学，对后世的影响，主要是在其学术成就方面。如人们提起王念孙、王引之，立即会想到"高邮二王"及他们在学术上的名著《广雅疏证》《读书杂志》《经传释词》《经义述闻》，对于他们做官时的政绩如何，则不甚了了。有些论者不做具体分析，只查出身、看官阶，甚至用数学统计方法，以二十五个乾嘉学者为例，统计"其中官至二品的一人、三品的一人、四品的五人……"而后得出结论说，"就其社会地位和阶级出身来说，绝大部分是地主阶级中的上层分子，他们的本身就是达官显宦，有的是依附于达官显宦的食客幕僚"，"这一批人，既有钱，又有闲"，只能"将学术作为消磨岁月的消遣品"。这种不具体分析学者的思想著述，不论其学术成就高低，不看其历史影响如何，只是用贴标签的方法，得出武断的结论，决不可能对历史人物作出科学的评价。

---

[1] 钱大昕：《王充》，《十驾斋养新录》，《嘉定钱大昕全集》（柒），第155页。
[2] 钱大昕：《言动》，《十驾斋养新录》卷18，《嘉定钱大昕全集》（柒），第484页。

照上述逻辑，岂只乾嘉学者，封建社会中大部分有成就的学者、思想家、科学家、文学家，以汉、唐、宋、明而论，如董仲舒、司马迁、柳宗元、韩愈、王安石、朱熹、徐光启、王士祯，哪一个没有一定的官位呢？！难道他们也都是"将学术作为消磨岁月的消遣品"吗？！

第二，钱大昕在乾嘉学者中具有一定的代表性，他从事学术研究的内容、方法及其取得的成就和影响，都突出地反映了乾嘉学者的特点。按传统的看法，乾嘉学派是清廷滥兴文字狱推行民族高压政策的产物。乾嘉学者多只有考据，没有思想。钱大昕既然是一个典型的乾嘉学者，当然也不例外。但我们通过对其学术思想的分析，他作为一个严肃笃实的学者，不仅在学术上取得出色成就，而且在经世致用思想指导下，对当时社会上存在的问题，都提出了自己的看法。其他不少乾嘉学者也是如此。戴震既在文字音韵、典章制度、历史地理等考据训诂方面有很高的成就，同时对理学家的批判，也闪烁着具有战斗性的思想光辉。洪亮吉既有《补三国志疆域志》《东晋疆域志》《十六国疆域志》等历史地理考证性著述，同时又有《意言》那样理论性的著作，阐发了无神论、人口论思想。王念孙作为训诂校勘大师，也并非完全脱离现实，就是他首先挺身而出，弹劾了声势显赫的权相和珅。

"学而不思则罔，思而不学则殆"，任何一个有影响、有成就的学者和思想家，无不是学思结合。既没有只思不学的思想家，也没有只学不思的学者。社会存在决定社会意识，一个时期的学术思想，与其产生的各个时期的社会政治经济状况相适应。明末清初激烈的阶级斗争民族斗争形势，产生了顾炎武、黄宗羲、王夫之等一代思想家和学者，他们在政治立场上长期与清朝统治者处于对抗态度，为总结明亡教训，为适应与清廷的斗争，他们的思想泼辣尖锐，寓有批判精神。而乾嘉时期，清朝统治已经近二百年，这时的学者和思想家，在政治立场上也多对清朝统治者采取了合作的态度，他们的学术思想必然与这种政治形势及其政治立场相适应，不可能如清初思想家那样激烈。唯其如此，清朝历史的不同阶段，才有可能产生和形成不同的学术流派，且各具不同特点。因而也就不能以乾嘉学者，不具备清初顾、黄、王那样的思想及其表现形式，就否认他们有自己的思想。实事求是地讲，在清朝统治处于相对稳定时期，钱大昕在其所处的客观环境中，能面对现实，提出上述思想观点，已殊属不易，怎么能说他只有考据没有思想呢？对于其他乾嘉学者同样应如此看待。

　　长期以来，学术界对于乾嘉学派及乾嘉学者的评价，之所以存在偏颇和片面，除受政治形势影响外，也同未能认真地、全面地研究和掌握历史资料有关，以致一些有关总论乾嘉学派的著述，总是重复一些人云亦云的观点。半个多世纪以来，清代学术史领域的系统论著，还只有梁启超的《中国近三百年学术史》《清代学术概论》及钱穆的《中国近三百年学术史》，至今尚无一本能反映时代特点的清代学术的系统论著。为了把乾嘉学派及有关学者的研究提到新的水平，必须在吸收已有研究成果的基础上，依据大量的、充分的历史资料，重新进行踏实、认真的研究，以期把研究推向新的阶段。

（原载《史学集刊》1984年第1期）

钱大昕寓义理于训诂的义理观

在研习清代学术思想史过程中，乾嘉学者钱大昕的道德文章使我深为钦敬与折服，1980年代初曾撰《钱大昕学术思想述略》一文，聊抒心得，但该文对钱氏的义理观很少涉及。近来我又重新阅读《嘉定钱大昕全集》[①]，这里拟就钱氏义理观做些探讨。

一 一些值得深入研讨的问题

在中国经学史两千多年发展演变的历程中，不同时期的儒学流派对儒家经典的诠释与传布，常有两种不同的方式与特征，即或强调阐发义理，或突出训诂考据。学术史上以体现这两种方式与特征的各个学术流派，或同时并存，或互为消长，此伏彼起，争论不休。而贯穿于两汉至明清的经今、古文学之争，汉、宋学之争，及至尊德性、道问学之争，实际上往往是义理与考据之争在不同时期的具体反映。由于学者们在治学过程中，都必不可免涉及义理、考据、词章，因此，一些学人逐渐对治学之途进行分类。北宋时期的程颐就曾提出："古之学者一，今之学者三，异端不与焉。一曰文章之学；二曰训诂之学；三曰儒者之学。欲趋道，舍儒者之学不可。"[②] 概言之，这里所谓的文章即词章，训诂即考据，儒者之学即义理。程颐作为理学家的代表人物，自然注重强调"道"和"义理"。清中期的戴震又进一步提出："古今学问之途，其大

[①] 钱大昕：《嘉定钱大昕全集》，江苏古籍出版社1997年版。
[②] 《二程语录》卷11。

致有三：或事于理义，或事于制数，或事于文章。"① 他这里实际上已明确提出义理、考据、词章三分说的观点。此后，一些学者提出的分类说，虽各有不同，但大致不外义理、考据、词章之分。

本来，在从事学术研究或撰写学术论著过程中，义理、考据与词章，互有联系，密不可分，都不可或缺。但在多数学术史著作中论及上述学术流派的特征时，却都认为今文经学、宋学及提倡"尊德性"者，长于阐发义理，而古文经学、汉学及倡导"道问学"者，则偏于考据。这虽然也反映了不同学术流派的主要表现特征，但并不确切，就实际情况而论，并非如此绝对，往往是互有兼备。倘若具有不同特点的学术流派，彼此间能跳出门户之见，相互取长补短，都力求做到义理、考据、词章兼备，势必会促进学术研究更加健康发展。但学术思想与学术流派的演变与发展，却往往不以人们的愿望为转移。

问题在于，上述各学术流派间的争论，常常与当时的政治斗争相交织，而政治斗争则很难调和，加之，分别隶属于经今、古文学派及汉、宋学派的学者们，往往又都有很深的门户之见。他们各自都以儒学的正统派自居，用一种固定的成见与标准，以己之长，攻彼之短，相互间或攻击对方"穿凿附会，空谈义理"，或指责对方"支离破碎，不协于理"，这种各执一端的看法，偏颇是显然的，但因其也指出一定的问题所在，易为人接受，因久沿成习，几成定见。似乎今文经学与宋学就是只谈义理，而没有考据，古文经学与汉学就是只重考据不言义理。其实，各个学派在不同时期，甚至同一时期，同一学派内的不同学者之间，对待义理与考据的态度，也并非如此简单。晚清时期的龚自珍针对江藩在《汉学师承记》中的偏颇之论，早就指出，"汉人何尝不谈性道"，"宋人何尝不谈名物训诂"②。不过，要清除传统性的成见又谈何容易。龚自珍辞世后的一百多年来，原有的成说，仍然是学术界的主导话题。

由于清代的乾嘉学派（或称乾嘉汉学、乾嘉考据学），继承和发展了汉代古文经学派长于名物训诂的传统，并自命为"汉学"，自然也就

---

① 戴震：《与方晞原书》，《戴震集》卷9，上海古籍出版社1980年版，第189页。
② 龚自珍：《与江子屏笺》，《龚自珍全集》，上海人民出版社1975年版，第347页。

被视为只有考据，没有义理的一个学术流派。而"义理"又与现今的思想、理论、哲学等词语近于同义。因此，乾嘉学派又被视作只有考据，而没有思想和理论的一个学派。既然如此，钱大昕又是被称作"一代儒宗"的乾嘉学派的"集其成者"，尤以考经证史、博通众艺而著称，可谓是一个典型的乾嘉考据学者。于是多数学者在论及钱大昕的学术成就时，总是论列其如何勘正旧史之疏漏，校订史书传写刊刻之衍脱，以及考证历来史注之舛谬，以及其在文字、音韵、目录、校勘、金石、天算……方面的贡献，而很少论及他的义理和思想，似乎他只是一个"只重考据，不言义理"的纯考证学者。

令人欣喜的是，近十多年来，随着学术研究的不断深入，海内外学术界在肯定钱大昕在考据学方面的成就时，也逐渐注意到他的史学理论观点及其经世思想。有的学者认为，"其非仅为一考据家而已"[①]。还有学者指出："向来以为他只有考证没有什么思想，这是一种错觉。"[②] 更有学者从较广阔的视角提出："儒学思想在清代的新面貌究竟如何，清儒考据之作背后的目的性与思想性究竟如何？清学是否真如梁启超所言只有学术而没有思想？"沿着这样的思想，学者又通过对凌廷堪及戴震、程瑶田等学者的专题研究，说明清中叶儒学思想的转变，揭示了清儒考证工作背后的经世思想及其表现形式。[③] 尤值得注意的是余英时先生在其《论戴震与章学诚——清代中期学术思想史研究》一书中，通过对戴震、章学诚的思想分析研究，展示出儒家传统在清代的新动向——由尊德性转向道问学，进而说明清代两百余年的儒学传统并非只有学术史上的意义，汉学考证也并非"完全不表现任何思想性（所谓'义理'）"[④]。这无疑是推动清代学术思想史研究的深刻独到之见。但是，余先生在这部著作中，多处论及钱大昕时，大都将其与戴震处于对立地位，在分析和肯定戴震义理思想的同时，对于钱大昕却多有贬义，或称

---

① 杜维运：《钱大昕之史学》，载顾吉辰《钱大昕研究》，华东理工大学出版社1996年版，第33页。
② 柴德赓：《王西庄与钱竹汀》，载顾吉辰《钱大昕研究》，第93页。
③ 张寿安：《以礼代理——凌廷堪与清中叶学术思想之转变》，台湾"中央"研究院近史所1994年版。
④ 余英时：《论戴震与章学诚——清代中期学术思想史研究》，台湾华世出版社1970年版。

他是"纯粹的考证学家"①,或称之为"一般的考证学者钱大昕之流"②,又说钱大昕"之所以不满意东原的义理之学,主要是由于对义理之学本身持否定的看法"③。依笔者拙见,这些看法都未免有待商榷。钱大昕是否是"纯粹的考据学家"?是否"对义理之学本身持否定的看法"?他的义理思想是否与戴震完全对立?其义理观究竟怎样?这些问题都值得进一步研究和探讨。

二 "博综群籍"的"一代儒宗"

欲探讨钱氏的义理观,有必要联系其治学宗旨、学术倾向,及其学术特色进行综合考察。钱大昕(1728—1804),字晓征,一字及之,号辛楣,又号竹汀,晚号潜研老人,江苏嘉定(今上海市嘉定区)人。乾隆十九年(1754)进士,授翰林院庶吉士,后历官翰林院编修、侍读、侍讲学士、詹事府少詹事、提督广东学政,还曾先后出任山东、湖南、浙江、河南主考官。乾隆四十年,其四十八岁时,以父丧归里,不再复出,又先后主讲钟山、娄东、紫阳诸书院,以讲学、造士、著述终老。他虽然做了二十多年京官,但都是笔耕儒职,且中年后就坚辞不仕。如王引之所说,总的看来他确是"淡于宦情,抱道自足","大肆其力于著述"④的人物。因之,一生著述等身,涉足经、史、子、集各领域,尤长于史。江苏古籍出版社于1997年整理出版的《嘉定钱大昕全集》,洋洋十大册,收录其存世著述计三十五种,达四百余万言,其学识可谓浩瀚无涯,确不愧是"学究天人,博综群籍"的"一代儒宗"。⑤

其生活的年代,历经雍正、乾隆、嘉庆三朝,贯穿于整个18世纪。此时正值康乾盛世之际,也是乾嘉汉学最辉煌显赫的鼎盛之时。当时,

---

① 余英时:《论戴震与章学诚——清代中期学术思想史研究》,台湾华世出版社1970年版,第81页。
② 同上书,第84页。
③ 同上书,第96页。
④ 王引之:《詹事府少詹事钱先生神道碑铭》,《王文简公集》卷4。
⑤ 江藩:《钱大昕传》,《汉学师承记》卷3。

惠栋已公开打出汉学旗帜,并创立了乾嘉学派中的吴派,戴震又接踵而起,声震宇内,形成了皖派。在这样的学术氛围中,他自年轻时就与王鸣盛、褚寅亮、王昶等以"古学相策励",并与惠栋、沈彤等汉学大师结为忘年交,相互研讨经义。他曾回顾与惠栋交往的情景说,"予弱冠时,谒先生于泮环巷宅,与论《易》义,更仆不倦,盖谬以予为可与道古者。忽忽四十年余载,楹书犹在,而典型日远,缀名简末,感慨系之",又说"今士大夫多尊崇汉学,实出先生绪论"①。他在论及惠栋的《周易述》时,又说:"摧陷廓清,独明绝学,谈汉学者,无出其右矣。"②说明其深受惠栋影响,并十分推崇汉学。他与另一汉学大师戴震也关系密切。当戴震初至京师时,因"性介特,多与物忤,落落不自得","困于逆旅,饘粥几不继"之际,曾携其所著书拜访钱大昕,与钱"谈论竟日",使钱对之有所了解,并认为其是"天下奇才",随即将其推举引见给在京的"馆阁通人",如秦蕙田、王安国、纪昀、王鸣盛、王昶、朱筠等,"于是海内皆知有戴先生矣"③。此后,戴震被誉为乾嘉汉学的集其成者,钱大昕的伯乐之功实不可没。乾隆四十二年(1777)戴震在四库馆积劳成疾去世后,钱大昕又撰写《戴先生震传》,高度肯定其学术成就,肯定其"由声音文字以求训诂,由训诂以寻义理,实事求是,不偏主一家"。传中尤其详细地引述了戴震的义理观点:"夫使义理可以舍经而求,将人人凿空得之,奚取乎经学!惟空凭胸臆之无当于义理,然后求之古经,求之古经而遗文垂绝,今古悬隔,然后求之诂训,诂训明则古经明,而我心所同然之义理乃因之而明。古圣贤之义理非他,存乎典章制度者是也。昧者乃歧训诂义理而二之,是训诂非以明义理,而训诂胡为?义理不存乎典章制度,势必流入于异端曲说而不自知矣。"④钱大昕对惠栋的推崇,对戴震的推荐与肯定,并为之写传,不厌其烦地引述其义理观点,正说明其学术思想倾向一致性。乾嘉时期的汉学家,无论是惠栋还是戴震,共同遵奉的原则,都是由文字、音韵、训诂入手,探寻经书义理。钱大昕也同样如此。他曾反复强

---

① 钱大昕:《古文尚书考序》,《潜研堂文集》卷24。
② 钱大昕:《与王德甫书一》,《潜研堂文集补编》,《嘉定钱大昕全集》(拾)。
③ 均见钱大昕《戴先生震传》,《潜研堂文集》卷39。
④ 同上。

调:"有文字而后有训诂,有诂训而后有义理,训诂者,义理之所由出。非别有义理出乎训诂之外者也。"① 他还说:"训诂必依汉儒,以其去古未远,家法相承,七十子之大义犹有存者,异于后人之不知而作也。"② 这说明大昕在治学宗旨上与惠栋、戴震一样,都宗奉汉学。惠栋与戴震作为乾嘉汉学中吴派、皖派的领袖,但他们较之钱大昕早去世四十余年、二十余年。加之,大昕学识渊博,子弟众多,惠、戴之后的汉学界唯他能成为巨擘。所以,他实际上是惠、戴以后汉学家的最高领袖和权威。

钱大昕从遵奉汉学的治学宗旨出发,其学术思想中也自然有反宋学、反理学倾向。他批评宋明理学之空谈心性义理,指出:"魏晋人言老庄,清谈也;宋明人言心性,亦清谈也……(理学)驰心于空虚窈远之地,与晋人清谈奚以异哉。"③ 他又批评宋明诸儒空疏不学、敷衍附会,说:"元明以来,学者空谈名理,不复从事训诂,制度象数,张口茫如。"④ 他不仅批评宋明理学空谈心性义理的一般倾向,而且常直言不讳地指名批评理学名家,如批评朱熹反对言利的虚伪说教,实际上是"稽之于古,既无其人;度之于情,恐无其事,陈义虽高,不如古注之似浅而实当也"⑤。此外,朱熹所补的《大学·格致》章,数百年来连同《大学》一起被视为经典,大昕却认为其"不免有补缀之病",并认为朱熹的补阙是"以意增改"⑥。钱氏对宋明理学空疏之弊及随意改窜儒经的批评,都继承和发展了清初顾炎武、陈确等人的反理学思想。

钱大昕虽然以遵奉汉学为治学宗旨,但却不像有些吴派学者那样绝对和墨守,他并不完全以古为准,以汉为好,他主张"后儒之说胜于古,从其胜者,不必强从古可也"。对于包括郑玄在内的汉代经师及其著作,他都不盲从,凡认为是错的,便据实订正,直陈其失,对于其前辈清代大儒顾炎武、朱彝尊、胡渭、阎若璩也同样如此。王鸣盛曾致书

---

① 钱大昕:《经籍籑诂序》,《潜研堂文集》卷24。
② 钱大昕:《臧玉琳经义杂识序》,《潜研堂文集》卷24。
③ 钱大昕:《清谈》,《十驾斋养新录》卷18。
④ 钱大昕:《重刻孙明复小集序》,《潜研堂文集》卷26。
⑤ 钱大昕:《名》,《十驾斋养新录》卷18。
⑥ 钱大昕:《读大学》,《潜研堂文集》卷17。

规劝其不要冒犯前哲，他则复书说："愚以为学问乃千秋事，订讹规过，非以訾毁前人，实以嘉惠后学。"并说，"一事之失，无妨全体之善……郑康成以祭公为叶公，不害其为大儒；司马子长以子产为郑公子，不害其为良史"，"去其一非，成其百是"，"且其言而诚误耶，吾虽不言，后必有言之者，虽欲掩之，恶得而掩之，所虑者古人本不误，而吾从而误驳之，此则无损于古人，而适以成吾之妄"①。这篇论学书信集中反映的其实事求是的治学态度，在学术史上是很有价值的思想史料。

钱大昕所处的18世纪，世界上的西欧各国都已先后进入资本主义社会，但包括乾隆在内的清代封建君主却闭目塞听，闭关锁国，对西方采取盲目排斥的态度，这也是中国社会至近代逐渐落后于西方世界的重要原因。难能可贵的是钱大昕虽也有"西学中源"的传统观点，但其对西学并不采取盲目排斥的态度。他看到了自明末以来陆续传入的西方科技之长，认识到"利玛窦诸人，独行于近代，意其术实有可补中土之所未备者"，既然"西士之术固有胜于中法者，习其术可也"，但是"习其术而为所愚弄，不可也"。从这一原则出发，他感到梅文鼎"能用西学"，而江永则是"为西人所用"②。他自己就认真学习过"欧罗巴测量、弧三角诸法"，而且对利玛窦、汤若望、南怀仁诸家之术，能"洞若观火"，从而"学贯中西"。直到鸦片战争以后，愚昧寡陋的顽固派，仍一味排斥西学，视其科学技术为"奇技淫巧"。也有些人崇洋媚外，屈首于洋人脚下。钱大昕却能在乾隆中叶就提出要学习西术之长而为我所用，实为有识之见。即此而论，就不能笼统认为钱氏只有考据而没有思想。

钱大昕是一个杰出的考据学大师，考据必须博征，而钱大昕在学术上的最大特色恰恰是知识领域极为广博，他对经学有深湛造诣，史学尤为精深，对于文字、音韵、训诂、目录也都十分精通，金石之学又人莫能及，且长于天文历算，对于职官典制，氏族姓氏则独领风骚，又熟悉蒙古语等少数民族语言文字，而且其诗文辞章早年就为人称道。其子东壁在为之所作《行述》中说："四方贤士大夫，下逮受业生徒，咸就讲

---

① 钱大昕：《答王西庄书》，《潜研堂文集》卷35。
② 钱大昕：《与戴东原书》，《潜研堂文集》卷33。

席,折中辨论文史,如卢学士文弨、袁太史枚、赵观察翼、孙观察星衍、段大令玉裁……(按此下又列举了周锡瓒、张燕昌、梁玉绳、陈诗庭、黄丕烈、何元锡、钮树玉、顾广圻等廿余人,兹不一一按原文列出)或叩问疑义,或商论诗文,或持示古本书籍,或鉴别旧拓碑帖,钟鼎款识,以及法书名画,府君无不穷源竟委,相与上下其论议,至人各得其意以去。"[①] 以上《行述》中列举的向钱氏请业问难的多是各方面的专家,讨论的问题又极为广博,而钱却都能"穷源竟委","上下其论议",并能使每人"各得其意以去",说明其学识实在渊博。戴震曾自谓"当今之世,吾以晓征为第二人",自诩本人为第一人。其实就知识的博洽而言,他并不及大昕,对此,当时的学者江藩就毫不客气地指出:"戴编修震尝谓人曰:'当代学者,吾以晓征为第二人',盖东原毅然以第一人自居。然东原之学,以肆经为宗,不读汉以后书",远不如大昕那样"学究天人,博综群籍",因此,他称许钱氏是"自开国以来"的"一代儒宗"。戴震虽自诩第一,并未为时人接受。

关于钱大昕在学术方面的成就,前贤与时哲都多有论列和分析,笔者不拟再画蛇添足,但我认为乾嘉学者中的两位大师段玉裁、阮元为钱氏两部著作分别所作的《序》,对了解其学术特色,仍能给人以启迪,因在这里予以摘引。

段玉裁在为钱氏去世两年后即刊印的《潜研堂文集》所作的《序》中指出:"圣门言语、文学必分二科,以是衡量古今,其能兼擅者鲜矣。乃若少詹事晓征先生,庶几无愧于古之能兼文学、言语者乎!"

"先生始以词章鸣一时,既乃研精经史,因文见道;于经文之舛误,经义之聚讼而难决者,皆能剖析源流。凡文字、音韵、训诂之精微,地理之沿革,历代官制之体例,氏族之流派,古人姓字、里居、官爵、事实、年齿之纷繁,古今石刻画篆隶,可订六书故实,可裨史传者,以及古《九章算术》,自汉迄今中西历法,无不了如指掌。至于累朝人物之贤奸,行事之是非,疑似难明者,大典章制度昔人不能明断其当否者,皆确有定见。盖先生致知格物之功,可谓深矣。夫自古儒林能以一艺成名者罕;合众艺而精之,殆未之有也。若先生于儒者应有之艺,无弗

[①] 钱东壁:《钱竹汀先生行述》,载钱大昕《嘉定钱大昕全集》(壹),第16页。

习，无弗精。"①

阮元是乾嘉汉学的殿军，主盟坛坫多年，他在为钱大昕之《十驾斋养新录》所作《序》中，对于钱氏的学术成就及特色，有更为详细的论说："国初以来，诸儒或言道德，或言经术，或言史学，或言天学，或言地理，或言文字音韵，或言金石诗文，专精者固多，兼擅者尚少，惟嘉定钱辛楣先生能兼其成。由今言之，盖有九难。先生讲学上书房，归里甚早，人伦师表，履蹈粹然，此人所难能一也。先生深于道德性情之理，持论必执其中，实事必求其是，此人所难能二也。先生潜研经学，传注疏义，无不洞彻原委，此人所难能三也。先生于正史杂史，无不讨寻，订千年未正之讹，此人所难能四也。先生精通天算，三统上下，无不推而明之，此人所难能五也。先生校正地志，于天下古今沿革分合，无不考而明之，此人所难能六也。先生于六书音韵，观其会通，得古人声音文字之本，此人所难能七也。先生于金石，无不编录，于官制史事，考核尤精，此人所难能八也。先生诗古文词，及其早岁，久已主盟坛坫，冠冕馆阁，此人所难能九也。合此九难，求之百载，归于嘉定，孰不云然！"②

这里之所以较多地引用段玉裁及阮元对钱大昕的称论，乃因为他们都是著名的乾嘉学者，或与钱氏同时，或稍晚。其论说应大致可信。值得注意的是：他们都强调了钱氏在学术上的特点是博洽会通，并不仅仅是考据，都肯定钱氏是义理、考据、词章兼备。这是乾嘉多数学者所难以企及的，所以阮元确指为"九难"。就段、阮二位对钱大昕称道的具体事实看，绝非虚谀之词，我们都可从钱氏的著述中得到印证。由此，可以肯定钱大昕是一位"博综群籍""精通众艺"的杰出考据学家。但他，又绝不仅仅是一个纯粹的考据学者。他有自己的思想，有自己的义理观，也就是阮元所说的，其"深于道德性情之理"，且"持论必执其中，实事必求其是"。余英时先生所谓钱大昕是"纯粹的考证学家"，其对"义理之学基本持否定看法"，似乎并不符合钱氏学术思想的事实。尤其耐人寻味的是，余英时在《论戴震与章学诚》一书中，所要

---

① 段玉裁：《潜研堂文集序》，载钱大昕《嘉定钱大昕全集》（玖）卷首。
② 阮元：《十驾斋养新录序》，载钱大昕《嘉定钱大昕全集》（柒）卷首。

着力揭示的儒家传统在清代的新动向,就是由尊德性转向道问学,其中反映了清儒具有不同于宋儒的新的义理思想,而且说"清代学术始于考经,进则考史,乾嘉以下进而考及诸子,儒家知识传统的逐渐扩张于此已见端倪",他还列举了戴震在《与是仲明论学书》中,关于经之难明的一段话,"至若经之难明,尚有若干事,诵尧典数行至'乃命羲和',不知恒星七政所以运行,则掩卷不能卒业。诵《周南》、《召南》,自《关雎》而往,不知古音,徒强行以协韵,则龃龉失读。诵古《礼经》,先《士冠礼》,不知古者宫室、衣服等制,则迷于其方,莫辨其用。不知古今地名沿革,则《禹贡》、《职方》失其处所。不知少广、旁要,则《考工》之器不能因文而推其制。不知鸟、兽、虫、鱼、草、木之状类名号,则比兴之意乖……"戴震自谓他"欲究其本始,为之又十年,渐于经有所会通"[1]。余先生在引了戴震这段话之后说:"如果其从此转身移步,也未尝不能别造新境。"[2] 其实,钱大昕在这方面的论述及自身在追求知识方面的实践,比之于戴震更为广博。钱大昕可谓是清中叶在道问学方面最为典型的代表,对于尊德性与道问学的关系,戴震曾说过:"然舍夫道问学,则恶可命之尊德性乎?"而钱大昕也曾更明确地说:"知德性之当尊,于是有问学之功……岂有遗弃学问而别为尊德性之功者哉!"从上述钱大昕对于尊德性与道问学相互关系的论述,可见钱大昕更为重视道问学。而余先生既然反复阐明由尊德性转向道问学是儒学传统在清代的新动向,进而说明清代儒学并非只有学术史上的意义,汉学考证也并非没有思想。但令人费解的是不知余先生为什么却将具有道问学特征的钱大昕,视为只是"纯粹的考据学家",而且将其置于戴震的对立面(按:其实戴、钱的治学宗旨与义理思想有更多的共同之处),并作出钱对"义理之学本身持否定看法"的论断,这岂非有些自相矛盾。

三 寓义理于训诂的义理观

据有关文献记载"义理"一词,最早见之于《礼记》中之《礼

---

[1] 戴震:《与是仲明论学书》,《戴震集》,上海古籍出版社1980年版,第183—184页。
[2] 余英时:《论戴震与章学诚》,第5页。

器》,其中说:"忠信,礼之本也;义理,礼之文也。"在先秦时期通常都把义理视为普遍皆宜的道理,到了汉晋时代又将其视为经义名理,如《汉书·刘歆传》所说:"及歆治《左氏》……由是章句义理备焉。"宋代由于讲求心性理气的理学昌盛,对儒家经典的阐释偏重于义理,遂形成义理之学,张载在其《经学理窟》中就说:"义理之学,亦须深沈方有造,非浅易轻浮之可得也。"所以,自宋以后,就把讲求儒家经义、探究名理的学问称为"义理之学"。由于宋明以来,义理之学的逐步发展,愈来愈走向空谈心性,"六经注我",甚或束书不观,或篡改经书原义。至明中叶,一些学者为纠正这种学风,逐渐兴起返回儒家经书原典,通过研究文字、音韵、训诂,诠释儒家典籍的原始真貌,因此到清初顾炎武提出"读九经自考文始,考文自知音始",文字、音韵之学遂日益为人所重视。既然要通过文字音韵训诂,去寻求经书之原貌,而"凡文之义多生于形与声,汉人去古未远,其所见多古字,其习读多古音,故其所训诂,要于本旨为近,虽有失焉者寡矣"①。因此,学术界遂出现由宋返汉的趋向,从清初的汉宋兼采,直到乾嘉时期,汉学成为主导的学术思潮与学术流派。

在汉学昌盛的乾嘉时期,学者都秉承惠栋所说的:"汉人通经有家法,故有五经师,训诂之学,皆师所口授,其后乃著竹帛,所以汉经师之说立于学官,与经并行,《五经》出于屋壁,多古字古音,非经师不能辨。经之义存乎训,识字审音,乃知其义,是故古训不可改也,经师不可废也。"②钱大昕也持同样的看法:"训诂必依汉儒,以其去古未远,家法相承,七十子之大义犹有存者,异于后人之不知而作也。"③由于长于名物训诂的汉学大受推崇,考据之学大为发展。伴随而来的是对宋明以来盛行的宋明心性义理之学的抨击。钱大昕就反复指出:"自晋代尚空虚,宋贤喜顿悟,笑问学为支离,弃注疏为糟粕,谈经之家,师心自用,乃以俚俗之言诠说经典……古训之不讲,其贻害于圣经甚矣。"④他又说:"自宋元以经义取士,守一先生之说,敷衍傅会,并为

---

① 卢文弨:《九经古义序》,《抱经堂文集》卷首。
② 惠栋:《九经古义·述首》。
③ 钱大昕:《臧玉琳经义杂识序》,《潜研堂文集》卷24。
④ 钱大昕:《经籍纂诂序》,《潜研堂文集》卷24。

一谈，而空疏不学者，皆得自名经师；间有读汉、唐注疏者，不以为俗，即以为异，其弊至明季而极矣。"① 由于钱大昕等乾嘉汉学者，一再抨击宋明心性义理之空谈，又重视考据，强调训诂注疏。加之，坚持宋学立场的学者又攻击汉学家"以六经为宗，以章句为本，以训诂为主，以博辨为门，以同异为攻，不概于道，不协于理"，"攻乎陆、王，而尤异端寇仇于程朱"②。于是，给人以印象，似乎钱大昕等考据学家，只重考据，不言义理。其实这是一种错觉，包括钱大昕在内的乾嘉学者，不仅承认义理之学，而且有自己的义理观。

钱大昕曾明确说："有文字而后有诂训，有诂训而后有义理。"与钱大昕同时而齐名的王鸣盛，也明确肯定义理之学的存在。他说："夫天下有义理之学，有考据之学，有经济之学，有词章之学。"他还以木为比喻，说明义理、考据、经济、词章之间的相互关系，认为："义理，其根也；考据，其干也；经济则其枝条；而词章乃其花叶也。"又将之比作水："义理，其源也；考据，其委也；经济则疏引溉灌，其利足以泽物；而词章则波澜沦漪，濛洄演漾，足以供人玩赏也，四者皆天下之所不可少。"③ 这里不仅肯定义理之学，而且将其视为"干"和"源"，是第一位的。在乾嘉学者的著述中，类似的言论比比皆是，说明他们肯定义理之学的存在，并不是对义理之学本身持否定看法。只不过他们讲的义理，不同于理学家的义理之学。钱大昕指出："宋儒说经，好为新说，弃古注如土苴，独《仪礼》为朴学，空谈义理者无从措词。"④ 又说："古人以音载义，后人区音与义而二之，声音之不通而空谈义理，吾未见其精于义也。"⑤ 这里，都是批评理学家不重视经书注疏，又不重视文字、声音和训诂，未能明了经书的原义，却大谈义理，只能是空谈义理。此外，钱大昕还强调经世之义，反对理学家的心性名理空谈，及抽象的性与天道等义理。他认为："经以明伦，虚灵玄妙之论，似精实非精也；经以致用，迂阔刻深之谈，似正实非正也。"又说：

---

① 钱大昕：《臧玉琳经义杂识序》，《潜研堂文集》卷24。
② 方东树：《辨道论》，《仪卫轩文集》卷1。
③ 王鸣盛：《王懋思先生文集序》，《西庄始存稿》卷16。
④ 钱大昕：《仪礼管见序》，《潜研堂文集》卷24。
⑤ 钱大昕：《诗经韵谱序》，《潜研堂文集》卷24。

"夫儒者之学，在乎明体以致用，《诗》《书》执《礼》皆经世之言也。《论语》二十篇，《孟子》七篇，论政者居其半。当时师弟子所讲求者，无非持身处世，辞受取与之节。而性与天道，虽大贤犹不得而闻，儒者之务实用而不尚空谈如此。"① 在钱大昕看来，理学家所谓的性与天道及那些虚灵玄妙之论，迂阔不切实际之谈，都于事无补，而这些却都是理学家义理之学的内容，钱大昕反对这些义理空谈。可见，宋明理学家和乾嘉学者都讲义理之学，但各自的思想内容不同。研究者不能以理学家是否强调心性理气为义理之学的内容，而作为判断是否具有义理思想的标准，将不谈心性理气的学者，都视为没有义理，事实上从宋明理学家的心性理气义理，到乾嘉考据学家的经世之义理，正反映了学术思想的一种转变。

儒家的经学，在清代有复兴之势，从清初的顾炎武到钱大昕等乾嘉学者，在反理学的趋势下，都对经学更加重视和膜拜。他们认为儒家的经典，都是圣人之言，是"治国安邦"，"明道救世"至高至尚之理。经书本身就是最高的义理，只要能"笃志古学，研覃经训，由文字、声音、训诂"，便可"得义理之真"②。为什么要通过文字、声音、训诂才能得义理之真呢？钱大昕认为是"六经皆载于文字者也，非声音则经之文不正，非训诂则经之义不明"③。

基于上述认识，钱大昕特别强调："尝谓六经者，圣人之言，因其言以求其义，则必自诂训始；谓诂训之外别有义理，如桑门以'不立文字'为最上乘者，非吾儒之学也。"④ 又说："有文字而后有诂训，有诂训而后有义理，训诂者，义理之所由出，非别有义理出乎训诂之外者也。"⑤ 这实际上就是寓义理于训诂之中，也是钱大昕之义理观的基本思想。乾嘉学者也多持同样的观点，王鸣盛就同样主张"经以明道，而求道者不必空执义理以求之也，但当正文字，辨音读，释训诂，通传

---

① 钱大昕：《世纬序》，《潜研堂文集》卷25。
② 钱大昕：《臧玉琳经义杂识序》，《潜研堂文集》卷24。
③ 钱大昕：《小学考序》，《潜研堂文集》卷24。
④ 钱大昕：《臧玉琳经义杂识序》，《潜研堂文集》卷24。
⑤ 钱大昕：《经籍籑诂序》，《潜研堂文集》卷24。

注，则义理自见，而道在其中矣"①。戴震晚年更强调义理，认为"义理即考核、文章二者之源也"。但其早年，因受惠栋思想的影响，在论述考据与义理的关系时，也曾持与钱大昕、王鸣盛相同的观点，他说："夫所谓理义，苟可以舍经而空凭胸臆，将人人鉴空得之，奚有于经学之云乎哉？惟空凭胸臆之卒无当于贤人圣人之理义，然后求之古经；求之古经而遗文垂绝，今古悬隔也，然后求之故训。故训明则古经明，古经明则贤人圣人之理义明，而我心之所同然者，乃因之而明贤人圣人之理义非它，存乎典章制度者是也。松崖先生之为经也，欲学者事于汉经师之故训，以博稽三古典章制度，由是推求理义，确有据依。彼歧故训、理义而二之，是故训非以明理义，而故训胡为？理义不存乎典章制度，势必流入异学曲说而不自知。"②

上述由文字、音韵、训诂以求义理，寓义理于训诂的思想观点，从求得经书的原义角度说有一定的正确性、合理性。因为要弄清古代经书中的思想及其内容，理应先明白经书中文字的意义，如果连书中的文字、音韵都不清楚，何以能明白经书的原义，更不能真正明晰其思想和义理。更有甚者，因不明字读和音义，随意篡改经书，就会造成经书原意失真，正如钱大昕所说的"元、明以来学者空谈名理，不复从事训诂，制度象数，张口茫如"。"夫穷经者必通训诂，训诂明而后知义理之趣，后儒不知训诂，欲以乡壁虚造之说，求义理所在，夫是以支离而失其宗。"③ 就此而言，钱大昕等乾嘉学者寓义理于训诂的思想观点有可肯定之处。

但是，钱大昕等所谓的通训诂而明经，经明而义理即明，不存在六经之外的义理，亦不在文字、声音、训诂之外而求义理，显然是将考据置于义理之上的。虽然他们有时也将义理之学置于主干和源头的重要位置，但实际治学过程中却仍然是将重点和精力集中在对文字、训诂、典制的考据方面，有对义理思想重视不够的偏颇，甚至把超出经书文字训诂之外的义理思想，都视为空谈。钱大昕与戴震在义理方面所呈现的差

---

① 王鸣盛：《十七史商榷序》。
② 戴震：《题惠定宇先生授经图》，《戴震集·文集》卷11。
③ 钱大昕：《左氏传古注辑存序》，《潜研堂文集》卷24。

异与不同也反映在这里。钱大昕虽然与戴震同样重视道问学，但在对思想义理的重视上却有不同。戴震既是考据学家，也是杰出的思想家。他在《孟子字义疏证》中所反映的义理思想，对程朱理学"以理杀人，甚于以法杀人"的尖锐批评，虽然也是以训诂的形式，在疏证儒家经典的外衣下进行的，但实际上却远远超出训诂考据的范围，是着重阐发其义理的著作，以致在当时的学术思想界引起强烈的反响，既有赞成者，也有反对者。一些站在卫道者立场上持反对态度的人，如翁方纲指责："近日休宁戴震一生毕力于名物象数之学，博且勤矣，实亦考订之一端耳，乃其人不甘以考订为事，而欲谈性道以立异于程朱。"① 视"程朱犹吾父师"的姚鼐，甚至为此咒骂戴震"身灭嗣绝"②。彭绍升也曾极力反对，还写出辩难。为此，戴震临终前还撰写了《答彭进士允初书》，鲜明地表示与彭等"道不同，不相为谋"，相互间"无毫发之同"，从理论上进行了坚决回击。值得注意的是对戴震的这些思想观点，即使是考据学中的钱大昕、朱筠等人也难以接受，据章学诚在《答邵二云书》中所述"大兴朱氏，嘉定钱氏，实为一时巨擘"，"其推重戴氏，亦但云训诂名物，六书九数，用功深细而已。及举《原善》诸篇，则群惜其有用精神耗于无用之地"③。章学诚又在《书朱陆篇后》中说"时人方贵博雅考订，见其训诂名物有合时好，以谓戴之绝诣在此。乃戴著《论性》《原善》诸篇，于天人理气，实有发前人所未发者，时人则谓空说义理，可以无作"。据余英时先生分析，章氏这里所指的时人，"即指朱筠与钱大昕两人"，由于戴震的学生洪榜为戴氏撰写的《行状》中，原来载有《答彭进士允初书》，而朱筠则认为"可不必载"，"戴氏所可传者不在此"，说明朱筠并不赞成戴震的义理思想，也可印证余英时先生所分析的章学诚文中所指的时人乃指朱筠。同时我们从钱大昕为戴震撰写的学术传记看，其中虽较为详细记述了戴震的学术成就，也确实主要是肯定戴氏在训诂名物、六书九数方面的成就，并未涉及《原善》《孟子字义疏证》等著作中的义理思想。当时，围绕这些著作在学

---

① 翁方纲：《理说驳戴震作》，《复初斋文集》卷7。
② 姚鼐：《再复简斋书》，《惜抱轩文集》卷5。
③ 章学诚：《原道下》，《文史通义》，古籍出版社1956年版，第42页。

术界开展的激烈争论，钱大昕理应是了解的。但他却未对之表态，既说明他对此甚为谨慎，似也反映出他像朱筠那样认为"戴氏所可传者不在此"。这不能不说是钱大昕思想保守的一面。他的义理思想，远没有达到戴震的高度。

从钱大昕个人整体的学术成就而论，他在经史考证方面的成就，也远远大于其在义理方面的成就，应该说这和他的寓义理于训诂的义理观有一定联系。由于他认为"有文字而后有诂训，有诂训而后有义理，训诂者，义理所由出，非别有义理出乎训诂之外者也"，"六经者，圣人之言，因其言以求其义，则必自训诂始"，只要通过对六经的训诂，自然就可以求得义理。在这种义理观指导下，其主要精力必然多陷入于对文字、声音、训诂及史书、典制、地理变革等方面的考证。而且，这种义理观，本身就限制了对思想义理的追求，就像章学诚所深刻指出的："夫道备于六经，义蕴之匿于前者，章句训诂足以发明之；事变之出于后者，六经不能言，固贵约六经之旨而随时撰述，以究大道也。"① 儒家的六经，反映了儒家的思想学说，包含了宝贵而丰富的文化遗产和义理思想，但其毕竟是一定历史时代的产物，它不可能将思想穷尽。随着时代的前进，历史的发展，人类智慧的提高，必然会产生、形成更为丰富的思想和理论，但却是"事变之出于后者"，也是"六经所不能言"的。然而钱大昕却认为"非别有义理出乎训诂之外者"。这就必然自觉不自觉地排斥超出对六经的训诂范围之外的义理。在这种思想支配下，就使他有可能认为戴震在《论性》《原善》《孟子字义疏证》中，"于天人理气，实有发前人所未发者"乃"空说义理"。正如钱穆先生所批评的："谓治经必通训诂，此固然矣。谓有训诂而后有义理，非别有义理出乎训诂之外，此则大不然之甚者。"②

由于钱大昕寓义理于训诂的义理观，实际上是把考据放在第一位，即所谓"训诂明而后义理明"。似乎只要训诂清楚了，自然能独得义理，但这样的义理，充其量只是经书字面上的思想和义理，其价值主要

---

① 章学诚：《内篇》二，《文史通义》。
② 钱穆：《钱竹汀学述》，《中国学术思想史论》（八），台湾东大图书公司1980年版，第262—263页。

在于通过对经书字句的归纳分析，求得对经书原义的准确理解，这种思维方式和研究方法，必然约束和限制对更高层次的、宏观的思想理论的探讨。因为属于义理范围的思想理论的探讨，需要一贯与综合的思维方式与方法，不同于考据学所运用的归纳与分析的方法。这正是偏重于考据的钱大昕等汉学家所缺乏的。戴震虽然也是汉学家，也有"训诂明而后义理明"的思想，但是，他却不受这种义理观所囿，而只是把考据作为过程和手段。正像他所说的"余于训诂、声韵、天象、地理四者，如肩舆之隶也，余所明道，则乘舆之大人也；当世号为通人，仅堪与余舆隶通寒温耳"[1]。这是他和钱大昕、朱筠等所不同的。余英时先生正是看到了钱氏的这些方面的问题，而将之评判为"纯粹的考证学家"，这样的论断虽然揭示了钱氏在义理观上的局限，但却忽视了其明道经世的一面，并对钱氏的义理观以过多否定。

　　总之，我们不能由上面所说钱大昕义理观存在的局限而得出结论：钱氏就是一单纯的考据学家，他只重考据，不言义理，只有考据，没有思想。实际上，钱大昕通过经史考证，在自己的义理观范围内，不仅有许多可贵的史学思想和理论，而且也不乏经世思想。他作为一个严肃笃实、正直的学者，又有二十年的京官生涯，对于其所处的"康乾盛世"所掩盖的封建社会中黑暗的一面，诸如乾隆皇帝的独断专横，滥行文字狱，以及各级封建官僚的贪婪与暴敛，还有对科举制度的弊端与士林风气的颓废等，既有耳闻目睹，也有所流露和不满，并在其著述中，以说古论今的方式，或含蓄予以揭露，或直接予以抨击。这些既体现了其怀抱"儒者之学在乎明体以致用"为宗旨的士大夫的社会责任感，也是其义理观的具体表现。对此，我曾在《钱大昕学术思想述略》中，列举了几个方面予以论述。诸如总结历史经验，揭露封建君主专制；提倡君主纳谏，反对滥行文字狱；抨击横征暴敛，同情百姓疾苦；揭露吏治腐败，士风颓废，主张廉洁自律；谴责虐待妇女的封建礼教，支持妇女再嫁等。对于这些，这里就不再展开论述了。

（原载《中国文化研究》2002年第1期）

---

[1] 章学诚：《内篇》三，《文史通义》。

杭世骏及其《道古堂文集》

杭世骏，字大宗，别字堇浦，浙江仁和（今杭州）人。他在清代学术思想史上，虽算不上是第一流的学者和思想家，但无论是在政治或学术方面，都是一位有个性、有特点的人物，值得研究。可惜，其"殁后，传状表墓之文阙如也"①。关于他的生平经历及其思想著述的史料记载甚少，《碑传集》及《清史稿》中都没有他的传记，在一些稗史、杂记中，有关他的轶事颇不少见，但多系传闻，有显见的疏误。笔者近来在研究清代学术思想史过程中，留意搜集阅读杭世骏的有关资料，草撰此稿，简要评介杭世骏的生平经历及其著述，并对以往传记资料中的讹误作些订正。

世骏死后二十余年，他生前交往的同里学者许宗彦写有《杭太史别传》。再后，洪亮吉撰有《书杭检讨遗事》，龚自珍也曾撰写了《杭大宗逸事状》。这就使杭世骏的事迹多少赖以流传。

民国初年，《清史稿》主要编纂者之一的夏孙桐撰写了《拟补清史文苑杭世骏传》。他解释了《清史稿》中杭世骏无传的原因："国史《旧传》，世骏原入文苑，及修《清史》，缪艺风前辈辑文苑传初稿，因其与洪亮吉同以直言被谴，特将二人提出，拟攻与乾嘉时建言诸臣同列"，奈"载笔者未知此意……竟至阙漏"②。夏孙桐还对前述有关杭世骏的别传、遗事等文的可信程度，进行了评论，指出"许（宗彦）杭（世骏）乃世交故旧，语多有据"③，并说"洪氏所记，虽皆逸事，尚有

---

① 许宗彦：《杭太史别传》，《鉴止水斋文集》卷17。
② 夏孙桐：《拟补清史文苑杭世骏传》。
③ 同上。

来历"，而"龚氏全出传闻，核以年月时事，种种牴牾，殆不足信"①。夏孙桐因参与编纂《清史稿》，并撰写了《拟补清史文苑杭世骏传》，涉猎鉴别了大量有关史料，其说有重要参考价值。

我们依据《杭太史别传》《书杭检讨遗事》，并参照世骏个人著述一些序跋中的透露，大致可以钩稽出他的生平经历。

杭世骏生于康熙三十五年（1696），卒于乾隆三十七年（1772），幼年时家贫力学，常借书于人，昼夜穷读，因父母劝阻"篝灯帐中默诵"。稍长，与同里一些年轻的朋友结读书社，"五日一相聚，互为主客问难，以多闻见者胜"②，世骏以其博闻强识，受到同辈推服。他于学无所不窥，读书范围很广，尤长于史。他曾在《诸史然疑》自序中说："余年二十有五，始有志于史学，贫无全史，且购且读，一日率尽一卷，人事胶扰，道涂奔走，酷寒盛暑未尝一日辍也。风雨闭门，深居无俚，则又倍之，阅五年而始毕。"③ 由此可见，世骏的家境虽然不好，但却十分好学，史学根底尤深。雍正二年，世骏中举人。十年受聘为福建同考官。乾隆元年，应试博学鸿词，列一等第五，授翰林院编修，参与校勘《十三经》《二十四史》，并纂修《三礼义疏》。

他"性伉爽，能面责人过"，如某先达以新著经说相质于世骏，他一览便曰："某事见某书，某说见某集，拾唾何为乎？"④ 又如当时的著名学者，身居要职的方苞，颇以经学自负，常至编纂馆中，侃侃而谈，目中无人，"诸人多所咨决"，方"每下己意"。世骏则"征引经史大义，风发泉涌"，与方苞为难，竟使苞"无以对"⑤。

乾隆八年，因发生大旱，乾隆下诏"通达治体者"进谏，世骏被荐上时务策，他直言不讳地指出："意见不可先设，畛域不可太分，满洲才贤虽多，较之汉人，仅十之三四。天下巡抚尚满汉参半，总督则汉人无一焉，何内满而外汉也？"⑥ 以满族贵族为主体的清朝统治，"内满而

---

① 夏孙桐：《拟补清史文苑杭世骏传》。
② 许宗彦：《杭太史别传》，《鉴止水斋文集》卷17。
③ 杭世骏：《诸史然疑序》《石经考异序》，《杭氏七种》。
④ 许宗彦：《杭太史别传》，《鉴止水斋文集》卷17。
⑤ 同上。
⑥ 《清高宗实录》卷182。

外汉", 诚然是事实, 但清朝最高统治者一向标榜"满汉一体, 并无歧视"。杭世骏此言, 即刻引起刚愎自用的乾隆勃然大怒, 斥责杭世骏"怀私妄奏", "悖谬至此", 实乃"微末无知之小臣", "著交部严察议奏"①。经朝臣力保, 世骏才免遭杀头之祸, 终以溺职罪被罢职回乡。杭世骏所处的时代, 适值康乾盛世之际, 也是清代封建专制主义发展到顶峰的时期, 在绝对君权专制的形势下, 多数文人、官吏, 长于阿谀奉承, 专意窥伺逢迎, 在这样的氛围中, 世骏却敢于犯颜直谏, 实在难能可贵。

杭世骏罢职归里后, 曾先后主讲于广东粤秀书院、扬州安定书院, 深孚海内众望, 请益者常满座。他于讲学之余"即闭户著书, 不预外事", "最不喜读邸报", 这流露了他对清朝现实统治的某些不满。同时, 他更不攀附权势, 罢职后的二十多年期间, 原与之在翰林院的同年, 或积官至大学士, 或官至尚书、总督者, 皆不乏其人。对此, 杭世骏概不知、不闻、不问。乾隆三十三年, 刘纶"特旨以吏部尚书、协办大学士内召, 过扬州", 往访世骏, 世骏"见其冠服, 诧曰: '汝今何官?'"对方答曰: "参预阁务者已数年。"世骏则谑之曰: "汝吴下少年耳, 亦入阁办事耶!"②又据说, 学使钱文敏曾视学浙江, 因其系词馆后进, 至杭州亦往访世骏, 时值盛暑, 当日, 世骏短葛衣, 持蕉扇, 正与同里少年在门前望仙桥下嬉戏。杭钱二人在桥下邂逅相遇, 钱说明拜访之意, 杭即对钱说: "汝已见我耶?"钱曰: "正诣宅谒前辈耳!"杭则婉言谢绝: "吾屋舍甚隘, 不足容从者。"③钱只好返归。对此, 洪亮吉曾评论说: "视士大夫罢闲后, 日饰章服, 出入官廨, 干预公事, 并修饰舆马仆从者, 以检讨(按: 指世骏)视之, 不尚胜焉。"④确然如是。

杭世骏罢职乡居期间, 乾隆皇帝曾数次南巡, 据说世骏有迎銮之事, 最早记述此事的是汪涤源的《湛艺书屋杂记》: "乙酉, 四举南巡, 在籍文员迎驾湖上, 上顾世骏问曰: '汝性情改吗?'对曰: '臣老矣,

---

① 《清高宗实录》卷182。
② 洪亮吉:《书杭检讨遗事》,《更生斋集》卷4。
③ 同上。
④ 同上。

不能改也。'上曰：'何以老而不死？'对曰：'臣尚要歌咏太平',上哂之。"对于迎驾之事，龚自珍在《杭大宗逸事状》中亦云："乙酉岁，纯皇帝南巡，大宗迎驾，召见，问：'汝何以为活？'对曰：'臣世骏……买破铜烂铁，陈于地卖之。'上大笑，手书'买卖破铜烂铁'六大字赐之。"① 龚自珍又谓："癸巳岁，纯皇帝南巡，大宗迎驾。名上，上顾左右曰：'杭世骏尚未死么？'大宗返舍，是夕卒。"② 龚自珍所记杭世骏迎驾轶事，由汪涤源《杂记》引申演化而来。文笔虽尖酸泼辣，对封建专制主义的戏谑揭露也十分深刻，然而却也未必符合史实。根据史实记载，乾隆六次南巡的时间分别是：乾隆十六年、二十二年、二十七年、三十年、四十五年、四十九年。癸巳岁亦即乾隆三十八年，然该岁并无南巡之举。再说，世骏在此前一年已经死去，又何以迎驾；同时，世骏之死，与乾隆南巡亦并无关联。联系到龚自珍在该文中，还将世骏之于乾隆八年上时务策，误记成"乾隆癸未岁"（即二十八年）。说明龚在撰写《逸事状》时，并未严格查对史实，确存在"种种牴牾"，而"殆不足信"。但由于龚自珍是著名的思想家、文学家，在杭世骏的正式传状又较为缺乏的情况下，其《逸事状》中记载的年月史事，则被许多人信以为真。如《清史列传》便据以说明世骏"卒于乾隆三十八年"；萧一山的《清代通史》，也根据龚自珍的说法，将杭世骏的上时务策，也以讹传讹地记成："乾隆二十八年，诏举直言……或以世骏荐。"③ 这些说法，显然都是受龚自珍《逸事状》的影响。

另外，《国朝先正事略》与《清史列传》均同样记载：世骏"后迎驾湖上，赐复原官"④。照这种说法，杭世骏迎驾后，不仅未被处死，而且被赐复原官。这种说法可能源自许宗彦之《杭太史别传》，然而《别传》的记载却是"后，迎驾湖上，赐复原官，太史既无传状，弗能详也"。《别传》最后又说世骏"沦落以终"。许宗彦之《杭太史别传》，写于世骏下世二十余年之后，时隔尚不太久，但其对"赐复原官"事，已"弗能详也"，显然是抱有怀疑态度，焉能据此作出"赐复

---

① 龚自珍：《杭大宗逸事状》，《龚自珍全集》，第161页。
② 同上。
③ 萧一山：《清代通史》，中册，第604页。
④ 《清史列传》卷71；又见李元度《国朝先正事略》卷41。

原官"的肯定性记载呢?！再者,《清实录》中,有关乾隆六次南巡的记载,颇为详细,但对于世骏的迎驾与复官等事,却只字未提。联系到其他材料所说:"世骏没后,家鲜遗产,朋好弟子醵资雕其《道古堂文集》。"① 杭世骏个人晚年在著述中也谓:"余为荒废颓落之人。"② 这说明,他从乾隆八年因上时务策被罢官后,始终不得志以终。所谓世骏"赐复原官"或系误传,或系对清朝封建统治的有意粉饰,尚待查考。

杭世骏在学术上,淹贯众流,以博洽著称。据说他"所藏书拥榻积几,不下数万卷,枕籍其中,目睇手篹,几忘晨夕"③。他一生著述宏富,主要著作有《石经考异》《礼例》《续礼记集说》《续方言》《经史质疑》《三国志补注》《诸史然疑》《汉书蒙拾》《补晋书传赞》《史记考异》《汉书疏证》《两浙经籍志》《续经籍考》《道古堂文集》等。晚年他曾构建补史亭,欲专补《金史》,并成书百卷,惜未流传。

从上列著述目录即可窥见,杭世骏治学范围很广泛,成就表现在多方面。其《石经考异》一书,乃"因顾炎武《石经考》,犹有采摭未备,辨正未明者,乃为纠讹补阙……其较顾炎武所考较为完密"④。杭世骏的好友厉鹗、全祖望均曾为该书作序,也都给予很高评价说:"昆山亭林顾氏著《石经考》一编……吾友杭君堇浦补顾氏之遗而加洋,中参之以辨论,直发千古之濛滞……用思复精……不独为顾氏之诤友,经学之功臣。"⑤《续方言》是杭世骏在训诂方面的重要著作,是书采《十三经注疏》《说文》《释名》诸书,补扬雄《方言》之遗,"搜罗古义,颇有裨于训诂",虽有失检之处,"然大致引据典核,在近时小学家犹最有根柢者也"⑥。清代训诂学发展极盛,《续方言》一类的著作甚多,诸如《续方言补正》《续方言又补》《续方言新校补》《续方言疏证》《方言别录》《新方言》等,戴震又有同名作《续方言》,而杭世

---

① 《轶事》,乾隆五十五年刊本《道古堂文集》后附。
② 《侍读郑公行状》,乾隆五十五年刊本《道古堂文集》卷36。
③ 李元度:《国朝先正事略》卷41。
④ 《四库全书总目提要》卷86《史部目录类》二、卷40《经部小学类》一、卷45《史部正史类》一。
⑤ 杭世骏:《诸史然疑序》《石经考异序》,《杭氏七种》。
⑥ 《四库全书总目提要》卷86《史部目录类》、卷40《经部小学类》一、卷45《史部正史类》一。

骏的《续方言》则是这类著述的首创之作，足见是书在清代学术史上的影响。《礼例》则是杭世骏探求《礼》之通例性的著作，他认为"《礼》则非例不能贯也"，然"承学之士又病《礼》之繁富而不得其门"，多不敢问津，他感到"《礼》无不归之例，而天下亦无难治之经"，因撰《礼例》以"为之阶梯"①，后来凌廷堪又在该书基础上，编撰了《礼经释例》。其《续礼记集说》乃续卫湜之《礼记集说》，是书之作发端于其在三礼馆参与纂修《三礼义疏》时，此间，他从《永乐大典》中将"有关于三礼者悉皆录出"②，又吸收了历史上有关著述中的资料，"采集颇广"。其《三国志补注》，乃补裴松之《三国志注》之遗。不过裴松之的《三国志注》博采群书，考订精详，已为后世公认，世骏再作补注，"欲以博洽胜之"，难免陷入芜杂。正如《四库全书总目提要》所评，是书将"某人宅在某乡，某人墓在某里"，乃至"神怪妖异，如嵇康见鬼，诸葛亮祭风之类"，皆"累牍不休"。但其毕竟保存了一些资料，"以资考证，故书虽芜杂，而亦未可竟废焉"③。杭世骏的著述甚多，限于篇幅，本文对于其他著作，兹不一一评介。

除上述专门性的学术著作外，杭世骏尚有《道古堂文集》，这是研究其生平经历及学术思想的重要历史文献资料，也是清人文集中较有价值的一种。

《道古堂文集》最早刊于乾隆四十一年，复刊于乾隆五十五年，毕沅曾为之作序。这两种刊本，因年代久远，屡遭战火，版片多阙烂。光绪十四年汪唯曾复为补刊，成文集四十八卷、诗集二十六卷，并辑集外文一卷，后附世骏轶事，是《道古堂文集》最完备的刊本。《道古堂文集》收录了世骏大量序、记、书信、论说、题跋、传状、碑铭之作，内容丰富，颇能反映世骏治学之博洽。集中文字每言一事，皆循流溯源，穷究其终。如卷四《韩氏经说序》，论述说经之流派；卷五《施愚山年谱序》谈论年谱之体制；卷七《张岂堂金石契序》《孙月峰书画跋序》，谈金石书画之著录；同卷《名医类案序》《续名医类案序》，论方技医

---

① 杭世骏：《礼例序》，《道古堂文集》卷4。
② 杭世骏：《续礼汇集说序》，《道古堂文集》卷4。
③ 《四库全书总目提要》卷86《史部目录类》、卷40《经部小学类》一、卷45《史部正史类》一。

经之得失；卷二十一《答任武承问起居注》一、二、三、四数篇，详论起居注之义例，等等，皆辩证明晰。由于杭世骏更长于史学，文集中有关史学的论说，如卷二十三《志西汉盐铁》《汉爵考》等文，比物类事，如数家珍，实开后来赵翼《二十二史札记》之先河。另外集中的传状之作，辑录保存了不少清初学者的生平史实，如卷二十八的《阎若璩传》，卷三十八的《胡东樵先生墓志铭》，详细记述了阎若璩、胡渭的生平著述及学术上的成就贡献。后来，江藩作《汉学师承记》，其《阎若璩传》几乎全文抄录世骏所作阎传。再如卷二十九、卷三十《梅文鼎传》上、下，更为详细地评述了梅文鼎的著述和论点，并附列了其友朋的状况，而后阮元所作《畴人传》即仿此体制①。

当然，《道古堂文集》中，亦有大量诗文序、寿序、墓志、碑铭等，纯属无实际内容的应酬之作，失之于滥，无甚意义。

综观杭世骏生平及其著述，已可见其在清代学术史上具有较重要的地位，毕沅曾在《道古堂文集》序中说："梨洲、宁人振实学于前，而竹垞、西河继之……堇浦先生……其学之博而精，实足以继朱毛而追黄顾。"杭世骏生当黄宗羲、顾炎武及朱彝尊、毛奇龄之后，而处在惠栋、戴震、纪昀、钱大昕等乾嘉诸大师之前，清代学术由顾、黄而到惠、戴，中间实有一些过渡性的人物，杭世骏即属这类学者，他在清代学术史上具有承上启下的地位。其学术内容虽不如后来专以汉学自命的学者那样严谨，其治学方法亦不如后来精密，然而其在经史考订、训诂名物等方面，与汉学家已较为接近，直接对稍后崛起的乾嘉学派产生了作用和影响。再就清代浙江学术的发展来说，杭世骏更占有举足轻重的地位。浙江乃文人荟萃之乡，学者辈出，源远流长。杭世骏作为一个浙江学者，其著作中有较多的篇幅和内容，反映了浙江学者的学术风貌，王昶曾在《蒲褐山房诗话》中记："两浙文人，自黄梨洲后，全谢山庶常及先生而已（按：先生乃指世骏）。"当代学者张舜徽也认为："浙学自黄宗羲、毛奇龄、朱彝尊、全祖望外，以言规模之大，吾必推世骏为巨擘焉。"②

---

① 张舜徽：《清人文集别录》卷5，中华书局1963年版，第139—140页。

② 同上。

不过，客观而论，杭世骏之学，显得博洽有余，而专精不足，缺乏极有价值的上乘之作。他也曾自我评价说："吾经学不如吴东壁，史学不如全谢山，诗学不如厉樊榭"[①]，可谓自知之论。此外，杭世骏那种好直言、性豪宕的思想性格，对后来的思想家，如洪亮吉、龚自珍等也有直接影响。龚自珍以"同里后学谨状"的尊敬之情，写下的《杭大宗逸事状》，史实虽有疏误，却反映了他对杭世骏的爱慕、怀念之情。

总起来看，杭世骏在清代学术思想史上，仍不失是一位有特点的学者。

附注：本文在《清史研究通讯》1984年第4期发表后，承蒙中国社会科学院历史研究所武新立研究员指出拙稿所说杭世骏之《金史补》"惜未流传"不确，且具体说明"此书有抄本传世"（见《清史研究通讯》1985年第3期）。谨附注致谢。

（原载《清史研究通讯》1984年第4期）

[①] 李元度：《杭堇浦先生事略》，《国朝先正事略》卷41。

全祖望《小山堂祁氏遗书记》
有涉吕、黄关系史实辨正

适值清代浙东学派创始者黄宗羲诞辰395周年，又是该学派的继承光大者全祖望诞辰300周年，为了进一步研究与弘扬浙东学术的丰富文化内涵，以古鉴今发扬浙东学术内涵中"以人为本""经世致用"的人文精髓，以及其重视文献实证的扎实学风，有关单位在浙东学派的故乡——宁波市鄞县举办了"浙东学术与中国实学研讨会"，这是很有意义的举措。笔者有幸应邀与会，特撰写此文，以求教与会的专家学者。

一 全祖望对吕、黄关系的几点偏颇之见

全祖望（1705—1755）在清代学术文化史上具有重要地位和影响，向来受到时人与后进的高度评价。就全祖望学术思想与治学方法的主导方面而论，他的确是博洽多闻，考证精核，鉴古知今，持论公正，力戒门户之见。然而，人无完人，金无足赤，全氏也有明显的局限与不足，如同古今学者所批评的，他有些文章也"奢言无验，华言而不实"，[1]并"不免多少存在着门户之见"。[2] 这些批评确系有据之论，绝非无稽之谈，此在全氏所撰《小山堂祁氏遗书记》中便有验证。该文从明末清初山阴藏书家祁氏澹生堂藏书的流失与分割讲起，着重论述了当时的两位著名学者、思想家吕留良和黄宗羲之间的相互关系、二者失和的原

---

[1] 杭世骏：《全谢山鲒埼亭集序》，载全祖望《全祖望集汇校集注》附录三，上海古籍出版社2000年版，第2731页。

[2] 谢国桢：《全祖望集汇校集注·序》，同上书，第7页。

因，其中所涉史事多不符合事实，看法亦多属偏颇之见。凡研究明末清初学术文化的人，大都知道吕留良与黄宗羲二人相交之初友谊甚笃，亲如兄弟，尔后却逐渐疏远，以至断绝来往，反目成仇，成为人们注目的疑案。导致他们失和的原因何在？双方又各据其理，各执一词，扑朔迷离，令人疑惑难辨。对于其间的是非，当时就有学者说："若近梨洲门庭者，便谤晚村；依晚村门庭者，必毁梨洲。"[①] 而全祖望之《小山堂祁氏遗书记》文中对吕、黄关系及评价的论述，可谓是"近梨洲门庭者，便谤晚村"的典型案例。对此，我们无须为贤者讳。鉴于吕、黄都是清初具有影响的学者与思想家，他们相互间的交往变化，既有关各自的立身行事，也反映了当时学术思潮的一些趋向与信息，澄清全氏在该文中的某些不实之词，对研究吕、黄的生平、思想及学术与政治的关系，乃至当前深入开展的清史纂修都不为无益，因此有必要对文中的不实之词予以辨正。为论述方便，兹将文中有关部分全录如下：

> 吾闻淡生堂书之初出也，其启争端多矣。初南雷黄公讲学于石门，其时用晦父子俱北面执经。已而以三千金求购淡生堂书，南雷亦以束修之入参焉。交易既毕，用晦之使者，中途窃南雷所取卫湜《礼记集说》、王偁《东都事略》以去，则用晦所授意也。南雷大怒，绝其通门之籍，用晦亦遂反而操戈，而妄自托于建安之徒，力攻新建，并削去《蕺山学案》私淑，为南雷也。近者，石门之学固已一败涂地，然坊社学究尚有推奉之，谓足以接建安之统者，弟子之称，猬猬于时文批尾之间，潦水则尽矣而潭未清。时文之陷溺人心一至于此，岂知其滥觞之始，特因淡生堂数种而起，是可为一笑者也。然用晦所藉以购书之金，又不出自己，而出之同里吴君孟举。及购至，取其精者，以其余归之孟举。于是孟举亦与之绝。是用晦一举而既废师弟之经，又伤朋友之好，适成其为市道之薄，亦何有于讲学也。[②]

[①] 邵廷采：《谢陈执斋先生书》，《思复堂文集》卷7。
[②] 全祖望：《小山堂祁氏遗书记》，《全祖望集汇校集注》，第1074—1075页。

全祖望上文中对吕、黄相互间之关系提出的看法有此几点：其一，吕留良与黄宗羲之间乃师生关系，即所谓"其时用晦父子"，对黄"俱北面执经"；其二，吕与黄因同购澹生堂之书而发生争端，吕窃去黄所购之书导致交恶，黄为此废去吕的"通门之籍"，吕亦因此"削去《蕺山学案》私淑"；其三，为此吕留良"妄自托于建安之徒，力攻新建"，也就是说吕留良之尊朱辟王乃出于攻黄之目的；其四，从吕、黄购书事，可见吕实乃"市道之薄"，其学虽"一败涂地"，却仍有信奉者，说明吕氏之学仍"陷溺人心"，应清除其影响。

据笔者查阅吕、黄二位当事人对购澹生堂遗书的记述及当时与后世文人学者对此事的评论，全祖望上述诸端看法，多与事实大相径庭。既有必要依据史实予以辨正，也有必要分析全祖望为什么会出现如此明显的失误，这将有助于对全氏学术思想的深入研究。

二　吕与黄始终是朋友关系，从无师生之谊

全祖望文中言之凿凿地肯定吕留良曾对黄宗羲"北面执经"，相互间交恶后，黄对吕又"绝其通门之籍"，吕也对黄"削去《蕺山学案》私淑"，竭力说明二人原本有师生关系。但大量史料证明，二人始终是朋友关系，从无师生之谊。

从有关材料可知，吕留良先结识黄宗羲之弟宗炎，而后由宗炎引介二人初识于顺治十七年（1660）。是年八月，宗羲及其友人高旦中（斗魁）由宗炎引见，与吕留良相会于杭州之孤山，对此吕留良曾明确记述说："其秋，太冲先生亦以晦木言，会予于孤山。晦木、旦中言：何如？太冲曰：斯可矣！"[①] 遂相互订交，且一见如故。宗羲兄弟与高旦中还都就留良的嗜好各赠其石砚一方。如留良所说："因各以砚赠予，从予嗜也。"为此，留良还写有《友砚堂记》一文，具体记述了黄氏兄弟及高旦中赠其石砚的名称、来历、形状等。宗炎在赠砚的同时，还写有《红云砚诗》，诗云："语溪吕子间世才，刃锋凛凛辟尘埃。义理深究紫

---

① 吕黄交谊的情况在黄炳垕《黄宗羲年谱》、包赉《吕留良年谱》均有记载。

阳旨，经纶自喜管乐比。"① 留良以欣喜之情还在《友砚堂记》文中说："又幸其友之足尚也，因以友砚名吾堂。"表明其十分看重与黄氏兄弟间的友谊。黄宗羲也同样如此，他读了吕氏的《友砚堂记》后，还特写了跋语说："读语溪吕用晦《友砚堂记》……耿耿者久之，信有生习气之不易除也。虽然，用晦之友即吾友，用晦之砚即吾砚。往时之盛，盖庶几复见之。契弟黄宗羲跋。"② 上述文献资料无不表明，吕、黄相交之初仅是朋友关系。

  吕、黄相识相交后，往来关系密切融洽。同年十月宗羲游庐山归来又曾至吕家，留良有诗《赠余姚黄太冲》，"山烟海雾事何成，头白归来气未平。党籍还憎吾子在，诗文偏喜外人争"，"绝学今时已荡然，与君一一论真诠。神宗以后难为史，刘子之徒早失传"。③ 诗中真切反映了双方相互间切磋学问、寄予厚望之情谊。康熙二年（1663），黄宗羲又受邀至语溪，坐馆于吕家，作为家庭教师，教授留良子侄，直至康熙五年（1666）。这几年之间，二人更是时相过从，友谊甚笃，相互间必有思想上的交融与影响。此间宗羲曾于康熙元年写成《明夷待访录》，而吕留良亦在此前后自弃诸生，写下有名的《耦耕诗》，反映了强烈的民族思想，决心作遗民而不与清朝合作。钱穆先生曾就吕、黄之间的交往说："《待访录》成于康熙壬寅、癸卯间；而癸卯梨洲至语溪，馆于晚村家。盖当时交游议论所及，必有至于是者。故梨洲著之于《待访录》，而晚村则见之《四书讲义》。其后三年丙午，晚村则决意弃诸生，不复应试。然则此数年间，梨洲、晚村之交谊，其思想议论之互为助益，必甚大矣。此后两人虽隙末，要其当年之一段往还，实至有价值，可供后人想味。"④ 吕、黄相交之初，江南一带明遗民的反清斗争尚时起时伏，他们与一些文人学士的民族思想都还十分强烈，这正是吕、黄相交一拍即合的思想基础。当时二人常常以诗文唱和，一同游玩，一同拜访师友，还与吴孟举共同编纂《宋诗抄》。黄在吕家坐馆的

---

  ① 见吕留良《友砚堂记》，《吕晚村文集》卷6，台湾商务印书馆1997年版，第449—462页。
  ② 黄宗羲：《友砚堂记跋语》，《吕晚村文集》卷6《友砚堂记》文后。
  ③ 吕留良：《赠余姚黄太冲》，《佽饮集》。
  ④ 钱穆：《中国近三百年学术史》，台湾商务印书馆1983年版，第84页。

几年中，经常往返于浙东余姚及浙西语溪之间，即便是短暂的离别，也不断有书信往还。

康熙五年，吕、黄因同购祁氏澹生堂遗书而出现矛盾；康熙六年初，黄虽不在吕家教书，但仍保持来往，时通信息。如康熙八年，留良还有《寄黄太冲书》，他在信中除交流借书、读书心得外，信末还交代特送宗羲"敝衣一件、松萝一觔，聊为寒夜著书之供"，① 仍有关怀之情，这也说明吕、黄之间并不像全祖望所说，因购澹生堂遗书而彻底决裂。他们之最后绝交是以后的事，后文再述。

需要特别指出的是，从吕、黄相识结下密切友谊，到产生矛盾逐渐疏远，直至最后绝交之前，二人始终是以朋友相待、相称，从无师生关系与名分，遍查吕、黄二人文集，宗羲从未自认吕是其门生；留良也从没有自谦地称黄为师，他只明确说过其子吕葆中"受业太冲门下"。② 古人对师生关系看得很重，师生关系是重要的人伦关系之一，是则是，非则非，不能含糊。全氏所谓吕对黄"北面执经"，黄对吕因故"绝其通门之籍"，并无任何材料根据，纯属抬黄贬吕的无稽之论。

三　吕、黄合购澹生堂遗书之间的是非殊难定论

从有关材料看，吕与黄确在康熙五年同购过澹生堂遗书。这在吕留良之《得山阴祁氏澹生堂藏书三千余本示大火》、黄宗羲之《天一阁藏书记》中均有明确记载。但二人对于购书过程中产生的矛盾与是非却有截然不同的说法。留良在购书后给自己的儿子大火的信中，只讲他得到三千册，嘱咐其子要好好保管收藏，未提与黄之间产生的矛盾。但其在相关的一首诗中，却流露了对黄宗羲的不满，说："太冲每见人好书，辄割取其欲弃其余。"③ 然而，宗羲对此事却直截了当地说："丙午，余与书贾（笔者按：指留良，黄与吕相隙后，对吕用此蔑称）入山翻阅三昼夜，余载十捆而出，经学近百种，稗官百十册，而宋元文集已无存

---

① 吕留良：《寄黄太冲书》，《吕晚村文集》卷2。
② 吕留良：《复姜汝高书》，《吕晚村文集》卷2。
③ 转引自钱穆《记吕晚村诗集中涉及黄梨洲语》，天津《益世报·读书周刊》第35期，1936年2月13日。

者。途中又为书贾窃去卫湜《礼记集说》、《东都事略》。"① 吕、黄的说法截然不同。

同时代的人对吕、黄购书而产生矛盾一事，也各据所闻，有不同看法。如深受留良尊朱辟王思想影响的陆陇其在其《三鱼堂日记》中云："己巳正月初六，往府，会晋州陈名祖法，言黄梨洲……尝为吕晚村买旧书于绍兴，多以善本自与。"此说与吕留良之说吻合。

另如大致稍晚的沈冰壶在其《黄梨洲小传》中也说："石门吕留良与先生素善，延课其子，既而以事隙。相传晚村以金托先生买祁氏藏书，先生择其奇秘难得者自买，而以其余致晚村，晚村怒。"② 这里明说乃得自传闻，但与吕留良及陆陇其之说大致相同。沈冰壶既与黄宗羲无特殊关系，亦不喜吕留良，曾骂吕氏为"石门狂子"，其说应视为抛开门户之见之论。甚至全祖望，其在另文《小山堂藏书记》中也说："旷园（笔者按：即指澹生堂）之书，其精华归于南雷，其奇零归于石门。"③

从吕留良、陆陇其到沈冰壶及全祖望原来说法，均证实吕、黄在合购澹生堂祁氏遗书过程中，黄宗羲确先得到大量善本珍贵之书，而吕氏仅得到零散的常见书。从黄宗羲本人的自述中同样证明，诸如卫湜之《礼记集说》、王禹偁之《东都事略》等善本书也由他先购得，只是后来被书贾窃去。即使是吕取去黄宗羲原买得之书，朋友之间因得书不公，发生分歧，也很难说是窃。

全祖望留心明末清初史事，又深谙乡邦文献，在吕、黄合购澹生堂遗书问题上，黄宗羲说法之外还有其他人的说法，按理他应有所知晓。吕、黄本人各执己论，殊不相同，其他人既有是吕留良者，也有是黄宗羲者。因而，在购澹生堂遗书问题上，吕、黄之间究竟孰是孰非殊难定论，也许是永远难解之谜。全祖望即使是对上述情况并不了解，自己在撰文论事时也应做些调查分析，以求客观公正。但全氏却置不同意见于不顾，完全采用了黄宗羲的说法，谴责吕留良窃取黄宗羲之书，并将此

---

① 黄宗羲：《天一阁藏书记》，《南雷文案》卷2。
② 参见李慈铭《越缦堂日记》，《柳华圣解盦日记·甲集》同治八年十月十三日条。
③ 全祖望：《小山堂藏书记》，《全祖望集汇校集注》，第1066页。

事视为吕、黄绝交的主要原因，甚至无根据地大加发挥，说吕留良"北面执经"于黄宗羲，黄宗羲因恼恨吕留良窃取己书而"绝其通门之籍"，如此等等，显然有失史家应有的客观和公正。

四 尊朱辟王是吕留良一贯的治学宗旨

全祖望在其《小山堂祁氏遗书记》中说：吕留良与黄宗羲自同购澹生堂遗书产生牴牾后"遂反而操戈，而妄自托于建安之徒，力攻新建"。似乎吕氏本来并不尊奉朱子之学，也不力辟王阳明，只是在与黄宗羲交恶后才率尔尊朱辟王。然而此论却极不符合事实，其实尊朱辟王是吕氏一贯的治学宗旨。吕氏晚年曾回忆说："某平生无他识，自幼读书，即笃信朱子之说，至今老而病，且将死矣，终不敢有毫发之疑，真所谓宾宾然守一先生之言者也。"①

吕葆中在为其父留良所作之《行略》中说：其父"方在髫龄，辄能发明紫阳之学"，这里所说留良在七八岁的髫龄之际就能发明朱学，未免有些夸大其词，却也说明留良自幼就喜读朱熹之书，并善于思考，他确在13岁时就读了朱熹的《四书集注》。对此，其姊丈朱声始曾有具体印证说："晚村十三岁时，跳踯花坛间，忽轩渠顾余曰：'今人崇尚阳明之说，牴牾朱子。吾读《集注》，但见其与圣言吻合尔'。余警曰：'吾子乃尔聪明，但尚须沈潜，未便自信也。'"②朱声始本人亦尊奉朱子，当发现幼小的留良能读《四书集注》，且有自己的独立见解，非常高兴，便因势引导，希望他能更加认真阅读，深入思考。不料，这却引发吕留良终生走上尊朱辟王的学术道路。吕留良在谈及姊丈对自己学术思想的影响时也说过："此数端者（笔者按：指对朱子学的尊信），自幼抱之，惟姊丈声始颇奇其神合，故某喜从之论说，余皆不之信也。"③

甲申事变前后，留良一家"散万金之家以结客"，投入抗清斗争。失败后又过了几年逃亡的生活，直到顺治五年（1648）其20岁时才

---

① 吕留良：《答吴晴岩书》，《吕晚村文集》卷1。
② 参见车鼎丰《吕子评语正编》，附刻严鸿逵《亲炙录》。
③ 吕留良：《与张考夫书》，《吕晚村文集》卷1。

"归理笔札"。① 吕留良《书旧本朱子语类》云："壬辰夏（顺治九年，1652）买此书"，文中还叙说他阅读中发现该书缺页重复的情况，反映了他曾认真阅读《朱子语类》。不仅自己阅读朱子之书，还将朱熹的《近思录》赠其挚友吴孟举阅读。在此前后的几年中，留良还一度与友人一起评选时文，如顺治十二年（1655）曾《选五科程墨》；在其所作《五科程墨序》中说："滓者变而为清，谲者变而为正，荒怪者变而为醇雅，震震然知文之必本于理，殆将以开文运之复乎？由此进之，使孔、曾、思、孟以及周、张、程、朱之书，灿然复明于天下"。② 吕留良对程朱的思想学说、特别是朱熹的思想，可谓坚守笃信，身体力行，如他自己所说："幼读《朱子集注》而笃信之，因朱子而信周程，因程朱而知信孔孟，故与友人言，必举朱子为断"。③

由于自明中叶以来王阳明心性之学泛滥，朱学式微，因而吕留良尊朱必然辟王，且较之同时代的学者更为尖锐和激烈。

吕留良之尊朱辟王还表现在对朱学的传播方面，他一方面将自己的学术思想渗透到其评注的时文之中，广为传播；另一方面又与当时另一著名理学家张履祥一起编刻程朱遗书，已刻的有《二程遗书》《朱子遗书》《朱子语录》等。在朱学一度式微的情况下，许多人研读程朱的著作，就是借助吕留良编刻的这些程朱之书。

吕留良对朱学的阐发与传布成就昭著，不仅使之成为当时著名的理学家，且形成重大影响，受到高度评价，时人就认为其乃"朱子后一人"，"至吕晚村氏，始大声疾呼以号于一世……率其同志，精思力究，南方风气，为之一变"。④ 稍晚于吕留良而早于全祖望的著名学者戴名世也曾评价说："吾读先生之书，而叹其维挽风气，力挽狂澜，其功不可没也。"他又说："二十年来，家颂程朱之书，人知伪体之辨，实自吕氏倡之。"⑤ 他如顾炎武、阎若璩、王锡阐、王宏撰等，对吕留良的治学与为人也都有高度评价。

---

① 吕留良：《友砚堂记》，《吕晚村文集》卷6。
② 吕留良：《五科程墨序》，《吕晚村文集》卷5。
③ 吕留良：《答潘用微书》，《吕晚村文集》卷1。
④ 李文炤：《王元复传》，转引自钱穆《跋车双亭刊吕子评语》。
⑤ 戴名世：《九科大题文序》，《戴名世集》卷4。

从当时学术界对吕留良的评价中，可见吕留良的学术思想已为人们耳熟能详，否则，当顺治十七年他与黄宗羲、宗炎兄弟及高旦中等相识交友时，宗炎在赠吕留良红云砚并题写《红云砚诗》时，就不可能写出"语溪吕子间世才，刃锋凛凛辟尘埃。义理深究紫阳旨，经纶自喜管乐比"这样的诗句。宗炎的题诗还证明，黄氏兄弟亦深知，吕留良在与他们交友之前，就尊奉朱子之学，且能深究朱学义理之旨。

五 吕、黄绝交有个过程且有多方面原因

吕留良与黄宗羲之间从友谊甚笃到反目成仇，是当时与后世学界尽知的事实，而原因何在，却始终是个尚未解开的谜。按全祖望的说法，吕、黄交恶主要是由于合购澹生堂遗书产生争端，由此使"南雷大怒"，"绝其通门之籍"，吕留良"亦遂反而操戈"，从而断绝友谊，不相往来。这种说法，把复杂的问题简单化了，既不符合事实，也是只看表面的皮毛之见。其实，澹生堂遗书事，仅是友谊产生裂痕的导火线，他们最终绝交既有逐渐发展的过程，又有多方面的原因，需要从事情的发展过程中作具体分析。

吕、黄相交之初友谊甚笃，虽然都了解各自有不同的治学宗旨，并未影响相互间结下友谊。因为有共同的政治思想基础，他们相互都以明遗民的民族气节相砥砺。康熙五年二人因合购澹生堂遗书事而发生矛盾，关系逐渐疏远。如此事之后，吕作有《后耦耕诗》，诗中说："故交疏索尤相惜，旧学孤危转自衰。"据吕留良的学生严鸿逵所作诗注，"故交疏索，时太冲辈已疏"，但吕诗中对与宗羲交往稀疏尚抱惋惜之情。至康熙六年初，黄宗羲离开吕家到宁波清朝官吏姜定庵家作馆，据说还传播了对留良的怨言，使吕留良对宗羲在心中产生不满，曾作有《问燕》与《答燕》，用拟人手法，以燕喻人，通过对燕的质问与燕的回答，讥讽宗羲弃旧友而攀新贵。[①] 吕留良之《问燕》与《答燕》无疑是针对黄宗羲，说明二人间的矛盾与隔阂又进一步加深，内心深处已十分不满。不过，二人都还不愿将矛盾公开化。宗羲对留良的不满是背后

---

① 吕留良：《问燕》《答燕》，《梦觉集》。

议论而流于传言；留良对宗羲的不满，则成是以隐喻的诗语来表达，或是在给挚友的信中吐露，也还不愿"向世间疏其本末"。

康熙六年还有两件事使留良对宗羲更加不满：其一是姜定庵出资由黄宗羲裁定编刻其先师的《刘宗周遗书》，在事先未征得吕留良同意的情况下，却将吕氏父子以"后学"的身份列名校对于卷末。为此，留良写信给主持者姜定庵之子说"某未尝磨对者，反每卷数见，尤所不安"，而且对以"后学"之称更是不满。他说："岂此本为太冲之私书乎？果其为太冲之书，则某'后学'之称，于心又有所未安也。望老兄一一为某刊去。"① 明确要求削去其父子校对之名。这可能就是全祖望所说的"并削去《蕺山学案》私淑，为南雷也"，不过却张冠李戴，将《刘宗周遗书》误以为《蕺山学案》。另一件事，尤使吕留良对黄宗羲不满。当年夏天，他从由宁波来的友人高旦中、万斯同等人处得知，宗羲曾写有《与吕用晦书》，书中"淋漓切直"地指责留良的过失，曾在友人中传阅，却始终未直接寄给留良本人。留良为此还询问过高旦中，高说："诚有之，不过责善意耳。"对此吕大感不解地说："太冲有责善之言，正某之所与闻，奈何书成而不一示之耶！"也有人对留良说："此太冲绝交之恶声耳，非真责善也，子必欲见之，是又起争端也。"这更加使留良要求"千万录示，以卒余教"，"此某之所以引领拳拳也"。②

上述事情的发生，说明吕、黄之间的矛盾愈来愈尖锐，已逐渐公开化。不过，直到康熙八年，留良还有《答黄太冲书》，信中不仅没有相互指责的言词，而且还带送给宗羲"敝衣"与"松萝"，"聊为寒夜著述之供"。③ 这也说明二人虽都心存芥蒂，成见很深，但面子上还礼尚往来，并不像全祖望所说，因澹生堂遗书争端就断绝了往来。

至康熙九年（1670），由于高旦中病逝引发的矛盾，则几乎使吕、黄之间关系的恶化达到绝交的程度。是年五月，二者共同的朋友高旦中病逝，他们先后到高家去帮助料理丧事。黄宗羲还受旦中后人之托写了

---

① 吕留良：《复姜汝高书》，《吕晚村文集》卷2。
② 吕留良：《与黄太冲书》，《吕晚村文集》卷2。
③ 吕留良：《答黄太冲书》，《吕晚村文集》卷2。

《高旦中墓志铭》，但在铭文中却对旦中大加贬低，说高的医术不精，主要是经人标榜，加上旦中本人"又工揣测人情"，才徒具虚名，并说旦中"日短心长，身名就剥"。① 吕留良对此十分恼怒，他认为"铭之义，称美而不称恶"。何况高旦中"聪明慷慨，干才卓越"，"精于医术，名震吴越"，又"嗜声气节义"，当年为营救将被清廷杀害的黄宗炎曾"毁家以救之死。有所求，不惜脑髓以徇"，又曾为周济宗羲、宗炎兄弟的贫困为之"提囊行市，所得辄以相济"。而今旦中刚刚死去，宗羲竟如此"微词丑诋，此何为者也"，因力加阻止，使黄宗羲《墓志铭》"遂不复刻"。② 但当友人将吕留良的看法转告黄宗羲后，他不仅不予修改，反而声称其所写《墓志铭》符合铭文写法，并反唇相讥："说者必欲高抬其术，非为旦中也。学旦中之医，旦中死，起而代之。下旦中之品，即代者之品亦与之俱下……弟焉得膏唇贩舌，媚死及生，周旋其刻薄之心乎！"③ 宗羲此说，乃针对吕留良曾学医于高旦中，其贬损死者，实际上是为打击生者。当时，友人们对于高旦中的医术与人品，包括黄宗炎在内都评价极高，黄宗羲的答辩实过于尖酸刻薄，有失厚道，既有负于死者，也有伤生者。实际上这也是吕、黄走上最后绝交的关键原因之一。

吕、黄绝交不相往来后，都在自己的诗文中，相互攻击，无所顾忌，甚至破口漫骂。吕留良在不少诗文中，指黄宗羲民族气节不坚贞，不择手段，结交清廷地方官员与朝中权贵，如姜定庵、许三礼、徐元文等辈。而黄宗羲在自己的著作中，连吕留良的名字也不屑提，大都蔑称为"书贾"，对吕氏的学问也鄙视为"时文选家""纸尾之学"。各自的门生也都与乃师的调门如出一辙，互相攻击漫骂，门户对垒，如同水火，成为学术界之笑谈。以上列举了吕、黄交恶过程中发生的主要事件与各种材料，从中可以说明几点：其一，二人始欢终隙有个逐渐演变的过程，并非像全祖望所说，因合购澹生堂遗书便绝交。另外，导致友谊破裂的原因是多方面的。诸如治学宗旨不同，吕宗程朱，黄宗陆王，起

---

① 黄宗羲：《高旦中墓志铭》，《南雷文集》卷7。
② 吕留良：《质亡集小序》，《吕晚村文集·续集》卷7。
③ 黄宗羲：《与李杲堂陈介眉书》，《南雷文案》卷10。

初为友时，适值清初，共同而强烈的反清政治立场，淡化了学术宗旨的不同，并能互相理解，而当政治局势和缓，各自的治学宗旨更充分展现时，产生学术争论，伴以门户之见，形成矛盾，甚至谩骂攻击，诋毁人格，刺痛内心，伤害友情，以致绝交。

其二，吕、黄待友之道不同，留良是视友人为性命之人，待友至诚，正直坦率，对待友人不惜身家性命，且常乐于助人，行侠好义，仗义疏财，扶困济贫。其箴言是："宁人负我，毋我负人。"这从其所作《质亡集》一书所列49位友人，相互往来中的动人事迹可充分证明。宗羲在这方面则远不如留良，从其所写《高旦中墓志铭》所反映出的他对旦中的态度可想而知。对于高旦中之医术与为人，不仅吕留良肯定，许多人都予高度赞扬，如张履祥谓："旦中，志尚士也。先世以医名家。变乱后，旦中术益工。来游三吴，三吴之人争得之，全活甚众。其学传于浙西，厥功匪小。"① 吴之振亦谓："鼓峰（旦中）习医术已二十余年，原本性命理学之要，穷研于《灵枢》、《素问》之旨，活人甚多。"② 就是全祖望所写《高隐君斗魁小传》亦记："先世负用世才，虽因丧乱而自放，然不肯袖手。是时江上诸遗民，日有患难，先生为之奔走，多所全活。论者以为有贾伟节之风"。③ 然而，黄宗羲却在其所写《高旦中墓志铭》中说其医术不高，工于人情，"日短心长，身名就剥"，以致引起吕留良之义愤，认为其"议论乖角，心术锲薄"，④ 在其给黄的绝交诗中还指责其对高旦中的伤害"倚壁蛛丝名士榻，荒碑宿草故人坟。"⑤

其三，二人在保持明遗民气节，对清朝所持的态度方面，有所不同。吕留良与黄宗羲在清兵征服江南过程中，均参加过抗清斗争，抗清失败后又都以坚持民族气节相砥砺。再后，清朝的统治逐渐稳定后，吕留良仍坚守明遗民身份，不与清廷合作，不与清朝官吏共事，强调出处去就，要站稳脚跟，甚至削发为僧。黄宗羲晚年虽仍坚持遗民身份，不

---

① 张履祥：《言行见闻录四》，《杨园先生全集》卷34。
② 吴之振：《己任编弁语》，见杨乘六《己任编》卷首。
③ 全祖望：《高隐君斗魁小传》，《续甬上耆旧诗》卷41。
④ 吕留良：《与魏方公书》，《吕晚村文集》卷2。
⑤ 吕留良：《黄太冲书来三诗见怀依韵答之》，《零星集》。

应征博学鸿词，不参加明史馆，派学生万斯同参修《明史》，也是以布衣身份。但他不拒绝与清朝官吏来往，曾先后在宁波姜定庵、海昌许三礼等官员家教书，还给徐元文等朝中要员写信，为自己的儿子谋职等。吕对黄的这些表现亦很不满，在不少诗文中都予以讥刺。

综上所论，在笔者看来，造成全祖望失误的原因，不在其学术水平低，也不在其掌握的史料少。通读全祖望的有关著作可知，他对吕留良、黄宗羲乃至他们周围友人的生平、行事、思想与师友交往的情况大都有所了解。他作为一个既有思想而又功底扎实的史学家，如能依据其了解的史实，不怀私见，秉笔直书，客观评论，完全可以避免不实、不公之失误。遗憾的是却未能避免。在我看来，造成其失误的原因有两点：其一，囿于主观成见，未能摆脱门户之争，以致一叶障目；其二，慑于清廷文字狱的专制淫威，在吕留良遭刨棺戮尸的酷刑后，不敢说真话，人云亦云，随意贬低吕留良。

(原载《社会科学战线》2006年第3期)

郭沫若对乾嘉考据学的批判继承

郭沫若在吸收世界优秀思想文化成果的同时，对中华民族传统文化，从内容到形式，都予以批判继承，即便是对传统的治学方法也十分精通，并娴熟地运用于自己的学术研究之中。

我国历史悠久，传统文化源远流长，历史典籍浩瀚丰富，数千年来连绵延续，从未中断。与民族文化的这些特点相联系，对历史文献的训诂、注释、校勘、辑佚、辨伪、考证等方法和手段，亦即体现在乾嘉学派方面的传统的考据学，也十分发达，并成为历代学者辗转沿袭的基本治学方法。直到郭沫若开始从事学术研究时，这种治学方法仍为当世多数学者所普遍采用。作为中国马克思主义史学的开拓者，郭沫若的学术研究成果、研究方法，虽然以崭新的面貌在文化思想领域引起了巨大的变革和反响，但他并没有抛弃和否定传统考据学。反之，他在唯物史观指导下，创造性地把乾嘉考据学和古代社会的研究结合起来，使传统的考据学增添了近代的科学内容，在历史研究中发挥了更大的作用。

一 传统考据学的发展和演变

考据学，亦称考证学，运用于史学研究则称之为考据史学，在西方称之为实证史学。中国传统的考据学与西方的实证史学，具有基本相似的共同特点，都是通过实证，以理性的精神，审视、验证和鉴别历史文献之真伪与历史记载之虚实。在中西方史学发展史上，考据与实证的治史方法，都曾风靡一时，形成独立的学派，并一度在学术界居支配地位。郭沫若在史学研究中是否直接或间接受西方实证史学的影响，尚需进一步挖掘和探讨，但他和中国传统考据学的批判继承关系则十分明显。

在中国史学发展史上，考据作为一种治史的基本手段和方法，曾为历代学者普遍采用。应该说早在古代有了文献资料，有了学术活动，就有一定形态的考据，而后随着学术研究的发展和进步，考据方法也更加缜密和完备。所以，中国传统考据学自身也有产生、发展、演变的过程。我们只有通过对传统考据学发展演变过程的阐述，才能更清楚地窥视郭沫若对传统考据学的批判继承关系。

（一）中国封建社会的考据学

中国传统文化以儒家思想学说为核心，郭沫若受传统思想文化的熏陶影响也以儒家为最。要追溯传统考据学的起源，人们自然会联想到儒学的始祖孔、孟。《论语·八佾》曾记述："子曰：夏礼吾能言之，杞不足征也；殷礼吾能言之，宋不足征也。文献不足故也，足则吾能征之矣。"孔子所谓文献不足，故杞、宋之事不足征，必然是经过对文献资料的考辨或对存世文物的验证后而得出的结论。孟子在《尽心》（下）篇中也曾谓："尽信《书》（按：指《尚书》），不如无《书》，吾于《武成》，取二三策而已矣！"也必然是经过考核，发现了《书》中的史实有不确之处。可见，在孔孟时代就有了一定的考据。至于相传孔子曾整理删削六艺——《诗》《书》《易》《礼》《乐》《春秋》，更需要大量的考据工作。所以，乾嘉考据大师段玉裁曾云："校书何放（仿）乎？放（仿）于孔子。"[①] 另一考据大师俞樾亦云："读书必逐字校对亦孔氏之家法也。"[②] 因此，从一定意义上讲，孔子可以说是中国传统考据学的鼻祖。

汉代经秦火之后，文献典籍或篇章亡佚，或字句讹误，或真伪可疑，都需要一定的考据才能厘清。因此，两汉的学者，在从事著述时，都做了相当的考据工作。特别是刘向、刘歆父子奉诏校书秘阁，更是运用了比勘文字、辨别真伪、厘定篇次、分类编目等方法和程序，进而删汰重复，查补脱漏，订正讹文，考清真伪，这些都是基本的考据工作。

[①] 段玉裁：《经义杂识序》，《经韵楼集》卷8。
[②] 俞樾：《春在堂杂文》六编，《春在堂全书》卷7。

东汉时期，古文经学盛行，大开经书注疏训诂之风，涌现了郑玄等训诂学大师，确立了汉儒经师的权威地位，对后来考据学的发展造成重大影响，难怪清代考据学家，多以"郑学"为旗帜，用"汉学"相标榜。

魏晋南北朝时期，士大夫崇尚谈玄说理，多数学者不重视辨订之事，但仍不乏纠谬订误的考据之作，如三国时蜀之谯周撰《古史考》、东晋之孙盛撰《异同评》、北魏之郦道元撰《水经注》等，或纠正《史记》之谬误，或纠弹史籍记载之舛讹，或通过对山川形势的考察，验证文献之记载。这些著述运用的考证方法和技巧，都开后来考据学家学风之端倪。

唐宋时期，随着封建时代学术文化的兴盛，考据风气也进一步发展。唐代孔颖达撰《五经正义》，就颇重字句训诂与名物考证。而且，此时注史之风甚盛，先后有司马贞撰《史记索隐》、张守节撰《史记正义》、颜师古撰《汉书注》，等等。这些著述或明音义，或正史事，或详典制，均开考据史学之先声。至宋代虽然程朱理学大盛，但考据方法仍然不废，诸如晁公武、陈振孙之考订图书；欧阳修、赵明诚等考录金石；郑樵、王应麟之考证文献，都颇有成就和影响。朱熹虽是理学之集大成者，以擅长义理见称，却也不废考据。他在校勘古籍、辨订群书方面，都有著述，特别是其考辨《古文尚书》之伪，对后来考据学的发展有较大影响。

明清时代，已是中国封建社会的晚期，传统的考据学风也推向了高峰。明代因王阳明心性之学泛滥，导致当时的学风空疏虚妄。但自明中叶之后，逐渐有些学者倡导实学，力图摆脱空疏学风，在考据方面也产生了一些踏实的学者和著述，如杨慎考订经书、史地及方言俗语，梅鷟、胡应麟考辨伪书；焦竑、陈第考订文字、研究古音；方以智考订音义、地理和官制等。这些学者的考据成果和考据方法，直接开启了清初的实证学风。清初，顾炎武等学者一方面继承了明代学者的考据成果；另一方面又鉴于明末以来学风的空疏，结合当时的历史形势，强调认真读书和博求实证的朴实学风，并以这样的思想和方法，研究经学、文字音韵学和历史地理学，为此后清代的考据学在研究内容和研究方法上奠定了基础。继顾炎武之后，清康熙时期又有阎若璩、胡渭、毛奇龄、顾祖禹、姚际恒等，都专力于考据，并分别在训诂经书、文献辨伪、史地考证和天文历算等方面撰写著述，做出成绩，成为乾嘉考据学派的先驱。至乾隆中叶后，以考据为特点的乾嘉学派作为一个独立的学派正式形成。当时"许（慎）、郑（玄）之学大明，治宋学者已鲜，说经皆主实证，不空谈义理，是为专门汉学"①。乾嘉汉学发展到鼎盛阶段，又形成了以惠栋为代表的吴派和以戴震为代表的皖派。在吴、皖两派周围，都有一大批考据学家，诸如王鸣盛、钱大昕、卢文弨、江永、程瑶田、孔广森、凌廷堪、焦循、段玉裁、王念孙、王引之、阮元等。乾嘉学派的出现，使得考据内容更为广泛，考据方法更为严密，考据成果也更为丰富和充实，确集中国封建社会考据之大成，把古代考据学推向高峰，引向极致。

乾嘉学派在研究范围上，以经学为中心，而旁及文字、音韵、史地、天算、典制、金石等。在研究方法上则强调"实事求是"，"无征不信"，无论是治经，还是研史，都重视考证，且"不以孤证自足，必取之甚博"。以这样的治学范围和研究方法为特点的乾嘉学派，又运用训诂笺释、文字校勘、辨伪辑佚、目录版本等手段，对我国两千多年以来流传下来的经、史、子、集各类文化典籍，进行了认真的整理，使许多残缺亡佚、真假错乱、颠倒讹误、艰涩难读的文献典籍，恢复了本来面目，在整理和保存文化典籍方面，做出了可贵的贡献和成绩。因此，乾嘉学派在中国古代学术发展史上，是一个有重要影响的学术流派，应给予历史的分析和评价，绝不应简单地全盘否定。

当然，包括乾嘉学派在内的古代考据学，毕竟是封建社会的文化遗产，他们的治学内容多是古代典籍，考证的问题也几乎全是书本上的东西，论证问题的过程和方法，也往往流于烦琐。从根本上说，乾嘉考据学者论证问题的方法仍属形而上学，具有孤立、片面、狭隘的弊病，不能从事物的联系中，分析和预见事物发展的趋势，更不能对社会变动中的重大事件，做出规律性的解释。这种固有的局限，决定了乾嘉考据学派的命运，到鸦片战争前夕，社会发生急遽变化，需要从学术思想角度，进行解释和论证时，考据学派则一筹莫展，愈来愈脱离实际，逐渐走向衰败和没落。鸦片战争以后，虽然还有些学者沿着乾嘉学派的治学

---

① 皮锡瑞：《经学历史》，中华书局1959年版，第341页。

途径，在学术上仍做出可观的成就，但作为一种社会学术思潮，乾嘉考据学派却已成为历史的陈迹。

以上论列了从孔夫子到乾嘉学派——中国传统考据学发展演变的大致脉络，基本上属于封建考据学范畴。

（二）传统考据学在近代中国的发展

1840年中英鸦片战争，揭开了中国近代史的帷幕，随着社会性质的变化，学术思想文化也出现了新的特点。与西方列强的武力侵略和资本输出相伴随，资本主义文化思想也相应传入中国，并引起中西文化的冲突与交融。旧学与新学，中学与西学的对立斗争，成为近代中国思想文化发展的突出特点。西学东渐使古老的中国传统文化面临挑战。面对西方的船坚炮利，先进的中国人睁眼看世界，目光转向认识世界，向西方学习。魏源提出"师夷之长技以制夷"，并撰写了《海国图志》，首开介绍西方各国的社会政治、历史地理之先河。而后，一些有识之士纷纷要求摆脱传统的羁绊，传统的封建史学不可避免地受到冲击。在此过程中，史学观念的变化、研究领域的开拓、方法论的更新等，大都是在对传统文化的批判继承和对西方文化的吸收借鉴中进行的。由于儒学经学是中国传统文化的核心，因而近代中国要求变法革新的先进人物，在宣扬自己的学术思想和政治主张时，无不披上传统的经学外衣。从龚自珍、魏源到康有为、梁启超，无不以经学流派中的今文经学为护法神，但也都无不在传统的经学外衣下，渗入向西方学习的思想观点。如康有为在宣传自己的"公羊三世"的进化论历史观时，便大量渗入西方资产阶级的社会政治思想。在近现代中国史学的变革发展过程中，曾经有两次史学观念的转变：一次是由封建史学向资产阶级史学的转变；继而是从资产阶级史学向马克思主义史学的飞跃。康有为、梁启超则是从封建史学向资产阶级史学转变过程中首开风气的人物。康有为在撰写学术著作时，也常常进行考据和辨伪，如《孔子改制考》和《新学伪经考》等，但这些著作中的考据和辨伪主要是为其维新变法的政治主张作注脚，常失之主观和偏颇，缺乏科学的严谨态度。

康梁之外，在由封建史学向资产阶级史学转变的过程中，还涌现出王国维、陈寅恪、陈垣等著名学者。他们被称为近代晚期驰骋史坛的三大巨子。在他们的学术思想与治学方法中,更多地体现了中国传统考据学与西方实证史学的结合。在西方,19世纪时,实证主义的历史编纂学达到空前的程度。当时的西方世界由于密封存档的年历、拉丁文铭刻集成,各种各样的历史文献新版本和考古材料的发现,使实证史学有可能充分发展。而中国在19世纪末20世纪初,也有流沙坠简、金文甲骨及隋唐经卷,相继披露于世。这就使中国近代史学家在治学内容与治学方法上,有可能大大超越乾嘉考据学派。王国维具有深厚的国学根底,又是我国运用甲骨文、金文研究和解释中国古代历史的创始者。因此,中国传统的考据学发展到王国维时期出现了新的特色和突破:其一,由于运用了殷墟甲骨、汉晋简牍及六朝隋唐经卷和新发现的少数民族古代遗文,增添了新的史料来源,使得研究对象有了新的变化,有可能从"以经治经"转入"以史治经";其二,运用西方实证史学的思想和方法,拓宽了考据学的范围和领域。王国维将古文字、古器物之学,与经史之学相表里,创造了"二重证据法",即"取地下之实物与纸上之遗文互相释证";"取异族之故书与吾国之旧籍互相补正";"取外来之观念与固有之材料互相参证"[①]。这使他在古文字、古器物、汉魏碑刻、敦煌文献,以及商周史、汉唐史、西北史地和蒙古史乃至戏曲史等方面的研究均获得了巨大的成就。近代另一位考据大师陈寅恪也是学贯中西,学识渊博。他继承了中国传统考据学的遗风,在研究过程中,每立一义,必列举大量文献为佐证,逐字逐句地比勘辨伪,然后作归纳和分析。同时,他又通晓数国文字,吸收了近代西方的学术思想与治学方法,能运用比较语言学的方法,研究文学、史学、语言学、宗教学、地域学等。他对中国传统考据学既有继承,又有新的突破,表现在:其一,扩大了证史范围,引入笔记小说、诗歌为治史之资,突破了清代考据学家只重经学的传统;其二,以域外和少数民族文字如拉丁文、希腊文、梵文、巴利文、波斯文、突厥文、西夏文、藏文、蒙文与汉语相比较,通过对汉语、外来语词根的追本溯源,给传统的音韵训诂之学拓展

[①] 陈寅恪:《王静安先生遗文序》,《金明馆丛稿二编》,上海古籍出版社1980年版,第219页。

出新的领域。① 与陈寅恪齐名的陈垣，"在史学研究上，一向重视考据"，从年轻的时候，就很欣赏乾嘉学者的考据成就，他特别钦佩钱大昕的精博，也很推崇赵翼，曾有"百年史学推瓯北"的诗句。同样，由于他吸收了近代的科学方法，对传统考据学也有新的发展和突破，在研究范围上不再以经学和小学为重心，不满于清代考据学的局限，而扩大考据学的范围，力求从以经籍为对象的音韵训诂的烦琐考据中摆脱出来，注重对历史人物和事件的考察。他生平有影响的著作大都与考证有关，在考据上有杰出成就，特别是在校勘方面，突破了乾嘉学者厘定句读，疏证义训的传统，总结出对校法、本校法、他校法、理校法等，大大超过乾嘉学派，可谓独树一帜。陈垣晚年学习唯物史观，学术思想又有新的转变，但毕竟年事已高，用新的观点再撰写史学论著的宏愿已壮志难酬。

王国维、陈寅恪、陈垣等在学术上均取得巨大成就，都运用了西方近代科学研究方法，突破和发展了中国传统考据学。但是"王国维研究学问的方法是近代式的，思想感情是封建式的。两个时代在他身上激起了一个剧烈的阶级斗争，结果是封建社会把他的身体夺去了"②。陈寅恪和陈垣受社会历史条件的限制，"尚未摆脱传统士大夫思想的影响"③，在学术思想与治学方法上，仍有浓厚的传统考据学的特征，还不能在更高的境界上批判继承中国传统考据学。

在中国近代史学发展史上由资产阶级史学向马克思主义史学飞跃的过程中，郭沫若具有开创之功。他既有深厚的中国传统学术文化的根底，又有前人所没有的理论素养。他十分重视弘扬我国优秀的古代文化遗产，这也表现在他对传统考据学的批判继承方面。他不仅以丰富的学识、科学的方法，拓展了考据范围，而且把古文字、古器物的研究与社会历史的研究结合起来，开辟了史学研究的新天地。

---

① 参见金应熙《陈寅恪》，《中国史学家评传》（下），中州古籍出版社1985年版，第1343—1379页。

② 郭沫若：《中国古代社会研究·自序》，《郭沫若全集·历史编》第1卷，人民出版社1982年版，第8页。

③ 陈寅恪：《金明馆丛稿二编之出版说明》，上海古籍出版社1980年版，第1页。

二　在学术研究中运用考据学的方法和成果

整个人类社会历史是连绵延续的，又是不断发展前进的。与此相适应，学术文化的发展也存在着积累性和变革性的规律。从郭沫若所处的时代及其学术文化思想看，"他的事业的发端，是从'五四'运动中孕育出来的"，因而"我们不能把郭沫若看成是前一辈子的人，而应看成是我们这一辈子的人……我们也不能把郭沫若看成是两个时代的人物，而应看成是新文化时代的人物"[①]。郭沫若作为"新文化时代的人物"，正式开始从事古代社会研究，就以唯物史观为指导，与单纯从事考据的旧式学者有天壤之别。但从学术文化发展的规律考察，郭沫若在知识结构和治学方法上，仍然受有传统考据学的影响，综观他的文、史、甲骨、金文及考古学等方面的著述，可以看到，传统考据学的一些基本方法和手段，诸如文字、音韵、训诂、校勘、辨伪等，在他的著述中都得心应手地加以吸收和运用。这说明郭沫若不但对中国传统文化有深厚的功底，而且十分重视传统考据学在历史研究中的地位和作用。

（一）具有深厚的传统文化功底

以博征为特点的传统考据学，在治学范围上涉及中国传统文化中的经、史、子、集，包括文字、音韵、训诂、天算、地理、金石、典制等各个方面，领域极为广泛。以现代科学的分类来说，既包括社会科学，又涵盖自然科学。因而，要吸收继承传统考据学的方法和成果，就必须具备渊博的知识和深厚的传统文化功底，被称作"百科全书式的人物"的郭沫若，无疑具有这方面的主观素质。

郭沫若青少年时代，正处于新旧时代交替时期，童蒙时代在家塾中接受过传统文化熏陶，把四书五经背得滚瓜烂熟，到10岁时，其长兄又授他以段玉裁的《群经音韵表》及《说文》。十三四岁以后又广泛阅读诸子百家。正如他所自述：

[①] 周恩来：《我要说的话》，《郭沫若研究资料》（上），中国社会科学出版社1986年版，第445页。

> 小时四五岁起所受的教育是旧式的，《四书》《五经》每天必读，虽然并不怎么懂，但毫无疑问，从小以来便培植下了古代研究的基础。
> 我和周、秦诸子的接近是在十三四岁的时候，最先接近的是《庄子》……
> 在《庄子》之后，我读过《道德经》《墨子》《管子》《韩非子》……《墨经》中的关于形学和光学的一些文句，我也很知道费些心思去考察它们……觉得声光电化之学在我们中国古人也是有过的了。①

此外，1905年郭沫若在嘉定高等小学读书时，又最喜欢听一位老师讲授的《今文尚书》。他还把这门课的讲义与段玉裁的《小学》相印证。同时，在这位老师的启发下，他还自学《皇清经解》，对这部书中收录的阎若璩的《尚书古文疏证》尤感兴趣，阅读中还将梅赜的《古文尚书》的伪撰处，一字一句地找出来。这些青少年时代的读书生活，虽然还算不上是正规的研究，却使他接受了一定的经学、诸子学、小学、音韵学的训练，为日后的研究工作奠定了扎实的传统文化根基，郭沫若也认为这是他"后来研究工作的受胎时期"。

1913年底郭沫若到日本留学，10年期间，取得过医学士学位，懂得了近代的科学方法，接触阅读了大量东西方的自然科学、社会科学及文学艺术著作，特别是学习了辩证唯物论，"明白了做人和做学问的意义"，逐步树立了新的世界观、方法论，知识结构有了新的变化，视野也更加开阔。1927年大革命失败后，郭沫若第二次旅居日本，开始认真研究古代社会。他为了掌握可靠的第一手资料，将充沛的精力倾注于甲骨文字和青铜铭文的探讨，决心"读破它、利用它，打开它的秘密"，终于从开始接触时，眼前如同"一片漆黑"的状况，到"完全解除了它的秘密"，撰写了一系列划时代的著作，成为举世公认的甲骨文、青铜铭文第一流专家。

---

① 郭沫若：《十批判书·后记》，《郭沫若全集·历史编》第2卷，第464页。

尔后，当他将治学兴趣转移到古代学术思想的研究时，几乎又穷尽所有有关资料。如其所述：

> 秦、汉以前的材料，差不多被我彻底剿翻了。考古学上的、文献学上的、文字学、音韵学、因明学，就我所能涉猎的范围内，我都作了尽我可能的准备和耕耘。①

由于郭沫若对先行思想资料的熔炼、对传统历史文化知识的积累十分广博和丰厚，在研究工作中对基本史料，往往不假翻阅，便引用自如。加之，他又受过近代科学方法的训练，知识渊博，学贯中西，研究领域极为宽广，研究任何问题，都能举一反三，触类旁通。因而，他对中国传统考据学的吸收继承，便能得心应手，融会贯通。

（二）对传统考据学采取科学分析的态度

要批判地继承传统考据学，既需要广博的知识和深厚的传统文化功底，还需要对它有正确的历史评价，能采取实事求是的科学分析态度，郭沫若正是这样。

在中国古代学术思想史上，历来有义理与考据、汉学与宋学之争，由于学派门户之见，早在鸦片战争之前，学者们对考据学就毁誉褒贬不一。进入近代社会之后，这种学术争论仍一直延续。新中国成立初期，在批判胡适思想的政治运动中，曾提出要"清除胡适思想在历史考据中的恶劣影响"，从而在批判否定胡适实用主义观点的同时，对传统考据学也有过否定的倾向。后来，极左思想愈演愈烈，有的人甚至全盘否定考据学派，认为它是封建统治阶级的工具，从学术内容到治学方法，都是封建糟粕，一无可取之处。即使是在这样的气氛之下，郭沫若在自己的学术著作与学术活动中，对传统的考据方法与考据学派，依然采取科学分析的态度，他曾反复指出：

> 研究历史当然要有史料。马克思主张尽可能地占有大量资

---

① 郭沫若：《十批判书·后记》，《郭沫若全集·历史编》第2卷，第468页。

料，也说明资料对科学研究的重要。占有了史料，就必须辨别它的真假，查考它的年代，去其糟粕，取其精华，这一番检查的功夫，也就是所谓考据。这些工作是不可少的，是应该肯定的。①

郭沫若针对学术界批判以史料代替历史学，为考据而考据的错误倾向时，一度出现重论轻史，否定考据的偏颇，又指出：

> 固然，史料不能代替历史学，但在历史研究中，只有历史唯物主义的一般原理而没有史料，那是空洞无物的……没有史料是不能研究历史的。因而，对搜集、考察史料的工作，不能一概加以否定。我们反对的是为考据而考据，以史料代替史学。但如有少数人一定要那样作，我认为也可以由他去，因为这总比"饱食终日，无所用心"的要好一些。②

这里，郭沫若对于在正确理论指导下的考据做了充分的肯定。他甚至认为对于某些不关紧要的考证，也不要一概反对，因为在特殊的情况下，这样的考证也有用处。譬如有人考证洪秀全有没有胡子，这当然不是重要的问题，但如果历史博物馆要挂洪秀全的像，那就用得上了。因而，如果有少数人要搞这样的考证，郭沫若主张也可由他搞去。

对于集中国古代传统考据学之大成的清代乾嘉学派，郭沫若曾给予实事求是的分析和评价，不赞成简单否定的片面看法。如1961年，他在审定《辞海》试行本中的"乾嘉学派"条文时，对该条释文说"乾嘉学派多数脱离实际，考据烦琐"。即提出不同意见，认为"只这么两句否定语，把（乾嘉学派）可以肯定的一方面完全抹煞了"。他还具体分析说："多数脱离实际，不能归罪于经学家，应当归罪于当时的统治阶级。雍正的专制，乾隆时代的文字狱，把学者们逼得不能不脱离实

---

① 郭沫若：《关于目前历史研究中的几个问题》，《郭沫若全集·历史编》第3卷，第483页。
② 同上书，第486页。

际。"他又说:"经学家搞考据,在当时是对政治的消极反抗,应该用来和埋头于科举,终身陷于帖括之学而不能自拔的比一比。"并说:"要讲考据就不能嫌烦琐——占有材料,烦琐无罪,问题是考据的目的何在?但乾嘉时代的人在高度的政治压力下是不可能进一步有所作为的。"① 郭沫若对乾嘉学派的这些具体论述,未见得就是定论,但其所作的分析评价,贯彻了实事求是、一分为二的精神,无疑是正确的。他在一次会上,还更加明确地说:"解放以后,对资料收集和考证工作有一个时期曾加以轻视,把乾嘉学派说得一钱不值,这是有些矫枉过正的。"② 清代乾嘉时期的诗人袁枚看不起考据,甚至诋毁考据家是"蠹鱼"。郭沫若对此却颇不以为然,认为这是袁枚的一贯偏见。他说:

> 平心而论,乾嘉时代考据之学颇有成绩。虽或趋于烦琐,有逃避现实之嫌,但罪不在学者,而在清廷政治的绝顶专制……欲尚论古人或研讨古史,而不从事考据,或利用清儒成绩,是舍路而不由。就稽古而言为考据,就一般而言为调查研究,未有不调查研究而能言之有物者。故考据无罪,徒考据而无批判,时代使然。③

郭沫若既明确肯定了乾嘉考据学"颇有成绩",又强调研究古代历史应"从事考据",而且应充分利用清代学者的考据成果,同时,也指出乾嘉考据学者有"趋于烦琐""徒考据而无批判"的历史局限。这些分析和评价是十分中肯的。

郭沫若在实事求是地分析评价古代考据学的同时,对继承和发展了乾嘉学风,特别是在甲骨文、金文的整理考释方面做出重大成就的王国维及罗振玉,也予以高度肯定,认为:

---

① 杨祖希:《花开不忘浇花人——献给关怀支持〈辞海〉问世的人们》,《光明日报》1979年10月3日。
② 见《广西日报》1963年3月26日,转引自《郭沫若年谱》下,第331页。
③ 郭沫若:《读〈随园诗话札记〉考据家与蠹鱼》,《郭沫若全集·文学集》第16卷,第394—395页。

（王国维）遗留给我们的是他知识的产品，那好像一座璀巍的楼阁，在几千年来的旧学的城垒上，灿然放出了一段异样的光辉。

罗振玉的功劳即在为我们提供出了无数的真实的史料。他的殷代甲骨的搜集、保藏、流传、考释，实是中国近三十年来文化史上所应该大书特书的一项事件。①

他甚至认为：

甲骨文字之学以罗、王二氏为二大宗师。②

大抵在目前欲论中国的古学，欲清算中国的古代社会，我们是不能不以罗、王二家之业绩为其出发点了。③

郭沫若对甲骨文、青铜彝铭的研究考释正是在王国维等人的业绩的基础上，又作出更大的创获和发展的。

在当代学者中与郭沫若治学经历相类似的闻一多，在卜辞、金文及先秦文献的考证研究方面有卓越的成就。对于闻一多的学术成就，郭沫若曾给予高度评价，认为闻一多对于《周易》《诗经》《庄子》《楚辞》这四种古籍，实实在在下了很大功夫。"他那眼光的犀利、考证的赅博、立说的新颖而翔实不仅是前无古人，恐怕还要后无来者的"④。如此高度评价闻一多学术成就的，郭沫若可谓第一人。闻一多治学严肃认真，为弄清文献史料的真实内容，常在一字一义上下很大功夫，而后提出独特的见解。有人误解闻一多这种研究方法是脱离现实的"考据癖"。实际上闻一多只是把一字一义的考证研究，作为他批判弘扬古代文化遗产的初步工作。对此，只有郭沫若能够体察和理解，他曾深刻指出：

---

① 郭沫若：《中国古代社会研究·自序》，《郭沫若全集·历史编》第1卷，第8页。
② 郭沫若：《中国古代社会研究·卜辞中的中国古代社会》，《郭沫若全集·历史编》第1卷，第195页。
③ 郭沫若：《中国古代社会研究·自序》，《郭沫若全集·历史编》第1卷，第8页。
④ 郭沫若：《论闻一多做学问的态度》，《郭沫若文集》第12卷，第557页。

(闻一多)虽然在古代文献里游泳,但他不是作为鱼而游泳,而是作为鱼雷而游泳的。他是为了要批判历史而研究历史,为了要扬弃古代而钻进古代里去刳它的肠肚的。他有目的地钻了进去,没有忘失目的地又钻了出来。这是那些古籍中的鱼们所根本不能想望的事。①

郭沫若对闻一多治学道路的评价和分析,反映了他们实在是学术上的同道和知音。

由于郭沫若能够科学地、实事求是地分析从古代至近代乃至当代的传统考据学,从孔夫子到王国维再到闻一多,他都给予历史地分析和肯定,并再三强调要利用其成果。因而,在他的研究工作中对传统考据学自然会批判地吸收和继承。

(三) 吸收传统考据学的方法成果从事考证

中国传统考据学研经治史,多从研究古文字入手,重视音韵训诂,又强调博征,以求得典籍的原意,并运用校勘、辨伪等方法,辨别考订资料。对于传统考据学的这些基本特点和方法,郭沫若都曾加以吸收和继承。

传统考据学考证的主要范围是儒家经典及诸子百家等各种文献典籍,这也是传统文化的主要载体。具有深厚传统文化素养的郭沫若,对于儒家经学和诸子百家,都十分娴熟和精通。传统考据学治学经常从文字音韵入手,而郭沫若从幼年时,就熟读《说文解字》,后来为研究中国古代社会,又"用心于甲骨文字及古金文字之学"。甲骨、金文中许多别人不认识和读错的文字,他都能准确地加以释读或纠正。

传统考据学强调"无征不信",重视证据。如清初考据学家阎若璩为证明《古文尚书》之伪,便从《尚书》的篇名、篇数、字句、书法、文例、地理变迁、思想习俗等方面,举出120多条例证,撰写了《古文尚书疏证》,确凿证明了东晋梅赜所献的《古文尚书》是伪作。其他传统考据学家,也多是如此。郭沫若继承了传统考据学这一特点,研究论

---

① 郭沫若:《论闻一多做学问的态度》,《郭沫若文集》第12卷,第551页。

证问题时，非常重视证据，而且主张广证、博征，认为"孤证单行，难以置信"。所谓广证和博征，也就是对自己研究的课题范围尽可能多地占有资料，使得所要研究论证的问题有充分的根据。郭沫若正是这样做的。如他的史学研究以中国古代社会为重点，凡是与古代社会有关的材料，他都尽可能广泛接触，充分占有。在文献资料方面，从儒家经典到诸子百家的著作，他都进行过研究和清理，从中发掘出有关古代政治、经济、科学文化等方面的宝贵史料，而后撰写了《〈周易〉时代的社会生活》《〈周易〉之制作时代》《由周代农事诗论到周代社会》《〈诗〉〈书〉时代的社会变革与其思想上之反映》等论著。随着研究的深入，他逐渐感到先秦时代的许多文献资料，"真伪难分""时代混沌"，仅仅依靠这些文献资料，尚不能充分说明中国古代社会的真实情形，便又利用地下发掘出来的考古材料，如殷代的甲骨文、殷周金文，以及殷周墓葬和晚周帛书等出土文字和实物资料，他都作过认真的研究考释。不仅如此，郭沫若为了论证古代社会，还利用民族学的资料和外国史料作比较研究，可以说"地上地下，海内海外"的资料，都尽可能占有。这正是传统考据学博征精神的继承和发扬。

传统考据学重视对文献资料的考订和辨伪，郭沫若也同样重视对资料的辨别和鉴定。他认为，"自前清的乾、嘉学派以至最近的《古史辨》派"在文献辨伪方面，"做得虽然相当透彻，但也不能说已经做到了毫无问题的止境"[1]。因而，他对许多历史文献资料的真伪及其时代，都进行了认真的考辨和鉴别。如《周易》，一向被认为是殷末周初的作品，郭沫若经过考证，证明它原来"是战国初年的东西"。又如《尚书》，人们都知道有经今、古文之别，并公认梅赜的《古文尚书》是伪作，却不知《今文尚书》中也有真伪。例如《尧典》《皋陶谟》《禹贡》《洪范》等篇经过郭沫若研究，证明"都是战国时代的东西"。假如把这些篇作为研究虞、夏或周初的真实史料，"是完全错误的"。对于《诗》三百篇的时代与真伪，郭沫若也进行过严肃的考辨，得出较为符合实际的结论。再如，郭沫若还精确地考证了《管子》书中的

---

[1] 郭沫若：《十批判书·古代研究的自我批判》，《郭沫若全集·历史编》第2卷，第4页。

《心术》《白心》《内业》等篇，原来是宋钘、尹文的著作，如此等等。郭沫若之所以重视资料的真伪及其时代性的考证，乃鉴于：

> 无论作任何研究，材料的鉴别是最必要的基础阶段。材料不够固然大成问题，而材料的真伪或时代性如未规定清楚，那比缺乏材料还要更加危险。因为材料缺乏，顶多得不出结论而已，而材料不正确便会得出错误的结论。这样的结论比没有更要有害。①

可见，对于文献资料的考订辨伪，郭沫若不仅仅对传统考据学有所继承，而且更加自觉。

对浩如烟海的古籍进行笺注、训释、辑佚、校勘，是中国传统考据学的主要功绩。同样，运用考据方法整理古籍，也是郭沫若批判继承传统考据学的一个重要方面。如，他鉴于"《管子》书是战国秦汉时代文字之总汇"，有重要史料价值，故"不惜时力"，在前人整理研究的基础上，吸收参考了有关成果，以许维遹、闻一多的《管子校释》为基础，历时两年，整理出《管子集校》。此书将原书中一些极难通晓的地方，整理清楚，对照各种文本，一字一句地进行了文字校勘，并且不拘泥于据本校文，而是运用他广博的学识，进行较高层次的理校。他还常在引证诸家论说之后，用案语形式发表个人的独到之见。全书既吸收了前人的研究成果，又纠正了前人的讹误，突破了过去的许多疑点，成为《管子》校释史上具有划时代性的一块丰碑。此外，郭沫若还选择了对研究汉代经济、政治、思想、文化等方面均有重要史料价值的《盐铁论》，进行了整理，撰写了《盐铁论读本》。此书简要而不烦琐，做了必要的注释和校勘，自备一格，自成一家，为读者提供了一个经过科学整理的简明扼要的读本。除《管子集校》和《盐铁论读本》之外，郭沫若还整理校注了《崖州志》，还对《楚辞》《诗经》等古典文学名著，进行了今译。郭沫若在《崖州志·序言》中说："从糟粕中吸取精华，

---

① 郭沫若：《十批判书·古代研究的自我批判》，《郭沫若全集·历史编》第2卷，第3—4页。

从砂碛中淘取金屑，亦正我辈今日所应有事。如徒效蠹鱼白蚁于故纸堆中讨生活，则不仅不能生活，而使自己随之腐化而已。"从糟粕中吸取精华，从砂碛中淘取金屑，正是郭沫若进行古籍整理，也是他对传统考据学吸收继承的出发点和指导思想。

从郭沫若的著述中，我们还可以看到他虚怀若谷、汇纳百川的治学风范。他从不以大家自居，无论是中国传统考据学的研究成果，还是当代学者的一得之见，只要是有益的，他都虚心加以吸收和利用。如对历史文献真伪性的鉴别，他便吸收了清代学者及"古史辨派"的考辨成果。他指出历史上流传下来的被视作"圣经贤传"性的著作，实则有不少是伪书，都为"清代学者批判得体无完肤，这真是我们应该感谢的一项功绩"。郭沫若对于《楚辞》《诗经》的研究，则吸收了清代学者孔广森及当代学者闻一多的考证成果。如《楚辞》中多用"兮"字，长期以来人们多不懂这个字的读音，孔广森认为"兮"字古音读如"阿"。郭沫若认为孔广森的看法是正确的，并据此得出结论"兮"字"仅是表示一种语言的口音而已"，而"晓得这个'兮'字的读音，《楚辞》的秘密便迎刃而解"[①]。《楚辞·天问》有"夜光何德，死则又育？厥利维何，而顾菟在腹？"的句子。对于句中的"顾菟"二字，自东汉王逸的《楚辞章句》，到南宋朱熹的《楚辞集注》，都是把二字分开，认为"顾"是"顾望"，"菟"就是"菟子"。然而闻一多则举出十一项证据，有力地证明"顾菟"就是"蟾蜍"的别名。郭沫若对闻一多的这一考证十分肯定，"我敢于相信，他的发现实在是确凿不易的"，并在其《〈屈原赋〉今译》的《天问》白话解释里，吸收了闻一多的这个考释成果，以注说明："原作'顾菟'，旧注咸作'顾望玉兔'解，非是。'顾菟'即蟾蜍、居蟥。闻一多说。"[②]

对于甲骨文、青铜铭文的研究考释，郭沫若诚然做出了划时代的贡献，但他在这方面也吸收继承了王国维的研究成果。他曾谈到，在研究中国古代社会的过程中，他开始查阅罗振玉的《殷墟书契前编》时，面对书中的大量卜辞拓片，尚"一窍不通"，感到"一片漆黑"，但当

---

① 郭沫若：《革命诗人屈原》，《郭沫若文集》第 12 卷。
② 郭沫若：《〈屈原赋〉今译》，《郭沫若全集·文学编》第 5 卷，第 304 页。

他阅读王国维的《殷虚书契前编考释》后，便找到了认识拓片的门径，"完全解除了它的秘密"。在运用甲骨文、金文研究殷周社会的一些具体问题上，郭沫若也吸收利用了王国维的有关成果。可见，郭沫若称赞王国维是甲骨文研究的"宗师"，是有亲身感受的。

郭沫若不仅吸收继承了传统考据学的研究成果，而且直接运用考据方法，从事学术研究。在他的著述中就有大量考据性的论著。他的名著《青铜时代》，便是一部偏重于考证性的著作，其中《〈周易〉之制作时代》，深入探讨考证了《周易》的经部与传部的构成时代及其作者，破除了自古相传的所谓：伏羲画八卦，文王重为六十四卦，孔子作《十翼》这种神秘的"伏羲、文王、孔子三位一体的定说"。另如《宋钘尹文遗著考》，考证出《管子》书中的《心术》《白心》《内业》等篇，乃齐国稷下学宫宋钘、尹文的著作。《〈韩非子·初见秦篇〉发微》，则考证了《韩非子》中的《初见秦篇》，乃吕不韦之作。全书其他各篇的考证，也均有独到之处。此外，如《屈原考》考订了屈原的生平与著作；《〈太史公行年考〉有问题》针对王国维关于司马迁生年的论断，提出新的见解；《〈兰亭序〉并非铁案》及《由王谢墓志的出土论到〈兰亭序〉的真伪》，考证了《兰亭序》是依托的，它既不是王羲之的原文，更不是王羲之的笔迹；《李白与杜甫》一书中的《李白生于中亚碎叶》一节，则以充分的根据，证实了李白于"武则天长安元年（701）出生于中亚细亚的碎叶城"。当然，郭沫若考据性的著述，远不只是以上所列。他关于甲骨文、金文的研究考释，对地下出土古器物的考辨鉴定，均常有精辟的见解，发人之所未发。郭沫若对于历史上许多人物、事件、文字、器物、著作的考证和鉴别，虽未必都为学术界所承认，但他许多新颖独到的见解无疑促进了学术界的讨论争鸣，对学术事业的发展起了推动作用。我们从中亦可窥见郭沫若学识的渊博、思想的敏锐及其在考据方面的深厚功力。

郭沫若对传统考据学的吸收继承，说明学术研究也如同自然界的发展规律一样，总是长江后浪推前浪，后浪总是要超越前浪的。但无前浪的引导，也不会有后浪。后浪只有继承前浪，才能超过前浪。郭沫若深深懂得这样的规律，他对传统文化遗产采取了正确的批判继承的态度，善于吸收和继承前人有益的方法与成果，才终于成为超越前人的伟大文化巨人。

三　对传统考据学的突破

郭沫若具有深厚的旧学根底，又吸收了传统考据学的方法与成果，并将文字、音韵、训诂、校勘、辨伪、考证等传统考据学的方法和手段，驾轻就熟地运用于自己的学术研究之中。但是，在人们的心目中，他绝不是一个考据型学者，他自己也不愿意做一个"旧书本子里面的蠹鱼"。他一登上历史研究的舞台就明确宣告要"用科学的历史观点研究和解释历史"。郭沫若被公认为是当代卓越的史学大家，也并非是以考证见长，而是以富有开拓创新的精神而著称。就其与传统考据学的关系而论，他既有吸收继承的一面，但更有批判超越的一面。否则，郭沫若也许至多是一位考据学家或国学大师，而不会成为中国马克思主义史学的开创者。

郭沫若对传统考据学的突破，主要表现在：

（一）以马克思主义理论为指导重在探求事物的本质和规律

中国古代和近代的传统考据学，因受时代条件的局限，都没有也不可能以马克思主义的立场、观点、方法为指导。以乾嘉学派为代表的中国旧式考据学所遵奉的治学准则是"由字以通其词，由词以通其道"，也就是以文字为基础，从音韵训诂、典章制度等方面，阐明儒家经书大义，达到"通经明道"的目的。显然，乾嘉学者从治学手段到治学目的，都是围绕儒家的经典转圈子。一般说，他们对公认的儒家经典，绝不敢有所违背和逾越，正如有些考据学家所说"治经断不敢驳经"。儒家的经书义理是他们遵奉的最高准则，也是他们进行考证作出判断的依据。这些以"汉学"相标榜的考据学家，与提倡"义理"的"宋学"家所不同的，只在于对儒家经书的解释，以及如何达到对经书的理解的手段不同而已，都属于封建社会内部的不同学派。

在从封建史学向资产阶级史学转变过程中，涌现的近代考据学家王国维、陈寅恪、陈垣等，在学术思想和治学方法上，都程度不同地吸收了近代西方资产阶级的思想和方法，在考据范围和考据方法上，比之乾嘉学派都有新的发展和突破。他们在从事学术研究时，马克思主义唯物史观虽然已在世界范围内广泛传播，但由于个人经历和所走的治学道路所决定，他们都未能以唯物史观作为学术研究的指导思想。王国维"研究学问的方式是近代式的"，但"思想感情是封建式的"，最后竟为末代皇帝殉身而被冠冕为"忠愨"。陈寅恪和陈垣都是马克思主义史学在我国未兴起之前老一辈史学家中的杰出代表，"但他们也不是历史唯物主义者，不可能用历史唯物主义立场观点去进行研究"①。至于用杜威的实用主义方法，进行考据，大谈"整理国故"的胡适先生，则抵制和反对马克思主义在中国的传播和发展。郭沫若正是针对胡适而尖锐地指出："谈'国故'的夫子们哟！你们除饱读戴东原、王念孙、章学诚之外，也应知道还有马克思、恩格斯的著作，没有辩证唯物论的观念，连'国故'都不好让你们轻谈。"②

郭沫若与中国传统考据学及胡适的实用主义考据学有根本区别。他早年在日本学习期间，就认真阅读翻译马克思主义著作，并愈来愈坚信"马克思主义在我们所处的这个时代是惟一的宝筏"③。通过认真学习，他说"辩证唯物论给了我精神上的启蒙，我从学习着使用这个钥匙，才认真把人生和学问上的无门关参破了，我才认真明白了做人和做学问的意义"④。同时，他还进一步想到："要使这种新思想真正地得到广泛的接受，必须熟练地善于使用这种方法，而使他中国化。"⑤ 以《中国古代社会研究》为开端，郭沫若在此后的半个多世纪，始终强调和坚持历史研究"必须用马克思列宁主义的方法，即辩证唯物主义和历史唯物主义的方法"。同时，他又将这一指导原则和方法运用到历史研究的各个方面，诸如中国古代思想史、历史人物评价、考古发掘、古籍整理等。他所从事的各种考据，也同样是在马克思主义唯物史观指导下进行的，是和他的整个史学思想、史学体系相一致的，决非是孤立的为考据而考据。这就决定了他的考据在实质上有别于一切传统的考据学。

---

① 金应熙：《陈寅恪》，《中国史学家评传》，第1376页。
② 郭沫若：《中国古代社会研究·自序》，《郭沫若全集·历史编》第1卷，第9页。
③ 《孤鸿——致成仿吾的一封信》，《郭沫若文集》第12卷。
④ 郭沫若：《十批判书·后记》，《郭沫若全集·历史编》第2卷，第465页。
⑤ 《海涛集·我是中国人》，《革命春秋》全集第13卷。

由于没有先进的、科学的思想理论指导，中国传统考据学往往是就事论事，孤立、静止、不厌其烦地考证一事一物，仅对史料进行考证、校勘、辨伪、诠释，并以此为最高目的，实质就是为考据而考据。清代乾嘉时期的著名考据家王鸣盛在谈到其撰写《十七史商榷》的意图时说："主于校勘本文、补正讹脱，审事迹之虚实，辨纪传之异同，最详于舆地职官、典章制度，独不喜褒贬人物，以为空言无益也。"① 大多数旧式考据学家也都像王鸣盛这样，劳心费神于文字、史事、舆地、职官、典制的校勘与考释，而鲜有史家对历史事件、人物和重大问题进行评论及宏观论证，更谈不到对历史发展规律的探讨了。有些考据学家皓首穷经，终生一世致力于某部儒家典籍字句考释，愈益走向脱离社会实际的为考据而考据。清代著名考据大师段玉裁晚年曾追悔不已地说："喜言训诂考核，寻其枝叶，略其本根，老大无成，追悔已晚。"段玉裁的自我反省，确是旧式考据学弊端的真实写照。从中国封建史学发展到资产阶级史学之后，一些资产阶级史学家受中国旧式考据学及西方实证史学的影响，更明确地主张"史学就是史料学"，认为研究历史就是搜集、考证、整理、排比史料。倘若某一历史事实没有不同的记载，也就没有什么研究工作可做。这就把历史研究变成纯粹的史料考证。纯粹的史料考证，虽然能对某些具体事物得出接近真实的结论，但却不可能科学地掌握事物的本质和客观规律。

以马克思主义唯物史观为指导的郭沫若，全然不同于封建的和资产阶级的考据学家。他认为包括王国维在内的传统考据，对文献典籍的考证都停留在"整理"阶段。而他的研究和考证则具有批判性质，并鲜明地揭示了"批判"与"整理"的根本区别：

"整理"的究极目标是在"实事求是"，我们的"批判"精神是要在"实事之中求其所以是"。

"整理"的方法所能做到的是"知其然"，我们的"批判"精神是要"知其所以然"。

"整理"自是"批判"过程所必经的一步，然而它不能成

---

① 王鸣盛：《十七史商榷·序》。

为我们所应该局限的一步。①

郭沫若所说的"实事之中求其所以是"与"知其所以然",就是要力求探讨事物的本质和规律。他曾反复阐明:"研究历史的目的,是要用大量的史料来具体阐明社会发展的规律。"② 郭沫若既是历史学家,又是考古学家。他从事考古的指导思想也十分明确。他在为《考古学报》的题词中曾指出:"盖我辈非为考古而考古也,研究古代,在阐明历史发展规律,以破除迷信。其优秀遗产则挹之以益今,否则将沉溺而不知返矣。"③ 这些论述,都反映了郭沫若科学的历史观和方法论的一致性及一贯性。他从事的具体考据,也是在这样的指导思想下进行的。

郭沫若在具体的考证上,花费精力最多的是甲骨文、金文及先秦诸子与两汉典籍。他在这些方面考证的一事、一物、一书、一字、一器,都是和他的唯物史观直接联系的。他对甲骨文的考释,"是想通过一些已识未识的甲骨文字的阐述,来了解殷代的生产方式、生产关系和意识形态"④。生产方式、生产关系和意识形态,都是用唯物史观研究社会历史所应阐明的基本问题。也只有抓住和阐明这些基本问题,才能弄清所要研究的历史阶段的社会形态。正因为郭沫若在开始研究甲骨文时,就有唯物史观的指导,不满足于孤立地弄清甲骨卜辞一字一片的释读,因而才能通过对甲骨卜辞的考释,搞清了殷商的社会经济、上层建筑和阶级关系等方面的状况,证明了马克思主义关于社会发展的一般规律,完全符合中国的历史实际。不仅在整体上如此,他对具体问题的考释也是这样。譬如,王国维从卜辞里面剔发出殷代王统的世系,证明并改正了《史记》中《殷本纪》和《帝王世系》的记载,这无疑是一大创获。但王国维仅认为他这一发现,"使世人知殷墟遗物有裨于经史二学者";郭沫若则在肯定王国维这一创获的基础上,再作进一步分析与考证,弄

---

① 郭沫若:《中国古代社会研究·自序》,《郭沫若全集·历史编》第1卷,第7页。
② 郭沫若:《关于目前历史研究中的几个问题》,《郭沫若全集·历史编》第3卷,第485页。
③ 郭沫若:《〈考古学报〉题词》,《考古学报》1958年第2期。
④ 郭沫若:《甲骨文字研究·重印弁言》,《郭沫若全集·考古编》第1卷,第1页。

清了殷代31帝17世，而兄弟互相继承者过半数以上，进而指出这是氏族社会的一种表现。这就大大增进了对殷代社会发展的认识。再如《释祖妣》，本渊源于王国维的《女字说》，王国维于古彝器中发现女字十有七，肯定古时"女子之字曰某母，犹男子之字曰某父"。郭沫若认为王国维这一发现"诚揭破三千年来之秘密"。但是，王国维的研究仅止于此，认为"盖男子之美称莫过于父，女子之美称莫过于母。男女既冠笄有为父母之道，故以某父某母字之也"。郭沫若指出王国维这一结论，"不免囿于郑、许二君之旧说，而出于概然之推臆，非必古人之实际"。继而，他在王国维《女字说》的基础上，考证出"祖妣父母之称谓古亦有别。其在周人，一切男子均称父，一切女子均称母"，① 而殷时"男子皆得以祖名，女子皆得以妣名"。他还举例说，"商代帝王以祖为名者有祖乙、祖辛、祖丁、祖庚、祖甲……卜辞中更有祖丙、祖戊"，"祖之配为妣，卜辞妣某之称多至不可胜数，亦无日而无妣名，知妣某之必为女名者，以其所配举者之为祖名也"。② 郭沫若进而摒弃了罗振玉、王国维的封建观念，进一步考证出祖（且）、妣（匕）实为牡牝之初字，即男女生殖器之象形，说明了上古时代的生殖神崇拜和宗教的起源，由此还对古文献中的一些记载作了前所未有的创造性解释。这是王国维等所不可能做到的。郭沫若曾直言不讳地说："惟王氏于社会科学未有涉历，知其然而未知其所以然。"③

郭沫若对青铜彝铭的考释，也做出了划时代的成就。虽然自北宋以来，对青铜器已有著录，但由于年代不明，真伪难辨，再加之"此等古器历来只委之于骨董家的抚摩嗜玩，其杰出者亦仅拘拘于文字结构之考释汇集而已"④，很难用来作为考史的根据。王国维亦曾感叹："于创通条例，开拓阃奥，概乎其未闻也。"郭沫若在辩证唯物主义方法论指导下，对存世的青铜器作了科学的、系统的断代划分，也首先找出一个自身表明了年代的标准器，再以此器推证它器，就文字的体例、文辞的格调以及器物的花纹形式相互参验，确定了各器的时代。而后，将存世的

---

① 郭沫若：《甲骨文字研究·释祖妣》，《郭沫若全集·考古编》第1卷，第21—22页。
② 同上书，第35页。
③ 郭沫若：《中国古代社会研究》，《郭沫若全集·历史编》第1卷，第239页。
④ 同上书，第251页。

青铜彝铭，依据类型和时代予以划分排列，将一团混沌的彝铭整理出脉络，创造出通例，纳入到可靠的史料地位，并依据这些可信的史料，对周代的社会性质、生产力与生产关系作出科学的分析和论断。这些都是传统考据学无法企及的。

郭沫若不仅在甲骨文、金文的研究考释方面有明确的目标，能通过一些具体考证，揭示中国古代社会的真相和本质，他对其他问题的考证，包括对古籍的整理，也都不是画地为牢，为考据而考据。如他对于《周易》《尚书》《诗经》等文献的成书年代与真伪性的考辨，是鉴于"新史家们对于史料的征引，没有经过严密的批判，导致研究工作的混乱"。这些文献的时代与真伪性经过严格考辨后，才使这些文献"作为真正科学研究的素材，而不至于因时代混沌，导致错误的结论"。他关于《管子》书中《心术》《白心》《内业》诸篇是宋、尹遗著的考证，把先秦思想史上一个失去了的环节重新连接起来，从而推动了先秦思想史的研究。

正是由于郭沫若所从事的考据是在马克思主义唯物史观指导下，重在探求事物的本质和规律，所以才能做到"实事之中求其所以是"，"知其然并知其所以然"。这是郭沫若进行考据的重要特点，也是他对传统考据学突破的突出表现。

（二）对考据范围与方法的拓展和创新

中国传统考据学的治学范围和特点，是由封建文化的内容和本质所决定的。以儒学为核心的中国封建社会的文化，又以儒家的经典为主要载体。儒家的这些"圣经贤传"，作为封建统治者"治国平天下"的指导思想，在封建社会里，人们对它只能顶礼膜拜，辗转传颂，任何人不得违背逾越。由此形成了历代经生滚雪球似的笺释、校勘儒家经典的传统，并逐渐发展成为中国传统的考据学。

随着历史的变革，社会制度及政治经济状况的变化，学术思想也必然不断地发展变化。在特定的历史环境下形成的传统考据学，在治学范围与治学方法上，也必然会发生变革和突破。对此，郭沫若十分清楚，他虽然对传统考据学有所吸收和继承，但更有发展和创造。当他开始用唯物史观研究中国古代社会时，就大声疾呼："已经是科学发明了的时代，你为什么还锢蔽在封建社会的思想的囚牢？"而且表示，"我们要跳出了'国学'的范围，然后才能认清所谓国学的真相"①。志在"追求"和"创新"的郭沫若，当然不可能受封建的传统考据学的锢蔽和束缚。

在学术研究中世界观和方法论是协调一致、相辅相成的。中国传统考据学在治学范围上之所以总是围绕儒家经学转圈子，其原因主要是受复古倒退和历史循环论史观的制约和支配，而马克思主义的辩证唯物史观，既是郭沫若的世界观，也是他的方法论。他依此科学的世界观方法论为指导，拓展了考据学的范围。

首先是他改变了传统考据学主要限于儒家经书字句的注疏和名物的考证，使考据学服务于社会发展史、历史发展规律的探讨。这突出表现在他创造性地把古文字学和古代史的研究结合起来。他的一系列甲骨文、金文著述，既有"创通条例，开拓阃奥"之功，又有一字一器的具体考释，但其目的却又不是仅限于孤立的考证一字一器，而是为了他关于商周历史的一些基本观点在立论上更加准确有据。诸如他考释甲骨文中的"贝"和"朋"，说明"贝"和"朋"是当时通行的货币，证明殷商已有商品经济；考释"勿""辰"，说明"勿"为犁形，"辰"为犁头，石制，证明殷周已有犁耕；考释"臣""宰""民"等，说明这些字都是古时的奴隶，证明殷代已进入阶级社会，大规模使用奴隶于耕种和战争，也说明周代仍使用大批奴隶殉葬。再如"毛公鼎"，一般认为是周初之器，吴大澂认为毛公即文王之子聃季，孙诒让则谓"以文义推之，疑昭王穆王时器"。郭沫若经过综合研究，却力排众说，论定为宣王时之物，澄清了研究中的混乱，成为学术界的定论。由于"毛公鼎"年代的考定，铭文文体与之相类的一些器物，也可据之判断为周宣王时的器物，大大推动了周代彝铭的研究。郭沫若依据这些可靠的第一手资料，确证"西周的文化大体上承继殷人的遗产……故从文字结构上看不出差别，在器物形制上看不出差别。殷人用卜，周人也用卜。殷人祭祖宗，周人也祭祖宗，侯甸男邦采卫是沿用着殷人的体制，所有一切的内服外服也一仍旧贯"，从而得出殷周都是奴隶社会的结论。所以，

---

① 郭沫若：《中国古代社会研究》，《郭沫若全集·历史编》第1卷，第8页。

表面看去他是考证一字一器，实则是通过具体考释，更好地论证当时的社会性质。

郭沫若对考据范围与方法的拓展与创新，还反映在他将近现代科学知识，运用于考据之中。他曾一再指出传统考据学者"素少科学的教养"，对于绝好的材料"不能有系统的科学的把握"。郭沫若则不同，他学过医学，又读过大量西方近代自然科学和社会科学的书籍，特别是在掌握了辩证唯物论之后，又能从发展的观点，事物互相联系的观点分析观察问题。他曾用形象的比喻说，由于两千多年封建思想的锢蔽和影响，使不少旧时的学者患了近视病，甚至成了"明盲"，对此，"应用近代科学方法及早治疗"。他对一些问题的考证，就运用了近现代的自然科学和社会科学知识。如他在论证中国古代的五行——金、木、水、火、土具有相生相克的思想时，就说"自然界中与人类社会中有对立的原素相生相克而逐渐进展——这是永远不能磨灭的真理。现代的每一种科学都在证明这个真理"[1]。他还具体列举了数学、力学、物理、化学等方面相生相克、相反相成的事例。郭沫若还常应用医学、心理学考证解释历史。如胡适曾在《说儒》一文中，根据《尚书·无逸》篇有"高宗谅阴，三年不言"的字句，便认为是"三年之丧为殷人所旧有"的证明。郭沫若却认为"高宗谅阴，三年不言"，是害了一种不能说话的病症。他根据医学知识，说明这种病在古代称为"谅阴"或"谅暗"，"阴"与"暗"通假为"喑"，因此又可称为"谅喑"，近代医学上称这种病为"不言症"，并说明这种病有"运动不言症"和"感觉性不言症"两种类型，其病源是"大脑皮层上的语言中枢受阻"[2]。郭沫若根据现代医学作出的上述判断，在卜辞中得到了旁证，证明高宗确有"不言症"。又如，郭沫若考证了李白与杜甫的死因，认为李白死于"腐胁疾"，即"慢性脓胸穿孔"，是由于"肺壁与胸壁之间的蓄脓，向体外腐蚀穿孔"；杜甫"死于牛酒"，是"腐肉中毒"所致。[3]

---

[1] 郭沫若：《〈诗〉〈书〉时代的社会变革与其思想上之反映》，《郭沫若全集·历史编》第1卷，第134—135页。

[2] 郭沫若：《青铜时代·驳〈说儒〉》，《郭沫若全集·历史编》第1卷，第439—440页。

[3] 郭沫若：《李白与杜甫》，《郭沫若全集·历史编》第4卷，第441页。

我们在前文中曾经指出，中国传统考据学使用的方法，从根本上说还是形而上学的方法，亦即形式逻辑的归纳法。郭沫若由于掌握了唯物辩证法，因而他在分析考证问题时，不仅运用形式逻辑的方法，也运用了辩证逻辑方法。有些学者，以殷商殉葬人数多，而西周殉葬人数少，作为论据，证明西周是封建社会。郭沫若除运用其他材料，反驳这种说法不能成立外，还运用辩证逻辑的方法分析说，"在历史发展中，在同一单位上来说，殉葬人数的多寡，并不能作为奴隶制的盛衰或有无的根据。照严密的辩证逻辑讲来，倒应该是反比。生产未发达，人的使用价值未被重视之前，人是多多当成牺牲使用的，牺牲就是死的牛马。生产逐渐发达，人的使用价值被重视了，人是要多多当成奴隶使用的，奴隶就是活的牛马。故商王墓殉葬的人多，可以证明商代是有奴隶存在。但只可作为奴隶制的初期，而不能作为最盛期或终期"①。

郭沫若对考据范围和方法的拓展与创新，还突出表现在将历史文献与地下发掘结合起来。这方面，创造"二重证据法"的王国维已开先河。而郭沫若则有进一步发展。他认为"地下发掘的材料，每每是决定问题的关键"，地下发掘的各种实物，其史料价值比流传下来的历史文献更高。因为"那所记录的是当时社会的史实。这儿没有经过后人的窜改，也还没有甚么牵强附会的疏注的麻烦。我们可以短刀直入地便看定一个社会的真实相，而且还可借以判明以前的旧史料——多半都是虚伪"②。因此，他不仅极为重视早年出土的甲骨卜辞、青铜彝铭的研究考释，而且对1949年后每次出土的各种文物都十分重视，并充分利用这些文物分析说明问题。如50年代出土的西周铜器宜侯夨簋、长由盉、东周时期的虢国墓、蔡侯墓铜器……60年代长安张家坡、扶风齐家村和蓝田寺坡所出西周铜器等，郭沫若大都撰写过文章进行考释。③ 1965年南京郊外出土了王兴之夫妇的墓志，在此之前还出土过谢鲲墓志。这些墓主都与王羲之关系密切。郭沫若当即利用这些出土的资料，撰写了《由王谢墓志的出土论到〈兰亭序〉的真伪》。他将地下发掘的文物与

---

① 郭沫若：《关于周代社会的商讨》，《郭沫若全集·历史编》第3卷，第98页。
② 郭沫若：《周代彝铭中的社会史观》，《郭沫若全集·历史编》第1卷，第251页。
③ 参见王世民《略谈郭沫若的金文研究成就》，《郭沫若研究》专辑，第242页。

历史文献结合起来，常常更加有说服力地论证学术领域中一些悬而未决的问题。

郭沫若还常常采用中外历史比较互证，及诗文互证，当代社会中的历史遗留与古代历史文献互证等方法，丰富和拓展了考据学的方法和范围。

郭沫若之所以能对传统考据学有所突破，归根结底在于他既有深厚的传统文化根底，以及丰富的近现代科学知识，又有马克思主义理论作指导。这些优越的条件，使他在分析考证各种问题时，能触类旁通，融汇古今，学贯中西，进行多角度、多层次、多方位的综合论证。他对传统考据学的批判继承，是他成为一代史学大师的重要条件，也是他对中国史学发展的重要贡献。

（原载《郭沫若与中国史学论集》，中国社会科学出版社1992年版）

卷　　三

清代学术思想研究与评论（下）

19世纪前期学术思潮的变化

清代封建社会，经历了康雍乾盛世，至18世纪后期，逐渐由盛转衰。当时，整个社会呈现出经济衰败，政治腐朽，思想沉寂的残破景象，社会历史发展又到了新的变化转折时期。

在历史的转折关头，国内的阶级矛盾十分尖锐，农民起义和各少数民族反对清朝统治的斗争如火如荼，直到爆发了席卷数省的白莲教大起义。与之同时，世界资本主义各国在展开残酷的海外掠夺中，也步步紧逼，加紧了对中国的侵略。面对急遽变化的国内外形势和深刻的社会危机，19世纪前期的学术文化思潮也相应地发生了变化。这种变化集中表现在曾盛极一时的乾嘉汉学走向衰落，以今文经学为武器的新的经世致用思潮再度兴起。

一　汉学的衰落和汉宋学之争

乾嘉汉学在整理和总结中国古代的文化历史遗产方面做出了卓越贡献，但它只有在经济繁荣、政治安定的基础上，才能获得丰足的养料而蓬勃生长，一旦时过境迁，就失去了存在和发展的条件。鸦片战争前的中国社会已是"山雨欲来风满楼"的局面。历史进程要求思想家们把视线从古代典籍中转移到现实斗争上去。不仅进步的人民大众要求出现一种能够批判和打击旧制度的思想武器，就是统治阶级也要求能有一种能够有效地捍卫现存制度的思想武器，以抵制日益高涨的反统治的浪潮。现实斗争向社会各阶级、各阶层提出了和18世纪前期迥然不相同的新问题、新要求。显然，着重于在古籍中讨生活的乾嘉考据学很难满足社会现实的要求，也不能适应社会大动荡的局面，而必然走向衰落。

早在乾嘉学派显赫一时之际，进步思想家章学诚就敏锐地指出，乾嘉汉学有泥古守旧、脱离实际的倾向。后来，乾嘉汉学的弊端日益严重。更有甚者，一些人把汉学作为追逐利禄、附庸风雅的工具，正如有些学者所指出的："数十年来，承学之士，华者竞词章，质者研考据，风气既成，转相祖袭，天下之士，遂以食色为己任，廉耻为虚名，搜利禄为贤才，穷义理为迷惑，而官箴玷，风俗薄，生计绌，狱讼繁，百官害籍，乘此而起。"① 到了鸦片战争前夕，一些对社会危机有深切感受，要求改变现状的进步思想家，痛感终日将时间精力消磨在文字训诂、名物考据之中，认为对于时事政治、国计民生不闻不问的乾嘉汉学，成为解决现实问题的障碍，大声疾呼要求改变学术风气。魏源指出"自乾隆中叶后，海内士大夫兴汉学"，只知"争治诂训音声，瓜剖铢析"，"罔知朝章、国故为何物"，也"罔知漕、盐、河、兵得失何在，有奋志讲求抱负宏远之人，反群笑为迂阔"，其恶果是"锢天下聪明智慧使尽出于无用之一途"②。即使是汉学家自身，对汉学的弊端也有痛切感触，汉学大师段玉裁晚年就追悔不已地说："喜言训诂考核，寻其枝叶，略其本根，老大无成，追悔已晚。"③ 可见，汉学必然走向衰落，已成难挽之势。当时，对汉学进行猛烈抨击的尤其是坚持门户之见的宋学家。

乾隆中后期，当汉学鼎盛之际，宋学几乎销声匿迹，但到鸦片战争前汉学走向衰落时，宋学又有所抬头，并向汉学发动了猛烈攻击。其代表人物方东树在《汉学商兑》中对汉学的指责，虽然是站在理学卫道者的立场，言词难免偏激。但他对汉学的某些抨击却也切中要害："汉学诸人，言言有据，字字有考，只向纸上与古人争训诂形声，传注驳杂，援据群籍，证佐数百千条，反之身己心行，推之民人家国，了无益处，徒使人狂惑失守，不得所用。"

从进步思想家的抨击，到汉学家自身的反省，以及汉学对立派的指

---

① 沈德舆：《养一斋集》。
② 魏源：《武进李申耆先生传》，《魏源集》（上），中华书局1976年版，第359、165页。
③ 段玉裁：《朱子小学恭跋》，《经韵楼集》。

责，都反映了一个总的趋向：随着清代封建社会的衰败和腐朽，到嘉道之际，乾嘉学派已走向衰败和没落。此后，虽然也还有少数学者沿着乾嘉学派的治学途径，在学术上仍然做出可观的成就，但作为一种学术思潮，乾嘉学派却成为历史的陈迹。

乾嘉汉学的没落除社会原因外，与它在治学方法上的根本局限也分不开。恩格斯在批判形而上学的思想方法时指出："形而上学的思维方式，虽然在相当广泛的、各依对象的性质而大小不同的领域中是正当的，甚至是必要的，可是它每一次都迟早要达到一个界限，一超过这个界限，它就要变成片面的、狭隘的、抽象的，并且陷入不可解决的矛盾，因为它看到一个一个的事物，忘记了它们互相间的联系；看到它们的存在，忘了它们的产生和消失；看到它们的静止，忘了它们的运动；因为它只见树木，不见森林。"[①] 乾嘉汉学使用的方法，正是这种形而上学的思维方法，诚如当时学者所指出："近世言汉学者，喜搜古义，一字聚讼，动辄数千言，几如秦近君之说《尚书》。当天下无事时，文章尔雅，以为润色太平可矣。及其有事，欲以口耳之学，当天下之变，宜其束手无策。无他，识其小，不识其大也。"[②] 正由于乾嘉汉学"识其小，不识其大"，它虽然能提供整理古籍的具体成果，却不能提供系统的思想体系。这种固有的局限，决定了它"当天下无事时"，可以"润色太平"，一遇"天下之变"，却束手无策。这就注定了它因不能满足社会的需要而走向没落。

随着汉学的衰落，宋学作为它的对立面又活跃起来，除方东树之外，19世纪初，唐鉴、李棠阶、倭仁、吴廷栋及曾国藩、罗泽南等，都曾重整程朱理学的旗鼓，企图继承自朱熹以来的道统，方东树诋毁辱骂汉学是"几千年未有之异端邪说"，是"鸩酒毒脯"，就是认为汉学违背了"道统"。曾国藩攻击汉学说："嘉道之际，学者承乾隆季年之流风，袭为一种破碎之学。辨物析名，梳文栉字，刺经典一二字，解说或至数千万言，繁称杂引，游衍而不得所归，张己伐物，专诋古人之

[①] 恩格斯：《社会主义从空想到科学的发展》，《马克思恩格斯选集》第3卷，人民出版社1972年版，第418—419页。

[②] 张瑛：《读毛诗传》，《知退斋稿》卷1。

隙。或取孔孟书中心性仁义之文，一切变更故训，而别创一义，群流和附，坚不可易。有宋诸儒周程张朱之书，为世大诟。间有涉于其说者，则举世相与笑讥嗤辱，以为彼博闻之不能，亦逃之性理空虚之域，以自盖其鄙陋不肖者而已矣。"① 这些指责，也是出于担心程朱道统沦丧。理学家唐鉴则说得更为明确："夫学术非而人心异，人心异则世道漓，世道漓则举纲常、伦纪、政教、禁令，无不荡然于诐辞邪说之中也。岂细故耶？"② 可见其出发点完全是为了封建纲常伦纪，整顿统治秩序，才从旧有的思想武库里拣起几百年来一直为封建专制统治服务的程朱理学。事实上，乾嘉汉学不能适应社会变革的需要，而程朱理学也今非昔比，早已陈旧不堪，同样也不能挽救封建统治的没落。不过，二者比较起来，程朱理学对封建专制统治的服务更直接更明显而已。

表面看起来，宋学与汉学有分歧、有斗争，似乎势不两立。但从实际上说，它们都是儒学中的学术流派，从总体上说，都是封建社会中反映封建统治阶级意识的学术思想，只是学术表现形式不同，它们并不是绝对地排斥和永远对立的，在一定条件下，两者也可以携手合作，互作补充。如果说，乾嘉汉学是一种相对静止的书斋中的哲学，当统治阶级处在繁华盛世时，需要它来点缀太平的话，那么，程朱理学则是一种更加精致、富有理论色彩的宫廷哲学，封建统治阶级常常用它来愚弄和压制被统治阶层，应付"狼烟四起"的危险局面。一定时期，汉学与宋学在学术主张和治学方法上相互吸收，也能走向合流。本来汉学重考据，宋学重义理，而曾国藩就主张"义理、考据、词章，三者不可偏废"③。尔后，许多晚清学者，都逐渐走向亦汉亦宋的道路，调停其间。如陈澧就主张"由汉唐注疏以明义理，而有益有用；由宋儒义理归于读书，而有本有源"④。朱一新则说："故汉学必以宋学为归宿，斯无乾嘉诸儒支离琐碎之患，宋学必以汉学为始基，斯无明末诸儒放诞之弊。"⑤学者们已逐渐认清了汉学与宋学各有长短，而应互相兼容吸收。所以，

---

① 《朱慎甫遗书序》，《曾国藩全集》卷1。
② 唐鉴：《国朝学案》提要。
③ 《欧阳生文集序》，《曾国藩全集》文集卷3。
④ 陈澧：《东塾遗稿》（抄本）。
⑤ 朱一新：《复傅敏生》，《佩弦斋杂存》卷下。

晚清已无汉学与宋学的对立，而代之以今文经学与古文经学的斗争。

二 今文经学的兴起

经今古文学都是传习儒家经典的学派，两派的形成与对立从西汉末年就已经开始。在长期的思想斗争后，古文经学派得到官方肯定，垄断了解释儒家经典的权利，今文经学派则逐渐湮没不彰。乾嘉汉学尊崇的实际上是后起的古文经学，接东汉古文经学大师郑康成、许慎的统绪。而19世纪初另一部分知识分子，追溯到西汉的今文经学，以董仲舒为鼻祖，与延续古文经学的乾嘉学派形成对立的营垒。

所谓今文经是指西汉儒生们传授的经书，乃用当时通行的文字隶书写成，所以叫作"今文"。古文经是指秦代焚书之前，用六国古文字写成的经书。由于秦始皇实行焚书坑儒政策，儒生们将经书偷藏在墙壁间，至西汉时被发现，因其字体不同于当时流行的经书，所以叫作"古文"。后来，在经今、古文长期传播的过程中，不仅仅是字体不同，它们各自对经书的解释，对孔子的评价，乃至用今古文字写成的同一经书，在篇章、字句、内容上都有差异，便逐渐形成了今文经学与古文经学的两个不同的学派。二者主要的特点和区别，大体说来古文经学侧重于名物训诂，研究儒家经籍的篇章文字；今文经学侧重于探索经学的"微言大义"，每援经议政。由于今文学派在汉以后长期无人传习，许多经籍的注释已失传，只有何休的《公羊解诂》保存得较完整，因被今文经学奉为重要的经典，故又称其为"公羊学派"。这一学派不株守古代典籍的章句文字，摈弃那种烦琐的考据学风，是一个比较活泼而少受羁束的学术派别。其中多非常异义可怪之论，诸如"大一统""张三世""通三统""受命改制"等。在社会发生急剧变动的时刻，借助这种"非常异义可怪之论"，便于阐发经世匡时和进行变革的思想，可以说它是地主阶级应变的思想武器，也常常是要改革的进步思想家实行变革的哲学。

今文经学在清代复兴的创始者是庄存与（1719—1788），字方耕，江苏常州人。他和戴震大致同时，但治学途径则与戴震等汉学家不同。他不是着重于名物训诂，而是"于六经皆能阐抉奥旨"，"独得先圣微言大义于语言文字之外"①。同时，在汉学独树一帜的情况下，他又"不斤斤分别汉宋，但期融通圣奥，归诸至当，在乾隆诸儒中，实别为一派"②。这说明他的学术思想与当时盛行的汉学确具有不同特点。庄存与的主要代表作是《春秋正辞》，这是清代今文经学的第一部著作。不过，庄存与所生活的乾隆年代，清朝的封建统治并没有面临崩溃时期，他和他的祖父、父亲都在清朝政府中官居要职，他本人历任浙江乡试正考官，直隶、河南学政，内阁学士，礼部侍郎等职。他生活在乾隆盛世，虽然也看到了社会存在的某些问题，但在政治上似乎还没有改变现状的要求。他重新创立今文经学，并不具有改制思想，只是在寻求更适合于巩固旧有统治秩序的不同形式。当时的学者就指出庄存与宣扬"天无二日、士无二主、国无二君、家无二尊"等《春秋》中的"微言"，不过是为了迎合乾隆皇帝的"乾纲独断"的政治主张，因而他能"以经学受主知"③。另外，作为清代今文经学的创始者，庄存与尚不是绝对的今文经学者，他除有今文经学的著作《春秋正辞》外，也还有《周官记》《毛诗说》等古文经学的著述。但由于他在清代重新开启了今文经学的门径，以后清代今文经学一派的重要人物，都和他有师承关系或受其影响。龚自珍就对他评价很高，称他是"以学术自任，开天下古今之故，百年一人而已矣"④。

继庄存与之后，在清代比较鲜明地举起今文经学旗帜的是刘逢禄（1776—1829）与宋翔凤（1776—1860）。刘逢禄与宋翔凤都是庄存与的外孙，他们生活的时代已临近鸦片战争，宋翔凤在世的时间还在鸦片战争后20年。此时，清朝的统治到了危急的时刻，他们试图从今文经学的"微言大义"中寻找解脱社会危机的方案。在汉代经今、古文学派，曾围绕《春秋》三传中的《左传》与《公羊传》展开长期争论，今文经学家推崇《公羊传》，清代今文经学家也都以《春秋公羊传》作文章。刘逢禄认为《春秋》"垂法万世"，"为世立教"⑤，

---

① 阮元：《庄方耕宗伯说经序》，载庄存与《味经斋遗书》卷首。
② 徐世昌：《方耕学案》，《清儒学案》卷75。
③ 朱珪：《春秋正辞序》，载庄存与《春秋正辞》卷首。
④ 龚自珍：《资政大夫礼部侍郎武进庄公神道碑铭》，《龚自珍全集》。
⑤ 刘逢禄：《释九旨》，《刘礼部集》卷4。

"是能救万世之乱"的书，而《春秋》三传中能够"知类通达，显微阐幽"的只有《公羊传》。所以，刘逢禄十分推崇汉代今文经学家何休的公羊学，赞扬其"传经之功，时罕其匹"①，还撰写了《公羊何氏释例》《公羊何氏解诂笺》等书，反复申述"大一统""通三统""张三世"等"圣人微言大义所在"。他还抨击古文经学"详训诂"而"略微言"，并写了《左氏春秋考证》，指出古文经《左传》经过"刘歆之徒增饰"，该书的凡例就是"刘歆妄作也"②。他在发挥公羊体系中的"大一统"思想时，论证说"欲攘蛮夷，先正诸夏；欲正诸夏，先正京师；欲正士庶，先正大夫"，而"欲正诸侯"，则须"先正天子京师"。这实际上是针对清王朝面临的困局，希望从天子最高统治者做起，实行自上而下的改革，内振朝纲，外敌"四夷"，以稳定社会秩序。刘逢禄的本意虽然还是要维系封建社会的世道人心，挽救即将倾覆的封建大厦，并没有对封建统治的腐朽进行揭露和抨击。但是，他在乾嘉汉学走向没落的情况下提倡今文经学，鼓吹应变哲学，却对鸦片战争前后提倡经世致用、积极主张变革的龚自珍、魏源等进步思想家，产生了重大影响。刘逢禄是清代今文经学的重要代表人物，龚自珍、魏源都从刘逢禄学习《公羊春秋》，特别是龚自珍对刘的学说非常推崇，他在诗中说"从君烧尽虫鱼学，甘作东京卖饼家"，也就是要抛弃训诂考据之学，随从刘逢禄去致力于被人奚落为卖饼家的今文经学。龚自珍在寄给另一今文学家宋翔凤的诗中还说过："万人丛中一握手，使我衣袖三年香。"这些都可以看出刘逢禄、宋翔凤等今文经学家在学术思想界的影响，从中也可以看到今文经学在清代发展的脉络，大致上是从庄存与开创，经刘逢禄、宋翔凤有进一步发展，至龚自珍和魏源已具有明显的政治变革倾向。

三 知识界思想风气的变化

随着汉学的衰落和今文经学的兴起，知识界的风气也发生了明显

---

① 刘逢禄：《春秋公羊解诂笺序》，《刘礼部集》卷3。
② 刘逢禄：《左氏春秋考证》。

的变化。这时，清王朝的统治已经衰落，对思想已难以进行严格而有力的控制，文字狱也大大减少了。知识分子喘息稍定，开始从故纸堆里钻出来，睁眼面对现实。他们非常不满于社会的黑暗，激烈地抨击清朝的统治。当时的进步思想家、具有爱国主义思想的诗人张际亮曾尖锐地揭露封建官僚"贪以朘民之脂膏，酷以干天之愤怒，舞文玩法以欺朝廷之耳目。虽痛哭流涕言之，不能尽其情状"。他悲愤地大声疾呼："不知天日何在、雷霆何在、鬼神又何在。吾意天日之梦梦也、雷霆之暗哑也、鬼神之冥漠也。不然，未有不霆怒而夺其魄者。"① 另一边疆地理学者张穆则以形象的比喻，说明当时的封建统治机器已十分腐朽，运转不灵，他说："譬之于人，五官犹是，手足犹是，而关窍不灵，运动皆滞。"② 当时，还有位愤世疾俗的思想家叫沈垚，他根据自己长期在北京的亲身体会，揭露封建官场的黑暗腐朽，他说"无一事不以利成者，亦无有一人真心相与者"，身居高位的那些大官僚一个个养尊处优，尸位素餐，"终日华轩快马，驰骋于康庄……公事则胥吏持稿，顾名画诺，私退则优伶横陈，笙歌鼎沸。其间文雅者，亦不顾民生之艰难，惟有访碑评帖，考据琐屑而已。"③ 官场的这种状况，也反映出整个社会已死气沉沉。面对社会现状，一些有头脑的学者和思想家力图改变现状，鼓吹进行变革，从历史上论证改革的必要性，如恽敬说："夫五霸更三王者也，七雄更五霸者也，秦兼四海一切皆扫除之，又更七雄者也。"④ 19世纪前期经世致用思潮的杰出代表人物魏源与龚自珍在自己的著作中，更为鲜明地提出改变现状的更新思想。魏源说："租庸调变而两税，两税变而条鞭，变古愈尽，便民愈甚。"⑤ 龚自珍甚至大声疾呼："自古及今，法无不改、势无不积、事例无不变迁、风气无不移易。"⑥ 他又说："一祖之法无不敝，千夫之议无不靡，与其赠来者以劲改革，孰若自改革。"⑦ 他们企图说

---

① 张际亮：《答黄树斋鸿胪书》，《张亨甫文集》卷3。
② 张穆：《海疆善后宜重守令论》，《𠪨斋文集》卷2。
③ 沈垚：《简札摭存》，《落帆楼文集》卷9。
④ 恽敬：《三代因革论》，《大云山房集》卷1。
⑤ 魏源：《默觚》下，《魏源集》。
⑥ 龚自珍：《上大学士书》，《龚自珍全集》，第319页。
⑦ 龚自珍：《乙丙之际著议第七》，《龚自珍全集》，第6页。

服统治阶级进行自上而下的改革，以改变社会的衰败。这些要求改变现状的学者们，大都已不愿拘守在科举八股和烦琐的考据之中，很多人尖锐地抨击科举制度，"士子以腐烂时文互相弋取科名以去，此人才所以日下也"①，认为科举制度只能"驱天下尽纳利禄之途"②，"举天下人才尽出于无用之一途"③。

当时，先进的知识分子都希望冲破思想禁锢，面向现实，将精力转向研究实际问题，提倡经世致用，匡时救国。道光初年，魏源曾代贺长龄编纂《皇朝经世文编》，所题书名，便反映了编书的宗旨，这可视作知识界风气转变的一个标志。包世臣曾说："士者事也，士无专事，凡民事皆士事也。"④ 他把研究和解决"民事"看作知识分子的任务，这一见解显然和那些专钻故纸堆、只热衷于考据的一些考据学者迥然不同。这时，除上面提到的龚自珍、魏源、张际亮、包世臣、张穆等人外，还有姚莹、汤鹏等，都以经世致用为己任。如姚莹"弱冠时即以经世自任"，"为学体用兼备，不尚空谈"，因被林则徐称为"学问优长，所至于山川形势，民情利弊无不悉心讲求，故能洞悉物情，遇事确有把握，前在闽省，闻其历著政声，自到江南，历试河工漕务，词讼听断，皆能办理裕如"⑤。还有汤鹏"慨然有肩荷一世之志"，周济也是"少与同郡李光洛、张君琦，泾县包君世臣以经世学相切劘，兼习兵家言，习击刺骑射；至是益交江淮豪士，互较所长，尽通其术，并详训练营阵之制"⑥。这些先进的士大夫——知识分子，"皆慷慨激励，其志业才气，欲凌轹一时矣！"⑦ "但开风气不为师"，他们力矫时弊，砥砺才志，留心时务，开辟了新的经世致用的一代学风。

上述19世纪初期这些先进的知识分子，重视变革，转向实际，比起他们的前辈——乾嘉汉学的学者们确实前进了一大步。当然，他们的变革，并非要改变整个封建制度，他们的"经世务实"，也还局限在对

---

① 林昌彝：《射鹰楼诗话》卷12。
② 陈寿祺：《科举论》，《左海文集》卷3。
③ 魏源：《明代食兵二政录序》，《魏源集》。
④ 包世臣：《赵平湖政书五篇叙》，《艺舟双楫》卷10。
⑤ 姚莹：《十幸斋记》，《东溟文后集》卷9。
⑥ 魏源：《荆溪周君保绪传》，《魏源集》。
⑦ 姚莹：《汤海秋传》，《东溟文后集》卷11。

封建制度进行枝枝节节的修补。鸦片战争时期著名的禁烟派人物黄爵滋曾于鸦片战争前上《敬陈六事疏》①，就反映了这些知识分子在危机迫近时进行政治改革的要求。黄爵滋在疏文中提出"广贤路""整戎政""严剿御"等主张。他希望清廷能广揽人才，取"通经史而适于时务者，量才用之"，又针对军备废弛的情况，提出整军练武，选择良将，淘汰冗弱，从而达到"御侮敌忾"的目的。这时，英国侵略者正肆无忌惮地进行鸦片走私，"历任督抚，率多顾忌隐忍"，黄爵滋要求清政府督促沿海各省的督抚提镇认真排练水师，修理军器，警惕外国的武装侵略，他的这些主张明显地具有爱国、进步的性质。

在社会经济方面，这时的进步思想家提出了发展生产、重视工商的观点，特别是对于关系国计民生的漕运、盐课、治河等积弊最甚的事务提出了改革主张。

清政府每年要从东南沿海各省调运数百万石粮食至京，有关此项事务称为"漕运"。由于封建官僚机构腐败，管理无方，贪污成风，再加上运河失修，使得河道淤塞，粮运不通，每年粮食霉烂损失，运价剧增，东南各省的漕粮负担日益加重，也加剧了清政府的财政困难。为革除漕运方面的弊端，包世臣写了《海运南漕议》，主张将漕粮由河运改为海运，由官运改为商运，还建议在北方"置官屯"种水稻，改变南粮北运的局面。这样既可减少清政府的财政困难，又有利于商业的发展。②稍后，魏源又发展了包世臣的"海运南漕"说，认为海运有四利、六便，"利国、利民、利官、利商"，"国便、民便、商便、官便、河便、漕便"③，这一建议显然有利于商品经济的发展，符合社会经济发展的趋势。

盐课是清政府的一项重要财政收入，但是只有清政府特许的少数大商人得以收运和销售食盐，这些大盐商和封建官府相互勾结，进行垄断经营，任意抬高盐价，牟取暴利，危害人民的生活。长期以来，盐务被视作一大利薮，大盐商和官僚们中饱搜刮，管理紊乱，盐课短绌，私运

---

① 黄爵滋：《敬陈六事疏》，《黄爵滋、许乃济奏议合刊》。
② 包世臣：《海运南漕议》，《安吴四种》卷1。
③ 魏源：《道光丙戌海运记》，《魏源集》。

私贩增多。当时，有的知识分子针对盐务垄断的弊端，建议实行盐制，允许私商领票，自由运销食盐，放宽运盐地区价格等方面的限制，以减税减价的办法解决走私问题。这些办法，既可增加食盐的销售量，充分供应人们的生活必需，还可减少"中饱"，又可增加政府的财政收入，实际上是以一般商人的自由贩运代替官商的垄断。

除了漕运、盐政之外，先进的知识分子对当时的许多政治和社会问题，如河工、水利、土地、农政、货币、人口等都进行了考察、研究，提出了改革的措施，希望能祛除弊端，促进生产，改善人民的生活。这种研究实际问题，提倡经世致用的风气，在一定程度上对社会发展产生了积极影响。

当时，知识界还有一个显著的特点，就是注重研究边疆的历史、地理与现状，并且扩大到对世界各国的研究，他们比前辈的眼界更加广阔，研究的范围更加扩大了。这一情况是与康雍乾以来全国更加统一，中原和边疆地区的联系日益加强，以及外国资本主义国家与中国的交往逐渐频繁分不开的。中国的知识分子正走出孤陋寡闻和蒙昧无知的状态，开始从闭关帷幕的微小缝隙中窥测到广阔的世界。19世纪初，研究西北地理、历史的风气很盛，如祁韵士的《藩部要略》，徐松的《西域水道记》《新疆事略》，张穆的《蒙古游牧记》，姚莹的《康輶纪行》，何秋涛的《朔方备乘》等。到鸦片战争时，林则徐在两广总督任上，令人搜集外国书报，编译成《四洲志》，第一次系统地介绍了世界各国的情况。以后，魏源在此基础上又编写成《海国图志》，还有徐继畬写成《瀛寰志略》，这些都反映了爱国知识分子在外来侵略的刺激下，要求了解外国和抵抗侵略的思想，就像姚莹所说的那样，以往中国的知识界，对于"海外事势表情，平日置之不讲，故一旦海船猝来，惊若鬼神，畏如雷霆，夫是以愤败至此耳"。姚莹自己则"自嘉庆年间，购求异域之书，究其情事"。他们介绍外国和中国边疆地区的情况，目的是"正告天下，欲吾中国童叟，皆习见习闻，知彼虚实，然后徐筹制夷之策，是诚喋血饮恨而为此书，冀雪中国之耻，重边海之防，免胥沦于鬼域"[①]。因此，他们的这类著作，不但冲破了封建主义的禁锢，打

---

① 姚莹：《东溟文后集》卷8。

开了人们的眼界,并且字字句句凝结着爱国主义的情感,表现了中国知识分子在民族危机时的初步觉醒。

(原载《简明清史》,人民出版社 1980 年版)

龚自珍与晚清思想解放

龚自珍是清代社会转型之际，也是整个中国的历史发生重大转折时期著名思想家、文学家和诗人。他的思想和著作，在清中叶[①]后期的学术思想界别开生面，独树一帜，尤对晚清的政治革新、思潮更迭、学术演变、士风变化，以及诗文创作的发展，乃至整个社会的变革，都有重大的影响。因而，研究晚清的学术思想常以龚自珍为开篇。

值得注意的是，对于龚自珍的评价，无论是其生前或者是身后，都始终是褒贬不一，毁誉参半。褒之者肯定其"继往开来，自成一家"，甚至是"三百年来第一流"；贬之者则斥其"轻薄""狂妄"，"所论支离自陷，乃往往如谵语"，甚至认为"自珍之文贵，而文学涂地以尽"。即使是对龚氏持肯定态度的论者，对其主要成就和影响何在，也说法不一。过去，一般多认为他的主要成就和影响，乃在于其提倡经世致用，主张社会变革的思想。但近年来又有论者提出截然相反的观点，认为龚自珍的"经世致用之学，并不能代表他的思想全部，而只是其中局限性最大的一部分"，"龚自珍对于后世的影响，主要是他那批判性的讽刺诗文"。[②] 如此看来，究竟应如何评价龚自珍在清代学术思想史上的地位和影响，还是值得研究的问题。

笔者通过研究龚自珍的思想和著作及有关评论认为：龚自珍是在清代的统治由盛转衰之际，也是中国社会由古代向近代转变的历史转折时期，涌现的一位具有超前意识的启蒙思想家。他的历史功绩不在于其对

---

① 研究清史的学者对清代历史的分期，常以顺治、康熙、雍正为前期；以乾隆、嘉庆和道光前二十年之前为清中期；以道光二十年之后的各朝为晚清。

② 王元化：《龚自珍思想笔谈》，载《清园论学集》，上海古籍出版社1994年版，第250、270页。

经学研究的具体成就，也不在于他那些关于变法革新的具体改革主张，而主要在于其思想和著作所起到的承前启后、继往开来、开创一代风气、推动晚清思想解放的作用和影响。以往海内外学界对于龚自珍的研究，多表现在对其经学观点、经学流派的归属的分析，或者是对其社会批判思想及其变法革新主张的阐发，乃至其在诗歌、散文等文学方面成就影响的评价等方面，但以龚自珍与晚清思想解放为专题而进行研究的成果，尚不多见。有鉴于此，本文拟就此一问题做初步探讨。

一　时代、家世与思想个性

龚自珍为什么能成为开创一代风气，推动晚清思想解放的思想家，这和他所处的时代、家世环境的影响，以及其个人的思想性格都有密切联系。

龚自珍生于乾隆五十七年（1792），去世于道光二十一年（1841）。他生活的50年，正是中国古代封建社会走向终结，近代半殖民地半封建社会已然开始的年代。龚自珍在他所处的中国这个历史阶段，如同中世纪最后的一位诗人但丁在其所处的西欧的历史时期一样，他们均以其敏锐的思想和辛辣的诗文，发出时代的呐喊，既为旧时代唱了挽歌，也为新时代的降临迎来曙光，从而使他成为中国社会转型时期的"最后"和"最初"的一位诗人。

漫长的中国封建社会，从周秦开始，历经汉晋、隋唐、宋元、明清，至龚自珍所处的清中叶晚期，早已经过繁荣发展阶段，而逐渐进入停滞不前的社会。而且，回光返照的清朝统治，也已从昔日辉煌的"康乾盛世"，走向"日之将夕，悲风骤至"的衰世阶段。这时，整个社会已呈现出经济衰败、政治腐朽、思想沉寂的残破景象。而且"自京师始，概乎四方，大抵富户变贫户，贫户变饿者，四民之首，奔走下贱，各省大局，岌岌乎皆不可以支月日，奚暇问年岁？"[①] 已从全局上形成危如累卵的险象。问题的严重性还表现在西方资本主义的侵略也步步紧逼。当时，世界上早已进入资本主义社会的欧美各国，正疯狂开展海外

[①] 龚自珍：《西域置行省议》，《龚自珍全集》，上海人民出版社1975年版，第106页。

殖民掠夺，逐渐把视线移向古老的中华帝国，直到英国殖民主义者用鸦片和大炮打开闭关锁国的中国大门，使中国陷入半殖民地半封建社会的苦难深渊。更为可悲的是，面对如此内忧外患，从中央到地方的各级清代统治者，大多数人还昏庸地以"天朝上国"自居，麻木不仁，仍终日沉溺在醉生梦死的歌舞升平之中，到处都充斥着贪污、腐化、无耻、卑劣，一切都在无声无息地腐烂，整个社会正在走向无可救药的崩毁。中国向何处去，是沉沦自毙，还是振奋图强，这是时代提出并需要急切解决的课题。中国的士阶层——知识分子，自古以来，就有忧国忧民、以天下为己任的经世传统。鸦片战争前夕，在中国社会历史发生急剧转变，民族危亡日益加深的严峻时刻，终于涌现出一些关心国家前途、民族命运的政治家、思想家和进步学者，诸如林则徐、陶澍、贺长龄、包世臣、黄爵滋、龚自珍、魏源、姚莹、张际亮、汤鹏、林昌彝……他们力图挽狂澜于既倒，"慨然有肩荷一世之志"，而且互通声气，"皆慷慨激励，其志业才气，欲凌轹一时矣！"[①]这批人指天划地，著书立说，筹划治国救世之策，竭力挽救民族危亡，形成一股经世致用思潮，龚自珍正是这些人在思想上的代表。所以，龚自珍的出现，并非个人的孤立行动，而是时代使然。

像龚自珍这样的思想家的产生，除了时代因素外，还与其家世环境及其本人的经历和思想性格有关。

龚自珍生长在累代世宦簪缨的书香门第，其祖、父辈皆为进士出身，父亲龚丽正还是著名汉学家段玉裁的门生和女婿，并有《国语补注》《楚辞名物考》等著述留世。母亲段驯亦工书法能诗文，著有《绿华吟榭诗草》。自珍于孩提时，即由其母在灯前帐下授读古诗文。他自12岁起，又由外祖父授文字音韵之学。在这样的家世环境影响下，他博览群书，广泛学习各种知识和学问，14岁，即开始考古今官制；15岁，即有自己的古今体诗编年；16岁起，又治文献目录之学；17岁，开始重视金石之学；19岁，应乡试中副榜；21岁，考充武英殿校录，又为校雠掌故之学。这些经历说明，他在青少年时代，就奠定了深厚的传统学术功底。另外，他自11岁起，便随父亲到北京，寓居官衙，后

---

① 姚莹：《汤海秋传》，《东溟文后集》卷11。

又随父亲升迁调任，往来南北各地，有机会了解各地风土人情和官场的各色人物，能深入了解封建末世官场的内幕，使之在廿三岁时，就能写出抨击时弊的《明良论》①。同时，由于他父亲喜结文人学士，"一时高才硕彦，多集其门"，也使得他有可能广泛接触当时的文人学者，向他们请益问学，甄综人物，搜讨典籍，究心经世之学。他曾与当时著名的地理学家程恩泽一起研究边疆地理，一时人称"程、龚"。他还与魏源一起向刘逢禄学习今文经学，授引《公羊春秋》阐发变革思想。家世环境的熏陶与个人的求学经历，使龚自珍对传统学术文化中的经、史、诗歌、散文、文字、音韵、天文、地理、金石、目录、典制，乃至释道典藏等，都有涉及，甚或有很高造诣。但在人才备受压抑的专制社会里，他虽然才华横溢，学识广博，却仕途坎坷，直到38岁才考中进士，而且因思想不合时宜，只做了内阁中书、宗人府主事等小京官，一直冷署闲曹，困厄下僚。这些遭遇也使龚自珍加深了对当时社会的认识和不满。至鸦片战争爆发时，龚自珍曾向林则徐提出禁烟方略，并表示愿随林南下，共筹禁烟抗英大计，而未能如愿。1841年，在壮志未酬、郁郁寡欢的环境中，他突然暴卒而弃世。龚自珍的身世经历说明，只有对传统学术文化具有深厚造诣，又有丰富的人生阅历，才有可能在继承传统的基础上，再有所发展和创新。也正由于龚自珍有这样的主客观环境，才使他有可能在历史转折时期，成为承前启后，继往开来的一代思想家。

不过，以龚自珍的上述身世经历而言，他也完全有可能走上正统的封建仕途，或者是沿着段玉裁的道路成为注释群经的汉学家。事实上，段玉裁也确实反复告诫他"勿读无益之书，勿作无用之文"，要"努力为名儒为名臣，勿愿为名士"②。他周围也有些朋友一再劝他"曷不写定《易》《书》《诗》《春秋》"③，也就是要他对这些儒家经典，进行认真的校勘训诂和注疏。但龚自珍终其一生，并未遵循上述训诫和劝告，反之，却走上有叛逆倾向的社会批评之路。这则和他那

---

① 吴昌绶：《定盦先生年谱》，《龚自珍全集》，第593—598页。
② 段玉裁：《与外孙龚自珍札》，《经韵楼集》。
③ 龚自珍：《古史钩沈论三》，《龚自珍全集》，第25页。

愤世嫉俗的叛逆思想及放荡不羁的浪漫性格有关。龚自珍是个有血性、有肝肠的男子汉。他感情丰富,为人真诚直率,"乐也过人,哀也过人",写诗作文都"歌泣无端字字真"。基于他对现实社会的了解及其使命感,使他不愿再像前辈那样静坐书斋,皓首穷经,而是将精力移向关注国事,致力于国计民生,如同史料所说"少年读王介甫上宋仁宗皇帝书,手录凡九通,慨然有经世之志","与同志纵论天下事,风发泉涌,有不可一世之意"①。所以,有一些朋友劝他"曷不写定《易》《书》《诗》《春秋》"时,他总是回答说"方读百家……未暇也","事天地东西南北之学,未暇也",也就是说,他要按自己的理想和志趣去研究与现实社会生活密切相关的问题。他从外表到内心都以真面和本性出现,"性不喜修饰,故衣残履,十年不更"②。他与人交往不讲门第,不计身份,上至王公大臣,下至屠夫、驵卒和农夫,与社会各阶层都有广泛的接触,常常是"朝从屠沽游,夕拉驵卒饮",这使得他既对社会有深入了解,又能敏感地体察到时代脉搏的跳动。他爱憎分明,喜怒有形于色。对于社会下层有深切同情,当其看到拉纤的船夫艰难地挣扎在航道上时,便以真诚的同情心写道:"只筹一缆十夫多,细算千艘渡此河,我亦曾糜太仓粟,夜间邪许泪滂沱。"③但对社会的黑暗、官场的腐朽,他又疾恶如仇,不讲情面,不顾利害,痛予揭露,常常是"上关朝廷,下及冠盖,口不择言,动与世忤"④。他甚至在殿试及朝考时,也列举时事,直陈无隐,公然抨击科举八股为无用之学,以致使"阅卷诸公皆大惊",而将其"不列优等"。龚自珍这种"动与世忤",不顾时忌的思想性格,当然不可能在封建仕途上飞黄腾达,反之,却屡遭排挤、迫害和诽谤。他却依然故我,不改初衷,当朝中一位权贵劝他不要过多议论朝政时,他不屑地回答:"守默守雌容努力,不劳上相损宵眠。"⑤一些对他的思想、行为不能理解的世俗之辈,将他视为"呆子"和"狂士",他也毫不

---

① 《龚自珍全集》,第632页。
② 同上。
③ 同上书,第517页。
④ 同上书,第648页。
⑤ 同上书,第482页。

在意并自称"负尽狂名十五年"。他周围的一些朋友惟恐他遭受更大的打击，也纷纷劝他删去著作中不合时宜的言论，"常州庄四能怜我，劝我狂删乙丙书"。他的挚友魏源也劝他要"明哲保身"，"须痛自惩创，不然结习非一日可改"[①]。他虽知是好意，却不为所动，仍然是"怨去吹箫，狂来舞剑"。他曾以四不畏的大无畏精神宣称："大言不畏，细言不畏，浮言不畏，狭言不畏。"也就是说对于那些权势指责、谗言中伤、流言蜚语和威胁要挟，他都无所畏惧。龚自珍这种带有叛逆倾向的言论和性格，难免不为当时人接受和理解，这常常是一个时代的先觉者难以避免的遭遇。也恰恰是这种不为人理解的"狂士"，才能发出时代的强音，反映时代的精神和历史潮流。

时代、家世与思想性格，终于造就龚自珍这样的思想家。

二　开一代风气，推进晚清思想之解放

鸦片战争之后，中国进入近代社会，面对当时已进入资本主义社会的西方列强，中华民族要立足于世界民族之林，就必须解决如何使中国实现近现代化的问题，这是时代提出的课题。此后一百多年来，许多仁人志士为之奋斗和探索，而且一直延续到今天。然而，要解决这个问题，就必须从陈旧的传统的观念束缚中解放出来，要先在思想上启蒙和发动，而龚自珍正是最初的启蒙者。他的许多思想实际上已成为中国实现近现代化的酵母和催化剂，具体表现在如下各方面：

（一）倡导经世致用之学，扭转脱离实际的乾嘉考据学风

一代之治有一代之学，学术思潮与学风常常是时代特点的反映。清代的学术思想发展到乾嘉时期，考据学达到了鼎盛，汉学烂然如日中天，当时几乎是"家家许郑，人人贾马"，世人称之为"乾嘉汉学"或"乾嘉考据学"。乾嘉考据学在总结整理中国古代文化典籍方面，做出了卓越成就和贡献，但也确有烦琐和脱离实际的一面。到鸦片战争前夕，中国社会出现严重危机，历史进程要求学术思想提出新的对

[①] 魏源：《武进李申耆先生传》《明代食兵二政录叙》，《魏源集》上，第359、165页。

策和解决方案时，长于音韵、训诂、注疏、校勘的考据学，则捉襟见肘，无能为力。这时，无论是考据学营垒中的一些汉学家，或者是对汉学持反对态度的宋学家，特别是那些要求改变现状的激进学者和思想家，都痛感终日将时间消磨在文字训诂名物的考据之中，对于时事政治、国计民生不闻不问的考据学，已成为解决现实问题的障碍，无不大声疾呼要求改变学术风气。与龚自珍同时齐名的魏源就曾指出"自乾隆中叶后，海内士大夫兴汉学"，只知"争治诂训音声，爪剖铢析"，"罔知朝章国故为何物"，也"罔知漕、盐、河、兵得失何在，有奋志讲求抱负宏远之人，反群笑为迂阔"，因尖锐指责考据学"锢天下聪明智慧使尽出于无用之一途"①。就连终生从事考据学的汉学大师段玉裁对汉学的弊端也有深切感触，晚年曾追悔不已地说："喜言训诂考核，寻其枝叶，落其本根，老大无成，追悔已晚。"龚自珍对乾嘉汉学更是釜底抽薪，当江藩站在汉学立场上撰成《国朝汉学师承记》一书时，龚就曾致书江指出读了此书后有"十不安焉"，认为汉学之名不妥，从根本上否定所谓汉学的独立存在。② 这些都说明，乾嘉考据学走向衰落已成必然之势，一种新的学术思想必然要兴起而代之。嘉道之际，一些关心国事民瘼的士大夫和知识分子，又重新提倡经世致用之学，龚自珍、魏源等则是其中的杰出代表。

龚自珍虽然幼受庭训，对传统的文字、音韵考据之学也深有根底，但时代的呼唤和他那放荡不羁的思想个性，使他不愿再沿着前辈的老路走下去，他拒绝一些朋友的劝告，不愿再写定群经，而要"方读百家""事天地东西南北之学"，其实就是要投身于经世务实之学，诸如关心世情民隐，研究朝章国故，治理农田水利，考察边疆史地等。正是在龚自珍等人的倡导下，同时代的一些知识分子纷纷冲破思想禁锢，走出书斋，面向现实，研究实际问题，提倡实学，对于关系国计民生的遭运、盐课、治河等社会实际问题，都提出不少改革主张，同时他们也重视研究边疆的历史与地理，并扩大到对世界各国的研究。龚自珍还特别注意

---

① 魏源：《武进李申耆先生传》《明代食兵二政录叙》，《魏源集》（上），中华书局1976年版，第359、165页。

② 龚自珍：《与江子屏笺》，《龚自珍全集》，第346—347页。

将研究上述问题与改革当时的社会弊端联系起来,他陆续撰写的《明良论》《尊隐》《乙丙之际著议》《平均篇》《西域置行省议》《东南罢船舶议》等名文,都痛陈时弊,呼唤改革,强调加强边防、海防建设,表现了中国知识分子在社会危机与民族危机中的初步觉醒。

龚自珍还向刘逢禄学习今文经学,研究今文经学的经典《公羊春秋》,援引其中的微言大义,阐发自己的变革思想,并使清代的今文经学发展成一种学术思潮,在乾嘉汉学走向衰败后,兴起而代之。龚自珍虽然并不拘守今文经学之门户,而是古、今文经学兼收并蓄,但却明显地具有援经议政的特点。而且,清代的今文经学,从庄存与创立复兴,中经孔广森、刘逢禄、宋翔凤等,到了龚自珍,才将对今文经学的阐发与变革社会现实、进行变法革新直接联系起来,并直接开启了此后康有为以今文经学为武器,进行托古改制,发起戊戌维新的运动。

魏源在论述龚自珍的学术思想时,说龚"于经通《公羊春秋》,于史长西北舆地,其书以六书小学为入门,以周秦诸子、吉金乐石为崖郭,以朝章国故,世情民隐为质干"①,便突出了龚自珍的经世致用之学。稍后张维屏又说:"近数十年来,士大夫诵史鉴、考掌故,慷慨论天下事,其风气实定公开之"②,也是突出肯定龚自珍在将乾嘉考据学风引向慷慨论天下事的经世学风中所起的作用和影响。将显赫一时、长期在学术领域居统治地位的考据学引向经世致用之学,这是学术观念的一大变化,并直接导致中国古代学术逐渐与代近学术接轨,无疑是学术观念的大更新,必然要冲破重重阻力,在当时无疑是一次思想上的解放。

(二) 抨击封建末世的弊端,开近代反对封建专制之先声

封建专制制度在中国延续了两千多年,到清代已是强弩之末,至龚自珍所生活的嘉道之际,则早已暴露出内忧外患、险象丛生之端倪。但当时的多数人却仍沉醉在前朝盛世的假像之中,不能或不敢正视行将发

---

① 魏源:《定盦文录序》,载龚自珍《龚自珍全集》附录,第650—651页。
② 佚名:《定盦文集后记》,载孙文光等编《龚自珍研究资料集》,黄山书社1984年版,第174页。

生巨变的社会现实,唯独龚自珍等少数有识之士,能"一虫独警",洞幽见微,觉察到封建末世的种种弊端,并通过自己的著述,予以淋漓尽致的揭露。他援引《春秋公羊》的三世说——据乱世、升平世、太平世,稍加改造为治世、衰世和乱世,认为当时已是"衰世",且距"乱世"已不远,并生动、形象而尖锐地揭露了当时社会的专制独裁、黑暗腐朽。

本来,在封建社会中君权神授,皇权高于一切,可谓天经地义,以满族贵族为主体的清代专制统治,为清除异族的反抗意识,其专制统治尤为残酷,动辄以言问罪,屡兴文字狱,使得多数士子谨言慎行,埋头于科举八股和训诂考据。而具有叛逆精神的龚自珍,则将其批判锋芒直指最高统治者,他常常以谈经论史的方式,用总结历史经验的形式,揭露封建统治的独裁与专横,斥责皇帝视大臣如奴役,"仇杀天下之士","震荡摧锄天下之廉耻",① 以软和硬的手段,摧残扼杀天下之人才,使整个社会万马齐暗,毫无生气。不仅朝廷上没有贤相和能将,社会上没有优秀的士农工商,甚至连小偷和强盗都是低能儿。② 如此深刻的揭露,实在是入木三分。

由于专制君主视臣下如犬马,像绳索一样捆绑着臣下的手足,各级官吏都不能"行一谋,专一事",大都是些谄媚君上,趋福避祸,只知升官发财、封妻荫子的昏聩、无能、贪婪、卑劣的庸碌之辈。加之,封建专制制度下的用人制度又强调论资排辈,"累日以为阶,计日以为劳",一个官吏从翰林院庶吉士升至尚书和大学士,大多已是七八十岁的老朽,"齿发固已老矣,精神固已惫矣"③,如同是衙门口的石狮子,只不过徒具摆设,不可能有什么作为。一般官吏也都是文恬武嬉,养尊处优,"政要之官"只知"车马服饰,言词捷给而已";"清暇之官",只知"作书法,赓诗而已"④。一旦国家有警,一个个都像燕雀一样四处逃窜,谈何治理国家。

龚自珍还揭露封建末世在社会经济方面所呈现的是土地兼并严重,

---

① 见《龚自珍全集》,第20页。
② 同上书,第6页。
③ 同上书,第33页。
④ 同上书,第32页。

社会财产分配不公，使"贫者日愈倾，富者日愈壅"，致使"至极不祥之气，郁于天地之间，郁之久乃必发为兵燧，为疫疠，生民噍类，靡有孑遗，人畜悲痛，鬼神思变置"。这里龚自珍已深刻揭示出经济上的贫富不均愈演愈烈，必将导致社会不安定，乃至发生战争和灾异，最后"大不相齐，即至丧天下"①，统治者的丧钟就要敲响了，在封建专制统治下此等言论，实在是警世骇俗。

龚自珍还以寓言的形式预示，当时的各种弊端如进一步发展，必将出现与现实统治对抗的"山中之民"，而且力量对比也会逐渐发生变化。统治者所在的京师，会如"鼠壤"一样崩溃，与之对抗的"山中"则"壁垒坚矣"。同时，京师气浅，山中气盛；京师贫，山中实；京师轻量，山中势重；京师日短，山中日长；京师寡助失亲，山中则一啸百应；京师一片衰败，"俄焉寂然，灯烛无光"，山中则一片盎然生机，预示可能会出现的社会变动，给统治者以警告。当龚自珍去世十多年之后，就爆发了席卷全国的太平天国革命，可见龚自珍的警告并非无稽之谈。

龚自珍对封建末世的揭露和批判，宛如划破沉沉黑夜的雷鸣闪电，振聋发聩，启迪人们的心灵。鸦片战争后的一系列社会变革，无不是要改变腐朽没落的封建专制制度，反封建的呼声可谓一浪高一浪，直到孙中山先生领导的辛亥革命最终推翻封建帝制。而龚自珍对封建末世的深刻揭露，给晚清的思想界以强烈的影响，实揭开近代史上反对封建专制、要求民主自由之先声，有力地推动了晚清的思想解放。

（三）提倡变法革新，为戊戌维新思潮之先驱

龚自珍在对封建末世的种种弊端痛加揭露的基础上，进而提出要变法革新。他援引《易经》中"穷则变，变则通，通则久"的变革思想，再三强调社会必须变革，期望当政者尽快改弦更张。他大声疾呼"一祖之法无不弊，千夫之议无不靡，与其赠来者以劲改革，孰若自改革"②。当时的嘉庆皇帝宣告"朕以皇考之心为心，以皇考之政为政，率循旧

---

① 见《龚自珍全集》，第78页。
② 同上书，第87—88页。

章,恒恐不及,有何维新之处",龚自珍则针对嘉庆皇帝所发的《罪己诏》,而在其《明良论》中反问"奈之何不思更法?"道光九年,他又在《上大学士书》中再次强调"自古及今,法无不改,势无不积,事例无不变迁,风气无不移易"①。他还身体力行,提出各种具体的变法革新主张。

针对当时土地占有不均,社会财富分配不平,他提出均平的主张,认为"千万载治乱兴亡之数",就在于均平,"有天下者,莫高于平之之尚"②。为此,他主张限制大官僚大地主对土地的兼并,重新调整土地占有关系。他还根据自己对未来社会的朦胧憧憬,主张把租佃关系纳入宗族关系,实行按宗授田。这些主张虽带有保守成分且是难以实现的空想,但却反映了龚自珍想要缓和社会矛盾,以改革社会财富不均的良好愿望。

针对封建君权独裁,权力过于集中,大臣有职无权的弊端,他主张加重大臣和地方官员的权力,以改革督抚大臣不能"行一谋,专一事"的状况。他还主张君臣之间的关系和礼仪也应改革。君不应视臣为犬马,不能让臣下"朝见长跪,夕见长跪",而应待之以礼,应恢复古代臣对君那种"巍然岸然师傅自处之风"③,只有这样,臣才能报君以节,而不是以"犬马自为"。龚自珍还认为"古者未有后王君公""古者未有礼乐刑法""古者君若父若兄同亲"④,也就是君主与礼乐刑法都是社会发展到一定阶段的产物,这种对古代原始社会民主的憧憬,也反映了龚自珍对当时君主专制的不满,说明君主并非神授,也非天经地义。

龚自珍还主张改革科举制度,改变用人制度。他指出科场八股文皆"万喙相因,词可猎而取,貌可拟而肖"⑤,词句与格式都是抄袭和模仿前人,全都是相互沿袭,千篇一律。因而,以八股文取士,不可能录取到有真才实学的人才。他主张改八股考试为对策,还主张用人不限资格,不拘一格,如同其诗句所说"不拘一格降人才"。他尤其反对对人

---

① 见《龚自珍全集》,第319页。
② 同上书,第78页。
③ 同上书,第31页。
④ 同上书,第49页。
⑤ 同上书,第344页。

才的束缚和扼杀,指出应尽可能使人发挥个性,尽展其才。

针对西方殖民主义,尤其是沙俄的侵略和边疆时有分裂势力叛乱,龚自珍主张对西北边疆加强管理,并"筹之两年",写下了《西域置行省议》。他主张在新疆设立行省,还建议迁移内地百姓到西北边疆垦荒戍边。他还写了《东南罢船舶议》,希望巩固海疆。龚自珍的《西域置行省议》,当时虽未被采纳,但到了光绪十年(1884)清朝终于在新疆设置了行省。后来,李鸿章曾十分钦佩地表示:"古今雄伟非常之端,往往创于书生忧患之所得,龚自珍议西域置行省于道光朝(按:实写于嘉庆二十五年),而卒大设施于今日。"[①]

此外,龚自珍还就农田水利建设、土地自由经营、雇佣劳动和生产致富、商品贸易等也提出一些建议和主张。他还反对妇女缠足,提倡妇女参加生产劳动等。这些都是当时农业经营中存在的资本主义萌芽在思想上的反映。

自龚自珍之后的晚清社会,从经世致用思潮的兴起,到洋务派、早期改良派的产生,直到戊戌维新变法思潮风靡全国,无不步步深化了对晚清封建社会的变法和革新。龚自珍有关变法革新的思想观点和具体主张,对其后的种种变法维新,都有启蒙和影响。他无愧于一位思想先驱者。

(四)主张严禁鸦片、坚拒侵略,开近代中国爱国反帝思想之先河

以英国为首的西方殖民主义者,在对中国进行殖民侵略的过程中,首先以鸦片贸易为敲门砖,大量输入鸦片,致使"耗财伤人,日甚一日",继而爆发鸦片战争,中国失败,签订割地赔款的不平等条约。尾随英国之后,西方列强相继入侵,民族危亡日益加深。中国要独立和富强,就必须反对帝国主义的殖民统治。这也是晚清社会中民主革命的一大主题,龚自珍在这方面也是一位先知先觉者。

早在嘉庆末年,他就撰文指出:"江西、福建两省种烟草之奸民甚多,大为害中国。"道光初年,他在《农宗篇》中更指出鸦片烟毒的危害,主张对种植和吸食者皆施以严刑,"诛种艺食妖辣地膏(鸦片)

[①] 李鸿章:《黑龙江述略序》。

者，枭其头于陇，没其三族为奴"。此后，他又在所写《阮尚书年谱第一序》中尖锐地指出英殖民主义者的侵略野心，揭露"粤东互市，有大西洋，近惟英夷，实乃巨诈，拒之则叩关，狃之则蠹国"，他们"环伺澳门，以窥禹服"，因而，必须对之高度警惕"备戒不虞，绸缪未雨"①。道光十五年，梁章钜赴任广西巡抚时，他又建议梁："广西近广东，淫巧易至，食妖服妖易至，公必杜其习以丰其聚矣！"②

到了鸦片战争前夕，当时清廷内部在对鸦片贸易的态度上，形成严禁、反禁与弛禁的不同主张，龚自珍又明确站在严禁派一边。当林则徐奉命赴广东主持禁烟斗争时，他又写了《送钦差大臣侯官林公序》，慷慨陈词，为林则徐规划严禁鸦片反抗侵略的方略，建议林则徐用最严厉的办法，坚决打击吸食、贩卖、制作鸦片者，"其食者宜缳首诛，贩者、造者宜刎脰诛，兵丁食宜刎脰诛"③。对于侵略者，他则主张要坚决以武力抗衡，建议林则徐"此行宜以重兵自随"，"火器宜讲求"，而且要"多带巧匠，以便修整军器"。甚至对于用兵方略，他都帮林则徐做了筹划，建议"此守海口，防我境，不许其入，非与彼战于海，战于舫艎也"④，这样既可发挥我守卫之长，又可驳斥"开边衅"之议。他还主动提出要随林则徐南下，亲身参加禁烟抗英斗争。虽因如林则徐所说"事势有难言矣"而未能成行，但龚自珍主张严禁鸦片，坚拒侵略的爱国情怀却溢于言表。直到次年，龚自珍辞官南下途中，还深情关注着林则徐的禁烟斗争，以诗抒怀："故人横海拜将军，侧立南天未蒇勋。我有阴符三百字，蜡丸难寄惜雄文。"⑤

鸦片战争爆发后，正在丹阳云阳书院执教习的龚自珍，还于道光二十一年写信给正在上海驻守的江苏巡抚梁章钜，表示要辞去教职，赴上海与梁共谋抗英事宜。如同梁章钜所说：龚"邮书论时事，并约即日解馆来访，稍助筹笔。余方扫榻以待，数日而凶问遽至，为之泫然。"⑥

---

① 《龚自珍全集》，第229页。
② 同上书，第167页。
③ 同上书，第169页。
④ 同上书，第170页。
⑤ 同上书，第517页。
⑥ 梁章钜：《师友集》卷6。

由此可见，龚自珍虽然在鸦片战争爆发后不久便辞世，还来不及更多地揭露侵略者的暴行，但其反帝爱国的思想却识在机先，非常鲜明。

龚自珍的严禁鸦片、坚拒侵略的思想和主张，实开近代中国爱国反帝思想先河。

（五） 以大量诗文创作为近现代文学革新做开路先锋

作为清代文学家和诗人的龚自珍，一生写了大量散文和诗、词、赋，对近现代文学思想及散文诗歌的创作有很大的影响。《孽海花》的作者曾朴曾论及龚自珍的诗文及其影响时说，龚自珍是"清朝道光朝的大文豪，是今日新文艺的开路先锋"，并指出"统治清中叶文坛的桐城派、阳湖派，总跳不出模仿古人的圈子。尤其是思想方面，无非是几句老生常谈，所以文学界成了萧索的气象，直到龚自珍、魏源两人崛起，孜孜创新，一空依傍，把向来的格调，都解放了"。"龚氏是全力改革文学，无论是诗、文、词，都能自成一家，思想亦奇警可言，实是新文学的先驱者。"[①] 有关龚自珍在文学领域的成就和影响，许多文学史、诗史、词史都有详细论述，这里仅就其文学理论与诗文创作，在推进晚清思想解放方面稍作评价。

龚自珍系统阐发文学理论的著作不多，但在一些诗文的序跋和有关评论中仍反映出其可贵的文学思想。如前所述，当时在文坛上居统治地位的是桐城派，以及由桐城派转化而来的阳湖派，都比较重视文章的写作技巧，在艺术上有一定可取之处，但都过分强调义理、考据、词章合而为一，重视模拟古文，推崇程朱理学，因而流于复古和形式主义，不利于作者自由抒发思想。所以，只有冲破桐城派的统治地位，文学创作才能进一步发展。有鉴于此，龚自珍强调文学要有独创性，要有真情实感，主张"诗与人为一，人外无诗，诗外无人，其面目也完"[②]，就是诗文中要有作者的思想和个性。他曾写有批评阳湖派领袖恽敬的《识某大令集尾》一文，提出自己的创作主张说"文章

[①] 曾朴：《译龚自珍〈病梅馆记题解〉》，载孙文光等编《龚自珍研究资料集》，黄山出版社1984年版，第156—157页。

[②] 龚自珍：《书汤海秋诗集后》，《龚自珍全集》，第241页。

虽小道，达可矣，立其诚可矣"，同时，又强调"情"，认为"无情者不得尽其辞"，他反问恽敬"今子之情何为？"就是说作文一定要做到"达""诚""情"。在龚自珍看来，所谓"达"，就是要完整地表现个性；所谓"诚"就是要发挥真情实意；所谓"性"，就是要追求个性解放的"自我"①。龚自珍还写有《长短言自序》一文，就是强调"尊情"的，他说，"情之为物也，亦尝有意乎锄之矣，锄之不能，而反宥之，宥之不已，而反尊之"，"且惟其尊之，是以为宥情之书一通"②。

龚自珍还在许多诗文中一再歌颂和强调"童心""真心"，如其诗云："少年哀乐过于人，歌泣无端字字真，既壮周旋杂痴黠，童心来复梦中身。"③他所谓的"童心"和"真心"，就是没有虚伪的掩饰，不受礼教束缚的童真之心；与之相联系，在诗词创作形式上他也强调不受格律约束，根据思想和内容，形式可以变化多端，句法长短，也可无定则。所以，他往往一首诗中，既有四言、五言，也有七言、八言。龚自珍的诗文，都一任感情流淌，自由奔放。他那有名的大型组诗《己亥杂诗》，就真实地描绘了自己的身世经历、思想著述、师友交往、见闻感触、喜怒哀乐，既反映了时代特点，也是作者自我的真实写照，成为脍炙人口的千古绝唱。有学者评论说："即无其它，自珍足千古矣！"④

同龚自珍的诗一样，他的散文也思想清新，意境独特，无论是政论文还是寓言性的讽刺文，都独具一格。其最突出的内容之一，也是尊重人格，强调个性解放。他那篇有名的《病梅馆记》，便以寓言的形式，比喻的手法，以梅喻人，形象生动地揭露了在封建专制社会下，对人个性的摧残和扼杀。文中揭露专制主义如何人为地将梅整治成病态，使梅"以曲为美，直则无姿，以欹为美，正则无景；以疏为美，密则无态"。结果，将正直美好富有生气的梅，人为地予以"斫直、删密、锄正"，折腾成"妖梅"和"病梅"。作者对于摧残梅的自然之美的做法深恶痛绝，对被扭曲的病梅寄予深切同情，文中说："予购三百盆，皆病者，

---

① 参见王元化《清园论学集》，上海古籍出版社1994年版，第256—257页。
② 龚自珍：《长短言自序》，《龚自珍全集》，第232页。
③ 龚自珍：《己亥杂诗》，《龚自珍全集》，第526页。
④ 张荫麟：《龚自珍诞生百四十周年纪念》，《大公报·文学副刊》1932年12月26日。

无一完者，既泣之三日，乃誓疗之，纵之，顺之，毁其盆，悉埋于地，解其棕缚，以五年为期，必复之全之。"医疗病梅的根本办法，就是让梅按其自然之性，无拘无束地自由生长。龚自珍完全是以拟人的手法，要求解除一切束缚个性发展的枷锁，使人的个性得到解放。

中国在由古代向近代社会转化的过程中，资产阶级最为执着追求的就是尊重人格，追求人的个性自由和解放。龚自珍在自己的诗文中，如此强烈地呼吁和追求个性解放，这无疑是一种资产阶级思想的萌芽和胚胎，既推动了近代文学创作的发展，也促进了人们的思想解放。因此，在清末资产阶级革命兴起时，他的思想和著作，大受资产阶级革命家和新诗界的赞扬，南社诗人柳亚子甚至把龚自珍的诗"视为奇遇"，"尊为偶像"，可见其影响之大。

三　地位、影响和评价

通过对龚自珍在开一代风气，推动晚清思想解放在各个方面表现的论述，他在清代学术思想中的地位和影响，已显而易见。

龚自珍在回顾自己平生的思想经历时曾自谓道："霜毫掷罢倚天寒，任作淋漓淡墨看。何敢自矜医国手，药方只贩古时丹。"他在另一首诗中又说："河汾房杜有人疑，名位千秋处士卑。一事平生无齮齕，但开风气不为师。"[①] 他实际上是以"开风气"的"医国手"自居。与龚自珍同时且互有交往的张维屏，于龚自珍去世不久即予评论说："近数十年来，士大夫诵史鉴，考掌故，慷慨论天下事，其风气实定公开之。"[②] 这里不仅明确肯定了龚自珍开风气的作用，且指出其具体表现。张维屏作为同时代人在当时所作的评价，值得重视。梁启超是戊戌维新思潮的健将，既是晚清学术思潮中人，又是清代学术思想的研究者，他根据自己的亲身经历曾反复指出："当嘉道间，举世梦醉于承平，而定庵忧之，儳然若不可终日，其察微之识，举世莫能

[①] 龚自珍：《己亥杂诗》，《龚自珍全集》，第513、519页。
[②] 佚名：《定盦文集后记》，载孙文光等编《龚自珍研究资料集》，黄山书社1984年版，第174页。

及也……语近世思想自由之向导，必数定庵。吾见并世诸贤，其能为现今思想解放光明者，彼最初率崇拜定庵。当其始读《定庵集》，其脑识未有不受其激刺者也。"① 他又说："晚清思想之解放，自珍确有功焉，光绪间所谓新学家者，大率人人皆经过崇拜龚氏之一时期。初读《定庵文集》，若受电然。"② 这里，梁启超以十分生动、形象的语言和令人信服的实际状况，说明龚自珍在推动晚清思想解放中的作用和影响。另外，作为晚清政坛与学界巨擘的张之洞，在回忆光绪时期社会及学术思潮的变化时，也在诗中从另一个角度对龚自珍的影响"理乱寻源学术乖，父仇子劫有由来，刘郎不叹多葵麦，只恨荆榛满路栽"，并予加注说"二十年来，都下经学讲《公羊》，文章讲龚定盦，经济讲王安石，皆余出都以后风气也，遂有今日，伤哉"③！梁启超和张之洞都是晚清政治斗争与学术思潮的参与者、亲历者，他们从不同的立场肯定了龚自珍在开一代风气和推动晚清思想中的作用和影响。

从龚自珍的自述，到同时代人的论说，再到后人如梁、张等人的评价，都从不同的角度、不同的立场证明龚自珍在清代学术思想史上的地位，他不愧是承前启后，继往开来，开创一代风气，推动晚清思想解放的杰出思想家、文学家和诗人。

对于龚自珍在晚清学术思想史中的具体影响，还可从晚清各时期的评论中得到进一步的说明。在龚自珍生活的时代，他虽因其思想超前，"一虫独警"，尚不能为多数人所理解，常遭到排挤与打击，被世俗视为"呆子"与"狂士"，但毕竟被一些思想相近的仁人志士所肯定，并引为知己和同调。如鸦片战争中的禁烟派领袖林则徐，在读到龚自珍给他的送行书信后，就十分肯定地说："出都后，于舆中绅绎大作，责难陈义之高，非谋识宏远者不能言，而非关注深切者不肯言也。"④ 嘉道时期的著名思想家、文学家姚莹在述及他和龚自珍等人的交往时也说：

---

① 梁启超：《饮冰室集》文集之七。
② 梁启超：《清代学术概论》，复旦大学出版社1995年版，第61页。
③ 《张文襄公全集》卷227。
④ 林则徐：《复札》，见《送钦差大臣侯官林公序》，载龚自珍《龚自珍全集》，第171页。

"道光初，余至京师，交邵阳魏默深、建宁张亨甫、仁和龚定盦及君（按：指汤海秋）……是四人者，皆慷慨激励其志业才气，欲凌轹一时矣"，虽然定盦"言多奇僻，世颇訾之"，但"世乃习委靡文饰，正坐气苶耳，得诸子者大声振之，不亦可乎？"① 这说明龚自珍等在举世尚"委靡文饰"的情况下，慷慨激励，言人所不能言，具有振聋发聩之作用。还有，与龚自珍同时的著名文人蒋湘南，也肯定龚自珍"精西汉今文之家法，而又通本朝之掌故"，"文苑儒林合，生平服一龚"。龚自珍去世之后，曾为之编刻文集的曹籀，在所撰《定盦文集序》中更是高度肯定自珍"其人其文，卓然大家"，"翘然独秀，抗先哲而冠群贤"，"足以继往开来，自成一家"②。梁启超在《饮冰室诗话》中，曾录有时人的一首诗说："嘉道学风稍变更，伟思奇论惊神鬼。仁和邵阳真天才，独为俗学扫糠秕。"这些评论说明龚自珍的思想和言论，在嘉道之时，便起有扭转一世学风、推动经世致用思潮兴起的积极作用。

龚自珍的思想对戊戌维新思潮的影响，尤为明显，当时所谓的新学家康有为、梁启超、谭嗣同、黄遵宪等，无不推崇龚自珍。康有为推崇龚自珍的散文"独立特正"，并说他"向亦受古文经说，然自刘申受、魏默深、龚定盦以来，疑攻刘歆之作伪多矣！吾蓄疑于心久矣！"③ 康有为进行变法维新的理论基础之作——《新学伪经考》与《孔子改制考》，便是在今文经学的形式下，论证变法维新的合理性，从思想内容到表达方式都受到龚自珍的影响。谭嗣同也高度评价龚自珍说："千年暗室任喧豗，汪（中）、魏（源）、龚（自珍）、王（闿运）始是才。"④ 被称作近代"诗界革命旗帜"的黄遵宪，在其诗作中濡染龚诗之处时有可见，他所作的《己亥杂诗》八十九首，从标题、内容，到形式，都可看出受有龚自珍的影响。曾反对戊戌维新、编有《翼教丛编》的叶德辉，也不得不肯定龚自珍"以旷代逸才，负经营世宙之略"，并从反面证明了龚自珍在当时的影响。他说："曩者光绪中叶，海内风尚，《公羊》之学，后生晚进，莫不手先生文一编，

---

① 姚莹：《汤海秋传》，《东溟文后集》卷11。
② 曹籀：《定盦文集序》，《龚自珍全集》后附，第653—654页。
③ 康有为：《重刻新学伪经考后序》。
④ 谭嗣同：《论艺绝句六篇》，《谭嗣同全集》，中华书局1981年版，第71页。

其始发端于湖湘，浸淫及于西蜀、东粤，挟其非常可怪之论，推波助澜，极于新旧党争，而清社遂屋。论者追源祸始，颇咎先生及邵阳魏默深二人。"① 难怪梁启超说："晚清思想之解放，自珍确有功焉。光绪间所谓新学家者，大率人人皆经过崇拜龚氏之一时期。"

整个晚清社会始终贯穿着反对帝国主义侵略、反对封建专制压迫的任务，而龚自珍的思想中既有对外国资本主义侵略的同仇敌忾，也有对封建专制主义的揭露与抨击，而且，其诗文激情奔放，才华横溢，富有个性解放的近代人文主义思想。因此，龚自珍在整个晚清社会，一直发生着重要作用和影响。辛亥革命前后，一些资产阶级思想家、文学家对龚自珍也大都十分推崇。作为南社发起人的柳亚子，甚至把龚视作"偶像"，推崇龚为"三百年来第一流"。南社的许多诗人如高旭、苏曼殊等都深受龚的影响，以"龚派"自许，在《南社丛刊》中的"续龚"之作，竟多达400首。龚自珍几乎成为辛亥革命时期一代进步青年知识分子的代言人。这是因为"清末民初是一个大转变的时代，士人激昂慷慨，好谈天下事，飞扬跋扈，正是他们人生的极致。何况，龚自珍'怨去吹箫，狂来舞剑'，他还是近代名士风流的典型呢"！同时，"大抵改革时代，最需要一种反抗精神和奔放的热情，自由的攻取，便是浪漫运动初期的特色。而适合其选的龚定盦正是具备此项气质的典型"。因此，"南社诸君子，亦无不瓣香龚氏，一时稍解吟咏或奔走国事的青年，多少总带点定庵的气息"。

晚清而后，直到"五四"新文化运动兴起，不少现代的思想家、文学家，也不同程度受有龚自珍的影响，对龚自珍十分喜爱。鲁迅就很喜欢龚自珍的诗，鲁迅的好友许寿裳曾说鲁迅"才气横溢，富有新意，无异龚自珍"。沈尹默《追怀鲁迅先生六绝句》也说鲁迅"少时喜学定庵诗"。唐弢也曾回忆说，他有一次与鲁迅谈到旧诗时，"鲁迅很称道定庵的七言绝句"②。与鲁迅同时的胡适、郁达夫等也都不同程度受到龚自珍的影响。

从龚自珍的思想和著作在晚清各个阶段所发生的作用和影响看，说

---

① 叶德辉：《龚定盦年谱外纪序》，载孙文光等《龚自珍研究资料集》，第123—124页。
② 唐弢：《回忆·书简·散记》。

龚是开创一代风气、推动晚清思想解放的思想家信非过誉。

应该说，在古今中外历史发展的长河中，无不充满新与旧、革新与保守、民主与专制、自由与禁锢、科学与愚昧的斗争。特别是当社会发生巨变，而旧思想、旧制度的枷锁仍禁锢人们的头脑之际，一些具有超前意识的思想家，发出时代的呐喊，倡导思想解放，他们往往会成为思想解放的先驱、政治变革的前导，而成为顺应时代潮流的民族精英，受到当时及后人的肯定与赞扬。但由于存在着新与旧、革新与保守、进步与顽固的斗争，具有超前意识的先驱者，也必然会受到顽固守旧势力的攻击与诽谤，作为启蒙思想家的龚自珍的遭遇就是这样，这正是对龚自珍的评价存在着截然相反观点的主要原因。当然，问题并非如此简单，这其中也还有政治原因之外的学术观点上的见仁见智的不同。譬如，章太炎作为辛亥革命时期的资产阶级思想家、宣传家，对龚自珍却持根本否定的态度，主要就是因为二者经学观点不同。章氏是古文经学派，他视龚自珍为今文经学派，出于经学流派的门户之见，故极为贬低龚自珍。另外，章氏在辛亥革命时，极力鼓吹排满革命，坚决主张推翻清朝帝制，而龚自珍虽然也抨击封建末世的各种弊端，有时思想深处还闪烁出革命思想，但其对于封建制度总体上说还是补天派，而不是拆天派，正如其诗句所说"终是落花心绪好，平生默感玉皇恩"，"落红不是无情物，化作春泥更护花"[①]。这说明他在主观上仍然希望能通过变法革新，使当时腐败的封建统治起死回生，并不想从根本上推翻当时的统治政权。这也是章太炎蔑视龚自珍的原因之一，甚至认为，"自珍文文贵于世"，"将汉种灭亡之妖邪"？这种看法则反映了章太炎思想上的片面性。像历史上许多处于历史转折时期的历史人物一样，龚自珍的思想也难免新旧杂陈，既有超前敏锐的一面，也有守旧落后的成分。当辛亥革命爆发时，他已下世50余年，不能用后来已发展变化的新思想，去苛求龚自珍在世时受时代条件限制，思想所不能达到的高度。另外，龚自珍思想中的积极面与消极面，也都反映在其著作之中，无论是其经世致用的政论文，还是讽刺性的小品文，都是其整个思想水平的反映，既有积极进

[①] 章太炎：《校文士》，载孙文光等编《龚自珍研究资料集》，第141页。

取的一面，也有消极落后的成分，而且政论文、讽刺文也互相交织，很难截然划分，因而也很难说"经世致用之学""是其中局限性最大的一部分"，"龚自珍对于后世的影响，主要是他那批判性的讽刺诗文"。如照这样的说法，龚自珍《明良论》《古史钩沉论》《平均篇》等，都是属于经世致用的政论文，但其中却有龚自珍对封建末世的尖锐批判，也是龚自珍对后世很有影响的名篇。而龚自珍最受称道的《己亥杂诗》中，也包含了"终是落花心绪好，平生默感玉皇恩"那样的对清王朝感恩戴德的诗句，可见，很难以文章体裁来划分龚自珍思想的积极面与消极面。

我们在肯定评价龚自珍积极作用和影响的同时，也要看到，由于其生平不得志，性格又过于浪漫放荡，诗文中也常常暴露出"逐色谈空"的颓废没落情调，因而有人批评其"轻薄"，"荡检偷闲"，"亦伤名教"，这无论是在当时还是后世，都产生过消极的不良影响。我们在评价历史人物时，既不能只看到其积极的主导性的一面，而看不到其消极性的一面，同样，也不能因其消极的方面，便用来以偏概全，而否定其积极的主导性的一面。龚自珍虽然有其消极的方面，但绝不失为是一位开一代风气、推动晚清思想解放的杰出思想家。

（原载《清代学术探研录》，中国社会科学出版社2012年版）

晚清思想文化的启蒙者和先驱

——《龚定盦全集》与《古微堂诗文集》述评

"编史要务,首在采集史料,广收确证,以为依据。因为历史科学之殿堂必须岿然耸立于丰富、确凿、可靠的史料基础上,不能构建于虚无缥缈之中。"惟其如此,国家清史工程正式启动后,在着手编纂卷帙浩瀚的主体工程——新编《清史》的同时,便及时设立了《文献》《档案》《编译》等丛刊,其旨在搜罗、整理、编辑中外有关的清史文献、档案资料。几年里,经过许多专家的辛勤耕耘,不少具有很高学术价值的史料,已经出版问世。这不仅有裨于《清史》的编修,也为抢救、保护、开发清代文献资源,作出了积极贡献。诚如不少专家所说:作为清史编纂基础工程的《文献》《档案》《编译》等丛刊的出版,为清史研究提供了大量珍贵的史料,必然利于当代,传之后世,功莫大焉。令人欣喜的是作为清史纂修工程中一项规模最大的文献项目——《清代诗文集汇编》(以下简称《汇编》),近日已由上海古籍出版社出版,实属可喜可贺。

《汇编》乃迄今为止关于清代诗文集涵盖面最全、内容最丰富、卷帙最大的总编。全书收录清代诗文集4000余种,精装800巨册,有清一代各个时期作者的诗文之作大都收编其中,真可谓"弹指兴亡三百载,都在诗人吟唱中"。应该说,各种有价值的诗文创作,都是作者所处历史时期时代精神的反映。有清一代近三百年,无论是初期、中期与晚期,都涌现出许多才华横溢、思想深邃的诗文作者,他们的创作在思想内容和艺术风格上,都有其时代特点。收录于《汇编》中的《龚定盦全集》二十卷,《古微堂诗集》十卷,《古微堂内集》二卷,《外集》八卷,就编辑整理了晚清进步思想家、文学家、诗人龚自珍、魏源之代表性著作，集中反映了龚、魏所处的晚清时期的社会风貌和时代特征，是研究晚清时期政治、经济、军事、思想文化等方面不可或缺的重要文献资料。分析评述龚自珍、魏源所处的时代特征，评述其诗文集的内容特色及其在晚清思想文化史上的地位和影响，可窥一斑而见全豹，以从中体现《汇编》的学术文化价值。

一　龚、魏所处的时代与社会思潮变化

龚自珍（1792—1841），魏源（1794—1857），他们均处于19世纪前期，正是中国的社会历史和文化思潮发生急剧转折和激烈变化的年代。当时，清代的"康乾盛世"已成过眼烟云，整个社会呈现出经济衰败、政治腐朽、思想沉寂的残破景象。不仅国内阶级矛盾尖锐，且处于海外殖民掠夺阶段的世界各资本主义国家，也加紧了对中国的侵略。在深刻的社会动荡与民族危机中，中国的社会历史发展又到了新的变化转折时期，延续了两千多年的封建社会正逐渐向半殖民地半封建社会演变。与之相伴随，社会文化思潮也在相应地发生变化，集中表现在曾盛极一时的乾嘉考据学走向了衰落，而以今文经学为武器的新的经世致用思潮逐渐兴起。乾嘉考据学在整理和总结中国古代文化典籍方面虽做出很大的贡献，但它只有在经济繁荣、政治安定的基地上才能获得充足的养料而蓬勃生长，一旦时过境迁，就失去了存在和发展的土壤。当鸦片战争前后的社会历史进程向社会各阶级、各阶层提出了新的问题、新的要求时，多半在古籍中讨生活的乾嘉考据学却不能满足社会现实的要求，也不能适应社会动荡的局面，必然走向衰落。事实上，到鸦片战争前夕，一些对社会危机有深切感受、要求改变现状的进步思想家，便痛感终日将时间精力消磨在文字训诂、名物考据之中，对于时事政治、国计民生不管不问的考据学，已成为解决现实问题的障碍，因而大声疾呼要求改变学术风气。

在乾嘉考据学走向没落，学术风气发生变化的过程中，侧重于阐发儒家经书微言大义的今文经学逐渐活跃起来。自西汉就兴起的今文经学派，是一个比较活泼而少受羁束的学术派别，每援经议政，便于阐发经世匡时和进行变革的思想主张，常常是要求变革的进步思想家从事变革

的哲学。清代复兴今文经学的创始者是庄存与（1719—1788）。其后，清代今文经学一派的重要人物，如刘逢禄（1770—1829）、宋翔凤（1776—1860）等，大都和庄存与有师承关系或受其影响。刘逢禄与宋翔凤生活的年代，清朝的统治已经到了危急时刻，他们企图从今文经学的"微言大义"中，寻找解救社会危机的方案。虽然他们本意还是要维系封建社会的世道人心，挽救即将倾覆的封建大厦，并无意于倾覆封建统治，然而能在乾嘉考据学走向没落的情况下，提倡今文经学，鼓吹应变哲学，却对鸦片战争前后提倡经世致用、积极主张变革的进步思想家，产生了重大影响。龚自珍与魏源都曾向刘逢禄学习《公羊春秋传》。特别是龚自珍对刘的学说非常推崇，他在诗中说："从君烧尽虫鱼学，甘做东京卖饼家。"也就是说要抛弃训诂考据之学，决心随从刘逢禄去致力于被人奚落为"卖饼家"的今文经世学。清代的今文经学，至龚、魏时期已具有明显的政治变革倾向。

在考据学没落和今文经学兴起的过程中，知识界的风气也发生了明显的变化，突出表现在一些学者和思想家，面对现实，敢于猛烈抨击清朝统治的黑暗和腐朽，抨击时弊，要求变革，留心时务，提倡经世致用，对于关系国际民生的重大社会经济问题，诸如漕运、盐政、治河、土地、农政、货币、人口等方面的问题，都提出了一系列改革措施。当时的知识界，还比较重视研究边疆的历史地理，并扩大到对世界各国的研究，一些研究边疆历史地理和介绍世界情势的著述纷纷刊印。这与康雍乾以来，全国更加统一，中原和边疆地区的联系日益密切，以及外国资本主义世界对中国的交往日频并加紧对中国的侵略分不开。如姚莹在说明自己撰写《康輶纪行》的意图时就说，"自嘉庆年间，购求异域之书，究其情事"，以便于"正告天下，欲吾中国童叟，皆习见习闻，知彼虚实，然后徐筹制夷之策，是诚喋血饮恨而为此书，冀雪中国之耻，重边海之防，免胥沦于鬼域"。[①]

由上可见，相对于18世纪考据学占支配的状况，19世纪前期的学术文化思潮，确实发生了明显的转折和变化，在转折变化过程中，形成了新的经世致用思潮，涌现出一大批以经世为己任的学者和思想家，而

[①] 姚莹：《东溟文后集》卷8。

龚自珍和魏源则是这批人在思想和文化方面的杰出代表。而他们的思想便集中反映在其诗文著述——《龚定盦全集》与《古微堂诗集》《古微堂内集·外集》之中，我们不妨对龚自珍、魏源诗文集的内容和思想特色作简要分析。

二　开一代风气的启蒙思想家龚自珍

龚自珍生于乾隆五十七年（1792），卒于道光二十一年（1841），又名巩祚，字瑶人，号定庵，晚年自号羽琌山民，浙江仁和（今杭州）人，是中国历史由古代向近代转折过程中，开一代风气的启蒙思想家、文学家和诗人。

龚自珍的好友魏源在《定盦文录叙》中谓自珍"于经通《公羊春秋》，于史长西北舆地。其文以六书小学为入门，以周秦诸子、吉金乐石为崖埒，以朝章国故、世情民隐为质干。晚尤好西方之书"（笔者按，这里的西方之书，乃指佛学）。[①]说明龚自珍学识渊博，著述宏富，关心世情民隐，而且写诗作文，才思敏捷，真情流露，"与同志纵谈天下事，风发泉涌，有不可一世之意"，[②]生前与身后都有很大影响。其诗文著述有多种刻本流传。在其生前就有自刻本：《定盦文集》三卷，《余集》一卷，《定盦续集己亥杂谈》一卷，《定盦文集古今体诗破戒草》一卷等。其谢世之后，后人对他的诗文集也曾屡刻屡印，主要有同治七年吴煦刻《定盦文集》、光绪十二年朱之榛辑《定盦文集补编》，以及光绪二十三年刻有由余廷诰新辑《龚定盦集》，其后又有文选楼重校之《龚定盦全集》二十卷。该本收集龚自珍诗文较之它本相对齐全。[③]而《汇编》收录之《龚定盦全集》二十卷（简称《龚集》）即选自此种刻本。1949年之后，中华书局与上海人民出版社均出版了新标校本《龚自珍全集》。《龚集》的思想内容足以印证龚自珍确为开一代

[①] 魏源：《定盦文录叙》，《魏源集》，中华书局1976年版，第239页。
[②] 参见张祖廉《定盦先生年谱外纪》，收入龚自珍《龚自珍全集》，上海人民出版社1975年版，第632页。
[③] 参见柯愈春编《清人诗文集总目提要》，北京古籍出版社2002年版，第1274—1275页。

风气的启蒙思想家。

我们从龚自珍自述及后人所编《定盦先生年谱》可知，他出身于累代仕宦簪缨的书香门第，其祖父是乾隆时进士，父亲为嘉庆时进士，又是著名汉学家段玉裁的门生和女婿，其母亦工书能诗。他从童年始，即从父母习颂诗文，并从外祖父学习文字音韵之学，打下深厚的传统文史功底。他自11岁起随父入京，寓居官衙，继而又随父亲的升迁调任，往来于冀、皖、浙、苏等地。就其个人性格而言，胸怀坦荡，放荡不羁。"乐亦过人，哀亦过人"，"怨去吹箫，狂来说剑"，言语举动，"不依常格"，与人交往，不计身份，常常是"朝从屠沽游，夕拉驵卒饮"。如前所述，他生活的年代，又正值社会变化转折时期。其去世的前一年，鸦片战争的隆隆炮声，揭开了中国近代史的序幕。他生平经历的五十年，正是封建社会解体，走向半殖民地半封建社会的前夕。

龚自珍的上述身世经历、性格及其所处的时代背景，以及《龚集》中大量诗文的内容，都决定和反映了其思想特征：

其一，家庭环境的熏陶和教育，使他具有深厚的传统文化根基，他一生在诗歌、散文、经学、文字学、金石学、天文地理、释道典籍、科名掌故等方面，均有涉猎，甚或有高深造诣，且才华横溢，超出常人。从《龚集》可知，他13岁即撰文《知觉辨》，是"文集之托始"，15岁有诗集编年，19岁倚声填词，并很快结集。23岁又写出一组惊世骇俗的议论文《明良论》。虽然家庭希望他"努力为名儒为名臣"。但他那放荡不羁的性格和时代的推动，却使他走上社会批判之路。他在鸦片战争前夕，便与林则徐、魏源等人共同倡导了抨击时弊、重视时务、抗御外侮的经世致用思潮。

其二，由于长期随父亲在京都及南北各地官衙，而后他自己又长期在朝中冷署闲曹，使之深悉封建末世官场的内幕，即如他所写的《明良论》，就针对嘉庆皇帝因天理教起义而颁布的推卸责任的《罪己诏》，及封建官僚集团的昏庸腐朽，尖锐指出专制君主视臣下如犬马，专制制度如同一根绳索，束缚着官吏的四肢，上自三台六卿，下至百官士大夫，"不能行一谋，专一事"，而都是些醉心利禄，谄媚君上，以犬马自为的寡廉鲜耻之徒，满朝之中，文恬武嬉，一旦国家有事，一个个像燕雀一样四处奔逃。对于专制皇帝及各级官僚的揭露，可谓惟妙惟肖、淋漓尽致。当《明良论》一经问世，宛如在一潭死水中投进掀起波澜的警石，很快产生强烈的反响，一生专治考据的段玉裁读《明良论》后，也赞叹不已地说："耄矣，犹见此才而死，吾不恨矣！"

其三，由于龚自珍南北奔走，又广泛结交社会各阶层，使之有可能对当时社会有深切了解，能体察到时代脉搏的跳动，关注现实与民间疾苦，加之他那敢于犯上的性格和风发泉涌的才华，使之能够以一位天才思想家对社会幽隐的洞察和对时代的总体感受，写出大量撼人心扉，震聋发聩的著作。他讲话撰文，都真情流露，不计利害，直抒胸臆，往往是"伤时之语，骂座之言，涉目皆是"，且"上关朝廷，下及冠盖，口不择言，动与世忤"①。应该说这种叛逆的思想言论，都是时代的强音。特别是他的某些强调个性的思想和文字，实际上是"资产阶级思想的萌芽和胚胎"。

随着年龄的增长，龚自珍对社会的认识也不断深化。他在25岁前后，又陆续写出《乙丙之际著议》《尊隐》《平均篇》等文，也都针砭时弊，切中肯綮。嘉庆二十四年（1819），他在北京结识了今文经学家刘逢禄等人，从之学习今文经学《公羊春秋》，援引其中的微言大义，用考史论经的形式，阐发变革思想，强调"穷则变，变则通，通则久"。他认为"一祖之法无不弊，干夫之议无不靡，与其赠来者以改革，孰若自改革"。在此前后，他还研究边疆历史地理，撰写了《西域置行省议》，建议在新疆改设行省，开发和巩固西北边疆，防止外国殖民主义者侵略。

道光九年（1829），龚自珍38岁时，考中进士，在朝考《对策》及殿试《御试安边绥远疏》中，从施政、用人、治水、戍边等方面，都提出了具体的改革主张，尤其是公然抨击八股为"无用之学"，使"阅卷诸公大惊"，遂不得入翰林，仅以内阁中书任用。此后，又连任各种小京官，他始终不改初衷，上书直陈，致使同僚讥笑他有"痼疾"。他每一上书，都使上司"动色以为难行"，而他依然我行我素，疾恶如仇，逆风而行，因被世俗视之为"狂士"，或者呼其"龚呆子"。

---

① 参见张祖廉《定盦先生年谱外纪》，收入龚自珍《龚自珍全集》，上海人民出版社1975年版，第648页。

道光十八年（1838）末，林则徐受命前往广州禁烟，龚自珍积极支持林则徐南行，还写了《送钦差大臣侯官林公序》，恳切建议林则徐严惩破坏禁烟的敌对分子，做好反侵略的战争准备，并表示愿随同南下，共筹禁烟大计，因林则徐以"事势有难言者"，婉言谢绝，未能成行。由于龚自珍一直抨击时弊，不断受到顽固守旧势力的排挤打击，常遭遇罚俸，以致生计困窘，穷愁潦倒，爱国壮志未酬，导致抑郁闷积，自忖继续在京都，亦难有所作为，于是决意辞官南归。道光十九年四月二十三日（1839年6月4日），他轻装简从，只身出都。同年九月，又北上迎接眷属。在往返途中，他百感交集，赋诗抒怀，写下大型组诗——《己亥杂诗》三百十五首。

《己亥杂诗》将作者的生平经历、思想著述、师友交往、旅途见闻，一一写入诗中，既是作者的自传记录，又是时代生活的写照，渗透了诗人对国家命运、人民苦难的关注。如诗人南归至淮浦（今淮安）时，他看到拉纤的船夫艰难挣扎在航道上，遂写下："只筹一缆十夫多，细算千艘渡此河。我亦曾糜太仓粟，夜闻邪许泪滂沱。"他看到东南地区的农民在苛重的赋税盘剥下，被迫卖掉耕地，四处流浪的情景，又写道："不论盐铁不筹河，独倚东南涕泪多。国赋三升民一斗，屠牛那不胜栽禾。"他在旅途中，仍深情怀念着林则徐，为之出谋献策："故人横海拜将军，侧立南天未蕆勋。我有阴符三百字，蜡丸难寄惜雄文。"龚自珍那首气势磅礴、回肠荡气的名篇"九洲生气恃风雷，万马齐喑究可哀。我劝天公重抖擞，不拘一格降人材"，即出自《己亥杂诗》。

龚自珍南归后，执教于丹阳云阳书院，同时兼任紫阳书院讲席。道光二十一年（1841），他写信给驻防上海的江苏巡抚梁章钜，拟辞去教职，赴泸共商抗英事宜。但时隔不久，却于八月十二日（9月26日）暴死于丹阳，当中国历史步入近代门槛，时代正需要这位思想敏锐、才华卓越的思想家之际，这颗明星却遽然陨落，实在是时代的悲剧。

与龚自珍同时而稍后的一位诗人曾说："近数十年来，士大夫诵史鉴，考掌故，慷慨论天下事，其风气实定公开之。"龚自珍本人亦曾自述："一事平生无龁龁，但开风气不为师。"在中国历史由古代向近代转变过程的晚清历史中，龚自珍确不愧是开一代风气的启蒙思想家和文学家。

三　经世务实首倡向西方学习的魏源

魏源，生于乾隆五十九年（1794），卒于咸丰七年（1857），原名邦达，字默生，又字默深，号良达，湖南邵阳人。15岁考中秀才，并做乡村塾师。20岁时，为湖南学政汤金钊赏识，被选为拔贡。嘉庆十九年（1814），随父入京，途经水灾后的河南，目睹了民不聊生、僵尸如麻的悲惨情景，曾写诗描述百姓的苦难："明知麦花毒，急那择其他。食鸩止饥渴，僵者如乱麻。"这反映了其关注现实，关心人民疾苦的经世情怀。从魏源一生写下的大量著述看，他不愧为社会历史转折时期具有经世务实、首倡向西方学习的进步思想家。

魏源一生留下宏富的著述，除《老子本义》《孙子集注》《书古微》《诗古微》《元史新编》《圣武记》《海国图志》及协助贺长龄编《皇朝经世文编》等专门著作外，其诗篇与短论编有《古微堂诗集》与《古微堂文集》。此次收入《汇编》的魏源诗文集《古微堂诗集》十卷，乃同治九年长沙邹氏的刻本；《古微堂文集》（其中内集二卷，外集八卷）乃宣统元年上海国学扶轮社之铅印本。1976年中华书局将其诗文合编为《魏源集》，近年来岳麓书社编辑出版了《魏源全集》，都为研究魏源的学术思想提供了丰富的资料。

魏源于嘉庆十九年进入北京后，先后结识了龚自珍、林则徐、张际亮、姚莹等，相互间切磋学问，议论时政，并与龚自珍共同向刘逢禄学习今文经学，走向以今文经学为武器，倡导经世致用的治学道路。道光二年（1822），他考中举人，后屡次会试落第。道光五年，入江苏布政使贺长龄幕府，替贺编《皇朝经世文编》，这部书成为清代政治、经济、军事、文化和学术思想的重要参考资料，也反映了魏源本人的经世务实思想。在此期间，魏源还为江苏巡抚陶澍筹划海运、水利等实务，代苏州、松江知府编《江苏海运全案》《道光丙戌海运记》。他本人还写了《筹海篇》等著作。

道光九年，魏源在北京考进士不中，捐了一个内阁中书舍人。内阁是清朝贮藏典籍档案的所在，他在这里接触了许多重要文献资料，更加熟悉了清代历史掌故。约在此时，魏源还写了《诗古微》等今文经学著述，并编校了刘逢禄的遗著——《刘礼部遗书》，反映了其欲借助今文经学进行革新的思想倾向。道光十一年，魏源又在两江总督陶澍处改革淮北盐政，后在扬州购建了"挈园"，内有古微堂书屋，其许多著作都在这里写成，因以古微堂名集。龚自珍曾为挈园题联："读万卷书，行万里路，综一代典，成一家言。"概括反映了魏源的学术思想风貌。

道光二十年（1840）鸦片战争爆发，魏源应邀至宁波军中参与对英俘的审讯，并写成《英吉利小记》，记述了英国的政治、地理、风俗、习惯、宗教信仰等。道光二十一年，他与被罢官遣戍的林则徐在江口（今镇江）会晤。二人对榻通宵长谈，林将自己所辑的《四洲志》交付魏源，嘱予续编。这年的下半年，魏源又在两江总督的幕府中参与戎机，以自己的亲身见闻，先后写作了《寰海》《秋兴》等著名诗篇，抒发了其反抗侵略的爱国热情及反对投降派的愤慨。针对鸦片战争失败的教训，为增强民族自尊和自信，魏源又于道光二十二年写成《圣武记》，书中既颂扬了清朝开国以来的武功，也揭露了晚清政治军事的腐败，并提出了如何富国强兵的思想主张。道光二十四年，他又不负林则徐的重托，在《四洲志》的基础上，撰成五十卷的《海国图志》。此后数年，他又陆续扩充至六十卷、一百卷。这是魏源最重要的一部代表作，也是第一部由中国人自己编纂介绍世界各国历史、地理、政治、经济、军事、科技、文化、宗教等方面情况的巨著。就是在这部巨著中，魏源提出了"师夷长技以制夷"的重要思想。

道光二十五年（1845），魏源52岁时，才考中进士，出任江苏东台知县，至咸丰元年（1851），又迁高邮知州。咸丰三年，在太平天国起义军攻克扬州时，他因"迟误驿报"被革职。此后他将全家迁居兴化，潜心著述，咸丰七年（1857）病逝于杭州。

魏源一生思想的突出特色，一在于倡导经世务实；二在于首先提出向西方学习的思想。他继承了历史上进步思想家的进化历史观，认为历史是不断进步和发展变化的，一切制度措施也应随着历史的发展而变化，他提出"租、庸、调变而两税，两税变而条鞭，变古愈尽，便民愈甚"，又说"履不必同，期于适足；治不必同，期于利民"。这里包含着发展变化的历史观和可贵的民本主义思想。

基于上述发展变化的历史观，针对所处时代的弊端，魏源大声疾呼："天下无数百年不弊之法，无穷极不变之法，无不除弊而兴利之法，无不易简而能变通之法"，为变法革新大造舆论，并提出一系列经世务实的革新主张。在社会经济方面，他对漕、盐、河、兵等都提出了切中时弊的改革方案；在漕运方面，积极主张改河运为海运，认为海运"利国、利民、利官、利商"，还主张以商运代官办，以革除官运中饱私囊之弊，这种重视工商的经济思想，显然有利于社会经济发展。关于盐法，魏源提出取消盐引，改行票法，并帮助两江总督陶澍在两淮积极推行，以杜绝盐商的垄断与盐官的中饱。魏源对于治理水患亦十分关注，还亲自参加了对河道的勘察和治理，撰写了《筹河篇》，抨击了清朝的河政之弊，提出了切实的治河方案。魏源有关社会政治及漕运、盐法、水利、兵饷等方面的改革主张，如关于"利商"的思想，关于"仿筹西洋之银钱"的建议，确含有近代色彩。

魏源思想中最突出的特点，在于他在晚清思想文化史上第一个提出向西方学习，这主要反映在《海国图志》一书中。此书引用各种典籍达百余种，涉猎的外国著作也有二十余种，除文字内容外，还有各国地图七十多幅，并有西洋船炮器械图式，提供外部世界信息的丰富性、真实性，超过在此之前的任何著作，可谓19世纪中叶关于世界知识的百科全书。

魏源首先从观念上改变了国人对外部世界及外国人的陈旧看法。虽然他仍沿用了称西方为"夷"的习惯用语，但却没有鄙视外国人的心理。他认为"非谓本国而外，凡有教化之国皆谓之夷狄也"。他明确肯定西洋人是知礼义、通天象、察地理、悉物情、洞古今的"奇士"，强调要树立"天下为家""四海皆兄弟"的意识，要改变夜郎自大、坐井观天的孤陋观念。这比之于那些迂腐守旧的封建官僚，不知要高明多少倍。那些顽固守旧派视西方的机器轮船是"奇技淫巧"，魏源则认为只要是"有用之物""即奇技而非淫巧"。这种观念上的变化，扫清了向西方学习的思想障碍，正是在这样的思想基础上，魏源在《海国图志叙》中明确提出："是书何以作？曰：为以夷攻夷而作"，"为师夷长技以制夷而作。""师夷"就是要学习西方的长处，而"师夷"的目的，则是"制夷"，就是说只有学习和掌握了西方的长处，才能有效地制止其对中国的侵略。承认西方有高于中国的"长技"，而且要学习这些长技，这就扭转了中国社会自我封闭的封建蒙昧主义。他的所谓"制夷"，是面对西方殖民主义的侵略而提出的，也并非盲目的排外和仇外。这就开启了近百年来向西方资本主义学习并抵制其侵略的历程，推动了中国历史从社会制度到思想意识等方面的发展和变化。

魏源在《海国图志叙》中说明自己从事的工作是"钩稽贯串，创榛辟莽，前驱先路"。他在晚清思想文化史上确不愧是一个"创榛辟莽，前驱先路"，具有强烈爱国意识，而且是与时俱进首倡向西方学习的先驱者、思想家和文学家。而这些光辉的进步思想和主张，都较为集中地反映在《古微堂诗集》与《古微堂文集》之中，因而欲研究这样的思想和主张，无疑都要首先阅读魏源的诗文集。

四　龚、魏及其诗文集在晚清时代的地位和影响

龚自珍与魏源同是19世纪前期经世务实思潮的杰出代表人物，他们二人所处的时代相同，年龄相若，思想趋向相近，相互同情，谊也甚笃，视若手足，因而时人与后人都将他们并称为"龚、魏"，他们在晚清思想文化史上也具有相同的地位和影响。恩格斯在《共产党宣言》意大利文版的《序言》中指出："封建的中世纪的终结和现代资本主义纪元的开端，是以一位大人物为标志的。这位人物就是意大利人但丁，他是中世纪的最后一位诗人。"龚自珍和魏源在中国历史上正是类似但丁这样的处于转折时代的人物。作为思想家、文学家和诗人，他们都以敏锐的思想，以及富有现实主义、浪漫主义的诗文，为旧时代唱了挽歌，为新时代的到来呐喊张目。他们的思想和主张虽然各有特色，但总的思想倾向及其体现的时代特征则是相同的，他们在近代思想文化史上的地位与影响也大体一致，在一定意义上说都是中国近代思想文化上的启蒙者和先驱。

由于中国封建社会漫长，以儒家经学为核心的传统文化，根深蒂固，影响深远。因此，中国近代史上进行变法革新的思想家，无不披上儒家经学的外衣，进行托古改制。龚自珍和魏源在19世纪初，为宣传他们的变革主张，都重新提出今文经学的"《公羊》三世说"，和《易经》的变易观念。19世纪末戊戌维新时期的康有为、梁启超、谭嗣同

等，无不推崇龚、魏。康有为就曾说："吾向亦受古文经说，然自刘申受、魏默深、龚定盦以来，疑攻刘歆之作伪多矣！吾蓄疑于心久矣！"①谭嗣同亦曾高度评价龚、魏说："千年暗室任喧豗，汪、魏（源）、龚（自珍）、王始是才。"被称为近代"诗界革命旗帜"的黄遵宪，曾作有《己亥杂诗》八十九首，从标题到形式，均取自龚自珍的《己亥杂诗》。难怪梁启超说："晚清思想之解放，自珍确与有功焉，光绪间所谓新学者，大率人人皆经过崇拜龚氏之一时期。"② 此外，龚、魏的影响，还可从封建正统守旧人物的言论中得到印证。编纂《翼教丛编》的叶德辉就曾说："曩者光绪中叶，海内风尚《公羊》之学，后生晚进，莫不手先生（按：指龚自珍）文一编，其始发端于湖、湘，浸淫于西蜀、东粤，挟其非常可怪之论，推波扬澜，极于新旧党争，而清社遂屋。论者追源祸始，颇咎先生及邵阳魏默深二人。"这也从反面证明了龚、魏的影响。

与魏源相比较，龚自珍的诗文，尤激情奔放，才华横溢，富有个性解放的近代人文主义色彩。因此，在整个中国近代社会，龚自珍的诗文一直产生着重要作用和影响。辛亥革命时期，一些资产阶级思想家、文学家都对龚自珍十分推崇，作为"南社"发起人的柳亚子，曾自称"我亦当年龚自珍"，推崇龚为"三百年来第一流"。南社的许多诗人如高旭、苏曼殊等，也都以"龚派自许"。龚自珍几乎成为辛亥革命时期一代青年的代言人。直到"五四"新文化运动兴起后，不少现代著名思想家、文学家，也深受龚自珍的影响，鲁迅就是突出的一个。许寿裳曾说鲁迅"才气纵横，富有新意，无异于龚自珍"。此外，与鲁迅同时的胡适、郁达夫、俞平伯等，也都不同程度地受龚自珍的影响。这是因为"大抵改革时，最需要一种反抗精神和奔放的热情，自由的攻取，便是浪漫运动初期的特色，而适合其选的龚定盦正是具备此项气质的典型"。

至于魏源在近代思想文化史上的影响，除与龚自珍有相同之处外，也有龚自珍不及之处。由于龚自珍在鸦片战争爆发的次年即过早

---

① 康有为：《重刻新学伪经考序》。
② 梁启超：《清代学术概论》，人民出版社2008年版。

去世，他虽触及时代提出的问题，但是对新时代的到来，还只是朦胧的憧憬。魏源则随着历史前进的步伐进入了近代社会。他既亲身感受到资本主义列强的侵略，又看到了面对资本主义的侵略及其先进的技术，中国应提倡什么，魏源明确回答，"师夷长技以制夷"，而且对于学习什么，魏源也有明确回答，"欲制外夷者，必先悉夷情"。他主张设译馆、译西书，培养通晓外事的人才；又主张设工厂，学习和制造各种近代工业产品。魏源的这些思想观点，不仅直接影响了此后的洋务运动与戊戌维新，而且，对日本的明治维新运动以重大影响。无疑，魏源是近代中国首倡向西方学习，追求富国强兵之路的前驱。

龚自珍和魏源作为晚清亦即中国近代思想文化史上的启蒙者和先驱，我们今天在大力弘扬中华民族优秀文化，深入开展爱国主义教育，建设有中国特色社会主义先进文化，促进社会主义进步、促进改革开放的过程中，阅读和研究他们的著述，无疑仍有现实借鉴意义。

与龚、魏的诗文集一致，收入《清代诗文集汇编》的4000余种3000多家的诗文集，也都有着不同的价值和特色，无疑是清史之编纂，也是研究清代社会政治、经济、思想、文化的重要历史文献资料。因此《清代诗文集汇编》的出版，其价值与意义之大，实不可估量。

（原载《清史研究》2010年第2期）

龚自珍、魏源"参加宣南诗社"说辨正

《吉林大学学报》（社会科学版）1979年第3期所刊韩式朋同志的《近代诗人笔下的沙俄》一文（以下简称《韩文》），列举并分析了我国近代史上一些进步思想家、诗人，运用诗歌作武器，对沙皇俄国的侵华罪行以鞭笞和揭露，这对于读者了解近代史上具有爱国主义内容的文化遗产，继承和发扬爱国主义的光荣传统，有一定的积极意义，读后颇受教益与启发。但该文肯定说：林则徐在鸦片战争之前，"就曾与近代著名诗人龚自珍、魏源组织过宣南诗社……"据我们已接触到的材料来看，这种说法与历史事实不尽相符。值得注意的是，此说并非首先出自《韩文》，不仅在过去的中国近代史、中国文学史，以及有关鸦片战争的专著、论文中而且，直到目前，在国内外的一些论著中，仍辗转相袭，继持此说。《韩文》更进一步，甚至说龚自珍、魏源是该诗社的组织者。对此，我们不能不提出质疑，作者的论断有无确凿根据，龚自珍、魏源果真是宣南诗社组织者和成员吗，并就管见所及，加以辨正。嘉庆中期至道光初期，在北京的确有一班文职官员，组织建立过一个宣南诗社，由于初建时，其成员多是在严冬围炉饮酒赋诗，所以又叫消寒诗社。同时，因该社多在宣武门城南一带活动，也称之为城南诗社。不过，其并不像《韩文》和一般人所说成立于道光十年或鸦片战争前夕，而是早在嘉庆九年（1804）就已成立，中间停辍过一个时期，嘉庆十九年再次复举，到了道光四年以后，就已逐渐寥落。曾作为宣南诗社重要成员的陶澍，在其所题《潘功甫以宣南诗社图卷嘱题抚今追昔有作》一诗中，明确写道"忆昔创此会，其年惟甲子"[1]，这里所说的甲子即

---

[1] 陶澍：《陶文毅公全集》卷54。

嘉庆九年，如该诗自注还说"嘉庆九年初举此会"。陶诗又说"先甲逮后甲，董子复继起"，并又加注说"甲戌冬，董琴涵复举此会"。甲戌乃嘉庆十九年（1814），据陶澍说，宣南诗社于嘉庆九年创立后，因"明年秋，余以艰归，诸君亦多风流云散矣！"致使诗社活动中断，所以到了嘉庆十九年，又由董琴涵（亦称琴南）再复举。宣南诗社的另一重要成员胡承珙，在其《宣南吟社序》中也说，"嘉庆十有九年之冬，董琴南编修始邀同人为消寒诗社"①，由此可见，宣南诗社的成立，并不是在鸦片战争前夕。

究竟有哪些人参加了宣南诗社？在不少直接记述宣南诗社活动的材料中，均有明确记载。陶澍的《潘功甫以宣南诗社图卷嘱题抚今追昔有作》，对宣南诗社不同时期的参加者记述颇详，他指出嘉庆九年初举时，"顾南雅、夏森圃、洪介亭皆入会"。他还描写了嘉庆十九年复举此会时的情景，"一为登高呼，应者从风靡"，"朱兰坡、胡墨庄、钱衎石、谢芗亭、陈石士、周肖濂、黄霁青、吴兰雪、李兰卿、刘芙初、梁茝邻皆先后与会"。胡承珙在其《宣南吟社序》中，也列举了嘉庆十九年诗社复举后参加者的名单："自琴南、霁青及余外，先后与会者有周肖濂观察，陈硕士、刘芙初、谢向亭三编修，朱兰友侍讲，陶云汀给事，梁茝邻礼部，吴兰雪、李兰卿两舍人也。"作为宣南诗社成员的吴兰雪所写的《题霁青太守城南吟社图即送赴任高州》一诗中，也提到"社中十三人……"所列十三人的名字，与胡承珙所举也完全一致。② 这几则材料所举宣南诗社成员，大都是该社自嘉庆九年初创至嘉庆十九年再举前后的参加者，并未提及龚自珍和魏源。

由于宣南诗社成员多是些编修、侍讲、给事、舍人之类的文职京官，他们"或以使出，或以假归，或以忧去"，因而诗社在持续活动中，其成员又不断发生变化，嘉庆末道光初，便又有林则徐等人加入。仍据前引陶诗所说："林、程本后来，不久亦出使"，还加注："林少穆、程云芬二君自余出京后始入会"。说明林则徐加入宣南诗社的时间，当在陶澍出京之后，林则徐本人出使之前。而陶澍是嘉庆二十四年夏任

---

① 胡承珙：《求是堂文集》卷4；又见梁章钜《师友集》卷下。
② 吴嵩梁：《黄苏山馆全集》卷10。

川东兵备道时离京的,林则徐则于嘉庆二十五年四月任浙江杭嘉湖道时出使,他加入诗社的具体时间,当在嘉庆二十四年夏与二十五年四月之间。另据潘曾沂在其《小浮山人自订年谱》中记:"道光元年,辛巳,卅岁……同人招入宣南诗会。"说明潘曾沂,于道光元年加入宣南诗社。又据朱绶的《宣南诗会图记》所说:"壬午(道光二年)长乐梁观察守楚中,癸未(道光三年)歙县侍讲典黔试,泾县宫赞乞养归,益以化亭张舍人祥河,临川汤舍人储璠"①,就是说,在道光二年、三年,由于梁章钜、程恩泽出使,朱琦以假归,宣南诗社又增加了张祥河和汤储璠。这时,在有关诗社成员的材料中,仍未提及龚自珍和魏源。

道光初年加入宣南诗社的张祥河,曾写有《关陇舆中偶忆篇》,也记载了不同时期加入诗社的成员,其中所记早期入社成员与前列材料基本相同,所不同的是还较详细地记载了后期入社成员,如说:"继则鲍双湖侍郎桂星,朱椒堂漕帅为弼……诸公。后则徐廉峰太史宝善,汪大竹比部全泰,吴小谷太守清皋,西谷府承清鹏诸公"。② 这里提到的新进人员是:鲍桂星、朱为弼、汪全泰、徐宝善、吴清皋、吴清鹏等六人,也未提及龚自珍、魏源。

此外,在其他零散材料中,也提到个别人加入宣南诗社的情况,如梁章钜在《师友集》中《翁凤西》条下,谈到翁"入吟社最晚,而齿为尊,每会皆未尝缺诗",并有诗赞曰:"先生举乡日,尚在我生前,谁料宣南社,同依五尺天……"③ 诗文互证,可知翁凤西亦是宣南诗社成员。另外叶廷琯在其诗集中还提到查光(焦坨),于嘉庆九年也入过宣南诗社,"甲子,赴试京兆,入宣南诗社,以秋树诗得名,同社呼为查秋树"④。可知,查光亦是宣南诗社成员。特别能反映问题的是,梁章钜参加宣南诗社的时间较长,他晚年编的《师友集》中,所列师友约二百人,其中,对于凡加入过宣南诗社的师友,大都提到入社的情况。龚自珍和梁章钜是有交往关系的友人,龚自珍直至死前还曾给梁章钜写信,准备赴上海助梁商讨抗英事宜,梁章钜曾记载,"君之归也,

---

① 参见潘曾沂《功甫小集》卷8。
② 参见王文濡《说库》。
③ 梁章钜:《师友集》卷6。
④ 叶廷琯:《楸花龛诗》卷下。

掌丹阳教席，适余在上海防堵，邮书论时事，并约即日解馆来访，稍助筹笔，余方扫榻以待数日而凶问遽至"①。但他并未提到龚自珍加入过宣南诗社。假如龚自珍曾参加过宣南诗社，梁章钜在为之写的小传中，不会只字未提。

既然，在直接记载宣南诗社成员的材料中，并未见到有关龚、魏加入过宣南诗社的记载，何以说他们是宣南诗社成员呢？另外，凡确属宣南诗社成员，如胡承珙、吴嵩梁、钱仪吉、潘曾沂、陶澍、梁章钜、张祥河等，在他们的诗文著述中，经常有与诗社同人互相酬唱、赋诗宴游的记载，而且能相互印证加入过宣南诗社。但在《龚自珍全集》《魏源集》及有关他们的年谱、传记资料中，也都没有任何材料说明他们是宣南诗社成员，倘若他们确参加过宣南诗社，怎么会没有任何记载与反映呢？至于龚自珍于道光七年所作《枣花寺海棠下感春而作》一诗中，有"词流百辈花间尽，此是宣南掌故花"的句子，确提到"宣南"二字，但这显然是从地域角度指宣武城南而言，当时城南一带有枣花寺、花之寺……盛开牡丹等花，不少文人学士常来寺内赏花赋诗，留下许多词间佳话，龚自珍的诗即指此而言，怎能以此作为龚自珍参加过宣南诗社的佐证呢？

龚自珍、魏源虽然都是鸦片战争时期的著名诗人，他们各自和宣南诗社的成员之间亦有交往，甚至有的关系还很密切，但从他们的生平经历与思想倾向看，没有参加宣南诗社倒更合乎情理。龚自珍生于1792年（乾隆五十七年）、魏源生于1794年（乾隆五十九年），当嘉庆九年宣南诗社初创时，龚自珍仅十二岁，魏源才十岁，当然不可能参加诗社。嘉庆十九年宣南诗社再举时，龚自珍还在其父龚丽正的任所安徽徽州，旋又随其父到上海苏松太兵备道任署。而后，他于嘉庆二十四年到北京，但于同年和次年，两次参加会试均不中，因此自"庚辰（嘉庆二十五年）之秋，戒为诗"，② 道光三年七月，其母又去世，他回杭州丁母忧，又"自癸未（道光三年）七月至乙酉（道光五年）十月以居

---

① 梁章钜：《师友集》卷6。
② 《龚自珍全集》，第243页。

忧无诗"。① 这段时间，宣南诗社虽然仍在开展活动，但龚自珍常处戒诗之中，当不会参加诗社活动。魏源虽然于嘉庆十九年即入北京，然而，此时他还是一个未入仕途的青年，正从胡承珙、刘逢禄等学经学，与当时那些早是官场文坛名流的宣南诗社成员间，还很难以平等的身份互相唱酬。嘉庆二十五年，魏源才考取为副贡生，不久又在道光二年被贺长龄聘为慕僚去南京，直至道光十年，多在江浙一带活动，也不大可能参加宣南诗社。再者，从龚、魏的思想倾向看，他们从青年时期起，就比较关心国情民隐，注重"经世致用"，思想清新敏锐，常慷慨论天下事。特别是龚自珍，二十余岁时就写出《明良论》《尊隐》等，揭露批判封建专制的战斗檄文，真可谓"少年哀乐过于人，歌泣无端字字真"，成为开一代风气的进步思想家。但宣南诗社，却基本上是个尽"朋从之乐"，宣扬"国家承平日久"，讴歌"熙化之盛轨"的粉饰太平的消闲性文人结社（按：关于宣南诗社的活动性质及其历史作用，《韩文》及其他论著中，也大有拔高不实之处，在此本文不展开论述），这与龚自珍、魏源的思想倾向并不一致。当然，林则徐的思想倾向与龚、魏更接近些，却为什么加入了宣南诗社呢？这又和林则徐本身的生平经历有关，而且，要看到林则徐在诗社中的活动时间很短，前后不足一年。同时，他对宣南诗社的活动也不像其他人那样常津津乐道。在其整个著述中涉及宣南诗社的也仅有《题潘功甫舍人（曾沂）宣南诗社图卷》一诗，足见他对宣南诗社的活动，并不十分热心。反之，从林则徐于道光十三年六月在江苏所写《致郭远堂书》的内容看来，他对自己参加宣南诗社前后那一段在北京的生活甚不满意，书信中说："愚初作翰林时，即有家眷……至都中本无官事，翰林尤可终年不赴衙门……然群萃州处，酬应纷如，京官中实在好学者，百不得一，亦风会使然也……京中之引人入邪，较之外间尤甚……故交游以少为妙也。"② 由此，可见宣南诗社活动之一斑。一个人的思想发展总是有个过程，未见得林则徐在嘉庆二十四年至二十五年加入宣南诗社时，与他在道光二十年（1840）鸦片战争前后的思想就完全一致，因为一种思想的形成，

---

① 《龚自珍全集》第九集"癸未岁末自记"，上海人民出版社1975年版，第470页。
② 据杨国桢同志提供林则徐未刊信稿抄件。

除个人主观条件外,还受客观历史条件的影响和制约。不能以林则徐在鸦片战争时期的思想,反证宣南诗社也一定具有同样的进步性质。

综上所述,从有关宣南诗社的直接材料,到龚自珍、魏源本人的著述,再联系到他们的生平经历与思想倾向来看,都没有材料证明龚自珍、魏源是宣南诗社成员,至于说龚、魏是宣南诗社的组织者更加缺乏根据。

龚自珍、魏源既然未参加过宣南诗社,又何以制造出他们是宣南诗社成员的"天方夜谭"呢?其源盖出于1935年商务印书馆出版的魏应麒先生的《林文忠公年谱》。他写道:"道光十年,庚寅(1830)","正月,公(林则徐)服阙,四月入都","是时,公更与龚自珍、潘曾莹、曾沂、黄爵滋、彭蕴章、魏源、张维屏、周作楫等结宣南诗社,互相唱酬",①且注明其依据是张维屏的《南山集》。魏先生对宣南诗社的论断,既有时间、地点、人名,又有活动,还有材料根据,俨然准确逼真。但是查遍张维屏的著作,只有两首诗可作为考订魏说的材料:其一乃《庚寅(道光十年)六月初二日,龚定盦礼部(自珍)招同周芸皋观察(凯)、家诗舲农部(祥河)、魏默深舍人(源)、吴虹生舍人(葆晋)集龙树寺,买酒兼葭蒌》;其二是《庚寅六月十三日潘星斋待诏(曾莹)招同卓海帆(秉恬)、朱椒堂(为弼)两京兆、林少穆方伯(则徐)、周云皋观察(凯)、黄树斋(爵滋)……集寓斋即事有作》。②从这两首诗题,可以钩稽出:道光十年林则徐在京曾和一些人宴集,参加集会者中,确有人是宣南诗社成员。但在封建社会里,一些封建士大夫酬诗宴集,本是司空见惯的事,在诗题和诗的内容没有一字提及宣南诗社的情况下,怎么能据此得出林则徐与龚自珍、魏源、黄爵滋等组织宣南诗社的结论呢?况且林则徐当时早已离开北京多年,这次也是偶尔回北京述职,正如他自己在道光十年所说:"余之由京师外迁也,十有一年于兹矣!其间三至毂下,无旬日留,朝中故交置酒相劳,每不获往。"③再据张祥河于道光十年在一首诗中所写:"宣南诗社近寥落",

---

① 魏应麒:《林文忠公年谱》,商务印书馆1935年版,第24—25页。
② 张维屏:《宴诗集》中五言、七言古诗各一首,《张南山全集》。
③ 林则徐:《龙树院雅集记》,《文钞》卷1。

"健笔何人控霄崿"①，可知，宣南诗社这时已经寥落，林则徐没有也不可能在此时发起组织宣南诗社。但是，魏应麒先生的结论，却恰恰是从张维屏的上述诗题中钩稽而得。新中国成立后有同志曾就此向魏先生提出函询，蒙魏先生复函并承认自己的粗疏牵强。很显然，魏先生关于宣南诗社的说法，已不能作为研究宣南诗社的依据。

但已故的史学前辈范文澜同志，在其《中国近代史》中，对于宣南诗社做了更明确的论述，说林则徐"在一八三〇年（道光十年）与黄爵滋、龚自珍、魏源等结宣南诗社。这一小诗社中人，黄爵滋发动禁烟运动，龚、魏发动维新思潮，林则徐成为他们的首领。他们后来探询外情及企图制造新式船炮，思想上是早有某些基础的"。②从范老对宣南诗社的论断，与魏应麒之说的吻合程度看去，似乎也是转引自《林文忠公年谱》。由于范老在史学界的地位和影响，他对宣南诗社的看法，当会引起较大的反响，果然在此后的许多论著中，纷纷援引此说。虽然，1964年厦门大学的杨国桢同志，就撰写有《宣南诗社与林则徐》，③指出魏应麒先生以及范老等论断的失误之处，却没有引起应有的注意，因而该文公开发表多年之后，直到今天，在韩式朋同志的文章，和其他一些书籍论文中，依然将魏、范之说视为正确的论点来复述，这就不利于澄清在宣南诗社问题上存在的混乱，也有碍于弄清历史上的某些问题。

从以上考订论述中，我们深深感到在历史科学研究中，必须坚持实事求是的原则，从历史事实出发，详细地、全面地占有材料，依据史实，进行分析，形成观点，得出结论；要及时留心社会上的研究成果，加以吸收和借鉴，同时必须审慎地分析和鉴别，不能不加分析地盲从附和，轻易转引他说，否则就难免以讹传讹，视错误为正确。

（原载《吉林大学学报》1979年第12期）

---

① 张祥河：《诗录》卷5，《小重山房诗词全集》。
② 范文澜：《中国近代史》，人民出版社1955年版，第16—17页。
③ 参见杨国桢《宣南诗社与林则徐》，《厦门大学学报》1964年第2期。

张际亮的诗文与爱国思想

张际亮字亨甫，福建建宁人，是鸦片战争时期著名的爱国、进步诗人。鸦片战争前后，他与林则徐、黄爵滋、龚自珍、魏源、姚莹、汤鹏等进步的政治家、思想家、文学家，都有密切交往，相互间"激发其意气，而砥砺于学行"，"力挽颓波勉成砥柱"[①]，共同被赞誉为"皆慷慨激励，其志业才气，欲凌轹一时矣"[②]，形成了开一代风气的进步思潮。在这一进步思潮中，张际亮虽无林、龚、魏等人影响之大，却也是"力振颓风，可为姣姣矣"[③]的人物。但由于其生活在黑暗的专制封建社会末期，一生穷愁潦倒，不得于志，虽被林则徐等器重，认为他"有经世才"[④]，却难以施展，只能以诗抒发怀抱。他短促的一生中，写了一万多首诗和不少颇有见解的诗论。通过诗、文反映了封建制度的腐朽与人民的苦难，特别是在鸦片战争期间，他"投笔请缨"身临前线，曾和江浙人民一道流亡，以亲身见闻写下大量诗篇，真实地记录了鸦片战争的各种实况，表现了强烈的批判精神和鲜明的爱国主义思想。最后，为了替在鸦片战争中坚持抵抗而遭诬陷的姚莹鸣冤，他不惜抱病捐躯，确无愧于爱国、进步诗人之称。但过去在研究鸦片战争时期的思想文化的有关著述中，对张际亮却很少提及，或语焉不详。因而本文拟就张际亮的生平经历，以及其爱国主义思想的形成与发展试作初步论述。

---

① 《文集》卷2，《张亨甫全集》。
② 姚莹：《汤海秋传》，《东溟文后集》。
③ 姚莹：《张亨甫传》，《东溟文后集》。
④ 同上。

一 "少年妄谈天下事","道途遍历知民隐"

张际亮生于嘉庆四年（1799），卒于道光二十三年（1843）。此时"康乾盛世"已成过去，清代封建统治已腐朽不堪，生产停滞、经济衰败，吏治昏庸、思想沉寂，阶级矛盾异常尖锐，农民起义此伏彼起、接连不断，正如当时杰出的进步思想家龚自珍所说，封建专制统治已经面临着"日之将夕，悲风骤至"的"衰世"局面。1840 年的鸦片战争，是中国封建社会逐步变成半封建、半殖民地社会的历史转折点，外国资本主义列强的鸦片输入与武装侵略，使中国人民大众与资本主义侵略势力之间的民族矛盾空前激化，也使原有的社会危机进一步加剧。面对社会危机、民族灾难，学人应抱什么态度，中国究竟如何办，形势迫使人们思索这些问题。存在决定意识，张际亮生活在这一历史转折时期，其思想必然要反映出时代的特点。

生活在同一历史条件下的人物，由于其在社会上所处地位不同，环境遭遇迥异，各自的思想也往往会向着不同的方向发展。因而，要研究张际亮爱国、进步思想的形成与发展，就需要对他的生平经历作一番考察。

张际亮"家本寒微，三族无仕宦，亦无富人"[①]。其父曾从事商贾，与其母均早年去世，际亮幼孤，由继母与伯兄抚养，也曾"育于乳母家"。乳母家的生活境况是"贫甚，值岁暮煨薯芋为粥，与其子入山扫落叶、拾枯柯为薪炭"[②]。20 多年后，张际亮回忆他幼年在乳母家这段生活情景时，还饶有趣味地说："转忆少小时，入山攀柯条。下有千岁坟，上有长风飚。落日照簌簌，负归行且跳。啜粥饱即欢，走邻索笑嘲。"[③] 他认为"其时意甚乐也"，还"思向者之境殆不可得"[④]。这说明，张际亮不仅被抚育在乳母那样贫寒的家庭中，且与乳母一家过着类似"啜粥饱即欢，走邻索笑嘲"的这种贫寒朴素的生活，与"入山攀

[①]《文集》卷 2,《张亨甫全集》。
[②]《诗集》卷 19,《张亨甫全集》。
[③] 同上。
[④] 同上。

柯条","负归行且跳"的劳作活动。所有这些在张际亮思想深处留下极深的烙印,对他日后那种豪放的思想性格,不畏艰苦,乐于接近社会下层群众作风的形成,肯定有较大的影响。

同时,幼年时期的张际亮,还表现出异常聪颖的资质,因此得到同里一位老儒的见爱,甚至愿资助其读书,"其家乃使之读"①。这位老儒原来是个"忠肝义胆""慷慨议政"的正直儒生,他很关心国计民生,曾"劝人学诗学子美,墨汁欲洗民痍疮"②,这对张际亮当然也会产生影响。张际亮16岁时,即被取入建宁县学生员第2名,并作《童言》一卷,因"词理警辟",为同乡前辈选入所著文集中。他18岁时,编刻了第一部诗集《蚕缲集》。19岁时到福州,就读于当时大学者陈寿祺主持的鳌峰书院,③ 使得他与当时的文人学士有交往之契。由于时代巨变和环境的影响,张际亮并不屑于"句读"和"时文",他认为鳌峰书院的"同舍生,多俗学",而"视之蔑如也!"④ 当时,大多数学者、知识分子,尚都把时间精力消磨在文字训诂、名物考据、八股词章之中,对于国计民生、时事政治,则不闻不问。张际亮却向着同时代另一些主张"经世致用""悉心时务"的进步士大夫的路径走去,常常是"少年妄谈天下事,论兴亡若除疯疴"⑤。他"醉谈天下事,心伤为陇亩","剧谈时事独长吁!"他披览史册,总结历代兴亡,读汉史"窃慕贾太傅、诸葛武侯之为人也";读宋史时,哀叹"坐弃中原竟涂炭","恨不痛饮黄龙府",用来激励自己的爱国情操,并以历史上爱国有为的将相自许,"慷慨比瑜亮","况我比安石",认为"士于立身之外,固当有用于世"。青少年时代的张际亮,的确是怀抱经国之志,锐意仕进,期望取得功名科第,以期有用于当世。弱冠以后,他便屡去福州应试,1824年被选为拔贡第一名,翌年又入京朝考。但这次朝考却使他锐意仕进的"美好"理想遭受挫折。因为张际亮虽锐意仕进,却不攀龙附凤,趋炎附势,这与那些庸俗的官僚士大夫必然格格不入,发生抵触。

---

① 姚莹:《张亨甫传》,《东溟文后集》。
② 《诗集》卷3,《张亨甫全集》。
③ 《张亨甫先生年谱卷目》。
④ 姚莹:《张亨甫传》,《东溟文后集》。
⑤ 《诗集》卷3,《张亨甫全集》,以下所引张际亮诗句,均见《诗集》,一般不再注。

张际亮入京朝考时，已小有诗名，当时京城中喜欢诗词的文人学士纷纷与之约会。有个叫曾燠的达官显贵，也召际亮宴饮，宴饮间这位显贵，以达官名辈自居，纵意言论，目中无人，边吃瓜子边侃侃高论，同坐那些名士，慑于威势，无不阿谀叹服。曾燠吃瓜子粘着胡须，有一人还立即起来为之拂去，张际亮当场纵声大笑，对这种丑态以示蔑视，第二天又直接投书曾燠，指责他"不能教导后进，徒以财利奔走寒士门下，复不知自爱，廉耻俱丧，负天下望"①。累累数百言，骂得曾燠恼羞成怒，向当朝显贵对际亮大肆诽谤，使其因此而负狂名，被视为"狂士"，为朝贵所忌，屡试不中。直到1838年，张际亮在福州参加乡试时，主闽试的考官还在途中相约："张际亮狂士不可中。"因此张际亮耍了个小聪明，将亨甫改为亨辅，才考中为举人，当面见考官时，"主试愕然，会试复报罢"②，致使张际亮虽欲"自奋于科第"，却前后"七试而见黜"，一生不得一进士，仕宦无门，不得不过着纵迹江湖的浪游生活。

"失意逐科名，形容日瘦丑"，在冷酷的现实面前多次碰壁，一方面使张际亮感到失意的痛苦，"男儿因苦不得志，作书寄人空流涕"，另一方面也使他的头脑逐渐清醒，认识到自己原来的思想未免有些不实际，"伊予幼轻薄，骋志翰墨场"，"嗟予固贱士，怀此德慨慷"。这说明，张际亮早年虽对现实有所不满，但对封建统治仍有较大幻想，一心想以功名报国；碰壁之后，看到此路不通，其思想才向更深沉、更成熟的方向发展，决心要将自己的"目之所见，耳之所闻，身之所阅历，心之所喜怒哀乐，口之所戏笑诃骂，一皆托诸诗，方其牢愁抑塞，命笔辄书，日或数十首，或十数首，若江河之阻而遇冲风暴雨，掀波逆浪"③。以诗抒怀，发不平之鸣的张际亮，其大部分诗作都是这种骨鲠于喉，不吐不快的产物，和一般封建文人那种模范山水，觞咏花月，刻画虫鸟，陶写丝竹之类的作品，有很大不同，大都感情真挚，生活气息浓厚，有强烈的现实批判精神。

---

① 姚莹：《张亨甫传》，《东溟文后集》。
② 《清史稿·文苑传》。
③ 《文集》卷3，《张亨甫全集》。

张际亮中年以后，由于屡试不中，无固定职业，为生计所迫，不得不南北奔驰，诸如闽、粤、赣、浙、湘、楚、苏、淮、鲁、豫、冀……足迹所至，几乎大半个中国，深知"其间山川之厄塞，风俗之淳浇，土物之丰瘠"。在浪游生活中，他与农民、船夫、牧童、车夫、落魄文人、流亡贫民……社会各阶层有广泛接触，对社会有了更多的观察、认识和了解。目睹了嘉道时期的政治昏暗，吏治败坏，天灾人祸，民不聊生，常闻"哀鸿遍野"，常见"饿殍载道"，正如诗人所谓真乃"一生足迹半天下，道途遍历知民隐"。由于诗人自己在旅途中，也常处忧患困苦，颠沛流离之中，备尝艰难险阻，有时漂泊船上，有时借宿农家，有时竟遁迹荒山古寺，甚至困顿得"饥无食粟渴无水"，万不得已向富贵之家借贷时，又受到"语我耻以赀为郎"的奚落，这些遭遇，使他痛楚地感到："贫贱非我独，饥渴人所同。"个人的遭遇与人民的苦难联结起来，引起共鸣，致使他在"夕阳古寺风落木"的残秋败景中，常"仰屋坐叹民疮痍"，这在张际亮的思想发展道路上，显然是向前又跨进了一步！

嘉道时期，封建社会的腐朽，造成灾荒连年不断。这反映在张际亮的诗文中几乎比比皆是。如"壬癸之间，江南北水潦，饥馑甚剧，余舟车所过，心为惨然！""癸未东南诸省大水，楚灾尤剧，其流民丐入吾闽者，日至百人，饥寒困顿，或死于道"；又如"今年直隶、山东、吴、楚、闽旱甚，而粤西、江西复蝗"。与水、旱、蝗灾相伴随，瘟疫又蔓延流行，"波涛疫疠争人命"，从南到北，灾疫饥馑遍及全国。深受灾害之苦的，首先是广大劳动群众，如在《十五夜宿弋阳篠箬岭述感》中，诗人写道：

飞蝗五十县，亢旱一千里，可怜频岁灾，凶年复至此。道旁流离人，半是良家子。骨肉卖为奴，百钱聊救死，单输挽老弱，朝亲夕路鬼。白骨弃不收，觅食更流徙。

这是一幅多么凄惨的情景啊！灾荒之后，群众流离失所，卖儿鬻女，扶老携幼，朝活夕死，尸骨遍野。然而，这种凄惨的情景，诗人却是"我行忍屡见"。在《自沂州至郯城夜宿郭外有述》中，诗人又写道：

> 朝从沂水渡，夕望郯子城，旷野多悲风，鸿雁相哀鸣。际天衰草外，惟见饥人行。单车挈老弱，性命同死生。夫推妻前挽，中有儿啼声。夫妻草间坐，抚儿涕泪横……踯躅我马悲，昏黑犹前征。入门索灯火，酒尽余残羹。主人前致词，今年稼不成。室有冻死骨，野有逃荒氓。劝客幸无愠，得食无求精。我闻意惨恻，汝岂知我情。我亦苦饥寒，奔走去燕京。有母无以养，投谒无公卿……寒虫叫户牖，残月当檐楹。夜闻耿不寐，浩叹良股肱。

请看这如泣如诉的诗句，宛如目睹一幅幅凄凄惨惨的素描画。在那日之将暮，鸿雁哀鸣的悲风旷野中，衣不遮体的苦难群众，步履艰难地茫无所归。一辆单车载着全家的杂什，夫推妻挽，车内犹有饿得缩作一团的婴儿在啼哭。夜深了，这些无家可归的流民，只得在满目凄凉的荒草中栖身。此情此景，使诗人踯躅难行，坐骑也长啸悲鸣。诗人进而投宿农家，同样是室有冻死骨，野有逃荒民。再联想到自身，也是常年在饥寒中颠簸，怀才不遇，连妻儿老母也无力抚养，这怎能不使诗人感慨万端，在那万籁俱静、残月将逝的茫茫长夜，想起骨肉同胞的苦难，则思不能寐。

张际亮对于人民的疾苦，不是纯客观的描述，而是倾注了深切的同情。他谈到写这些诗的目的时说："为赋此诗，冀当事闻而加悯焉！"他要求"固应社稷臣，勉恤民忧苦"，甚至向苍天大声疾呼"吾将呼苍昊，温饱使汝安"，还曾给一些官吏写信建议他们筹策治水，减轻人民的苦难，"莫使民亡逋"。但"书生挟策成何济"呢！腐朽的封建制度已病入膏肓，腐败透顶的官吏，又怎会关心人民的疾苦？对此，张际亮在《答黄树斋鸿胪书》等诗文之中，给予了尖锐的揭露。他说，"海内虚耗，官吏玩愒，良可忧惧"，"其贪以朘民之脂膏，酷以干天之愤怒，舞文玩法以欺朝廷之耳目"，"至于大饥人几相食之后，犹借口征粮，借名采买，驱迫妇女逃窜山谷，数日夜不敢归里门，归而鸡豚牛犬一空矣。归未数日，胥差又至矣，门丁又至矣，必罄尽其家产而后已！"胥吏对人民的盘剥在张际亮笔下，被揭露得真是淋漓尽致。灾荒饥馑已使人民无法生活，但他们还要承受繁重的赋税徭役。当时，由于商品经济发展，又加上白银大量外流，清政府财政枯竭，国库空虚，嘉道时期，交纳租赋，更普遍地改为折色交银。但正如张际亮所指出的"漕粮一斛，民间折色交官，价至三、四倍"，这无形中又加重了农民的负担。租赋之外，还有抓丁捉差也使群众不堪忍受，张际亮曾愤懑地写信寄诗给当时直隶的按察使光律原，希望他能约束自己的属吏，不要不择手段施以杖刑，对群众横加征派勒索，"幸语属僚新耳目，恐闻杖下泣寒饥"。

张际亮从大量直接的观察中，明显地觉察到从康雍至嘉道，封建社会由盛而衰的变化，曾以历史对比的手法，借一个生活在雍正时期的98岁的老人之口说：

> 野人九十八，生在雍正时。其时十斛米，不值千铜钱。有肉价如菜，有布价如棉。年年雨雪足，处处大麦熟。家家白发翁，衣帛更食肉。

而今，却是"斛米千钱"，"父老泣下寒且饥"，"百家今有几家存"。进而，张际亮指出："国家承平二百年，法久则弊人亦夭。"即人事和自然一样，都在变化。既然法久则弊，那就理应变革。所以，他曾向饱尝天灾人祸的群众发问："汝困谁使之？""昔汝有室家，今汝胡流离？"他还明确地回答说："实乃此辈凶残吏使之然也！"其实，这些凶残吏，正是维系封建制度的支柱与爪牙，他们的横征暴敛、舞文弄法，与封建制度的腐朽是形影相连的，"汝困谁使之"的祸首实质上是封建制度及其最高统治者，张际亮当然不可能认识这一点，但他对封建制度下凶残吏的揭露，在客观上却起着削弱封建制度的积极作用。对于接连不断爆发的农民起义，张际亮虽仍是站在封建地主阶级立场上，诬蔑其为"逆""盗""贼""叛"，不过，他却认为这是不堪忍受饥寒之苦的群众，不得已而为之："窃闻盗贼多，中夜起长叹，此或困苦民，无食恣为患。"农民群众铤而走险，不过是官逼民反，这既是张际亮对必不可免的农民起义的直观反映，也表现了他对苦难群众的同情。

开一代风气的启蒙思想家龚自珍,曾发出时代的呐喊:"九州生气恃风雷,万马齐喑究可哀。我劝天公重抖擞,不拘一格降人材"。期待变革,憧憬着有扫荡一切的"风雷"迅即出现,去打破那"万马齐喑"的沉寂局面。张际亮也压抑不住满腔的愤懑,奔走呼号"不知天日何在?雷霆何在?鬼神又何在?吾意天日之梦梦也,雷霆之喑哑也,鬼神之冥漠也。不然,未有不霆怒而夺其魄者"。这反映了张际亮急不可待地,欲借"天日""雷霆""鬼神"这些非人间的力量,去涤荡和改变那人世间的黑暗,这对当时的封建制度,不能不说是很大的冲击。

二 "修文定写平生志,犹诉苍苍塞漏卮"

鸦片战争是中国沦为半封建、半殖民地社会的起点,也是中国人民反帝、反封建斗争的光辉开端。英国资本主义鸦片烟毒的泛滥与武装侵略的炮声,使处在闭关自守政策下,以"天朝"自居的许多中国人逐渐清醒,也迫使一些先进的中国人卷入反鸦片输入、反武装侵略的斗争旋涡。本来就"悉心世务",关心人民疾苦,具有爱国思想的张际亮,对鸦片输入早就十分关注。在反帝、反封建的鸦片战争中,他的爱国、进步思想,又和反对外国资本主义侵略结合起来,有了新的发展。

道光时期,特别是在鸦片战争前夕,鸦片烟毒如潮水般地输入,在清政府各级官吏的纵容包庇下,鸦片走私已经形成半公开状态,如包世臣所指出的"沿海大户,皆以囤烟土为生,至以囤土之多寡,计家产厚薄"[1],至于吸食鸦片者,上至王公贵族,下至八旗绿营兵丁。如在"现任督抚"中,"嗜烟者约占半数",而"衙门中吸食最多,如幕友、官亲、长随、书办、差役,嗜鸦片者十之八九,皆力能包庇贩卖之人"[2],可见,在清政府内部,从上到下,实际上已形成一支吸毒、贩毒的极端腐朽势力。这势必造成清王朝白银大量外流,财政枯竭,军备废弛,官僚统治更加腐朽,鸦片泛滥已成为清王朝亟待解决的问题。所以,在道光十四年以后,在清政府内部便爆发了对鸦片烟是严禁还是弛

---

[1] 包世臣:《致广东按察姚中丞书》,《安吴四种》。
[2] 林昌彝:《射鹰楼诗话》卷2。

禁的争论，而张际亮却在道光十二年之前，就写了《浴日亭》一诗，比较早地反映了外国资本主义的侵略形势和国家民族的危机，抒发了诗人的爱国怀抱。诗中写道：

> 青山到沧海，高下皆烟痕。极天积水雾，浩浩暗虎门……怅然万古士，扰攘同朝昏。谁能九州外，更讨百谷源。飘风满楼橹，远近夷船繁。苍桐与黑铁（原注：夷船皆以铜包其底，两旁列铁炮数门，皆重千余斤），骄夺天吴魂。侧闻濠镜澳，盘踞如塞垣。毒土换黄金，千万去中原。（原注：夷人以鸦片土易中国银，岁至二千余万）岁税复几何，容此丑类尊。（原注：海关岁征税不过百六十万。近日夷人尤桀黠，督海关者转多方庇护之，谓非如是则恐夷人不来。不知中国何需于彼而必欲其来耶）狡狠鬼国恣（原注：内地称夷人曰鬼子），陷溺生民冤……如何任煽诱，不思固篱藩。茧茧岸居氓，慎汝长子孙。嗟予好长剑，利截蛟鼍鼋。留之无所用，欲掷洪涛浑。①

这首诗，描写了鸦片烟输入之多，烟毒泛滥之广，揭露了侵略者凭借其"船坚炮利"，耀武扬威的侵略情况，指出鸦片烟大量输入造成的危害，"毒土换黄金"，"岁至二千万"。特别是他还愤怒地揭露了清政府及其所属海关等机构，在如此严重的形势下，竟以外国鸦片输入，可以增加关税为由，对侵略者多方包庇。张际亮对这种谬论，据理以驳，严加痛斥，要求清政府统治者，决不能再听之任之，"如何任煽诱"而"不思固篱藩"。面对狡诈的侵略者，诗人慷慨激昂地表示，要"嗟予好长剑，利截蛟鼍鼋"，甚至愿以死报国，"留之无所用，欲掷洪涛浑"，这是何等豪迈的英雄爱国气概啊！撰写《射鹰楼诗话》（按：即射英之意）的作者林昌彝在评论这首诗时指出："此诗作于道光十二年以前，时英逆尚未中变，亨甫可谓深谋远虑，识在机先者矣！"② 的确如此。

---

① 《诗集》卷18，《张亨甫全集》。
② 林昌彝：《射鹰楼诗话》卷2。

此后，张际亮又在诗文中，多次表示应严禁鸦片输入，"亘市不严边海令，度支终绌大农赀"。他自注说："近日夷船专以鸦片土易内地银，岁至一千数百万两，以故东南生计日绌，若不设法杜绝，将来益可忧矣！"1838年后，林则徐被任命为钦差大臣，节制广东水师，奉命赴广东查办鸦片事件，这是中国近代史上的一件大事。张际亮对林则徐的禁烟斗争，深表赞同。他曾写诗支持林则徐的严禁主张，"夷艘亘出没，毒物流中原，自非用重典，何以清祸源"。这与林则徐所主张的"（鸦片）毒于天下，为害甚剧"，决不可"犹泄泄视之"，而立"法当从严"完全一致。林则徐至广东后，张际亮仍时刻注意事态发展，关心林则徐的抵抗斗争，并写诗抒怀"倦客徒怀千载哀，海天不见雁鸿回"。他自注说："时久不得少穆先生消息"（按：少穆是林则徐的字），热切盼望林则徐能凯旋而归的喜讯，"忧时尚识悲歌地，吊古仍怜凯宴台"（按：凯宴台是明将戚继光平倭寇时，得胜后常饮酒之台），张际亮期望林则徐也能挫败英国侵略者，也在平远台凯旋宴饮。在此前后，张际亮与力主禁烟的黄爵滋等，聚集在北京的陶然亭议论形势，交谈国事，有时甚至谈到四更方散（见《七月初四夜……招同树斋太史……登陶然亭四更始归慨然有作》），真是"搔首高亭秋气早""翦烛终霄万感长"，其爱国忧民之心是何等炽烈。这些都表明，当时在围绕禁烟问题展开的激烈斗争中，张际亮完全是站在抵抗派一边的。

1840年，张际亮的密友姚莹任台湾兵备道期间，正值鸦片战争爆发，姚莹坚持抵抗挫败英国侵略者，"毁其船，获其人"[①]。此时姚莹邀张际亮赴台共同筹划抵抗事宜，张闻讯欣然前往，但行至厦门，适逢定海失守无法渡海，这在《寄姚石甫三丈时将赴台渡海不果》一诗中有记载："登高望四海，但见云飞扬，长空万里去鸟尽，嗟我欲渡仍无梁。"张际亮渡海赴台未遂，不得不跟随浙江人民从战争前线向后方流亡。在流亡途中，他以亲身见闻，写下了大量关于鸦片战争的诗歌。这些诗较为翔实地反映了江浙一带人民的苦难与反抗，尖锐地揭露了资本主义侵略者的凶残暴戾，有力地批判了清代统治阶级投降派的腐朽、卑懦和可耻，具有重大的进步意义和史料价值。

---

① 《清史列传》卷73。

张际亮在诗中对统治阶级投降派的揭露可谓惟妙惟肖。如1840年7月定海失陷后，道光皇帝恐慌万状，急派伊里布为钦差大臣，专办浙江军务，但伊里布这个投降派首领，到浙江后，不积极组织抵抗，却派人赴英船赠送牛、酒，对侵略者进行犒赏，甚至在镇海宴请英侵略者军官。对此，张际亮在《传闻》一诗中，曾加以揭露和讽刺。诗中说："翁山士马伤亡尽，支海夷獠笑舞来。地险将军仍卧甲，天高使相但衔杯。"① 这几句诗的大意是说，在定海失陷过程中，守卫在定海城东翁山一带的将士已伤亡殆尽，英国侵略者张牙舞爪而来。在前线的将士不辞辛苦，仍地处险要枕戈以待侵略者，但皇帝派来的钦差大臣作为专使，却一味与侵略者饮酒周旋。此外，清王朝为了收复被英军攻占的定海、镇海、宁波等地，曾派皇室奕经为扬威将军前往应战，但卖国投降的奕经，却以种种借口，屯兵数月后仍畏缩不前，后来竟于杭州西湖的关羽庙求神问卜，按封建迷信的说法，非求得虎头吉兆，才敢发兵，出兵后又根据鸟声来判断敌人军情虚实，进行战事布置，结果导致全军覆没。正如张际亮在《迁延》一诗中所写：

> 将军拜命独专征，吴越迁延久驻兵。作气空劳占虎视，覆军翻误听鸟声。②

最高封建统治者所指派办理军务的，净是伊里布、奕经这样腐朽的将领，他们统帅下的战争焉能不败？在《宁波哀》这首诗中，诗人曾描写了宁波是如何失陷的情况：

> 定海破，走镇海，镇海破，宁波在。宁波城中兵数百，寇未来时已无色。寇来弃甲杂民奔，长官先不知何适？传闻大臣鸩，又闻将军逃。我皇之仁如天高，嗟汝士民曷不忍死凭城濠？主客众寡势所操，巷战犹足歼其曹。③

---

① 张际亮：《思伯子堂诗集》，载阿英《鸦片战争文学集》。
② 同上。
③ 同上。

战争迫在眉睫，带兵长官不知去向，大臣喝得沉醉，将军逃之夭夭，守兵在敌人未来时已吓得面无人色……投降派如此卑懦可耻，军备如此废弛，怎么可能取得战争的胜利呢？清政府在鸦片战争彻底失败后，于1842年8月签订了屈辱投降的《南京条约》，割地赔款，其中仅赔偿鸦片烟损失价即达六百万两。对此，张际亮曾痛心疾首地写道：

> 钟山表龙虎，实瞰岩城后，弃之资敌人，咄哉嗟彼妇。辱国任苦奴，要盟耻我后，年年六百万，何以供取求？秋风扇江南，呜咽怒潮吼。上方谁请剑，下民自疾首。①

统治阶级投降派的屈辱卖国，导致割地赔款。由于他们节节败退，招致侵略者的烧杀淫掠，遭受蹂躏涂炭的主要是人民大众。对此，张际亮的诗作中，也有十分真实的描述。比较典型的如《东阳县》：

> 客从宁波来，为言堪痛哭。八月廿九日，夷船大于屋。直抵宁波城，云梯走城角。官兵各逃亡，市井杂忧辱。请陈一二事，流涕已满目。孀妇近八十，处女未十六，妇行扶柱杖，女病卧床褥。夷来捉凶淫，十数辈未足。不知今死生，当时气仅属。日落夷归船，日出夷成族。笑歌街市中，饱掠牛羊肉。库中百万钱，搜取昼以烛。驱民负之去，行迟鞭挞速……可怜繁华土，流血满沟渎。吾闻起按剑，悲情肠断续……②

透过这些诗句的字里行间，人们可以看到侵略者的兽行，人民的灾殃，诗人的激情，作者简直是怒不可遏，肠断肝裂，直欲仗剑斩鲸鲵，灭妖氛，与侵略者决一死战。

张际亮在揭露鞭笞侵略者与投降派罪恶行径的同时，对于人民的反抗以及反映人民意志、坚持抵抗的爱国将领，也满腔热情地进行了赞扬与歌颂。如在吴淞口炮台督战英勇牺牲的提督陈化成，诗人就为之写了

---

① 张际亮：《思伯子堂诗集》，载阿英《鸦片战争文学集》。
② 同上。

长诗《陈忠愍公死事诗》，予以表彰：

> 陈公起海滨，昔从李壮烈。百战矢孤忠，临难同果决。平生万人敌，矫捷纵天骨……躬亲励老兵，寒暑共饥渴。卧病甲犹攒，主战气不夺。作书报亲旧，誓扫此贼灭……慷慨毙千酋，协恭亏大节。遂令独捐躯，瞑目死犹活。①

张际亮对陈化成的歌颂，正反映了他自己爱憎分明的爱国主义立场。

清政府继签订了《南京条约》之后，为了讨好英国侵略者，在其压力下，于1843年对曾在台湾坚持抵抗的姚莹横加罪名，逮捕入京问罪。张际亮闻悉此讯，悲愤不平。当时，虽然他正在苏州养病，却无惧投降之风甚嚣尘上的恶劣政治形势，抱病跟随姚莹的囚车，同至北京，表示愿同姚莹一同入狱，以示抗议，竭力为姚莹鸣冤抱不平，致使清政府迫于舆论压力，不得不将姚莹释放。本来张际亮就重病在身，为营救姚莹又长途跋涉，风尘仆仆，待姚莹事白出狱，际亮却劳瘁而死。诗才横溢，思想奔放，敢作敢为的张际亮，年仅45岁，即抱恨离开人间，这确是封建专制社会造成的历史悲剧。

张际亮死后，林则徐曾以极其哀婉的心情写了悼诗《哭亨甫》，其中称赞张际亮："修文定写平生志，犹诉苍苍塞漏卮。"② 这可以说是对张际亮一生文章、气节的高度概括。综观张际亮一生，赋诗作文大都以愤世伤时、爱国爱民为己任，尤为突出的是晚年那些有关鸦片战争的诗作，也就是林则徐所说的"犹诉苍苍塞漏卮"。

就艺术创作的角度说，张际亮的诗，感情真挚、激昂悲壮，古诗、近体、律诗、绝句、歌行体等不拘一格，形式多种多样。而且他的诗，不堆砌典故，不过多地在形式上雕琢，朴实自然，读起来令人感到真实亲切。他结合自己的创作实践，还写了不少很有见解的诗论，主张诗歌要有感情、有生活。他对乾嘉以来文坛上的复古模拟思潮与形式主义的

---

① 张际亮：《思伯子堂诗集》，载阿英《鸦片战争文学集》。
② 林则徐：《云左山房诗钞》。

颓废诗风，进行了抨击，指出当时各派有代表性的诗人"或以论议考订为诗，或则轻佻浅鄙，无与于风雅之旨"，即就是对那些"久负盛名"，有"一时才人"之称的如沈德潜、朱筠、袁枚、赵翼、蒋士铨、黄景仁、翁方纲等"格调派""性灵派""义理派"诗人，也一一指出他们的过失，这对于近代进步诗风的开创，起了一定的积极作用。

从对张际亮生平经历及其爱国、进步思想的介绍论述中，我们可以看到，张际亮作为封建社会没落时期的知识分子，在社会变革过程中，一直跟着时代的步伐前进，他同情人民的疾苦，关心国家、民族的命运，反对外国资本主义的侵略，揭露封建统治阶级投降派的卖国与腐朽。唯其如此，才使之成为鸦片战争时期的一个爱国、进步诗人，在历史上占有一定的地位，产生了一定的影响。由此可见，历史上任何时期被称之为进步的人物，总是要和国家、民族、人民的命运和利益联系在一起，想人民之所想，急国家之所急，否则就没有什么进步性可言。

另外，我们从张际亮的生平遭遇及其爱国进步思想的形成和发展的过程中，还可以看到，他的爱国进步思想绝不是孤立偶然的无源之水，无本之木，而是当时历史环境的产物，他不过是在当时历史条件下所形成的进步思潮中的一分子。鸦片战争前后，中国社会发生了急遽变化，社会危机加深，民族灾难严重，一些先进的中国人包括像张际亮在内的开明士大夫、知识分子，都在摸索救国、救民的方案和道路。这一时期涌现出一大批进步的政治家、思想家、史地学家、文学家，可谓群星灿烂，人才济济，诸如林则徐、黄爵滋、邓廷桢、龚自珍、魏源、姚莹、汤鹏、包世臣、徐松、张穆、何秋涛、沈垚、林昌彝、朱琦、陆嵩、张维屏等，要了解和研究鸦片战争时期的进步思潮，我们不能老是停留在只对其中几个人物的研究，而应逐步开拓研究范围，对上述曾经产生过影响的人物及其著述，都应分别进行研究和整理，然后再进行综合的分析，这样才能更深入地掌握此一时期的思想文化和进步思潮的全貌，这也正是写作本文的出发点。

（原载《厦门大学学报》1978年第9期）

姚莹简论

姚莹（1785—1853）[①]，字石甫，号明叔，又号展和，晚年因以"十幸"名斋，又自称幸翁，安徽桐城人，出身于世代望族、书香门第之家。其曾祖姚范，乃乾隆时翰林院编修，充武英殿经史馆校刊官，兼三礼馆、文献通考馆纂修官，以诗古文经学著称于世。其从祖姚鼐，学尊程朱，倡导义理、文章、考据三者俱不可废，为桐城派古文创始人之一，与当时盛行的乾嘉考据学异趣。姚莹青少年时代，曾向姚鼐问学，"学问文章之事，始得其旨归"[②]，成为桐城派的后继者。但其学又不为姚鼐所囿，"于书无所不窥，顾不好经生章句"[③]，颇有志于用世，曾自述："自束发读书，有志慕古，以为人生天地间，当图尺寸之益于斯人斯世"[④]，并抨击考据学"炫博矜奇，毫发无益实用"[⑤]。

嘉庆十三年（1808）姚莹中进士，次年被粤督百龄邀入幕府，后又入幕于学使程鹤樵署中，还曾主讲于香山榄山书院。在粤多年，"因得悉知海上事"。自嘉庆二十一年（1816）起，姚莹出任福建平和令、龙溪令，旋调台湾令，兼理海防同知，又摄噶玛兰厅通判。"所至士民好之"，"政声震一时"，有"闽吏第一"之誉。

姚莹生活的年代，清朝的统治日趋衰落，封建末世的社会弊端已明显暴露。姚莹因在闽粤沿海做过多年幕府，又长期任地方官吏，见闻颇

[①] 据姚濬昌《姚莹年谱》云，姚莹卒于咸丰二年十二月十六日，公历应为1853年1月24日。某些论著谓姚莹卒于1852年，不确。
[②] 姚濬昌：《姚莹年谱》。
[③] 《清史列传·姚莹传》。
[④] 姚莹：《复李按察书》，《东溟文集》卷3。
[⑤] 姚莹：《钱白渠七经概述》，《东溟文集》卷2。

广,对民生疾苦和吏治腐败有深切感触,且抱有经世之志,因而对当时的社会弊端多有揭露。他认为"有开创之天下,有承平之天下,有艰难之天下",而其所处的嘉道年间,则已是"艰难之天下"①。整个社会风气,已变得"道德废,功业薄,气节丧,文章衰,礼义廉耻何物乎,不得而知也"②。面对如此衰败的社会,姚莹感到,"有志于学者,纵不能塞其流,亦不当更逐其波也"③,又认为"人才为天下之本",要挽救社会危机,必须大力选拔人才,要使人才脱颖而出,"毋以资格相拘,毋以毁誉惑听"④。道光初年,姚莹在京师与龚自珍、魏源、张际亮、汤鹏等相交,这是一批有思想、有作为,欲改革社会弊端的封建士大夫,他们都悉心时务,不随流俗,相互指陈时政利弊,探讨社会改革方案,共同开启了鸦片战争前后进步的经世致用思潮。

道光十一年(1831)后,姚莹历任江苏武进、元和知县,于任上关注国计民生,兴利除害,救灾赈荒,修河治水。武进县境的孟渎等三河,年久失修,积患成灾,姚莹曾亲至现场督工,使得三河顺利疏浚完毕。他在任职期间,以办事干练,为两江总督陶澍、江苏巡抚林则徐所器重,皆力荐于朝,"谓可大用"。因而他于道光十四年(1834)擢淮南监掣同知,护理两淮盐运使。道光十七年(1837)他又以"熟习情形,才守兼优",被旨命为台湾兵备道例加按察使衔,于次年东渡赴任。

姚莹非常重视海外情事,早在广州百龄幕府中时,"每闻外夷桀骜,窃深忧愤,颇留心兹事,尝考其大略"⑤。其后,他在福建任龙溪令时,又搜集到当地人王大海所著《海岛逸志》及陈伦炯所著《海国闻见录》等书,从中了解了海外诸国情形。他对形势有较敏锐的认识,已认识到英国人售鸦片必另有"异谋",须提高警惕,一旦发生事端,决不能示弱。他完全赞同林则徐、黄爵滋严禁鸦片的主张,认为"严定吸食贩卖科条,自王公以及士庶,轻者徒流,重则论死,盖非此不能力去沉疴,

---

① 姚莹:《复管异之书》,《东溟文后集》卷6。
② 姚莹:《师说上》,《东溟文集》卷1。
③ 姚莹:《与吴岳卿书》,《东溟外集》卷1。
④ 姚莹:《通论上》,《东溟文集》卷1。
⑤ 姚莹:《康輶纪行·自序》。

振启聋聩也"①。姚莹还清醒地认识到,严禁鸦片之后,以贩卖鸦片获巨额利益的英国侵略者,决然不肯善罢甘休,"有事用兵此亦势之必然者"②。

台湾孤悬海外,向为侵略者垂涎之地。姚莹就任台湾兵备道后,积极加强战备,与台湾镇总兵达洪阿密切配合,曾亲自至南北两路勘察,在全台绵亘1400百余里的海岸线上,于大小海口17处,均依据地形,部署兵力,修建炮墩,制造战船,训练水师,招募义勇,严密巡防。为做好反侵略的战争准备,取得上司的支持,他连续呈上了《台湾水师船炮状》《请造战船状》《防夷急务状》《筹勘防夷状》《台湾十七口设防图说状》等。他认为对于外国殖民主义者的侵略,"畏葸者固非,而轻敌者亦未为是"③。基于这样的思想,姚莹对来自下属与上司的种种轻敌思想,一一据理反驳。姚莹本来规定防守各口炮台的壮勇,要"每日三次登陴","使其练习队伍号令整齐不乱,以备敌人来窥,以使渐知纪律"。但台湾县县令却认为无须如此,觉得只要"每日点卯一次,讨海听其自便,有事再行齐集"即可。姚莹严加驳斥,"总以登陴为要,若人不在戍,则与无人何异",并警告该令"倘仍狃于故习,视防夷为具文","必据实纠参"④。姚莹规定各海口必须招募壮勇,设置炮台,但凤山县县令则认为凤山海口水浅口小,敌人大船难进,不必于港口设炮招勇。姚莹予以驳斥说:"所恃口小水浅,夷船不能入耳,彼非愚人,岂不知巨舟不能入港,不思更换小船耶?"⑤姚莹本来部署海岸各港口均一一筑炮台,设防线,但福建督抚则命令"所有原设海边大小炮位亟须移徙内地",要求台湾实行坚壁清野,一待敌人登陆,再于隘口围歼。姚莹委婉拒绝说,"地势不同,民情差异,有未可一概而论者","于各海口中择其地有要隘,可以退伏者,将炮勇酌量分撤,半守口门,半为埋伏,诱其入而歼之;倘或地势不便,则量为变通办理"⑥。在姚莹等

---

① 姚莹:《复邓制府言夷务书》,《东溟文后集》卷6。
② 同上。
③ 姚莹:《复梅伯言书》,《东溟文集》卷7。
④ 姚莹:《驳台湾令壮勇不能登陴议》,《东溟文后集》卷5。
⑤ 姚莹:《驳凤山令毋庸设炮募勇议》,《东溟文后集》卷5。
⑥ 姚莹:《台湾不能坚壁清野状》,《东溟文后集》卷5。

的认真对待、精心策划部署下,台湾终于出现了"文武同心,官民一气","众志成城"的战备局面。

道光二十一年八月十六日(1841年9月30日),英国炮船侵入鸡笼(今基隆)海口,守口将士在姚莹、达洪阿的指挥下,奋勇杀敌,炮击敌人船桅,使之桅折索断,顺涌触礁,船击碎,人落水。守军乘胜直追,斩杀擒获侵略者一百六十余名,并获战炮数十门及图册资料等战利品,横扫了英国侵略者的威风。此战告捷后,姚莹认为"该逆经此受创之后,难得不再集大帮来台,冀图报复",因此"严饬各口文武添派兵勇密防,以免疏虞"①。以后英军的数次进犯,均为严阵以待的台湾守军击退。在姚莹、达洪阿的指挥下,"夷五犯台湾,不得一利;两击走,一潜遁,两破其舟,擒其众"②,战果辉煌,战功卓著。姚莹因抗击侵略者有功,受到清朝政府的嘉奖,被赏顶戴花翎,加二品衔,并赐云骑尉世职。

姚莹等人在台湾领导的反侵略斗争虽然取胜,但整个鸦片战争,由于清政府的腐败,终于以中国失败而结束。《南京条约》签订后,曾在台湾受挫的英国侵略者,对姚莹、达洪阿阴谋报复,诡称在台湾两次被击之船,皆系遭风商船,台湾镇道乃"冒功饰奏",以此要求清廷严惩姚莹、达洪阿。对姚莹等早有嫉恨的投降派也弹章相继,"甘心为夷作证"。清朝统治者屈服于外国侵略者的压力,竟然冒天下之大不韪,下令将抵抗侵略有功的姚莹与达洪阿革职拿问。当福建总督怡良渡台逮莹时,激起台湾军民愤慨,"精兵千人攘臂呶呼,其势汹汹","士民复千百为群,日匍伏于大府行署,纷纷金呈申诉者,凡数十起"③。这种情景使姚莹一方面感到"直道自在人间",另一方面又惟恐激起事变,不得不对替自己申诉的军民"婉曲开譬",委曲求全而受捕。但其内心却极为悲愤,他感到自己"五载台湾,枕戈筹饷,练勇设防,心殚力竭,甫能保守危疆,未至偾败"④,最后竟被逮问罪,"以悦敌人",而那些面对侵略者"相顾聚谋,惟以和夷为事,辱国丧师,不知愤耻"的人,

---

① 姚莹:《鸡笼破获夷舟奏》,《东溟奏稿》卷2。
② 姚莹:《与光律原书》,《东溟文后集》卷8。
③ 姚莹:《再与方植之书》,《东溟文后集》卷8。
④ 同上。

反而相安无事,"国体竟至不可收拾,是不能无恨耳!"①

道光二十三年(1843),姚莹自福州就逮北上,行至苏州时,其挚友张际亮抱病陪护其进京,以求昭雪。同年八月十三日(10月6日)姚莹入刑部狱。据说耆英曾致书京师当权者谓:"不杀台湾镇道,我辈无立足之地。"然而许多正直爱国的士大夫,无不为姚莹鸣不平,纷纷交章论救。清朝统治者迫于舆论压力,不得不于八月二十五日(10月18日)将姚莹释放出狱,以同知知州,贬谪四川。遭受如此沉重打击的姚莹,仍然认为"君子之心,当为国家宣力分忧,保疆土而安黎庶,不在一身之荣辱也,是非之辨何益于事",他愿"追林(则徐)、邓(廷桢)二公相聚西域,亦不寂寞,或可乘暇读书,补身心未了之事"②,身处逆境,依然豪情不减。

姚莹为人正直倔强,从不攀附权势,不乡曲逢迎,他曾"三至京师足不及权要之门,三为县令未尝降志于督抚"③,因此多次得罪上司。尽管仕途崎岖,宦海浮沉,他仍不降志以求。道光二十四年(1844)六月,姚莹抵成都,初见四川总督时,竟"一无所将,徒手晋谒"。甚至当总督意有所索时,也被其拒绝,以致引起总督不满。适逢西藏乍雅的正副呼图克图发生纠纷,需派人处理。总督遂对姚莹说:"汝素称能办大事,此小事当不足办也。"④ 旋派姚莹到乍雅处理这一宗教纠纷。姚莹虽然感到,对"两胡图克图事,既不振以兵威,又不俯纳所言,稍壮声势,欲徒以口舌空言折服,候补小官力何能济"⑤,但由于他早年就留心西事,而此时英国人正想以邻近诸国为跳板,觊觎西藏,正可"就藏人访西事",故对乍雅之行"欣然奉使"。道光二十四年至二十六年间,姚莹前后两次奉使入藏。当时他已年过六旬,往返万里,途中冰山雪窖,艰难备至,他却处之恬如,一路诵读吟咏不辍,其对"地方道里远近,山川风俗,详考博证,而于西洋各国情事及诸教源流,尤深致

---

① 姚莹:《与光律原书》,《东溟文后集》卷8。
② 姚莹:《再与方植之书》,《东溟文后集》卷8。
③ 姚莹:《复管异之书》,《东溟文后集》卷6。
④ 姚莹:《与王方伯言藏差公费书》,《东溟文后集》卷8。
⑤ 同上。

意焉"①。而后，他还在颠连困苦的环境中写成《康輶纪行》一书。

《康輶纪行》详细记述了其入藏始末，对西藏的山川形势、风土人情、诸教源流，以及与西藏有关的"五印度西域诸国以及西洋英吉利、佛兰西、弥利坚诸夷地制情形与英廓二夷通接后藏之要隘"②，均作了详细考辨。该书还依据事实揭露了英国正蓄谋窥伺西藏，严重威胁我国西部边疆的安全。姚莹明确宣告，他之所以"喋血饮恨而为此书"，目的在于"欲吾中国童叟皆习见习闻，知彼虚实，然后徐筹制夷之策"，"冀雪中国之耻，重边海之防，免胥沦于鬼域"③。其炽烈的爱国主义思想，跃然纸上。

乍雅奉使之后，姚莹于道光二十六年（1846）补四川蓬州知州，在任两年后引疾归里。咸丰帝即位后，穆彰阿等被黜，姚莹复被起用，于咸丰元年（1851）授湖北武昌盐法道，未即就任，又擢广西按察使，随同大学士赛尚阿赴广西，镇压太平天国农民起义。后因抑郁成疾，于咸丰二年十二月十六日（1853年1月24日）卒于湖南军中。

姚莹一生著述宏富，主要有《东溟文集》《后湘诗集》《东溟奏稿》《识小录》《康輶纪行》等，后人汇刊为《中复堂全集》。

（原载《清代人物传稿》下编第6卷，辽宁人民出版社1990年版）

---

① 姚浚昌：《姚莹年谱》。
② 姚莹：《与余小坡言两事书》，《东溟文后集》卷8。
③ 姚莹：《复光律原书》，《东溟文后集》卷8。

关于"宣南诗社"考辨

清代嘉庆中期至道光初期，在北京的文坛上的确有一个宣南诗社存在过，其活动时间断断续续有二十余年，参加的人数先后有三四十人之多，他们大都是有学识的封建士大夫，且多有诗文集留世，这些集子中保存了不少有关宣南诗社的材料，因而，人们在研究嘉、道时期的思想文化时，经常会涉及宣南诗社。但是，对这个诗社，长期来却很少有人做过认真的研究，一些基本问题，诸如该社到底成立于何时，其成员都有哪些人，其活动性质与历史作用究竟怎样，人们并不甚了解。在这种状况下，某些论及鸦片战争的中国近代史、中国文学史的专著或论文，又对宣南诗社做了不大符合历史事实的论述，造成一定的混乱。十多年前杨国桢撰写了《宣南诗社与林则徐》一文（见《厦门大学学报》1964年第2期），台湾学者谢正光亦撰有《宣南诗社考》（《大陆杂志》第36卷第4期），均指出某些论断的失实之处，惜未引起人们的重视。在宣南诗社问题上，以讹传讹之风，仍在延续。近两年来，笔者先后写了《关于宣南诗社》（载《文物》1979年第9期）、《龚自珍、魏源"参加宣南诗社说"辨正》（载《吉林大学学报》1979年第6期），针对某些刊物上涉及的具体问题，进行商榷和讨论，由于篇幅的限制，未能就有关问题展开论述。因而，本文拟就宣南诗社的几个问题做进一步考订，以就教于国内外有关学者。

一 某些中外论著中对宣南诗社的说法

过去的一些论著中，对宣南诗社有些什么说法呢？为便于讨论问题，兹择要辑述：

近人著作中首先论及宣南诗社的是魏应麒先生的《林文忠公年谱》，该书于"道光十年，庚寅，一八三〇"之下系有"正月，公（指林则徐）服阕，四月入都"，"是时，公更与龚自珍、潘曾莹、曾沂、黄爵滋、彭蕴章、魏源、张维屏、周作楫等结宣南诗社，互相唱酬"，并自注依据张维屏的《南山集》①。魏先生对宣南诗社的论断，既有时间、地点、人物，又有活动，还有材料依据，似乎真实可信，问题在于依据的材料是否准确可靠。

此后，已故的史学前辈范文澜同志，在其1949年重新出版的《中国近代史》与论文《中国近代史分期问题》中，对于宣南诗社又进一步做了明确的论述，说林则徐"在1830年（道光十年）与黄爵滋、龚自珍、魏源等结宣南诗社。这一小诗社中人，黄爵滋发动禁烟运动，龚、魏发动维新思潮，林则徐成为他们的首领。他们后来探询外情及企图制造新式船炮，思想上是早有某些基础的"②。他还说："林则徐在北京成立宣南诗社，与龚自珍魏源黄爵滋等人交游，后来林则徐成为禁烟派的首领和维新倾向的代表。"③ 范先生对宣南诗社的评价可谓高矣！不过，他既没有对自己的观点展开论述，也未注明材料根据，但从其论述的史实部分与魏应麒说的吻合程度看，似来源于魏著《林文忠公年谱》。

由于范先生在史学界深孚众望，其治学态度又一向踏实严谨，他对宣南诗社的说法，自然会有较大影响，此后出版的许多有关论著，纷纷援引此说。

《中国近代史资料丛刊》之《鸦片战争》专辑的书目解题中说："则徐早年在京师，尝参加宣南诗社，与黄爵滋、张际亮、魏默深、汤鹏、龚自珍相唱和。"④

由著名的文学史专家陆侃如、冯沅君编辑的《中国文学史简编》

---

① 魏应麒：《林文忠公年谱》，商务印书馆1935年版，第24—25页。
② 范文澜：《中国近代史》，人民出版社1955年版，第16—17页。
③ 范文澜：《中国近代史分期问题》，载《中国科学院历史研究所第三所集刊》第二集，科学出版社1955年，中国社会科学出版社1979年出版的《范文澜历史论文选集》收录该文，仍照原说。
④ 齐思和等编：《鸦片战争》，《中国近代史资料丛刊》第6册，上海人民出版社1957年版，第483页。

中，论及张维屏时也说："他曾于1830年与林则徐、魏源等结宣南诗社，参加者大都是当时比较进步的知识分子。"①

在一篇传记性的专论《林则徐》中，作者几乎把范先生和魏应麒关于宣南诗社的论述原封不动地照搬过来说，"林则徐、龚自珍、潘曾沂、黄爵滋、魏源、彭蕴章、张维屏、周作楫等人，于1830年在北京组织了一个带有政治色彩的文艺集团宣南诗社"，"这个具有政治改革主张的集团，使林则徐受到很大影响"。②还有篇专论林则徐的诗及其文学活动影响的文章，甚至明确地说宣南诗社"目的在反对帝国主义"③。

直到最近在一些历史著作和论文中，依然继续重复着上述说法。如1979年1月重版的翦伯赞主编的《中国史纲要》第4册中说："1830年他（指龚自珍）和林则徐、魏源组织宣南诗社。"④在一本新编的《中国近代史》中也说："鸦片战争前，林则徐和龚自珍、魏源等人组织宣南诗社，他们研究中国历史、地理，勇于探索现实，议论时事，批评朝政。"⑤在一篇笔谈龚自珍的笔谈中提到"在鸦片战争之前，龚自珍曾和林则徐、魏源等结宣南诗社"，并以龚自珍的诗句"词流百辈花间尽，此是宣南掌故花"，作为龚自珍似曾参加宣南诗社的佐证⑥。还有一些文章和著作，在肯定林则徐、龚自珍、魏源参加过宣南诗社的同时，还把他们的朋友和学生也说成是宣南诗社成员，如说林则徐的学生戴絅孙"曾加入宣南诗社"⑦。

类似的说法，还见之于台湾、香港的某些著述中：

如台北1967年出版的林崇墉所著《林则徐传》，除沿引范先生的说法外，还把姚莹、张际亮、汤鹏、苏廷魁、陈庆庸、朱琦等人均说成是"宣南诗社"的重要人物。⑧

1972年香港朝阳出版社出版的方遒著《百年英烈传之一——鸦片

---

① 陆侃如、冯沅君：《中国文学史简编》，作家出版社1957年版，第276页。
② 杨廷福：《林则徐》，《新观察》1956年第18—20期。
③ 陈友琴：《略谈林则徐的诗及其文学活动的影响》，《光明日报》1960年8月5日。
④ 翦伯赞主编：《中国史纲要》第4册，人民出版社1979年版，第163页。
⑤ 江西师院历史系编：《中国近代史》，1978年8月印。
⑥ 王元化：《龚自珍思想笔谈》，《中华文史论丛》1979年第1期。
⑦ 李阳培：《读林则徐〈答戴絅孙〉手迹》，《文物》1979年第2期。
⑧ 林崇墉：《林则徐传》，台北中华大典编印会1968年版。

战争与太平天国》，其中关于宣南诗社的说法，也与范先生的提法大致相同。①

香港出版的一本《中国历史人物辞典》中，在"林则徐"条目之下，也说"曾与龚自珍、黄爵滋等入宣南诗社，提倡经世之学"②。

不仅是国内，而且在国外也有类似的说法，譬如日本京都大学东洋史研究室，于1976年11月举办的"第三十回东洋史谈话大会"上，东京教育大学的田中正美教授，曾向与会者作了《宣南诗社的人人》的报告，在范先生论断的基础上，又进一步推论出，"（1）宣南诗社是鸦片战争'抵抗派'的母胎"；"（2）宣南诗社是清代维新思想的先驱"；"（3）宣南诗社的人物……都对清朝的专制政体加以积极的批判，具有对政治革新的抱负"③。

综上所述，在国内外的有关论述中，对宣南诗社的看法，大致可归纳为如下几点：

（1）宣南诗社是在道光十年由林则徐发起组织的。

（2）宣南诗社的主要成员除林则徐外，还有龚自珍、魏源、黄爵滋等，他们也是该诗社的组织者。他如戴絅孙、张际亮、汤鹏、朱琦等人亦系该社成员。

（3）宣南诗社是鸦片战争时期抵抗派的母胎与维新思想的先驱，它是一个目的在于反对帝国主义、批判封建专制，具有政治改革主张的进步集团，在鸦片战争前后起了重大的进步作用，对林则徐等人的思想活动有很大影响。

倘确如是，宣南诗社在中国近代史上的地位和影响，当十分重要，理应引起足够的重视和研究，笔者正是受上述说法的吸引，试图弄清宣南诗社的来龙去脉，肯定其作用和影响，才以极大的兴趣来关注宣南诗社的。但一经查阅史料，笔者却发现上述说法，无论是该社成立的时间，参加的成员，还是对其活动性质与历史作用的评价，都与历史事实不尽符合。

---

① 方遒：《百年英烈传之———鸦片战争与太平天国》，香港朝阳出版社1972年版。
② 《中国历史人物辞典》，香港朝阳出版社1979年版。
③ 《第三十回东洋史谈话大会发表论文要旨》，转引自台湾谢正光《宣南诗社考》，《大陆杂志》第36卷第4期。

二　宣南诗社究竟成立于何时？

宣南诗社究竟成立于何时，这是首先应弄清楚的问题。

宣南诗社初叫消寒诗社，乃由一班京官于寒冬围炉饮酒、雅集赋诗而得名，后因该社常在北京宣武城南一带活动，且活动的时间也不单是在严冬消寒时期，而是"或春秋佳日，或长夏无事，亦相与命俦啸侣，陶咏终夕，不独消寒也"①，因又名宣南或城南诗社。正如朱绶的《宣南诗会图记》所说："宣南，宣武坊南也……吴县潘君功甫官中书舍人，僦倨其地，而一时贤士大夫偕之宴游，于是乎识之也。"②胡承珙曾作有《消寒诗社图序》，而梁章钜在编《师友集》时，于《胡承珙》条下将该文作为附录收入，文题则改为《宣南吟社序》。此外，其他记载中消寒与宣南也经常互用。可见消寒诗社与宣南诗社，不过是名异而实同。从不少关于宣南诗社的直接材料看，无论是宣南诗社，或者其前身——消寒诗社成立的时间，都远在道光十年之前。

陶澍曾任两江总督，原是宣南诗社的一个重要成员，他离开北京到江南任职后，还为该诗社"岁寄宴费"，十分热心于诗社活动，对宣南诗社的成立、发展与变化是很熟悉的。他写有《潘功甫以宣南诗社图卷嘱题抚今追昔有作》一诗，详述了诗社成立的时间及前后参加者，诗中说："忆昔创此会，其年惟甲子；赏菊更忆梅，名以消寒纪。"这里所说的甲子即嘉庆九年（1804），即如该诗自注说："嘉庆九年初举此会。"陶诗还说"先甲逮后甲，董子复继起"，又自注说"甲戌冬，董琴涵复举此会"。甲戌乃嘉庆十九年（1814）。据陶澍说：宣南诗社在嘉庆九年创立后，由于"明年秋，余以艰归，诸君亦多风流云散矣！"③致使诗社活动中断，所以到了嘉庆十九年又由董琴涵（亦作琴南）复举此会。

曾编辑过《碑传集》的钱仪吉，也是宣南诗社的早期成员，他在其

---

① 胡承珙：《消寒诗社图序》，《求是堂文集》卷4；同见梁章钜《师友集》卷6。
② 潘曾沂：《宣南诗会图自题》后附，《功甫小集》卷8。
③ 陶澍：《陶文毅公全集》卷54。

诗集《旅逸小稿》中，也记载了宣南诗社的活动时间，其中说："己巳庚午间同谱八人为消寒之会。"① 后来，他的学生苏渊生在《先师钱星湖先生行事》中也说："先生……庚午岁与同年……为消寒诗会，甲戌与诸公重举此会。"② 从甲戌与诸公重举此会，可知庚午岁与同年为消寒诗会，亦即宣南诗社的前身消寒诗社之会。庚午是嘉庆十五年，说明宣南诗社自嘉庆九年初创后，到嘉庆十九年复举之前，还偶有活动。

胡承珙亦是宣南诗社的重要成员，宣南诗社复举之后，他自谓"每会多在座以为常，盖尤悉其原委焉"。而他在嘉庆二十四年所写的《宣南吟社序》中说："嘉庆十有九年之冬，董琴南编修始邀同人为消寒诗会，间旬日一集，集必有诗，嗣是岁率有举。"③ 按胡承珙所说，宣南诗社在嘉庆十九年由董琴南再举后，活动很频繁，不仅"间旬日一集"，而且"岁率有举"。尽管嘉庆九年诗社就已成立，但一年后即"风流云散"，嘉庆十五年诗社也进行过活动，亦属偶尔集会，只是到嘉庆十九年复举后，活动才经常化并持续下来，因而胡承珙没有提及诗社早年的创立，而认为"嘉庆十有九年之冬"诗社才成立，这与陶澍、钱仪吉所说的嘉庆十九年复举也是一致的，但即以嘉庆十九年作为该社正式成立的时间，也远在道光十年之前。

梁章钜是嘉庆十九年以后参加诗社活动的重要成员，他在自己的著述如《师友集》、《浪迹丛谈》中，对宣南诗社的活动及其参加者也多有记载，并在《退庵自订年谱》中，明确说他是于"丙子，四十二岁……是冬入宣南诗社"④ 的。丙子乃嘉庆二十一年，梁章钜自记他在这一年加入诗社，且以宣南诗社称之。此外，潘曾沂在其《小浮山人自订年谱》中也记载："道光元年，辛巳，三十岁……同人招入宣南诗会。"这些都说明，在嘉庆末道光初，该诗社已正式改名为宣南诗社。既然如此，怎么能说，到了道光十年才由林则徐发起组织宣南诗社呢？

潘曾沂是名宦潘世恩之长子，又英才焕发，喜结文雅之士，他进京居宣武门之后，"一时贤士大夫偕之宴游"。所以，他加入宣南诗社后，

---

① 钱仪吉：《衎石斋记事稿》，《旅逸小稿》卷1。
② 苏渊生：《先师钱星湖先生行事》，载闵尔昌《碑传集补》卷10。
③ 胡承珙：《求是堂文集》卷4。
④ 梁章钜：《退庵自订年谱》，《二思堂丛书》卷1。

该社顿时又趋活跃。不过，潘曾沂在诗社中活动时间不长，于道光四年便离京归隐。为了追忆宣南诗社的活动，潘曾沂曾请当时的名画家王学浩为之画有《宣南诗会图卷》，将诗社成员吟咏时的神态画得栩栩如生。画面上有山有水，画中人物是"一人坐檐楹，一人立阶所，二人前据梧，三人后隐几，复有空庭下，二人同徙倚"[1]。王学浩在画尾题署"甲申仲冬中翰为功甫兄画于山南老屋之画轩"。甲申是道光四年（1824），图卷即作于是年，这幅图可谓宣南诗社的重要文物。可喜的是此图业已发现，谢国桢先生曾撰有《记宣南诗社图卷》一文，对图卷的背景、内容，以及为图卷题诗者做了详细记述。[2]《宣南诗会图卷》画成之后，潘曾沂曾邀请诗社的参加者及贤达名流为图卷赋诗作文，先后题咏者有近30人之多，林则徐还题写了《题潘功甫舍人宣南诗社图卷》一诗，这首诗的真迹，至今还为林氏后裔所保存。可见，宣南诗社早在道光十年之前就已成立，不仅有文，而且有物证明。

林则徐确曾参加过宣南诗社，但他入社的时间绝非在道光十年。林则徐究竟何时加入宣南诗社，陶澍原有明确记载，他在《潘功甫以宣南诗社图卷嘱题抚今追昔有作》这首诗中曾说，"林、程本后来，不久亦出使"，还加注说"林少穆、程云芬二君自余出京后始入会"[3]。由此可知，林则徐加入宣南诗社的时间，当在陶澍出京之后，林本人出使之前。陶澍于嘉庆二十四年夏任川东兵备道时出京，林则徐则是在嘉庆二十五年四月因就任浙江杭嘉湖道时出使，所以，他加入宣南诗社的具体时间，当在二十四年夏与二十五年四月之间。由于他二十五年四月又离京出使，因而，他在诗社中的活动时间前后不过一年。福州林氏后裔所藏《题潘功甫舍人（曾沂）宣南诗社图卷》真迹的序中说："道光七年三月（林则）徐由闽入都，舟过吴门，功甫仁兄出此图嘱题，为跋七古一章。"[4] 这也有力地证明他早在道光七年之前就已加入宣南诗社。除此而外，在林则徐的著作中，再无任何有关宣南诗社的材料，有什么根据说他在道光十年与龚自珍、魏源、黄爵滋等又组织宣南诗社呢？

---

[1] 陶澍：《陶文毅公全集》卷54。
[2] 谢国桢：《记宣南诗会图卷》，载香港中华书局《艺林丛录》第10辑。
[3] 陶澍：《陶文毅公全集》卷54。
[4] 转引自杨国桢《林则徐与宣南诗社》，《厦门大学学报》1964年第2期。

虽然，林则徐确加入过宣南诗社，但由于他加入诗社较晚，在诗社中活动时间不长，而当时诗社中多数人的年龄比他大，地位亦都比他高，因此并非像有些同志所说"龚自珍、魏源的亲密朋友、'宣南诗社'爱国士大夫集团的首脑人物林则徐"①，甚至更明确地说"以其年龄与地位，隐然是这集团的领袖"②。试想林则徐生于1785年，卒于1850年，而诗社中其他的人呢，如刘嗣绾（1762—1820）、吴嵩梁（1766—1835）、朱珔（1769—1840）、鲍桂星（1764—1826）、陈用光（1768—1835）、胡承珙（1776—1832）、陶澍（1778—1839）、梁章钜（1775—1849），他们大多比林则徐年长二十多岁，或十多岁，当时的官职地位及其在文坛上的声望也比林则徐高。上列材料亦说明，诗社的发起人也并非林则徐，按照他的年龄、地位及其在诗社中的活动作用看，应该只是该诗社的一般成员，根本不是诗社的组织者和领袖。

再从陶澍、林则徐等于道光四年至道光七年为《宣南诗社图卷》题诗的内容看，也都是把宣南诗社作为往事来回忆的。陶澍的诗题就是"抚今追昔有作"，林则徐在诗中则说："千秋人海几升沉，如此朋簪良不恶。"联系到自道光四年后诗社的中心人物潘曾沂离京归隐，在此之前诗社中的其他创始人和骨干如胡承珙、黄安涛、吴嵩梁、刘嗣绾、李彦章、陶澍等，或出使、或退隐、或去世，诗社实际上已开始寥落，这在诗社参加者的一些诗作中亦有反映，如吴嵩梁在道光十年之前的诗作中就写道："城南高会今寥落。"③（按：城南高会即指宣南诗社，吴诗中常以此称之）又如诗社另一成员张祥河于道光十年写有《赠张南山司马题其听松庐诗稿后》一诗，诗中也说"城南诗社近寥落"，"健笔何人控霄崿"。④这些都表明，宣南诗社在道光十年之前就已经寥落。

既然，宣南诗社在道光十年前二十多年的嘉庆九年就已创立，林则徐也早于嘉庆二十四五年就已参加该社，至道光十年之前该诗社就开始寥落。那么，如同该社于嘉庆九年初创，嘉庆十九年又由董琴南复举，是否林则徐也于道光十年，对已经寥落的宣南诗社重新复举呢？否！一

---

① 李泽厚：《中国近代思想史论》，人民出版社1979年版，第37页。
② 鲍正鹄：《鸦片战争》，上海新知识出版社1954年版，第64页。
③ 吴嵩梁：《香苏山馆全集》卷15。
④ 张祥河：《诗录》卷5，《小重山房诗词全集》。

则无任何材料证明；二则事实也不可能。因为道光十年及其前后，林则徐均在外地任职，并不在北京，他虽然于道光十年回过北京，也属偶尔回京述职，正如他自己于是年的一篇杂文中所说："余之由京师外迁也，十有一年于兹矣！其间三至穀下，无旬日留，朝中故旧置酒相劳，每不获往。"① 他哪里有可能在此时组织或重举宣南诗社呢！

总之，所谓宣南诗社成立于道光十年，并由林则徐作为诗社的领袖发起和组织，与基本事实抵牾，根本不能成立。

三 龚、魏、黄等是宣南诗社成员吗？

龚自珍、魏源、黄爵滋等是否宣南诗社成员，过去在有关论述中，对此大都做出肯定性的回答，甚至连一些普及性知识性的读物，如1979年出版的《中国近代史常识》，也说林则徐"在北京做官时期"和"黄爵滋、龚自珍、魏源等人结成宣南诗社"②；就是在内容上应力求稳定、准确的工具书，如1963年修订版《辞海》和前面提到的《中国历史人物辞典》，也在龚、魏、黄的条目下，撷拾他说分别注明：他们与林则徐等结宣南诗社③。似乎此几人属宣南诗社成员已不成问题。但令人费解的是，查遍直接记载宣南诗社的材料，翻阅了此几人的著述和有关的年谱、传记，却从未得到印证，看来这个不成问题的问题还大有问题。

为了弄清楚龚、魏、黄等到底是不是宣南诗社成员，我们不妨将已见到的有关记载宣南诗社成员的材料一一列出：

钱仪吉和周之琦均是宣南诗社早期成员，钱仪吉曾说："己巳庚午间同谱八人为消寒之会，今勋楣、琴坞、向亭俱下世久矣。"④ 钱仪吉未将参加诗会八人全部列出，苏渊生为之做了补充："先生……庚午岁与同年刘芙初、董琴涵、朱勋楣、屠琴坞、谢向亭、贺藕耕、周稚圭，诸先生为消寒诗会，甲戌与刘、董、吴及陈石士、朱兰坡、陶文毅、梁

---

① 林则徐：《龙树院雅集记》，《文钞》卷1。
② 《中国近代史常识》，中国青年出版社1979年版，第9页。
③ 见1963年中华书局辞海编辑所出版《辞海》，1979年版《辞海》已作了订正。
④ 钱仪吉：《衎石斋记事稿》，《旅逸小稿》卷1。

芷邻、胡墨庄诸公重举此会。"① 周之琦在《金梁梦月词》上卷《瑞鹤仙》一词的注中也记载有"尔时同集者刘芙初、董琴南、朱勋楣、谢向亭、钱衍石、贺藕耕、琴坞及余八人",与钱仪吉、苏渊生所列参加诗会的八人完全一致。

嘉庆十九年由董琴南复举诗会后,胡承珙在《宣南吟社序》中也开列了参加人员名单,他说:"自琴南、霁青及余外,先后与会者有周肖濂观察,陈硕士、刘芙初、谢向亭三编修,朱兰友侍讲,陶云汀给事,梁茝林礼部,钱衍石农部,吴兰雪、李兰卿两舍人也。"② 吴嵩梁在同时写的《题霁青太守城南吟社图即送赴任高州》一诗中,也提到"社中十三人……"③ 所举十三人与胡承珙所列举的也如出一辙。陶澍对宣南诗社不同时期的参加者,都有详细记述,他指出嘉庆九年初举时,"顾南雅、夏森圃、洪介亭皆入会",又说嘉庆十九年董琴南复举此会时,"朱兰坡、胡墨庄、钱衍石、谢芗亭、陈石士、周肖濂、黄霁青、吴兰雪、李兰卿、刘芙初、梁茝林皆先后与会"。④

上述几则材料列举的宣南诗社成员,大都是该社自嘉庆九年初创至嘉庆十九年再举后,这段时期的参加者,除互相重复者外,计有顾南雅、夏森圃、洪介亭、董国华(字琴南,亦作琴涵)、黄安涛(字霁青)、刘嗣绾(字芙初)、周之琦(字稚圭)、陈用光(字石士,亦作硕士)、胡承珙(字墨庄)、谢阶树(字向亭,亦作芗亭)、朱珔(字兰坡,亦作兰友)、陶澍(号云汀)、梁章钜(字茝邻,亦作芷邻)、钱仪吉(字衍石)、吴嵩梁、李彦章(字兰卿)、贺长龄(字耦耕)、屠倬(字琴坞)、朱勋楣等十九人,但所有材料均未提及龚自珍、魏源、黄爵滋,说明在宣南诗社初创和复举时,他们并未参加。

由于宣南诗社的成员多是些编修、舍人、给事、侍讲之类的文职京官,他们常常"或以使出、或以假归、或以忧去",因而,诗社在活动过程中,其成员又不断发生变化。嘉庆末道光初便有一批人陆续参加,如林则徐在嘉庆二十四年至二十五年加入。潘曾沂(字功甫,又号小浮

---

① 闵尔昌:《先师钱星湖先生行事》,《碑传集补》卷10。
② 胡承珙:《求是堂文集》卷4。
③ 吴兰雪:《香苏山馆全集》卷15。
④ 陶澍:《陶文毅公全集》卷54。

山人）于道光元年加入。据潘曾沂在《小浮山人自订年谱》所说"五月，同人招入宣南诗会，月辄数举……东乡吴兰雪舍人嵩梁、新城陈硕士用光，泾县朱兰友宫赞珔，长乐梁芷邻观察章钜，宜黄谢向亭学士阶树，嘉兴钱衎石侍御仪吉，同县董琴南侍御国华，歙县程春海恩泽"，这里除前已加入者外，与潘曾沂同时新入诗社者尚有程恩泽（字云芬）。又据朱绶所说："壬午（道光二年）长乐梁观察（按：指梁章钜）守楚中，癸未（道光三年）歙县侍讲（按：指程恩泽）典黔试，泾县宫赞乞养归（按：指朱珔），益以华亭张舍人祥河，临川汤舍人储璠。"① 说明在道光二年、三年由于梁章钜、程恩泽出使，朱珔以假归，诗社中又增加了张祥河和汤茗孙。需要顺便指出，有些学者根据朱绶的这则材料，将汤茗孙误认为是汤鹏，肯定此时加入诗社的还有汤鹏②，其实是不确的。因此二人身世经历均不同，汤茗孙，字储璠，江西临川人，辛未（嘉庆十六年）进士；而汤鹏，字海秋，乃湖南益阳人，癸未（道光三年）进士，怎能将二者混为一谈呢。从以上几则有关宣南诗社参加者的材料又知，嘉庆末至道光初加入诗社的有林则徐、潘曾沂、程恩泽、张祥河、汤茗孙等五人，仍未提及龚、魏、黄。

道光初期加入宣南诗社的张祥河曾写有《关陇舆中偶忆编》，其中也记载了不同时期加入诗社的成员，他说："宣南诗社……始则陶云汀制军澍，周稚圭中丞之琦，钱衎石给谏仪吉，董琴南观察诸公；继则鲍双湖侍郎桂星，朱椒堂漕帅为弼，李兰卿都转彦章，潘功甫舍人曾沂诸公；后则徐廉峰太史宝善，汪大竹比部全泰，吴小谷太守清皋，西谷府丞清鹏诸公。其间事不齐，旋举旋辍，而余与吴兰雪舍人嵩梁，每举必预。"③ 这里所记早期入社成员除与上举材料有重复者外，又提到宣南诗社中、后期加入的成员有鲍桂星、朱为弼、汪全泰、徐宝善、吴清皋、吴清鹏等六人。

在其他零散材料中，也提到个别人加入诗社的情况，如梁章钜在《师友集》卷六《翁凤西》条下，谈到翁"入吟社最晚，而齿为尊，每

---

① 潘曾沂：《宣南诗会图自题》后附，《功甫小集》卷8。
② 谢正光：《宣南诗社考》，台湾《大陆杂志》第36卷第4期。
③ 张祥河：《关陇舆中偶忆编》。

会皆未尝缺诗",并有诗赞曰："先生乡举日,尚在我生前,谁料宣南社,同依五尺天……"诗文互证,可知翁凤西是宣南诗社成员。另外叶廷琯在其诗集中还提到查光(字焦坨),于嘉庆九年加入宣南诗社,"甲子,赴试京兆,入宣南诗社,以秋树诗得名,同社呼为查秋树"①。可知,查光也加入过宣南诗社。再有彭蕴章在其诗集中有《消寒第二辑,喜董琴涵观察(国华)自滇南至》等诗,从中可知彭蕴章亦是宣南诗社成员。然而,在散见的资料中,亦未发现有龚、魏、黄参加过宣南诗社的记载。尤为值得注意的是,梁章钜参加宣南诗社的活动时间较长,他晚年编的《师友集》内列有师友约有二百六十余人,其中对加入过宣南诗社的师友,如胡承珙、刘嗣绾、吴嵩梁、黄安涛等,大都提到他们加入诗社的情况。龚自珍与梁章钜是有交往的友人,直到死前龚自珍还和梁通信,准备赴上海梁署参与抗英事宜,梁说:"君之归也,掌丹阳讲席,适余在上海防堵,邮书论时事,并约即日到馆来访,稍助筹笔,余方扫榻以待,数日而凶问遽至,为之泫然。"②但却根本未提龚自珍曾加入过宣南诗社。梁章钜在宣南诗社中的活动时间,是自嘉庆二十一年入诗社之后,至道光二年离京出使之前,假如龚自珍确参加过宣南诗社,最有可能的也是梁章钜在诗社中活动这段时间,因龚自珍于嘉庆二十四年始入京,道光四年之后诗社又逐渐寥落,但梁章钜并未提到龚自珍加入过诗社。假如龚自珍果真参加过宣南诗社,梁章钜在为之写的小传中,不会只字不提。

　　既然,在直接记载宣南诗社成员的材料中,并未见到有关龚、魏、黄加入过该诗社的记载,何以说他们是宣南诗社成员呢?再者凡属宣南诗社成员,如胡承珙、吴嵩梁、李彦章、钱仪吉、潘曾沂、陶澍、梁章钜、张祥河等,在他们的诗文著述中,经常有与诗社同人互相酬唱、宴游的记载,能互相印证加入宣南诗社。如朱琦与胡承珙同为宣南诗社诗人,朱琦在为胡承珙的诗集作的序中即说:"曩在京师,曾偕余预宣南诗会,每成章,同济倾挹,以为有根柢。"③张祥河与潘曾沂亦同为宣

---

① 叶廷琯:《楸花龛诗》卷下。
② 梁章钜:《师友集》卷6。
③ 朱琦:《求是堂诗集序》,载胡承珙《求是堂诗集》卷首。

南诗社诗人,潘曾沂在其诗文中便有印证:"我与西垣张舍人,同官同社结为邻,入门下马时相见,小槛续杯互主宾。"① 但在《龚自珍全集》《魏源集》,以及黄爵滋的《仙屏诗录》《仙屏文录》中,却无任何诗文记述他们参加过宣南诗社,乃至在他们的年谱、传记,与同时代人们的诗文集中,也都没有任何材料说明他们是宣南诗社成员。假如他们确参加过宣南诗社,怎么会没有任何记载呢?至于龚自珍于道光七年所作的《枣花寺海棠下感春而作》一诗:"词流百辈花间尽,此是宣南掌故花。大隐金门不归去,又来萧寺问年华。"② 诗中确提到宣南,但通观全诗,大意是说,许许多多的文人在林间花下写了大量诗词,作为宣武城南枣花寺的海棠花可谓历史的见证,这里不知留下多少文坛上的掌故佳话。当时宣武城南一带有枣花寺、花之寺……盛开牡丹、海棠等花,不少文人学士常来寺内赏花赋诗,由于龚自珍时居北京,且连续几次应试不第,心绪不好,也常来花之寺赏花,联想到文坛逸事,写下上述诗句。此处的宣南显然是从地域角度指宣武城南而言,怎能望文生意,作为龚自珍曾参加宣南诗社的佐证呢!

龚、魏、黄虽然都喜欢诗词文赋,他们各自和宣南诗社的某些成员之间亦有交往,甚至有的关系还很密切。但从他们的生平经历与思想倾向看,没有参加宣南诗社倒更合乎情理。龚自珍生于1792年(乾隆五十七年)、魏源生于1794年(乾隆五十九年)、黄爵滋生于1793年(乾隆五十八年),当嘉庆九年宣南诗社初创时,龚自珍仅十二岁,魏源才十岁,黄爵滋则十一岁,都尚在幼少年期,当然不可能参加宣南诗社。嘉庆十九年宣南诗社再举时,龚自珍正在其父龚丽正的任所安徽徽州,旋又随其父到上海苏松太兵备道官署,亦不可能参加在北京活动的宣南诗社。他虽然于嘉庆二十四年到京,但于同年和嘉庆二十五年,两次在京参加应试均不中,因此自"庚辰(嘉庆二十五年)戒为诗"③,道光三年其母又去世,他又"自癸未(道光三年)七月至乙酉(道光五年)十月以居忧无诗"④,而且回杭州丁母忧。虽然这时正是宣南诗

---

① 潘曾沂:《小浮山人闭门集》,《船庵集》卷8。
② 《龚自珍全集》第九集,上海人民出版社1975年版,第488页。
③ 《龚自珍全集》,第243页。
④ 《龚自珍全集》第九集,"癸未岁末自记",第470页。

社后期的活跃阶段，但处在戒诗丁忧之中的龚自珍，也不大可能参加诗社活动。龚于道光六年丁母忧回京后，诗社已开始寥落。魏源于嘉庆十九年入京，先后从刘逢禄、胡承珙学经学，尚是一个未入仕途的青年，很难与当时那些已属名流的宣南诗社成员以平等的身份酬唱。不久，他又被贺长龄聘为幕僚去往南京，直到道光十年，多在江浙一带活动，也不大可能参加在北京进行活动的宣南诗社。再者，从龚、魏的思想倾向看，他们从青年时期起，就比较关心同情民隐，注重"经世致用"，思想清新敏锐，常慷慨论天下事。特别是龚自珍，二十余岁时就写出《明良论》《尊隐》等揭露、批判封建专制的战斗檄文，真可谓"少年哀乐过于人，歌泣无端字字真"，成为开一代风气的进步思想家。宣南诗社却基本上是一个尽"朋从之乐"的消闲性文人结社，诗社的活动性质和内容，与龚、魏、黄的思想倾向并不一致。林则徐的思想倾向与龚、魏、黄更接近些，为什么加入了宣南诗社呢？这又和林则徐本身的生平经历有关，况且，要看到林在诗社中活动时间很短，前后不过一年。同时，他也不像诗社中的其他人那样，对宣南诗社的活动津津乐道。在其著述中涉及宣南诗社的也仅有《题潘功甫舍人（曾沂）宣南诗社图卷》一诗，足见他对宣南诗社的活动，并不十分热心。反之，从林则徐于道光十三年六月在江苏所写《致郭远堂书》的内容看来，他对自己参加宣南诗社前后在北京的那段生活却甚不满意，书信中说："愚初作翰林时，即有家眷……至都中本无官事，翰林尤可终年不赴衙门……然群萃州处，酬应纷如，京官中实在好学者，百不得一，亦风会使然也……京中之引人入邪，较之外间尤甚……故交游以少为妙也。"① 由此，已可见宣南诗社活动之一斑。一个人思想的发展总有个过程，未见得林则徐在嘉庆二十四至二十五年加入宣南诗社时，与他在道光二十年（1840）鸦片战争前后的思想就完全一致，因为一种思想的形成，除个人主观条件外，还受客观历史条件的影响和制约。

　　从宣南诗社的直接材料，到龚、魏、黄本人的著述及有关资料，再联系到他们的生平经历与思想倾向来看，都不能证明龚、魏、黄是宣南诗社成员。至于说龚、魏是宣南诗社的组织者更加缺乏根据。那种以

---

① 据杨国桢同志提供的林则徐《致郭远堂书》手迹。

龚、魏是宣南诗社的成员为前提，不以任何材料作凭据，便断定他们的师友戴絅孙、苏廷魁、张际亮、姚莹、汤鹏、朱琦等，也是宣南诗社成员，当然更加不能成立。

龚自珍、魏源、黄爵滋等既未参加过宣南诗社，何以众说纷纭，说他们是宣南诗社成员呢？其源盖出于1935年出版的魏应麒先生的《林文忠公年谱》。魏先生作出此论断，据说是依据张维屏的《南山集》，但遍查张维屏的著作，只有两首诗可以作为魏说的论据，其中一首是：《庚寅（道光十年）六月初二日，龚定盦礼部（自珍）招同周芸皋观察（凯）、家诗舲农部（祥河）、魏默深舍人（源）、吴虹生舍人（葆晋）集龙树寺置酒兼葭簃》；另一首是：《庚寅六月十三日，潘星斋待诏（曾莹）招同卓海帆（秉恬）、朱椒堂（为弼）两京兆、林少穆方伯（则徐）、周云皋观察（凯）、黄树斋（爵滋）……集寓斋即事有作》。① 从这两首诗题确可钩稽出：道光十年林则徐在京曾和一些人宴集，参加集会者当中，确有人是宣南诗社成员，但在封建社会里，一些封建士大夫酬诗宴集，本是司空见惯的事，在诗题和诗的内容，没有一字提及宣南诗社的情况下，怎么能据此得出林则徐与龚自珍、魏源、黄爵滋等结宣南诗社的结论呢？可是，魏先生的结论，恰恰是从这些诗题中钩稽而得。1949年有同志曾就此向魏先生提出函询，蒙魏先生复函并承认自己的粗疏。显然，魏先生的说法，早已不能作为研究宣南诗社的依据，范文澜先生的论断，如确系从魏著而来，自难免受魏误之影响，其他人再辗转因袭魏、范的说法，只能是以讹传讹。

必须指出，范文澜先生学识宏富，德高望重，他那些经深湛研究，有精辟见解的历史科学著作，以及严肃认真、一丝不苟的治学态度，都足以作为我们的楷模，他在搜集、鉴别、解释、整理历史资料方面的深厚功夫，也很值得我们后学效法。但在中国史籍浩如烟海、汗牛充栋的情况下，他在个别史料的采用上，出现差误，在所难免。还要考虑到范的《中国近代史》，是20世纪40年代初期于延安窑洞的煤油灯下，在环境艰苦，资料奇缺的情况下开展工作写成的。1949年后由于社会上的迫切需要，该书又在未及修改的情况下再版，在那种特定环境和特别

---

① 张维屏：《燕集诗》五言、七言各一首，《张南山全集》。

困难的工作条件下，出现上述差错，应该说是可以谅解的。问题在于，后来在历史环境和工作条件已经改变的状况下，国内外不少学者，仍不认真查阅原始材料，对别人的观点和材料，不加甄别和订正，反以错为是，继续以讹传讹，就势必为实事求是地研究历史上的某些问题造成混乱和障碍。

四 宣南诗社的性质及其历史作用究竟怎样？

如何正确评价宣南诗社的性质及其历史作用，涉及如何坚持实事求是的态度开展史学研究的问题。过去，在有关著述中，将本来在嘉庆九年就已创立的宣南诗社，误定为道光十年，把并未参加诗社的龚、魏、黄等进步思想家、文学家和政治家，硬说成是宣南诗社成员，尔后，不具体分析宣南诗社的具体内容，笼统地把鸦片战争前后的社会历史条件，作为宣南诗社活动的历史背景，将林、龚、魏、黄等在鸦片战争前后的思想，作为宣南诗社的活动内容，进而得出结论：宣南诗社是一个具有政治改革主张的集团，它是鸦片战争时期抵抗派的母胎与清代维新思想的先驱，这种论证问题的方法和结论，都显然不符合实事求是的态度和原则。

根据历史唯物主义的基本原则，要对历史事件和人物作出公允的评价，绝不能脱离历史事件和人物产生存在的历史条件、地点和时间。因为，在客观历史事物发展的过程中，时间、地点和条件的变化，往往会影响到事物本身的性质和变化。同时，任何社会思想的产生，也必须有赖于已产生的社会历史条件，譬如，在外国资本主义者侵入之前，就不可能有反抗外国资本主义侵略的思想。此外，要分析任何一个社会团体的性质，首先应弄清该团体由哪些人所组成，该社团的具体活动内容如何。离开某一社团活动内容的分析，去判断一个社团的性质，评价其历史作用，只能是主观的、不符合客观实际的空论。对宣南诗社活动性质与历史作用的评价亦是如此。

宣南诗社创立于嘉庆九年，当时清朝的封建统治虽已开始走下坡路，康、乾时期奠定的大一统的封建帝国已逐渐"内里蛀空"，但从表面上看，这时尚属史称的"乾嘉盛世"。大多数封建士大夫还为"盛

"世"的假象所蒙蔽，很少有人像龚自珍那样敏锐地感到"承乾隆六十载太平之盛，人心惯于泰侈，风俗习于游荡，京师其尤甚者。自京师始，概乎四方……各省大局，岌岌乎皆不可以支月日"①，依然沉醉于"承平之世"。参加宣南诗社的成员，多数是冷署闲曹的文职京官，正如龚自珍所指出的："窃窥今政要之官，知车马、服饰、言词捷给而已，此外非所知也；清暇之官，知作书法、赓诗而已，此外非所问也。"②可见，宣南诗社中的大多数成员，也不过是只知作书法、赓诗而已的清暇之官罢了。而乾嘉时期的诗坛与风行一时的汉学相呼应，也是拟古主义、形式主义弥漫。嘉庆时期诗坛上的领袖翁方纲（号覃溪，晚称苏斋老人）就主张"为学必以考证为准，为诗必以肌理为准"，他所谓的肌理之理也就是"义理之理"。这实际上是为将诗纳入考据学的轨道作论证。宣南诗社的一些发起人和重要成员，如刘嗣绾、吴嵩梁、陈用光、李兰卿、梁章钜等都是翁方纲的学生，正如翁方纲写的《梁茞林藤花吟馆诗钞序》中所说："余与海内才士以诗相切劘者垂五十年，其就吾斋学诗称著录弟子者亦不下百十辈，茞林最后至……又最笃信余说，尝与刘芙初、吴兰雪、陈石士、李兰卿诸子分题角胜，每一稿出必就余点定之。"③梁茞林最笃信翁说，所作诗稿都交翁方纲点定，诗社中其他向翁方纲学诗的人，也不能不受翁方纲的影响。事实上宣南诗社和翁方纲确有密切关系，宣南诗社成员张祥河在其《乙卯立春后一日坡公生辰……》的诗题中，就曾写到，"苏斋年年具袍笏，旧社宣南传佳话"，并注解说"自覃溪老人倡举后，觉生、椒堂、兰卿诸公数举是会，余在都十数年皆与焉"④。注中的觉生等人，即鲍桂星、朱为弼、吴嵩梁、李兰卿等，他们都是宣南诗社成员。苏斋既是翁方纲的号，也是他的书斋，张祥河的诗不仅把翁方纲和宣南诗社联系起来，而且从注中可知，宣南诗社举办的为苏东坡作生日的活动，也是由翁方纲所倡举。

宣南诗社受当时历史条件与师友渊源的影响，其办社宗旨，该社成员及了解诗社情况的人说得很清楚。如朱绶在《宣南诗会图记》中曾

---

① 《西域置行省议》，《龚自珍全集》，第106页。
② 《明良论二》，《龚自珍全集》，第32页。
③ 梁章钜：《师友集》卷1。
④ 张祥河：《小重山房诗词集》，《来京集》。

说:"国家承平日久,士大夫褒衣博带,雅歌投壶,相与扬翌休明,发皇藻翰,不独艺林之佳话,抑亦熙化之盛轨也。"潘曾沂在《宣南诗会图自题》中也说:"独携冰雪趁幽寻,难得苍莀共此岑。车马往来无熟路,国家闲暇可清吟。"① 由此看来,宣南诗社的成立,不过是一些"褒衣博带"的京官,在所谓"国家闲暇"之际,为"发皇藻翰",而赋诗清吟,以宣扬"国家承平日久",歌颂"熙化之盛轨",哪里是出于反对社会现状,蓄意进行政治改革呢?张祥河说得很清楚:"宣南诗社,京朝士大夫朋从之乐,无以愈此。或消寒,或春秋佳日,或为欧苏二公寿……辄忆野寺看花,凉堂读书,为不可多得之盛事也。"② 胡承珙也曾说:"夫吾人系官于朝,又多文学侍从之职,非有薄书期会,率无少暇,而得以其余从事于文酒酬唱之会,斯足乐矣。"③ 林则徐在回忆宣南诗社时也说:"宦游我忆长安乐,听雨铜街梦如昨。朝参初罢散鹓鸾,胜侣相携狎猿鹤。清时易得休沐暇,诗人例有琴尊约。金貂换取玉壶春,斗韵分曹劈云膜……承平方待缉雅颂,印绶原非耀累荐……"④吟咏的也是"清时易得休沐暇""承平方待缉雅颂",与朱绶、潘曾沂等人的调门,也并无大的差别。因而,绝不能用林则徐在鸦片战争时期的思想来分析宣南诗社的活动性质。很明显,宣南诗社的创立及其所开展的活动,开始不过是一班京官,在寒冬围炉饮酒赋诗,而后,又发展成为"或春秋佳日,或长夏无事","亦相与命俦唱侣,陶咏终夕",是封建社会中常有的那种文人之间的"雅歌投壶""文酒酬唱"的消闲性集会组织。消寒雅集本来是封建社会文人的积习,如宋仁宗时,某年"冬月得雪,诸臣入贺;朝退,晏元献招诸名士拥炉赏雪,饮酒赋诗"⑤。乾、嘉时期,这种风气更为盛行,翁方纲、黄仲则、蒋士铨、法式善等人,常集结文人,举办这种活动。这在当时文人的集子中多有记载,如洪亮吉的年谱中便记有"乾隆四十四年……时翁学士方

---

① 潘曾沂:《功甫小集》卷8。
② 张祥河:《关陇舆中偶忆编》。
③ 胡承珙:《求是堂文集》卷4。
④ 林则徐:《左云山房诗抄》。
⑤ 《清诗话》,《消寒诗话》第二十三条。

纲、蒋编修士铨、程吏部晋芳……共结诗社"[1]，又记"嘉庆八年……十一月访孙星衍于江宁，月杪旋里诸公为消寒雅集，杯酒往还，更迭置燕"[2]。它如朱为弼在《蕉声馆诗集》中记载有"阮中丞师招同人集澹宁精舍消寒雅集"[3]，刘嗣绾在其《尚絧堂诗集》中也记有"时寓宣武坊之兵马司前街，同好间一过从，纸阁油窗，围炉诗话，消寒之兴，复不浅已"[4]。此类记载，在同时期其他人的集子中，也比比皆是，并没有什么积极的进步的政治意义。考察宣南诗社的活动，与这些消寒雅集，从活动方式，到活动内容，也没有什么不同之处，怎能确定它是一个目的在于反对帝国主义、对专制政体进行积极批判，具有政治改革主张的进步集团呢？

至于说宣南诗社的"目的在于反对帝国主义"，这在宣南诗社活动的当时，更不大可能。在鸦片战争之前，西方资本主义国家的鸦片输入，造成大量白银外流，但严重影响清代社会的国计民生，成为迫在眉睫的问题，还是在道光中叶之后。"禁烟之议，创自黄爵滋"。然而，黄爵滋的疏请塞漏卮，也是在道光十八年才提出的，接着在清廷内部，逐渐形成了妥协、抵抗、投降各派政治力量之间的斗争。当然，在此之前，已经有人建议禁止鸦片输入，清王朝也几次下过禁令，但它作为一种抵抗外侮，反对帝国主义侵略的进步思潮，则是在鸦片战争爆发前后才出现的。以诗歌的形式反对资本主义鸦片输入，较早的要算张际亮的《浴日亭》，而此诗也是作于道光十二年。在嘉庆九年至道光初年以"文酒酬唱"的形式，颂扬国家"承平日久"的宣南诗社，哪里会有反对外国资本主义侵略的思想呢？林则徐虽然是鸦片战争中抵抗派的首领，他同龚自珍、魏源、黄爵滋等虽然都具有鲜明的反对鸦片输入、反对外来侵略的爱国思想，但这些思想却是鸦片战争前后，在激烈的阶级矛盾、民族矛盾的复杂斗争中形成的，与宣南诗社并无直接联系。何况，龚、魏、黄根本不是宣南诗社成员，怎能把他们的这些进步思想，挂在宣南诗社名下，去判定宣南诗社的性质呢？宣南诗社的其他成员如

---

[1] 《洪北江先生年谱》，《洪北江诗文集》卷1。
[2] 同上。
[3] 朱为弼：《蕉声馆诗集》卷6。
[4] 刘嗣绾：《尚絧堂诗集》卷17。

陶澍、梁章钜，在鸦片战争前夕或在鸦片战争过程中，虽然也分别有支持禁烟、反对外国资本主义侵略的思想和行动，但这则是在他们离开宣南诗社多年之后的事情，这些进步思想也不是在宣南诗社中培育的。同时，1840年鸦片战争爆发之前，宣南诗社早已不复存在，原属宣南诗社成员中的不少人如刘嗣绾、胡承珙、鲍桂星、程恩泽、徐宝善、陈用光等均已逝去。因而，很难说，宣南诗社的"目的在反对帝国主义"。

关于宣南诗社经常举办的活动，在陶澍、潘曾沂、胡承珙等人的诗文集中，有不少笔录，不妨略加列举，以见其活动内容之大概：

> 朱兰友邀同洪介亭、顾南雅、夏森圃双槐书屋赏菊。①
> 朱兰友斋中同梁、林、陈石士、胡墨庄、黄霁青、李兰卿观秦二世残碑拓本。②
> 丙子十二月十九日梁茝林仪部招同黄霁青、刘芙初、陈石士、胡墨庄集斋中为东坡作生日。③
> 董琴南太史国华招同陈石士前辈用光、朱兰友侍讲、胡墨庄侍御承珙、钱衎石户部仪吉……赋明宣宗铜钱歌。④
> 吴兰雪舍人、陈石士编修、朱兰友侍讲、谢向亭编修、钱衎石农部同集印心石屋试安化茶。⑤
> 初夏集陈丈用光书斋，送梁太守章钜之荆州，同朱丈珔、吴嵩梁、谢阶树、董国华、钱仪吉、程恩泽。⑥
> 六月十二日，集李彦章岚漪书屋作山谷生日，同李彦章、吴嵩梁、黄安涛、张祥河、汤储璠。⑦
> 六月二十一日邀同人集太乙舟为欧阳文忠公作生日，梧门先生以集中诗许征人绝句，分韵用得声字。⑧

---

① 见《陶文毅公全集》卷54。
② 同上。
③ 同上。
④ 同上。
⑤ 同上。
⑥ 潘曾沂：《功甫小集》卷6。
⑦ 潘曾沂：《功甫小集》卷7。
⑧ 陈用光：《太乙舟诗文集》卷4。

徐廉峰太史消寒第一集题忆壶园图，图为黄左思尚书作。①
消寒第四集题王石谷江天纵览画卷。②
消寒第六集汪大竹比部斋，题高其佩指头松雪角鹰画幅。③
宝晋斋第二砚，歌为朱兰坡侍讲赋。④
为陈石士用光前辈题高山流水砚，云是姚姬传先生所藏物。⑤
送黄霁青安涛编修典试贵州。⑥

以上，我们不厌其烦地列举了胡承珙、陈用光、朱为弼、陶澍、潘功甫等人诗文集中，有关宣南诗社活动的一些记载，应该说大致上反映了宣南诗社的活动面貌。从中可以窥见宣南诗社的活动，一般不外赏花、品茶、观画、看碑、玩古，为苏东坡、欧阳修、黄山谷等作生日，以及诗社成员之间的送往迎来，等等。从这些活动，以及诗社成员围绕这些活动而作的诗词内容看，所谓批判封建专制主义，反对外国资本主义侵略的思想，实在是绝无仅有。当然，在宣南诗社中并不乏有名的诗人和饱学之士，如吴嵩梁的诗，"声播外夷"；胡承珙则是"深经求，尤精于诗"。但翻阅这些人的著述，于诗多模山范水、陶咏丝竹，或歌颂"皇恩浩荡""勤政爱民"等，缺乏积极的社会内容；于学术，也多流于名物训诂、考据琐屑，很少有社会批判意义之作。他们与鸦片战争前后，在经世致用思潮下涌现的或抨击封建专制主义，要求变法革新；或揭露外国资本主义入侵，重视边疆民族地理探讨的著述的龚自珍、魏源、张际亮、汤鹏、张维屏、张穆、何秋涛、朱琦等人，简直难以比拟。当然，并不排斥在宣南诗社中的林则徐、陶澍、梁章钜、贺长龄等人，也有整顿吏制、修治水利、改革漕醢、抵制侵略的著述与实际活动。但总的说来，宣南诗社的基本倾向，并不是一个锐意改革的进步政

---

① 朱为弼：《蕉声馆诗集》卷14。
② 同上。
③ 同上。
④ 胡承珙：《消寒集》，《求是堂诗集》卷14。
⑤ 同上。
⑥ 同上。

治集团。

总之，从宣南诗社的成立背景、创办宗旨、师承渊源、活动内容等各方面的分析考察中，可以肯定，它既不像明末清初的复社那样，有鲜明的政治色彩；更不具备近代中国社会某些社团所具有的反帝、反封建性质。由于该社活动时间较长，参加的成员又多，客观历史形势在不断变化，其成员中各自的情况也有所不同，在诗社活动过程中，成员间或也"时复商榷古今，上下其议论，足以启神智而扩见闻"。但从诗社的主要倾向看，与封建社会中一般封建文人结社的性质并无根本差别，所不同的是它更具有乾嘉时期学风、诗风特点，在一定程度上也可以说，它是乾嘉汉学的旁支余绪。

鉴于宣南诗社的基本性质，其也不可能是鸦片战争时期抵抗派与清代维新思想的先驱。它的整个宗旨、活动内容、基本倾向，只能起到粉饰现实，维护现存统治的作用，过去一些著述中，对其历史作用的评价，是不符合实际的。

通过对宣南诗社几个问题的考订，使我深深感到在历史科学研究中，必须坚持实事求是的原则和严肃认真、一丝不苟的踏实学风。即便是对某一具体问题的看法和研究，也一定要从事实出发，全面地、详细地占有材料，从大量史实中形成观点，得出结论，对已有的研究成果，既要吸收借鉴，也要审慎地分析鉴别，即便是对权威专家的意见，也不应轻易盲从，人云亦云。过去，在宣南诗社研究中出现的问题，给我们留下了值得汲取的教训。

（原载《清史研究集》1980年第1辑）

谭嗣同的改革献身精神

1898年9月28日，我国近代史上杰出的思想家、著名的维新志士谭嗣同，与同称"戊戌六君子"的林旭、杨深秀等，被封建顽固派杀戮，血染于北京菜市口，开近代中国流血变法的先例。

谭嗣同就义前，曾激昂豪放地吟诵："有心杀贼，无力回天，死得其所，快哉快哉！"① 谭嗣同究竟为何而死？其意义何在？对此，不同的人有着不同的评价和解释。那些对维新事业有刻骨之恨的封建顽固派，认为"谭嗣同则凶忽狡悍，死当其辜"②，这自不待言。某些资产阶级革命派，对谭嗣同之死似乎不大理解，他们感到"以嗣同天纵之才，岂能为爱新觉罗之所买，志不能逞，而空送头颅，有识者莫不慨之"③。在他们看来，谭嗣同的死似不太值得。尤引人注意的是康有为、梁启超的看法。他们与谭嗣同的思想并不完全一致，但在谭死后，却将谭描绘成是与自己水乳交融的学生和同志，还赝造了谭嗣同的所谓绝命书：一给康有为，一给梁启超，④ 假托嗣同之口，把他的死竭力渲染成是为"君师"而殉节，用他们自己保皇派的嘴脸来塑造谭嗣同的形象，给谭的殉难蒙上一层灰色的阴影。直到目前为止，康、梁赝造的"绝命书"，仍被不少史学工作者误认为是可靠的资料，据以分析谭嗣同的思想，这就难免会作出不符合谭嗣同思想原貌的结论。

其实，谭嗣同的慷慨赴死，是他矢志改革思想逻辑的必然发展。为

---

① 《临终语》，《谭嗣同全集》，中华书局1981年版，第287页。
② 叶昌炽：《缘督庐日记》，《戊戌变法》第1册，第533页。
③ 黄中黄：《沈荩》，《辛亥革命》第1册，第307页。
④ 参见邓潭洲《谭嗣同传论》。本文后面对此问题将进一步论述。

了维新改革事业，谭氏早就抱定"块然躯壳，除利人外，复何足惜"①的意愿。他的献身，和他对改革事业的忠贞，相互联系，密不可分，我们绝不能像康、梁那样，把他为改革事业而献身的高风亮节，仅说成是为"酬圣主"而殉节。

从总结继承思想遗产的角度，正确评价谭嗣同的历史地位，并洗涤康、梁涂在谭嗣同形象上的阴影，有必要对谭嗣同的改革、献身精神，做进一步的论述。

一 谭嗣同与戊戌维新改革运动

震惊中外的戊戌维新变法运动，是中国近代历史发展链条上的一个中间环节，谭嗣同则是这环节上的一个关键枢纽。谭嗣同向以戊戌维新运动的激进派而著称，他的名字与戊戌维新同载史册。评价论述谭嗣同倡导的改革运动，首先需要对历史上的改革，特别是对戊戌维新运动有基本的评价。

发生在中国 19 世纪末期的戊戌维新变法运动，实质上是中华民族受到帝国主义"瓜分豆剖"的严重威胁，早期资产阶级的代表为救亡图强，促进封建制度向资本主义制度演变而进行的一场重大社会改革运动。

历史上每当社会积弊深重，或险象环生，处于行将发生急遽变化的转折时期，往往会涌现出一些政治家、思想家，他们或要求革除原有制度的弊端，或为促进旧制度向新制度的转变而不畏艰险地进行改革。这些改革只要有利于社会生产力的发展，有利于国家的富强，民族的兴旺，都应有分析地给予历史的肯定。马克思主义者固然高度评价"用暴力打碎陈旧的政治上层建筑"②的社会革命，但并不一概排斥所有的改革或改良。列宁曾指出："我们应当支持任何的改善，支持群众状况在经济上和政治上的真正改善。我们同改良主义者的区别，并不在于我们反对改良，他们赞同改良。完全不是这样。""我们"与他们的区别在

---

① 《仁学·自叙》，《谭嗣同全集》（以下简称《全集》），第 290 页。
② 《列宁选集》第 1 卷，人民出版社 1972 年版，第 616 页。

于"他们只是限于改良"①。列宁曾高度评价中国北宋时期的王安石"是中国 11 世纪的改革家"。马克思主义者只有在社会主义的革命运动蓬勃兴起后,对机会主义者为抵制和瓦解革命而推行的改良主义,才给予批判,而认为"历史的真正动力是阶级之间的革命斗争,改良是这种斗争的副产品"②。但革命必须具备相应的客观条件,"毫无疑问,没有革命的形势,就不可能有革命"③,因此,我们在评价历史上的改革或改良时,绝不能不分析当时的具体历史条件,简单地将其贬为改良主义,统统斥之为反动。

从中国近代社会的实际状况看,自 1895 年 5 月康有为发动"公车上书",揭开资产阶级维新变法的序幕以后,几年之间,维新思潮蔚然兴起,改革运动迅猛开展。当时,一些初步具有资本主义思想的知识分子,面对清王朝的腐败与中华民族的危机,"以爱国相砥砺,以救亡为己任",他们上书言事,开学校、创学会、出报纸、译西书、开矿山、修铁路、办工厂、兴商务,主张君主立宪,倡言资产阶级民主,要求发展资本主义的政治经济,以期富国强兵,抵御外侮,掀起了蓬蓬勃勃的维新改革运动。康有为在历次要求变法的上书中,大声疾呼"强邻四迫,国势危蹙",必须"量势审时","改弦更张",并说"能变则全,不变则亡,全变则强,小变仍亡"④,如再"因循守旧,坐失事机","皇上与诸臣,虽欲苟安旦夕,歌舞湖山而不可得矣","求为长安布衣而不可得矣!"⑤ 这些思想言论,振聋发聩,在社会上引起巨大反响,也深深打动了光绪皇帝,促使他下《明定国是诏》,决定在全国范围内进行变法改革。维新思潮广泛传播,变法改革之举,深得人心。正如革命老人吴玉章所说:"戊戌变法的那些措施,虽然是微不足道的,但在当时却曾经震撼人心。我是亲身经历过的人,所以感受得特别深刻。那时我正在四川省自(自流井)贡(贡井)地方的旭川书院读书,由于热心变法维新的宣传,人们给了我一个外号,把我叫作'时务大家'。

---

① 《列宁全集》第 23 卷,第 158—159 页。
② 《列宁全集》第 11 卷,第 57 页。
③ 《列宁选集》第 2 卷,人民出版社 1972 年版,第 620 页。
④ 康有为:《上清帝第六书》,《戊戌变法》第 2 册。
⑤ 康有为:《上清帝第五书》,《戊戌变法》第 2 册。

当变法的诏书一道道地传来的时候,我们这些赞成变法的人,真是欢欣若狂。"① 可见,戊戌维新虽然是自上而下的改良,但对促进人们思想上的解放,对整个民族的觉醒,无疑有不可低估的进步作用。它揭露、批判了横虐残暴的封建专制统治,扫荡了沉腐、颠顶的封建保守思想,说明资本主义制度取代封建主义制度是救亡图强的必由之路,其爱国、进步性质是很明显的。

在康有为、梁启超、谭嗣同等进行维新变法活动时,孙中山先生已开始了资产阶级革命活动:他于1894年11月建立了兴中会;还于1895年10月准备发动首次广州起义。但从革命效果与社会舆论看,革命时机并未成熟。孙中山自己后来回忆说:"当初次之失败也,举国舆论莫不目予辈为乱臣贼子,大逆不道,咒诅谩骂之声不绝于耳,吾人足迹所到,凡认识者,视为毒蛇猛兽,而莫敢与吾人交游。"② 当时,革命派活动的地区,也只限于偏远的海南一隅,活动声势与社会影响,都远不如维新改良思潮那样显著,实不足以成为社会思潮的主流。在这种历史条件下,资产阶级改良思潮的兴起与变法活动的开展,有着历史的必然性。维新改良思潮,显然是中国近代思想发展史上的一个必经阶段。它既适应了历史变革的需要,又有其社会思想的基础。戊戌变法失败后,随着革命形势的发展,不少维新改良运动的参与者如章太炎等,相继走上了资产阶级民主革命道路。1900年孙中山又领导发动了惠州起义,虽然又告失败,但却"鲜闻一般人之恶声相加,而有识之士,且多为吾人扼腕叹息,恨其事之不成矣。前后相较差若天渊……知国人之迷梦已有渐醒之兆","有志之士,多起救国之思,而革命风潮,自此萌芽矣"。③ 孙中山亲自感受到的一般人对两次起义的不同反映,表明人民群众思想上的变化与觉醒。这种变化与觉醒,显然与戊戌时期资产阶级思潮的传播有关。因而可以说,戊戌维新运动,为资产阶级民主革命思潮的兴起,开辟了道路,创造了条件。对于戊戌变法运动的评价,不能像过去某些论者那样,只是在证明改良道路行不通这一点上,才肯定其

---

① 吴玉章:《从甲午战争前后到辛亥革命前夜的回忆》,第42页。
② 孙中山:《革命原起》,《辛亥革命》第1册,第9页。
③ 同上。

历史作用，而后又认为："从实质上讲，归根结蒂是反动的。"

戊戌维新的历史地位应当肯定。谭嗣同的改革活动是维新运动的重要组成部分。谭氏在整个戊戌维新改革运动中，无论是在改革实践方面，还是在思想理论建设方面，都有重大的贡献和建树，不愧是运动中的杰出代表和中流砥柱。他从1895年起，就在湖南浏阳与长沙等地，联络上下，擘划新政，筹办算学馆，支持出版《湘学报》《湘报》，协助设立"时务学堂"与开办"南学会"，积极筹划开矿山，修铁路。经过他不屈不挠的努力，使湖南的新学、新政，广为推行，风气丕变，如同谭氏自述"两年间所兴创，若电线，若轮船，若矿务，若银圆，若铸钱，若银行，若官钱局，若旬报馆，若日报馆，若校经堂学会，若舆地学会，若方言学会，若时务学堂，若武备学堂，若化学堂，若藏书楼，若刊行西书，若机器制造公司，若电灯公司……农矿工商之业，不一而足"①，致使向"以守旧闻天下"的湖南"人思自奋，家议维新"，"风气之开，几为各行省冠"②。一时间湖南与北京、上海、广东等地一样，成为全国变法维新的中心，这与谭嗣同的努力是分不开的。以最有影响的"南学会"为例，谭嗣同"实为学长"，他在会中"任演说之事。每会集者千数百人，君慷慨论天下事，闻者无不感动"③。曾在南学会听讲的毕永年深有感触地说："闻复生先生讲义，声情激越，洵足兴顽起懦。"④ 当时有人评论说："全省风气大开，君之功居多。"⑤ 1898年，谭嗣同应诏到北京参预新政，他认为"朝廷毅然变法，国事大有可为"，怀着"益加奋勉，不欲自暇自逸"⑥的心情，致力于维新事业。他与同时被任命为军机章京的杨锐、刘光第很有不同。杨锐投身新政，却厌烦"新进喜事之徒，日言议政院"，并预感到"不久朝局恐有更动"，惶惶不可终日地想"此地实难久留"，打算"得便即抽身而退"⑦。刘光第自认为并无"新旧之见"，深恐卷入"新旧两党，互争朝

---

① 《与徐仁铸书》，《全集》，第269页。
② 同上。
③ 《谭嗣同传》，《全集》，第544页。
④ 《全集》，第408页。
⑤ 梁启超：《谭嗣同传》。
⑥ 《致李闰》，《全集》，第531页。
⑦ 《杨参政公家书》，《戊戌变法》第2册，第572页。

局"的漩涡，惧怕"将来恐成党祸"，也盘算着"明岁节省得余钱，为买山之资，便可归田"①。谭嗣同身在其间，对复杂的斗争情况与斗争趋势，当然有较清楚的了解，但他却毫不动摇、畏惧，坚决地为维新变法奋斗，最后献出自己宝贵的生命。

谭嗣同在从事维新变法实践的同时，又着力于维新变法思想理论的阐述。他在投身维新运动之初，感到"平日于中外事虽稍稍究心，终不能得其要领"。斗争的需要迫使他"摒弃一切，专精致思。当馈而忘食，既寝而累兴"②，在短期内写了《兴算学议》《思纬壹壹台短书——报贝元徵》等有名的理论著作。《兴算学议》影响尤大，被称赞为"心所欲言，皆经道出"，"谭子将将，为一邑开风气，即为天下开风气。危言笃论，实中肯綮"③，有力地推动了湖南维新变法运动的开展。1896年末至1897年初，谭嗣同在经过一段变法实践及北游访学的基础上，又"颇思共相发明，别开一种冲决网罗之学"，决心"写出此数千年之祸象，与今日宜扫荡桎梏、冲决网罗之故"④。基于这一思想，他写了光辉的名作《仁学》。《仁学》是谭嗣同维新思想的结晶，其中对封建专制制度的猛烈抨击，以及与反清思想相结合的资产阶级民主革命思想，实为戊戌维新时期其他思想家所不及。

谭嗣同在戊戌维新变法运动中表现出来的深邃的思想理论、坚强的斗争精神和高尚的品质情操，都是出类拔萃的。虽然，康有为是戊戌维新运动的主要策划者，他的历史功绩不可抹杀，但后人对谭嗣同的敬佩，却远在康有为之上，这除了康有为于戊戌政变之后，政治上走向堕落之外，主要在于谭嗣同的思想精神，具有康有为所不及之处。梁启超曾说："其思想为吾人所不能达，其言论为吾人所不敢言。"⑤ 因之，要论述谭嗣同的改革、献身精神，就应对谭嗣同在维新运动中的思想特色，进行具体分析。

---

① 刘光第：《在京与厚弟书》，《戊戌变法》第2册，第570页。
② 《报贝元徵》，《全集》，第226页。
③ 欧阳中鹄：《与涂舜臣明经白先论兴算学书》，《湖南历史资料》1959年第2期。
④ 《致汪康年书》，《全集》，第493页。
⑤ 梁启超：《清议报第一百册祝辞》，《饮冰室合集》文集1，第54页。

二 谭嗣同在维新运动中的思想特色

谭嗣同之所以成为著名的维新志士,成为戊戌时期第一流的思想家,除客观历史条件外,还有其主观上的因素。后者,使谭嗣同在维新运动中,呈现出较为突出的思想特色。这主要表现于下述几个方面。

(一) 能随着客观历史形势的发展,弃旧图新,不断前进

谭嗣同本来是一个出身封建官僚家庭的贵公子,其父谭继洵,官至湖北巡抚。虽然他幼年丧母,常为"父妾所虐","遍遭纲伦之厄"①,这对他日后的思想性格有一定影响。但他在青少年时期所受的教育,仍是正统封建教育,26岁之前,他"迫于试事居多","六赴南北省试"。此外,他的精力还多耗于古诗文词和考据方面,他说:"嗣同不慧,早为旧学所溺,或饾饤襞积,役于音训;或华藻宫商,辱为虫雕。"② 他在"南北省试"途中,经历各地,有所见闻,使他感受到"风景不殊,山河顿异;城廓犹是,人民复非",这对他以后爱国主义思想的形成也有影响。但总的看来,他当时的政治思想仍停留于保守状态。他在1886年所写的《治言》中,还讽刺主张变革的人为"世之自命通人而大惑不解者",他认为"道之不可变者,虽百世而如操左券"。这与封建社会中的一般封建士大夫并无二致。但中日甲午之战,中国惨败。清朝统治者,丧权辱国,割地赔款,"竟忍以四百兆人民之身家性命,一举弃之"③,仅赔款一项就高达二万万两,"即刮尽小民脂膏,下至妇女之簪环首饰,犹难取办此数"。且《马关条约》中规定的其他各条,将中国的"兵权利权商务税务一网打尽","自古取人之国,无此酷毒者"④。谭嗣同满怀爱国之情,悲愤地高歌:"世间无物抵春愁,合向苍冥一哭休,四万万人齐下泪,天涯何处是神州?"⑤ 深重的民族灾难,

---

① 《仁学·自叙》,《全集》,第289页。
② 《与唐绂丞书》,《全集》,第299页。
③ 《兴算学议》,《全集》,第153页。
④ 同上。
⑤ 《有感一首》,《全集》,第540页。

使谭嗣同受到很大的刺激,引起其思想急遽变化,他在给密友唐才常的信中说:"三十之年,适在甲午,地球全势忽变,嗣同学术更大变。"① 他追悔自己"三十年前之精力,弊于所谓考据辞章,垂垂尽矣,勉于世,无一当焉"②。他认识到以后再也不能抱残守缺,决心去旧图新,挽救民族危亡。他认为在当时的国内外形势下,要救亡图强,必须向西方资本主义国家学习,改革腐朽没落的封建制度。他说:"有见大化之所趋,风气之所溺,非守文因旧所能挽回者,不恤首发大难,画此尽变西法之策。"③ 谭嗣同适应历史发展的趋势,终于走上变法维新的道路。

弃旧图新的过程,必然是否定旧我、追求真理、不断前进的过程。动荡变革的时代,使谭嗣同感到"天以新为运,人以新为生","今日之神奇,明日即已腐朽"。他"自期日新",认为绝不能"自以为有得,而不思猛进"。他勇于否定旧我,自责30岁之前不能学以致用。他在刊印旧作《治言》的"序"中说:"此嗣同最少作,于中外是非得失,全未缕悉,妄率胸臆,务为尊己卑人一切迂疏虚愇之论,今知悔矣,附此所以旌吾过,亦冀谈者比而观之,引为戒焉。"④ 为了跟上时代的步伐,谭氏如饥似渴地学习,一方面学习继承我国17世纪进步思想家黄宗羲、王夫之等人的民主启蒙思想,另一方面又广为搜读西方的自然科学与阐述社会政治学说的图书,并在上海、北京等地,交结维新之士。他勇于否定自己之短,虚心学习别人之长。他对人不阿附,也不执着于私见,强调凡事以是否合乎公理为准绳,他说:"合乎公理者,虽闻野人之言,不殊见圣;不合乎公理,虽圣人亲诲我,我其吐之,目笑之哉!"⑤ 他对康有为十分尊敬,认为其思想言论,"皆旷古今所未尝见","足为天下后世法"⑥,但也并不盲从,谓"南海之说,肇开生面,然亦有不敢苟同者"⑦。毕永年是谭嗣同的"刎颈交"唐才常的好友,他对谭氏在南学会的讲演,提出不同意见,谭氏即推心置腹地答复"纵两千

---

① 《与唐绂丞书》,《全集》,第259页。
② 《莽苍苍斋诗自序》,《全集》,第154页。
③ 《兴算学议》,《全集》,第169页。
④ 《治言》,《全集》,第231页。
⑤ 《与唐绂丞书》,《全集》,第264页。
⑥ 《论湘粤铁路之益》附语,《全集》,第426页。
⑦ 《致唐才常》,《全集》,第528页。

年，横十八省，可与深谈，惟见君耳"，"会须与君以热血相见耳"①。谭氏认为"学行千载事，岂厌往复求详"，总希望别人"指摘其失"②。正因为他有如此追求真理的精神，才使他不断前进，成为识时务的俊杰。

（二）能锲而不舍，脚踏实地，以"十成死工夫"从事具体改革

在戊戌维新变法运动中，谭嗣同既是思想家，又是实干家，他以惊人的毅力和实干精神，投入各项具体改革。中国有着两千多年的封建专制社会历史，顽固的封建专制政治势力，非常强大，而"天不变，道亦不变"的传统封建保守思想，更是根深蒂固。在这样的社会里，要进行新的改革，必然是阻力重重。从旧营垒中冲杀出来的谭嗣同，深知"中国政事废弛太久，办事者处处皆成荆棘"③，因而他从开始走上维新道路之日起，便十分清醒地预计到："不下十成死工夫，岂能办成一事？平日务当胸中雪亮，眼明手快，穷理尽性，大公无私。"④他在改革过程中，从不抱侥幸心理，而是抱定"锲而不舍，金石为开"的决心，踏踏实实，埋头苦干。他曾说："凡事不惮其难，不忧其繁，但当先寻一下手处。"他是这样说的，也正是这样做的。如1895年他为了开风气，育人才，决定"先小试于一县"，拟在其家乡浏阳创立一个算学馆。为此，他先给其老师欧阳中鹄写了长达万余言的《兴算学议》，以取得支持，共同筹办。他和唐才常、刘善涵等计划将浏阳县城的南台书院改为算学馆。他详细拟订了算学馆的章程，并上书湖南学政江标，请求批准。江标虽批准了这一请求，但由于当地的劣绅，"逞其私见，悉力拒之"，使江标的批示不能贯彻。在这严重的困难面前，谭嗣同毫不气馁，又根据现实的可能条件，暂缩小原计划规模，先由16个人组成一个小小的算学社，"每人出资五十缗"，购买书籍，聘请老师，开展活动。算学社的成立，成了湖南新学的萌芽。直到1897年，经多方努力，算学馆才正式建成。

---

① 《答毕永年》，《全集》，第408页。
② 《报刘淞芙书》，《全集》，第10—11页。
③ 《上欧阳中鹄·二》，《全集》，第449页。
④ 《报贝元徵》，《全集》，第216页。

此后，湖南兴办的许多新学、新政，无不经谭嗣同积极筹划。《湘学报》《湘报》是湖南维新运动中的重要舆论阵地，分别创办于1897年3月和1898年2月，谭嗣同则早在1896年就开始筹划。此间，他在给刘淞芙的信中说，"《湘报》一事，愚见仍以设在湘省为妥"，赞成将报馆合并于当时正在筹办之湖南强学会中。①《湘报》出版后，他又竭力使之成为维新事业的喉舌，他觉得唐才常所写的《湘报叙》"犹有未尽，不足以破迂儒之说，通闭塞，合群力，而成变法之势，乃为后叙，以弥补其阙焉"②，因此他又撰写了《湘报后叙》。他还先后为《湘报》写了近20篇文章，为变法革新，提倡民权，大造舆论。此外，他对"时务学堂"与"南学会"也很关心，倾注了自己的心血。他不仅协助时务学堂购买仪器，聘请教师，还参与讨论制定教学方针、内容。"南学会"设立后，他负责主讲，每到会"必讲爱国之理，求救亡之法"。他畅论当时中国情势之危急，"瓜分豆剖，各肆侵凌，凡有人心，其何以堪"③，激发听讲者的爱国主义热忱。他以富有鼓动性的语言讲："诸君！当知此堂堂七尺之躯，不是与人当奴隶，当牛马的。诸君诸君！我辈不好自为之，则去当奴隶、当牛马之日不远矣！"④谭嗣同期望通过脚踏实地的努力，推动改革事业发展。然而，当地的顽固派，则对此"嫉之特甚"⑤，劣绅王先谦、叶德辉等，在大官僚张之洞的怂恿支持下，气焰嚣张，或"屡遣人至京参劾"，或攻击维新党人"首倡邪说，背叛圣教"，"乃无父无君之乱党"⑥。接着，他们施展种种阴谋手段，"哄散南学会，殴打《湘报》主笔，谋毁时务学堂"⑦。他们破坏维新事业和打击维新人士，无所不用其极，甚至扬言要杀谭嗣同。

谭嗣同面对如此尖锐、激烈的斗争，毫不动摇，不为反动势力之气焰所吓倒。他坚持这样的信念："人须有横强之气，而后可以有为。"⑧

---

① 《致刘淞芙·十一》，《全集》，第488页。
② 唐才质：《戊戌闻见录》，转引自邓潭洲《谭嗣同传论》，第56页。
③ 《论中国情形危急》，《全集》，第87页。
④ 《论全体学》，《全集》，第405页。
⑤ 梁启超：《戊戌政变记》卷3，《戊戌变法》第1册，第270页。
⑥ 苏舆：《翼教丛编》卷5。
⑦ 梁启超：《戊戌政变记》卷3，《戊戌变法》第1册，第270页。
⑧ 《致汪康年》，《全集》，第513页。

于是，他对来自各方面的攻击，挺身而出，迎头回击。

（三）以冲决网罗的精神在思想理论上具激进特色

谭嗣同在思想理论方面的激进特点，比较集中地表现在《仁学》中。这部著作以"冲决网罗"的战斗精神，将矛头直指两千多年的封建专制制度。谭氏指出："二千年来之政，秦政也，皆大盗也！"[①]他痛斥秦汉以来的封建专制君主是"独夫民贼"，认为"彼君主之不善，人人得而戮之"；他猛烈抨击维护君主专制的"伦常"，贻祸无穷，而"君臣一伦，尤为黑暗否塞，无复人理"。因之，对专制君主，若"犹以忠事之，是辅桀也，是助纣也"。他认为有些人为君主殉节，乃"宦官宫妾之为爱，匹夫匹妇之为谅"，不值得称道。

与谭嗣同同时的康有为、梁启超等，虽然也曾对封建专制制度进行过指责，但远不及谭氏那样激烈尖锐，尤其是他们没有也不敢把批判封建专制与反清思想结合起来。谭氏则在批判封建专制制度的基础上，毫不隐晦地指出："《明季稗史》中之《扬州十日记》《嘉定屠城纪略》，不过略举一二事，当时既纵焚掠之军，又严薙发之令，所至屠杀房掠，莫不如是。"这对清朝统治者屠杀、压迫汉族人民的罪恶，揭露得多么深刻！与此同时，谭氏对武装反抗清朝统治的太平天国的领袖，还深表同情："洪杨之徒，苦于君官，铤而走险，其情良足悯焉。"他又热烈地赞扬法国的资产阶级民主革命："法人之改民主也，其言曰：'誓杀尽天下君主，使流血遍地球，以洩万民之恨。'""法人之学问，冠绝地球，故能倡民主之义。"然而，康有为、梁启超等，对法国资产阶级革命，却恐惧万端，为之痛心疾首，如康有为在《进呈法国革命记序》中说："臣读各国史，至法国革命之际，君民争祸之剧，未尝不掩卷而流涕也。"他尽量渲染法国革命的恐怖："流血遍全国，巴黎百日而伏尸百二十九万……十万之贵族，百万之富家，千万之中人，暴骨如莽，奔走流离，散逃异国，城市为墟。"又谓："普大地杀戮变乱之惨，未有若近世革命之祸酷者矣，盖皆自法肇之也。"[②]对法国资产阶级革命

[①] 参见《仁学》，以下凡引自《仁学》者，不另注。
[②] 康有为：《进呈法国革命记序》，《戊戌变法》第3册，第7—8页。

的不同评价，恰恰反映了康有为与谭嗣同在政治思想上的分歧。康有为"只是改良"，而谭嗣同则在进行改良的同时，还存在着进行资产阶级革命的思想准备。

上述几点，虽然不能完全概括谭嗣同在戊戌维新运动中的思想特色，但从这里也可以看出：他不愧是中国近代思想史上的杰出思想家、著名的维新志士。对他的某些民主革命思想进行一番分析，称他为中国近代资产阶级民主革命的思想先驱，我认为是适当的。

三　谭嗣同的改革献身精神"亘古不磨"

戊戌维新变法，由于封建顽固势力的强大，加之改良派多在上层活动，缺乏下层群众基础，而且他们对顽固派的阴险毒辣，又估计不足，终于很快地失败。随之而来的是顽固派的猖狂反扑，对改良派进行残酷镇压。光绪被幽禁瀛台，康有为、梁启超则逃往日本。此时，义侠大刀王五，愿作谭嗣同的保镖，护送谭氏离京。日本公使馆也派人会见谭氏，愿"设法保护"。在生与死的选择面前，谭氏坚定地表示："大丈夫不做事则已，做事则磊磊落落，一死亦何足惜！"① 他还谓："各国变法无不从流血而成，今日中国未闻有因变法而流血者，此国之所以不昌也。有之，请自嗣同始。"② 谭氏还在《狱中题壁》一诗中说："我自横刀向天笑，去留肝胆两昆仑。"在刑场上，他不顾监斩官刚毅的拦阻，慷慨陈词："为了救国，我愿洒了我的血，但是今天每一个人的牺牲，将有千百人站起来继续进行维新的工作。"③ 他以仅34岁的年华，为改革事业流血牺牲。

谭嗣同的流血牺牲，绝非一时的感情冲动，而是他一贯思想的最高升华。他自从投入维新运动后，就置个人利害于不顾，强调"得失利害，未足撄我之心"④，并多次表示"念蠢尔躯壳，除救人外，毫无他用"，"块然躯壳，除利人外，复何足惜"。谭氏在民族矛盾尖锐与阶级

---

① 光绪二十四年八月十三日《国闻报》，《戊戌变法》第3册，第423页。
② 梁启超：《谭嗣同传》，《戊戌变法》第4册，第53页。
③ 李提摩太：《中国的维新运动》，《戊戌变法》第3册，第566页。
④ 《报邹岳生书》，《全集》，第91页。

斗争激烈的时代，树立了爱国救民的人生观。他不怕死，只是不愿贸然而死，希望"死事"，死得其所，死得有意义。他的最后殉难，不正是其上述思想的必然逻辑发展吗？！

谭嗣同的热血没有白流。他的思想与行动，激励了许多爱国有识之士，在戊戌变法失败后随之兴起的资产阶级民主革命中，发挥了重大的作用。不少资产阶级革命家、宣传家，在批判康、梁保皇思想的同时，都对谭氏给以很高的评价，称赞其为"轰轰烈烈为国流血的大豪杰"[①]。《革命军》作者邹容，满怀敬仰的心情，将谭氏的遗像放在座侧，并题诗于其上，"赫赫谭君故，湖湘士气衰，惟冀后来者，继起志勿灰"，勉励自己以谭嗣同的奋斗牺牲精神，从事革命。有的早期民主革命者在回忆自己走上革命道路的情况时也说："我们在最初，都是看了《仁学》一类的书，才起来革命的。"[②] 甚至我们的老一辈无产阶级革命家毛泽东同志，在青年时代也对谭氏非常敬仰，谓"前之谭嗣同，今之陈独秀，魄力雄大，诚非今之俗学所可比拟"[③]。

从谭嗣同的思想、行动及其历史作用和影响来看，谭氏的流血牺牲，绝非为"君师"死节。所谓为"君师"死节说，追寻其来龙去脉，应该说主要渊源于康有为、梁启超的渲染和臆造。康、梁在谭氏殉难后，很快地为其写传记或哀诗。梁启超在《谭嗣同传》中，谓谭氏之所以勇于牺牲，是由于"不有死者，无以酬圣主"；康有为在《六哀诗》中，认为谭氏由于"上言念圣主，下言念先生"，才"誓死延待刑"[④]。照康、梁的描绘，谭嗣同的死，当然是为"君师"殉节。由于康、梁是维新思潮的领袖人物，又都是戊戌政变后的被通缉者，因而他们为谭氏写的"传记"和诗、文，自然有很大的影响。但是，在这些文字中，却渗透了他们自己的思想、观点。戊戌政变后，康、梁坚持保皇立场，寝食不忘地想使光绪复位；他们看到谭嗣同有崇高的声誉，就想利用谭氏的影响，宣传自己的观点。于是，他们精心策划，臆造了谭氏两篇绝命书。其中说什么："天下之大，臣民之众，宁无一二忠臣义

[①] 陈天华：《猛回头》，《辛亥革命》第2册，第144页。
[②] 邹鲁：《中国国民党史稿》，第1242页。
[③] 《张昆弟日记》1917年9月22日，转引自徐义君《谭嗣同思想研究》，第270页。
[④] 康有为：《六哀诗》，载《谭嗣同全集》附录。

士，伤心君父，痛念神州，出为平、勃、敬业之义举乎？……啮血书此，告我中国臣民，同兴义愤，剪除国贼，保全我圣上。嗣同生不能报国，死亦为厉鬼，为海内义师之助"①；"天若未绝中国，先生必不死"，"嗣同为其易，先生为其难。魂当为厉，以助杀贼！"② 字里行间都渗透了康、梁忠君、勤王的思想。据政变后与康、梁一起亡命日本的王照说：康、梁对戊戌变法史实"多巧为附会，如制造谭复生血书一事，余所居仅与隔一纸槅扇，夜中梁与唐才常、毕永年三人谋之，余属耳闻之甚悉，然佯为睡熟，不管他"③。王照耳闻目睹所提供的这一材料，应该是较为可信的。唐才常之弟唐才质，对此也提供了有力的证明。他在《戊戌闻见录》中说："复生陷图圄，其始二仆尚得近，后防范密，知不免，故题诗于壁以寄志，而无一字贻亲知，盖搜查綦严，无由寄达，且恐亲知受株连也。后报载其血书二，予读之，疑不类，询之伯兄（指唐才常），盖出卓如手，欲藉以图勤王，诛奸贼耳。"④ 这就清楚地说明：唐才常是王照所说的康、梁赝造谭嗣同绝命书的参与者，他亲口向其弟唐才质说明"绝命书"出自梁启超之手，这不是使真相大白于天下吗?! 再联系唐才常在康有为的支持下，以"勤王"的口号组织自立军起义的事实，则他们赝造"绝命书"的目的在于"图勤王，诛奸贼"，不是也得到历史证实吗?! 而且，两篇"绝命书"中"图勤王，诛奸贼"的思想也活灵活现。可见，所谓谭嗣同在狱中"裂襟啮血"而写的绝命书，乃康、梁等人所赝造，不能据以分析谭嗣同的思想。

　　洗去康、梁加在谭嗣同身上的为"君师"殉节的阴影，则谭氏为改革而献身的高风亮节，始能大放光彩。鲁迅先生曾经说过："我们从古以来，就有埋头苦干的人，有拼命硬干的人，有为民请命的人，有舍身求法的人……这就是中国的脊梁。"⑤ 谭嗣同正是这样的人。他为了国家的独立富强而坚决地进行改革并最后献出自己宝贵生命的精神，已熔铸到自强不息的中华民族精神之中，成为宝贵的历史遗产。

---

① 《致梁启超》，《全集》，第519页。
② 《致康有为》，《全集》，第532页。
③ 王照：《复江翊云兼谢丁文江书》，《戊戌变法》第2册，第575页。
④ 转引自邓潭洲《谭嗣同传论》，上海人民出版社1981年版，第82页。
⑤ 鲁迅：《中国人失掉自信力了吗》，《鲁迅全集》第6册，第92页。

谭嗣同为国捐躯后，其家乡的人们为表示对他的怀念与敬仰，给他修建坟墓，并在墓碑上刻写：

亘古不磨，片石苍茫立天地；
一峦挺秀，群山奔赴若波涛。

谭嗣同的改革献身精神亘古不磨！

（原载《戊戌维新史论集》，湖南人民出版社 1983 年版）

谭嗣同评传

一 为维新改革而献身

谭嗣同,字复生,号壮飞,又号华相众生、东海褰冥氏、通眉生、寥天一阁主等,湖南浏阳人。同治四年二月十三日(1865年3月10日)生于北京宣武城南烂面胡同。谭嗣同出身于封建官僚家庭,其父继洵(字敬甫),官至湖北巡抚。他幼年随父在京读书,师从浏阳学者欧阳中鹄。欧阳甚为推崇王船山的学术和气节,嗣同后来亦十分敬仰王船山,当受其影响。

光绪二年(1876)北京发生流疫,谭嗣同被染,昏死三日,后又苏醒,所以取号复生。在这次流疫中,他母亲和姐姐、哥哥等相继染疾而逝。其母死后,谭嗣同备受庶母虐待,亦遭其父歧视,心灵上受到极大创痛,后来他曾追述:"吾自少至壮,遍遭纲伦之厄,涵泳其苦,殆非生人所能任受。"[1] 他憎恨封建伦理,勇于为理想献身等思想的产生和形成,与他早年的遭遇不无关系。

谭嗣同早年就在京城结交了专以"锄强扶弱为事"的义侠王五(世称大刀王五,名正谊,回族),并向王五学习拳击和剑术,后来谭"于文事之暇,喜观技击,会骑马,会舞剑"[2],即由此奠定了基础。王五虽为正统的封建士大夫所不屑,谭嗣同却与之始终保持了密切的友谊。王五那种桀骜不驯、英勇慷慨,以及对世俗的反抗精神,对谭嗣同

---

[1] 《仁学·自叙》,《谭嗣同全集》(增订本)下册,中华书局1981年版,第289页。
[2] 欧阳予倩:《上欧阳瓣薑师书序》,载《谭嗣同全集》(增订本)下册,第536页。

当然也有影响。

光绪三年（1877），其父由京官外放，补授甘肃巩秦阶道。此后谭嗣同曾多次来往京城与兰州并居住于其父兰州任所，继续读书求学。他还常与父亲的役属奔驰于西北原野，穿山越岭，踏沙涉水，打野生充饥，吃雪块解渴。晚间则架起帐篷，点起篝火，斗酒纵横，奏琴高歌。这种豪放不羁的生活与勇敢坚毅的精神，促使其喜"为驰骋不羁之文"，好"讲霸王经世之略"①。

谭嗣同作为一个封建达官之子，其父迫切期望他通过科举道路，步入当时的统治集团。而就其个人说来，要施展自己的"经世之略"，也难以抛弃科举之道。因此，他从光绪十年起至二十年止，10年之间，曾往来南北各地，主要是为了参加科举考试，不料，却屡屡败北。但籍此机会，他往来南北各地，遍观社会风土，广览"形势胜迹"，又目睹哀鸿遍野、灾民流离之状，大大加深了他对社会的了解，对下层苦难群众的同情，不禁使其产生了"风景不殊，山河顿异；城郭犹是，人民复非"的感慨，誓志做一些有利于振兴祖国的事业，因此他自号"壮飞"。

光绪二十年的中日甲午战争，中国惨败，丧权辱国的清朝统治者，又于次年和日本签订了割地赔款的《马关条约》。消息传来，举国愤慨，康有为联合各省赴京应试举人，发动了有名的"公车上书"，揭开了资产阶级维新变法运动的序幕。深重的民族灾难，使谭嗣同受到极大刺激，以致悲愤高歌："世间无物抵春愁，合向苍冥一哭休。四万万人齐下泪，天涯何处是神州。"② 爱国主义激情促使他的思想起了急剧变化，他在给其密友唐才常的信中说："三十之年适在甲午，地球全势忽变，嗣同学术更大变。"③ 他追悔自己"三十年前之精力，弊于所谓考据辞章，垂垂尽矣，勉于世，无一当焉"④，痛感到再不能抱残守缺，决心弃旧图新，走维新变法的道路。此间，他写了一系列论文，阐发其维新变法的观点和主张，脚踏实地地开始具体的改革活动，从"开风

---

① 《报刘淞芙书一》，《谭嗣同全集》（增订本）上册，第8页。
② 《有感一首》，《谭嗣同全集》（增订本）下册，第540页。
③ 《与唐绂丞书》，《谭嗣同全集》（增订本）上册，第259页。
④ 《莽苍苍斋自序》，《谭嗣同全集》（增订本）上册，第154页。

气""育人材"出发,联合有识之士,从本县、本省着手,筹办和创立算学格致馆、《湘学报》、时务学堂等。

正当谭嗣同积极地在湖南、湖北等地从事维新活动之际,他的父亲却为之捐资取得了候补知府的官衔,且一再催促其到南京候补。为此,他于光绪二十二年(1896)二月离开武昌,北游访学。他先到了上海,访见英国传教士傅兰雅,看到了万年化石、爱克斯光照相,还购买了一批西书,这引起了他对自然科学的兴趣。再到天津,他看到了那里的工厂、轮船、船坞、火车、铁桥、电线、炮台,还参观了唐山的煤矿和漠河的金矿,认为"无一不规模宏远,至精至当",反映出他对资本主义大机器生产的向往。在天津,他还加入了当地民间的秘密结社组织——在理教。继而,他又到了北京,谒见了帝党要员翁同龢。

七月,谭嗣同到南京候补,在官场的往来答拜中,他深察官场的黑暗与腐败。此间,他与精通佛学的杨文会"时相往还",潜心研究佛学。同时,他又到上海与梁启超、汪康年、吴雁舟等相交往。梁向他介绍了其师康有为的思想,使正在追求新知识的谭嗣同对康十分钦佩;梁启超也向康有为称赞谭嗣同"才识明达,魄力绝伦,所见未有其比……公子之中,此为最矣"[①]。和梁启超的结识,使谭嗣同在官场的"空寂"中找到知音。因此这段时间,他多次往来南京、上海,一方面从事维新活动,另一方面与梁启超研讨学问,探讨变法理论,着手撰写其代表性著作《仁学》。

当维新变法运动日益发展起来之后,热心于维新事业的黄遵宪、徐仁铸、江标等先后到湖南任职,湖南巡抚陈宝箴也"一意振兴新学"。加之,当地的维新之士唐才常、毕永年、易鼐、樊锥等,也迫切盼望谭嗣同回湖南共谋维新事业。因此,谭嗣同应陈宝箴之邀,于光绪二十四年(1898)正月毅然弃官,回归湖南,全身心地参加筹划湖南的维新之举:兴矿务、建铁路、创学会、办报纸,使湖南的维新活动大大向前推进。此间,谭嗣同尤为致力于《湘报》、时务学堂、南学会的活动。如他为《湘报》撰写《湘报后叙》近20篇文章,竭力使《湘报》成为维新事业的喉舌,为变法革新、提倡民权制造舆论。再如南学会成立

[①] 叶德辉:《觉迷安录》卷4。

后，谭嗣同亲任主讲，每到会"必讲爱国之理，求救亡之法"，畅论当时中国情势之危急，激发听讲者的爱国主义热忱。当时，在南学会听讲的毕永年深有感受地说："闻复生先生讲义，声情激越，洵足兴顽起懦。"① 谭嗣同期望通过南学会等阵地，"群湖南者智湖南，又以智湖南者智中国"②。尔后，湖南各地的学会，如雨后春笋，纷纷建立。正由于谭嗣同等人的努力，使湖南的新学、新政广为推行，风气大变。曾有人评论说："全省风气大开，君（指谭嗣同）之功居多。"③

湖南因"大行改革，全省移风"，当地的顽固士绅、守旧党徒对此"疾之特甚"。王先谦、叶德辉等气焰嚣张，或"屡遣人至京参劾"，或直接攻击维新党人"首倡邪说"，"背叛圣教"，"乃无父无君之乱党"④，甚至施展种种阴谋手段，"哄散南学会，殴打《湘报》主笔，谋毁时务学堂"⑤，还扬言要杀谭嗣同。张之洞也针对《湘学报》、《湘报》经常发表阐述民主、民权思想的文章，横加指责"《湘学报》中可议处已时有之，至近日新出《湘报》其偏尤甚"，"此等文字，远近煽播，必致匪人邪士，倡为乱阶"。面对顽固劣绅、达官权贵的破坏和威胁，谭嗣同义无反顾，毫不动摇。在反动势力的打击迫害下，当时时务学堂的教习，有的被解聘，有的因畏惧而离去，同时内部也出现了分歧。对此，谭嗣同毅然表示："平日互相劝勉者全在'杀身灭族'四字，岂临小小利害而变其初心乎！"⑥

光绪二十四年四月二十三日（1898年6月11日）光绪帝"诏定国是"，明令变法维新。谭嗣同因侍读学士徐致靖的保荐，被擢为四品军机章京，至京与杨锐、林旭、刘光第参与维新，时号"军机四卿"。他应诏入京师，天真地认为"朝廷毅然变法，国事大有可为"，决心"益加奋勉，不欲自暇自逸"⑦，致力于变法维新。然而，随着维新改革的推进，新旧斗争愈演愈烈。在山雨欲来风满楼的形势下，手无实权的光

---

① 《谭嗣同全集》（增订本）下册，第408页。
② 《群萌学会叙》，《谭嗣同全集》（增订本）下册，第430页。
③ 梁启超：《谭嗣同传》，载《谭嗣同全集》（增订本）下册，第546页。
④ 苏舆：《翼教丛编》卷5。
⑤ 梁启超：《戊戌政变纪》卷3，《饮冰室合集》专集之一，第71页。
⑥ 《上欧阳中鹄书（二十一）》，《谭嗣同全集》（增订本）下册，第474页。
⑦ 《致李闰》，《谭嗣同全集》（增订本）下册，第531页。

绪帝感到"朕位几不保",密诏谭嗣同等设法营救。紧急无策之中,谭嗣同对袁世凯作了错误估计,贸然深夜私访,请其出兵营救。阴险奸诈的袁世凯,虚与应付之后,即叛卖告密。一场宫廷政变终于爆发,光绪帝被囚禁于瀛台,康有为、梁启超逃往日本。在此千钧一发之际,谭嗣同的密友义侠王五愿做保镖,护送其出京。日本公使馆也派人会见谭氏,愿设法保护。在生与死的抉择面前,谭嗣同大义凛然地表示:"大丈夫不做事则已,做事则磊磊落落,一死亦何足惜!"① 他还说:"各国变法,无不从流血而成,今日中国未闻有因变法而流血者,此国之所以不昌也。有之,请自嗣同始。"② 旋被执入狱。他在狱中犹题诗于壁:"望门投止思张俭,忍死须臾待杜根。我自横刀向天笑,去留肝胆两昆仑。"③ 在刑场上,他不顾监斩官刚毅的拦阻,临终犹自呼喊:"有心杀贼,无力回天,死得其所,快哉!快哉!"④ 八月十三日(9月28日),谭嗣同被杀害,死时,年仅34岁。

谭嗣同的论著主要有:《寥天一阁文》《莽苍苍斋诗》《远遗堂集外文》《石菊影庐笔识》《兴算学议》《思纬壹壹台短书》《秋雨年华之馆丛脞书》《壮飞楼治事十篇》《仁学》,以及大量书信与报章论文等。今人辑有《谭嗣同全集》。

二　激进的社会政治思想

谭嗣同作为戊戌维新运动中激进派的代表,其思想中最有积极影响的是他进步的社会政治思想。由于甲午战争后帝国主义的侵略进一步加深,清朝统治的衰败腐朽也进一步暴露,中国人民大众同帝国主义、封建主义的矛盾更加尖锐激烈。"帝国主义的侵略刺激了中国的社会经济,使它发生了变化,造成了帝国主义的对立物——造成了中国的民族工业。"⑤ 伴随着民族资本主义的发展,出现了早期民族资产

---

① 光绪二十四年八月十三月《国闻报》,《戊戌变法》第3册,第423页。
② 梁启超:《谭嗣同传》,载《谭嗣同全集》(增订本)下册,第546页。
③ 《狱中题壁》,《谭嗣同全集》(增订本)上册,第287页。
④ 《临终语》,《谭嗣同全集》(增订本)上册,第287页。
⑤ 《毛泽东选集》第4卷,人民出版社1991年版,第1484页。

阶级及其在政治思想上的代表人物。谭嗣同的思想，正是作为早期民族资产阶级政治思想上的代表登上历史舞台的，同时又是中国资产阶级启蒙思潮走向高潮的产物。谭嗣同进步社会思想中最主要、最深刻的内容，是鲜明而强烈的爱国主义思想和对封建君主专制及纲常名教猛烈批判的激进民主思想。

爱国主义是谭嗣同进步社会政治思想产生的基础和出发点。他之所以走上维新变法道路，就是在甲午战争民族危亡的形势下，为救亡图强而弃旧图新。他在甲午战后所写的一系列文章中，从国家和民族的利益出发，总结回顾过去，深深地探索、思考救国救民的方案。从爱国主义出发，他愤怒揭露日本帝国主义对中国的侵略，"和约（指《马关条约》）中通商各条，将兵权利权商务税务一网打尽"，"自古取人之国，无此酷毒者"。[①] 为了使国家摆脱奴役地位，谭嗣同主张对帝国主义的军事、政治、经济侵略，都必须针锋相对"以相抵御"，而清朝统治者却一味割地赔款，屈膝求和。他们不仅不维护国家和民族的利益，相反，却将"中国之生死命脉，惟恐不尽授之于人"[②]。谭嗣同还敏锐地看到，甲午战争之后，帝国主义对中国的侵略步步紧逼，"台湾沦为日之版图，东三省又入俄之笼网，广西为法所涎，云南为英所睨。迩者胶州海湾之强取，山东铁路之包办，德又逐逐焉"[③]。中国实在是面临着"瓜分豆剖"的局面，因此，他在南学会的讲演，鼓动性很强："诸君当知此堂堂七尺之躯，不是与人当奴仆、当牛马的。诸君诸君！我辈不好自为之，则去当奴仆、当牛马之日不远矣！"[④] 他自己正是从爱国主义出发，置个人安危于度外，积极参加维新变法的实践，探研维新变法的理论，提出维新变法的主张。

谭嗣同从历史的总结与现实的感受中，深深感到，要救国，要维新，必须冲破封建君主专制的牢笼禁锢。他在从事维新变法的实践活动与理论著述中，都对封建君主专制及纲常名教进行了猛烈的批判和斗争。

---

① 《上欧阳中鹄书》，《谭嗣同全集》（增订本）上册，第155页。
② 同上。
③ 《壮飞楼治事十篇》（增订本）下册，《谭嗣同全集》，第444页。
④ 《论全体学》，《谭嗣同全集》（增订本）下册，第405页。

谭嗣同对封建主义的批判，矛头直指中国两千多年的封建专制制度。他对秦汉以来的封建社会作了鸟瞰式的考察后，概括指出："二千年来之政，秦政也，皆大盗也；二千年来之学，荀学也，皆乡愿也。"二者间的相互关系是"相交相资"，"惟大盗利用乡愿，惟乡愿工媚大盗"①，也就是说，封建专制主义的政治是强盗政治，专制主义的文化是奴婢文化。这些分析批判，一定程度上触及问题的本质，十分尖锐和深刻。

封建专制主义在政治上最重要的特征是君主独裁专制。对于君主专制的弊端，谭嗣同也予以尖锐揭露。他指出君主把天下作为囊橐中之私产，他们"竭天下之身命膏血，供其盘乐怠傲，骄奢而淫杀"，而且"供一身之不足，又滥纵其百官，又欲传之世世万代子孙"。专制君主几乎是封建社会中一切罪恶的渊薮。谭嗣同谴责专制君主是"独夫民贼"。君主既是"独夫民贼"，那么"彼君主之不善，人人得而戮之"。这些揭露批判，实质上是对君主专制的大胆否定，为其先辈和同时代的思想家所不及。

封建专制统治下的种种倒行逆施，往往打着"君权神授"的招牌作为挡箭牌和护身符。谭嗣同吸收、利用了王夫之、黄宗羲的民主思想，以及西方民约论的社会政治思想，论证了君的产生，以及君与臣民之间的关系。他详细论证了君的最早出现与举、废，悉听民意，并非君权神授。在君主专制的淫威笼罩一切的时代，谭嗣同敢于否定君主至高无上的权威，剥落罩在君主脑门上的神光圣圈，无疑有进步的历史意义。

对于维护封建专制的纲常名教，谭嗣同的批判尤为深刻有力。他说："数千年来，三纲五伦之惨祸烈毒，由是酷焉矣。君以名桎臣，官以名轭民，父以名压子，夫以名困妻。"又说，"君臣之祸亟，而父子夫妇之伦遂各以名势相制为当然矣。此皆三纲之名之为害也"，"名之所在，不惟关其口，使不敢倡言；乃并锢其心，使不敢涉想"。惨祸烈毒的纲常名教，不但压制了人们的自由言论，也禁锢窒息了人们的思想及心灵。

在批判揭露封建专制与纲常名教的基础上，谭嗣同大声疾呼："要

---

① 《仁学》，《谭嗣同全集》（增订本）下册，第337页。以下引自《仁学》者一般不另注，均见《谭嗣同全集》（增订本）下册，第289—374页。

冲决封建君主之网罗，冲决封建伦常之网罗，冲决利禄之网罗，冲决俗学若考据、词章之网罗，冲决天命之网罗，总之，网罗重重，都要速其冲决。"一言以蔽之，就是要冲破封建专制制度及其在各方面的束缚。因此，谭嗣同在中国近代史上，被称誉为"冲决网罗"的反封建斗士。

谭嗣同作为早期民族资产阶级在政治思想上的代表，自然要为资产阶级在政治上争权利。他从对封建君主专制的批判中得出结论，"中国所以不可为者，由上权太重，民权尽失"，主张"废君统，倡民主，变不平等为平等"。他称赞资产阶级革命的思想学说，认为"法人之学问，冠绝地球，故能倡民主之义"。

谭嗣同还赞美资本主义的大机器生产，认为机器、轮船、铁路、电线、矿山等先进的生产技术和工具，与封建主义落后的生产技术和工具相比，"一世所成就，可胜数十世"。为了发展资本主义生产，谭嗣同建议"尽开所有之矿以裕富强之民"，广开财源，奋兴商务。这些思想主张，都是想要以资本主义的先进生产技术与生产方式，代替落后的封建主义的生产技术与生产方式。

谭嗣同还把对封建君主专制的批判，直接与反清革命结合起来。他指出"《明季稗史》中之《扬州十日记》《嘉定屠城纪略》，不过略举一二事，当时既纵焚掠之军，又严薙发之令，所至屠杀虏掠，莫不如是"。他还指名道姓地揭露乾隆帝，"观《南巡录》所载淫掠无赖，与隋炀、明武不少异"。他甚至痛骂整个满族贵族为"爱新觉罗诸贱类异种"。反之，对于奋起反抗的太平天国革命，深表赞扬和同情，他说，"洪杨之徒，铤而走险，其情良足悯焉"，并驳斥封建统治者对太平天国革命的诬蔑和诽谤。他根据调查的事实说："顷来金陵，见满地荒寒气象。本地人言：发匪据城时并未焚杀，百姓安堵如故……不料湘军一破城，见人即杀，见屋即烧，子女玉帛扫数入于湘军，而金陵遂永穷矣！至今父老言之，犹深愤恨。"①

从谭嗣同对太平天国与湘军泾渭分明的评价——他对奋起推翻清朝封建统治的太平天国以同情赞扬，而对于死心塌地效忠于清朝封建统治的湘军进行公开的鞭笞和揭露，再联系到他曾表示"志士仁人求为陈

---

① 《上欧阳中鹄书（十）》，《谭嗣同全集》（增订本）下册，第466页。

涉、杨玄感，以供圣人之驱除，死无憾焉"，表明他已萌生推翻清朝统治的民主革命思想。谭嗣同还曾热烈赞扬法国资产阶级革命，"法人之改民主也，其言曰誓杀尽天下君主，使流血遍地球，以泄万民之恨"，洋溢着对资产阶级革命的向往。这些都表明，谭嗣同正在从资产阶级改良派向资产阶级民主革命派转化。梁启超曾评论谭嗣同说："其思想为吾人所不能达，其言论为吾人所不敢言。"[①]

然而，具有反清和资产阶级民主革命思想的谭嗣同，在政治实践上却参加了资产阶级改良派倡导的变法改良活动，并在变法过程中殉难。这种矛盾现象，正是谭嗣同思想矛盾的反映。谭嗣同毕竟是个由改良派向革命派过渡的人物。他的思想中，充满了革命与改良、激进与缓变的矛盾。这些都反映了谭嗣同及其所代表的阶级在政治上的不成熟性和软弱性，正是这种矛盾性、软弱性的一面，造成了谭嗣同的历史悲剧。

谭嗣同固然在戊戌政变中殉难，但我们却不能像康、梁那样把谭嗣同的死简单地视为"酬圣主"而殉节。从谭嗣同一贯的思想与行动看，他的死既不是一时的感情冲动，也绝只是为"酬圣主"而殉节。他的死既体现了他思想上的激进色彩，也是他那勇于献身思想的升华。

三　复杂多变的哲学思想

谭嗣同既是著名的政治思想家，又是长于思辨的哲学家。《仁学》是谭嗣同最有代表性的哲学著作。他本人在叙述其思想渊源时说："凡为仁学者，于佛书当通《华严》及心宗、相宗之书；于西书当通《新约》及算学、格致、社会学之书；于中国书当通《易》《春秋公羊传》《论语》《礼记》《孟子》《庄子》《墨子》《史记》及陶渊明、周茂叔、张横渠、陆子静、王阳明、王船山、黄梨洲之书。"这里开列的书目和人物，既有属于唯物主义的，也有属于唯心主义的；既有自然科学，也有宗教神学；既有西方资产阶级的政治思想，也有中国传统的思想。在中国传统的思想中，有民主性的精华，也有封建性的糟粕，将彼此对立

[①] 梁启超：《清议报第一百册祝辞并论报馆之责任及本馆之经历》，《饮冰室合集》文集之六，第54页。

的思想熔于一炉，势必使谭嗣同的哲学思想带有矛盾、复杂的特征。

谭嗣同哲学思想的矛盾性、复杂性，表现在其哲学体系的各个方面。他所运用的哲学概念，既有中国哲学特有的传统概念如"仁""性""理""气""道""器"等，又有佛学的"唯识""法界""性海"，还有西方传来的"以太""原质"，乃至他个人造出来的"心力"等。他在运用这些概念时，有时有明确的质的规定性，有时却又含糊不清。即以其两个主要概念"以太"和"仁"为例：他认为"以太"一般说来基本上是一个物质性的概念，是一种微粒子性的东西，如说"任剖某质点一小分，以至于无，察其为何物所凝结，曰惟'以太'"；"更小之又小以至于无，其中莫不有微生物，浮寄于空气之中，曰惟'以太'"。谭嗣同还说："遍法界，虚空界，众生界，有至大、至精微，无所不胶粘、不贯洽、不筦络，而充满之一物焉，目不得而色，耳不得而声，口鼻不得而臭味，无以名之，名之曰'以太'……法界由是生，虚空由是立，众生由是出。"这里所讲的"以太"显然是一个物质性的概念，而且是万事万物的本源。但在另外的情况下，他却又说："以太也，电也，粗浅之具也，借其名以质心力。"他甚至说："以太者，亦唯识之相分，谓无以太可也。"这里，"以太"又为精神性的"心力"所规定所支配，不过是心力的幻想和假借而已，或者是作为注释佛教的粗陋工具，是可有可无的东西。显然，"以太"又成为精神的从属品。"仁"也是谭嗣同哲学思想中的一个重要概念，他把这个中国古代哲学中的伦理学范畴，抽象提升为客观世界的规律。关于"仁"和"以太"的关系，通常情况下，谭嗣同讲得很明确，"夫仁，以太之用"，"其显于用也，孔谓之'仁'"，"佛谓之'性海'"，"耶谓之'灵魂'"。就是说物质性的"以太"是规律性的"仁"的体，而"仁"则是"以太"的用，"以太"是本源的，第一性的，"仁"则是派生的，第二性的。"仁"和"以太"的关系，类似于中国古代哲学中"道"和"器"的关系，这当然是唯物主义的观点。但是，有时谭嗣同却又把"仁"抬到"以太"之上，认为"仁"比"以太"更为根本，"仁"是本源，是第一性的，"仁为天地万物之源，故唯心，故唯识"，"仁以通为第一义。以太也，电也，心力也；皆指出所以通之具"，又表现出唯心主义的观点。在认识论上，谭嗣同的思想也表现出尖锐的矛盾，他一方面认为"耳目之所构接，口鼻之所摄受，手足之所持循，无所往而非实者"①，认为感观认识的对象，都是客观实在。他还看到人的认识的相对性和客观真理的不可穷尽，强调"学当以格致为真际"，这是唯物主义的认识论观点。但他却由强调认识的相对性，怀疑以致否认感性认识，认为"仅凭我所有之五（指五种感观），以妄度无量无边，而臆断其有无，奚可哉"，况且"眼有帘焉，形入而绘其影，由帘达脑而觉为见，则见者见眼帘之影耳，其真形实万古不能见也"。他看到感观认识的局限，走向否认感观对客观事物认识的可靠性、可能性，并进而陷入神秘主义，提出："不以眼见，不以耳闻，不以鼻嗅，不以舌尝，不以身触，乃至不以心思，转业识而成智慧，然后'一多相容''三世一时'之真理乃日见乎前。"竟连理性认识也否认了，企图以神秘的"智慧"，在冥蒙中达到对真理的"顿悟"，陷入了唯心主义认识论的泥坑。在谭嗣同哲学体系中也有丰富的辩证法思想，他承认事物的对立统一关系，"天阳也，未尝无阴；地阴也，未尝无阳。阳阴一气也，天地可离而二乎？"②他还认为事物都处于不断变化发展之中，"体貌颜色，日日代变，晨起而观，人无一日同也……则日日生者，实日日死也。天曰生生，性曰存存。继继承承，运以不停"。他又说："昨日之新，至今日而已旧；今日之新，至明日而又已旧。所谓新理、新事必更有新于此者。"③谭嗣同还认识到事物的发展变化是通过对立面的矛盾斗争向前推进的，他说："有好恶，于是有攻取；有攻取，于是有异同；有异同，于是有分合，有生克。"④他还认为大、小，长、短，多、寡，生、死，真、幻，彼、此，庸、奇等矛盾对立的方面，并非一成不变，而是相互依存，相互转化的。但是，他不承认转化必须具备一定的条件，夸大了对立面的相互转化，否认了质的相对稳定性，不承认相对之中有绝对，如说"何幻非真？何真非幻？""何奇非庸？何庸非奇？""无彼复无此，此即彼，彼即此焉"。

---

① 转引自任继愈主编《中国哲学史》第4册，第248页。
② 《石菊影庐笔识·思篇（六）》，《谭嗣同全集》（增订本）上册，第125页。
③ 《〈湘报〉后序（上）》，《谭嗣同全集》（增订本）下册，第417页。
④ 《仁学》，《谭嗣同全集》（增订本）下册，第310页。

又说："何以有大？比例于我小而得之；何以有小？比例于我大而得之。然则但有我见，世间果无大小矣！多寡长短久暂，亦复如是。"这就又走向了形而上学的相对主义诡辩论。梁启超曾评论："康有为、梁启超、谭嗣同辈，即生育于此种'学问饥荒'之环境中，冥思枯索，欲以构成一种'不中不西即中即西'之新学派，而已为时代所不容。盖固有之旧思想，既深根固蒂，而外来之新思想，又来源浅觳，汲而易竭，其支绌灭裂，固宜然矣。"①

虽然，谭嗣同的哲学思想，从思想来源，到哲学概念的运用，以及其自然观、认识论、方法论等方面，无不充满矛盾，但在那样一个特殊的"学问饥荒"的时代，他的思想仍发挥了不可替代的激励作用。有的早期民主革命者在回忆自己走上革命道路的过程时就说："我们在最初，都是看了《仁学》一类的书，才起来革命的。"

（原载白寿彝主编《中国通史》第十一卷，上海人民出版社1999年版）

---

① 梁启超：《清代学术概论》，《饮冰室合集》专集之三十四，第71页。

一部全面梳理总结清代理学的开创之作

——龚书铎主编《清代理学史》读后

由龚书铎先生领衔并有史革新、李帆、张昭军、宋小庆等老、中、青三代学者参加的中国人民大学清史研究所重点研究基地的重大项目——"清代理学研究",经过项目组成员数年潜心研究,已结出丰硕成果——《清代理学史》(上、中、下三卷,共110万字),在纳入"国家清史编纂委员会·研究丛刊"后,于2007年1月由广东教育出版社出版。这部大著是理学研究进程中,首次全面梳理总结清代理学的开创性之作,亦可谓是继侯外庐、邱汉生、张岂之等研究中国思想史的前辈、大家所著《宋明理学史》之后,将自宋代产生,历经元、明,直至清代而衰落的理学,首尾相续,连成一线的一部力作,无疑在理学研究史上有重要学术价值和意义。笔者满怀喜悦之情,通读全书,既对该书的作者、编者表示祝贺,同时亦想抱着学习的态度谈点读后感言。笔者拟从清代理学研究的历史与现状看本书的开创性学术价值谈起,再具体评价本书对清代理学所做的整理总结,进而结合本书的情况,就进一步深入开展清代理学研究的若干问题谈点个人意见。

一 从清代理学研究的历史与现状看本书具有的开创性学术价值

大家熟知,理学是中国儒学发展的一个阶段,其产生形成于北宋邵雍、周敦颐、程颢、程颐、张载,至南宋朱熹而集其大成。理学中还出现了程朱、陆王具有不同特点的流派。朱熹之后,从南宋至清末一直是封建社会中后期居支配地位的主流意识形态，也是中国学术思想史上有极其重要影响的学术思潮和学术流派。程、朱、陆、王等理学大师的思想著述，大都继承和发展了中华传统思想文化，其本身也是中华传统思想文化的重要组成部分，既有精华，也有糟粕，必须具体分析，科学评价。清代，是宋明以来整个理学发展演变的最后阶段。有清一代的历朝帝王，大都推崇程朱理学，将其奉为正统意识，因此，从清初至清末，出现了不少理学名臣。同时，理学作为一个学术思潮与学术流派，在文人学者中亦涌现有不少理学家，他们或宗奉程朱，或推崇陆王，或调和程朱与陆王，也都留下了阐发其思想主张的著述，或服务于清朝的统治需要，或作为学术思潮与流派，在社会传播。总之，清代的理学与理学家，对整个清代的政治、思想、文化、教育和伦理有不可忽视的作用和影响。因而，要研究中国古代的思想与文化，对包括清代理学在内的整个理学，都应进行认真的研究分析和整理总结。

当我们粗略回顾理学研究的历史与现状时，自然会看到，自宋代至晚清，历朝历代都不乏一些有关理学的研究著述。其中，或是理学家的代表性著述，诸如《周子全书》《张载集》《二程集》《朱子语类大全》《四书章句集注》《象山全集》《王文成公全书》；间或是整理总结理学师承渊源、思想著述、发展演变的专门著述，如《理学宗传》《宋元学案》《明儒学案》《宋学渊源记》《清学案小识》等。这些著述，或为研究理学提供了原著资料，或以学案体形式梳理了理学的师承渊源与演变。虽各有时代的烙印与局限，却也可供研究理学时参考借鉴。从清朝灭亡至民国时期，学术界对理学研究，仍不绝如缕，甚至出现有代表性的新理学学者——新儒家。

令人感到惋惜的是1949年以后的中国内地，对理学的研究却十分薄弱。对宋明理学的研究虽然薄弱，却还有少量成果，而对清代理学的研究则尤其薄弱，几乎是一片空白。即使是偶有论及理学，在评论上也极为偏颇。为什么会造成如此状况呢？值得学术界认真思考。笔者认为，是否有以下几点原因。

其一，以经史考据为清代主要学术特征的研究，掩盖甚至取代了包括清代理学在内的其他清代学术流派的研究，人们一提到中国古代各个历史时期的学术思想,常一言以蔽之曰:先秦诸子、两汉经学、魏晋玄学、隋唐佛学、宋明理学、清代考据学。固然,这确实反映了各个时期有别于其他时期的主要学术特征,人们对之着重研究亦无可厚非。但这并不能说,该时期只有此种学术表现而无其他。然而,学人们对历史上各个时期的学术研究,大多从各时期的主要学术特征人手,而对同一时期的其他学术思潮与流派则有所忽视。致使人们一提到清代学术,或下大气力研究的多在清代的考据学,以及与之密切相关的经学、史学和文字、音韵与训诂之学,对清代理学则多忽视,甚至于忽略不计。

其二,没有对作为封建专制社会主流意识形态的程朱理学与作为学术思潮、学术流派的理学之间的差别进行科学的区分,也未能将政治批判与学术研究之间的不同加以区别,以至于对理学简单粗暴地予以否定。从清末推翻封建帝制的资产阶级革命到提倡科学、民主,反对封建纲常礼教的"五四"新文化运动,都把批判锋芒指向封建专制与封建纲常礼教,同时把以孔子为代表的儒家,特别是称为新儒学的理学视为维护封建专制、封建纲常礼教的反动工具。清代是封建社会的最后一个王朝,尤其是晚清沦为半殖民地半封建社会,封建统治更为没落和腐朽,作为维护腐朽没落封建统治的理学当无进步性可言,何况此时的理学在学理上也没有新的创见与阐发,还有什么研究价值可言呢?实事求是地说,清末的资产阶级民主革命与以反帝反封建为指归的"五四"新文化运动,将其批判锋芒指向封建专制制度与封建纲常礼教,号召推翻封建帝制,提倡科学、民主,批判维护封建专制的主流意识形态——孔子与程朱理学,就其主导方向而言,理应充分肯定。但从学术思想研究的角度来说,亦可看到当时的一些批判论述还是有一定的偏激与片面,主要表现在没有将作为主流意识形态的理学与作为学术文化思潮流派的理学之间的联系与差别进行科学的区分,以至于将作为学术文化思潮的理学包括其中有价值的学术思想都一概否定。

其三,受一种颇为流行的"理学在明清之交已经终结"说的影响。早在抗日战争后期,一些坚持马克思主义唯物史观的进步学者就提出:在明清之交经过黄梨洲、顾亭林、王船山、颜习斋对理学的批判,"理学是决定的终结了，绝没有死灰复燃的可能"①。提出这一说法的历史背景是抗日战争后期，摆在中国人民和各种政治派别面前的一个尖锐问题是：战后中国向何处去？当时，冯友兰先生撰写了《贞元六书》，他要接着"宋明理学讲"，要构建一个新理学体系。当时冯先生所构建的新理学体系被认为是为国民党蒋介石的统治造舆论。有鉴于此，一些学者通过论述明清之交黄、顾、王、颜对理学的批判，而落脚到对冯友兰先生的新理学的批判。所谓"理学绝没有死灰复燃的可能"，很明显是针对冯的新理学而言。今天看来，在当时的政治历史环境下，这些批判和论断有其积极的政治意义，从政治斗争的角度看也是必要的。但也应该实事求是地指出，这种说法的政治目的性，似乎超过了学术研究的意义。冷静而客观地说，明清之交黄、顾、王、颜对理学的批判，还带有浓厚的儒学，或不同理学流派的色彩。他们对理学的论述批判，不可能使"理学决定的终结"。然而，这种说法的影响却不容忽视，可以说一直延续到新中国成立后。直至"文化大革命"之前，在一些权威性的中国思想史著作中，论述理学与朱熹思想时，还是十分武断地说："回顾南宋以来的历史，不难看出，每当统治者企图巩固其反动统治的时候，朱熹的名字便一再得到鼓吹和表彰。'时君世主'，从元初到清康熙，从曾国藩到蒋介石，都曾'来此取法'，以朱熹的僧侣主义作为涂饰圣光的油漆。""特别应该指出的是，现代一些保守主义者以至复古主义者，不断地进行复活早已僵死的朱熹哲学的工作……以至冯友兰、贺麟的'新理学'或'新儒家哲学'，都通过不同方式为朱熹涂抹妆扮。"②这种思想观点和论述，在"文化大革命"之前，几乎是学术界居支配地位的认识和看法。在这种情势下，对理学进行实事求是的分析和研究已不大可能。至于在"文化大革命"时期，在与传统彻底决裂，对包括理学在内的中国传统思想文化的否定，已至登峰造极的境况，对于包括清代理学在内的整个理学当更无什么研究可言！

我想上述情况，就是造成学术界对理学的研究十分薄弱，对清代理

---

① 杜国庠：《论"理学"的终结——由明清之交黄顾王颜的哲学看到"理学"的终结》，《杜国庠文集》，人民出版社1962年版，第377页。

② 侯外庐主编：《中国思想通史》第4卷下册，人民出版社1960年版，第598页。

学的研究几乎是一片空白的主要原因。这种势态，直到我们国家进入改革开放的新时期以来才有所改变。在党的"解放思想，实事求是"的思想路线下，迎来学术研究的春天，对理学的研究也逐渐改观。

改革开放后的近三十年来，经过政治思想领域的拨乱反正，学术领域也冲破了极左政治局面下对学术研究设置的禁区，使之对理学的研究日趋活跃。这表现在：关于理学研讨的各种学术会议多次召开；理学家的代表性著作陆续出版；各种综论宋明理学，或对理学家个案、学派研究的成果也相继问世。其中最突出的研究成果则是上述《宋明理学史》。

这部大著以马克思主义唯物史观为指导，以史实为依据，翔实地"阐明了理学的产生和流变及其在中国思想史上的地位"，改变了以往对理学的偏颇看法，认为"宋明理学以儒学内容为主，同时也吸收了佛学和道教的思想。它是在唐朝三教融合、渗透的基础上，孕育、发展起来的一种新的学术思想。宋明理学浸润封建社会后期社会生活、政治生活的各个方面，成为具有权威性的支配力量，是压迫劳动人民头上的华盖。从政治上看，它是思想史上的浊流。尽管如此，宋明理学吸收了大量传统文化和外来文化，在思想史上是继先秦诸子、两汉经学、魏晋玄学、隋唐佛学之后的又一新的发展阶段，有值得后人参考的若干珍贵内容，需要我们应用马克思主义的观点和方法悉心加以鉴别，而不能笼统地采取一笔抹煞的态度。"[①] 对照同一作者侯外庐先生在《中国思想通史》中对理学前后不同的论述可以反映学术界对理学研究的巨大变化与长足进步。时代在前进，学术在发展，即使是像侯外庐这样的中国思想史领域的大师，其学术思想也随着时代的步伐而与时俱进。这是十分可喜的现象。正是在《宋明理学史》的影响启迪下，不少"宋明理学研究"的专著及朱熹、王阳明等理学代表人物的"评传""年谱"及"专题研究"的论著，也都以崭新的面目出现，并有很高的学术水平。这标志着理学研究进入新阶段。然而，令人遗憾的是学术界对理学的研究相对集中于宋明时期，对清代理学的研究成果则很少。虽有些单篇论文及

---

① 侯外庐：《宋明理学史·序》，见《宋明理学史》，人民出版社1983年版，第1—2、3页。

少数专题研究之作，却未有系统的论著。

《清代理学史》正是在上述情况下出现的，正如龚书铎先生在本书《绪论》中所说："宋明理学，海内外研究者甚多，无论论著，即中国哲学史、思想史也多有阐发，而侯师外庐、邱汉生、张岂之主编的《宋明理学史》为专门之系统著作。清代理学虽有论著阐发，但尚乏系统，钱穆所著《清儒学案》，惜书稿沉于长江，未能行世。有鉴于此，本书冀能弥其不足于万一。"[①] 由此可见，本书撰写的目的十分明确，就是要继《宋明理学史》之后，写一部系统的清代理学史，以弥补此前清代理学史研究之不足。我们从目前已出版的三卷本《清代理学史》的内容、观点、体例看，实事求是地说，的确比较好地实现了作者的初衷。从清代理学研究的历史与现状看，再结合本书的内容、观点和体例来论，可以肯定这是一部全面梳理总结清代理学的开创之作。它对清代理学研究具有填补空白的学术价值。

二　初步对清代理学做出全面、系统完整的清理和总结

前文从对清代理学研究的历史和现状的考察中，肯定《清代理学史》是全面梳理总结清代理学的开创性之作，具有填补清代理学研究空白的价值，绝非无的放矢和廉价的赞美，而是建立在对本书的内容、结构、观点和研究方法的了解认识之基础上的公允评价。通读全书后，笔者深感这部书的突出特点是：以唯物史观为指导，对学术界研究薄弱的清代理学做出了全面、系统、完整的梳理与总结、研究与探讨。尽管说在这方面的工作还是初步的，却是踏实的，也大体反映了国内学术界对清代理学研究的应有水平。全书内容丰富，史料翔实，观点平实而有新意，在研究方法上也有拓展和创新。

就本书的内容而言，包含了如下六个方面：

（1）《绪论》从宏观上概括论述了清代理学史涉及的基本内容，如首先厘清基本范畴：理学、道学、宋学这几个概念之间的区别和联系，

---

① 龚书铎：《清代理学史·绪论》，见《清代理学史》，广东教育出版社2007年版。

确定了本书的研究对象。尔后又依次论述了清代理学的分期、清代理学的特点和本书的基本思路,表明对清代理学的认识和评价,以此作为本书的纲。《绪论》所阐述的内容,反映出主编对这一课题所涉问题有深沉的思考与总体把握。

(2)在对清代理学分期的基础上,阐述了清代各个时期的文化政策、学术格局和走向,将有清一代各个时期的理学置于一定的社会历史与学术环境之下。坚持了唯物史观,避免了就学术思想论学术思想,不使学术思想成为空中楼阁。

(3)将清代理学的发展演变划分为顺、康、雍、乾、嘉、道,道光中期后及咸、同、光、宣三个时期,并各以一卷的篇幅梳理了清代理学发展、演变、衰落的脉络。同时着重分析了每个时段有代表性的理学家的思想与著述,以及理学内部程朱派和陆王派之间的斗争与调和,使读者看到理学在清初由王返朱的趋向;清中叶理学虽有表现,但由于汉学兴盛,使理学走向沉寂;至晚清,理学又一度复兴,最后必然走向衰落的整个发展趋势。

(4)依据史实和各个时期理学的表现及其与其他思潮、学派的关系,论述了清代理学总的特点及其在各个时期呈现的不同特点。如其将清代理学总的特点概括为:"其一,无主峰可指,无大脉络可寻;其二,学理无创新,重在道德规范;其三,宋学与汉学既互相贬抑又兼容并蓄;其四,宗理学者对西学的抗拒与接纳。"① 不仅如此,作者根据理学在清代各个时期的不同表现,还论述分析了各个时段理学的表现及特点,如对清中叶理学特点的概括是:"第一,在思想学术界未能占主导地位,呈现被边缘化的状态;第二,程、朱、陆、王,学理上极少创新,但能汲取汉学之长;第三,注重践行,视理学为实学,并在社会应用层面仍发挥较大作用;第四,理学为内部程朱和陆王两派的发展不均衡。"② 本书对清代理学的分期及对各时期理学特点的概括,既吸收借鉴了前辈学者的论述,亦有作者的新见。

(5)由于清前期处于朝代更迭和社会性质转型阶段。这种社会历

---

① 龚书铎:《清代理学史·绪论》,见《清代理学史》,广东教育出版社 2007 年版。
② 李帆:《清代理学史》中卷,广东教育出版社 2007 年版,第 396—397 页。

史的变化，反映到学术思想领域也呈现出复杂多变、形态各异的现象。诸如经学、汉学、宋学、新学、旧学、西学、中学等。在经学内部又有古文经学与今文经学。这些不同的学术流派和表现形态又都与清代理学相互关联。要说清楚理学在清代的发展和演变，就不得不分析论述这些学派与理学之间的关系。因此本书在各卷之中，都以一定的篇幅论述了理学与当时存在的各种学派之间的排拒与吸纳、斗争和调和、抗拒与兼容等不同形式的互相关联。

（6）详细具体地分析说明了理学在清代社会不同时期的地位、作用和影响。读者从本书各卷的内容中可以看到这方面的论述既翔实又富有新意。这在其他有关论著中是比较少见的。

从以上对本书包含的六个方面内容的介绍中，可以印证，我们评价本书较为全面地梳理总结了清代理学绝非虚谀。

还要指出的是，本书对清代理学的梳理总结不仅是全面的，而且是系统的。这种系统性表现在全书的结构上，该书从纵横两方面对其所包含的内容展开论述。从纵的方面说，依次论述了理学在清初顺治、康熙、雍正，清中期乾隆、嘉庆、道光中期，晚清道光中叶及咸丰、同治、光绪、宣统各朝的发展、演变与衰落的过程，均予以条理清晰的勾勒。同时，本书又从横的方面，将理学与当时存在的各个学派、其他学科，如经学、汉学、宋学、文学、西学、今文经学、古文经学之间错综复杂的关系，都予以系统交代和论列。

本书对清代理学的梳理总结，既是全面的、系统的，也是比较完整的。全书虽属集体撰著之作，每位作者各有侧重和分工。然而，展读全书，却又体例统一，前后一贯，有始有终。全书有总论性的"绪论"与"后跋"。每一卷又都有历史背景与学术格局的阐述，理学代表人物思想与著述的分析及各时期理学特点的概括，最后又都有"结语"论述各个时期理学呈现的特点与社会影响。这就使读者感到本书虽是鸿篇巨制，又出自众人之手，却无步调不一、无章无序的弊端，而是体例统一、协调完整。这说明主编和各位作者，对全书有统筹安排，合理布局，并通力合作，按既定学术规则落实到各卷各章的编写之中，这也反映出作者们都能遵守学术规范，表现出学风上的严谨和踏实。

还需要指出的是，作为一部全面、系统、完整地梳理总结清代理学史的著作,该书涉及的内容广泛,论述的问题庞多,在研究方法和论述方式上,如采取单一的方法——直线条的平铺直叙的写作方式,很难将众多的内容和问题熔为一炉。令人欣喜的是作者采取了多种方法的结合方式,如从学术史、思想史、社会史相结合的角度,运用宏观与微观相结合、点面结合等方法,有条不紊地论述阐明了本书应包含的内容和问题。因为理学既属于中国学术史范畴,又属于中国思想史范围,同时又深刻影响了社会各方面、各阶层。只有采用将学术史、思想史、社会史相结合的方法,才能分析阐明理学史的师承流变、学派分野、思想观点、思想属性及其在社会生活中的作用、影响与表现。还有清代各个时期的理学家,有些居高庙堂,有些落居民间,并散布在各地、各省,其成就和影响也各有不同。要对之一一介绍和评论,就需要有主有次,既有一般,又有重点。这就需要采取点面结合的叙事手法,先从面上,对各省的理学家,做总体上的综述,再就突出的、有代表性的理学人物做重点分析评论。再者,对清代理学的有关重大问题,如分期、特点、地位影响等需要有宏观上的论述,也需要对重点人物的思想著述及相关的专门问题,做深入的个案分析,这就需要采取宏观论述与微观分析相结合的方法。正由于本书采用了多角度、多层次相结合的方式和方法,才能将丰富的内容和诸多问题,条理分明地融会于全书。

综上所述,本书确不愧是对清代理学做出全面、系统、完整的梳理总结的清代理学史的开创之作。作者们筚路蓝缕、前驱先路的首创之功,实不可没。不过,正由于是首创之作,且又是在学术界对清代理学研究较为薄弱的基础上开展工作的,难免在研究的广度、深度上还留有一定的空间,和进一步深入开展研究的余地。

三 进一步深入开展清代理学研究的若干问题

龚书铎先生等对清代理学初步做出的全面梳理和总结,无疑是对理学研究的重要贡献,它必将推动学术界进一步深入开展对清代理学的研究,这也是本书的学术价值和意义之所在。我想,学术界理应在此书开辟的道路、奠定的基础上,进一步深入开展对清代理学的研究。诚然,一种学科体系的建立，总是要经过几代人的潜心研究，才能日臻完善，更加科学。结合本书提出的问题与存在的不足，笔者感到与清代理学直接相关的若干问题还须进一步思考和研究。

（1）在对清代理学开展研究中对前辈学者的研究成果如何既能吸收继承，又要发展创新，就是如何更好地解决继承与创新的问题。大家都熟知梁启超与钱穆二位前辈所著的同名作——《中国近三百年学术史》，可谓博大精深，嘉惠学林，都是研究包括理学在内的清代圭臬之作，对他们的学术研究成果，我们作为后人必须认真地吸收和继承。但同时也应看到，由于他们的时代与自身学术立场使其学术研究有一定的局限。即以钱穆先生为例，他著述等身，不仅有《中国近三百年学术史》，还有《清儒学案》（此书虽然沉江，但钱先生仍有许多对清代理学家个案研究的成果存世）等著作，都是着重研究清代理学的重要论著，我们理应学习研究和吸收参考。同时，也应看到钱先生是推崇宋学特别是程朱理学的。他曾开宗明义指出："治近代学术者（笔者按：这里的'近代'即指清代）……必始于宋。""故不识宋学即无以识近代也。"钱先生之所以如此断言，乃基于他认为"晚明诸遗老……如夏峰（孙奇逢）、梨洲（黄宗羲）、二曲（李颙）、船山（王夫之）、桴亭（陆世仪）、亭林（顾炎武）、蒿菴（张尔岐）、习斋（颜元），一世魁儒耆硕，靡不浸馈于宋学。"① 进而，钱先生又认为"不治晚明诸遗老之书，将无以知宋明理学之归趋"②。钱穆先生总体认为："有清三百年学术大流，论其精神，仍自沿续宋明理学一派。"③ 学界尽知，钱先生是强调民族文化认同，以复兴国学为己任的，因而被称为"新儒家"。侯外庐先生曾指出："研究者如果以理学思想作为指导，以理学为理学，那是不能揭示历史发展的真实面貌的。"④ 然而，本书的"书后"却将钱先生对清代学术与清代理学的一些论断视为"洵称不刊"与"最称

---

① 钱穆：《中国近三百年学术史》，台湾商务印书馆1983年版，第1页。
② 钱穆：《〈清儒学案〉序》，见钱穆《中国学术思想史论丛》（八），台湾东大图书公司1980年版，第365页。
③ 同上。
④ 侯外庐：《宋明理学史·序》，见《宋明理学史》，人民出版社1983年版，第1—2、3页。

不朽"。时代在前进,学术在发展。我们倘确将钱先生对清代理学的具体论断视为"不刊"之论,尊为"不朽"之言,又何能在清代理学研究中发展和创新呢?

(2) 如何更科学、更准确地认识、概括清代理学的特点。特点是对事物本质属性的概括和凝练。因而科学而准确地概括清代理学的特点,就是研究清代理学史时不可回避,必须要研究和解决的重要问题。钱穆先生在概括清代理学之特点时认为"清儒理学既无主峰可指,如明儒之有姚江;亦无大脉络大条理可寻,如宋儒之有程朱与朱陆"①。本书吸收了钱先生这一观点,在概括清代理学的特点时,第一点就是:"无主峰可指,无大脉络可寻。"② 我认为这样的概括能否成立,似可再酌。事实上,本书将清代理学划分为三个阶段,一为顺治、康熙、雍正三朝,二为乾隆、嘉庆及道光中叶,三为道光中叶起历经咸丰、同治、光绪至宣统,并依次论述了三个阶段理学的状况及其代表人物,不就勾出清代理学发展演变的脉络了吗?怎么能说清代理学"无大脉络可寻"呢?就以钱先生本人的观点而论,他是将清代理学与宋明理学相比较而得出自己的论断的。应予注意的是钱先生在做出上述论断的同时就已指出:"然亦并非谓如散沙乱草,各不相系,无可统宗之谓也。窃谓寻前有清三百年理学大纲,莫如分为晚明诸遗老,与顺、康、雍诸儒以及乾嘉与道、咸、同、光之四部分。"可见,其把清代理学的发展演变分为四期。不管是三期说,还是四期说,总归说明清代理学并非"无大脉络可寻"。

另外,本书第一卷之"结语",在概括清初理学的特点时指出:"第六,对理学的批判。"在进行具体论述时又说,"尤其是那些具有早期启蒙思想的学者,诸如黄宗羲、顾炎武、傅山、唐甄、颜元、李塨"这些"来自理学圈子以外的士人"③。既然是"来自理学圈子以外的士人"对理学的批判,怎么能概括为理学自身的"特点"呢?当然,正如本卷作者所言:"清前期学术界的一个重要特点就是对理学

---

① 钱穆:《〈清儒学案〉序》,见钱穆《中国学术思想史论丛》(八),台湾东大图书公司1980年版,第366页。
② 龚书铎:《清代理学史·绪论》,见《清代理学史》,广东教育出版社2007年版。
③ 史革新:《清代理学史》上卷,广东教育出版社2007年版,第496页。

的批判与反思。"积极进行批判反思者"有来自理学营垒的学者"，如以此为据，来概括清初理学的特点，应准确表述为"理学自身的批判与反思"，而不能笼统表述为"对理学的批判"。除此而外，其他各卷对理学特点的概括，同样也有可酌之处。当然，对理学特点的准确把握和概括殊属不易。研究清代学术的同人，理应共同努力探讨研究。

（3）对明清之际涌现的以王、黄、顾、颜为代表的一批提倡经世致用的学者、思想家的思想属性如何定位？这也是在研究清代理学时应深入研究的一个重要内容。对于王、黄、顾、颜的思想属性，从清代当时以迄于今，学术界始终有不同的看法。清代当时的学者，大多把王夫之与顾炎武视为程朱理学的后继者，并视黄宗羲为王阳明的后传。近世以来，梁启超在其《中国近三百年学术史》与《清代学术概论》中，将清代学术视为是对宋学（理学）的反动，并将上述学者思想家视为清代学术"启蒙期"的代表和"反动的先驱"。而钱穆先生则将清学视为是宋学之延续，则如前所述，他将这些"晚明诸遗老""一世魁儒"均视为"靡不浸馈于宋学"之人，成为理学营垒中者。此后，侯外庐先生在其《中国早期启蒙思想史》中，将这些学者却看作是晚明资本主义萌芽兴起时市民阶层的代言人，是中国早期启蒙思想的代表。这一看法，长时期为大多数治中国思想史的学者所接受，本书亦吸纳了这种观点。但近年来，也有学者提出王、黄、顾、颜的思想，并不代表市民意识，他们的思想不过是儒学内部的调整，是早期儒家思想的回归。可见，王、黄、顾、颜的思想属性问题，在学术思想界尚未形成共识，不同观点，各持一理，相持不下。这说明，他们究竟是跳出理学窠臼的批判者，还是理学营垒中人，只不过是分别属于程朱或陆王，站在各自学派立场，对理学进行了一定的修正与反思，且尚有不同认识。既然如此，如研究和撰写清代理学史，理应对这些人的思想属性进行更深入的研究，做出令人信服的结论。因为这是清代理学史撰写中不可逾越的一个难点。

（4）《清代理学史》在章节结构安排上，如何进一步严密和完善，也是一个需要进一步研究和解决的问题。本书为此，已颇费了一些匠心。作者为了容纳更多的内容和阐明理学与其他各种学派与思潮的关系，在研究方法和叙事方式上采取了各种相互结合的方式方法，不失为一种恰当的处理办法和有益的探讨。但它有时也存在有所重复或详略不当的缺点。如点面结合的方法，有些理学家的基本情况在"面"上已有介绍，但在"点"上的详论中又不得不再叙说其有关情况，多少给人有点重复之感。另外，为了论述清代理学的发展与流变，也有必要论述理学与其他学派相互排拒、斗争又吸收调和的关系，而在分析论述时，如何扣紧理学这条主线，使之不枝不蔓，通达简要，详略得当，更为顺理成章，也是一个需要更加细密推敲的问题。

（5）在中外学术交流日益频繁的情况下，对清代理学的研究如何吸收利用中国内地以外的学术研究成果，也是一个需要注意的问题，因为国外和香港与台湾地区学者对于理学及新儒家的研究一直是研究中国传统学术的热门话题，也有不少与清代理学相关的研究成果。我们在研究清代理学时，应放眼世界，博采众长，或吸收借鉴其有益的观点，或了解其观点，以便展开交流与对话。这样既可使我们的研究融会众长，提高质量，也可使我们的学术研究与海外接轨。以此衡量，从本书开列的"主要参考文献"之"研究著作"类看，似有不足。诸如美国学者艾尔曼教授之《从理学到朴学》、日本学者沟口雄三之《中国前近代思想的演变》，以及华裔学者余英时之《历史与思想》，特别是该书中的《从宋明儒学的发展论清代思想史》及《清代思想史的一个新解释》等文都对近年来清代学术思想的研究颇有影响。然而，上述著作却都未列入。对海内外有关研究成果的吸收回应不够，也会影响我们对清代理学研究的深度与广度。

（原载《清史研究》2012 年第 1 期）

清初学术发展规律的有益探索

——评《清初学术思辨录》

清朝是我国最后的一个封建王朝，它既是中国封建社会的终结，又是近代中国社会的开端，在中国社会历史发展过程中占有重要地位。与这种历史特点相适应，清代的学术思想既处于中国封建文化的总结和集大成时期，也是古代传统文化向近代思想文化的转变时期。此二百多年的学术思想，可谓思潮迭起，学派纷呈，人才辈出，著述如林。特别是清初的学术思想，在激烈动荡的社会变革中，更显得绚烂多彩，波澜壮阔。唯其如此，有些学者曾将此时的学术思想喻之如春秋战国时期的"百家争鸣"，也有些学者将其比拟为欧洲历史上的"文艺复兴"。因而，清初的学术思想也一向受到学术界的重视。陈祖武新作《清初学术思辨录》（以下简称《思辨录》）就是一部推进清代学术思想史研究的力作。此书研究的时间范围，主要是顺治、康熙二朝，即17世纪中叶至18世纪初时前后，凡80年间的学术思想。

清代学术思想史研究的著名学者梁启超、章炳麟、胡适、钱穆、侯外庐、杨向奎等，先后撰写出版了很有影响的专门论著，如《清代学术概论》《中国近三百年学术史》《清儒学案》《中国早期启蒙思想史》《中国古代社会与古代思想研究》等，大都反映了著者所处时代的特点和学术水平，均成一家之言，颇嘉惠于后学。但是，专以清初这段时期的学术思想为主要研究对象，写出如此全面、系统、深入的学术著作，陈祖武的《思辨录》则还是第一部。仅就这点而论，说它推进了清代学术思想史研究，恐非过誉。

一　社会史与学术思想史的结合

在进行学术思想史研究时，一方面要看到作为观念形态的学术思想是一定社会的政治和经济的反映；另一方面又要注意到学术思想自身的特性和能动性，它又能反作用于一定社会的政治和经济。然而，在以往的学术思想史研究中，却存在着两种偏颇：一种是脱离时代条件，不考察学术思想产生的客观历史环境，不分析各种学术思想与其所处时代社会的政治和经济的关系，孤立地就学术思想论学术思想，使学术思想成为无本之木的空中楼阁；另一种偏颇则是忽视学术思想自身的特性，搬用经济决定论的机械唯物论模式，学术思想仅是社会经济决定支配下的附属物，取消了对学术思想内在逻辑的具体分析。因而，要科学地研究清初的学术思想，总结这80年间学术思想发展演变的基本规律，就必须克服上述弊端，既要将学术思想置于当时特定的历史环境中，把握其所处时代的历史特征，分析当时的政治形势和经济发展水平，乃至统治阶级的文化政策对学术思想产生的作用和影响；又要厘清学术思想自身的前后启承和递嬗演变，追溯清初学术思想的渊源，考察其具体内容及其发展趋势，找出学术思想自身演变发展的内在逻辑。这就需要从社会史与学术思想史相结合的角度，来清理和研究清初的学术思想。而这一点恰恰是本书作者所遵循的基本的研究方法。作者首先从分析清初国情入手。对17世纪中国的国情和社会生产发展水平作出基本估计，说明17世纪的西欧是以资本主义的胜利进军来显示其历史特征的，而17世纪的中国依然被封建制度牢固地桎梏着。因而不能用世界历史分期来规定中国历史分期，人为地把17世纪中叶的中国社会纳入世界近代社会的范畴。否则，不仅对清初学术历史的价值的估计要出现偏差，而且对整个清代学术的评价都要出现偏差。就当时中国社会的经济状况而论，尽管自明代中叶以后，中国少数地区的某些手工业及农业生产中出现了资本主义萌芽，但从总体上看，较之农业和家庭手工业相结合的封建自然经济，局部微弱的资本主义萌芽，不过宛如大海中的一叶扁舟而已，随时存在倾覆的可能。这样的社会阶段与社会性质，就从根本上规定了清初学术的历史属性，它既不是近代意义上的学术，也不具有反封建性质，而是中国古代封建儒学的一个构成部分。此乃社会经济对当时学术思想的总体制约和影响。再就学术思想自身演进的逻辑程序看，明清封建王朝的更迭，并没有使学术发展中断，由于明代中叶以来，王阳明的心性之学盛行，至晚明已走向极端而趋于没落，在学术思想界，逐渐出现了由王学向朱学回归的倾向，而这种回归倾向的实质，在社会生产力发展水平尚未出现新的生产方式的历史条件下，只能是理学内部的自我调整，只不过这种调整具有挽救社会危机的新的经世内容，兴起了与空谈心性相对立的经世务实思潮。这一思潮倡导通经学古，并直接影响了清初的学术界。生活于明清之际的顾炎武、黄宗羲、王夫之等都直接受这一思潮的影响，并推动了这一思潮的发展，形成了清初更加鲜明的经世致用思潮。由此可见，以顾、黄、王为代表的清初经世致用思潮，其思想渊源则要追溯到晚明出现的由王返朱、通经学古的思潮与学风。

正是在分析清初社会历史性质，追溯清初学术思想渊源的基础上，作者对清初学术思想的属性及其发展趋势，得出了较为客观的结论。那就是明中叶以后，在日趋加剧的社会动荡中，理学陷入深刻的危机，中国古代的学术面临何去何从的抉择。正是在这种情况下，通经学古、经世致用的思潮与学风应运而起，进而把中国古代学术推向对理学的批判与总结，儒学内部出现了新的分化与调整。尽管这种分化与调整，有其进步的社会作用和内容，但毕竟是儒学内部的分化与调整。因此，清初的思想家及其著述，无论是黄宗羲及其《明夷待访录》，还是唐甄及其《潜书》，顾炎武及其《日知录》，或者是王夫之及其《黄书》《噩梦》，颜元及其《四存篇》，都是明清更迭时期，促使学术思想界进行历史反思的产物，也是学术思想本身发展演变导致的必然结果，并不具有反封建性质，更不存在对封建制度的否定。《思辨录》一书有关这方面的观点和见解，无不是从社会史与学术思想史相结合的角度综合分析得出的。通过深入细致的综合分析，作者更加鲜明地指出：从总体上说，清初的学术界始终没有出现所谓"和世界的进步思想相联系的历史自觉"，更没有产生什么"对资本主义世界的绝对要求"，并对以往清初学术思想史研究中，一度存在的将其人为近代化的倾向，提出了质疑。这些见解和论断，虽不见得是定论，但却使人感到持之有故、言之成理。杨向奎先生在《序言》中称赞该书："结合清初社会实际而谈学术思想,这是最正确的方法之一。我们不能脱离社会实际而谈社会思潮,皮之不存,毛将焉附!先秦诸子、两汉经学、魏晋玄学、宋明理学,都与当时之社会相关。"足见,从社会史与学术思想史相结合的角度,来探索清初学术思想发展的规律,确是《清初学术思辨录》的显著特色。

二 宏观研究与微观研究、理论分析与史实考证相结合

研究学术思想史必须遵循历史研究的基本准则,既需要掌握科学的历史观、方法论,又需要掌握大量的、丰富而可信的史料;既要有开阔的视野,高瞻远瞩地从宏观角度研究思考有关的重大理论问题,又要从微观的角度,对研究涉及的史实细节进行必要的鉴别和考证。从宏观的角度看,《思辨录》将清初的学术思想置于明清交替大的历史背景下,首先分析了清初的国情、社会性质、生产力发展水平、基本的历史特征,以及由此规定的清初学术思想的基本属性。进而,作者又较为深入地探讨了清廷的文化政策对清初学术思想产生的作用和影响。关于清廷的文化政策对清代学术思想的作用和影响的研究,以往的研究者批评其消极影响多,肯定其积极作用少,未得一持平之论。本书作者有鉴于此,则从多方面入手,详细论述了清廷文化政策的具体内容,并在批判清廷文化政策消极作用的同时,肯定了其能够顺应潮流,推动学术文化事业发展的积极作用。正是由于清初顺治与康熙二帝,特别是康熙做出了加强社会凝聚力的选择——"崇儒重道""御纂诸经""尊孔扬朱"等,大力提倡汉族传统文化,与学术界倡导的"通经学古"合流,才使经学从清初起逐渐走向复兴,并把学术知识界导向了对传统学术进行全面整理总结的新阶段。作者从清初学术思想所处的客观环境及学术思想的传承演变两方面进行分析和考察,概括归纳了清初学术的基本特征,诸如"博大恢弘""经世致用""批判理学""倡导经学"等,在总结概括清初学术特征的基础上,进而指出清初学术思想的发展趋势,乃以经世思潮为主干,从对明亡的沉痛历史反思入手,在广阔的学术领域去虚就实,尔后又逐渐向以经学济理学之穷的方向过渡,最后走向经学的复兴和对传统学术的全面总结和整理。这些看法,确不失为是对清

初学术发展规律的有益探讨，也符合清初学术发展的客观进程。这些宏观的分析论述，显示出作者敏锐的眼光和深厚的功力。

《思辨录》在宏观论述清初学术思想的特征及其发展趋势的同时，又以更多的篇幅，进行了深入具体的个案研究，逐一对清初的浙东学派、浙西学派、关学派、颜李学派和经学、理学、考据学、史地学、文学艺术及其代表人物的思想著述、学术成就、思想特点、地位影响等方面，条分缕析，一一进行了具体的考察和论述，其涵盖面之广，涉及的学术流派、代表人物之多，大大超过了以往有关清代学术思想史的论著。这也反映了作者对清初广阔的学术领域有全面切实的研究。

由于清初学术思想具有对中国传统学术进行反思、总结和整理的特征，而以儒家经学为核心的传统学术，历经两千多年的积累和流传，要搞清其流传演变，常常涉及校勘、辨伪和考证，这也是研究传统学术应必备的基本训练。作者在研究清初的学术流派及其代表人物时，对有关的史实和学术界尚存争议的问题，进行了绵密细致的考证，在理论分析和史实考证相结合方面做了可贵的努力。如《日知录》的纂集者到底是谁？王夫之的佚文《双鹤瑞舞赋》究竟是为谁而作？黄宗羲的《明儒学案》的成书年代如何确定？李光地生平中的"外妇之子来归""卖友""夺情"三案能否成立？对这些问题，作者都依据大量史实，进行了严密的考证记述，不仅充分显示了作者扎实的功底和严谨的学风，弄清了许多悬而未决的问题，也有助于更好地阐述清代学术思想的发展和演变。

三　学者与学术思潮和学术流派相结合

以往有关的清代学术思想史著作，大都是以人为经，分章论述每个学者、思想家的学术思想与成就。这样的结构与安排，很难说明学术思想与时代的密切关系，更难以阐明学术思想发展演变的规律，读者也不易从中看出学者、思想家与学术思潮、学术流派之间的内在联系。本书则在总结借鉴以往学术研究成果的基础上，比较重视阐明学术思想与时代的关联，也注意到学者、思想家与学术思潮及学术流派的相互关联，在研究写作过程中，有意识地将学者与学术思潮、学术流派结合起来，进行研究和论述。如将顾炎武置于明末清初的经世务实思潮中，说明顾炎武的为学主张和锲而不舍的学术实践，为扭转明季的空疏学风，开启清初实学先路，作出了积极贡献，从而成为清初务实学风的倡导者，对整个清代学术思想的形成和发展起了积极的作用。这样的分析就使读者一方面较为清楚地了解一些主要学者、思想家的生平事迹、学术思想与学术成就；另一方面也能看到他们与学术思潮、学术流派的关系，以及其在思潮与流派中的作用和影响。从中也可以窥视学术思想发展演变的脉络和规律。因此，我们说将学者与学术思潮及学术流派结合起来进行研究和写作，是本书又一突出特色。

毋庸讳言，《清初学术思辨录》也还存在某些不足和值得商榷之处，从如何更好地探索清初学术思想发展规律的角度而言，大略言之，我们认为有如下几点：

（一）内容上有些遗阙

此书虽名为《清初学术思辨录》，但从全书的结构和内容看，实则是一部较为全面、系统的清初学术思想史，而不是专题研究论集。就此而论，该书在内容上，对于清初某些有重大学术成就并具有重要影响的学者却有遗阙，诸如明亡后东渡并终老日本、对中日文化交流作出重要贡献的朱之瑜；另如对哲学、考据学及自然科学均有重要贡献，著有《物理小识》《通雅》《东西均》的方以智；还有对宋明理学以尖锐批判、斥责理学家为"奴君子"，开创清代子学研究之先河，又精于医学和绘画的傅山；还有在天文、历算、科技等方面有重大贡献，独树一帜的王锡阐、梅文鼎等。对于他们，本书既未专设章节论述，也很少提及。这些学者和思想家，都是清初学术思想发展链条上的重要环节，对这些人物付之阙如，显然难以了解清初学术思想的全貌，也不利于更好地阐明清初学术思想发展演变的规律。如欲修订再版，似应予以补充。

（二）论述的广度与深度有些参差不齐

全书大多数章节和专题，论述都较为深入，分析鞭辟入里，不乏个人独到之见。但也有少数章节和专题缺乏应有的广度和深度，使各章节之间的质量有些参差不齐。如书中对于集中国古代唯物主义之大成的王夫之的论述较为平乏，不足以说明王夫之的思想成就及其在学术思想史上的地位和影响。事实上，与顾炎武、黄宗羲相比较，王夫之的突出成就和特色表现在朴素唯物主义、辩证法及史论方面。不充分论述概括王夫之在这方面的贡献和特点，似不足以描绘清初学术思想的特征，也不能更准确地阐述清初学术思想发展和演变的规律。

（三）某些论断和分析失之简单，或值得进一步推敲

前已肯定，本书对清初学术思想中的一些重大问题，从宏观上进行了深入的分析和论述，提出不少精辟见解，但也有论断和分析失之简单，或值得进一步商榷和推敲。如作者认为清初仍处在封建社会阶段，这就从根本上规定了清初学术的历史属性，它既不是近代意义上的学术，也不具有反封建性质，而是中国古代儒学的一个构成部分。从总体上说这一论断是很有见地的，也是全书的重要立论支柱。既然如此，理应论述得更为圆满和周密，但实不尽然。譬如，作者指出曾被学术界肯定为早期启蒙思想家的黄宗羲、唐甄，都没有反封建思想，他们对封建君主专制的尖锐抨击，不过是要"明尊卑之分，抑制封建帝王的独裁"。但是，作者同时又肯定"明代中叶以后，在我国少数地区的某些手工业中，也已经出现了资本主义萌芽"。而且"在当时的农业生产中也出现了萌芽"，既然如此，那么在学术思想领域内，为什么就不可能产生具有早期启蒙性质的反封建思想呢？难道黄宗羲、唐甄那些激烈、尖锐的政治思想观点中，就丝毫没有一点新的因素吗？我们绝无意要求作者改变自己的观点，也不同意某些论著过分拔高黄宗羲的民主思想。只是希望作者在论述自己的观点时，更加深入，更加严密和充实，能够更好地解决清初学术思想史研究中的一些难点，使自己的立论建立在更坚实的基础上。也只有这样，才能更好地阐明清初学术思想的发展演变的规律。

此外，作者还提出"同清初封建王朝所奉行的闭关政策相一致，这一时期的学术从整体上来看，也是封闭的"。这一论断，似乎忽视了明末清初大批西方耶稣会士来华，对促进中西文化交流产生的作用和影响。诚然，耶稣会士来华，并未"改变中国传统学术的格局"。但却不能否认由此引起的中西文化之间的双向交流，此时，既有西学东渐，又

有中学西传。因此，断言"这一时期的学术从整体上来看也是封闭的"，既失之简单，也不完全符合历史事实。这一论断，也使作者对清初学术思想发展规律的探索缺少了应有的方面。

当然，我们所指出的书中的上述不足与值得进一步商榷之处，未见得正确和恰当，谨供作者和读者斟酌参考。

（原载《历史研究》1994 年第 4 期）

《四库全书纂修研究》序

黄爱平同志的博士论文——《〈四库全书〉纂修研究》，于完成学位答辩后，再经修改补充，即将以《清史研究丛书》之一种付梓问世，这是作者几年来倾全部心思精力的宝贵结晶。一位刚过而立之年的青年学子，能向学界献出如此一部皇皇可观的学术专著，殊属可喜可贺！

在黄爱平攻读硕士、博士学位期间，精心指导其学业的戴逸教授，倘能为这部新著写篇大序，当最为适宜；这也是我和爱平同志的共同祈望，但戴师考虑到他为整个丛书写的序文，已然刊在本书卷首，不愿两序于一书。或许是我曾忝为爱平同志的副导师，她旋将写序的重任嘱我为之。忆及清代学者顾炎武所说"人之患在好为人序"，因再三坚辞，然爱平同志却执意不肯放过，在进退踌躇中，只好就这部书稿及其作者写一点称不上是序言的赘语。

爱平同志在大学本科期间，就读于北京大学中国古典文献专业，奠定了坚实的文史基础，尤训练了目录、版本、校勘、训诂等从事古籍整理研究的基本功。1982年、1985年，她以优异成绩先后考取了中国人民大学清史研究所戴逸教授的硕士、博士研究生，专攻清代学术思想史。由于我也研治清代学术思想，戴师从提掖后进，有便于形成教学研究工作中的学术梯队出发，指定我协助其对爱平同志的执导，从而使我们结下密切的师生之谊。戴逸教授是我和爱平共同的师长；我与爱平同志之间则亦师亦友，在学业上切磋琢磨，相互解疑释难。经过一段时间的接触研讨，我与戴老师均觉察到爱平不仅有踏实的专业基础，而且有强烈的事业心。正如诸葛亮于《诫子书》中所谓："非淡泊无以明志，非宁静无以致远。夫学须静也，才须学也。"爱平则恰恰有"淡泊""宁静"的思想品格。毋庸讳言，近几年对于读书治学的人说来，客观上确存在各种困惑和干扰。爱平同志则安然处之，始终以坐冷板凳的坚强毅力，坐得下来，钻得进去，孜孜不懈，勤奋自励。她在读硕士学位期间，接连发表的几篇论文，如《王鸿绪与〈明史〉纂修》《万斯同与〈明史〉纂修》《〈明史〉稿本考略》等，均颇有见地和功力。她的硕士学位论文《乾嘉学者王念孙、王引之父子学术研究》，在通过论文答辩时，曾获与会专家一致好评，一位研究中国思想史的老前辈欣喜地指出："这是个研究学术思想史的苗子。"

1985年，爱平同志转入博士学位阶段学习后，戴逸教授分析了国内外学术界的研究现状，根据清史研究发展的需要，又结合她个人的研究特长，确定以《四库全书》纂修作为其博士学位论文选题，同时提出较高的要求，希望她运用历史唯物主义的基本理论，充分吸收前人的成果，在尽可能多地掌握资料的基础上，对《四库全书》的纂修，进行全面、系统、深入的研究，作出实事求是的分析和评价，以期"超越前人，后来居上"。应该说这是一个要求严格，难度很大，有很高学术价值的研究课题。爱平同志知难而进，以极大的学术勇气和严肃认真的研究态度，兢兢业业，殚精竭虑，历经三载，寒暑不辍，而今终于将书稿展现在读者面前。

书稿的成色如何？是否达到了预期的目的？既已公开出版，方家与读者自有公论。这里，我仅作为一个最早的读者，就管见所及，略加评说。窃以为是书有如下几点特色：

（1）全面、具体、深入地总结了《四库全书》的纂修：《四库全书》作为大型的百科丛书，可谓我国古代文化思想遗产之总汇，在学术文化发展史上占有重要地位，向为人们所注目。前人对《四库全书》的纂修工作虽做过研究，也取得些有益的成果，但多是从某些侧面做的局部研究。本书则从纂修的时代背景、具体缘起、机构组成、书籍征采、编纂校勘、禁毁删改、刊刻补遗、缮写庋藏、分类编目、撰写提要等方面，原原本本，条分缕析，进行了全面、具体、深入的论述考证，给读者了解和使用《四库全书》以完整的科学知识。

（2）引用资料丰富翔实，并有新的开拓：从晚清到目前，国内外学者研究《四库全书》纂修，依据的第一手资料，主要是《办理四库全书档案》《清代文字狱档》。因受条件限制，更多的与修书直接有关的档案，却未能被看到和利用，本书作者则得天独厚，除广泛涉猎原有官书和私家著述外，又充分利用了中国第一历史档案馆最新增编、尚未公开发表的《纂修四库全书档案》。这批最新资料的开拓利用，弥足珍贵，不仅使这部论著在资料运用上显出优势，并使其对许多问题的分析论证更具有说服力。

（3）立论公允辩证，分析问题实事求是：前人对《四库全书》纂修所做的评价，虽有精当之见，也不无偏颇之论，本书在占有大量材料的基础上，立论则力求客观和全面。如论证《四库全书》纂修的背景和缘起，从中国古代学术发展内在逻辑着眼，溯源明末清初以来学风的转变，以及"儒藏说"的形成，并联系到乾隆朝政治、经济的发展，而不是强调个人意志和偶然因素。再如评价纂修《四库全书》作用和影响，既历史地肯定了其对征集、保存、整理、弘扬传统文化的积极意义和作用，又深入揭示了封建统治者借修书查缴、窜改、禁毁古今典籍，制造文字狱，对学术文化造成的浩劫与破坏。它如对《四库全书总目》的评价，既肯定了其在目录学上的成就和学术价值，又指出了其为封建统治阶级服务的学术倾向。这些鞭辟入里的分析、评价，均深中肯綮，既无主观拔高，也无人为贬低，实事求是，具有相当的广度和深度。

（4）考证精细、论断准确，突破性地解决了《四库全书》纂修研究中的一些问题：《四库全书》之纂修涉及问题较多，有些问题学术界长期来模糊不清，莫衷一是。如修书过程中究竟查禁、焚毁了多少书籍？作者从大量材料中，去粗取精，考证周详，列出各种统计表格，进行了定量、定性分析，得出了较为接近事实的结论。再如翰林院底本的庋藏，前人或推臆猜测，或语焉不详，本书则探本求源，揭示出历史的真相。所有这些，与同类著作相较，都显有突破性的发展。

学术研究的发展，同自然界、社会界发展的客观规律一样，新陈代谢，不断前进。"江山代有才人出"，"长江后浪推前浪"。爱平同志和她的同龄人，可谓一代新崛起的生力军，祝愿她继这部处女作之后，不断结撰新著，为发展繁荣学术思想史的研究，争芳竞艳。

（原载《四库全书纂修研究》，中国人民大学出版社 1989 年版）

《18世纪的中国与世界·思想文化卷》一书读后

近日在我的书案上，始终置放着一部多卷本的大书，它像磁石般地吸引着我，几乎欲罢不能，因此每在料理急务之余，或在夜深人静之际，断续展读终卷。这就是历史学家戴逸教授主编的《18世纪的中国与世界》，全书分9卷，计有《导言》《政治》《军事》《边疆民族》《经济》《农民》《社会》《思想文化》《对外关系》等。戴先生自己撰写了《导言》卷和与人合作的《军事》卷，其他各卷也都是与所涉内容研究有素的专家来承担。整个丛书，以二百数十万言的篇幅，对18世纪的中国历史展开全景式的论述，它以当时的中国为焦点，并将其置于世界历史的坐标系中，与世界各国进行了可比性研究，无论是在研究对象还是在研究方法上，都有别于通常所见的国别史或断代史，而形成自己独具的魅力和特色。全书内容丰富、涵盖面广，笔者受知识范围所限，一时尚难对每卷的内容与优长都予咀嚼与消化，不能一一评介。因个人亦厕身于清代学术思想文化研究之列，拟从《导言》卷谈起，并着重分析评价黄爱平教授撰写的《思想文化卷》。

18世纪这一百年，无论是对世界，还是对中国而言，都是极其关键的一个历史时期，所以引起各国历史学家的关注，甚至成立了"国际18世纪研究会"，将18世纪作为一个专门的历史范畴进行研究。国际18世纪研究会的宗旨，"在于促进世界各国所有与18世纪有关的文化遗产的研究与协调。这些文化遗产包括历史、哲学、思想、宗教、语言、文学、科学、艺术和法律"[①]，可见，它是一个组织协调各国学者

---

① 约翰·施洛巴赫：《18世纪的中国与世界·序言》，辽海出版社1999年版，第1—2页。

围绕18世纪进行综合研究的国际学术团体。2000年在奥斯陆召开的第19届国际历史科学大会上，学者们还曾就18世纪的中国与世界开展了专题讨论。上述事实说明，18世纪的中国与世界这一研究课题已为国际学术界所关注。

《18世纪的中国与世界》问世之后，国际18世纪研究会主席、德国著名学者约翰·施洛巴赫，在为该书所写的《序言》中指出"这是一件具有里程碑意义的事情"，且予高度评价说，"这部著作定将为这个时期的研究奠定基础，并开创对其特征的充分探讨"，"它的出版将极大地推动中国学者对这一历史时期的研究"[1]。

正由于18世纪的历史十分重要，戴逸先生多年来一直在呼吁倡导，要将之作为重大的研究课题，开展深入的研究，他曾在一篇论文中说："为什么要研究18世纪的中国与世界？"这是因为"18世纪对中国和世界都是十分重要的时代，甚至可以说人类历史上的分水岭。人类社会从农业文明开始走向工业文明，从此世界发生翻天覆地的变化"[2]。的确如此，18世纪既是世界历史的分水岭，也是人类历史的伟大转折点。此时，在世界上，英国发生了产业革命，法国发生了启蒙运动和资产阶级革命，美国也经历了独立战争而诞生。这些重大的历史事件震撼和改变了世界，影响所及使西欧其他各国也先后从农业社会向工业化跃进，开始了近代化进程。当时的中国又如何呢？18世纪的中国正处在史称的康雍乾盛世，如将其和中国历史上的其他朝代如秦、汉、唐来作纵向比较，此时可谓社会安定，经济繁荣，文化昌盛，多民族国家空前统一和巩固。但如将其与飞速进入资本主义的西方世界作横向比较，却一个是资本主义的青春，一个是封建主义的迟暮。当时的康雍乾盛世，貌似太平和辉煌，实则却正在走向凄凉的衰世。近代中国落后于西方，陷入落后挨打的局面，实际上在18世纪已埋下祸根并露出征兆。"究天人之际，通古今之变，成一家之言"，是中国史学的优良传统。鉴于此，戴逸先生将18世纪的中国与世界选择为研究课题，他自己身体力行，并

---

[1] 约翰·施洛巴赫：《18世纪的中国与世界·序言》，辽海出版社1999年版，第1—2页。

[2] 戴逸：《18世纪的中国与世界》，《人民日报》1995年9月20日。

组织清史研究所的研究力量，对之开展深入的研究。如同约翰·施洛巴赫教授所说，这的确是一个极具意义的研究课题。

研究对象、研究课题确立后，究竟采取什么样的方法开展研究呢？戴逸先生斟酌再三，经过反复思虑后提出："研究18世纪的中国与世界，就是要把中国和世界连成一个整体，改变中国史和世界史分割和孤立的研究习惯。中国是世界的一部分，只有把中国放在世界坐标系中去考察，才能给中国正确定位，而世界又必须包括中国这样一个巨大的有机组成部分，如果离开中国，世界史不是完全真正的世界史。"[①] 戴先生还进一步指出，要将中国放在世界坐标系中去研究，就要对中国和世界各国，特别是西方世界进行比较研究，既要看到"18世纪中西方国家的共同性相似性"，又要找出"18世纪中西方国家的差别"[②]。只有这样，才能"会通中西"，从中总结历史的经验与教训。

遵循上述研究立意和方法，为对18世纪的中国历史开展全景式的论述，并立足于中国，与世界其他国家在可比性方面进行比较，全书设计了《导言卷》作为整个丛书的纲要，又按照政治、军事、边疆民族、经济、农民、社会、思想文化、对外关系等范畴，各自独立成卷，对18世纪的中国作出比较宏观的、综合的历史分析。戴先生撰写的《导言卷》，以阐明"18世纪是世界历史的分水岭"为开篇，又从中西各国对比的角度，简明扼要地论述了近代化问题、农业、手工业、市场、经济区域、阶级、城市、政治、军事、边疆、思想文化、科学技术、对外关系等各个方面。拜读后，使人深感其主旨鲜明、史论结合，既有丰富的典型史料，又富有思想性和理论色彩，不愧是大家手笔。其他各卷也都异彩纷呈，各有千秋。而黄爱平撰写的《思想文化卷》则是其中较为出色的一部。

鉴于《18世纪的世界与中国》一书，选题价值高，内容丰富新颖，出版之后，迅即获得国内外学界的好评。德国学者约翰·施洛巴赫教授的评价已如前述，国内学者也曾纷纷在座谈会上或撰文中指出：该书

---

① 戴逸：《18世纪的中国与世界》，《人民日报》1995年9月20日。

② 同上。

"选择了18世纪的中国与世界作为研究对象,焦点虽在18世纪的中国,但又不限于中国,而是把中国放在世界历史的背景下,与西方各国从各方面进行比较研究,这就不仅在史书的体例和研究方法上有所创新,更重要的是经过对18世纪的中国与世界各国的比较研究,破解了近代中国为什么落后于西方这一巨大的历史课题"[1]。还有的学者说,"从某种意义上说,19—20世纪世界各国历史发展的基本趋向,甚至今天世界格局中的某些特征,在18世纪就已大体上确定下来……经过漫长岁月积淀而成的中国国情,也大体在这个时期奠定了基础",因而"深入探讨、揭示近代乃至当代中国社会的特征和形成过程,追本溯源,不得不回到18世纪"[2],因而本书"有助于了解当代中国诸多现实问题的来龙去脉,加深对当代中国国情的认识和了解,并为探索中国走向现代化的道路提供坚实的历史理论依据",因而肯定其"不仅有学术意义,也具有现实的意义","是一部精品力作。有很高的学术价值"。黄爱平撰写的《思想文化卷》是《18世纪的中国与世界》丛书的组成部分,要对之作出恰如其分的评价,则须将其置于上述整个丛书的背景和价值取向之中。

《18世纪的中国与世界·思想文化卷》(以下简称《思想文化卷》)顾名思义是专门论述18世纪中国的康雍乾时期,也就是清朝中叶的学术思想文化之作,黄爱平在此之前已致力于清代学术思想研究多年,且成果颇丰,由她来承担此卷的撰写工作,无疑是最佳人选。阅读是卷之后给人最突出的感觉是,此卷与整个丛书配合密切,无论是在思想内容上,还或者是在研究方法方面,都较好地体现了全书的立意和主旨。作者在该卷卷首的《绪言》中指出:"18世纪,不过是人类历史发展无数个链条中的一环,却又是极为重要的一环,在这100年间,世界发生了翻天覆地的变化,工业文明逐渐取代农业文明,资本主义制度逐渐代替封建制度,由此开始了世界范围内的近代史进程。"然而"与同一时期欧洲社会的发展波澜迭兴相比,东方的中国似乎水平如镜。然而,平静

---

[1] 李文海、龚书铎、胡绳武、张岂之等:《专家简评〈18世纪的中国与世界〉》,《清史研究》2000年第1期。

[2] 同上。

并不等于停滞,繁荣也并不意味着没有危机。当政治、经济的发展已经或正在达到传统社会高峰的同时,其本身也在缓慢地发生着变化,酝酿着危机"。"18世纪的中国,既继承和总结了前代的历史,达到了封建社会发展的高峰;同时又新旧矛盾交织,传统与异端并存,机遇与挑战同在,整个社会既孕育着转变,又面临着选择。而中国社会政治经济各方面的状况,又直接间接地反映和折射至意识形态领域,既构成一代思想文化的总体风貌,也决定了一代思想文化的独具特色。"[①] 作者这里以简洁的语言描绘了18世纪中国与世界的发展趋势,也说明了思想文化与政治经济的相互关系。在这一关键历史时刻,清代统治者面对机遇与挑战又该如何作出应有的选择呢?思想文化领域又呈现出什么样的总体风貌?又有什么独具的特点呢?从作者的这些描述和提出的问题看,显然是要紧扣整个丛书的主旨,要把18世纪中国的思想文化置于当时世界的历史潮流中,通过比较研究,对思想文化的总体风貌和特点,作出论述和回答。笔者认为,《思想文化卷》对18世纪也就是清中叶思想文化的研究,在研究范围上有新的拓展,在学术见解和研究方法上也有创新。这主要体现在以下四个方面:

1. 研究视野广阔,内容丰富翔实。从本卷的内容结构上看,全书分作6章18节,节下又有近50个子目,各章依次是:"第一章 清朝的文化政策";"第二章 汉学的兴盛";"第三章 传统文化的总结与发展";"第四章 异端思想的萌芽";"第五章 经世思想的崛起";"第六章 中西文化交流的跌落"。从各章的安排上可见,作者在具体论述清中叶的思想文化内容之前,首先评述了康雍乾三朝的文化政策,因为"统治阶级的思想在每一时代都是占统治地位的思想",同样,统治阶级的文化政策,也在很大程度上影响和左右着一代思想文化的走向。在本章中作者依据史实,说明18世纪中国社会的统治者选择了正统儒学作为官方哲学和统治思想。同时,当时的康雍乾三帝又都倡导文治,稽古右文,访书编书,积极从事文化建设,促进对传统学术文化的总结。同时,他们又都严格控制思想,厉行禁书和文字狱。在这样的文

[①] 黄爱平:《绪言》,《18世纪的中国与世界·思想文化卷》,辽海出版社1999年版,第1—2页。

化政策下，18世纪中国与西方世界的思想文化呈现出不同的发展趋势，在西方是民主思想勃兴，在中国却是封建文化专制主义进一步强化。第二章在论述"汉学的兴盛"时，说明自清初以来迭连兴起的批判理学的思潮，使理学逐渐走向衰颓和没落，至清中叶出现汉学鼎盛的局面，首先是惠栋与吴派学者将汉学确立；其次是戴震与皖派学者将汉学推向高峰；而后又有阮元与扬州学派对汉学进行了总结。这些分析准确清晰地说明清代学术由理学到汉学发展演变的脉络。在"第三章传统文化的总结与发展"中，主要评论了《四库全书》的编纂，以及当时兴起的对传统学术进行总结的过程中，经学、小学、史学、校勘、辑佚、目录等专科学术的发展。本卷第四章，较详细地分析了在清盛世后面隐藏着的危机中，在思想文化界山雨欲来之时，有股潜流在涌动，这就是异端思想的萌芽，并具体列举了其在各方面的表现，如戴震对理学的批判、曹雪芹形象的控诉以及袁枚对性灵的倡导，还有知识界及文学作品中对女性命运的关注和对女性形象的塑造等。第五章，论述了经世思潮的崛起，说明在18世纪后期，由于社会急速转化，清朝的统治逐渐由盛转衰，显赫一时的乾嘉汉学日益走向衰落，具有忧患意识的知识界，又一次兴起经世思潮。他们以今文经学为武器，先后有庄存与、孔广森、刘逢禄等阐释今文经学，倡导社会变革。与之同时，思想界还兴起了边疆史地学，以及对于河工、漕运、盐政、铜政、人口等经世思想主张的阐发。该卷第六章，论述了"中西文化交流的跌落"，说明自康熙朝后期及至雍正、乾隆两朝，由于中西文化的冲突引起的礼仪之争，加之清朝推行的闭关锁国政策，使明清之际由大批西方传教士东来引起的中西文化交流戛然中断，但中西文化交流的余波依然存在，通过作者的苦心发掘，将这种余波在天文历法、数学、地理学等方面的具体成就和影响，原原本本地加以论述，全书的结尾，作者又对西方和中国的世界观念进行了比较和评价，并得出发人深省的结论。

从对《思想文化卷》结构内容的介绍中，不难看出本卷的内容的确翔实丰富，视野广阔，它犹如一幅立体画卷，将18世纪中国的思想文化全景式地展现在读者面前。

2. 吸收利用原有研究成果，又有发展升华和提高。黄爱平在撰写本卷之前，曾对清修《四库全书》及乾嘉汉学作过深入研究，其硕士论文便是《乾嘉学者王念孙王引之父子学术研究》,又写过《七十年来段玉裁和高邮二王研究状况述评》,以及《戴震的义理说与清中期的学术思潮》《凌廷堪学术述论》等。她对清修《四库全书》研究尤见功力,其博士论文《四库全书纂修研究》,以及有关论文《论四库全书的目录学成就及其思想内容》《翰林院四库全书底本考述》《四库全书总目的经学观与清中叶的学术思想走向》《从纂修四库全书到编纂出版四库全书存目丛书》等论著,都曾在国内外学术界引起较大反响。在《思想文化卷》中按照全书内容结构需要,设有两章论述"汉学的兴盛"和《四库全书的纂修》,作者在内容和观点上难免会吸收与利用其个人原有的研究成果。但这绝非对原有成果简单的重复,而是根据学科领域研究状况的进展,以及她本人研究中新的成果,结合《18世纪的中国与世界》全书的主旨及《思想文化卷》本身的结构,既有所取舍,又有发展、升华与提高。如书中关于乾嘉汉学的论述,对于清代汉学发展演变的分析及内部派别的划分,较之其已往的研究就更加清晰、明确,且有新见,特别是对于阮元及其所代表的扬州学派的论述,肯定其"是清代汉学的又一分支,它的形成稍晚于皖派,可以说是汉学发展至高峰并开始走向衰落时期的一个学派",并提出"以阮元为代表的扬州学派的出现,不仅成为清代汉学由高峰走向衰落的标志,同时也成为传统学术向近代学术跨越的转折点"。这些论断都是作者新近研究中的见解。她还根据这一种观点指出:"以往学者在研究清代学术时,多将汉学划分为吴派、皖派两个学术流派,而较少注意,甚至根本否认扬州学派的存在"的看法,值得商榷。此外,该卷对编纂《四库全书》的论述,除提炼、概括作者原有的研究成果,如说明了纂修的背景和起因,组织机构与编纂情形,对典籍的整理与文化总结之外,还着重分析了《四库全书》所体现的时代精神与价值取向,尤其是深入比较分析了中西方在同一时期产生的两部巨书——《四库全书》与法国《大百科全书》之间的差异,论述十分深刻和精辟(下文将进一步评介)。这些内容和见解较之作者在这方面原有的成果,都有所发展和创新。

3. 拓展研究领域,发掘新的研究资料。作者对18世纪思想文化的论述,没有停留在学术界对于清代学术思想文化研究原有的范围内,而是在研究领域方面又有新的拓展,对于研究资料也有新的发掘,这是学术研究中难能可贵的创新精神。已往学术界对于清代学术思想的研究，在论及18世纪——康雍乾时代的学术时，大都偏重于论述乾嘉汉学，认为18世纪是专门汉学在学术界占支配地位的时代，似乎只有惠栋、戴震、段玉裁、王念孙、王引之，思想领域犹如死水，一片沉寂。但本卷却从大量文史资料中钩稽出不少史料，说明在当时封建文化专制淫威下已有异端思想的萌芽，且对这些异端思想的表现作出具体揭示。除大家熟知的戴震对程朱理欲观的批判，曹雪芹对封建社会末期腐朽的揭露及其对叛逆人物的描写外，还有袁枚在诗作及诗词理论中对性灵的倡导，郑燮在书画创作中对个性的阐扬，以及知识界和文学著作中，对妇女命运的关注，对女性形象的塑造等，作者都予以细致的揭示。此外，已往有关论著，在论及清代经世思潮的再度兴起时，眼光多停留在19世纪中叶——鸦片战争前后的林则徐、魏源、龚自珍等人身上，似乎林、魏、龚等人的经世思潮是贸然出现的。本卷作者经过潜心研究后提出："18世纪社会意识形态领域，呈现出一种多元化的状态，当时的学术思想界，在汉学、理学、异端思想等学派、思潮之外，还出现了一股方兴未艾的经世思潮，它既包容了学术界重开其端的今文经学和刚刚起步的边疆史地学，也囊括了政治家兼学者提出的经世主张。"[①] 而从清中叶到清晚期学术思想发展演变的实际情况看，18世纪后期兴起的边疆史地学，不仅成为当时经世思潮的重要组成部分，而且为19世纪国内外局势剧变之后蓬勃发展的边疆史地学奠定了坚实的基础。同样，18世纪出现的经世思想和主张，也对19世纪之后林、龚、魏等经世派的崛起及知识界风气的变化，起到了前驱先路的作用。作者对于此前学界重视不够、研究甚少的边疆史地学与经世主张的发掘和论述，既补充了以往研究中的薄弱之处，也为更清晰地梳理清代思想文化从18世纪到19世纪的发展流变的脉络，有新见树。另外，卷中对于中西文化交流在18世纪的余波的论述，也是已往有关著述中很少提及，或是语焉不详的方面。因为大家都知道明清之际以西方传教士为前驱而出现的中西文化交流，到清朝中叶已为清廷的禁教政策所中断，但忽视了其余波的存在。其实，此时仍有少数具有专长的传教士服务于清代宫廷，在天文

[①]《18世纪的中国与世界·思想文化卷》，第69页。

历法、数学、地理学、绘画、建筑、机械制造等方面，都做了实际具体的工作，并留下不少著作、实物和遗存，且对近当代这些领域的发展有重要作用和影响。对此，黄爱平在其所著的《思想文化卷》中，根据其从中外文献中发掘的材料，都予以条分缕析，逐项作了介绍。

4. 对18世纪的中西文化进行了可比性研究。作者在对18世纪中国的思想文化进行论述的过程中，不是孤立、静止地就清学论清学，而是像《导言卷》和其他各卷那样，将此时中国的思想文化，以动态的视角，从发展变化和中西互动关系的观念出发，对中西文化作了大量比较研究。这一点在本卷各章中随处可见。如在评述清朝政府的文化政策时，对比了东西的文化政策及学者间不同的价值取向，说明"18世纪，当西方民主思想勃然兴起，思想家高倡平等、自由、人权之时，中国的专制政治正发展到顶峰，思想控制更趋严厉，这种巨大的变化，固然是由于东西方社会发展的不同阶段所造成的，但是无疑预示了东西方此后截然不同的历史命运"[①]。在论及"传统文化的总结与发展"时，作者又以当时清政府主持编纂的《四库全书》与同时期法国思想家狄德罗主编的《大百科全书》为例，从各自所处的时代、编纂的宗旨和目的、构筑的知识体系、产生的社会作用等方面，进行了多方面的比较，说明东西方同时产生的这两部鸿篇巨制，虽然都代表了各自文化发展的成就，但他们所处的历史时代不同，编纂的宗旨目的、构造的知识体系、产生的社会作用也迥然不同。"《大百科全书》产生于资产阶级启蒙思潮风起云涌之际"，它"反映了时代的呼声，适应了斗争的需要，是新兴资产阶级反对封建专制制度和教会精神独裁的锐利武器，不仅为即将到来的法国大革命做了充分的思想准备，而且极大地推动了人类思想的发展"。而产生于清代封建王朝鼎盛时期的《四库全书》，则由于当时中国仍在封建社会的轨道上缓缓地运行，新的异端思想还未能成为思想文化界的主流，因而这时由清朝统治者主持编纂的这部大书，"就其本质而言，它是为清朝统治者炫耀文治、统一思想、巩固政权服务的"。就两部书的社会影响而论，"《大百科全书》是西方启蒙思想的号角，

---

① 《18世纪的中国与世界·思想文化卷》，第162页。

《四库全书》则是封建统治者维护其政权统治的工具"①。再就其各自编纂的方法比较:"《大百科全书》用力于撰写,采铜于山,熔铸成文;《四库全书》则着眼于汇编,保存原料,排列成书。前者贵创造,后者重因袭。前者着眼于现实,后者沉湎于历史。两个截然不同的方法,反映的是中国封建文化与西方资产阶级文化的差别。"② 分析研究这些差异,对我们理解不同文化背景和历史进程,实不无启示。本卷最后一章,又设有一节对18世纪中西世界观念的差异进行了比较和评价,并由此得出结论:"与西方重视东方,世界走向中国相反,由于历史和现实的原因,由于政治、经济、文化等诸多因素的影响,东方文明古国依然故我,沉醉于天朝上国的迷梦之中,既不屑于了解西方,也不愿意走向世界。在18世纪东西方历史发展的关键时刻,古老的中国未能借助于传教士这一特殊的媒介,开展中西文化交流……最终失去了发展进步,走向世界的机遇。"③ 为此,中国在其后的历史进程中,付出了极为沉重的代价。这些对比研究,都很有见地,颇能启迪读者,进行深刻的历史反思。

在肯定本卷各种特点和优长的同时,我认为本书也有一定的不足之处,戴逸先生在整个丛书《导言卷》的《后记》中说:"令我们感触最深的是要搞这么一个全新研究课题所遇到的知识方面的缺陷,对世界历史一知半解,不掌握或不能熟练掌握外语工具,眼光受到很大局限。"这一缺点和不足,在本卷也有明显反映,作者虽然是力求把18世纪中国的思想文化置于世界的坐标系上,并用力对中西文化进行比较研究,但所依据的资料大多是中国的历史文献和中国学人的著述,间或有少量西方著述的中译本,却很少用由西方语言撰写的论著及文献资料。不能充分利用西方的历史文献和各种最新的研究成果,就不能更好地做到知己知彼,势必影响全书的科学性与学术价值。

但就全局而言,我仍然高度评价本卷对18世纪中国思想文化研究,无论是在阐述的内容,还是运用的研究方法,特别是在拓展研究领域,

---

① 《18世纪的中国与世界·思想文化卷》,第167页。
② 同上。
③ 同上书,第372页。

发掘新的史料，提出创新观点等方面所作的努力和贡献。可以说，本书反映了作者对清代思想文化研究的新水平，反映了她的视野更加广阔，领域更加拓展，方法也更加缜密。

（原载《中国文化》2001 年第 10、18 期）

窥见清初经学堂奥的力作[*]

——评《清初的群经辨伪学》

清季以降，在反对封建专制并涤荡其思想影响的时代潮流中，作为封建文化主要载体的儒家经典，其命运岌岌可危。此后的一个多世纪以来，除少数对经学深有造诣的老专家外，学界新进专事经学研究者实乃凤毛麟角，确有见地的经学研究成果自然也就寥若晨星，致使经学这一领域一片沉寂。但在两千多年的中国封建社会中，经学与历代的政治、经济、文化却有着密切的联系，要深入研究中国古代的历史与文化，理应重视对经学的研究，而不可将其永远弃置"冷宫"。就此而论，我们欣喜地注意到台湾学者林庆彰教授多年来一直在孜孜不懈地从事着中国经学史研究，最近又读到他的新著——《清初的群经辨伪学》，深感这是一部窥见清初经学堂奥的力作。

《清初的群经辨伪学》（以下简称《群经辨伪》）计三十余万言，共分十章：首章《导论》，叙述本书的研究范围、研究价值及对已有研究成果的评估；第二章《清初辨伪风气的兴起》，探讨了清初辨伪学兴起的内在原因，同时对清初十大辨伪学家加以概括介绍；第三章至第九章，分别评述了清初学者对《易图》《古文尚书》《诗传》《诗说》《周礼》《大学》《中庸》《石经大学》等经书的考辨成就，并指出考辨各部经书真伪背后潜藏的学术思想意义；第十章《结论》，综论清初的群经辨伪学在经学史、思想史、学术史上的意义，归结到"清初的群经辨伪，实为当时经学家'回归原典'运动的一个环节。它是宋、明理学内部冲突过程中，用来解决争端的一帖妙方良药。更

---

[*] 本文乃与赵刚教授合撰。

开启了清代汉学研究的先声"。很显然,《群经辨伪》,并非就事论事,孤立地就清初的群经辨伪,罗列清初学者对各部经书的具体考辨状况,而是将其置于中国经学史发展的历史长河中,作为经学发展中承上启下的关键环节来研究。从这一研究视角出发,著者在书中广泛征引中国台湾、大陆及日本学者的研究成果,不惮繁劳,从大量明清经学著述中,发掘整理出许多业已散佚的清初的群经辨伪学的成果,纠正了前代学者(如梁启超等)的疏失,彰显出一批过去为人忽视的辨伪学者及其在学术史上的建树,并以开阔的视野分析探讨了清初群经辨伪学在经学史发展中的重要意义。全书内容丰富,资料翔实,论述深刻,分析透辟,反映出著者踏实严谨的学风和坚实深厚的经学根柢。

透过《群经辨伪》的内容及其研究方法,我们认为这部窥见清初经学堂奥的力作,有如下突出的特色:

第一,从经学研究的基础工作入手,抓住了中国经学史发展过程的一个关键阶段和重要特征。著者在本书《自序》中指出:"经学史的研究所以停滞不前的原因,是因为经学史的基础工作一直未有效的推展所致。"他又说:"基础工作,包括两个方面,一是编纂《十三经书目》,这是经学研究最基础的工作,也是掌握资料的最有效的方法。二是阶段或专题研究,某一阶段的经学,各有其特殊面貌,如果不了解这些面貌,如何能写出一部条理清晰的经学史?"林庆彰先生撰写的本书,正是实现其整个中国经学史的研究设想——从"基础工作"入手的具体体现。就我们所知,林先生在著成本书之前,已经主编并出版了《经学研究论著目录》《经学研究论著目录续编》《朱子研究书目》《杨慎研究资料汇编》《日本研究经学论著目录》《中国经学史论文选集》等,这些正是他所说的要"编纂《十三经书目》方面的基础性工作";同时,他还撰写出版过《丰坊与姚士粦》《明代考据学研究》《明代经学研究论集》等专著。再有,为了方便发表经学研究成果和获得从事经学研究的新知,他还主编了《经学研究论丛》,作为定期的丛刊,不间断地发表经学研究成果。这些则是他所说的"阶段和专题研究"方面的基础工作。他新近推出的《群经辨伪》,是其从事经学"阶段或专题研究"的又一重要成果。

以孔子为代表的儒家编纂的各种书籍——《诗》《书》《易》《礼》

《乐》《春秋》等，自西汉被法定为"经典"后，儒家的典籍即被通称为"经"，研究经书的学问则称为"经学"。在此后两千多年的中国封建社会中，阐发、训释、注疏儒家经典的著述便如滚雪球一般，愈滚愈大，愈滚愈多。同时，经学历经两汉、魏晋、隋唐、宋元、明清等各朝代，在发展演变过程中，也呈现出不同的形态和特点，诸如汉学、宋学（理学）和清代汉学（考据学）等，而魏晋、晚唐宋初、明末清初等时期，都是经学发展演变的关键时期。就经学演变的大势而言，汉人建立了训诂考据的经学学风，到了宋代，学者们认为汉学未能尽"圣人"之精微，甚至讥刺"汉儒穷经而经绝"，遂大反汉儒之经说，又建立起以阐发义理为主要特征的"宋学"经说系统，此后全然是宋学笼罩的时代。但至明中叶之后，理学从专讲义理走向空谈心性，甚至篡改经书本义以合己意，使经学渐失古义，日趋浅薄，遂导致经学衰落。于是明末清初的学者又对宋学进行反省修正，他们拟将经学中非"圣人"所传的部分加以厘清，重新重视经学研究中的文字、音韵、训诂工作，由宋返汉，使经学逐渐复兴，直接开启了乾嘉汉学。而清初顺、康、雍这90年，正是经学由宋学转向汉学的关键阶段。要了解经学演变的轨迹，厘清经学史的发展脉络，应当重视对清初经学的研究。林著正是以清初的经学作为研究对象，无疑是抓住了经学发展演变的关键。

明末清初的学者们在恢复汉代经说传统的过程中，进行了一系列"回归原典"的工作，诸如追寻经学的授受源流；斥责疑经改经之作、考辨经书真伪、考订文字音义、考订名物制度、搜集经书佚文等。他们在从事这些工作的过程中，发现经书历先秦、两汉、隋唐、宋元，迄于明末，在这两千余年的流传过程中，却产生和存在着种种值得注意的问题，诸如阙脱亡佚、误认作者、伪造仿冒、依托附会、删改填补，等等。这些问题的存在，为恢复经书的本来面目制造了许多障碍。因此，排除障碍，剔除经书中非孔门真传的部分，考辨经书的真伪，便成为明末清初经学研究的当务之急。所以，自明末起，考辨经书真伪之风日益盛行，至清初更是蔚然成风，当时参与辨伪的人数之多，辨伪涉及领域之广，实为历来所少见。这样一种大规模的群体性的辨伪风气，大大促进了辨伪方法的发展，形成了一套系统、完善的辨伪方法论，并产生了阎若璩、胡渭、姚际恒、毛奇龄等一批辨伪大家，也使辨伪成为清初经学的重要特征。因而，欲研究清初的经学，如不从辨伪研究入手，就难以窥见清初经学的堂奥，不能把握清初经学的真谛。而《群经辨伪》正是以清初的群经辨伪为研究对象。所以，我们说他抓住了中国经学史发展演变过程中的一个关键阶段及其重要特征，进而形成本书独具的突出特色。

第二，采取以经书为经，以时代和人物为纬的叙述体例，既反映了辨伪学的发展演变，也突出了清初辨伪学的成就，是本书的另一特色。一部学术著作的成功与否，在选题确立后，还要看其在结构与叙述体例上能否充分表达选题反映的内容，而林著在这方面也可以说是匠心独运，颇为成功。

目前流行的学术思想史著作的体例，从清初学术大师黄宗羲开创的学案体著作，到当代一些有影响的代表性论著，大多采用以人物为单位的叙述体例，一人一章，按年代顺序排列章节。这种体例固然可以充分展示各个时代有代表性的学者的建树，揭示每一时代精神生活与理论思维方面取得的突出成就和纵向发展的线索，勾勒出不同时代不同流派起承转合的脉络。但每个时代的学术思潮不是个别学者的独角戏，而是众多水平各异的学者共同演奏的多声部协奏曲。一个著名学者和思想家，只有在这种文化环境中才能形成，也只有被置于这样的文化环境中加以考察，才能显示其本身的学术价值。因此，要揭示一个时代文化思想演变的内在底蕴，仅剖析其纵向发展的线索显然是不够的，还要探讨其横向展开的学术结构，这是传统叙述体例所难以解决的。

具体到清初的群经辨伪来说，清初是思想文化与经学剧烈转变的时代，理学家确立的传统经典骤然崩塌，知识分子不约而同地对各种长期奉为圭臬的经典提出质疑，为恢复经书的本来面目，纷纷转向经典辨伪研究，形成波澜壮阔的群经辨伪风气。对于这种学术格局，如仍采用传统体例，不仅无法再现当时辨伪学的盛况，且陷于两难的境地。因为，如果只论述阎、胡、姚、毛等个别代表性学者，就无法展现清初辨伪学界众彩纷呈的画卷，也难以真正凸显阎、胡等的历史地位。而倘若凡人必录，将陷于纷乱重复的窘境，给人以录鬼簿之嫌。林著跳出了传统的叙述体例，根据本书的内容——群经辨伪主要集中于几部经典的特点，在总论之后，采用以经书为经，以时代和人物为纬的体例，按经书分章，如"第三章，考辨易图""第四章，考辨《古文尚书》""第五章，考辨《诗传》和《诗说》"……每章又按时代和人物分为若干节。以"第四章，考辨《古文尚书》"为例，列为六节："第一节，今传《古文尚书》的来历；第二节，清初以前的考辨"，分别叙述了宋、元、明各代学者的考辨，"第三节，阎若璩考辨《古文尚书》、第四节，与阎氏同时考辨《古文尚书》诸家"，分别列举了黄宗羲、顾炎武、朱彝尊、马啸、胡渭、冯景、姚际恒等对《古文尚书》的考辨，"第五节，毛奇龄、陆陇其、李光地、李塨等论证《古文尚书》不伪的观点"，"第六节，考辨《古文尚书》的意义"。这样的安排，既照顾到历史的发展脉络，介绍了清初以前历代学者对经书考辨的状况，使人明了历史的发展和联系，又突出了清初学者在考辨各部经书作出的重要成就，以及在经书真伪方面的不同观点。既能在纷繁的学术表象中条理出清晰的线索，又能涵盖群经辨伪发展的全貌，点面结合，恰如其分地把清初学者围绕各部经书激烈纷争的历史画卷，生动地呈现于读者面前。林著于全书其他各章，也都运用了同一体例，均收到了类似的效果。

这里还需着重指出的是，由于林著采用新的叙述体例，在分别论述每部经书的辨伪时，都拿出一定的篇幅，较为详细地阐发宋、元、明诸儒在群经辨伪方面的建树与得失，这就勾勒出宋以来辨伪学发展的历史，纠正了以往学术界的某些偏见。

清初以来，人们一提到宋明学术，便毫不例外地认为理学家全部是空谈心性，而忽视了其在文献考辨方面的成就与贡献。林著则突破前人成见，结合书中所涉各部经书的考辨，分别论述了宋、元、明学者在辨伪学方面的得失及其对清初群经辨伪学产生的正面影响，使读者从中了解到宋明时期也是中国文献考证学发展的重要阶段。宋明学者解决问题的方法虽不及清儒精致、严密，但清儒所讨论的问题，却大都是由他们首先提出的。关于《易图》的考辨有陆九韶、陆九渊兄弟，还有宋濂、杨慎等人，关于《古文尚书》有吴棫、朱熹、吴澄、梅鷟等，关于《诗传》《诗说》的考辨则有周应宾、陈弘绪、陈元龄等。傅斯年先生就曾明确地指出：清儒讨论的"经学大题目，每得之宋儒"①。宋明诸儒的考证心得也使清儒省却了诸多重复性工作。林著对此都有所阐述，他中肯地指出：宋明诸儒的建树"已为后人的论辩指出正确方向，清儒在此水平下继续研究，自然事半功倍"②。这些阐述对于正确认识宋明学者在文献学发展过程中的作用，以及汉学与宋学的相互关系，都有积极意义。林著在肯定宋明学者的辨伪学成就的同时，也分析了其存在的局限和遗留的问题，继而，在阐述清初辨伪学的成就时，说明当时学者如何在宋明学者的基础上解决了他们遗留的问题。这样，就进一步凸显出清初群经辨伪学取得的新成就和新特点。

由上可见，《群经辨伪》采用新颖的叙述体例，再以清初群经辨伪学为主题展开论述，同时，又追本溯源，详述宋元明群经辨伪学的得失，进一步扩大了全书的学术容量，一定意义上说又是一部内容丰富的宋元明清的群经辨伪学史。

第三，融考据辨伪与思想史为一体，进行了考据与义理的双向诠释，是本书的又一突出特色。

按照现代学科分类，考据辨伪属文献学范围，义理属思想史范畴。但是，在中国传统学术体系中，考据与义理并不存在泾渭分明的界限，二者往往相辅相成，这是中国学术文化本身的特点所决定的。与西方文化传统相比，中国学术思想不大关注理论自身逻辑结构的完善精密与否，由于多以"为先圣代言"的面貌出现，更注意自身学说的历史依据，力图借助相应的文献依据，突出自身的历史合法性，同时剥夺对立学派的历史合理性。因此，每个时代的学派不仅有自身的理论体系，还逐步建立了相应的文献系统。文献系统的变化，既是学术思想变化的产物，又会加速学术思想本身的变化。明清之际，不断高涨的理学批判思潮，不仅直指宋明理学的理论构架，其锋芒还指向与之相应的经典系统，怀疑理学赖以存在的经典系统的历史合理性。随着群经辨伪学的深入发展，宋明理学赖以生存的支柱之一——经典文献系统也呈崩溃之势，理学本身自然更趋没落。这表明，清初的群经辨伪学不仅有深刻的

---

① 傅斯年：《性命古训辨证》第二章《理学的地位》。
② 林庆彰：《清初的群经辨伪学》，台北文津出版社1990年版，第82页。

学术思想史背景，而且对明清之际学术思想史本身的发展也有深远的影响。这也说明从中国传统文化的特点看，不应过分区分考证与义理的界限。但是，从清初到近现代，研究清代学术思想的学者，都往往自觉不自觉地将考据与义理截然对立。清代学者在论述清初的辨伪学成果时，出于考据学的门户之见，漠视辨伪的义理内涵，只就考据论考据。近现代学者在纠正清初重考据轻义理的偏弊时，只重视研究清代学者在思想义理方面有无建树，对于群经辨伪一概视为纯考据而加以排斥。从章太炎、梁启超到钱穆、侯外庐诸大家，对清代学术思想史的研究，重点都集中于以义理建树鸣世的学者，而不太重视辨伪之类属考据范围的学术成果。林著纠正了这一畸重畸轻的学术偏向，对考据与义理进行双向诠释。作为专门阐述清初群经辨伪学的著作，林庆彰先生在其著作中，系统、深入地对清初学者陈确、黄宗羲、顾炎武、阎若璩、胡渭、毛奇龄等人有关《易图》《古文尚书》《诗传》《诗说》《周礼》《大学》《中庸》《石经大学》等书的辨伪成果及其得失长短条分缕析，大大弥补前辈学者有关研究之不足。

　　是书融思想史与考据辨伪为一体，从当时思想发展脉络阐发清初群经辨伪的缘起，从群经辨伪的展开分析它对当时学术思想产生的影响。关于前者，他认为，明中叶以后，理学的种种流弊不断暴露，到清初表现得淋漓尽致。从明中叶以后，学术界面对理学空谈心性，援佛入儒，以及层出不穷的义理纠纷，开始对儒学本质加以反省，要求穷究六经，通过解释经典存在的问题，寻求解决现实危机的途径。这种主张至清初而达到高潮，从而引发大规模的群经辨伪研究。林著的分析较前代更深入地把握了清初群经辨伪学与理学批判思潮的内在关联，他从明代中后期的理学批判暗流中探寻清初群经辨伪的思想渊源（见前），更使人耳目一新，因为目前大陆学者极少注意晚明学术对清初群经辨伪研究的正面影响。林著还考察了清初辨伪学的思想史意义。他指出：清初学者辨《易图》《尚书》，考《大学》《中庸》，发现《易经》取自佛道，十六字心传系后人伪造，《大学》《中庸》属禅学，宋明理学家尊为经典的儒家典籍多与佛、道有关，这些发现加速了理学的衰落。林著这一分析为探索清代理学衰落的原因提供了新的答案。

　　需要指出的是，清初群经辨伪学的发展与当时学术思想的变迁固然相辅相成，但又有各自独立内在发展的逻辑。群经辨伪研究不一定完全与当时义理论争相呼应，激烈的义理论争带给群经辨伪学的也不都是正面效应。林著特别强调了这一点。他在《古文尚书》辨伪一章中指出，明清之际的理学、心学之争与《古文尚书》真伪之辨不存在呼应关系。程朱信徒中固然有斥《古文尚书》为伪的（如阎若璩），也有肯定《古文尚书》为真的（如李光地、陆陇其）。陆王一系既有支持阎氏观点者（黄宗羲），也有反对阎氏主张者（毛奇龄）。他断言："如果以程朱一派学者辨《古文》之伪，陆王一系学者以为《古文》不伪，来探索这些学者的研究动机，显然是有困难的。"① 林著在分析清初诸儒考证《中庸》《大学》真伪的得失时指出，由于他们对理学成见较深，在考证时先入为主的方法论上难免失于主观，所得出的结论流于武断，"思想史的意义实大过于辨伪学的意义"。这表明，忽略辨伪学的特性，把它完全从属于义理之争，那么，不论这种义理动机进步与否，都会限制辨伪学本身的发展。这些论述虽不是全书的重点，但有助于理解清初群经辨伪与思想史关系的复杂性。

当然，作为一部开拓性著作，本书个别论述仍有可进一步补充的余地。兹提出四点，以就正于作者和读者。

其一，林著对清初群经辨伪学的成就及意义作了充分论述，但对其局限，特别是方法论的缺陷论述不足。林著采纳今人郑良树的观点，认为辨伪学当限定于著者、成书年代及文字章节三个层面，② 而这三个层面也是清初诸儒辨伪的基本思路。他们认为，一部典籍的文字风格、典章制度等方面所代表的年代若有悖于该典籍标注的著者及时代，这部典籍即可判为伪书。这实际上是以下列假设为立论依据的，即上古典籍同后代典籍一样，都是特定时代特定人物的作品，其文字风格等自然只能是特定时代的产物。这种假设的根本缺陷在于忽视了古代著作体例的变化性，以静止的观点看待古代著作体例的发展。其实，古代著述体例是不断变化的，特定个人著作形式是后来产生的。古代似乎没有单独著述的形式，现存的三代著作多是古人代代相传的典籍，后人在研究传播过

---

① 林庆彰：《清初的群经辨伪学》，第221页。
② 同上书，第3页。

程中，往往会夹杂自己时代的语汇、风俗和制度。所以，从静态的观点看待古籍著作体例，考辨古籍真伪不免有刻舟求剑之嫌。早在30年代，文史大师陈寅恪先生就以其非凡的历史洞察力，首先注意到清人辨伪方法的这一局限，他说："中国古代史之材料，如儒家及诸子等经典，皆非一时代一作者之产物。昔人笼统认为一时一人之所作，其误固不俟论。今人能知其非一时一人之所作，而不知以纵贯之眼光，视为一种学术丛书，或一宗传灯之语录，而断断致辨其于横切方面，此亦缺乏史学之通识所致。"① 七八十年代，随着大陆考古事业的发展，大批佚失文献的重新发现，使人们看到，一些按传统辨伪方法判定为赝品的典籍原是真本，因而开始怀疑传统方法的有效性，提出"走出疑古时代"的口号。这一批评看似只针对"古史辨派"，但追本溯源，似与清初群经辨伪学不无关系。因此，尽管清初群经辨伪学在文献学、经学史、思想史上意义重大，但由于它与现代国学研究的直接关联，反省其辨伪方法论方面的缺陷实属必要。林著在这方面注意不够。

其二，著者在分析毛奇龄、阎若璩围绕《古文尚书》展开争论的起因时，过于强调毛奇龄"争强好胜"的因素，而忽略了毛奇龄尊陆王而排程朱的学术宗旨所发挥的作用。毛奇龄对阎氏《尚书古文疏证》的看法分见于《送潜邱阎徵君归淮安序》及《与阎潜邱论尚书疏证书》。前者称"（阎氏）出其所辨《尚书》二十五篇；广其文数十卷"。后者言"昨承示《尚书疏证》一书，此不过惑前人之说，误以《尚书》为伪书耳"。案阎著《尚书古文疏证》有五卷、八卷两种本子，毛著《序》却称有数十卷，且不提及书名，而《与阎潜邱论尚书疏证书》提及书名，则此书当作于《尚书古文疏证》初步定稿之后，而《送潜邱阎徵君归淮安序》当著于其定稿之前。此序对《尚书古文疏证》予以高度评价，称其比之"唐之孔仲远，宋之深宁叟，则出之远矣"。若毛氏一味争强好胜，他何以会如此高估阎著《尚书古文疏证》的学术意义呢？那么，毛氏为何在《与阎潜邱论尚书疏证书》中一反前言，攻击阎著呢？其答案可从这封信中找到，此信指责阎辨《尚书》"不过惑前人之说，误以《尚书》为伪书耳"。但重点是批驳阎著"忽诉金溪，

---

① 陈寅恪：《金明馆丛稿二编·冯友兰〈中国哲学史〉上册审查报告》。

并及姚江"。后来，他著《古文尚书冤词》，斥责阎若璩"宁得罪圣经，而必不敢得罪此宋元间非毁圣经之诐士"①。由此可见，毛奇龄很可能是从阎著初定稿中看出其尊程朱，排陆王的倾向而兴师问罪的。毛奇龄尊陆王而排程朱，极不满于朱子，斥之不遗余力，同时又潜心经学研究。他对阎著之所以由褒之甚高到贬之不名一文，或许是因为读阎著未定稿时，未发现其尊程朱而反陆王的思想倾向，故站在经学研究的视角评价甚高，后读其初定稿，发现其理学观点与自己对立时，便陡然转变立场，嗤之以鼻。若阎著不掺入尊程朱而排陆王的议论，毛奇龄未必会掀起这场争论，对于这一点，清人似乎有所觉察："毛氏《古文尚书冤词》，不过好与朱子为难，若朱子无疑伪古文之说，则必于当时诸家，有水乳之契矣。"②

其三，著者在《易图》一章，阐发了胡渭、毛奇龄等人考辨工作对理学的冲击。这种冲击的具体表现迄今在旧籍中有迹可循。但有些重要的史料，本书作者却未能引用。如毛著《河图洛书原舛篇》《太极图说遗议》后，曾寄给颜李学派的代表人物李塨，李塨读后，也认为它印证了自己反理学的主张，大加阐扬，并以此补充颜李学派的反理学思想③。对此，林著却未及注意否则，可更具体说明《易图》辨伪的思想史意义。

其四，林著在每章设专节论述宋明有关辨伪学成果得失，展示它们与清初群经辨伪研究的历史连续性，但对清初诸儒直接吸收宋明诸儒学术成果的史实缺乏阐述。阎若璩辨《古文尚书》，毛奇龄、胡渭考《易图》都曾大量利用前代学术成果，如著者对此问题进行某些阐述，也许会把清初学者青出于蓝、后出转精的发展轨迹勾勒得更加清晰。

以上指出本书存在的几点不足，或值得商榷之处，未见得恰当，聊供著者斟酌。

总之，林庆彰先生的《清初的群经辨伪学》是近年来不可多得的学术佳作。他以新颖的体例，翔实的材料，别具手眼的识见，全面精细地

---

① 毛奇龄：《西河文集》书五《寄阎潜邱〈古文尚书冤词〉书》。
② 周中孚：《郑堂读书记》卷9。
③ 《李塨年谱》卷2"康熙丙子、丁丑"等条。

论述了清初群经辨伪学的来龙去脉及历史意义，为吾人了解中国传统学术乃至近、现代国学研究遗产提供了莫大的便利。

（原载台湾《中国文哲通讯》1994年第4期）

林庆彰及其中国经学史研究

　　近年来，在海峡两岸日益密切的学术交流和学者之间的相互交往中，我们有幸结识了台湾著名学者林庆彰教授。林先生现为台湾"中央"研究院中国文哲所研究员并兼任东吴大学教授。他致力于中国经学史、思想史及文献学研究已长达二十余年，尤以对中国经学史特别是清代的经学研究引人注目，享誉海内外学界。笔者亦厕身于明清学术思想史的研究之列，与他的研究方向相近，作为学术研究上的同行，曾拜读过他的许多著作，同他一起参加有关的学术会议，还应邀赴台湾出席由他筹办组织的学术会议，既受到不少启发，也增进了对其学术研究成就与学术组织贡献的了解。

　　经学是中国传统的显学。但自清季以降，因受时代变迁和思潮演进的影响，却日渐衰微。除少数对经学研究有成的耆学鸿儒外，学界新进专事经学研究者实不多见，确有创见的经学研究成果更是凤毛麟角。然而，在过去两千多年中，经学与历代的政治、经济、文化都有极密切的联系，要深入研究中国古代的历史与文化，就不能忽视对经学的研究。就此而论，我们对林庆彰教授多年来一直孜孜不倦地从事经学史的研究，且为推动经学史研究做了大量基础工作，组织工作，不能不深致敬意和感谢。我们还注意到林先生分析经学研究日趋衰微的原因时曾指出："经学史的研究所以停滞不前的原因，是因为经学史的基础工作一直未有新的推展所致。"他又说："基础工作，包括两个方面，一是编纂《十三经书目》，这是经学研究最基础的工作，也是掌握史料最有效的办法；二是阶段或专家研究。某一阶段的经学，各有其特殊面貌，如果不了解这些面貌，如何能写出一部条理清晰的经学史？"① "再者，阶段的研究也应从专家的研究开始，大多数专家的研究趋向，也就是该阶段学风的反映。如果细加检视，不但阶段性的研究不足，即专家的研究也寥若晨星"。② 基于这些符合经学研究现状的审视和分析，林先生本人在自己的研究工作中，身体力行，一方面做了大量的经学研究的基础性工作，另一方面又开展阶段研究与专题研究。

纵观林先生在经学史研究方面的建树，可以看到集中于以下几个方面：其一，明代经学研究的新拓展；其二，清初群经辨伪学的研究；其三，经学研究论著目录及经学研究资料的编纂。为促进海内外经学研究的交流，并出于对林先生经学研究的钦佩，我们不揣浅陋，拟就其学术建树上最突出的几个方面做初步评介。

一　明代经学研究的新拓展

林庆彰先生于 1948 年 10 月出生于台湾省台南县一个农家，青少年时代刻苦自励于学，后毕业于东吴大学中国文学研究所博士班，获文学博士学位，早年师从著名经学家屈万里先生，奠定了扎实的经学根底。其经学研究涉及范围较为宽广，上自先秦的《诗经》与《春秋》，下至晚清的经学大家，都有论著问世。但就其个人的研究而论，截至目前，研究创获最多的则集中在对明清两代经学之研究，他的博士论文为《明代考据学研究》。此后，他对明代经学的研究向纵深发展，又有不少新的成果。这也是他对整个中国经学史阶段性研究的重要表现。

明代学术，上承宋元，下接清代。有明一代，学术主流仍是理学，因此，学术界多将明代学术视为宋元理学的延续与终结，并有"宋明理学"的说法。黄宗羲就曾指出：明代理学"牛毛茧丝，无不辨析"③。平心而论，理学确为明代学术重心之所在，精华之所萃，这固然是不争的事实。但是，若据此就认为明代只有理学，则不免言过其实，失之偏

---

① 林庆彰：《清初的群经辨伪学》，台湾文津出版社 1990 年版，第 1—2 页。
② 同上。
③ 黄宗羲：《明儒学案·序》，中华书局 1985 年版，第 7 页。

颇。事实上，理学独尊的局面，仅限于明代初期，即洪武、永乐前后的一段时间，当时的学术界确乃"彼亦一述朱，此亦一述朱"，思想极为沉闷。但是，自正德、嘉靖以后，阳明诸人向朱子发难，打破了明初百年朱学独尊的局面。与此同时，随着商品经济繁荣，整个思想界日趋活跃。不仅在理学内部出现了向理学独尊地位挑战的呼声，而且在理学外部，一些学者重倡汉唐经学，运用汉学遗产批评、纠正末学空疏不学的流弊，转向经典考证研究，这种学术风气的转变，已非个别学者的偶然之举。当然，明代经学的考证成就，相对于清儒来说，难免有些稚嫩和粗糙。但若没有明代中后期学者近一个半世纪的辛勤耕耘和积累，考据学能在清初短短二三十年，便呈现大师辈出、名著迭现的学术高潮，恐怕也是难以想象的。

遗憾的是，清初以降，学术界对明代学术评价甚低，多数学者皆以"空疏不学"一概论之。清初诸学术大师，目睹晚明学风的种种流弊，身历亡国惨剧，痛定思痛，力挽明学的积弊，议论未免有矫枉过正之处，即有过偏之论，似情有可原。但乾嘉诸儒于明代学术（包括经学成果）仍苛责不遗余力，则似有借贬低前代学术建树，夸耀本朝"文治之盛"；或站在汉学立场，以偏概全，因否定理学而将明代学术一概抹杀之嫌。近代学者章太炎、胡适、刘师培等大家，虽曾就明代学术特别是明代考据学有过公允中肯之论，但多属短言片论，少有系统的分析之作。因此，明代经学的整体风貌与学术地位，一直是学术界悬而未决的问题。

正是有鉴于此，林庆彰多年来以极大的心思精力，投入到对明代经学的研究，先后论著二部——《明代考据学研究》《明代经学研究论集》，并发表多篇颇有分量的专门论文，既有深致细微的专门讨论，又有大处落笔、涵盖有明一代的宏观鸟瞰。经过其多年潜心研究，明代经学的历史轮廓和学术特质，基本呈现于吾人面前，其功实不可没。

据我们观察，林先生对明代经学研究的创获大致集中在下列三点：

其一，明初《五经大全》等的编纂及相关问题。

永乐年间，明成祖朱棣召集儒臣胡广等人编纂《五经大全》，并颁发全国，作为士人研习经典的必读书籍。这是明代学术史上的重大事件，不能不对当时的学风打上深深的烙印，并为后世学者所瞩目。清初著名学者顾炎武、朱彝尊等人认为《五经大全》等三部《大全》的出现，对明代学术的发展，有百害而无一利，后世学者沿袭此说，多批评而少分析，至于《五经大全》等书的编纂动机、资料来源、编辑人员构成，具体的历史影响等具体问题，则罕为人所论及。而林庆彰教授则就上述问题作了开拓性的研究。

在《五经大全》诸书编纂动机的问题上，传统观点认为，明成祖修《五经大全》的目的是倡导儒学，强化思想统治。此论虽不无中的之处，但却流于空泛。林庆彰经过细致分析，提出新的解释。他认为，明成祖篡位前后，大肆屠杀建文旧臣，一时人心惶惶。他为笼络士人，收拾因屠杀而人心溃散的士民，才下令修纂《五经大全》等三部大全。这一解释，较之传统观点，对明初《五经大全》等书修纂的政治背景，作出了更为深入的分析。自顾炎武以后，学界多认为，《五经大全》诸书，名义上修纂"馆阁之人如林，而实则委之毘陵徵士陈伯载"。庆彰先生细致地考察了明代的有关记载后，断定此类说法是以讹传讹，《五经大全》诸书确为当时儒臣集体编著。

明初几部大全最为学界诟病的是其强烈的重宋元经说，轻汉唐经义的偏向。清初学者认为，恰是这种偏向导致汉唐经学在明代的衰亡。林庆彰没有沿袭前人的责难之词，而是审慎地分析元末明初儒学发展趋势，揭示这种偏向必然出现的内在历史发展脉络。他认为，元明之际，宋元经义，特别是朱子的经说，已成为儒学的主流，被士子们视为弘扬圣学最有效的途径。《五经大全》诸书的编者，大多生于元末，为元季儒学风尚所左右。而元人经说，直承宋儒。他们完全接受宋儒的道统说，自认为遥契圣心，因而不屑于汉唐古义。在这种背景下，汉唐古义本身，就"有逐步失落的可能"。《五经大全》诸书的编著者自然也会重宋元而轻汉唐。林氏还一反旧说，指出《五经大全》等三部大全并非完全放弃汉唐经说，其中不少地方都吸收了汉唐学者的成果。那么，即便如此，古学至明初为何会完全消失呢？对此，林庆彰先生提出，应从明代科举制度本身找原因。明代规定，士子应试只须选择五经中的一经，通其大义，再写八股文若干。按照这种规定，"即使宋、元人的经说也可弃置一边，更何况汉、唐人的古义"。[①] 因此，明初经学的衰微

---

① 林庆彰：《明代经学研究论集》，台北文史哲出版社1994年版，第570页。

原因一在于学术界普遍存在的轻汉唐、重宋元的心态，二在于科举制度的引导。而《五经大全》诸书的历史责任自然是有限的。林氏的这一分析较之前代学者的论点，不仅更为客观公允，而且更加深入。

其二，明代中后期的经学复兴运动。

长期以来，学术界多认为经典考证是清代学术的独有建树，却极少正视明儒在这方面的建树。然而，庆彰先生则不为这种传统偏见所囿，他在广泛批阅明代学者著述的基础上，探幽发微，通过周密论证，指出清代汉学的众多主张和建树，早在明中叶就已萌芽，而后逐渐蔚为大观。

清代汉学的复兴是以否定宋明理学学术理论为基础的。宋明理学极力批评汉唐诸儒所传经典和注释。他们认为汉唐诸儒所传经典多不可信，所做的经注疏解也未能阐明儒家圣贤的原旨，甚至认为，孔孟以后，儒家学说的真谛就已失传。同时，他们还自谓得孔孟的不传之学。但宋儒的这些主张却受到清儒的反驳，清儒认为真正窜乱经书，混淆儒学原义的不是汉唐经师，而恰恰是宋明理学家。清儒基于这种认识，抛弃了宋儒"得不传之学"的虚妄神话，他们接续汉唐经学旧绪，以实证方法证经，重建汉学传统。不过，客观而论，清儒的说法也未免言过其实，他们声言汉学复兴只是清人的学术结晶，江藩著《汉学师承记》弘扬汉学，却干脆只从清初诸儒讲起，而抹杀了明代学人对复兴汉学的贡献。

林庆彰先生针对上述偏见，在自己的有关著述中指出，早在明中叶，重新评估汉宋得失的讨论就已兴起，正嘉之际，学者王鏊就已向宋儒贬斥汉唐经学的论调发难，认为汉人传经"去古未远，尚遗孔门之论"，具有较高的可信性。还有些学者，如祝允明就认为，汉唐以来，经学"义指、理致、度数、章程"，"精密弘博"，[①]绝非宋人所能创。此后，又有些学者重新厘清秦汉以来经学流别，编著不少传经表、授经图，以翔实的历史事实指出，汉儒之学，直承先秦诸儒正统，据实驳斥了宋儒所说的汉唐经学未传儒说正统的论调。在众多学者倡导回归汉唐

[①] 祝允明：《学坏于宋论》转引自林庆彰《明代经学研究论集》，台北文史哲出版社1994年版，第14页。

经学的呼声中，宋明理学已逐渐失势，汉唐经学正在逐步复兴。对于经学史上这种发展演变的轨迹，庆彰先生都在自己的著作中做了较前人更为细致的论述。

林氏还进一步指出，明代中叶，许多学人不仅在观念上开始怀疑宋儒经说的权威地位，而且在具体的经学研究操作中，逐步放弃宋儒空谈解经的治经方式，纠正宋儒恣意窜改经书的学风。例如，明代学者早在胡渭、毛奇龄讨论《易图》真伪的一百多年前，就已开始怀疑、考订《易图》的真伪，重新重视汉人的易说。明人治《诗经》，也开始怀疑朱子的叶韵说，其他经典的研究也有类似的倾向。清儒所研究并引以为骄傲的诸多学术领域（如辨伪、辑佚、名物考证、音韵训诂等），早在明中叶以来，都已有相当的发展。最后，林氏基于丰富的材料和精细的分析，得出结论："明人经过一个半世纪的努力，已逐渐将尊汉抑宋之风，由涓涓细流，汇成大潮，到明清之际，已为清代汉学的复兴开辟了道路。"

林庆彰还在重新评价明代汉学建树的基础上，重新审视明代学界的特有文化现象，提出一些有别于传统观点的新颖见解，这集中体现于他对明人作伪之风的评价上。

明中叶后期，伪书迭出，这种现象一直受到后世学者的诟病，视之为明学空疏不实的象征但他们不具体分析这种现象出现的原因，对其历史作用一概抹杀。林氏则将这一现象置于学风转变的大背景下，认为明代的作伪者，大多想借助作伪，倡导汉学，而伪造古经的流行，也正说明当时学人不满于宋明经说，正在另寻出路，以打破宋儒对经学的垄断地位。因此，伪书、伪经在明中叶的兴起，正是复兴汉学的一种表现形式，其对汉学的复兴和发展，不无推波助澜的功效。其手段虽不足为训，其时代意义与作用，却不可忽视。依笔者浅见，林氏此论是目前对明代伪经现象最新颖独到、也是最为中肯的评价。

平心而论，汉宋两派，各有长短，后世学人自然不应偏废一方。不过，要公允地检讨历史上汉宋两派的是非得失，前提是正确把握汉宋两派的历史轨迹。林先生正是以翔实的史料，精细的分析，将明代正、嘉以降一个半世纪左右的汉学兴起的历程，重新展现于世人面前，使人们对宋明以来的汉宋之争，以及清代汉学史前史的认识更为深入。

其三，明代汉学成果的个案分析。

林庆彰先生不仅宏观上勾勒出明代汉学复兴的历史脉络，而且撷取明代汉学兴起发展中的代表性人物，予以细致入微的个案分析，展示了明代汉学所达到的高度与深度。他对杨慎经学的研究即是代表。他指出：清儒强调重视汉唐经注，贬斥宋儒注经之作，治经必先识字等主张，都已为杨慎提出并付诸学术实践。杨慎认为，经书本义，汉唐传注得十之六七，宋人新注仅得十之三四，贬宋褒汉的倾向，已表露无遗。杨慎在经典研究中，极力重视吸收汉唐学者成果，严厉批评宋儒武断改经的做法。他治学严谨，注重材料的收集归纳、客观分析，并一反宋儒轻视小学的偏向，认为读通经书，必先通音韵与《说文》。他还初步探讨了古今语音的差异，将明代古音研究推入新的阶段。林庆彰还讨论了杨慎对于《易》《书》《诗》《三礼》《论语》《孟子》等书的研究成果，指出：杨慎已开始突破宋人的旧典范，建立了一种新学风，他与王阳明同时反对宋学，王阳明从心性之学入手，杨氏则以恢复汉学为职责，并开清代考据学之先河。林庆彰在《明代考据学研究》一书的有关专题研究中还指出：杨慎的经学成果问世之后，在学术界引起广泛争论，出现了正杨、驳杨的争论。这场争论扩大了杨慎的学术影响，推动了明代汉学的发展，创立了一个以考据为主的学派。至此，杨慎在明代学术史上的地位和学术意义已清晰可辨。

除杨慎之外，林庆彰还专门讨论研究了王阳明、梅鷟、何楷、朱谋㙔等人的学术建树，均属明代经学史、学术史研究中的重要成果，与其有关这方面的宏观论述相辅相成，多侧面地层示了明代中后期经学发展的面貌。

如前所述，学术界对明代学术的了解长期局限于理学方面。其实，除理学外，《五经大全》诸书的编纂颁行，汉学的崛起等，同样是明代学术发展历程的重要内容。不明于此，对明代学术的认识便难免残缺不全。而林庆彰对明代经学史、学术史的上述研究，正填补了以往明代学术史研究的空白，纠正了清初以来对明代学术评价偏低的倾向，向世人展现了明代学术一个久为学界忽略的侧面，使我们对明代学术乃至清代汉学的缘起有了新的全面深入的理解。

二　清初的群经辨伪研究

林庆彰在对明代经学已有深入研究的基础上，又将自己的研究视野转向清代经学，他以清初群经辨伪的研究为切入点，又成功地撰写出版了《清初的群经辨伪学》一书，这是他在清代经学史研究中取得的重要进展。

明清之际，学术界继承了明中叶以来的成果，逐步厌弃宋明理学的心性空谈，重新转向汉唐经说，掀起"回归原典运动"。他们在研究汉唐经说的过程中，发现经书在两千多年的漫长流传过程中，存在伪造仿冒、依托附会等严重问题。因此，考订经书真伪即成为明末清初经书研究的当务之急。于是，一时间，群经辨伪蔚然成风。当时，参加辨伪经的学者人数之多，涉及经书范围之广，辨伪方法之精密，成果之丰富，均为历代少见。这样一种规模的群体性的辨伪风气，大大促进了辨伪学发展，形成了一套系统、完善的辨伪方法论，产生了阎若璩、胡渭、毛奇龄等一批辨伪大家，辨伪成为清初经学的基本特征。因此，欲研究清初经学，如不从辨伪入手，就难以窥见清初经学的堂奥，把握其真谛。而林氏的《清初的群经辨伪学》（以下简称《群经辨伪》）一书，正是以此为其研究重心，是近年来研究清代经学的一部很有分量的力作，值得着重评介。

《群经辨伪》全书达三十余万言，共分十章，首章《导论》，叙述本书研究范围、研究价值及对已有研究成果的评估；第二章《清初辨伪风气的兴起》，探讨了清初辨伪学兴起的内在原因，同时对清初十大辨伪学家加以概括介绍；第三章至第九章，分别评述了清初学者对《易图》《古文尚书》《诗传》《诗说》《周礼》《大学》《中庸》《石经大学》等经书的考辨成就，并指出考辨各部经书真伪背后潜藏的学术思想意义；第十章《结论》，综论清初的群经辨伪学在经学史、思想史、学术史上的意义，"归结到底清初的群经辨伪，实为当时经学家'回归原典'运动的一个环节。它是宋、明理学内部冲突过程中，用来解决争端的一帖妙方良药。更开启了清代汉学研究的先声。"很显然，《群经辨伪》，并非就事论事，孤立地就清初的群经辨伪，罗列清初学者对各部经书的具体考辨状况，而是将其置于中国经学史发展的历史长河中，作为经学发展中承上启下的关键环节来研究。从这一研究视角出发，著者在书中广泛征引海内外学者研究成果，不惮繁劳，从大量明清经学著述中，发掘整理出许多业已散佚的清初群经辨伪学的成果，纠正了前代学者（如梁启超等）的疏失，彰显出一批过去为人忽视的辨伪学者及其在学术史上的建树，并以开阔的视野分析探讨了清初群经辨伪学在经学史发展中的重要意义。全书内容丰富，资料翔实，论述深刻，分析透辟，反映出著者踏实严谨的学风和坚实深厚的经学功底。

透过《群经辨伪》一书，我们认为，林氏对清初群经辨伪研究有下列几个特点：

其一，融思想史与学术史为一体，进行义理与考据的双向诠释。

按照现代学科分类，考据辨伪属文献学范围，义理属思想史范畴。但是，在中国传统学术体系中，考据与义理并不存在泾渭分明的界限，二者往往相辅相成，这是中国学术文化本身的特点所决定的。与西方文化传统相比，中国学术思想不大关注理论自身逻辑结构的完善精密与否，由于多以"为先圣代言"的面貌出现，更注意自身学说的历史依据，力图借助相应的文献依据，突出自身的历史合法性，同时剥夺对立学派的历史合理性。因此，每个时代的学派不仅有自身的理论体系，还逐步建立了相应的文献系统。文献系统的变化，既是学术思想变化的产物，又会加速学术思想本身的变化。明清之际，不断高涨的理学批判思潮，其锋芒不仅直指宋明理学的理论架构，还指向与之相应的经典系统，怀疑理学赖以存在的经典系统的历史合理性。随着群经辨伪学的深入发展，宋明理学赖以生存的支柱之一——经典文献系统也呈崩溃之势，理学本身自然更趋没落。这表明，清初的群经辨伪学不仅有深刻的学术思想史背景，而且对明清之际学术思想史本身的发展也有深远的影响。这也说明从中国传统文化的特点看，不应过分区分考证与义理的界限。但是，从清初到近现代研究清代学术思想的学者，都往往不自觉地将考据与义理截然对立。清代学者在论述清初的辨伪学成果时，出于考据学的门户之见，漠视辨伪的义理内涵，只就考据论考据，近现代学者在纠正清初重考据轻义理的偏弊时，只重视研究清代学者在思想义理方面有无建树，对于群经辨伪一概视为纯考据而加以排斥，从章太炎、梁启超到钱穆、侯外庐诸大家，对清代学术思想史的研究，重点都集中于以义理建树鸣世的学者，而不太重视辨伪之类属考据范围的学术成果。林著纠正了这一畸重畸轻的学术偏向，对考据与义理进行双向诠释。作为专门阐述清初群经辨伪学的著作，林庆彰先生在其著作中，系统、深入地对清初学者陈确、黄宗羲、顾炎武、阎若璩、胡渭、毛奇龄等人有关《易图》《古文尚书》《诗传》《诗说》《周礼》《大学》《中庸》《石经大学》等书的辨伪成果及其得失长短条分缕析，大大弥补了前辈学者有关研究之不足。

是书融思想史与考据辨伪为一体，从当时学术思想发展脉络阐发清初群经辨伪的缘起，从群经辨伪的展开分析它对当时学术思想产生的影响。关于前者，他认为，明中叶以后，理学的种种流弊不断暴露，到清初表现得淋漓尽致。从明中叶以后，学术界面对理学空谈心性，援佛入儒，以及层出不穷的义理纠纷，开始对儒学本身加以反省，要求穷究六经，通过解释经典存在的问题，寻求解决现实危机的途径。这种主张至清初而达到高潮，从而引发大规模的群经辨伪研究。林著的分析较前代更深入地把握了清初群经辨伪学与理学批判思潮的内在关联，他从明中后期的理学批判暗流中探寻清初群经辨伪的思想渊源（见前），更使人耳目一新，因为目前中国大陆学者极少注意晚明学术对清初群经辨伪研究的正面影响。林著还考察了清初辨伪学的思想史意义。他指出：清初学者辨《易图》《尚书》，考《大学》《中庸》，发现《易图》取自佛道，十六字心传系后人伪造，《大学》《中庸》属禅学，宋明理学家尊为经典的儒家典籍多与佛、道有关，这些发现加速了理学的衰落。林著这一分析为探索清代理学衰落的原因提供了新的答案。

需要指出的是，清初群经辨伪学的发展与当时学术思想的变迁固然相辅相成，但又有各自独立内在发展的逻辑。群经辨伪研究不一定完全与当时义理论争相呼应，激烈的义理论争带给群经辨伪学的也不都是正面效应。林著特别强调了这一点。他在《古文尚书》辨伪一章指出，明清之际的理学、心学之争与《古文尚书》真伪之辨不存在呼应关系。程朱信徒中固然有斥《古文尚书》为伪的（如阎若璩），也有肯定《古文尚书》为真的（如李光地、陆陇其）。陆王一系中既有支持阎氏观点者（黄宗羲），也有反对阎氏主张者（毛奇龄）。他断言："如果以程朱一派学者辨《古文》之伪，陆王一系学者以为《古文》不伪，来探索这些学者的研究动机，显然是有困难的。"① 林著在分析清初诸儒考证《中庸》《大学》真伪的得失时指出，由于他们对理学成见较深，考证时在先入为主的方法论上难免失于主观，所得出的结论流于武断，"思想史的意义实大过于辨伪学的意义"。② 这表明，忽略辨伪学的特性，把它完全从属于义理之争，那么，不管这种义理动机进步与否，都会限制辨伪学本身的发展。这些论述虽不是全书的重点，但有助于理解清初群经辨伪学与思想史关系的复杂性。

其二，采用新的著述体例——采取以经书为经，以时代和人物为纬的叙述体例，既反映了辨伪学的发展演变，也突出了清初辨伪学的成就，是本书的另一特色。一部学术著作的成功与否，在选题确立后，还要看其在结构与叙述体例上能否充足表达选题应反映的内容，而林著在这方面也可以说是颇为成功的。目前流行的学术思想史著作的体例，从清初学术大师黄宗羲开创的学案体著作，到当代一些有影响的代表性论著，大多采用以人物为单位的叙述体例，一人一章，按年代顺序排列章节。这种体例固然可以充分展示各个时代有代表性的学者的建树，揭示每一时代精神生活与理论思维方面取得的突出成就和纵向发展的线索，勾勒出不同时代不同流派起承转合的脉络，但每个时代的学术思潮不是个别学者的独角戏，而是众多水平各异学者共同演奏的多声部协奏曲。一个著名学者和思想家，只有在这种文化环境中才能形成，也只有被置于这样的文化环境中加以考察，才能显示其本身的学术价值。因此，要揭示一个时代文化思想演变的内在底蕴，仅剖析其纵向发展线索显然是不够的，还要探讨其横向展开的学术结构，这是传统叙述体例所难以解决的。

具体到清初的群经辨伪来说，清初是思想文化与经学剧烈转变的时代，理学家确立的传统经典的权威性骤然崩塌，知识分子不约而同地对各种长期奉为圭臬的经典提出质疑，为恢复经书的本来面目，纷纷转向经典辨伪研究，形成波澜壮阔的群经辨伪风气，对于这种学术格局，如

---

① 林庆彰：《清初的群经辨伪学》，第221页。
② 同上书，第411页。

仍采用传统体例，不仅无法再现当时辨伪学的盛况，且会陷于两难的境地。因为，如果只论述阎、胡、姚、毛等个别代表性学者，就无法展现清初辨伪学者众采纷呈的画卷，也难以真正凸显阎、胡等的历史地位。而倘若凡人必录，将陷于纷乱重复的窘境，给人以录鬼簿之嫌。林著跳出了传统的叙述体例，根据本书的内容——群经辨伪主要集中于几部经典的特点，在总论之后，采用以经书为经，以时代和人物为纬的体例，按经书分章，如"第三章，考辨《易图》""第四章，考辨《古文尚书》""第五章，考辨《诗传》和《诗说》"……每章又按时代和人物分为若干节。以"第四章，考辨《古文尚书》"为例，列为六节："第一节，今传《古文尚书》的来历"，"第二节，清初以前的考辨"，分别叙述了宋、元、明各代学者的考辨，"第三节，阎若璩考辨《古文尚书》；第四节，与阎氏同时考辨《古文尚书》诸家"，分别列举了黄宗羲、顾炎武、朱彝尊、马骕、胡渭、冯景、姚际恒等对《古文尚书》的考辨，"第五节，毛奇龄、陆陇其、李光地、李塨等论证《古文尚书》不伪的观点"，"第六节，考辨《古文尚书》的意义"。这样的安排，既照顾到历史的发展脉络，介绍了清初以前，历代学者对经书考辨的状况，使人看到历史的发展和联系，又突出了清初学者在考辨各部经书所作出的重要成就，以及在经书真伪方面的不同观点。既能在纷繁的学术表象中条理出清晰的线索，又能涵盖群经辨伪发展的全貌，点面结合，恰如其分地把清初学者围绕各部经书激烈纷争的历史画卷，生动地呈现于读者面前。林著于全书其他各章，也都运用了同一体例，均收到了类似的效果。

这里还需着重指出的是，由于林著采用新的叙述体例，在分别论述每部经书的辨伪时，都拿出一定的篇幅，较为详细地阐发了宋、元、明诸儒在群经辨伪方面的建树与得失，这就勾勒出宋以来辨伪学发展的历史，纠正了以往学术界的某些偏见。

清初以来，人们一提到宋明学术，便毫无例外地认为理学家全都是空谈心性，而忽视了其在文献考辨方面的成就与贡献，林著则突破前人成见，结合书中所涉各部经书的考辨，分别论述了宋、元、明学者在辨伪学方面的得失及其对清初群经辨伪学产生的正面影响，使读者从中看到宋明时期也是中国文献考证学发展的重要阶段。他们解决问题的方法虽不及清儒精致、严密，但清儒所讨论的问题，却大都是由他们首先提出的如关于《易图》的考辨有陆九韶、陆九渊兄弟，还有宋濂、杨慎等人，关于《古文尚书》有吴棫、朱熹、吴澄、梅鷟等，关于《诗传》《诗说》有周应宾、陈弘绪、陈元龄等。傅斯年先生就曾明确地指出：清儒讨论的"经学大题目，每得之宋儒"。① 宋明诸儒的考证、心得也使清儒省却了诸多重复性工作。林著对此都有所阐述，他中肯地指出：宋明诸儒的建树"已为后人的论辨指出正确方向，清儒在此水平下继续研究，自然事半功倍"②。这些阐述对于正确认识宋明学者在文献学发展过程中的作用，以及汉学与宋学的相互关系，都有积极意义。林著在肯定宋明学者的辨伪学成就的同时，也分析了其存在的局限和遗留的问题，继而，在阐述清初辨伪学的成就时，说明当时学者如何在宋明学者的基础上解决了他们遗留的问题。这样，就进一步凸显出清初群经辨伪学取得的新成就和新特点。

由上可见，《群经辨伪》采用新颖的叙述体例，再以清初群经辨伪学为主题展开论述，同时，又追本溯源，详述宋、元、明群经辨伪学的得失，进一步扩大了全书的学术容量，一定意义上说又是一部内容丰富的宋、元、明、清的群经辨伪学史。

三 经学史研究"目录"及"资料""论集"之编纂

我们还十分欣喜地看到，林庆彰在中国经学史领域的成就和贡献，不仅表现在他数十年如一日，孜孜不懈，勤奋著述，不断向学术界推出很有分量和见地的厚重论著，而且还反映在他组织主编了多种有关中国经学史研究的论著目录和各种经学史研究资料，同时又主编了《经学研究论丛》与多种《经学研讨会论文集》。这些成果是一般人难为，而专家多不屑于为的基础工作，他在这方面的贡献尤令人钦敬。以下就他在这方面的业绩略作评介：

---

① 傅斯年：《性命古训辨证》第二章《理学的地位》。
② 林庆彰：《清初的群经辨伪学》，第 84 页。

1. 嘉惠学界的经学研究论著目录

在源远流长的中国学术发展史上，历代学人都很重视论著目录的编纂，从汉代刘向、刘歆父子的《七略》，班固的《汉书·艺文志》，到隋、唐、宋代的《隋书·经籍志》《新唐书·艺文志》《宋史·艺文志》及《崇文总目》，再到清代的《四库全书总目》都反映了"目录"的重要地位和作用。清代考史大家王鸣盛曾指出，"凡读书最切要者，目录之学。目录明方可读书，不明，终是乱读"①。这足以说明目录学的重要。林庆彰在治学过程中，继承了中国学术史上重视目录的优良传统，不惮其烦，先后主持编纂了《经学研究论著目录》（1912—1987）、《经学研究论著目录续编》（1988—1992）、《日本研究经学论著目录》（1900—1992）、《朱子学研究书目》（1900—1991）、《杨慎研究论著目录》（1934—1992）、《乾嘉学术研究论著目录》（1900—1993）等。对每一种《目录》的编制，庆彰先生均亲自制定"凡例"，并写有《自序》，说明编制的缘起与其中的甘苦，从中可见对每种（目录）的编制，他都立意甚高，务求在体例上科学，在内容上详备，以便于读者利用。这里，仅介绍其中最主要的两三种。

《经学研究论著目录》的编纂。正如作者在《自序》中所说："经学为中国文化之根源，欲探究中国文化之演变发展，最直接的途径就是研究经学的发展轨迹，欲了解经学研究的成果，则非借助文献目录的编订不可。是知经学目录是总结前人研究成绩的总帐册，也是探索传统文化发展必不可或缺的锁钥。"②但自民国以来，或因长期战乱，资料散失，或因海峡两岸隔离，学术信息中断，已有的经学研究目录，或体例不一，不便检索，或搜罗不全，难以反映经学研究之全貌。因此，作者诚邀几位青年学者协助其编集是书。他们在毫无经费资助，一切编辑所需费用全部自理的情况下，完全"靠坚忍的毅力和学术使命感"投入编辑过程，而且务求详备，首先遍搜台湾与大陆已出版的各种目录、索引，将所搜集目录剪辑贴入卡片；再广为搜读种种现行期刊、学报，补抄已有目录、索引未收之论著；而后将剪辑、抄录之资料，依作者姓氏

---

① 王鸣盛：《十七史商榷·序》，中国书店1984年版，卷1"史记集解分八十卷"条。
② 林庆彰主编：《经学研究论著目录》，台北汉学研究中心1994年版，第 iii、i 页。

多寡排列，删除重复篇目，并将所得之卡片依期刊笔划多寡排列，统一期刊体例；再依《易》《诗》《礼》《春秋》《书》……各经之先后，将卡片分类排列，最后，将卡片分类排列，再打上流水号，并作出作者索引和各种附录。经过两年多的辛勤劳动，才完成全书。该书汇集了自1912年至1987年中国大陆、台湾、香港、澳门研究经学的论文、专著、目录一万八千二百余条，并附录有收录期刊一览表、收录论文集一览表及作者索引等。全书两巨册，达一千余页，是迄今为止唯一汇集近八十年经学研究成果的大型工具书，所收条目之多，体例之精，在国内外同类书籍中，堪称少有的佳作。学者一编在手，即可了解近八十年来几乎全部的经学研究成果。正如一位学者所说：该书"内容丰富，条分缕析，使研究经学者能够按图索骥，并掌握经学研究之脉络与成果，实足嘉惠学界之举"，并高度评价其是"经学类一本完善的工具书，出版即为研究经学者奉为至宝"①。所以，初版问世后不久，便已售罄，后应学界要求，予以再版。林庆彰在总结出版是书经验的基础下，又应约主编《经学研究论著目录续编》，主要收集1988年至1992年度中外经学研究成果。我们盼望着《续编》能早日出版问世，以使读者及时了解最近的经学研究状况。

除中国外，日本研究中国经学史的风气甚浓，著述如林，并对我国民初之经学研究有过影响。因此，日本经学史研究对中国学界不无借鉴作用。早在30年代，著名学者江绍原先生即注意到日本经学研究成果的价值，撷其精要，编为《日本经籍志》，向国内介绍日本学者的成果。不过，江氏此书出版已过六十年，而且仅是一部论文汇编，不足以反映日本近现代、当代之经学史研究的全貌。鉴此，林先生在完成《经学研究论著目录》之后，又组织中日两国相关青年学者，通力合作，完成了一部卷帙浩繁的《日本研究经学论著目录》。这部《目录》所收的成果范围起于1900年，终于1992年，在吸收日本学者所编各种目录的基础上，又补入了台湾各大图书馆收集的有关资料。作者还利用到日访问讲学之机，补抄和订正已收集到的资料，最后完稿成书，所收篇目达七千余条。书后附有收录期刊一览表、收录论文集一览表、引用工具书

---

① 林庆彰主编：《经学研究论著目录》，台北汉学研究中心1994年版，第 i 页。

目录、作者索引等。全书体大思精，网罗宏富，是日本经学研究的重要成果，也为中国学界了解东瀛经学研究提供诸多便利。正如编者在该书《自序》中所说："本目录既可反映日本学者近几十年间研究经学的成果，对中日两国汉学界的互相了解，对国内经学研究者和研究生等，自有其不寻常的意义。"

清代学术在中国学术史上占有重要地位，清代学术的建树集中于经史考证方面，清代经学的顶峰又在乾嘉时代。研究清代经学，当应着重研究乾嘉时代的学术。为了给乾嘉经学之研究奠定良好基础，同时造福于海内外研究乾嘉学术的无数学者，尽管林庆彰认为"编辑目录是件既艰辛且得不到赞赏的工作"，还是义不容辞地带领几位青年同道编辑了《乾嘉学术研究论著目录》。此目录收录了起于1900年，终于1993年中国台湾、中国大陆、日本及欧美各地研究乾嘉学术的重要专著和论文等成果，分为清代学术通论、乾嘉学术通论、四库学、乾嘉学者分论等四大类。仅乾嘉学者分论中就收入乾嘉时期最著名的学者近30位，将近百年来的有关研究成果，一一逐条分类编录，收入条目达三千四百余条。一册在手，便可将研究乾嘉学术的有关成果一览无遗。仅以笔者为例，近年来曾写有乾嘉学术的十余篇论文，即一篇不漏地编入该目录，可见搜罗之详备。

2. 经学史资料之编辑

做任何一项研究工作，必须首先详细占有资料，否则，任何有才能的学者也无法做"无米之炊"。林庆彰本人的经学史研究，也都是由掌握具体资料入手，展开研究，才取得建树。因此他在编辑经学史资料方面，也投入了相当的精力。

林庆彰早在师从屈万里先生攻读博士学位时，就遵照屈先生的指教，着手研究明代著名学者杨慎，先后撰写了《杨慎的考据学》《杨慎的经学》《杨慎的诗经学》《杨慎在明代学术史上的地位》等论文。此外，他又结识了对杨慎有深入研究的贾顺先教授，共同编辑了《杨慎研究论著目录》，并在《目录》的基础上，搜集流散在海内外有关杨慎的资料，合作编成《杨慎研究资料汇编》。该书多达百万字，分上、下两册出版，为深入研究清代考据学的先驱杨慎的学术思想提供了便利的条件。

林庆彰还注意传统经学名著的整理出版。90年代后期，他又主持《姚际恒著作集》的标点、出版。

姚际恒是清初著名辨伪学者，在清初经学研究中占有重要地位，其学术成就和治学方法，不仅享誉当时，而且波及民国初年的经学史研究，当代学术大师顾颉刚先生等，均不同程度地受到其影响，因此，姚际恒的著作学术价值极高。遗憾的是姚氏的著作多已散佚，即使是流传下来的几种，或深藏图书馆，或流传极少。为此，林庆彰约请和组织台湾学界同好，尽可能地广为搜集姚氏的著作，并加以标点，汇集起来，分作六册出版问世。这可以说是迄今最为完善的姚氏著作汇编，大大推进了姚际恒研究。这里值得特别提出的是，姚际恒的《礼记通论》，早已散逸，仅有部分内容（约三十万字）散入清人杭世骏的《礼记集说》一书之中，而《礼记通论》又属姚氏的重要学术著作。30年代，钱穆先生就据杭书讨论过姚际恒的反理学思想。林庆彰在主编《姚际恒著作集》时，请人将这部分材料全部逐条辑出，使姚氏是书失而复得，应该说这是当代古文献辑佚工作的一大收获。这里，想顺便一提的是姚际恒的另一重要著作——《仪礼通论》，也是早为学界公认的遗佚之作。令人欣喜的是，中国社会科学院的陈祖武先生，前不久意外地在中国社会科学院历史研究所馆藏中，找到了顾颉刚先生于30年代在杭州发现、但不久又遭散逸的该书抄本。此书经陈祖武先生校点，即将由中国社会科学出版社出版。此与林庆彰的《姚际恒著作集》可称珠联璧合，为深入研究姚际恒作出了贡献。

3. 《经学研究论丛》与各种经学研究《论集》的编辑出版

为推动经学史研究，加强海内外经学史研究的交流。林庆彰还创办了《经学研究论丛》作为丛刊，一年两期，自1992年创刊以来，已出版多期，成为海内外唯一的专门以经学研究为对象的学术刊物。该丛刊广泛邀请海内外的经学研究者，撰写经学史论文，并介绍有关经学史最新成果、书评，既为经学史研究者的最新成果提供了发表园地，也有利于组织、提携经学史研究的新进。

林庆彰先生还编有《中国经学史论文选集》，此书根据其《经学研究论著目录》一书提供的论著篇目，选择了海内外近几年来经学史研究的代表性成果，按经学史发展的脉络，分为总论、先秦、两汉、魏晋南北朝、明代、清代、民国等几个阶段，将所选论文分别收入，计收论文九十余篇，近百万字。由于该书主要供台湾学者使用，因此收集论文以大陆学者的论文为主，大陆学者近十年研究经学史的代表性论文，通过此书亦可窥一斑而见全豹，对促进海峡两岸经学史研究交流，当有所裨益。

此外，林庆彰还编有《诗经研究论集》《清代经学国际研讨会论文集》与《明代经学国际研讨会论文集》等论集，而且，每部论文集前都冠有他写的长篇《导言》，对收入论文集的各篇论文之长短得失，一一评价。从中可以看到林氏在经学研究方面深厚广博的学术功力与锐利的学术眼光。

以上，我们从三个方面介绍了林庆彰教授在中国经学史研究领域做出的成就，以及其在论著目录、资料、论集之编纂方面的斐然成果。从中不难看出，林先生不仅在个人学术研究中创见迭出，而且致力于学术研究的基础建设。长期以来，人们多将论著撰写视为学术研究的唯一内容，除此以外的其他工作均被摒弃于学术成果行列之外。若从学术研究的性质衡量，这种观点似不无道理，但对于学术发展的整体需要而言，就远远不够了。一门学科的发展，固然仰赖众多富有创见的个案研究成果的推动，但是，在此之外，还需要扎实、严谨的资料建设来支撑。唯有坚实的资料基础工作，才能将已有的成果条分缕析，把已取得的成果，存在的症结呈现于后来者的面前。否则，学术研究不啻无米之炊，更遑论创新、突破了。清儒深明此义，所以十分重视前代学术成果的总结与工具书的编纂，涌现了一批资料书、工具书方面的著述，《经义考》《小学考》《经籍纂诂》等即是典范。可惜，清末民初以来，随着经学的衰落，经学基础建设一蹶不振，此后80余年中外有关研究成果更是始终未得到认真的清理和总结。这不能不如前引林氏所言，严重限制了经学史研究的纵深发展。因此，就当代经学史研究现状而论，经学史研究基本建设，特别是近现代乃至当代经学研究成果的整理、归纳工作的重要性、紧迫性不亚于个案研究。然而，这项工作不仅需要投入大量物力、人力，更要挤占个人的研究时间，而且，这种工作很难得到社会和他人的理解。林庆彰教授曾告诉笔者，在台湾，这类著作不属于晋升职称所需的学术成果范围。尽管如此，他在没有资助、出版得不到保证的困难情况下，集合同道，完成了一部又一部资料工具书，将近 80 年来中国、日本经学研究的全貌第一次完整地展示于学界面前。这为中国经学史研究在今后的发展奠定了坚实的基础，也必将对未来的经学史、清学史研究将产生持久而深远的影响。当然，对于林氏这位素有"键笔"之称，长于著述的学者来说，其所做出的自我牺牲之大也是可想而知。如果说，他本人诸多富有新意的经学史论著使人敬佩的话，那么，他在经学史学科基础建设中所体现的赤诚的奉献精神，尤令吾等同人感动，并致以深切的谢意。

目前，林庆彰先生仍在继续进行着经学史的研究工作，向完成一部高质量的多卷本的中国经学史的宏愿迈进。我们预祝林氏的宏愿早日实现。

（原载《中国文化》1997 年第 15、16 期合刊）

清代学术思想史研究的新创获

——《以礼代理》及其著者评介

  以研究明清学术思想史而著称的台湾学者张寿安研究员,历经"十年磨一剑"的潜心研究,于1994年推出其代表著作——《以礼代理——凌廷堪与清中叶儒学思想之转变》(以下简称《以礼代理》)。这部著作问世后,在海峡两岸学术界乃至国际汉学界均引起关注,一再获得好评。首先是在作者供职的中国台湾"中央研究院"荣获"首届年轻研究人员著作奖",奖评意见指出:"这部著作从繁杂之原始资料梳理出言之成理、持之有故的解释途径,充分运用考证及经学方法,彰显礼学研究的思想性,把问题摆在历史脉络中,取得承前启后的效果。其主要贡献是恢复了清中叶儒学思想转变的一条线索。"[1] 大陆有位专门研究《周礼》的教授读了该书后,曾满怀激情地写信赞扬说:"是书以深厚的思维力将清人学术之后的思想鲜活地揭示出来,并向读者展示了一个全新的研究方法和领域,真令人拍案叫绝。"据悉,为便于更多的读者能阅读了解此书,一家出版社已决定出版该书在内地的简体字版。另外,此书进入日本后,即被汉学界同行"抢购拜读",一位学者还公开撰写书评指出,"此书虽以凌廷堪为副标题,但探讨的层面并不局限于凌个人,而是以18世纪末、19世纪前期整个中国文化思潮为关注对象",并肯定其"采用思想史与社会史相结合的研究方法,实开创了研究的新领域新学科"[2]。同时,"本书在美

---

[1] 见台北《中央研究院周报》第561期,1996年1月26日。
[2] 见台北《近代中国史通讯》1997年第24期。

国学术界也深受好评"①。一本看来并非鸿篇巨制式的普通学术著作，为什么会受到国内外学术界如此高度的评价？笔者正是带着这样的思考，认真读了是书，进而得出自己的结论：有关评论并非过誉之词，它的确是清代学术思想史研究中具有创获性的力作，很有必要做进一步评介。

一 恢复了清中叶儒学思想转变的一条线索

如同已有论者所指出的，《以礼代理》的"主要贡献是恢复了清中叶儒学思想转变的一条线索"，这一论断从本书的内容结构中，便可得到充分印证。

《以礼代理》在内容结构上，除《绪论》和《结论》外，共分五章十七节，它遵循严密的内在逻辑，首先论述了凌廷堪以礼代理思想产生的社会经济背景与学术思想渊源；其次重点阐述了凌廷堪以礼代理思想的具体内容；再次列举事实说明嘉庆、道光年间在学术思想界以礼代理思潮蔚然兴起的具体情况；复次又分析了以礼代理思潮与当时仍存在的理学思潮间的激烈争辩；最后，还讨论了以礼代理思想的社会实践，同时论证了清儒的考证之学在思想与经世之间的联系。作者在阐述上述内容时，依据大量原始资料，经过精辟的分析，以清晰的条理阐明了从明末清初到清中叶儒学思想的嬗变，并着重说明当时与理学相对抗的礼学思想的兴起，令人信服地证明乾嘉道时期的学术界存在着一股风靡一时的以礼代理思潮。凡是具有清代学术思想史常识的人们，大都认为清代学术思想的发展演变，经历了清初的经世实证之学、清中叶的乾嘉考据学以及晚清的今文经学等几个阶段，这几乎已成为学术界公认的事实。殊不知在乾嘉考据学兴盛的同时或稍后，在清学发展演变的链条上，还存在着一股欲取理学而代之的礼学思潮。对此，早在60年前钱穆先生在其《中国近三百年学术史》中就曾明确指出过，清中叶"学者相戒恶言理，而以礼代之"，又说"东原（戴震）之深斥宋儒以言理者，次仲（凌廷堪）乃易之以言礼，同时学者里堂（焦循）、芸台（阮元）以

---

① 见台北《近代中国史通讯》1997年第24期。

下，皆承其说，若以理礼之别，为汉宋之鸿沟焉。"[1] 钱先生的上述论述，本来颇为符合清代学术思想史发展的实际状况。但在此后，由于礼学研究式微，治清代学术思想史者，又多认为乾嘉考据学只有考据而没有思想，于是，很少有人再论及当时存在的礼学思潮，致使这一客观存在的由理到礼的学术演变线索被埋没。张寿安此书，正有鉴于此，经过长期潜心研究，将此长期被埋没的思想线索重新彰显出来。

本书在彰显此一思想线索时，追本溯源，从明末清初的学术演变入手，说明在学术思想领域占据七百多年统治地位的宋明心性理气之学，至明末清初逐渐由经世实学所取代。在此转变过程中，在传统儒学中具有重要地位的三《礼》之学，受到学术界前所未有的重视。清初学者力求经世，纷纷转向研析儒家经典，以从中汲取治道之源。而三《礼》较之其他经书，载存了更多的具体制度，便于经世实践参考。所以，清初学者顾炎武、张尔岐、胡渭、万斯同等，都很重视对礼经的考释和研究，并用以阐发自己的经世思想。此后，随着清朝统治的稳定，乾嘉考据学的兴盛，经世思想一度淡薄，习礼变成考礼。为扭转此种风气，戴震、程瑶田等，再度通过治礼，阐发经世思想，并抨击理学，而凌廷堪则继承并发展戴震、程瑶田的学术思想，明确提出"以礼代理"，推进了礼学思想的发展，使礼学思潮蔚然兴起，一直延续到晚清。

由于凌廷堪在礼学思潮中是承上启下的关键人物。所以，张寿安以分析凌廷堪的以礼代理思想为重点，首先论述凌廷堪思想产生的社会背景与学术思想渊源，说明凌廷堪在社会转变的历史背景下，因世居安徽歙县，深受其乡徽学中朱熹、江永、戴震等礼学思想之影响，承徽学一脉之风气。同时，当凌廷堪走上治学道路时，正是乾嘉考据学隆盛之际，他在治经方法上，也吸收了考据学归纳整理的方法。所以，他实具有徽州理学与乾嘉汉学的双重学术背景。就其礼学思想而论，他既继承了戴震、程瑶田的思想，又有新的推进和突破。戴震虽然抨击了理学家"以理杀人"，反对先验之理，提出事物之理，考证出理的本义是"肌理""条理"，强调理在事物之中，试图建立事理的客观准则，但其并未抛弃"理"字，甚至仍以"理"字名其学，凌廷堪曾予以批评说：

---

[1] 钱穆：《中国近三百年学术史》，台北商务印书馆1972年版，第495页。

"吾郡戴氏著书专斥洛闽,而开卷仍先辨理字……犹若明若昧,陷于阱攫而不能出也。"① 及至程瑶田,在继承戴震思想基础上,又提出有物有则的"物则"观念,使事理更加客观化,但他同样未能完全摆脱理学的影响。凌廷堪比之程瑶田又前进一步,他遵循"道在六经"的宗旨,考证了先秦文献的《左传》、三《礼》及《论语》《大学》古籍,证明先秦儒家只重礼而不言理,"言理是宋人捕风捉影之说",且揭露理学之理,"乃援释氏之帜,是以禅学乱圣学"②,全面否定理字并理学,并通过其《礼经释例》《复礼》等代表著作,建立了完整的礼学思想体系,既有理论系统,又有实践方法。他的礼学思想深受当时学界推崇,学界泰斗钱大昕评价其《礼经释例》说:"尊制一出,学者得指南车矣!"③ 江藩尤其推崇此著作,"真乃有体有用之学,绝非空谈性命之理学者所可妄拟",并以"一代礼宗"④ 称之。此外,阮元、焦循、孙星衍等学者,也都吸收了凌廷堪的思想观点,在他们著作中几乎看不到论"理"的文字,如焦循的《论语通释》一书,讨论了儒家的十二个重要概念,却不提"理"字。他们还对凌廷堪的礼学思想大力推行和阐扬。加之,凌廷堪本人也在安徽的紫阳书院和杭州的诂经精舍等处讲学授徒,坚持以礼学取代理学,使礼学思想在徽歙江浙等地广为传布,形成"望风从景之势"。一时间,在嘉道间"传抄几遍",以致当时学界相率舍理言礼,礼学"狂飙","风靡海内",反之又"以言心言性言理为厉禁"⑤。这说明礼学思潮曾一度主导了学术界,直到晚清曾国藩、孙诒让等,仍以礼为治学之重点。对于清中叶礼学复兴的学术走向,除钱穆先生外,也还有学者同时指出,"以礼代理,此清学与宋学根本不相同处,而廷堪恰为其中坚人物",又说,"自廷堪《复礼》之说出,天下风气为之一变,同时有阮元,论世教推本之于礼,厥后有许宗彦,有礼论二篇,亦主以礼静天下之人心,又厥后有曾国藩,亦以礼为先王经世之术。彼数人者,所论虽有广狭疏密之不同,然实有闻于廷堪学风

---

① 凌廷堪:《好恶说》下,《校礼堂文集》卷16。
② 同上。
③ 见《校礼堂文集》前录,《钱辛楣书》。
④ 江藩:《校礼堂文集序》。
⑤ 方东树:《汉学商兑》卷上。

而兴起者，不待言也。是以后世之君子，欲尚论乾嘉以后之学术，于廷堪不可漠视者焉"[1]。清代乾嘉道间学术演变的事实，以及前人的研究，都说明清中叶确实存在着以礼代理的学术思潮，但却久被治清代学术思想史者所忽视。而今，张寿安以言之凿凿的事实，对此一学术思想线索予以重新恢复，无疑是对清代学术思想史研究的有益贡献。

二 揭示出清中叶经史考证背后的思想

《以礼代理》能将久被忽视的清中叶儒学转变的一条线索予以彰显，当然应予充分肯定。不过，这并非作者撰写此书的最终目的。作者为什么要撰写此书？她在《自序》中曾开宗明义说："儒学思想在清代的新面貌究竟如何？清儒考证工作背后的目的性思想性究竟为何？清学是否如梁启超所言只有学术而无思想？是我研治清代学术思想史以来，一直盘回在脑中的问题。"具体到撰写本书的直接出发点，作者又在该书《绪论》中说："清儒研治礼学，其背后的思想体系，及其积极鼓吹，以礼代理的思想企图"，至今学术界"却仍未具体展现，本研究即拟从此入手，以期阐明清儒通经求义之思想脉络并其内涵"。由此可见，作者撰写本书的根本目的，还在于在阐明史实的基础上，揭示清儒经史考证背后的思想。应该说作者提出的亦即其想要解决的问题，是既有重要意义又是一个有很大难度的研究课题。

自梁启超、章太炎以来，学术界提到清代学术尤其是论及乾嘉学术，莫不人云亦云，众口一词，大都认为是只有考证而没有思想。这种看法几乎已成为不可逾越的定论和成见。要破除这种成见，既要有冲破禁区的毅力和勇气，又要具备解决问题的学术功底和方法。令人钦佩的是张寿安终于以巨大的学术勇气，又以其深厚的经学与考证学功底，掌握了丰富的论据，并发挥了其长于理论分析的"深厚思维力，将清人学术之后的思想鲜活地揭示出来"。作者在解决此一问题时，吸收参考了余英时先生的见解，将清代学术置于中国学术思想史发展的全过程中去

---

[1] 孙海波：《凌次仲学记》，载《中国近三百年学术思想论集》，香港存粹学社1978年版，第247—264页。

考察。作者首先是扭转了学术界把辨析心性理气认为是儒学的主要内涵这一认识上的误区，指出心性理气之辨只是儒学在宋明时期儒学的独特发展形态，而并非儒学在各个历史时期的普遍表现形态。事实上自秦汉以来，儒学一直呈现出不同的形态，如两汉经学、魏晋玄学、隋唐佛学、宋明理学、清代考据学等。因而，儒学并不等于理学，故"研究清代的儒学思想必须对儒学采取一种广阔而动态的看法，如果固执着心性理气的单一儒学思想内涵去衡度清代学术，只怕是缘木求鱼南辕北辙了"①。但由于自宋至清，理学占据思想界统治地位长达近八百年，其形而上的心性理气之辨，长期禁锢人心，无形中给人们造成一种错觉，似乎儒学就是理学。所以，余英时先生曾指出："把辨析心性理气认作是儒学的主要内涵，此一观点是不甚符合事实的，至少也是以偏概全。"② 但有些论者却有意无意地把儒学视为就是理学，并以理学去衡量清代儒学，进而以理学为标尺，去判断清学是否有思想，认为凡是对心性理气进行抽象思辨的就是有思想，否则就是没有思想，于是得出结论，认为以名物典制的考证为特征的清学，缺少心性理气之辨，故只有考证而没有思想。这种不对清代考证学这一儒学独特表现形态做具体分析，不深入探求不同形态的儒学具有不同的思想表现形式的研究，显然不可能揭示出隐藏在清儒经史考证背后的思想。

《以礼代理》在廓清了学术思想史研究中上述认识误区后，又根据清学（主要指乾嘉考证学）的独特形态及其不同的思想表现形式，指出"清代儒学具有与宋明理学不同的思想典范"，这种思想典范的形态是通过训诂考证，研析儒家经典，以求经书的真正义理，达到经世目的。其中的经学、考证与经世思想，三者之间存在着内在联系，儒家的原始经典是依据，考证是手段，经世思想是目的。在经史考证背后，蕴含着经世企图及其思想性，但由于这种学术形态的大量表现形式是训诂考证，其思想性不易直接呈现，致使人们往往停留于表面现象的观察而不能捕捉隐藏在考证背后的思想。其实这种看法是很不全面的。正如本书作者所说：清儒虽不喜欢宋明理学那种形而上的思辨的思想形式，但

---

① 张寿安：《以礼代理·绪论》，台湾"中研院"近代史研究所1994年版，第1页。
② 余英时：《论戴震与章学诚·自序》，香港龙门书局1975年版，第6页。

他们并不回避理学家所讨论思考的问题，诸如人性问题、宇宙问题、道德问题、人和宇宙的关系问题、人与社会的关系问题等。理学家在解决这些问题时，常以形而上的思辨形式表现，而清代乾嘉学者却往往是通过对经史的考证，或者是采用以礼治世的实用形式，表现其思想。因此要研究他们的思想，就必须不厌其烦地先掌握其考证，再从中演绎其思想。本书作者提出的从掌握儒学在不同时期的变化形态，以及其不同的思想表现形式出发，来分析清中期儒学思想的见解，不仅能使人们更好地把握此时的学术思想，而且对于研究学术思想史亦有方法论上的启示。由于凌廷堪提出了"以礼代理"的思想主张，是清中期儒学思想转变中的关键人物，不仅有完整的礼学思想，而且推动了嘉道时期舍理言礼的思想，如"辨礼、理之异""无善无恶的人性论""学礼复性"及其"礼之实践与人伦秩序""礼与礼意"等方面的思想观点，使读者从中看到凌廷堪绝非单纯的考据学家，而是一个很有个性、很有思想的思想家。该书在重点分析了凌廷堪这个典型之后，又介绍了当时崇礼思想的兴起，以及阮元、孙星衍、许宗彦、焦循等人的礼学思想，这些学者也多和凌廷堪一样，把经史考证与经世思想联系起来，从而做出明确的回答：清代乾嘉道时期的儒学并非只有考证而没有思想。如果说恢复了清中叶儒学思想转变的一条线索，是《以礼代理》在学术研究上的有益贡献，那么，揭示出清中叶儒学经史考证背后的思想，更是该书对清代学术思想史研究在观点上的推进和突破，贡献尤大。

三　厚积薄发的治学态度和方法

《以礼代理》一书对于清代学术思想史的研究，不仅在内容上较前人的研究有所补充，观点有所突破，而且研究方法也有所创新。如前面引用的论者所指出的："充分运用考证及经学方法，彰显礼学研究的思想性""向读者展示了一个全新的研究方法和领域""采用思想史与社会史相结合的研究方法，实开创了研究的新领域新学科"等。对此，笔者不拟再一一评介。这里，想再做补充的是该书作者所坚持的厚积薄发的治学态度和方法。

由于笔者亦厕身于清代学术思想史研究之列，在海峡两岸日益密切的学术交流中，与本书作者已相识多年，且经常就有关问题切磋研讨，因此对其治学经历、治学态度和方法有较多了解。据笔者所知，张寿安的大学本科与硕士研究生学习阶段，均就读于中国台湾大学中文系与中文研究所，师从著名经学大师何佑森先生，何先生教学严格，"非叩不鸣"，使之奠定了扎实的国学功底。此外，她又就读于香港大学，师从杜维运先生门下，攻读博士学位，杜维运教授著述宏富，尤长于中西史学理论与清代史学思想，杜先生对其教诲"如春风化雨"，使之深受中西史学理论思想之熏陶。她在攻读博士学位时，还任教于香港浸会学院。此间她"因教学与研究俱优"，被该院院长谢志伟博士推荐，获 Yalie-in-china 学术委员会奖学金，赴美国耶鲁大学进修。在耶鲁大学，她又有缘师从国际著名学者余英时先生。余英时先生治学既重理论又重考据，且中西贯通，对于清代学术思想史的研究更是创见迭出，启人深思。余先生的指导，使之对清代学术思想史中的许多问题和观点，引起重新思考。漫长的学习历程，使张寿安付出许多代价和牺牲，但却获得诸多名师的教导，使她的学术视野更加开阔，学术功底更加深厚，知识领域也更加宽广，逐渐形成史论结合、中西兼备的治学方法。而这些优长，都在《以礼代理》书中得以发挥和运用。

《以礼代理》这本书之所以取得成功，绝非一蹴而就。作者在该书的《自序》中亦曾自道："这本书就在此一漫长之心路历程下写成，可以说是我这十几年来研究治清代学术思想史的一个小结。"实际上，在1994年出版《以礼代理》之前，作者就已开展了与此一课题有关的研究，并陆续撰写发表了《龚自珍的治经态度》《龚自珍的〈公羊学〉》，以及《清中叶徽州义理学的发展》《戴震的义理思想之基础及其推展》《程瑶田的义理学：从理到物则》《十七世纪中国儒学思想之与大众文化间的冲突：以丧葬礼俗为例的探讨》等专书和论文，为《以礼代理》的写作从材料到观点上做了丰厚的积累。而且，作者每写一篇论文，每撰一本著作，都经过长期思考，反复推敲，一改再改，直到自己满意为止，绝不轻易出手。这种一丝不苟、严肃执着的治学态度，着实令人钦佩。

张寿安的治学经历、治学态度及其获得的成就给人以启示。学术研究是关系千秋万代的事业，是十分严肃、艰苦的工作。要取得即使是微小的成就，都必须付出艰苦的劳动与心血。学术研究中虽然不排斥有早慧的神童和奇才，但通常情况下，更多的还是大器晚成。张寿安所坚持的正是厚积薄发的治学态度和方法。学术界同人都期待她对明清学术思想史的研究有更丰硕的成就，进一步成为学术大家。

事实上，张寿安也绝不以目前已有的成绩为满足。她早就清醒地说过："然而在这本书脱稿后，我也立即发现它的不足。事实上，清代的礼学思想此一研究主题，还有极辽阔的可开发空间。首先，礼理争议是个大问题，不仅意指清代汉宋学之争的思想核心，也涉及儒学中道德的判定准则问题，是探讨近世儒学从其哲学形态（理学）转向社会形态（礼学）的重要课题。其次，清初以降思想界对人之情欲的正视，导致情与理或情与礼之间的尺度重审问题，更是联系近代反礼教思想及精确定位清代礼学思想的关键课题，这些都有待进一步研究。于是，这本书只能说是我对清中叶学术思想史的半个小结。"笔者阅读是书过程中，也一直在思考，无疑儒家的三《礼》——《仪礼》《周礼》《礼记》作为儒家的重要经典，其中阐发的礼仪制度与礼仪思想，在此后两千多年的中国封建社会中，一直是维系封建社会制度、伦理道德的思想基础。清中叶以降，直至道、咸、同、光各朝，正是中国社会发生急遽转折的历史变化时期，清中叶逐渐兴起的礼学思潮，以戴震、程瑶田、凌廷堪，以及晚清的曾国藩为例，他们虽然适应时代的变化，在各自的礼学思想中，增进了许多不同于其他时代的思想内容，如对情欲的重视和强调，并使礼在社会实践中发挥应有的作用，如本书中所说的"恤党䘏里""约乡正俗""尊祖收族"等，以其"教化人心""重建社会秩序"。但是支配这些学者思想的思想意识基础的主导面如何评价？他们在急遽变化的历史转折时期，通过礼学所要"重建的社会秩序"，在社会历史发展进程中，从历史发展趋势而论，其作用和影响应如何实事求是地评价？再联系到"五四"新文化运动中对封建思想的批判，比较集中的是对封建礼教的批判与声讨。因而，如同作者自己想到的"联系近现代的反礼思潮，确有对清代礼学的精确定位问题"。对这些问题，我们也期待张寿安在今后的研究中，再接再厉做出更圆满的回答和总结。

（原载《中国文化研究》1999年3月）

《乾嘉考据学研究》序

一代之治有一代之学,而乾嘉考据学正是有别于中国历史上其他朝代的学术,也是更能反映清代学术思想特征的学术思潮与学术流派,在中国古代乃至近现代学术史上具有重要地位和影响,无疑是一个值得深入研究的重要课题。然而,遗憾的是由于种种原因,它却长期遭受冷遇,未能得到深入研究和应有的公正评价。直到20世纪80年代以来,因提倡解放思想、实事求是,学术界才又对之进行重新研究和评价。此间,对该学派的一系列问题大都展开了研究和讨论,并对往日某些俨然成为定论的观点提出了迥然不同的看法,这是十分可喜的现象。正是在这样的学术环境中,漆永祥同志经过多年潜心研究,以十年磨一剑的锲而不舍的精神,向学界奉献出了他的新著——《乾嘉考据学研究》。据我所知,此乃迄今为止第一部较为系统、全面、深入研究论述乾嘉考据学的专著,且是出自漆永祥同志这位刚过而立之年的青年学者之手,真是学如积薪,后来居上。

乾嘉考据学诚然有其重要地位和影响,有很高的学术研究价值,但却又是一个难度很大的研究选题,要对之进行系统研究并写出一部有分量的专著,又谈何容易。这是因为该学派从其产生形成、发展兴盛直至衰落,实贯穿有清一代,其中学派林立,名家繁多,各家著述又浩如烟海,故欲治此学,如无坐冷板凳的精神,刻苦阅读各家著述,就很难对之做出准确的把握和概括。其次,当时的考据学家,治学范围又都十分广泛,博涉中国传统学术文化中经、史、子、集乃至天文、历算等各个方面,又精通文字、音韵、训诂、目录、版本、校勘、辑佚、辨伪之学。因而,欲治此学,如无深厚的经、史根底,不能通晓文字、音韵、校勘……就很难"深入虎穴",理清乾嘉考据学家的学术思想及其成就与局限。再者,晚清以来,学界对乾嘉考据学的研究又往往与政治斗争及学术学派之争相交织,一直是阴云笼罩,众说纷纭,歧见迭出,褒贬不一。欲治此学,如无追求真理的学术勇气,就难免被云雾遮目,囿于成说,难以做出新的论断。难怪有的学者曾指出:"清学质实艰涩,不事浮躁,号为难治,故从之者鲜。"唯其如此,学术研究专治清代学术者,确也是凤毛麟角。

令人欣喜和钦佩的是,本书作者漆永祥同志虽然尚属青年,却不畏繁难与艰险,敢于知难而进,近十年来一直围绕清代学术辛勤耕耘。我从和他的接触交往中了解到,他在大学本科,学习的是中国历史专业,当时就用功阅读了不少历史文化典籍,对中国传统学术文化产生了浓厚的兴趣。1987年起,他就读硕士研究生,又专攻历史文献学专业。此间,其业师李庆善先生又谆谆教诲他"治古学者当从读清人著述始",因为"清儒治学""首重审音识字,实事求是,故其学谨朴而有本根";而且,"清儒所治,上溯三代,下迄当时,故治清学与治累代之学无异";同时,"清儒之学,广涉泛览,门类庞杂,然能博而归约,深得会通之法。然则治学之门法导师,皆存清人书中耳!"永祥同志牢记业师的教导,从当时起就孜孜不懈、持之以恒,大量阅读清人著述,仅各种读书笔记和资料卡片就积获甚丰,盈尺累箧,使他从中深得清人读书治学之三昧,也为日后深入研究乾嘉考据学做了资料上的储备。他还一边读书,一边进行研究,其硕士学位论文即为《试论乾嘉时期的校勘学》。永祥同志获得硕士学位后,还曾一度留其母校——西北师范大学历史系从事中国历史文献学的教学工作,在教学中进一步对文字、音韵、训诂、目录、版本、校勘、辨伪、辑佚等学问的磨炼中锻炼出了扎实的功底。与此同时,他又结合教学实践,撰写了多篇有关乾嘉考据学的论文发表,这又为其系统研究乾嘉考据学做了观点上的积累。为进一步深造,他又于1993年考入最高学府——北京大学,师从著名古文献学专家孙钦善先生,攻读古典文献专业的博士学位。其入学之前与孙先生已建立了一定的学术联系,因此师生之间都有相当的了解,孙先生又因材施教,勉励其继续研治清学,并支持他以《乾嘉考据学研究》作为博士论文选题。永祥同志在名师云集、资料丰富、信息灵通的北京大学,实如鱼得水。特别是其导师又对之潜心指导,从确立选题到制定提纲,以至草成初稿,都得到孙先生点拨指教,再有诸多师友切磋研讨,终于使他出色地完成了《乾嘉考据学研究》的撰写。

以上我之所以不厌其烦地介绍永祥同志的求学、治学经历,一则意在说明他确实具备撰写《乾嘉考据学研究》的必备条件，绝非兴之所至，一蹴而就，而是有厚实的研究基础；再则，也想说明一个学术人才的成长，既首先决定于个人的主观努力，要有为学术事业献身的志向，并为实现自己的志向而脚踏实地、一步一个脚印地坚实往前走去，同时也要有客观环境造就，特别是需要学界前辈的精心指导、循循善诱。二者相辅相成，人才才能脱颖而出。这就需要为师者认真传道、授业、解惑，为弟子者谦虚好学，尊师重道。只有这样，学术事业才能不断地继承与创新，代代相传，长江后浪推前浪。我与孙钦善先生及其弟子永祥同志，已有多年学术上的交谊，我认为他们不愧是名师高徒，相得益彰。

1996年5月，永祥同志完成《乾嘉考据学研究》这篇博士论文后，我曾应孙先生之邀，充任论文评阅人并参加了论文答辩。由于是专业上的同道同好，便怀着先睹为快的心情，很快读完全稿并与此一领域已有的研究成果进行了对照比较，甚为赞赏，因此欣然写出评语：论文从学术史角度，对乾嘉考据学之成因、方法、派别划分、各派的传承与特色以及考据学思想、得失评价、地位影响等诸多问题，均在前人研究的基础上，原原本本，条分缕析，进行了全面、纵深的研究，涉及内容几乎囊括了乾嘉考据学本身以及近年来海内外学术界对此研究所提出的各种重大问题，而且引用资料翔实，内容丰富，分析透彻，不囿成说，颇有创见。整篇论文无论是广度与深度都有新的开拓和发掘，是迄今为止较为系统、全面、深入研究乾嘉考据学的第一部论著。与我同时参加答辩的各位委员和专家，也都共同认为这是一部优秀的博士论文。

我记得在论文答辩过程中，各位专家在充分肯定论文的同时，从更高的要求和更为完善的角度指出了一些缺失与不足，也提出了一些意见和建议。此后，作者在虚心吸取各位专家意见的基础上，再经认真思考和研读，又对原稿进行了修改和充实。读了修改稿后，我深感较之原稿又有所提高，结构更加严密，内容更加充实，分析也更加透彻。如果说还有什么不足的话，我感到在如何把乾嘉考据学放在整个清代社会历史发展变化过程中，结合清代社会的政治经济状况，联系学术思想自身的嬗变来分析乾嘉考据学产生、兴盛、衰落的发展演变方面略显不足。此外，对乾嘉考据学的评价，有时也似乎失之偏爱而有所拔高。当然，这些卑见不见得正确，聊供作者和读者参考。

由于《乾嘉考据学研究》确乃上乘之作，经中国社会科学出版社《博士论文文库》编辑委员会通过认真评审，严格筛选，列入《文库》之中。永祥同志嘱我写篇序言，故为之序，愿与作者共勉！

（原载《乾嘉考据学研究》，中国社会科学出版社 1998 年版）

庄存与复兴今文经学起因于"与和珅对立"说辨析

——兼论对海外中国学研究成果的吸收与借鉴

擅于阐发"微言大义"的西汉今文经学，沉寂近两千年后，又在18世纪的乾隆时期逐渐复兴，历经嘉道，发展到同光时，康有为等披着今文经学之外衣，吸收西方社会政治思想，倡言变法，掀起戊戌维新运动，成为清代一个重要学术思潮流派，甚至"掩胁晚清百余年来之风气"，直到今日仍是中外学界的研究课题，且在诸多问题上还存在不同意见。为此，笔者特撰写《庄存与复兴今文经学起因于"与和珅对立"说辨析——兼论对海外中国学成果的吸收与借鉴》，借"西学与清代文化"国际学术研讨会之机，求教于海内外方家。

一　问题的提出

18世纪的清代学术，正当尊奉东汉古文经、以名物考据为特征的考据学派鼎盛之际，常州籍的经师庄存与首倡以阐发"微言大义"为特征的西汉今文经学。由于当时"学者莫不由《说文》《尔雅》而入，醰深于汉经师之言"，庄存与当时之"讲论或枘凿不相入"，他本人也"未尝以经学自鸣"，其著述在生前也没有刊刻，因此未形成什么影响。然其下世多年之后，经过其族人、门生、后学庄述祖、庄绶甲、孔广森、刘逢禄、宋翔凤等人的阐发与张扬，其逐渐开始显达于世。特别是阮元、龚自珍、魏源等名家，或为之遗著写序，或为之撰写神道碑铭，他们有感于时势变迁，依托故人阐发自己的思想，对之给予很高的推崇和赞誉，如说他"践履笃实，于六经皆能阐抉奥旨，不专为汉、宋笺注之学，而独得先圣微言大义于文字之外，斯为昭代大儒"。① 甚至说："以学术自任，开天下古今之故，百年一人而已"②。由此，庄存与其人其学才大显于世。钱穆先生言：对庄存与，"出愈后者推之愈崇，辨之愈畅，庄氏之学犹是也"③，这确在一定程度上说明了历史实际。后人对前人的评价，往往随世风之变化而抑扬改易，这也是历史上常有的现象。

由乾嘉考据学转向今文经学，是清代学术发展史上的一个重要转折，为什么会有此转变？今文经学复兴的原因何在，研治中国经学史及清代学术史的时哲与前贤都曾有过探讨。

钱穆先生一向推崇朱熹与宋学，对庄存与评价不高，他说，"庄氏为学，既不屑屑于考据，故不能如乾嘉之笃实；又不能效宋明先儒寻求义理于文字之表，而徒牵缀古经籍以为说""而考据既陷绝境，一时无大智承其弊而导之变，彷徨回惑之际，乃凑而偶泊焉。其始则为《公羊》，又转而为今文"④。按钱先生之见，清代今文经学的兴起，是由于考据学陷于绝境，庄存与才"凑而偶泊"。其实庄存与生于康熙五十八年（1719），戴震生于雍正元年（1723），二人大致同时，其他清代考据大师之生年，如江声（1721）、王鸣盛（1722）、钱大昕（1730）、段玉裁（1735），大都生于庄存与之后。庄存与生活的时代，正当考据学鼎盛之际，并非处于绝境之时。将常州今文经学之起因，归结为考据学陷入绝境而寻找新的出路，似不符合历史实情。

梁任公先生认为清代学术是对宋明理学的反动，乃"以复古为解放"，从清初顾炎武"复于六朝、唐。自阎若璩攻伪《古文尚书》……绌王（肃）、申郑（玄），则复于东汉。乾嘉以来，家家许、郑，人人贾、马，东汉学烂然如日中天矣。悬崖转石，非达于地不止，则西汉今古文旧案，终必须翻腾一度，势则然矣。"⑤ 梁先生之论，道出了清代学术发展

---

① 阮元：《庄方耕宗伯经说序》，《味经斋遗书》卷首。
② 龚自珍：《资政大夫礼部侍郎武进庄公神道碑铭》，《龚自珍全集》，中华书局1961年版，第141—143页。
③ 钱穆：《中国近三百年学术史》，台湾商务印书馆1983年版，第524页。
④ 同上书，第525页。
⑤ 梁启超：《清代学术概论》，复旦大学出版社1985年版，第60页。

演变之趋势，但并未说明今文经学复兴的直接原因。

还有诸多学界前辈与时俊，对今文经学复兴的原因也有讨论。他们鉴于清代今文经学的首倡者是庄存与，因此多从庄存与的学术思想入手去分析。多数学者认为庄处于乾隆盛世，其复兴今文经学，主旨还在为乾隆帝之"大一统"作论证，虽然他也有"衰世"的预言戒人，却不是主要出发点。可谓仁者见仁，智者见智。对各家之见，兹不一一列举。

在众多分析清代今文经学复兴起因的论著中，美国著名汉学家、清代学术思想史专家本杰明·艾尔曼教授有与众不同的独到之见。他在其《经学、政治和宗族——中华帝国晚期常州今文学派研究》①一书中，对今文经学在18世纪复兴的起因，作出深入具体分析，认为庄存与"与和珅之间的对立在18世纪80年代今文经学的复兴中发挥着关键性作用"，又说"庄存与晚年转向经学研究，完成一系列著作，开创了公羊学复兴的局面"。②还说，庄存与"在为官的后期，转向《公羊传》。假借经典的外衣，表达对和珅的不满"③，"在18世纪80年代（庄）转向公羊学的背后，隐藏着更深的问题"，就是"反对18世纪80年代的和珅"。④因此，只有把握"庄存与与和珅的斗争"，才能"使我们理解常州今文经学兴起的政治内涵"⑤。而"庄存与和阿桂一道反对和珅的事实也证实了这一点"⑥。基于上述看法，艾尔曼不同意"近年来所认为的庄存与倡导今文经学是出于为论证，乾隆晚期'大一统'的爱国心，因为乾隆晚期并不是一个这种空泛的古典口号的时代"⑦。

艾尔曼先生将今文经学复兴的起因，归于庄存与同和珅的矛盾、对立和斗争，言之凿凿，观点十分鲜明。由于艾氏是国际知名的学者，在国际汉学界与中国内地都很有影响，其提出的庄存与"与和珅对立"说，常为中国内地青年学者吸收与引用。尽管笔者与艾尔曼先生是相交多年、友

---

① ［美］艾尔曼：《经学、政治和宗族——中华帝国晚期常州今文学派研究》，赵刚译，江苏人民出版社1998年版。
② 同上书，第78页。
③ 同上书，第6页。
④ 同上书，第74页。
⑤ 同上书，第78页。
⑥ 同上书，第76页。
⑦ 同上书，第16页。

谊甚笃的挚友，对他的道德文章亦很钦敬，然而，对其此论，则难以苟同。从追求学术上的求真、求实出发，即便是好友之间，对学术上的不同见解，也可相互切磋探讨，这也是笔者提出问题的初衷。

二　从庄存与同和珅的生平经历看二者并未形成矛盾与斗争

庄存与同和珅之间是否存在矛盾、对立和斗争，这必须从他们的生平、经历、进退、际遇入手，进行具体分析。

首先从二者的生平看，庄存与生于康熙五十八年（1719），而和珅则生于乾隆十五年（1750）二人年龄相差三十余岁，再就经历言，庄存与在乾隆十年（1745）考中进士授翰林院编修，尔时和珅尚未出生。至乾隆十七年（1752），庄存与又入值南书房并在上书房行走，乾隆二十年（1755）即擢内阁学士兼礼部侍郎，次年又充浙江乡试正考官，提督直隶学政。① 此时和珅才五六岁。和珅直到乾隆三十七年（1771）才被补擢黏竿处，任銮仪卫校卫，至乾隆四十年，被擢御前侍卫，值乾清门并兼任正蓝旗副都统，逐渐受到乾隆帝的宠信。而当时庄存与已是五十七岁高龄，任礼部侍郎达二十余年，刚刚发迹的和珅，其地位并不比庄存与高，二者还各不相干。也就是在庄存与五十七岁、和珅二十六岁之前，二人绝不可能形成矛盾和对立。

正像艾尔曼先生所揭示的那样，常州庄氏是一个科举世家，其家族中以科举入仕者甚多。继庄存与中进士之后，其胞弟庄培因，也于乾隆十九年（1754）中进士，且为一甲一名而"大魁天下"，遂入军机处办事，旋充日讲起居注，官翰林，授侍讲学士，任福建学政等。这样的任职和地位，如进一步发展，似存在与和珅发生矛盾的可能。但不幸的是庄培因英年早逝，他在乾隆二十四年（1759），仅三十七岁，因丁父忧，哀恸过度，悲病交加而亡。当时，和珅不过是十龄之少儿，二人之间绝不可能存在矛盾和对立。

---

① 关于庄存与之生平经历参见汤志钧《庄存与年谱》，台湾学生书局2000年版。

和珅之飞黄腾达，始于乾隆四十一年（1776），这一年正月，他被擢户部侍郎，三月任军机大臣，十二月总管内务府三旗，赐紫禁城骑马，至乾隆四十二年又兼任步军统领，再至乾隆四十五年（1780），又被任命为户部尚书、议政大臣、御前大臣、领侍卫内大臣、四库全书馆正总裁，兼理藩院尚书，可谓大权独揽，集众权于一身。然而，晚年的庄存与在仕途上也没有发生挫折与不快。其在乾隆四十四年（1779），又署礼部左侍郎。乾隆四十七年（1782），《四库全书》告成，还被乾隆帝任命为总阅官。乾隆五十年，又命其偕礼部尚书德保重辑《律吕正义》。同年，乾隆帝举行"千叟宴"，庄存与以六十七岁高龄应邀入席，"被赐以诗杖"，可谓"稽古之荣，于兄（存与）已至"①。至乾隆五十一年（1786），乾隆以庄存与"年力就衰，难以供职"，令其"以原品休致"②，乾隆五十三年（1788）"无疾卒于里第"。庄存与在世时，曾有种议论，说他"年未四十，即官礼部，后愈三十馀年，未尝一转他部，晋秩正卿"，是否意味着乾隆对其不够重用，但其族弟却认为"虞廷用人，或教稼，或明伦，或典礼乐，或为士终其身，各任一职，至有世其官者"，而庄存与性喜读书，"至老不衰"，其"证今考古，探赜索隐，卒为礼乐名臣"，亦可谓"知遇已隆，而其所得亦复既多矣！"③谈不到乾隆对其不重视，而是据其所长，从其所好，适得其所。而且庄存与晚年，以汉官而任礼乐大臣，更是一种特殊的礼遇。据史料载："有清特设乐部，有神乐、昇平两署，典署各一人，署丞各二人，皆满缺，缙绅皆不载，仅载管理乐部之大臣，故事乐部係简亲郡王一人，及内务府总管一人或二人领之，亦满洲大臣之责也。惟乾隆间，十二世方耕公任礼部侍郎，以通律吕，特简为乐部大臣"④，说明乾隆帝对其确为知遇。另庄存与既长期在南书房"供奉宸尝翰墨"，又入值南书房，授皇子读书，一人而兼值两斋，这是很少见的。正如史籍说："康熙以来已然，然一人仅值一斋，偶有两斋互调者，亦不数见，惟方耕公在翰林时，始以侍读入值南书房，继又以内阁学士兼值上

---

① 庄勇成：《少宗伯养恬兄传》，《毘陵庄氏族谱》卷20。
② 《清高宗纯皇帝实录》卷1149。
③ 庄勇成：《少宗伯养恬兄传》，《毘陵庄氏族谱》卷20。
④ 见《毘陵庄氏族谱》卷18《盛事颂》。

书房，一人兼两斋，乾嘉时盖鲜"①。说明他深得乾隆帝信任，在其晚年直至逝世前并未受到排挤，所谓其"晚年政治上失势"，似无所据。

如前所述，庄存与在乾隆五十一年即休致，五十三年就逝世，而和珅之结党营私，排斥异见，贪赃枉法，处于权势熏天之地位，恰恰是在乾隆朝的最后十年及乾隆作为太上皇的四年。他在乾隆五十一年被授为文华殿大学士；乾隆五十三年为嘉奖镇压林爽文起义"功臣"，被晋封为"三等忠襄伯"；乾隆五十四年其子丰绅殷德与和孝公主举行正式婚礼，他成了名副其实的皇亲国戚；乾隆五十五年（1790）乾隆举行八十大寿，又奉命全权操办庆典，乘机既满足乾隆的欢心又明目张胆地大肆贪污纳贿，中饱私囊；乾隆五十八年，他又受命兼管太医院和御膳房事务；至嘉庆二年（1797），除原任吏部尚书外，还兼任刑部尚书，并仍管户部，且负责军需报销；同年大学士阿桂病逝，又由他任首席军机大臣。② 此时，他才真可谓居一人之下，万人之上。而且，由于老皇帝乾隆年迈昏聩，凡事仅听信和珅一人，嘉庆帝虽名曰登基，却不能亲政，所有朝廷大事，仍由老皇帝决定，实则由和珅操纵。嘉庆韬光养晦，也任凭和珅为所欲为，实则乃欲擒先纵，致使朝中所有军、政、财、文大权皆由其一人操柄，其颐指气使，横行霸道，已至登峰造极。而这时庄存与却早已下世十多年。当时，朝中的文武大臣，虽对和珅的横行无法，愤慨万端，却无能为力，凡检举弹劾者，必遭陷害打击。如监察御史曹锡宝曾于乾隆五十一年，上奏和珅之管家刘全"恃势营私，衣服、车马、居室皆逾制"，其名虽曰揭发刘全，实则弹劾和珅。然由于和珅在乾隆身边耍弄阴谋，乾隆帝对之百般袒护包庇，指责曹锡宝"竟无指实""动机不纯"乃"受人唆使"，而终被"革职留任"③。秉公执法，敢于抗辞执奏的曹锡宝竟得如此遭遇，这也是专制政体使然。曾为乾隆、嘉庆两朝大学士的朱珪为曹锡宝写的墓志铭中说："和珅当路已十馀年，中外无一人敢投鼠者，闻公（指曹锡宝）此举，皆咋舌，嗫不能吐气。一二有心人，仰屋窃叹而已，亦未敢颂言公

---

① 见庄勇成《少宗伯养恬兄传》。
② 参见冯佐哲《和珅评传·和珅经历大事年表》，中国青年出版社1998年版，第347—360页。
③ 《清史稿·曹锡宝》，见《清史稿》卷322列传109，中华书局1977年版。

贤。"① 再如监察御史谢振定，于嘉庆元年（1796）巡视东城时，见和珅之"宠奴常乘珅车以出"，凭借和珅权势，使"人避之莫敢当"。谢御史为此大怒，"命卒曳奴下笞之，遂焚烧其车"②。谢振定虽为此博得"直声震天下""真好御史"的美誉，却也为此而"坐罢官"③。这些都是当时情势之真实写照，说明全朝上下，对和珅已噤若寒蝉，何敢公开反对，即使有敢在太岁头上动土者，则必遭报复和打击。至于王念孙等弹劾和珅，则在其事发之后。难怪嘉庆四年和珅事发后，嘉庆在一道上谕中说，"和珅情罪重大……实有难以刻贷者……设数年来，廷臣中有能及早参奏，必蒙圣断，立置重典，而竟无一人奏及者。内外诸臣自以皇考圣寿日高，不敢烦劳圣心，实则畏惧和珅，箝口结舌"，因对和珅之罪，"举朝竟无一人敢于弹劾者"④。嘉庆的上谕显然有意为其父纵容、宠信、包庇和珅开脱，却也反映了全朝一向既慑于乾隆之严威，恐投鼠忌器，又惧和珅，为免遭陷害以致无人敢于挺身与之斗争。

从嘉庆上谕及朱珪所写曹锡宝墓志铭以及谢振定之遭遇所透露的信息，亦可以反证乾隆朝和珅当权时，不可能存在艾尔曼先生书中所说的当时的首席军机大臣阿桂曾组织"反和珅的联盟"，与朱珪、庄存与及洪亮吉等"一道反对和珅"。艾尔曼提出庄存与与和珅对立，并与阿桂等一道反对和珅之说的主要论据是：宋翔凤所写《庄先生述祖行状》中的两段话，其一说，庄述祖于乾隆庚子年（1780）成进士时，"相国阿桂公以先生故人之子，欲罗致之，避嫌不往谒。时和相用事，阿公之门下士稍稍去，亦以是疑先生，殿试卷已拟进呈，后卒置十卷。后引见，归班诠选，先生遂归，奉母以居。"⑤ 艾尔曼解释此则材料说："庄述祖的成绩名列前茅，肯定可以出任翰林院官员。和珅惟恐庄述祖进入翰林院后扩大阿桂在朝中影响，因此打乱试卷次序，庄述祖的试卷被排到较低等级，失去任翰林院官员的资格"⑥。然而，这些论述似多出于

---

① 朱珪《曹公墓志铭》转引自冯佐哲《和珅评传》。
② 《清史列传·谢振定传》，见《清史列传》卷72，中华书局1987年版，第5937页。
③ 同上。
④ 《清史列传·和珅传》见《清史列传》卷35，中华书局1987年版。
⑤ 《庄先生述祖行状》见钱仪吉《碑传集》卷108。
⑥ ［美］艾尔曼：《经学、政治和宗族——中华帝国晚期常州今文学派研究》，赵刚译，江苏人民出版社1998年版，第75页。

分析推测。从原有材料看，阿桂看到庄述祖的试卷后，知悉是已故同事庄培因之子，本想罗致，但庄述祖考虑到复杂的人事关系，根本没有去拜谒阿桂，却依然引起和珅的怀疑，将庄述祖的试卷排到后面。我们从中仅看到阿桂念故，对庄述祖有所偏爱，想引到翰林院任职，却难以由此得出庄存与与阿桂结有联盟共同反对和珅的结论。艾尔曼所引同一《行状》中的另一段话："甲寅岁［按：乃乾隆五十九年（1794）］大计以卓异荐，引见。奉旨交军机处记名，同时记名者，必候和珅门叩头轿前，独先生（指庄述祖）与云南屠君绅不往……先生记名签为和珅所撤。"① 这则材料说明庄述祖有独立人格，不愿随波逐流而攀附权贵和珅，却不能直接得出因庄存与同和珅有矛盾，述祖才不愿跪见和珅。何况，此时庄存与已死去多年。退一步说，倘若其他史籍记有庄存与同和珅之间存在矛盾的事件，这两则轶事尚可作为旁证，但遍查清宫档案及和珅的同党与其反对者的名单中，也都没有和珅与庄存与存在矛盾的记述。仅以这两则材料说明和珅与庄氏及其家族有矛盾，难免缺乏应有的说服力。

艾尔曼先生与其他有关论者，还引用魏源的话说："君（指庄存与）在乾隆末，与大学士和珅同朝，郁郁不合，故于《诗》《易》君子小人进退消长之际，往往发愤慷慨，流连太息，读其书可以悲其志云。"② 用此证明庄存与复兴今文经学同和珅有关，艾氏据此分析"庄存与晚年政治上实失势"，故"借经学研究，抒发其内心的愤懑"③。然而魏源这篇书序写于1828年，距庄存与下世已近半个世纪，其对庄存与的心理多出于揣测。何况此说与实际情况也不符合，如前所论庄存与晚年在政治上并没有突然失势之事。魏源这里所说，不过是以自身经历抒发对现实的感慨，用以讽喻当世罢了。

据有关史料看，庄存与不仅与和珅难以产生矛盾，且与清廷皇室相处也还算融洽。他长期在南书房行走，乾隆对他"钦爱有挚"；他又在上书房行走，乃皇子成亲王的师傅。成亲王对他十分尊敬，且很有感情，曾写

---

① 见钱仪吉《碑传集》卷108。
② 魏源：《武进庄少宗伯遗书序》，《魏源集》上册，中华书局，第230页。
③ ［美］艾尔曼：《经学、政治和宗族——中华帝国晚期常州今文学派研究》，赵刚译，第79页。

诗云："幼童稍识义，实赖与君居。餍饫游余志，深沉授古书。"①抒发对师傅给予启蒙教育的怀念之情。乾隆三十九年（1774）庄存与出任河南学政时，成亲王还写有《送庄方耕师傅提督河南全省学政序》，文中说"先生教诲余数年，至意周尽，不可一二记忆"，接着回忆了庄存与给他讲述过的经书，其中也提到"教以春秋"。成亲王深有感情地说，"而先生今去矣，志虑闲暇，谓岁月无可惜"，还劝勉其师如何在学政任上为国家选拔培养人才，"督学之使，不可易也，将以养士成风，理正文学，夫学即以教人以厚也，而或示人以巧，甚非国家之意"。②字里行间反映了师生间的深厚感情和思想上的一致。经学家臧庸曾说庄存与"在上书房行走，卯入申出，寒暑无间，皇子时亲讲说，爱敬日深"③。这些都说明，庄存与早出晚归，忠于上书房职守，是一个很称职的宫廷教师，和当时的最高统治层也不存在矛盾，也没有发生政治上失势的事情。

三 庄存与之研治经学贯穿一生，亦绝非晚年才转治《公羊春秋》

庄存与之讲经、治经特别是研究《公羊春秋》是何起因，目的何在？既然艾尔曼先生认为是起因于其同和珅的对立，而庄存与同和珅又年龄悬殊，如有对立只能是在庄之晚年方有可能。因此艾尔曼再三强调庄存与"在为官后期转向《公羊传》，表达对和珅擅权的不满""老人晚年政治上失意后转向今文经学，寻找一种战胜现实腐败的武器"。④问题的关键是庄存与是否到了晚年才转治《公羊春秋》？然而，答案是否定的。

生于科举世家的庄存与，其五六岁时，就入塾读《四书》《五经》，"幼入塾，即以古人自期，笃志深邃，穷极入微"⑤。早在其中举之前，就对《春秋》有浓厚兴趣。他在乾隆九年（1744）中乡试，次年"大考翰

---

① 《诒晋斋集》卷1，转引自刘桂生《从庄存与生平看清初公羊学之起因》，载《周一良先生八十生日纪念论文集》，中国社会科学出版社1993年版。
② 同上。
③ 臧庸：《礼部侍郎庄公小传》，见《碑传集补》卷3。
④ 以上引文均见艾尔曼《经济、政治和宗族——中华帝国晚期常州今文学派研究》。
⑤ 《武进县志·儒林传》。

詹",试题就是《拟董仲舒天人策第三篇》,由于其"素精董氏《春秋》,且于原文'册曰'以下四条,一字不遗",使"上大嘉叹,即擢侍讲"①。如非应举之前,他就留心研究董仲舒之《公羊》春秋学,便不可能如此得心应手。另如乾隆四十年(1775),其侄孙庄大久撰写了《周官指掌》,庄存与看到该书定稿后,大加嗟赏,还亲口对大久说,他"于诸经中,对《春秋》用功最挚",还"尝语余曰,频年究心《春秋》,读二千余遍,精美日出"②。这更清楚说明,庄存与并不是到了晚年才转向治《春秋》的。

庄存与之钻研经学,可谓贯穿其一生。从幼年起就学习,特别是在其初入翰林院散馆时,因名列二等,"不甚当院意",谕旨其"闭户读书,留心经学"。③ 于是,他又留馆三年,决心认真刻苦地研读经书,结果"所进经义,宏深雅健,穿穴理窟",甚受乾隆赞赏,认为其"学有根底,极好深湛之思,可备顾问,命入南书房行走"。不久,他又"命在上书房行走",教皇子、皇孙读书。④

庄存与在宫廷讲解经书的同时,也不断整理讲章和自己的经学著述,但生前都未刊刻。在其去世多年后,才由族人与后学在阮元支持下,刊成《味经斋遗书》,收入其多种经学著述,却都未注写作年月。但我们细心钩稽有关资料,仍可考定写作的大致年代。如乾隆二十四年,当其四十一岁时,其弟庄培因英年早逝,培因之子述祖由其抚养。后来,有人在所撰《庄先生述祖行状》中说,"学士公(指内阁学士庄培因)早没,先生甫十岁,居丧如成人。时伯父侍郎公于五经皆有论说……先生取法焉"⑤。当时,庄存与正在四十岁上下,已经对包括《春秋》在内的五经都有论说,也证明其绝非晚年才转治经学。再如阮元少年时的业师是李晴川,而李是庄存与在乾隆三十六年(1771)充会试副考官时所得之士。李晴川"常为元言,宗伯践履笃实,于五经皆能阐抉奥指,不专为汉、宋笺注之

---

① 刘逢禄:《记外王父庄宗伯公甲子次场墨卷后》,《刘礼部集》卷10。
② 左辅:《大久先生传》,见庄大久《幕良杂纂》卷首。
③ 臧庸:《礼部侍郎庄公小传》。
④ 庄勇成:《少宗伯养恬兄传》。
⑤ 宋翔凤:《庄先生述祖行状》,《碑传集》卷109。

学，而独得先圣微言大义于语言文字之外"①。如无多年对经学的深入研究，不可能达到如此地步，又怎能说庄存与晚年才转治经学呢？

再如庄存与的同事朱珪，乃乾隆十三年（1748）的进士，曾入翰林院任编修、侍读学士、侍讲学士，也任过礼部侍郎，与庄存与大致同时，且是在翰林院及礼部的同事，虽去世较晚，对庄存与应是比较有了解的。其嘉庆六年为庄存与之《春秋正辞》所写序中说："前辈少宗伯庄方耕先生，学贯六艺，才超九能，始入翰林，即以经学受主知，群经各有论著，斐然述作。"② 其在序中又说："公之孙隽甲，为余丙午（乾隆五十一年）典试江南所得士，偕其弟贲甲来京师，持公所纂《春秋正辞》一书，问序于余。"这也说明庄存与在入翰林时，就对经学有深湛研究，对群经已各有论著。其孙能在乾隆五十一年中试当时或在其后，持其所著《春秋正辞》，请朱珪为之作序，也说明在此之前已早有成书，并非在晚年才转治经学，如果不是前所揭示他青年时就有志于《公羊春秋》，也不可能猝然间就有《春秋正辞》等成书。

与前面所引各种资料相比较，能进一步说明庄存与所著部分经书的写作年代。前文所说成亲王所写《送庄方耕师傅提督河南全省学政序》中透露有信息，"先生教诲余数年……教以《周易》，谢未能也；教以《禹贡》，谢未能也；教以《春秋》，谢未能也；教以《周礼》《仪礼》，谢未能也"；成亲王当时未能抓紧时间，对"以为时优远，可以次及耳"，而深感自悔。清华大学刘桂生教授，曾将成亲王这里列举的庄师所讲解的经书题目与后来出版的《味经斋遗书》的篇目相对照，发现两者基本一致，不妨列表如下：

再联系魏源所写《武进庄方耕少宗伯遗书序》所云："武进庄方耕少宗伯，乾隆中以经术傅成亲王于上书房十有余载，讲幄宣敷，茹吐道谊，子孙辑录成书，为《八卦观象上下篇》《尚书既见》《毛诗说》《春秋正辞》《周官记》若干卷。"刘桂生教授据上述材料得出结论，"如此，则将《味经斋遗书》之基本内容视为存与教学之讲纲、讲义一类，于情于理，当不致过于背谬"。笔者认为，刘先生的分析甚是合乎情理。在笔者看

---

① 阮元：《庄方耕宗伯经说序》，《味经斋遗书》卷首。
② 朱珪：《春秋正辞序》，《春秋正辞》卷首。

来，《味经斋遗书》所收庄存与各类经学著作，实际上就是在庄存与为成亲王讲授时所留讲义基础上，由庄存与之孙辈庄隽甲、刘逢禄、宋翔凤等再经整理而成。其在世时，之所以"密不示人"，一方面是与当时学坛上普遍讲论古文经的汉学"枘凿不入"；另一方面则是他自感不够成熟，因而低调处理不"以经学自鸣"，著述也未刊刻。至嘉道之际，乾嘉考据学（亦即所谓汉学）逐渐衰败，今文经学逐渐盛行，庄存与之学经刘逢禄、宋翔凤、龚自珍、魏源等提倡，魏源甚至认为庄氏之学，才是真"汉学"，其学才大显于世。这是庄存与本人所始料不及的。

所讲经书题目	《味经斋遗书》总目
《周易》	《易》一：《彖论》一卷；《象象论》一卷；《系辞传论》二卷；《八卦观象解》二卷；《卦气论》一卷
《禹贡》	《书》二：《尚书既见》三卷；《尚书说》一卷
	《诗》三：《毛诗说》四卷
《周礼》《仪礼》	《周官》四：《周官说》五卷；《周官记》五卷
《春秋》	《春秋》五：《春秋正辞》十一卷；《春秋举例》一卷；《春秋要指》一卷
	《乐》六：《乐论》二卷
	《四书》七：《四书记》一卷

成亲王之《送庄方耕师傅提督河南全省学政序》，虽然未署写作年月，按常情必然写于庄存与在乾隆三十九年（1774），其五十六岁出任河南学政前后不久，依成亲王在序中所列庄师傅为之开讲的各类经书书目看，包括《春秋正辞》在内的各种经学著述，都已然有讲授提纲或讲义，而庄氏从中年起就在上书房行走，足证庄氏并不是为反对和珅，才转治《公羊春秋》，否则也就不能解释既然是为了反对和珅，理应引起同声相应，同气相求，发挥应有的社会作用，为什么又"密不示人"，生前始终不刊刻，直到其死后多年，才由其后人整理刊刻行世。

既然庄存与之治《春秋》之起因并不在于与和珅对立，那么其起因与主旨究竟何在呢？简而言之，是为乾隆帝之"大一统"思想作论证。从有关材料看，乾隆二十三年（1758），乾隆就御纂《春秋直解》，其在该书的序中明确指出，编纂此书，"意在息诸说之分歧以翼传，融诸传之同异以尊经",并"命在馆诸臣,条系是经,具解以进"①。同年十二月,乾隆又谕:"今之干大权,扰法纪者安在?我朝圣圣相承,乾纲独断,政柄从无旁落",接着又斥责康熙时之明珠、索额图、徐乾学,雍正时之李卫、田文镜,乾隆初之鄂尔泰、张廷玉等各持门户,结为朋党,有碍于政治上"乾纲独断"的"大一统"②的推行。庄存与从乾隆十七年起,即入值南书房,直至晚年,长期在南书房、上书房行走。他对乾隆御纂《春秋直解》及屡颁"乾纲独断"的"大一统"谕旨,必然有清楚的了解与领会,何况乾隆又"命在诸馆臣,条系是经,具解以进"。庄存与原本从青年时代就对《春秋》有兴趣,而今皇帝又御纂《春秋直解》,且命包括他在内的馆臣"条系是经,具解以进"。他在原有基础上,进一步解释《春秋》,撰写《春秋正辞》,且在上书房向成亲王讲授,岂不顺理成章吗?

据查《清实录》,乾隆四十六年(1781)十一月,乾隆又"命皇子及军机大臣订正《通鉴纲目续编》",认为《续编》内于"辽、金、元事多有议论偏缪",实际上是有不利于清朝统治的词语,因此十分强调,"向命儒臣编纂《通鉴辑览》,其中书法体例,有关大一统之义者,均须朕亲加订正,颁示天下,如内中国而外夷狄"。③虽然,乾隆时汉族士大夫多数已放弃夷夏之防的思想,但乾隆为实行政治思想上的高度专制统治,在编纂《四库全书》过程中,还大兴文字狱,禁毁各种有"违碍统治"的民族思想,灌输"夷狄入中国则中国之"的态度,而在儒家经典中,唯有《公羊春秋》富有"以文化而非血统之本位民族观"。庄存与因在吸收借鉴元末赵汸所著《春秋属辞》的基础上,而撰写了《春秋正辞》一书,遵照乾隆的意图,大力阐发"大一统,天无二日,民无二王,国无二君,郊社宗庙,尊无二上"④的思想。他还进一步解释《春秋》中的"大一统":"王正月'曰'公羊子曰:何言乎王正月?大一统也,记曰,天无二日,土无二王,国无二君,家无二尊,以一治也。""臣愚以为诸不在六艺之科,孔子之术者,皆绝其道,勿使并进,辟邪之说灭息,然后统纪

---

① 《清高宗纯皇帝实录》卷568。
② 《清高宗纯皇帝实录》卷576。
③ 《清高宗纯皇帝实录》卷1168。
④ 庄存与:《春秋正辞》卷1。

可一，而法度可明，民知所从矣"，① 庄存与在这里简直是在照本宣科地阐发乾隆一再强调的"大一统""纲乾独断""政柄从无旁落"的专制统治思想，只不过是以阐释儒家经典的形式罢了。至于自龚自珍、魏源以降，援引今文经学抨击时弊，倡言变革，则是庄存与之后的事。

由于本文主旨不在于论述庄存与的学术思想，因而就不进一步分析其《春秋正辞》的思想内容，不过，从上面简要指出的内容，亦说明庄存与《春秋正辞》写作的主旨所在。实际上有清一代，作为满族贵族的统治政权，就清统治者的心态而言，从清初到清末，始终都有消除夷夏之防，维护其"大一统"的统治合法性的问题，不过时而尖锐，时而淡化罢了。

四　余论：对海外中国学的研究成果既要勇于吸收，又要善于吸收

上文着重对艾尔曼先生提出的庄存与复兴今文经学起因于"与和珅对立"说进行了辨析，所论未必就一定能成立，只是就这一具体问题进行切磋与商榷。而对于艾尔曼先生的大著《经学政治和宗族——中华帝国晚期常州今文学派研究》整体而言，我仍然肯定其是一部很有价值的学术著作，如同著者在本书《序论》中所说："本书主要目的在于探讨清代经学形成过程中经学、宗族、帝国正统意识形态三者的互动关系，并由此说明思想史的研究与政治史、社会史研究一旦结合起来，中国学术史研究的内容是何等的丰满"所论甚是。不少研究清代学术史、思想史的著作，的确常常将思想史与社会史断裂为两截。而艾尔曼先生在本书中则运用了将思想史与社会史结合的研究方法，将二者连接起来，并以常州学派为经，常州庄、刘两家为纬，搜集了庄、刘两家族谱、家乘、文集等大量史料，以庄氏家族的主要代表人物庄存与为核心，分析其为何兴起今文经学，论述了继庄存与之后，庄述祖、宋翔凤、刘逢禄、庄大久、庄绶甲等人对今文经学的发展和演变，史料丰富，内容翔实，可谓一部研究常州今文学派的力作。尽管其提出的庄氏研治今文经学起因于对和珅的反对与斗争尚可商榷，但这并不妨碍本书整体上的成功。据笔者与艾尔曼先生多年

---

① 庄存与：《春秋正辞》卷1。

的相交与了解，他是一位治学勤奋、严谨笃实有成就的学者，除本书外，他的《从理学到朴学》也早就译为中文，在我们国内的清史学界有重大的影响和作用。他继多部论著后，近几年辛勤完成大著——《以他们自己的方式：科学在中国（1550—1900）》也将由国家清史编委会编译组组织翻译出版。应该说多年来艾尔曼先生在研究清代学术思想、科举史、科技文化史，以及在促进中美文化交流方面都做出了积极的贡献。中国学术界同行理应从他的学术著作中吸收和借鉴有益的思想内容和研究方法。不仅是对艾尔曼先生，对其他国际朋友有关中国学的研究成果也应如此。正如《海外中国研究丛书》的序所指出的："（上世纪）50年代以来，在中国越来越封锁的同时，世界的中国研究却有了丰富的成果，以致我们今天不仅必须放眼海外去认识世界，还需要放眼海外来认识中国的过去、现在和未来。"特别是近年来，海外中国学的研究成果甚多，无论是在研究内容，还是在研究方法和研究视野方面都有新的开拓与发展，"他山之石，可以攻玉"。我们研究中国的历史，必须立足中国，放眼世界，兼收并蓄，博采众长，敢于和善于吸收世界的优秀研究成果，以开阔视野，提高研究水平。伴随新时期改革开放政策的推行，我们引进、吸收、借鉴国外学术成果，已有长足进步，已做了许多有益的工作，今后理应进一步发展和提高。

从近年来学术界在吸收、借鉴海外中国学研究成果的实际情况看，我感到除积极引进吸收外，问题还有另一面，那就是既要勇于吸收，还要注意如何吸收和善于吸收。中国毕竟是中国学赖以产生与发展的本土，既保存有开展研究所需的大量的、丰富的原始史料，也有代代相传的研究成果的丰厚积累，包括清史、清代学术思想史的研究便是如此，这是得天独厚的研究优势。国内学者在研究中国本身的历史课题时，应该充分利用这一优势条件，在吸收、借鉴海外中国学研究成果的同时，首先应占有保存在本土的大量原始资料，并消化、吸收、吃透国内已有的研究成果，也只有这样，才能更好地吸收和借鉴国外的研究成果，这样才能达到事半功倍之效果。否则，就有可能"食洋不化"，而事倍功半。

总之，应从大处着眼，吸收其科学的精华。倘确如此，那就必须下一番刻苦的功夫，悉心阅读，用心咀嚼，以融会、消化引进的海外中国学著作。而不能生硬套用一些新方法，或简单撷取一些名词概念，并将这些名词概念运用到自己的表述之中，使文字表述失去中国化、民族化的特色，使人读来徒生困惑与难解。再有，对于海外中国学有关著作中的一些具体结论的吸收与引用，应该对照第一手、原始的史料，客观地分析和衡量，而不应不加分析，即予吸收。然而，目前在一些青年学者的论著或者是在一些博士学位论文中，在未认真分析的基础上，便吸收某些有待商榷的观点，作为自己论证问题的论据。显然，这无益于科学事业的正常发展。

  本文仓促写成，定有不当，不妥之处，尚祈吾友艾尔曼先生及海内外学者不吝惠正赐教。

（原载黄爱平、黄兴涛主编《西学与清代文化》，中华书局 2008 年版）

经学及晚清"经今、古文学分派说"之争议

——就有关问题向李学勤先生请教

以儒家的重要典籍为阐述对象的经学，是中国古代传统学术文化的核心，对中国社会政治、伦理、文学、艺术乃至民族精神，都有十分广泛而深远的影响。令人欣慰的是，经学研究在中国内地走过长期式微的曲折道路之后，近些年来又活跃起来，学者们关于经学研究的论著日益增多，研究的内容和视角也与时俱进。新观点、新见解不时涌现，除整理发掘各种文献史料外，一些新出土的文物——马王堆帛书、郭店竹简也被运用到经学研究当中，这些都有利于经学研究的发展和深入。事实上已往和当前的经学研究确也存在不少难点和争论。诸如经学究竟产生形成于何时？经学发展的历史分期应如何断限、各个时期的经学有何特点？经学发展演变过程中有哪些派别、汉代是否有经今古文学派之争？如何界定"今文""古文""今学""古学""今文经学""古文经学"等概念的内涵，互相间又有何关联，等等。对这些问题都应在宽松、和谐、生动、活泼的学术氛围中开展讨论。也只有这样，经学研究才能进一步深入。正是基于如上考虑，我选择了《经学及晚清"经今、古文学分派说"之争议》这样的题目，主要是想在拜读了李学勤先生发表在2001年《中国学术》总第6辑上的《清代学术的几个问题》一文后，就一些尚未明白的问题求教于学勤先生及研究经学的方家。

李先生在《清代学术的几个问题》一文中言简意赅，对经学史上的许多重大问题，都提出了自己的独到之见。如"经"与"经学"产生与形成的时间，他提出，"不少人讨论'经'和'经学'，认为'经'的形成较晚，在孔子之后，'经学'更晚，晚到汉代才出现，我认为这是不正确的"。另如，对于经学史上长期流传的关于汉代经今古文学分派之说，

李先生认为关于汉代有经今古文学派之说，主要是晚清廖平在其《今古学考》中提出的，而后康有为在其著作中进一步阐发，遂"在社会上得到广泛流传，长期以来，已经成为经学史上的常识，而且还渗透到学术史、思想史、文化史等领域中去。然而，这样的观点实际上是不可取的"，所以"有必要重新考虑汉代经学所谓今文为一大派，古文为另一大派的观点"。李先生文中还就廖平立论的根据——许慎的《五经异义》作了驳难。李先生作为当代有很高学术地位的著名历史学家、古文字学家和思想史专家，其论一出，旋即引起较大反响。舆论媒介认为是"对清代以来经学研究的若干问题进行了挑战"，但以我目前的认识和理解尚难赞同。同时，我还注意到学界前辈钱宾四先生在其所著《国学概论》与《两汉经学今古文平议》中，就两汉经学今古文分派之说，也曾提出与学勤先生相类似的观点。钱先生的《两汉经学今古文平议》一书，收录了其所写的《刘向歆父子年谱》《两汉博士家法考》《孔子与春秋》《周官著作时代考》等四篇鸿文。其在该书《自序》中说："此四文皆为两汉经学之今、古文问题而发。其实此问题仅起于晚清道、咸以下，而百年来掩胁学术界，几乎不主杨，则主墨，各持门户，互争是非，渺不得定论所在。而夷求之于两汉经学之实况，则并无如此所云云也。"可见，钱先生认为两汉经学本无今、古文两派之争的事实。而之所以有这种说法，完全是清儒出于门户之见，"其先则争朱、王，其后则争汉、宋。其于汉人，先则争郑玄、王肃，次复争西汉、东汉，而今、古文之分疆，乃由此而起"。在门户之见的支配下，"钟之愈幽，凿之益深，流遁而忘反，遂谓前汉古文诸经，尽出刘歆伪造，此则断断必无之事也"。而造出"断断必无之事"者，"曰廖季平与康有为。康著《新学伪经考》，专主刘歆伪造古文经之说，而廖平之《今古学考》，剔抉益细，谓前汉今文经学十四博士，家法相传，道一风同"。钱先生认为这些说法全然与事实不符，多不可信。钱先生和李先生都是学术界的重镇和大家，他们的看法尤值得重视和认真考虑。

汉代经学是否有今、古文之分派与斗争，它究竟是客观存在，还是由廖平主观制造，再由康有为推波助澜，以致以讹传讹，"成为经学史上的常识"呢？此乃经学史研究中必须弄清之问题。我经过反复思虑，仍认为汉代确有经今、古文学派的存在与斗争，尽管廖平与康有为站在今文经学家的立场上，有很深的门户之见，他们的一些具体论说，或出于门户成见，或出于政治斗争需要，确有不科学、不准确之处，如廖平的《今古学考》认为许慎的《五经异义》乃"是古非今"，经今、古文两派都"师法森严"，就不够准确，显得笼统。再如康有为在《新学伪经考》中所谓"古文经皆出刘歆伪造"也很难成立，对此钱先生曾列出其二十八点不通之处，很有说服力。但并不能由此得出结论：两汉本不存在经今、古文之分派及论争，此说全然出于廖、康的制造。

我很同意一些经学史中的论述：汉代经学是儒家经学的确立阶段，先秦时期虽已有儒家典籍，并有"经"的称谓，但儒家的学说与思想还只是在"百家争鸣"中主要的一家，并不在各种学说中居支配地位。因而，先秦还只是经学的酝酿和初生期。儒家经学只有到汉代"罢黜百家，独尊儒术"，儒家典籍被立于学官，成为官方的意识形态后才得以正式确立。因而，汉代经学在中国经学史中有其更重要的地位。汉代经学既上接先秦儒学，又下启汉唐经学注疏之风。同时，清代的乾嘉考据学及晚清的今文经学，也分别继承和援引了东、西汉古文经学与今文经学的思想资料与特色。

汉代之所以出现经今、古文学，首先是由于汉代紧接秦末，受秦始皇焚书的影响，先秦时的儒家典籍，或被焚，或残缺。汉代朝廷曾多次征集先秦时的旧书，征来的旧书或由存世的老儒凭记忆口授而用当时流行的隶书刻写（即今文），或从孔氏旧宅墙壁中发现，或来自民间旧时的隐藏，此二者乃用先秦时期的篆书写成（即古文）。由于文字之不同，儒家的典籍便出现或今字、或古字不同的版本，这是产生今文经与古文经最早的前因。关于"今文"与"古文"的概念，在《史记》与《汉书》中屡见不鲜。尽管学术界对今文、古文有不同的解释，今文经与古文经也不能绝对以文字划分。但西汉初年的经书，存在不同的字体，且是今文经学与古文经学形成的导火线却是不争的事实。

西汉时虽有今文经、古文经的客观存在，但当时并无今、古文学之争。只是由于武帝时将儒家定于一尊，并立五经博士，如《汉书·儒林传》所载："《书》唯有欧阳、《礼》后、《易》杨、《春秋》公羊"。另有文、景时的申公、韩婴、辕固生等皆以《诗》立为博士，即所谓的《鲁诗》《韩诗》《齐诗》。这些立于学官的博士都是今文经学。经和经师被列于学官、定为博士,即和功名利禄联系在一起。于是说经者日多,经说也益密,遂之对各种经说也产生了歧义。朝廷为整齐划一各种学说,汉宣帝曾在石渠阁会集诸儒论《五经》异同,最后由汉帝称制临决,再将有关经师立为博士。于是,各个经师为争立博士,越来越讲究传经的"家法",章句之学日兴。这样各经之不同就不仅仅是文字之别,而更多地表现在对经书内容和思想的不同注疏与阐释,进而按经书的源流和特点,逐渐形成具有不同特点的今文经学派、古文经学派。整个西汉时期,被立为学官的多为今文经学,但当时尚无经今、古文学派的重大争论。

经今、古文学之争起于汉哀帝元年,当时校书秘阁的刘歆争将《左氏春秋》《毛诗》《逸礼》《古文尚书》等皆"古文旧书"的经书列于学官。刘歆还写了有名的《移让太常博士书》。刘在移书中指责"往者缀学之士,不思废绝之阙,苟因陋就寡,分文析字,烦言碎辞,学者罢老且不能究其一艺,信口说而背传记,是末师而非往古",并陈述他所上的"此数家之事,皆先帝所亲论,今上所考视,其古文旧书,皆有征验"。由是刘歆成为古文经学的首创者,他称道古文经,抨击今文经,遂引起经古文学与经今文学的争论。刘歆的上书,引起已立于学官的今文经博士的激烈反对,并触犯了当时的执政大臣。汉哀帝曾令刘歆与《五经》博士讲论,而诸博士皆悻悻"不肯置对"。时任大司空的名儒师丹,竟大怒上奏刘歆"改乱旧章,非毁先帝所立"。虽然汉哀帝保护刘歆,认为其是"欲广道术,亦何以为非毁哉?"然而,刘歆却依然"惧诛,求出补吏,为河内太守"。又据《汉书·王莽传》记载,直到新莽时期,还有主张今文经的学者抨击刘歆"颠倒《五经》,毁师法,令学士疑惑"。又据《后汉书·范升传》记载,作为今文经学家的范升也强烈反对将古文经《左氏春秋》与《费氏易》立学官,认为"《左氏》不祖孔子,而出于丘明,师徒相传,又无其人,且非先帝所存,无因得立"。这些事例都清楚说明,汉代不仅有经今文学与经古文学的分派,而且相互间有激烈的斗争。且整个西汉一朝,直至东汉初期,经今文学派始终居官方统治地位,西汉平帝时,曾将《古文尚书》《毛诗》《逸礼》《左氏春秋》等古文经皆置博士,但光武中兴,旋将上述经书废除,又立官学十四博士,也均为今文经。

今文经学在流行兴盛过程中,越来越烦琐,家法章句愈演愈密,每说一字、解一经,动辄数十万言,且与天人感应、谶纬之说结合起来,流于神秘诞妄，遂走向没落。而古文经学，又有自己的优长，解经多长于名物训诂，典章制度，以重事实考证为特征，不事微言大义。从西汉平帝时古文诸经立于学官，陆续涌现出一批著名的古文经学家，如郑兴、贾逵、马融、许慎、郑玄等，在东汉后期日益兴盛。自东汉至隋唐，乃为经学正统。至宋代程朱理学兴起，古文经学渐趋衰落，整个经学偏重于心性义理之论。直到清初顾炎武等倡导"舍经学无理学"，主张明辨经学源流，重视文字、音韵、训诂，经学再呈复兴之势。发展到乾嘉时期，乾嘉考据学大兴，说经皆主实证，呈现了"人人贾马，家家许郑"的盛况。与之同时，从乾隆中期的庄存与，再倡今文经学，继有孔广森、刘逢禄、宋翔凤为之弘扬，道、咸之后，龚自珍、魏源等援引《公羊》抨击时弊，倡导经世改革，直到康有为抨击古文经学，倡导戊戌维新。身处清末的章太炎从师俞樾，后来虽投身辛亥革命仍治学不辍，尤其是对经学之研究，且力主古文经学，一时间又引起今文、古文经学之争。这时的经今、古文学分野，又与社会改革及政治斗争紧密结合。可见，整个清代学术史，几乎都贯穿有经今、古文学之争。

古今许多中国经学史的论著，如廖平的《今古学考》、皮锡瑞的《经学历史》、周予同的《经今古文学》等，都论到了今文经学与古文经学的流变与特征。这些论述与评价不过是对历史上早已客观存在的此两大经学流派的概括和总结。由于他们各有自己的经学主张，其概括和论述是否准确，另当别论。尤其是廖平站在今文经学家立场而撰写的《今古学考》，显有门户偏见，但却不能由此得出经今古文学派之分乃由廖平所杜造。

至于李先生所说的廖平所依据的许慎之《五经异义》，并非像廖平本人所说是"是古非今"，而是"博采今古"，进而说明廖平立论失据，并由此得出汉代并无今文与古文学派的结论，实不足以令人信服。一则其论并不能否认许慎属古文经学派的代表人物之一，因为他曾师事古文经学家贾逵，"从贾逵受古学""博问通人，考之于逵"，他本人在其《说文解字序》中亦说，"其称《易》孟氏、《书》孔氏、《诗》《毛氏》《礼》周官、《春秋》左氏、《论语》《孝经》，皆古文也"；二则其《五经异义》本身就是为记载西汉与东汉前期经学流派的争论之作。因著书的主旨所决定，自然要"广引今古文学异说"，正如清代吴派考据学大师惠栋在其《后汉书补注》中说：许慎在《五经异义》中有"古《尚书》说，贾逵说，今《尚书》欧阳、夏侯说；古《毛诗》说、今《诗》齐鲁韩说；古《春秋左传》说，今《春秋》公羊谷梁说、公羊董仲舒说；古《周礼》说、今'戴礼'说；古《孝经》说、今《论语》说"等。许慎虽为古文经学家，但其治学中常择善而从，或从今，或从古，既不受师说的限制，亦不是很严格遵守今古学派的家法，说明其门户之见不深。稍晚于许慎的郑玄，甚至混合家法，统一今古文经学，使今古文之争一度渐趋平息。为此，有人抨击他混淆今古文家法，也有人称赞他统一今古文经学有功。由于郑玄曾向今文经学家何休问学，后来却转向古文经学，因此何休指责他"康成入吾室，操吾矛以伐我乎？"由此看，虽然有些古文经学家不严古今之分，却不能由此否认客观存在的今古文学派之分。以此而论，李先生所谓许慎并非"是古非今"，而是"博采今古"，虽然说明了一定的事实，但据此得出"有必要重新考虑汉代经学所谓今文为一大派，古文为一大派的观点"，今、古文两派本来就不存在的结论还似难成立。

还应指出，作为具有强烈意识形态的经学，无论是今文经学，还是古文经学，其产生、发展、演变，升降起伏、兴盛衰落，除学术思想本身的演变规律外，还常常与所在时期的政治斗争与社会变革相联系。我们对有关问题的分析研究，还应综合考虑社会的各个方面，而不能仅仅从某部著作，如廖平的《古今学考》所依论据、所持论点，是否真实、是否足能成立，便推论其所论述的经今学派与经古学派之分是否确实存在，否则难免失之偏颇。

（原载《史苑》2005年第13期，"中华文史网"电子期刊）

一部扎实厚重、突破创新的四库学前沿之作

——读《〈四库全书总目〉编纂考》有感

当司马朝军教授的新著——《〈四库全书总目〉编纂考》即将付梓之际，承作者厚爱以样稿见示，且嘱写篇序文。如此雅意，至为铭感。然对写序之谓，却犹豫再三，因我对《四库全书》及其《总目》并无专门研究，唯恐班门弄斧，反有损本书的光泽。然继而思之，个人厕身清代学术思想史研究有年，对于与清代学术思想密切相关的四库学的最新研究成果，当应先睹为快，遂抱着急于求知的心情，很快通读了朝军教授的书稿。读后沉思，既感深受教益，又觉欣喜不已：一喜四库学的研究后继有人；又喜司马君此著在学术上的突破成就；再喜武汉大学出版社慧眼识珠，将此著纳入能代表该著名高等学府学术水平的《武汉大学学术丛书》。实大喜过望，遂情不自禁地写了这篇读后感，既略抒学习心得，又算是对朝军赐书索序的交代。

一 一位优秀的青年学人

说实话，我与朝军至今尚未谋面，只是从媒体的学术信息和他本人已有的著作中获知，他是一位孜孜不懈、致力于四库学研究的青年学者，且成果丰硕，卓有成就。他在此书之前出版的《〈四库全书总目〉研究》，就曾受到四库学领域知名学者的高度评价，认为"是该领域具有开拓性的前沿之作"。他主持完成的国家社会科学基金项目——"《四库全书总目》与文献整理研究"，又被全国哲学社会科学规划办公室评为优秀项目，给予高度肯定说，"司马朝军历经多年默默耕耘""全面发掘了《总

目》的丰富内涵，是目前国内外第一部从文献整理角度系统研究的专著"，不仅肯定其著是"高水平的优秀著作"，而且赞扬其"严谨的治学精神"。为此，国家社科规划办还授予他"信誉良好专家"称号。他在复旦大学博士后流动站的出站报告——《〈四库全书总目〉编纂考》，又再次被流动站专家组全票评为优秀，专家组在鉴定意见中指出，其"对《总目》编纂过程做了全面、深入的考察，作者从原始文献出发，发掘了鲜为人知的新材料，提出一系列独到见解。鉴于报告是一部出色的学术专著，对四库学的研究具有重大推动作用，对研究18世纪思想史、学术文化史具有重要参考价值，专家组全票评为优秀"。而目前，武汉大学出版社出版的本书，正是其在出站报告基础上，再经修改提高成书的。我之所以满怀喜悦之情；列举本书作者在学术研究中多次受到的肯定与赞扬，意在证明，而且我确信司马朝军无疑是四库学研究领域的佼佼者，是一位学风扎实、积累丰厚的优秀青年学者。我想，学术研究的发展同自然界、社会界的发展一样，总是"江山代有才人出""长江后浪推前浪"，新陈代谢，前后传承。人文社会科学的前进与发展，很需要像朝军这样的优秀青年学者，接过传承棒，在前辈学者奠定的阶梯上，继续攀登，向前推进！

二 内容丰富 翔实厚重

由于作者对四库学研究有坚实的积累，在阅读中首先感到的是本书扎实厚重，内容丰富翔实。全书洋洋洒洒，达数十万言。在结构安排上，除"引言""结论""余论"外，另有八章三十余节篇幅，与作者此前出版的《〈四库全书总目〉研究》相衔接呼应，在全面、深入考察《总目》的编纂背景、过程的基础上，更加侧重于原原本本地、条分缕析地论述，考订四库全书馆各分纂官，如戴震、周永年、任大椿、程晋芳、翁方纲、邵晋涵和姚鼐等，总纂官纪昀、陆锡熊，总裁官于敏中及最高决策者清高宗等，在《总目》编纂过程中是如何分工的，各自做了哪些工作，作用的大小，贡献的多少，都予详加考察，细致论述。对这些问题，过去的有关论著虽有所接触，但多半是或有论述，却语焉不详；或因占有材料不足，评论偏颇；甚或主观臆测，论断有误，以致造成学界在《总目》研究中，对有些问题人云亦云，以讹传讹；又对有些疑难问题，聚讼纷纭，悬而不决。本书则在发掘和掌握大量原始资料的基础上，经过精审考证，对上述问题做出恰如其分、符合实际、相对准确而有说服力的回答与解决。如此丰富翔实的内容，精密的考据，细致地论述《总目》的编纂问题，这在《总目》研究史上尚属首次。据此而论，肯定本书扎实厚重，对于《总目》编纂问题的研究有重大推动作用，当非过誉之词。

三 竭泽而渔 发掘史料

我还突出感到本书另外的闪光之点，是作者继承发扬了中国传统考据学的优良学风，遵照其业师著名古文献学家曹之先生强调的"竭泽而渔"的方法，对所研究的每一问题，都不偷懒，不取巧，而是尽可能对有关材料，广为搜集，大量占有，网罗无遗。然后，再由此及彼，由表及里，去粗取精，去伪存真，经过严密考证，得出结论。自觉地改变了过去那种"以论带史"的空洞教条模式，真正做到论从史出。当然，要这样做，必须花大气力，下大功夫，要有坚强的学术毅力，而作者正是这样做的。以本书第五章《翁方纲与〈四库全书总目〉》为例，翁氏是四库馆分纂馆中撰写《总目》提要稿最多的一位，多达千余条，皆收入《翁方纲纂四库提要稿》之中。翁氏的"提要稿"与《总目》有何异同，乃是学术界颇为关注的问题。然而，因《翁方纲纂四库提要稿》手稿本流落在澳门，其过录本虽收藏在内地，却长期处于"深闺人未识"之中，长期以来阅读利用的人不多，更少有学者对之作穷尽性研究。朝军为彻底弄清事实真相，在认真阅读翁氏所撰全部四库提要稿的基础上，又参考翁氏的《复初斋文集》及翁氏的其他著述，再搜集海内外与之相关的所有文献资料，将翁氏全部提要稿，与《总目》直接相关的提要，相互对勘，逐条比照，就二者的异同，得出确凿的结论说，存在六种情况：1. 相同类；2. 增饰类（笔者按：此类中又细分为：（1）增材料；（2）增评论；（3）增案语；（4）增材料又增评论等小类）；3. 删改类（笔者按：此类中又细分为：（1）删材料；（2）删评论；（3）改材料；（4）改评论等小类）；4. 未撰提要；5. 重拟类；6.《总目》未见著录。同时，书中还对上述各类情况中的各个大类与各个小类都各有多少条，在提要稿总数中又各占多少百分比，加以数字化的精确统计说："以上六大类总计1150条，前三类所占比例为49.39%；后三类为50.61%。"换言之，一半以上是完全不同的，接近一半的提要稿（按：包括相同类）经过不同程度的修改润色。这样的结论比之原来有些学者所谓"二者无一相同"的笼统说法，显然更加科学和严密。这对《总目》编纂情况的研究，当然有很大推进。不过，提要稿与《总目》所呈现的上述各种不同情况究系什么原因，作者如能做些分析与说明当更完善。书中对其他问题的论述与考证，大都运用了这种"竭泽而渔""全文信息"的方法。结论看来简单明了，但在得出结论的背后，却凝聚了作者无尽的汗水与心血，真乃"梅花香自苦寒来"。相较于当前学术界存在的某些浮躁张扬，急功近利，不认真读书，走捷径，不从原始资料出发，以致或人云亦云，或想当然下结论的不良学风，本书作者这种甘坐冷板凳，十年磨一剑的潜心钻研学风，实令人赞叹。

四　突破创新之论迭出不穷

学贵创新，一部学术著作能否站得住，是否有生命力，关键在于是否有所创新，能否发前人所未发，言前人所未言。而本书的突出可贵之处，恰在多有开拓创新。书中不仅揭示了大量新材料，而且提出不少新观点，得出许多新结论。诸如《总目》著作权的问题。此前学术界曾有"馆臣集体意志""纪昀一手所成""乾隆钦定"等各种说法，而本书作者在查阅大量第一手资料后，认为上述说法都不能涵盖所有材料，因此提出《总目》的编纂过程以往被简化了，其实是一个比较复杂的过程，它经历了不同的阶段，其中由分纂官起草，是编纂工作的起始阶段；又由总纂官修订，其中纪昀与陆锡熊都有很大作用和贡献；再由总裁官裁正，于敏中做了不少切实的工作。总纂官与总裁官的工作是统一体例，统一思想，解决疑难问题。最后，由清高宗乾隆钦定，事实还证明乾隆并非徒具"钦定"之虚名，编纂过程中他不仅屡发谕旨，提阅审读成稿，而且馆臣提出和反映的各种问题，最后多由他拍板定案。能就《总目》编纂过程做出如此符合实际的论述，本书乃是首次，这就使过去所谓"纪昀一手所成"等说法，难以成立，给人耳目一新之感。又如，对于纪昀和陆锡熊这两位总纂官在四库馆中的业绩，过去的有关论著中有"扬纪抑陆"的倾向，本书依据史实，既肯定了纪昀的作用与贡献，也用大量资料证实，陆锡熊也同样作出重要贡献,其功实不可没,应予公允评价。再如,对于《总目》中经、史、子、集各部类书籍提要的撰写者,过去也有学者提出"经部属之戴东原""天文算法类各篇提要皆出震之手笔"之说。本书则据实说明"经综合考察发现,经部各类出力较多的是以下学者:纪昀——易类;程晋芳——书类;任大椿——三礼类……",以事实证明"经部属之戴东原"的说法不合实际。至于"天文算法类各篇提要皆出震之手笔"的说法,虽出自天文数学领域权威学者的著作,又为当代许多学者所引用,但并无确凿根据。经本书作者查证,四库全书馆设有专门的天文算法纂修官三人,即钦天监中官正郭长发、钦天监灵台郎陈际新、算学录倪远梅,加之协勘《总目》官李潢,他们"才是天文算法类提要的主要起草者"。事实上本书作者也查证清楚:"永乐大典本《数学九章》便出自陈际新之手。"这就使"天文算法类各篇提要皆出震之手笔"的说法,亦难以成立。还有流传甚广的"史部属之邵晋涵","史学诸书多由先生订其略,其提要亦多出自先生之手",然而,这种说法同样不符合史实。经查,邵晋涵所撰提要稿,多收录于其《南江书录》之中,本书将该书收录的邵氏所撰提要稿,与《总目》中之史部类提要,逐一对照。原来邵晋涵撰写的史部提要,主要限于《史记》《汉书》等正史,而史部其他书籍之提要并非都出自邵晋涵之手。全书类似以上的观点和结论还有许多,恕难一一列举。值得重视的是,由于这些观点和结论,多以丰富的事实材料为依据,无可辩驳,均堪称定论。可想而知,这些突破创新之论,对四库学特别是对《总目》编纂的研究,必将产生深远的作用和影响。

五 关于学术争鸣与学术批评

人所共知,中外学术史的发展证明,学术事业的发展需要不断除旧布新,且是在不同学派、不同观念的相互争鸣诘难中前进的。因此,在学术研究中应提倡实事求是,旗帜鲜明,开诚布公,开展正常健康的批评与自我批评。而不应你好我好,或相互阿谀,或模棱两可,那将不利于学术事业的发展,不利于学术著作质量的提高。同时,也应允许学者有自己的表述特点和学术风格。就此而论,本书作者作为一位尚未及不惑之年的青年才俊,他在学术研究和自己的著作中,锐意进取,坦陈己见,犹如初生之犊,虎虎有生气。书中对于一些先哲和时贤的不同观点,甚或论断失误之处,常常指名道姓,据理相争,或予补正,或予发展,或予批评,甚或措辞尖锐不留情面。这在我看来,也是本书作者的难能可贵之处,应予鼓励。这里,不妨举清代乾嘉考据学大师钱大昕对学术批评的事例为证。钱大昕在学术研究中从不盲从附和,凡是他认为是错的,不管是什么人,都据实订正,直陈其失。如对汉学祖师郑康成,还有清代前辈学者顾炎武、朱彝尊、胡渭、阎若璩等,他虽然都十分尊重,然而对这些人在学术上的错谬之处,则据理驳正。为此,其同辈友人王鸣盛写信规劝其不要冒犯前哲,而大昕则复书说"学问乃千秋事,订讹规过,非以訾毁前人,实以嘉惠后学",况且"一事之失,无妨全体之善""去其一非,成其百是""且其言而诚误耶,吾虽不言,后必有言之者,虽欲掩之,恶得而掩之!所虑者,古人本不误,而吾从而误驳之,此则无损于古人,而适以成吾之妄"[①]。钱氏的这些言论,反映了他的学术批评出发于"学问乃千秋事",是对学术事业的负责态度,确乃真知灼见。我想,对本书作者在书中对前哲时贤的争鸣与批评,也能作如是观。当然,也还需指出,学术研究发展的历程表明,后来者总是站在前人的肩膀上继续前进的。因此,后来者对前人相关成果的评价与概述,应尽可能全面、客观和准确,要心平气和,力戒片面和偏颇。

顺便还想提及的是,本书在《余论》中,论述了"四库馆派与乾嘉考据学",其中对于乾嘉考据学在派别划分方面,提出了与目前学界所持的"吴、皖两派说""吴、皖、扬三派说""惠、戴、钱三派说"均不尽相同的观点,"试图对乾嘉考据学派提出二分说,即民间学派与皇家学派(也称四库馆派)。民间学派主要指在四库馆之前的考据学派,代表人物有惠栋、戴震、钱大昕等人。皇家学派得到清高宗支持,其代表性人物为纪昀、陆锡熊等人",并认为"两派在治学理念、治学方法上均有较大分歧"。这确是一种很新鲜的学术见解,四库馆被人称为"汉学大本营",研究四库馆与乾嘉考据学的关系,是一个很有意义的课题。但将乾嘉考据

[①] 钱大昕:《答王西庄书》,《嘉定钱大昕全集》(玖),江苏古籍出版社1997年版,第603—604页。

学分四库馆派与民间学派，这在作者对一系列相关问题，尚未能作充分论证的情况下，目前尚难令人理解与苟同，因为这涉及许多复杂的问题，很难断然结论，我感到此种看法尚须认真斟酌和深入探索。

人生也有涯，而知也无涯，学无止境，治学无尽。对于朝军来说，已取得令人欣喜的成就，值得祝贺。但他在学术征程上，今后要走的路还很长、很远，尚须坚毅跋涉，顽强攀登，直到高点。对此，过来人寄厚望矣！

（原载《〈四库全书总目〉编纂考》，武汉大学出版社 2005 年版）

《清代文献辨伪学研究》序

佟大群博士的大作——《清代文献辨伪学研究》，乃是由其博士学位论文经过精心修改而成的一部具有原创价值的学术专著，现纳入"国家清史编纂委员会·研究丛刊"系列，即将出版问世，殊属可喜可贺。作者雅嘱为之写篇序文，我没有像往常那样婉谢推辞而是慨然遵命，之所以如此不避"人之患在好为人序"之忌，盖因与这部书稿有不解之缘。我既充任过论文评阅人，又曾忝为其申请《研究丛刊》立项的推荐者，也因此有幸多次读过该书稿，算对之有所了解，理应责无旁贷，记述一下这部著作诞生的情况，以及自己的看法，恰好亦可借此平台与作者、读者做点沟通交流。是为不序之序。

是书作者大群博士，受业于著名清史学家、南开大学教授白新良先生，而新良先生亦是笔者在清史学界相识相交达数十年的好友。他多年来培养了不少弟子新秀，可谓桃李满天下。承蒙厚爱，每年当其高足进行学位论文答辩时，大都邀我做论文评阅人，大群的论文也未例外。经过数年评阅下来，深感由史学界前辈、清史学泰斗郑天挺先生奠基的南开大学历史系学风之优良与纯正。2010年4—5月，又收到大群以《清代文献辨伪学研究》为题的博士论文，乍一展卷阅读，即感欣喜，一位年轻的博士学子不仅选择了这一高难度的选题，而且能将与此选题有关的方方面面的问题，原原本本，条分缕析，一一论列，且内容丰富，资料翔实，多有创新，卷帙达七十万言。能写出这样一部扎实厚重的论文，如无数年焚膏继晷，夜以继日地勤奋攻读，悉心钻研，焉能有如此成效。特别是在当今市场经济大潮冲击下，不少青年学子视中国传统学术文化如畏途，犹恐避之不及，论文作者却能如此以苦为乐，孜孜矻矻，甘坐冷板凳，刻苦治学，且达到相当水平，实难能可贵。有鉴于论文的质量和作者的治学态度，因此在论文评阅意见中给予相应评价，肯定"其是博士学位论文中之上乘佳作"。尔后，在进行答辩时，多位清史名家组成的答辩委员会一致通过其博士学位，并异口同声地称赞这"是一篇优秀的博士论文"。当然，也从更高的角度，对论文的欠缺与不足提出了一些进一步修改提高的意见。

通过博士学位答辩后，大群没有在一片赞扬声中浅尝辄止，而是悉心听取、综合分析了答辩中专家们提出的各种意见，再接再厉，有针对性地对论文做了修改。他为了能听取更多的批评指导，在更大范围内开展学术交流，决心攀登更高的目标，向国家清史编纂委员会设立的《研究丛刊》编委会提出申请，争取能立项出版。按照该丛刊规定，凡项目申请者须有两位同行专家推荐。为此，作者又恳请其导师新良先生与我作推荐人。笔者在写推荐意见时，又一次翻阅了论文修改稿，看到修改稿较原稿又有新的提高。《研究丛刊》编委会认真负责地审理了申报材料，按照评审程序又约请有关专家进行了匿名评审，而后综合各方面的意见，在充分肯定论文质量水平的同时，也提出了若干中肯的修改意见，表示原则上同意立项，将视修改情况再做最后决定。此时的大群又从善如流，鼓足勇气，对论文进行了大幅度的修改和调整，将原稿从七十万字压缩到五十万字左右，使内容更加集中，重点更加突出，直到2011年11月才最后定稿。修订稿复经编委会评审，最后终于批准立项。作者从撰写博士论文到申请立项出版，前后经历了五六年时光，这其中的冷暖甘苦可想而知。不过读者从书稿申请立项到拍板定案的过程中亦可看到，《国家清史编纂委员会·研究丛刊》编委会工作是何等的严肃认真。他们既乐于提携后进，又对学术事业高度负责，对每部列入《研究丛刊》的稿件都严格把关，一丝不苟。大群本人对其书稿，也同样认真对待，他为了邀我撰写序文，复将修订本书稿寄来，我将之与原稿两相对照，修订后的书稿质量确有很大的提高。正如乃师白新良先生在是书序言中所说："（书稿）篇幅虽有压缩，而纲目结构都更加严谨，章节部局更加合理，并且依旧保持着引证广泛、考订缜密的特色。"

笔者通过对书稿一次次的阅读，既从中领受教益，也加深了对书稿的认知，进一步认识到这部著作的优长和特色：

第一，选题有重大学术价值，具有填补空白的开拓性意义。清代学术在中国学术史上具有继往开来的地位和影响，尤以经史考据为显著特色。

在考据学及其方法的影响推动下，此时的文字、音韵、训诂、校勘、目录、辨伪、辑佚之学都有长足发展，成就辉煌。从弘扬传统国学，繁荣现代学术文化的角度来看，清代学术的各个方面都值得认真梳理和总结。然自民国以来，学术界在这方面虽做了不少工作，却仍有不足和欠缺。即以辨伪学为例，前人所做的工作，大多局限于对某些辨伪学者，或某种辨伪著作进行个案性研究，对清代的辨伪学做综合全面的研究，尚无人涉足。而本文作者不畏艰难，对有清一代的文献辨伪学进行了全面系统深入的研究，写出一部长达五十万言的大著。应该说其在推动清史文献辨伪学研究，乃至推动学术文化的研究方面，无疑都具有开拓研究领域、填补研究空白的价值。

第二，全书结构完整，首尾一贯，内容厚重充实，是一部有分量的清代文献辨伪学专著。全书共九章，前三章首先从学理上厘清了辨伪、辨伪学的有关概念、内容、方法，近百年的研究状况，清代以前文献辨伪学的发展，以及清代文献辨伪学发展的内在动因和外部环境。中间五章着重分析论述了清代前、中、晚各个时期的文献辨伪学，不仅逐一分析了各时段的主要辨伪学者和有代表性的辨伪论著，而且论述了各时期文献辨伪的不同特点和成就。最后一章，又提纲挈领地总论了清代文献辨伪学的体系、成就及其对清代文献辨伪学研究的学术展望。可谓首尾一贯，结构完整。

第三，广搜博览，运用史料丰富。作者对上述内容的分析论述乃建立在翔实的史料基础上。全书参考运用吸收了数百种基本古籍以及今人相关论著，努力做到言有所据，论有所依，而非空谈阔论。书末所附的《清以前的辨伪学者及其成就概要》《〈总目提要〉文献辨伪成就辑录》等七个"表"，更是从浩瀚的史籍中钩稽整理而成。这些都需要下大气力，花大功夫，精心钻研，认真爬梳，既反映了作者踏实认真的治学态度，也显示了作者扎实的国学功底。

第四，勇于探索，贵有创新。任何一项学术研究既要吸收继承前人的学术成果，又要勇于创新和超越。这一点也是本书的一个鲜明特色。如前所述全书能对清代文献辨伪学进行全面、系统、深入的总结和研究，且自成完整的体系，就颇具原创价值。书中对文献辨伪学中一些相关问题的论述，也往往能不为成见所囿，提出个人的创新之见。如在一些文献学的论著中常将辨伪作为古籍整理的工具手段，这样的基础工作当然是必要的。

不过，本书作者则从另一视角更突出地强调，文献辨伪往往体现了一个学者和一个时代的学术主张与社会思想价值取向，应将其与社会史、学术史、思想史相结合来研究，才能了解文献辨伪背后所包含的深层思想。又如梁启超曾谓"清儒辨伪工作之可贵者，不在其所辨出之成绩，而在其能发明辨伪方法而善于运用"。作者却提出："在文献辨伪方法方面，清儒基本上没有多少发明，惟运用娴熟而较为全面。"再如绝大多数历史文献学方面的学者，都普遍认为文献辨伪学是文献学的一个分支学科；本书作者对此则不予认同，认为文献辨伪学本身理应是一个独立的学科，如此等等，并在此基础上对文献辨伪学的框架体系进行了构建与探讨。我想，本书作者提出的一些新见，学术界同行不见得都能赞同，笔者自身也认为某些看法尚可斟酌。

即以文献辨伪学学科体系的构建而言，就值得进一步推敲。由于文献辨伪是一个传统的学术门类和治学手段，自秦汉以来，历代学人便辛勤耕耘，不用更远追溯，即从明代胡应麟之《四部正讹》而言，就对辨伪学的方法和理论进行了深入研究与总结，奠定了辨伪学的基础。近百年来，学术界采用文、史、哲新的学科分类后，数代学人又做了不懈的努力，写出了许多有益的著作，都不同程度地建立了历史文献学乃至辨伪学的学科体系，且对一些问题已逐渐形成共识。而今，本书作者欲建立更新的文献辨伪学学科体系，可谓志存高远。但如何更好地辩章学术，考镜源流，对这门学科发展的历史、现状和未来进行全面、深入和多视角、多层次的深层思考，使要建立的学科体系更加科学、完善和缜密，似乎还有继续努力的空间。我想在此研究探讨的过程中存在不同意见是很正常的，而且只有通过不同意见的讨论和争鸣，学术研究和学科的发展才能有更大的活力，而不会如一潭死水而干涸沉寂。就此而论，本书作者勇于探索的尝试和贵有创新的精神，理应给予积极的鼓励和提倡。

以上之所以不厌其烦地记述了本书的诞生过程，也谈了自己的一些粗浅感受和看法，意在说明一部成功的或是较好的学术著作的涌现，都不可能一蹴而就，大都需要经过反复修改，精心打磨而后成，只有亲身践履衣带渐宽、人憔悴的刻苦治学境界，才能等到"待到山花烂漫时，她在丛中笑"的令人欣慰的美好时刻。

另外，从多次阅读大群博士的书稿及近年来的相互切磋交流中，我也深感他是一位具有扎实学业功底，有很大研究潜质，能向更高学术目标发展的青年学者，倘能一如既往地执着追求，抱定为学术献身的坚定目标，就一定能在当今学术文化大发展、大繁荣的阳光沃土中，更好地发挥聪明才智，做出新的更多更大的贡献！

（原载《清代文献辨伪学研究》，人民出版社2012年版）